中国近代经济史资料丛刊

一九四九年——一九五四年

苏州商会档案续编

第一辑

华中师范大学中国近代史研究所
苏州市档案馆
合编

主　编　马　敏　肖　芃
副主编　郑成林　沈慧瑛　毛鹂鹂
编　委　刘凤伟　贾　莉
邱晓磊　刘素敏　陈春兰
朱　庆

華中師範大學出版社

新出图证(鄂)字 10 号

图书在版编目(CIP)数据

苏州商会档案续编 第一辑/马敏，肖芃主编.
武汉：华中师范大学出版社，2017.6
ISBN 978-7-5622-7672-2

Ⅰ.①苏… Ⅱ.①马… ②肖… Ⅲ.①商会—档案资料—苏州—1949—1954
Ⅳ.①F729.5

中国版本图书馆 CIP 数据核字（2016）第 319765 号

中国近代经济史资料丛刊
苏州商会档案续编
第一辑
（1949 年—1954 年）
华中师范大学中国近代史研究所 合编
苏州市档案馆
©马敏 肖芃 主编

华中师范大学出版社出版发行
（武昌桂子山 邮编：430079 电话：027—67863040）
湖北恒泰印务有限公司印刷

责任编辑：熊 然 冯会平 封面设计：新视点
责任校对：王 炜 督 印：王兴平

开本：787mm×1092mm 1/16 印张：41
字数：900 千字 插页：2
版次：2017 年 6 月第 1 版 2017 年 6 月第 1 次印刷
总定价：148.00 元

出版说明

近三十年来，商会史逐渐成为中国近现代史研究的一个热点领域。这一方面得益于中国近现代史研究主题的拓展，另一方面与近代商会档案资料的编纂出版也有着密切关联。其中，天津、苏州两地商会档案资料的整理出版尤显重要。

20世纪80年代初期，章开沅先生为撰写《辛亥革命与江浙资产阶级》一文赴苏州查询资料，发现苏州商会档案竟然保存完好，兴奋得"如入宝山"。在征得江苏省档案馆同意后，决定与苏州市档案馆联合组建团队，首先将晚清部分档案编纂整理出版，以飨学界。1991年，《苏州商会档案丛编》第一辑(1901年—1911年)正式出版。该书约117万字，由章开沅、刘望龄、叶万忠三位先生担任主编。该书是继《天津商会档案汇编》(第一辑)后，又一种关于晚清社会经济史的大型资料文献辑编，因此，立即获得学术界高度关注和重视，不少学者甚至来函询问该《丛编》民国部分何时出版。

然而，受制于人力、物力，尤其是经费的局限，民国时期苏州商会档案的整理和出版一度被搁置起来。直到2004年，华中师范大学中国近代史研究所与苏州市档案局(馆)决定重启合作。是年6月，《丛编》第二辑(1912年—1919年)成书一册，得以出版，主编改为时任华中师范大学校长马敏、苏州市档案局(馆)长祖苏。尽管得到华中师范大学出版社的鼎力支持，但该书不到60万字，篇幅仅为第一辑的一半，许多珍贵资料未能纳入其中。尤为令人感伤的是，早期参与并主持此项工作的刘望龄、唐文权两位先生在该书出版前已归道山。

为推进后续档案资料的编纂出版，2009年3月苏州市档案局(馆)长肖芃带队赴华中师范大学考察访问。期间，华中师范大学中国近代史研究所、苏州市档案局(馆)和华中师范大学出版社就《丛编》的后续编纂、学术研究和对外交流等方面进行了商谈，并形成了《华中师范大学与苏州市档案局商谈加强合作备忘录》。此后，苏州商会档案的整理刊行进入"快速道"。是年6月，《丛编》第三辑(1919年—1927年)、第四辑(1928年—1936年)同时推出。两年后，第五辑(1937年—1945年)、第六辑(1945年—1949年)也相继出版。与前两辑相比，这四辑几乎囊括了同时期苏州商会的全部档案，篇幅也增加不少，因此，每辑均分为上、下两册。

根据《合作备忘录》，2011年底三方决定启动前两辑的修订增补工作。为此，肖芃局(馆)长再次来到华中师范大学，就再版时间、套书包装和出版发布会等进行协商。2012年9月，修订增补的第一辑和第二辑同时推出，均改为上、下两册。至此，《丛编》一至六辑全部出齐。该《丛编》凡12册，近800万字，时间跨度为1905至1949年。同年11月4日，由苏州市档案局(馆)倡议并主持的"《苏州商会档案丛编》出版发布会"在苏州举行，获得学术界及社会各方的广泛关注。会后，三方一致认为有必要继续编纂整理新中国建国初期的苏州商会档案，并达成编辑出版《丛编》第七辑（1949 年—1956 年）的意向。

2014 年底，《苏州商会档案丛编》第七辑的编纂整理工作正式启动。这部分档案内容依然丰富，不仅涉及商会组织在新中国初期的新旧更替，而且涵括苏州解放、抗美援朝、私营工商业改造、城乡物产交流等重要政治、经济事件。为了将更多有价值的资料提供给学界，编者决定先将苏州市工商业联合会正式成立（1954 年）前的相关档案资料作为第一辑整理刊行。同时，决定将《丛编》第七辑变更为《苏州商会档案续编》第一、二辑（1949 年—1956 年）。目前，出版的是《续编》第一辑，主要辑录了 1949 年 10 月至 1954 年 6 月间的苏州工商联的筹组及成立的档案资料，着重反映了新中国建国初期苏州市工商业组织的变动及其社会活动等情况。应该说，有关这一历史时期比较系统的城市工商业组织档案的出版，在国内还不多见。因此，这套《苏州商会档案续编》的出版，自有其珍贵的史料价值和重要的学术意义。

希望《苏州商会档案续编》第一、二辑的出版，能如当初《丛编》第一辑的出版曾极大促进了晚清苏州商会史和城市史研究一样，有力地推进学术界对这一历史时期苏州工商业组织演变及城市政治、经济、社会生活变迁的更为广泛、深入、细致的研究，不断取得丰硕的学术成果。

本书在编纂过程中，得到华中师范大学出版社的大力支持，并获得教育部重点研究基地重大项目（13JJD770012）和华中师范大学中央高校基本科研业务费项目“苏州商会档案资料整理与研究”的资助。在此，谨表衷心感谢！

编者谨识

2017 年 6 月

凡　　例

1. 本辑中所有文件标题均由编者按发文者、内容、受文者、文件类型四方面拟定。

2. 本辑收录档案为新中国成立初期文件，存在“的”、“地”、“得”混用的情况。为统一起见，均按照现行的规范进行了修正。

3. 文件原注和说明，一律用“（　）”标出，置于文内。编者注用数码①、②、③等标示，置于页末。

4. 本辑文件中各级标题次序均按照现行的规范进行了调整。

5. 凡残缺或难以辨认的文字，均以“□”代替，能判断者则填入“□”中。

6. 本辑中文件存在阿拉伯数字和汉语数字混用的情况，为保留文献原貌起见，所有数字均依照原始文献录入。

7. 本辑若干表格中有少量统计数字有误，为保留文献原貌起见，所有统计数字均不更改，依照原始文献录入。

8. 本辑所选文件时间基本上在1949至1954年之间，中华人民共和国成立后，苏州商会更名为“苏州市工商业联合会”。

目　　录

组织概况

会议会务和会费收支

各级工商联

二、江苏省工商联

三、成立苏州市工商联

四、工商联筹委会区级工作委员会

同业公会和行业概况

一、各同业公会概况

管理和发展工商业

一、工商登记

四、物价管理

五、私营企业生产经营改造展览会

六、城乡物产交流

财税金融

劳资关系和社会事业

政治军事

一、苏州解放

组织概况

一、会员名册

吴县县商会会员名册

1949 年 6 月

编号	公会业别	理事长姓名	公司商号 行厂名称	地址	公会会址
1	油	陈君玉	安泰行	胥门外	碧凤坊巷 43
2	鲜肉	倪慎安	杜三珍	阊外上塘街 332 号	观前施相公弄
3	华洋什货	伊宝珊	汇源号	观前街 98 号	文山寺前 35 号
4	麻	徐寅生	同泰元	西中市 30 号	北濠弄 43 号
5	纱线	金深永	存德纱布号	东中市 152 号	西海岛 79 号
6	铁钢	朱正卿	源裕铁号	大马路爱河桥	大马路 192 号
7	木	夏务滋	大丰木号	枣市下塘 14 号	中街路 181 号
8	面粉麦皮	严一阳	茂昌粉号	腌猪河头	乐荣坊 4 号
9	牙骨器	施云龙	华泰象牙号	观前街 191 号	仓桥弄
10	新药	涂浩泉	太和药房	观前街 252 号	文山寺前 35 号
11	南北海货糖	朱日新	万昌祥	南濠街 159 号	大马路 192 号
12	石灰砖瓦窑	李和清	永大	齐门外大街 151 号	
13	电机丝织	徐福庆	利和绸厂	葛百户巷 32 号	祥符寺巷 85 号
14	染织	马春霖	美华厂	齐外东汇路 30 号	蔡汇河头 45 号
15	粮食	姚士镇	泳隆米行	娄外下塘 62 号	小曹家巷 20 号
16	营造	鲁玉声	鲁永昌	清州观前 35 号	牛角浜 25 号
17	皮毛油骨	杨庚安		北濠弄 30 号	景德路 116 号
18	丝号	张颂眉	大成洽	装驾桥巷 45 号	
19	西服	王梅映	大华服装号	宫巷 33 号	元妙观观音殿
20	国药	张曾祥	沐泰山	上塘街 332 号	旧学前太和公所
21	保险	吴天孚	太平苏支公司	观前街 178 号	观前街 178 号
22	饼馒生面	戴成龙		平江路 326 号	元妙观雷祖殿
23	高粱烧酒	张嘉春	张信号酒行	山塘街 155 号	胥外小日晖桥 15 号
24	壅	顾永祥	顾永记	阊外臭马路	元妙观
25	水灶	徐斌		学士街 190 号	碧凤坊
26	浴室	朱贻宏	天一池	阊外小杨树里	阊外小杨树里

续表

编号	公会业别	理事长姓名	公司商号 行厂名称	地址	公会会址
27	烟	蒋月波	万隆	山塘街 829 号	北码头
28	烛	范以日	文明香烛店	宫巷 70 号	
29	民船	周云龙			阊外南码头 41 号
30	竹	潘家禄	一大竹号	娄门外大街	干将坊 115 号
31	皮革制品	戎法琴	戎镒昌	观前街 200 号	前同仁街 40 号
32	卷烟	沈继玉	胡其兴	山塘街 755 号	北码头 10 号
33	机械厂	周伯钧	琴川厂	南新路 38 号	南新路 106 号
34	五金	潘士义	信丰恒	阊外上塘街 365 号	文山寺前 35 号
35	醃腊鱼腿	许顺之	生春阳	观前街 250 号	半边街永仁里
36	银行	沈泽苍	四明银行	观前街 138 号	大儒巷
37	丝线	蒋松生	咏德纱线号	北码头 3 号	宝林寺前 55 号
38	瓷	祝君硕	祝昌记	南濠街 91 号	北码头湖北会馆
39	旅社	曹子衡	吴宫饭店	观前街 143 号	间邱坊巷
40	纸	朱仲卿	大兴纸行	上塘街 353 号	宝林寺前 22 号
41	炭行	袁芝良	永森行	南濠街	南濠街 28 号
42	猪鬃	费廷锷	公兴猪鬃厂	喇叭弄 11 号	喇叭弄
43	鬃漆	陈炳生	国泰炳记	中正路 487 号	斑竹巷 15 号
44	木器	陈忠廉	中和木器号	范庄前 50 号	因果巷 43 号
45	制革	吴惠镗	同升源	齐门内下塘 70 号	
46	柴行	袁昶之	源兴树柴行	大马路 6145 号	小太平巷 6 号
47	菜饭馆	殷志荃	松鹤楼	观前街	宫巷 139 号
48	汽车	曹树荣	万成汽车行	大马路 213 号	景德路 23 号
49	染商	陈顺楚	新联福	桃花坞 158 号	元妙观火神殿
50	漆	吴以忻	老恒盛	南濠街 135 号	宋仙洲巷横街
51	绸缎	孔翔生	元祥绸庄	宝林寺前 5 号	文衙弄七襄公所
52	桐柏油饼	张学明	福信昌复记号	南濠街 280 号	中街路 181 号
53	土布	张公权	达康土布号	西中市 113 号	中街路 148 号
54	茶叶	方文泽		东杨安浜 15 号	小郲弄 5 号
55	布	朱汝鹏	辛昌布号	西中市 40 号	宝林寺前 29 号
56	煤	王秀民	华南森记	南濠街 284 号	南濠街 28 号
57	刺绣	范君博	恒泰	西中市 111 号	神仙庙下塘
58	颜料	赵康候	福大颜料号	鲇鱼敦 26 号	南濠街 129 号
59	爆竹	黄谷似	黄义泰	齐门路 10 号	齐门路 20 号
60	蛋	姚锡麟	锡记蛋行	葑门安利桥堍	南濠街 175 号
61	运输	唐士英	协大士记	景德路 115 号	神仙庙下塘

续表

编号	公会业别	理事长姓名	公司商号 行厂名称	地址	公会会址
62	冶坊	黄柱天	炽大冶坊	枣市街23号	中街路181号
63	弹花	倪筱仁	瑞记花庄	养育巷261号	古市巷45号
64	衣	戈志刚	益泰源衣庄	阊门上塘街	塔倪巷25号
65	酱工	吕沅棨	万康顺	大太平巷12号	大井巷12号
66	茶食糖果	金杏荪	金芝斋	观前街	施相公弄15号
67	茶馆书场	黄安武	四海楼	盘外大马路60号	太监弄吴苑
68	香	吕松泉	仙天云	凤凰街	
69	电器材料	洪长霖	鑫昌电料行	东中市132号	文山寺前35号
70	金银	周永年	天丰恒	西中市65号	刘家浜31号
71	典当	王仁初	鼎隆	斑竹巷5号	清嘉坊
72	猪行	郭润源			莲花斗28号
73	木床棕垫	王仁君	王复兴	因果巷6号	因果巷禅兴寺
74	破布旧货	曹廷标	曹福兴	陆墓镇南桥	西北街100号
75	人力车赁贷	孙兰才	兰记	阊外张家花园1号对过	干将坊116号
76	山地货	诸叔亮	永丰盛行	胥外南濠街49号	
77	饴糖	魏俊品	魏同泰	娄内张香桥	元妙观火神殿
78	豆腐	吴如泉	吴顺兴	娄门大街105号	元妙观机房殿
79	帽	朱耀铨	大元帽庄	西中市28号	西海岛成庆公所
80	绍酒	王之亭	王颐和酒坊	娄门外下塘	南濠街禹川里
81	洗染	王友侬	华美号	阊外横马路	施相公弄15号
82	药材行	周松涛	乾大仁	山塘街880号	山塘街847号
83	面馆	赵正行	观振兴	观前街正山门口	宫巷137号
84	茧	周浩然	三丰行	石码头	锦帆路
85	茶花	张福元		虎丘大街407号	虎丘翠行山庄
86	箔	曹春裕	曹恒泰箔庄	鲇鱼敦51号	鲇鱼敦5号
87	印刷	王兰生	萃盛祥印刷所	府前街16号	
88	制箔	何福荣	正元	胡家墩10号	
89	钟表	胡济民	亨达利行	观前街179号	文山寺前惟勤公所
90	轮船	张宝庆	公茂轮船局	胥外大洋桥	南新桥堍
91	图书文具笔墨	吴光文	陆益元堂	观前街113号	乔司空巷
92	理发	卢长庆	紫罗兰	宫巷132号	宫巷
93	鲜菜	郁汉章	裕昌新	鲇鱼敦46号	乔司空巷
94	铜锡	张九如	义丰铜锡号	山塘街35号	桃花坞尚义桥12号
95	钱	郑范五	永丰庄	西中市125号	东中市90号
96	机器戽水	夏嘉良			浒关白豸乡

续表

编号	公会业别	理事长姓名	公司商号 行厂名称	地址	公会会址
97	织带	张寿康	美纶厂	阊邱坊巷 26 号	西海岛 97 号
98	水磨石粉	邵咏青	盛泰隆石粉厂	南濠街 298 号	南濠街
99	戏院	钱景章	万利	宫巷	宫巷
100	三轮车	柳百忠	大信车行	学士街 325 号	
101	针织	王效良	苏州袜厂	中正路 646 号	
102	羊肉	陈祥庆	老庆泰	阊门外大马路	
103	漳绒	李南生	李南记绒号	平江路 194 号	
104	盐商	吴佩金	顺康盐号	景德路 159 号	

商店会员名册

1949 年 6 月

牌号名城	代表人姓名	地址
泰昌参号	瞿银炳	渡僧桥下塘 2 号
源康纱厂	吴明德	胥门外小日晖桥
四川商店	吴湛玉	宫巷 84 号
升昶炉坊	陈有德	阊外后宝园街 19 号
复来康益记参号	丁雄白	渡僧桥下塘 4 号
鸿生火柴厂	孙慕颐	胥门外
电气公司	张宝桐	观前街 130 号
中南火柴厂	李坤松	阊外留园马路
国货公司	刘乎卿	北局
永明纱厂	顾钦文	葑门外北栅头
刘正泰参号	陈柏椿	渡僧桥下塘 77 号
沈仁寿天老二房	沈秉珪	通和坊 16 号
集成皮货局	朱世英	西中市 51 号
沈氏仁寿天真老二房	沈季青	天官坊 2 号
倪源源珠号	倪眉先	观前街 174 号
公大盐号	吕德铭	神道街口
苏纶纱厂	浦亮元	盘门外裕棠桥
顺兴商行	贺全林	临顿路 351 号
中国编织物品厂苏州工厂	邓常声	盘门外大马路 749 号
大中华兴记漂花厂	沈仲元	阊外八字桥西街 33 号

苏州市工商业户调查登记表：直属会员

（1952 年 4 月）

B3-005-0062-037 苏州市工商业户调查登记表：直属会员 1952 年 4 月																							
业别（即所属同业公会）	牌号	地址	主要资本主姓名	企业代理人		曾任公会哪些职务	内部组织			职工人数					单位			一九五一年全年营业额（单位：万元）	一九五一年底的资金情况（单位：万元）		开设年月		备注
				姓名	是否股东		独资	合伙	公司	工人	职员	学徒	资方从业人员	合计	工会名称	会员人数	非会员人数		固定	流动	年	月	
直属会员	大同兴造纸厂	山塘街	洪宝锠					√		107	12	5	3	127	轻工	120	7	849593	303593	32581	1949	12	造纸机2部
直属会员	新苏汽车公司	大马路686	徐宪民						√	15	14		1	30		28	2	101063	5000				
直属会员	苏嘉湖长途汽车公司	横马路119	徐子为	袁开光					√	155	88	12	1	256		254	2	468008	96000		1936	4	
直属会员	鸿生火柴厂	胥门大马路350	王健言						√	471	19		1	491	轻工	491	1	1689482	公司资金400亿		1930	7	马达、挑板车
直属会员	明华梗片厂	泰让桥沿河17	邬振芳	沈仲德					√	236	11		4	251	轻工	247	4	851758	90502	302367	1949年10月复业		刨梗车、刨片车
直属会员	新光梗片厂	长船湾43	刘国灿	商文海				√		46	3		2	51	轻工	47	4	155364			1949	11	刨梗车、切车
直属会员	震亚化工厂	盘门大马路皮匠浜1		茅鲤庭						9	5		2	16					5000	15000	1952	2.5	蒸馏桶4只、锅炉1套

续表

B3-005-0062-037　苏州市工商业户调查登记表：直属会员　1952年4月

业别（即所属同业公会）	牌号	地址	主要资本主姓名	企业代理人		曾任公会哪些职务	内部组织			职工人数					单位			一九五一年全年营业额（单位：万元）	一九五一年底的资金情况（单位：万元）		开设年月		备注
				姓名	是否股东		独资	合伙	公司	工人	职员	学徒	资方从业人员	合计	工会名称	会员人数	非会员人数		固定	流动	年	月	
直属会员	中南火柴厂	留园马路	李坤松				√			124	16		3	143	轻工	131	12	552544	74204	51957	1930		西门子
直属会员	亿华化工厂	大马路1134	杨昌寰						√	13	10		1	24	轻工	16	8	82525	6749	29600	1950	8	甩水机1、马达5
直属会员	亚东石棉厂	桃花坞138	何孝庵	陈云阶				√		12			5	17			17	46633	6122	13877	1951	7	12匹手机1、烘灶1、木板20块
直属会员	天明电化工业厂	南浩街272	蔡集康	张学明										59									
直属会员	光华水泥厂	齐门下塘40	王卓然						√	17	6			23	建筑	22	1		60000		1951	1	旋室雷蒙粉磨机、马达13座
直属会员	大陆建筑材料厂	大马路1164	白健华					√		7	3	3	2	15		13	2		10000	5000	1951	11	
直属会员	开源瓷土石矿加工厂	五泾浜1		沈宝善															6000	4500			马达数量225

苏州市工商联筹委会直属会员名册

1952年10月

牌号	负责人	地址	所属地区	备注
中国蚕丝公司第一丝厂	洪凯	盘门外大马路	南	一联
中国土产公司苏州支公司	冯友勇	景德路	中	二联
中国花纱布公司苏州支公司	胡光军	观前街	中	一联
中国百货公司苏州支公司	王协和	景德路	中	八联
中国粮食公司苏州支公司	时立德	观前街	中	三联
苏州企业公司	惠志芳	人民商场二楼	中	
苏州电气公司	张宝桐	胥门外	南	一联
鸿生火柴厂	王健言	胥门大马路	南	八联
中南火柴厂	李坤松	留园马路	西	八联
明华梗片厂	沈仲德	泰让桥河沿17号	南	八联（已闭）
新光梗片厂	商文海	长船湾43号	西	八联
大同兴造纸厂	洪宝昌	山塘街	西	六联
亿华化工厂	杨昌寰	大马路1134号	西	八联（已闭）
震亚化工厂	茅鲤庭	盘门外大马路皮匠浜	南	八联
光华水泥厂	王卓然	齐门下塘40号	东	十联
新华工艺社	盛祥丰	东善长巷3号	南	八联
大来房地产事务厅	杭寅谷	人民路371号	中	十联
大陆建筑材料厂	白辉	大马路	西	十联
苏嘉湖长途汽车公司	袁开先	横马路119号	西	七联
新苏汽车公司	许宪民	大马路	西	七联
开源瓷土矿石加工厂	沈宝善	五金滨1号	西	十联
新华丝厂		枣市街	南	一联(包括在企业公司内)
亚东石棉厂	陈云阶	桃花坞138号	北	八联
中盐公司		南浩街	西	
振兴锡纸厂	杨伟林	瓣莲巷48号	中	九联
苏州物产贸易公司	程延龄	人民商场	中	
大中植物纤维织造厂			西	一联
新生麻纺织厂	郑光杨	仓街10号	东	一联
中蚕公司苏州办事处	孔承先	观前街	中	一联
天明化工厂	蔡集康	南浩街272号	西	八联（代表张学明）
三吴化工厂	郑廷荣	东北街116号	东	八联
新生矿药炼硝工场	朱鸿麒	阊门外胜塘桥	西	九联（资金2000万元）
天成化工厂		东区叶家弄		

二、委员登记表

苏州市工商业联合会筹备委员会暨所属各单位
委员概况表（苏纶纱厂：浦亮元）

1951 年 12 月

<table>
<tr><td>姓名</td><td>浦亮元</td><td>别号</td><td></td><td>年龄</td><td>43</td><td>性别</td><td>男</td><td>籍贯</td><td>常州</td></tr>
<tr><td rowspan="2">家庭</td><td>成分</td><td colspan="3">小资产阶级</td><td colspan="2">本人出身</td><td>纱厂</td><td colspan="2"></td></tr>
<tr><td>住址</td><td colspan="5">苏纶新村卅间</td><td>电话</td><td colspan="2"></td></tr>
<tr><td colspan="2" rowspan="2">服务厂商</td><td>牌号</td><td colspan="4">苏纶纱厂</td><td>职务</td><td colspan="2">厂长</td></tr>
<tr><td>地址</td><td colspan="4">盘门外大马路裕棠桥堍</td><td>电话</td><td colspan="2">1204</td></tr>
<tr><td colspan="2" rowspan="2">现任工商界</td><td>团体名称</td><td colspan="4">棉纺业同业公会筹委会</td><td>职务</td><td colspan="2">主任委员</td></tr>
<tr><td>地址</td><td colspan="4">观前街 172</td><td>电话</td><td colspan="2">847</td></tr>
<tr><td colspan="4" rowspan="2">曾参加何种党团或宗教社会团体</td><td colspan="2">名称</td><td colspan="4">中国纺织工程学会</td></tr>
<tr><td colspan="2">担任职务</td><td colspan="4"></td></tr>
<tr><td colspan="2">学历</td><td colspan="8">常州有谿中学毕业</td></tr>
<tr><td rowspan="8">经
历</td><td colspan="2">起讫年月</td><td colspan="5">担任机关团体商店及所任职务</td><td colspan="2">任职地点</td></tr>
<tr><td colspan="2">1927年—1936年</td><td colspan="5">苏纶纱厂技术员、技师、纺部工场主任</td><td colspan="2">苏纶纱厂</td></tr>
<tr><td colspan="2">1937年</td><td colspan="5">工场场长、厂务主任</td><td colspan="2">同上</td></tr>
<tr><td colspan="2">1938年</td><td colspan="5">营业主任</td><td colspan="2">上海一大铁厂</td></tr>
<tr><td colspan="2">1940年—1943年</td><td colspan="5">重庆办事处主任</td><td colspan="2">广益企业公司</td></tr>
<tr><td colspan="2">1943年—1945年</td><td colspan="5">厂长</td><td colspan="2">无锡利达纱厂</td></tr>
<tr><td colspan="2">1945年—1950年</td><td colspan="5">厂务主任、厂长</td><td colspan="2">苏纶纱厂</td></tr>
<tr><td colspan="2">1950年—1951年</td><td colspan="5">厂长兼经理</td><td colspan="2">同上</td></tr>
<tr><td>社会
关系</td><td colspan="9"></td></tr>
<tr><td>备注</td><td colspan="9"></td></tr>
</table>

苏州市工商业联合会筹备委员会
暨所属各单位委员概况表
（苏纶纺织印染有限公司：严庆禧）

1951 年 12 月

姓名	严庆禧	别号	熹	年龄	41	性别	男	籍贯	上海市
家庭	成分	资产阶级			本人出身		大学经济系，留学德国		
	住址	观前街 172 号					电话	345	
服务厂商		牌号	苏纶纺织印染有限公司				职务	经理	
		地址	观前街 172 号				电话	345	
现任工商界		团体名称	苏州市棉纺工业同业公筹会				职务	委员	
		地址	观前街 172				电话	847	
曾参加何种党团或宗教社会团体				名称		无			
				担任职务		无			
学历		德国耶纳大学毕业，经济学博士							

经历	起讫年月	担任机关团体商店及所任职务	任职地点
	1934年—1936年	上海中国银行试用员、办事员	上海
	1936年—1939年	光裕营业公司襄理	上海
	1940年—1941年	江苏农民银行上海分行兼经理	上海
	1941年—1942年	德和洋行经理	上海
	1943年—1946年	利达银行经理	上海
	1947年—1950年	上海盐业银行副经理	上海
社会关系	上海安达纺织公司总经理刘清基、上海大丰纺织公司经理吴明然		
备注			

苏州市工商业联合会筹备委员会暨所属各单位委员概况表（公信寄售商店：倪少彰）

1951 年 12 月

<table>
<tr><td>姓名</td><td>倪少彰</td><td>别号</td><td>无</td><td>年龄</td><td>40</td><td>性别</td><td>男</td><td>籍贯</td><td>吴兴</td></tr>
<tr><td rowspan="2">家庭</td><td>成分</td><td colspan="3">小资产阶级</td><td colspan="2">本人出身</td><td colspan="3">商</td></tr>
<tr><td>住址</td><td colspan="5">王天井巷曹家巷十七号(老九号)</td><td>电话</td><td colspan="2">无</td></tr>
<tr><td colspan="2" rowspan="2">服务厂商</td><td>牌号</td><td colspan="4">公信寄售商店</td><td>职务</td><td colspan="2">经理</td></tr>
<tr><td>地址</td><td colspan="4">人民路三七〇号</td><td>电话</td><td colspan="2">无</td></tr>
<tr><td colspan="2" rowspan="2">现任工商界</td><td>团体名称</td><td colspan="4">第九联副主委、寄售业主委、中区委员</td><td>职务</td><td colspan="2"></td></tr>
<tr><td>地址</td><td colspan="4"></td><td>电话</td><td colspan="2"></td></tr>
<tr><td colspan="4" rowspan="2">曾参加何种党团或宗教社会团体</td><td colspan="2">名称</td><td colspan="4">向未参加任何党团</td></tr>
<tr><td colspan="2">担任职务</td><td colspan="4"></td></tr>
<tr><td colspan="2">学历</td><td colspan="8">上海湖州旅沪公学毕业</td></tr>
<tr><td rowspan="7">经
历</td><td colspan="2">起讫年月</td><td colspan="6">担任机关团体商店及所任职务</td><td>任职地点</td></tr>
<tr><td colspan="2">1928年—1932年</td><td colspan="6">离开学校进入商界，在上海天津路怡安里宏余绸庄服务，后因东北受日帝侵略，账务损失，以致停业</td><td></td></tr>
<tr><td colspan="2">1933年—1937年</td><td colspan="6">转入元华绸厂发行所服务，任职推销员，该店在上海北京路清远里 40 号，至抗日战争全面开展，该厂在虹口遭日帝焚毁，以致停业，返乡居住</td><td></td></tr>
<tr><td colspan="2">1938年—1940年</td><td colspan="6">在避难期间，全家由祖居双林迁申，住南京路中和里 15 号，往返于申苏湖贩卖丝绸，维持生活，于 1940 年终迁苏州杨家院子巷 26 号居住</td><td></td></tr>
<tr><td colspan="2">1941年—1945年</td><td colspan="6">在苏州曹家巷 28 号创设和丰绸庄，在数年内设立仁丰及国华等绸庄，同时担任绸缎业公会常务理事及湖绉组组长等职，至胜利后，因美帝经济侵略及高利贷压迫而失败</td><td></td></tr>
<tr><td colspan="2">1947年—1949年</td><td colspan="6">经友人介绍至申中益绸庄服务(北无锡路 40 号)，解放后停业</td><td></td></tr>
<tr><td colspan="2">1949年—</td><td colspan="6">返苏后，加入现服务单位公信寄售商店为经理，于 1951 年因见公筹会屡次不能组织，故决然接受了大会的意见，担任主委之职，获得了为人民服务之机会，经过合并联办，并担任了联办副主委之职</td><td></td></tr>
<tr><td>社会关系</td><td colspan="9">上海、苏州、湖州、南京、泰州丝绸界较熟悉</td></tr>
<tr><td>备注</td><td colspan="9">本人在各工作中觉得水准不够，这是一个大缺点</td></tr>
</table>

苏州市工商联系统各级组织主要负责人登记表（金门照相：谈建华）

1952 年 6 月

姓名	谈建华	别号		性别	男	年龄	34
籍贯	苏州市	家庭出身	父做木匠	本人成分	小资产		
学历	高小毕业						
特长或专门技术	冲晒						
简历	1935 年前　在春申小学读书 1935 年—1937 年　在申大同印刷所学业二年 1937 年—1939 年　因战事发生失业二年 1939 年—1943 年　在申北四川路井上照相材料行 1943 年—1952 年　到苏开设金门照相至今						
现任工商联系统各级职务	北区委员、筹备委员、协商主委、同业组长						
企业单位牌号	金门照相	主营	照相	兼营			
参加何公会	照相业同业公会	业属	商业				
企业规模	1951 年底资本总额	12439000 元	1951 年全年营业额	77162100 元			
	职工总人数	五人	工人		职员	五人	
本人投资其他厂商	名称	地址	投资额（注明投资时）				
五反处理类型	第二类型						
备注							

苏州市工商联系统各级组织主要负责人登记表（第一人民商场：俞鉴如）

1952 年 6 月

姓名	俞鉴如	别号	铸	性别	男	年龄	61
籍贯	苏州市	家庭出身	小资产	本人成分	商		
学历	苏州种善局私塾六年						
特长或专门技术							
简历	1904 年—1911 年　曹宝康百货号（上海）学徒 1911 年—1912 年　上海福兴昌百货号职员 1912 年—1919 年　上海洽兴祥百货号职员 1920 年—1931 年　上海万昌祥百货号经理 1932 年—1944 年　苏州华丰百货号经理 1935 年—1937 年　苏州国货公司发记部经理 1945 年—1947 年　苏州盈丰昌百货批发号监理 1947 年—1952 年　苏州国货公司袜衫部经理（1950 年改人民商场）						
现任工商联系统各级职务	工商联中区工作委员会委员、中区税务局税务推进委员						
企业单位牌号	第一人民商场袜衫部	主营	袜衫	兼营	针织品		
参加何公会	百货业同业公会	业属	商业				
企业规模	1951 年底资本总额	89170000 元	1951 年全年营业额	1368821100 元			
	职工总人数	十二人	工人		职员	十二人	
本人投资其他厂商	名称	地址	投资额（注明投资时）				
	富华织造厂	上海	法币九百万元				
	新毅新中二合厂	上海	法币一百二十五万元				
	鉴臣化妆品公司	上海	法币二十七万七千七百元				
	华生金笔厂	上海	法币十三万元				
五反处理类型	基本守法户						
备注							

填表人：俞鉴如（印）

苏州市工商界五反委员会制

苏州市工商联系统各级组织主要负责人登记表
（上海商业储蓄银行苏州分行：贝祖武）

1952 年 6 月

<table>
<tr><td>姓名</td><td>贝祖武</td><td>别号</td><td colspan="2">佐符、仰康</td><td>性别</td><td>男</td><td>年龄</td><td>42</td></tr>
<tr><td>籍贯</td><td>苏州市</td><td colspan="2">家庭出身</td><td colspan="2">资产阶级</td><td colspan="2">本人成分</td><td>职员</td></tr>
<tr><td>学历</td><td colspan="8">苏州东吴大学附属第一中学高中毕业</td></tr>
<tr><td colspan="2">特长或专门技术</td><td colspan="7">银行实物</td></tr>
<tr><td>简历</td><td colspan="8">1930 年—1934 年　上海银行总行及本埠分行职员
1934 年—1937 年　上海银行苏州分行职员
1937 年—1937 年　中国旅行社苏州分社副经理
1938 年—1945 年　上海银行在上海总行内开设之撤退行联合办事处、总行、上海分行等处办事员
1945 年—1945 年　信德股票号司账（该号由上海银行投一部分资金）
1945 年—1949 年　上海银行苏州分行襄理兼代经理
1946 年—1952 年　兼中国旅行社苏州分社经理
1949 年—1952 年　上海银行苏州分行经理</td></tr>
<tr><td>现任工商联系统各级职务</td><td colspan="8">同业公会第一联合办事处行政委员，工商联财务委员，金融业同业公会副主任委员、行业组长，中区工作委员会主任委员、中心副组长，五反委员会中区临时工作委员会委员</td></tr>
<tr><td>企业单位牌号</td><td colspan="2">①上海商业储蓄银行苏州分行
②中国旅行社苏州分社</td><td>主营</td><td colspan="2">①存款、放款、汇兑
②客运、货运</td><td>兼营</td><td colspan="2">①代售印花
②代理保险</td></tr>
<tr><td colspan="2">参加何公会</td><td colspan="3">金融公会、运输公会</td><td>业属</td><td colspan="3">商业</td></tr>
<tr><td rowspan="2">企业规模</td><td colspan="2">1951 年底资本总额</td><td></td><td colspan="2">1951 年全年营业额</td><td colspan="3">①840090000 元
②274913901.99 元</td></tr>
<tr><td>职工总人数</td><td>①28 人
②10 人</td><td>工人</td><td>①12 人
②2 人</td><td>职员</td><td colspan="3">①16 人
②8 人</td></tr>
<tr><td rowspan="5">本人投资其他厂商</td><td colspan="2">名称</td><td colspan="3">地址</td><td colspan="3">投资额（注明投资时）</td></tr>
<tr><td colspan="2">上海商业储蓄银行</td><td colspan="3">北京西交民巷甲 79 号</td><td colspan="3">伪金圆 200 元（1948.11.19）</td></tr>
<tr><td colspan="2">贝泰来国药号</td><td colspan="3">浙江双林镇下横街</td><td colspan="3">8766667 元（1951.12.31 重估）</td></tr>
<tr><td colspan="2">苏州电气公司</td><td colspan="3">观前街</td><td colspan="3">伪法币 6500000 元</td></tr>
<tr><td colspan="2">苏州自来水公司</td><td colspan="3">胥门内百花洲</td><td colspan="3">折储单位 50 个</td></tr>
<tr><td colspan="3">五反处理类型</td><td colspan="6">第二类型</td></tr>
<tr><td>备注</td><td colspan="8">①及②资本均集中总机构，①及②五反问题均未处理，①营业额按全年收益额计算（并不减除付出息及手续费支出），②营业额按全年收益额计算（并未剔除任何费用），①职工人数中包括非工会会员襄理一人，②职工人数中包括非工会会员襄理兼会计一人</td></tr>
</table>

填表人：贝祖武（印）

苏州市工商界五反委员会制

苏州市工商联系统各级组织主要负责人登记表
（苏大祥绸缎局：孔翔生）

1952 年 6 月

<table>
<tr><td>姓名</td><td>孔翔生</td><td>别号</td><td colspan="2"></td><td>性别</td><td>男</td><td>年龄</td><td>48</td></tr>
<tr><td>籍贯</td><td>浙江萧山</td><td>家庭出身</td><td colspan="2">小资产阶级（商）</td><td colspan="2">本人成分</td><td colspan="2">商</td></tr>
<tr><td>学历</td><td colspan="8">高中</td></tr>
<tr><td colspan="2">特长或专门技术</td><td colspan="7"></td></tr>
<tr><td>简
历</td><td colspan="4">1931 年—1941 年　联和绸缎局会计
1942 年—1944 年　祥丰绸庄经理
1945 年—1949 年 9 月　元祥绸庄经理
1945 年 10 月—1952 年　苏大祥绸缎局经理</td><td colspan="4">1943 年　绸缎业公会常务理事
1945 年　绸缎业公会理事长
1946 年　县商会理事、常务理事，绍兴同乡会常务理事，北区救火会理事
1947 年　参议员
1949 年　工商联合会常务委员
1950 年　绸缎业公筹会正主委、劳资仲裁会委员、消防委员会委员、北区救火会主委
1951 年　第五联办事处正主委
第一、二、三、四届人民代表</td></tr>
<tr><td>现任工商联系统各级职务</td><td colspan="8">工商联合会常务委员、第五联办事处正主委、绸缎业公筹会正主委</td></tr>
<tr><td colspan="2">企业单位牌号</td><td colspan="2">苏大祥绸缎局</td><td>主营</td><td>棉布</td><td>兼营</td><td colspan="2">呢绒</td></tr>
<tr><td colspan="2">参加何公会</td><td colspan="2">绸缎业公会</td><td>业属</td><td colspan="4">商业</td></tr>
<tr><td rowspan="2">企业规模</td><td colspan="2">1951 年底资本总额</td><td colspan="2">75383809 元</td><td colspan="2">1951 年全年营业额</td><td colspan="2">442102898 元</td></tr>
<tr><td>职工总人数</td><td>9 人</td><td>工人</td><td>1 人（炊事员）</td><td colspan="2">职员</td><td colspan="2">8 人</td></tr>
<tr><td rowspan="5">本人投资其他厂商</td><td colspan="2">名称</td><td colspan="3">地址</td><td colspan="3">投资额（注明投资时）</td></tr>
<tr><td colspan="2"></td><td colspan="3"></td><td colspan="3"></td></tr>
<tr><td colspan="2"></td><td colspan="3"></td><td colspan="3"></td></tr>
<tr><td colspan="2"></td><td colspan="3"></td><td colspan="3"></td></tr>
<tr><td colspan="2"></td><td colspan="3"></td><td colspan="3"></td></tr>
<tr><td colspan="3">五反处理类型</td><td colspan="6">三类</td></tr>
<tr><td>备注</td><td colspan="8"></td></tr>
</table>

填表人：孔翔生（印）

苏州市工商界五反委员会制

苏州市工商业联合会筹备委员会所属各级委员登记表（陶叔南）

1952年8月

<table>
<tr><td>姓名</td><td>陶叔南</td><td>别号</td><td colspan="2"></td><td>性别</td><td>男</td><td>年龄</td><td>56</td></tr>
<tr><td>籍贯</td><td>苏州（祖籍绍兴）</td><td>家庭出身</td><td colspan="2">小资产阶级</td><td>本人成分</td><td>工商业者</td><td>特长</td><td>丝织</td></tr>
<tr><td>学历</td><td colspan="4">私塾</td><td>家庭地址</td><td colspan="3"></td></tr>
<tr><td>企业单位或服务厂商牌号</td><td>振亚织物股份有限公司</td><td>电话</td><td colspan="2"></td><td>主营</td><td>丝织</td><td>兼营</td><td></td></tr>
<tr><td>属业</td><td>工业</td><td colspan="3">参加何公会</td><td colspan="4">苏州市丝织工业同业公会</td></tr>
<tr><td rowspan="2">企业规模</td><td>1951年底资本总额</td><td colspan="2">人民币三十亿元</td><td colspan="2">1951年全年营业额</td><td colspan="3">2626458725元</td></tr>
<tr><td>职工总人数</td><td>124</td><td colspan="2">工人</td><td colspan="2">113</td><td>职员</td><td>11</td></tr>
<tr><td rowspan="5">简历</td><td colspan="2">起讫年月</td><td colspan="5">担任机关团体工厂商店及所任职务</td><td>任职地点</td></tr>
<tr><td colspan="2">1917年—1948年
1928年—1949年</td><td colspan="5">振亚织物公司协理兼技师
吴县丝织同业公会委员、理事等职</td><td></td></tr>
<tr><td colspan="2">1931年—1948年
1949年—1952年</td><td colspan="5">吴县县商会委员、理事等职
苏州市工商联筹备会主任委员</td><td></td></tr>
<tr><td colspan="2">1950年—1952年
1949年—1952年</td><td colspan="5">苏州市丝织工业同业公会筹备委员会主任委员
苏州市各界人民代表会议协商委员会副主席</td><td></td></tr>
<tr><td colspan="2">1949年—1952年
1949年—1952年</td><td colspan="5">苏南各界人民代表会议协商委员
振亚织物股份有限公司经理</td><td></td></tr>
<tr><td colspan="2">现任工商联系统各级职务</td><td colspan="7">苏州市工商联筹备委员会主任委员，苏州市丝织工业同业公会筹备会主任委员</td></tr>
<tr><td rowspan="2">曾参加何种党团或宗教以及社会团体</td><td>名称</td><td colspan="7"></td></tr>
<tr><td>担任职务</td><td colspan="7"></td></tr>
<tr><td>社会关系</td><td colspan="8"></td></tr>
<tr><td>备注</td><td colspan="8"></td></tr>
<tr><td colspan="9">此表必须用钢笔或毛笔正楷逐项详细填写清楚，一式三份</td></tr>
</table>

苏州市工商业联合会筹备委员会所属各级委员登记表（公营苏州企业公司：惠志芳）

1952年8月

<table>
<tr><td>姓名</td><td>惠志芳</td><td>别号</td><td></td><td>性别</td><td>男</td><td>年龄</td><td>31</td></tr>
<tr><td>籍贯</td><td>苏州</td><td>家庭出身</td><td>国药职工</td><td>本人成分</td><td>国药职工</td><td>特长</td><td></td></tr>
<tr><td>学历</td><td colspan="3">虎阜小学</td><td>家庭地址</td><td colspan="3"></td></tr>
<tr><td>企业单位或服务厂商牌号</td><td>公营苏州企业公司</td><td>电话</td><td>1371</td><td>主营</td><td></td><td>兼营</td><td></td></tr>
<tr><td>属业</td><td colspan="2">工、手工、商</td><td>参加何公会</td><td colspan="4">苏州市工商业联合会</td></tr>
<tr><td rowspan="2">企业规模</td><td colspan="2">1951年底资本总额</td><td></td><td colspan="2">1951年全年营业额</td><td colspan="2"></td></tr>
<tr><td>职工总人数</td><td></td><td>工人</td><td colspan="2"></td><td>职员</td><td></td></tr>
</table>

<table>
<tr><td rowspan="7">简
历</td><td>起讫年月</td><td>担任机关团体工厂商店及所任职务</td><td>任职地点</td></tr>
<tr><td>1937年　月—1949年5月</td><td>在雷允上国药号任职工</td><td>苏州西中市</td></tr>
<tr><td>1943年　月—1949年5月</td><td>历任吴县国药业工会理事长、常务理事等职</td><td>苏州察院场关帝庙内</td></tr>
<tr><td>1945年　月—1949年5月</td><td>历任吴县总工会理事、主任、秘书等职</td><td>苏州祥符寺巷</td></tr>
<tr><td>1949年5月—1949年8月</td><td>苏州市直属金阊镇副镇长</td><td>苏州金阊门外</td></tr>
<tr><td>1949年8月—1951年10月</td><td>历任苏州市人民政府劳动局调□处科长、秘书等职</td><td>苏州市人民政府</td></tr>
<tr><td>19　年　月—19　年　月</td><td></td><td></td></tr>
</table>

<table>
<tr><td colspan="2">现任工商联系统各级职务</td><td>第一副主委、筹委</td></tr>
<tr><td rowspan="2">曾参加何种党团或宗教以及社会团体</td><td>名称</td><td>中国共产党</td></tr>
<tr><td>担任职务</td><td>曾任市府总支委员</td></tr>
<tr><td>社会关系</td><td colspan="2"></td></tr>
<tr><td>备注</td><td colspan="2"></td></tr>
<tr><td colspan="3">此表必须用钢笔或毛笔正楷逐项详细填写清楚，一式三份</td></tr>
</table>

填表人：

苏州市工商业联合会筹备委员会
所属各级委员登记表
（苏纶纺织印染股份有限公司：浦亮元）

1952年8月

<table>
<tr><td>姓名</td><td colspan="2">浦亮元</td><td>别号</td><td colspan="2"></td><td>性别</td><td>男</td><td>年龄</td><td>44</td></tr>
<tr><td>籍贯</td><td colspan="2">常州市</td><td colspan="2">家庭出身</td><td>小资产阶级</td><td>本人成分</td><td>同上</td><td>特长</td><td>纺织技术</td></tr>
<tr><td>学历</td><td colspan="5">高中</td><td>家庭地址</td><td colspan="3">苏州盘门外苏纶新村</td></tr>
<tr><td>企业单位或服务厂商牌号</td><td colspan="2">苏纶纺织印染股份有限公司</td><td colspan="2">电话</td><td>1204</td><td>主营</td><td>纱、布</td><td>兼营</td><td></td></tr>
<tr><td>属业</td><td colspan="2">工业</td><td colspan="3">参加何公会</td><td colspan="4">棉纺同业公会</td></tr>
<tr><td rowspan="2">企业规模</td><td colspan="2">1951年底资本总额</td><td colspan="2">114436998896</td><td colspan="2">1951年全年营业额</td><td colspan="3">96620195539</td></tr>
<tr><td colspan="2">职工总人数</td><td>2845</td><td colspan="2">工人</td><td>2612</td><td colspan="2">职员</td><td>233</td></tr>
<tr><td rowspan="7">简
历</td><td colspan="2">起讫年月</td><td colspan="6">担任机关团体工厂商店及所任职务</td><td>任职地点</td></tr>
<tr><td colspan="2">1927年—1936年</td><td colspan="6">苏纶纱厂管理员、技术员、技师、工场主任、厂务主任</td><td>苏州</td></tr>
<tr><td colspan="2">1937年—1938年</td><td colspan="6">上海一大铁厂营业主任</td><td>上海</td></tr>
<tr><td colspan="2">1939年—1941年</td><td colspan="6">广益企业公司驻渝主任</td><td>重庆</td></tr>
<tr><td colspan="2">1943年—1945年</td><td colspan="6">无锡利达小型纱厂厂长</td><td>无锡</td></tr>
<tr><td colspan="2">1945年—1950年</td><td colspan="6">苏纶厂务主任、厂长、经理兼厂长</td><td>苏州</td></tr>
<tr><td colspan="2">1951年—19　年</td><td colspan="6">苏纶厂长</td><td></td></tr>
<tr><td colspan="3">现任工商联系统各级职务</td><td colspan="7">副主委</td></tr>
<tr><td colspan="3" rowspan="2">曾参加何种党团或宗教以及社会团体</td><td colspan="2">名称</td><td colspan="5">无</td></tr>
<tr><td colspan="2">担任职务</td><td colspan="5">无</td></tr>
<tr><td>社会关系</td><td colspan="9">苏南及本市各棉纺同业</td></tr>
<tr><td>备注</td><td colspan="9">无</td></tr>
<tr><td colspan="10">此表必须用钢笔或毛笔正楷逐项详细填写清楚，一式三份</td></tr>
</table>

填表人：浦亮元（印）

苏州市工商业联合会筹备委员会所属各级委员登记表（祥生油厂：张甸国）

1952 年 8 月

姓名	张甸国	别号	无	性别	男	年龄	37
籍贯	上海市	家庭出身	中农	本人成分	小资产阶级	特长	无
学历	上海青年会中学夜校高中肄业			家庭地址	本市学士街 144 号		
企业单位或服务厂商牌号	祥生油厂	电话	1834	主营	榨油	兼营	无
属业	工、手工、商	参加何公会		榨油工业			
企业规模	1951 年底资本总额	壹拾亿元	1951 年全年营业额	4690101397			
	职工总人数	34	工人	22	职员	12	
简历	起讫年月	担任机关团体工厂商店及所任职务				任职地点	
	1931 年　月—1935 年 4 月	中国内衣织染厂职员				上海康脑脱路	
	1935 年 4 月—1937 年 12 月	京沪、沪杭甬铁路管理局会计处综核课课员				上海北站	
	1938 年 10 月—1941 年 12 月	源泰花纱号职员				上海四川路 33 号	
	1942 年 5 月—1945 年 10 月	厚生油厂职员				昆山东门外	
	1945 年 10 月—1946 年 2 月	京沪、沪杭甬铁路胜利后复员				上海北站	
	1946 年 2 月—19　年　月	祥生油厂厂长				苏州胥门外	
现任工商联系统各级职务	工商联常委、第三副主委、榨油工业同业公会主委						
曾参加何种党团或宗教以及社会团体	名称	中苏友好协会苏州市分会工商界支会					
	担任职务	联络组长					
社会关系	周人龙，本厂职工，与我为表兄弟，在苏州是我唯一的亲戚。夏定良，本市协泰丰油厂协理，因为是同业，接触时间特别多，彼此很熟悉。王泰生，上海大生油厂经理，是我在昆山厚生油厂任职时的同事。许瑞玉，现在铁路服务，过去是路局会计处的同事。						
备注	1938 年曾在上海前劳勃生路濬智小学担任教员四个月。						
此表必须用钢笔或毛笔正楷逐项详细填写清楚，一式三份							

填表人：张甸国（印）

苏州市工商业联合会筹备委员会所属各级委员登记表（大公书局：余民杰）

1952 年 8 月

<table>
<tr><td>姓名</td><td>余民杰</td><td>别号</td><td colspan="2"></td><td>性别</td><td>男</td><td>年龄</td><td>29</td></tr>
<tr><td>籍贯</td><td>苏州市人</td><td>家庭出身</td><td colspan="2">工商界</td><td>本人成分</td><td>工商业者</td><td>特长</td><td></td></tr>
<tr><td>学历</td><td colspan="4">高小毕业</td><td>家庭地址</td><td colspan="3">旧学前 47 号</td></tr>
<tr><td>企业单位或服务厂商牌号</td><td>大公书局</td><td>电话</td><td colspan="2">665</td><td>主营</td><td>文具</td><td>兼营</td><td>簿册</td></tr>
<tr><td>属业</td><td>工、手工、商</td><td colspan="3">参加何公会</td><td colspan="4">图书文具业公会</td></tr>
<tr><td rowspan="2">企业规模</td><td>1951 年底资本总额</td><td colspan="2">9150 万元</td><td colspan="2">1951 年全年营业额</td><td colspan="3">24850 万元整</td></tr>
<tr><td>职工总人数</td><td>2 人</td><td>工人</td><td colspan="2">0</td><td>职员</td><td colspan="2">2 人</td></tr>
<tr><td rowspan="7">简历</td><td colspan="2">起讫年月</td><td colspan="4">担任机关团体工厂商店及所任职务</td><td colspan="2">任职地点</td></tr>
<tr><td colspan="2">1939 年　月—1946 年　月</td><td colspan="4">新兴书社经理</td><td colspan="2">苏州西脚门内</td></tr>
<tr><td colspan="2">1946 年　月—1952 年　月</td><td colspan="4">大公书局经理</td><td colspan="2">苏州玄妙观内</td></tr>
<tr><td colspan="2">19　年　月—19　年　月</td><td colspan="4"></td><td colspan="2"></td></tr>
<tr><td colspan="2">19　年　月—19　年　月</td><td colspan="4"></td><td colspan="2">昆山东门外</td></tr>
<tr><td colspan="2">19　年　月—19　年　月</td><td colspan="4"></td><td colspan="2"></td></tr>
<tr><td colspan="2">19　年　月—19　年　月</td><td colspan="4"></td><td colspan="2"></td></tr>
<tr><td colspan="2">现任工商联系统各级职务</td><td colspan="7">工商联常委兼秘书长</td></tr>
<tr><td colspan="2" rowspan="2">曾参加何种党团或宗教以及社会团体</td><td>名称</td><td colspan="6">中国民主同盟</td></tr>
<tr><td>担任职务</td><td colspan="6"></td></tr>
<tr><td>社会关系</td><td colspan="8"></td></tr>
<tr><td>备注</td><td colspan="8"></td></tr>
<tr><td colspan="9">此表必须用钢笔或毛笔正楷逐项详细填写清楚，一式三份</td></tr>
</table>

填表人：余民杰（印）

苏州市工商业联合会筹备委员会所属各级委员登记表（义茂米厂：严柏筠）

1952年8月

<table>
<tr><td>姓名</td><td>严柏筠</td><td>别号</td><td colspan="2"></td><td>性别</td><td>男</td><td>年龄</td><td>35</td></tr>
<tr><td>籍贯</td><td>苏州</td><td>家庭出身</td><td colspan="2">工</td><td>本人成分</td><td>工商界</td><td>特长</td><td></td></tr>
<tr><td>学历</td><td colspan="4">初中肄业</td><td>家庭地址</td><td colspan="3">大九思巷新10号</td></tr>
<tr><td>企业单位或服务厂商牌号</td><td>义茂米厂</td><td>电话</td><td colspan="2">281</td><td>主营</td><td>粮食</td><td>兼营</td><td></td></tr>
<tr><td>属业</td><td>工、手工、商</td><td colspan="3">参加何公会</td><td colspan="4">粮食业公会</td></tr>
<tr><td rowspan="2">企业规模</td><td>1951年底资本总额</td><td colspan="3">4400万元（1949.9.1）</td><td colspan="2">1951年全年营业额</td><td colspan="2">108亿元</td></tr>
<tr><td>职工总人数</td><td>84人</td><td>工人</td><td colspan="3">60人（包括什劳10人）</td><td>职员</td><td>24人</td></tr>
<tr><td rowspan="7">简历</td><td colspan="2">起讫年月</td><td colspan="4">担任机关团体工厂商店及所任职务</td><td colspan="2">任职地点</td></tr>
<tr><td colspan="2">1933年 月—1945年 月</td><td colspan="4">入前震灉米行习业（现义茂原址）</td><td colspan="2">娄门外大街</td></tr>
<tr><td colspan="2">1946年4月—迄今</td><td colspan="4">受任义茂经理</td><td colspan="2">娄门外大街新246号</td></tr>
<tr><td colspan="2">19 年 月—19 年 月</td><td colspan="4"></td><td colspan="2"></td></tr>
<tr><td colspan="2">19 年 月—19 年 月</td><td colspan="4"></td><td colspan="2">昆山东门外</td></tr>
<tr><td colspan="2">19 年 月—19 年 月</td><td colspan="4"></td><td colspan="2"></td></tr>
<tr><td colspan="2">19 年 月—19 年 月</td><td colspan="4"></td><td colspan="2"></td></tr>
<tr><td colspan="2">现任工商联系统各级职务</td><td colspan="7">常务委员、副秘书长</td></tr>
<tr><td colspan="2" rowspan="2">曾参加何种党团或宗教以及社会团体</td><td>名称</td><td colspan="6">未</td></tr>
<tr><td>担任职务</td><td colspan="6">无</td></tr>
<tr><td>社会关系</td><td colspan="8"></td></tr>
<tr><td>备注</td><td colspan="8"></td></tr>
<tr><td colspan="9">此表必须用钢笔或毛笔正楷逐项详细填写清楚，一式三份</td></tr>
</table>

填表人：严柏筠（印）

苏州市工商界联合会筹备委员会所属各级委员登记表（东来仪纸号：徐粹清）

1952 年 8 月

<table>
<tr><td>姓名</td><td>徐粹清</td><td>别号</td><td></td><td>性别</td><td>男</td><td>年龄</td><td>44</td></tr>
<tr><td>籍贯</td><td>苏州</td><td>家庭出身</td><td>商</td><td>本人成分</td><td>小资产阶级</td><td>特长</td><td></td></tr>
<tr><td>学历</td><td colspan="3">初中</td><td>家庭地址</td><td colspan="3">天后宫街 120 号</td></tr>
<tr><td>企业单位或服务厂商牌号</td><td>东来仪纸号</td><td>电话</td><td>548</td><td>主营</td><td>纸张</td><td>兼营</td><td>文具</td></tr>
<tr><td>属业</td><td>商业</td><td colspan="2">参加何公会</td><td colspan="4">纸业公会</td></tr>
<tr><td rowspan="2">企业规模</td><td>1951 年底资本总额</td><td>64700787</td><td colspan="2">1951 年全年营业额</td><td colspan="3">534585380</td></tr>
<tr><td>职工总人数</td><td>10</td><td>工人</td><td>4</td><td>职员</td><td colspan="2">6</td></tr>
<tr><td rowspan="7">简历</td><td colspan="2">起讫年月</td><td colspan="4">担任机关团体工厂商店及所任职务</td><td>任职地点</td></tr>
<tr><td colspan="2">1936 年 2 月—1952 年 8 月</td><td colspan="4">担任东来仪纸号经理</td><td>观前街 62 号</td></tr>
<tr><td colspan="2">19　年—19　年</td><td colspan="4"></td><td></td></tr>
<tr><td colspan="2">19　年—19　年</td><td colspan="4"></td><td></td></tr>
<tr><td colspan="2">19　年—19　年</td><td colspan="4"></td><td></td></tr>
<tr><td colspan="2">19　年—19　年</td><td colspan="4"></td><td></td></tr>
<tr><td colspan="2">19　年—19　年</td><td colspan="4"></td><td></td></tr>
<tr><td colspan="2">现任工商联系统各级职务</td><td colspan="6">工商联筹委会常务委员及财务委员、南门商场工作委员</td></tr>
<tr><td colspan="2" rowspan="2">曾参加何种党团或宗教以及社会团体</td><td>名称</td><td colspan="5">第六联办事处副主委、纸业公筹会主任委员</td></tr>
<tr><td>担任职务</td><td colspan="5"></td></tr>
<tr><td>社会关系</td><td colspan="7">同业公会会员及谈副主委很接近。</td></tr>
<tr><td>备注</td><td colspan="7">无</td></tr>
<tr><td colspan="8">此表必须用钢笔或毛笔正楷逐项详细填写清楚，一式三份</td></tr>
</table>

填表人：徐粹清（印）

苏州市工商业联合会筹备委员会所属各级委员登记表（叶受和：陈茂生）

1952年8月

姓名	陈茂生	别号		性别	男	年龄	35
籍贯	浙江慈溪	家庭出身	小资产阶级	本人成分	资方代理人	特长	
学历	高小毕业			家庭地址	苏州碧凤坊38号		
企业单位或服务厂商牌号	叶受和	电话	964	主营	茶食糖果	兼营	野味饼干
属业		参加何公会		茶食糖果业公会			
企业规模	1951年底资本总额	23016000		1951年全年营业额	1697195850		
	职工总人数	60	工人	29	职员	31	

简历	起讫年月	担任机关团体工厂商店及所任职务	任职地点
	1932年—1936年	大生堂练习生、职员	浙江临浦
	1937年—1937年	叶受和职员	苏州观前街
	1940年—1941年	叶受和职员	苏州观前街
	1942年—1944年	行商	苏州甫桥西街
	1945年—1947年	信昌北货行副理	苏州万年桥
	1948年—1952年	叶受和副理	苏州观前街

现任工商联系统各级职务	常委、同业公会副主委	
曾参加何种党团或宗教以及社会团体	名称	无
	担任职务	无
社会关系	亲友之间有工人阶级，有资产阶级	
备注	无	
此表必须用钢笔或毛笔正楷逐项详细填写清楚，一式三份		

填表人：陈茂生（印）

苏州市工商业联合会筹备委员会所属各级委员登记表（嘉美克纽扣厂：何晋堂）

1952 年 8 月

姓名	何晋堂	别号		性别	男	年龄	34	
籍贯	定海	家庭出身	商	本人成分	小资产阶级	特长		
学历	初中肄业			家庭地址	盘门裕棠桥 821 号			
企业单位或服务厂商牌号	嘉美克纽扣厂 苏州工场	电话	1636	主营		兼营		
属业		参加何公会	苏州市纽扣工业同业公会					
企业规模	1951 年底资本总额	资本由上海总厂	1951 年全年营业额	28000				
	职工总人数	89	工人	80	职员	6	学徒	3
简历	起讫年月	担任机关团体工厂商店及所任职务	任职地点					
	1936 年起做纽扣迄今	嘉美克纽扣厂厂长	盘门裕棠桥 821 号					
	19　年—19　年							
	19　年—19　年							
	19　年—19　年							
	19　年—19　年							
	19　年—19　年							
现任工商联系统各级职务	纽扣业公会主委（代理）							
曾参加何种党团或宗教以及社会团体	名称							
	担任职务							
社会关系								
备注	无							
此表必须用钢笔或毛笔正楷逐项详细填写清楚，一式三份								

填表人：

苏州市工商业联合会筹备委员会所属各级委员登记表（太和面粉厂股份有限公司：陶君武）

1952年8月

姓名	陶君武	别号	钟英	性别	男	年龄	48
籍贯	江苏省无锡市	家庭出身	工商业	本人成分	资产阶级	特长	
学历	1929年上海私立大同大学毕业			家庭地址	上海市石门1路336弄15号		
企业单位或服务厂商牌号	太和面粉厂股份有限公司	电话	211 1213	主营	面粉工业	兼营	
属业	工业	参加何公会		苏州市面粉工业同业公会筹备会			
企业规模	1951年底资本总额	4200000000		1951年全年营业额		34416300000	
	职工总人数	184	工人	147	职员	37	

简历	起讫年月	担任机关团体工厂商店及所任职务	任职地点
	1929年7月—1934年12月	元益堆栈经理（私营）	无锡市蓉湖庄
	1935年1月—1937年12月	创设太和面粉厂，成立后任经理	苏州市觅渡桥
	1938年1月—1940年12月	创设兴业实业工程公司（私营）	上海市江西路
	1941年1月—1948年12月	新生电机厂常务董事（私营）	上海市虎丘路
	1949年1月—1952年8月	太和面粉厂经理（私营）	苏州市承德里
	19　年—19　年		

现任工商联系统各级职务	工商联筹备委员及常务委员	
曾参加何种党团或宗教以及社会团体	名称	
	担任职务	离开学校一向经营工商业，从未参加任何政治团体及社会团体，亦无任何宗教信仰。
社会关系		
备注		
此表必须用钢笔或毛笔正楷逐项详细填写清楚，一式三份		

填表：陶君武（印）

苏州市工商业联合会筹备委员会所属各级委员登记表（苏州市第一染织厂：王震瀛）

1952 年 8 月

<table>
<tr><td>姓名</td><td>王震瀛</td><td>别号</td><td colspan="2"></td><td>性别</td><td>男</td><td>年龄</td><td>35</td></tr>
<tr><td>籍贯</td><td>苏南江阴</td><td>家庭出身</td><td colspan="2">资产阶级</td><td>本人成分</td><td>资产阶级</td><td>特长</td><td></td></tr>
<tr><td>学历</td><td colspan="4">无锡江南中学毕业</td><td>家庭地址</td><td colspan="3">西瓦片巷 412 号</td></tr>
<tr><td>企业单位或服务厂商牌号</td><td>苏州市第一染织厂</td><td>电话</td><td colspan="2">1267
1709</td><td>主营</td><td>染织</td><td>兼营</td><td></td></tr>
<tr><td>属业</td><td>工业</td><td colspan="3">参加何公会</td><td colspan="4">染织业同业公会</td></tr>
<tr><td rowspan="2">企业规模</td><td>1951 年底资本总额</td><td colspan="2">十亿元（约计）</td><td colspan="2">1951 年全年营业额</td><td colspan="3"></td></tr>
<tr><td>职工总人数</td><td>约 250 人</td><td>工人</td><td colspan="2">200 人</td><td>职员</td><td colspan="2">50 人</td></tr>
<tr><td rowspan="7">简历</td><td colspan="2">起讫年月</td><td colspan="4">担任机关团体工厂商店及所任职务</td><td colspan="2">任职地点</td></tr>
<tr><td colspan="2">1940 年—1944 年</td><td colspan="4">天和纱布庄职员</td><td colspan="2">苏南江阴峭岐</td></tr>
<tr><td colspan="2">1944 年—1952 年 9 月</td><td colspan="4">天和染织厂厂长</td><td colspan="2">苏州</td></tr>
<tr><td colspan="2">1950 年—1952 年</td><td colspan="4">染织业联营处主委</td><td colspan="2">苏州</td></tr>
<tr><td colspan="2">1952 年 10 月—19　年　月</td><td colspan="4">苏州市第一染织厂</td><td colspan="2">苏州</td></tr>
<tr><td colspan="2">19　年　月—19　年　月</td><td colspan="4"></td><td colspan="2"></td></tr>
<tr><td colspan="2">19　年—19　年</td><td colspan="4"></td><td colspan="2"></td></tr>
<tr><td colspan="2">现任工商联系统各级职务</td><td colspan="7">染织业公筹会主委、第一联行政委员、工商联常委</td></tr>
<tr><td colspan="2" rowspan="2">曾参加何种党团或宗教以及社会团体</td><td>名称</td><td colspan="6">中苏友好协会</td></tr>
<tr><td>担任职务</td><td colspan="6"></td></tr>
<tr><td>社会关系</td><td colspan="8"></td></tr>
<tr><td>备注</td><td colspan="8">“五反”处理守法户，第一染织厂系庆丰、天和、同和三厂合并，经工商局批准后，定十月一日起成立，故资本额及职工人数系约计。</td></tr>
<tr><td colspan="9">此表必须用钢笔或毛笔正楷逐项详细填写清楚，一式三份</td></tr>
</table>

填表人：王震瀛（印）

苏州市工商业联合会筹备委员会所属
各级委员登记表
（大中华火柴公司苏州鸿生厂：王建言）

1952 年 8 月

<table>
<tr><td>姓名</td><td>王建言</td><td>别号</td><td></td><td>性别</td><td>男</td><td>年龄</td><td>50</td></tr>
<tr><td>籍贯</td><td>浙江定海</td><td>家庭出身</td><td>小资产阶级</td><td>本人成分</td><td>小资产阶级</td><td>特长</td><td></td></tr>
<tr><td>学历</td><td colspan="3">沪江大学商科学士</td><td>家庭地址</td><td colspan="3">上海兴国路 372 弄 1 号</td></tr>
<tr><td>企业单位或
服务厂商牌号</td><td>大中华火柴公司
苏州鸿生厂</td><td>电话</td><td>254
860</td><td>主营</td><td>火柴</td><td>兼营</td><td></td></tr>
<tr><td>属业</td><td>工业</td><td colspan="2">参加何公会</td><td colspan="4">上海市火柴工业同业公会、苏州市工商业联合会</td></tr>
<tr><td rowspan="2">企业规模</td><td>1951 年底资本总额</td><td colspan="2">公司资本四百亿元</td><td colspan="2">1951 年全年营业额</td><td colspan="2">18222451004</td></tr>
<tr><td>职工总人数</td><td>490</td><td>工人</td><td>471</td><td>职员</td><td colspan="2">19</td></tr>
<tr><td rowspan="7">简
历</td><td colspan="2">起讫年月</td><td colspan="3">担任机关团体工厂商店及所任职务</td><td colspan="2">任职地点</td></tr>
<tr><td colspan="2">1925 年 7 月—1927 年 7 月</td><td colspan="3">上海水泥公司会计科职员</td><td colspan="2">上海四川中路 33 号</td></tr>
<tr><td colspan="2">1927 年 8 月—1930 年 9 月</td><td colspan="3">华商立新贸易公司协理</td><td colspan="2">上海河南路</td></tr>
<tr><td colspan="2">1930 年 9 月—1932 年 1 月</td><td colspan="3">大中华火柴公司总务科职员</td><td colspan="2">上海四川中路 33 号</td></tr>
<tr><td colspan="2">1932 年 1 月—1948 年 7 月</td><td colspan="3">大中华火柴公司营业科副主任、主任</td><td colspan="2">上海四川中路 33 号</td></tr>
<tr><td colspan="2">1948 年 8 月—1951 年 5 月</td><td colspan="3">大中华火柴公司襄理</td><td colspan="2">上海四川中路 33 号</td></tr>
<tr><td colspan="2">1951 年 6 月—19　年　月</td><td colspan="3">大中华火柴公司苏州鸿生厂厂长</td><td colspan="2">苏州胥门外</td></tr>
<tr><td colspan="3">现任工商联系统各级职务</td><td colspan="5">常务委员</td></tr>
<tr><td colspan="3" rowspan="2">曾参加何种党团或
宗教以及社会团体</td><td>名称</td><td colspan="4">1925 年 5 月间在沪江大学受浸礼为基督教徒</td></tr>
<tr><td>担任职务</td><td colspan="4"></td></tr>
<tr><td>社会关系</td><td colspan="7"></td></tr>
<tr><td>备注</td><td colspan="7"></td></tr>
<tr><td colspan="8">此表必须用钢笔或毛笔正楷逐项详细填写清楚，一式三份</td></tr>
</table>

填表人：王建言（印）

苏州市工商业联合会筹备委员会所属各级委员登记表（汪瑞裕茶号：程汉章）

1952 年 8 月

<table>
<tr><td>姓名</td><td>程汉章</td><td>别号</td><td></td><td>性别</td><td>男</td><td>年龄</td><td>51</td></tr>
<tr><td>籍贯</td><td>歙县</td><td>家庭出身</td><td>小资产阶级</td><td>本人成分</td><td>商</td><td>特长</td><td></td></tr>
<tr><td>学历</td><td colspan="3">私塾</td><td>家庭地址</td><td colspan="3">富仁坊巷 16 号</td></tr>
<tr><td>企业单位或服务厂商牌号</td><td>汪瑞裕茶号</td><td>电话</td><td>1034</td><td>主营</td><td>茶叶</td><td>兼营</td><td></td></tr>
<tr><td>属业</td><td></td><td colspan="2">参加何公会</td><td colspan="4">茶叶业同业公会</td></tr>
<tr><td rowspan="2">企业规模</td><td>1951 年底资本总额</td><td colspan="2">四亿六千八百万元</td><td colspan="2">1951 年全年营业额</td><td colspan="2">十四亿五千万元</td></tr>
<tr><td>职工总人数 70 人</td><td>工人</td><td colspan="3">制茶技工 6 人，女工 31 人</td><td>职员</td><td colspan="2">33 人</td></tr>
<tr><td rowspan="7">简历</td><td colspan="2">起讫年月</td><td colspan="3">担任机关团体工厂商店及所任职务</td><td colspan="2">任职地点</td></tr>
<tr><td colspan="2">19 年 月—1917 年 2 月</td><td colspan="3">到本店任学徒</td><td colspan="2">观前街 119</td></tr>
<tr><td colspan="2">19 年 月—1919 年 5 月</td><td colspan="3">任本店职员</td><td colspan="2">观前街 119</td></tr>
<tr><td colspan="2">19 年 月—1932 年 1 月</td><td colspan="3">任本店资方代表人至今</td><td colspan="2">观前街 119</td></tr>
<tr><td colspan="2">19 年 月—19 年 月</td><td colspan="3"></td><td colspan="2"></td></tr>
<tr><td colspan="2">19 年 月—19 年 月</td><td colspan="3"></td><td colspan="2"></td></tr>
<tr><td colspan="2">19 年 月—19 年 月</td><td colspan="3"></td><td colspan="2"></td></tr>
<tr><td colspan="2">现任工商联系统各级职务</td><td colspan="6">工商联常委及同业小组长、筹委，生产指导部、物资交流工作委员</td></tr>
<tr><td colspan="2" rowspan="2">曾参加何种党团或宗教以及社会团体</td><td>名称</td><td colspan="5">茶叶公筹会、中区工商联工作委员会</td></tr>
<tr><td>担任职务</td><td colspan="5">筹委、委员</td></tr>
<tr><td>社会关系</td><td colspan="7">同业人士以及工商联委员、各业委员、组长、外埠同业等</td></tr>
<tr><td>备注</td><td colspan="7"></td></tr>
<tr><td colspan="8">此表必须用钢笔或毛笔正楷逐项详细填写清楚，一式三份</td></tr>
</table>

填表人：程汉章（印）

苏州市工商业联合会筹备委员会所属各级委员登记表（美纶织带厂：张寿鹏）

1952 年 8 月

<table>
<tr><td>姓名</td><td>张寿鹏</td><td>别号</td><td colspan="2"></td><td>性别</td><td>男</td><td>年龄</td><td>46</td></tr>
<tr><td>籍贯</td><td>苏州</td><td>家庭出身</td><td colspan="2"></td><td>本人成分</td><td></td><td>特长</td><td></td></tr>
<tr><td>学历</td><td colspan="4">苏州东吴大学肄业，上海持志法学院毕业</td><td>家庭地址</td><td colspan="3">闾邱坊巷 45</td></tr>
<tr><td>企业单位或服务厂商牌号</td><td>美纶织带厂</td><td>电话</td><td colspan="2">1344</td><td>主营</td><td>织带</td><td>兼营</td><td></td></tr>
<tr><td>属业</td><td>工</td><td colspan="3">参加何公会</td><td colspan="4">织带业同业公会</td></tr>
<tr><td rowspan="2">企业规模</td><td>1951 年底资本总额</td><td colspan="3">固定资产 32810000 元</td><td colspan="3">1951 年全年营业额</td><td>108 亿元</td></tr>
<tr><td>职工总人数</td><td>63 人</td><td>工人</td><td>48</td><td>职员</td><td colspan="3">13，资方从业人员 2</td></tr>
<tr><td rowspan="7">简
历</td><td colspan="2">起讫年月</td><td colspan="5">担任机关团体工厂商店及所任职务</td><td>任职地点</td></tr>
<tr><td colspan="2">19 年 月—19 年 月</td><td colspan="5">中华民国商会联合会江苏省代表、全国工业会议代表</td><td></td></tr>
<tr><td colspan="2">19 年 月—19 年 月</td><td colspan="5">江苏全省商会常务、江苏省工业会理事、吴县县商会理事长</td><td></td></tr>
<tr><td colspan="2">19 年 月—19 年 月</td><td colspan="5">吴县纱线业同业公会理事长、吴县参议员</td><td></td></tr>
<tr><td colspan="2">19 年 月—19 年 月</td><td colspan="5"></td><td></td></tr>
<tr><td colspan="2">19 年 月—19 年 月</td><td colspan="5"></td><td></td></tr>
<tr><td colspan="2">19 年 月—19 年 月</td><td colspan="5"></td><td></td></tr>
<tr><td colspan="2">现任工商联系统各级职务</td><td colspan="7"></td></tr>
<tr><td colspan="2" rowspan="2">曾参加何种党团或宗教以及社会团体</td><td>名称</td><td colspan="6">中国国民党党员</td></tr>
<tr><td>担任职务</td><td colspan="6"></td></tr>
<tr><td>社会关系</td><td colspan="8"></td></tr>
</table>

填表人：

苏州市工商业联合会筹备委员会所属各级委员登记表（行商联合会：江善先）

1952年8月

姓名	江善先	别号		性别	男	年龄	34岁
籍贯	吴县	家庭出身	商	本人成分	商	特长	
学历	苏州市萃英附小毕业			家庭地址	剪金桥巷新27号		
企业单位或服务厂商牌号	行商联合会	电话	1993	主营		兼营	
属业	工、手工、商	参加何公会					
企业规模	1951年底资本总额	4400万元（1949.9.1）		1951年全年营业额		108亿元	
	职工总人数	84人	工人	60人（包括什劳10人）		职员	24人
简历	起讫年月		担任机关团体工厂商店及所任职务			任职地点	
	1941年3月—1942年12月		吉泰棉布号协理			本市胥门	
	1943年6月—1945年8月		善昌棉布号经理			本市万年桥大街	
	1945年10月—1946年12月		振裕染织厂经理			本市十梓街	
	1947年4月—1948年7月		协昌纱布号经理			本市接驾桥	
	1948年7月—1950年5月		振源棉布号营业主任			上海	
	1950年7月—1951年8月		泰丰粮号经理			本市养育巷	
现任工商联系统各级职务		工商联常务委员					
曾参加何种党团或宗教以及社会团体		名称	中国民主建国会				
		担任职务					
社会关系							
备注	现在［任］行商联合会脱产主任						
此表必须用钢笔或毛笔正楷逐项详细填写清楚，一式三份							

填表人：江善先（印）

苏州市工商业联合会筹备委员会所属各级委员登记表（生春阳功记腿栈：许顺之）

1952 年 8 月

姓名	许顺之	别号		性别	男	年龄	49
籍贯	苏州	家庭出身	小资产阶级	本人成分	商	特长	
学历	上海光华大学商学士			家庭地址	大太平巷 12 号		
企业单位或服务厂商牌号	生春阳功记腿栈	电话		主营	腌腊	兼营	
属业		参加何公会		腌腊鱼腿业公会			
企业规模	1951 年底资本总额	一千二百万元		1951 年全年营业额		二亿七千万元	
	职工总人数	6 人	工人	1 人	职员	5 人	

简历	起讫年月	担任机关团体工厂商店及所任职务	任职地点
	1935 年　月—1952 年　月	服务生春阳腿栈	观前街 70 号
	1939 年　月—1945 年　月	任腌腊公会理事长	观前街 70 号
	1945 年　月—1949 年　月	任腌腊公会理事长	
	1949 年　月—1952 年　月	任腌腊公会主任委员	
	19　年　月—19　年　月		
	19　年　月—19　年　月		

现任工商联系统各级职务	工商联筹备委员、工商四联副主任委员、腌腊业主任委员	
曾参加何种党团或宗教以及社会团体	名称	未曾参加
	担任职务	
社会关系	常与同业往来	
备注		
此表必须用钢笔或毛笔正楷逐项详细填写清楚，一式三份		

填表人：许顺之（印）

苏州市工商业联合会筹备委员会所属各级委员登记表（苏嘉湖长途汽车公司：袁开先）

1952 年 8 月

<table>
<tr><td>姓名</td><td>袁开先</td><td>别号</td><td colspan="2"></td><td>性别</td><td>男</td><td>年龄</td><td>43</td></tr>
<tr><td>籍贯</td><td>浙江嵊县</td><td>家庭出身</td><td>学生</td><td>本人成分</td><td>军属</td><td>特长</td><td colspan="2">机械工程汽车管理</td></tr>
<tr><td>学历</td><td colspan="4">浙江大学工学院机械科毕业</td><td>家庭地址</td><td colspan="3">新马路 30 号</td></tr>
<tr><td>企业单位或服务厂商牌号</td><td>苏嘉湖长途汽车公司</td><td>电话</td><td colspan="2">1708</td><td>主营</td><td>公路运输</td><td>兼营</td><td></td></tr>
<tr><td>属业</td><td colspan="2"></td><td colspan="2">参加何公会</td><td colspan="4">直属会员</td></tr>
<tr><td rowspan="2">企业规模</td><td>1951 年底资本总额</td><td>25 亿元</td><td colspan="2">1951 年全年营业额</td><td colspan="4">4679695137 元（全路营业）</td></tr>
<tr><td>职工总人数</td><td>255 人</td><td>工人</td><td></td><td>职员</td><td colspan="3"></td></tr>
<tr><td rowspan="7">简历</td><td colspan="2">起讫年月</td><td colspan="5">担任机关团体工厂商店及所任职务</td><td>任职地点</td></tr>
<tr><td colspan="2">1930 年 9 月—1932 年 12 月</td><td colspan="5">浙江省公路局修车厂机务员、场务员</td><td>浙江杭州</td></tr>
<tr><td colspan="2">1933 年 1 月—1935 年 12 月</td><td colspan="5">萧绍长途汽车公司材料股主任</td><td>浙江绍兴</td></tr>
<tr><td colspan="2">1936 年 2 月—1937 年 11 月</td><td colspan="5">苏嘉湖长途汽车事务课长兼材料主任</td><td>浙江湖州</td></tr>
<tr><td colspan="2">1938 年 8 月—1939 年 5 月</td><td colspan="5">浙江省公路局材料库主任</td><td>浙江丽水</td></tr>
<tr><td colspan="2">1939 年 8 月—1942 年 2 月</td><td colspan="5">福建省运输公司副工程师兼永安修车厂厂长</td><td>福建永安</td></tr>
<tr><td colspan="2">1942 年 9 月—1945 年 10 月</td><td colspan="5">鹏飞汽车公司经理</td><td>福建南平</td></tr>
<tr><td colspan="2">现任工商联系统各级职务</td><td colspan="7"></td></tr>
<tr><td colspan="2" rowspan="2">曾参加何种党团或宗教以及社会团体</td><td>名称</td><td colspan="6"></td></tr>
<tr><td>担任职务</td><td colspan="6"></td></tr>
<tr><td>社会关系</td><td colspan="8"></td></tr>
<tr><td>备注</td><td colspan="8"></td></tr>
<tr><td colspan="9">此表必须用钢笔或毛笔正楷逐项详细填写清楚，一式三份</td></tr>
</table>

填表人：袁开先（印）

苏州市工商业联合会筹备委员会所属各级委员登记表（沐泰山国药号：张曾祥）

1952 年 8 月

姓名	张曾祥	别号	无	性别	男	年龄	43
籍贯	苏州市	家庭出身	旧商业家庭	本人成分	先教员后商人	特长	无
学历	杭州之江大学文科毕业（1934 年）			家庭地址	本市渡僧桥下塘曹家弄 4 号		
企业单位或服务厂商牌号	沐泰山国药号	电话	282	主营	国药	兼营	无
属业	商业	参加何公会		苏州市国药业公筹会			
企业规模	1951 年底资本总额	五亿六千一百万元		1951 年全年营业额		八亿六千二百三十万元	
	职工总人数	36 人	工人	33 人	职员	3 人	
简历	起讫年月	担任机关团体工厂商店及所任职务				任职地点	
	1917 年　月—1934 年	求学时期					
	1935 年　月—1941 年　月	任职教员					
	1942 年　月—1952 年　月	任沐泰山国药号协理					
	1948 年　月—1949 年　月	任同业公会理事长					
	1950 年　月—1952 年　月	任同业公会副主委					
	1950 年　月—1952 年　月	任工商业联合会筹备委员					
现任工商联系统各级职务	苏州市国药业同业公会副主委、工商联合会筹备委员						
曾参加何种党团或宗教以及社会团体	名称	前曾参加苏州基督教普益社为社员 曾参加苏州阊胥盘区救火会					
	担任职务	现任苏州市救火会联合会阊五支会常委委员					
社会关系	本人亲戚素少，旧同学均不通音信，星散疏远，惟对现在本同业全体会员均多熟识。						
备注							
此表必须用钢笔或毛笔正楷逐项详细填写清楚，一式三份							

填表人：张曾祥（印）

苏州市工商业联合会筹备委员会所属各级委员登记表（仁记老陆稿：张志明）

1952年8月

<table>
<tr><td>姓名</td><td>张志明</td><td>别号</td><td></td><td>性别</td><td>男</td><td>年龄</td><td>54岁</td></tr>
<tr><td>籍贯</td><td>苏州市</td><td>家庭出身</td><td>商</td><td>本人成分</td><td>商</td><td>特长</td><td></td></tr>
<tr><td>学历</td><td colspan="3">私塾</td><td>家庭地址</td><td colspan="3">富郎中巷14号</td></tr>
<tr><td>企业单位或服务厂商牌号</td><td>仁记老陆稿</td><td>电话</td><td></td><td>主营</td><td>鲜肉</td><td>兼营</td><td></td></tr>
<tr><td>属业</td><td>工、手工、商</td><td colspan="2">参加何公会</td><td colspan="4">肉品业</td></tr>
<tr><td rowspan="2">企业规模</td><td>1951年底资本总额</td><td colspan="2">6500000元</td><td colspan="2">1951年全年营业额</td><td colspan="2">523035100元</td></tr>
<tr><td>职工总人数</td><td>2人</td><td colspan="2">工人</td><td></td><td>职员</td><td>2人</td></tr>
<tr><td rowspan="7">简
历</td><td colspan="2">起讫年月</td><td colspan="4">担任机关团体工厂商店及所任职务</td><td>任职地点</td></tr>
<tr><td colspan="2">1930年　月—1931年　月</td><td colspan="4">鲜肉业主席委员、西区救火会常务委员</td><td></td></tr>
<tr><td colspan="2">1934年　月—1936年　月</td><td colspan="4">太养镇镇长、县商会候补执行委员、救火联合会执行委员</td><td></td></tr>
<tr><td colspan="2">1939年　月—1940年　月</td><td colspan="4">鲜肉业常务理事</td><td></td></tr>
<tr><td colspan="2">1946年　月—1949年　月</td><td colspan="4">县商会理监事</td><td></td></tr>
<tr><td colspan="2">1949年　月—1950年　月</td><td colspan="4">第一、二届人民代表</td><td></td></tr>
<tr><td colspan="2">1950年　月—1951年　月</td><td colspan="4">肉品业副主委、工商联筹委、救火联筹会常委、消防委员会委员、第四联办事处副主委</td><td></td></tr>
<tr><td colspan="2">现任工商联系统各级职务</td><td colspan="6">肉品业筹委</td></tr>
<tr><td colspan="2" rowspan="2">曾参加何种党团或宗教以及社会团体</td><td>名称</td><td colspan="5"></td></tr>
<tr><td>担任职务</td><td colspan="5"></td></tr>
<tr><td>社会关系</td><td colspan="7"></td></tr>
<tr><td>备注</td><td colspan="7"></td></tr>
<tr><td colspan="8">此表必须用钢笔或毛笔正楷逐项详细填写清楚，一式三份</td></tr>
</table>

填表人：张志明（印）

苏州市工商业联合会筹备委员会所属各级委员登记表（万康顺记酱园：吕沅桀）

1952年8月

<table>
<tr><td>姓名</td><td>吕沅桀</td><td>别号</td><td></td><td>性别</td><td>男</td><td>年龄</td><td>37岁</td></tr>
<tr><td>籍贯</td><td>苏州市</td><td>家庭出身</td><td>小资产阶级</td><td>本人成分</td><td>工商业者</td><td>特长</td><td>土木工程</td></tr>
<tr><td>学历</td><td colspan="3">上海圣约翰大学土木工程系1939年毕业</td><td>家庭地址</td><td colspan="3">苍龙巷四号</td></tr>
<tr><td>企业单位或服务厂商牌号</td><td>万康顺记酱园</td><td>电话</td><td>687</td><td>主营</td><td>酱园</td><td>兼营</td><td>油盐酒</td></tr>
<tr><td>属业</td><td>商</td><td colspan="2">参加何公会</td><td colspan="4">酱工业同业公会</td></tr>
<tr><td rowspan="2">企业规模</td><td>1951年底资本总额</td><td colspan="2">217669638.77元</td><td colspan="2">1951年全年营业额</td><td colspan="2">852678888元</td></tr>
<tr><td>职工总人数</td><td>17人</td><td>工人</td><td>10人</td><td>职员</td><td colspan="2">7人</td></tr>
<tr><td rowspan="7">简
历</td><td colspan="2">起讫年月</td><td colspan="3">担任机关团体工厂商店及所任职务</td><td colspan="2">任职地点</td></tr>
<tr><td colspan="2">1939年8月—1947年8月</td><td colspan="3">上海银钱业联合准备会办事员</td><td colspan="2">上海香港路59号</td></tr>
<tr><td colspan="2">1947年8月—1952年 月</td><td colspan="3">万康顺记酱园经理</td><td colspan="2">苏州大太平巷19号</td></tr>
<tr><td colspan="2">19 年 月—19 年 月</td><td colspan="3"></td><td colspan="2"></td></tr>
<tr><td colspan="2">19 年 月—19 年 月</td><td colspan="3"></td><td colspan="2"></td></tr>
<tr><td colspan="2">19 年 月—19 年 月</td><td colspan="3"></td><td colspan="2"></td></tr>
<tr><td colspan="2">19 年 月—19 年 月</td><td colspan="3"></td><td colspan="2"></td></tr>
<tr><td colspan="2">现任工商联系统各级职务</td><td colspan="6">工商联筹委会常务委员、酱工业交流业务小组组长</td></tr>
<tr><td colspan="2" rowspan="2">曾参加何种党团或宗教以及社会团体</td><td>名称</td><td colspan="5">无</td></tr>
<tr><td>担任职务</td><td colspan="5"></td></tr>
<tr><td>社会关系</td><td colspan="7"></td></tr>
<tr><td>备注</td><td colspan="7"></td></tr>
<tr><td colspan="8">此表必须用钢笔或毛笔正楷逐项详细填写清楚，一式三份</td></tr>
</table>

填表人：吕沅桀（印）

苏州市工商业联合会筹备委员会所属各级委员登记表（惠民轮局：王锐生）

1952 年 8 月

姓名	王锐生	别号	王昌平、王景仁	性别	男	年龄	59
籍贯	南京	家庭出身	小资产阶级	本人成分	店员	特长	忠实
学历	私塾			家庭地址	金门内刘家浜五号		
企业单位或服务厂商牌号	惠民轮局	电话		主营	出租	兼营	
属业	工、手工、商	参加何公会		轮运业公会			
企业规模	1951 年底资本总额		1951 年全年营业额				
	职工总人数		工人		职员		
简历	起讫年月	担任机关团体工厂商店及所任职务		任职地点			
	1905 年　月—1908 年　月	杨义和瓷器店练习生		南京中华门外扫帚巷			
	1909 年　月—1927 年　月	杨义和瓷器店职员，采购推销		南京中华门外扫帚巷			
	1928 年　月—1930 年　月	老公茂轮船公司职员		上海盆汤桥			
	1931 年　月—1943 年　月	惠民轮局经理		常熟苏州间			
	1944 年　月—1952 年　月	专营轮船出租					
	19　年　月—19　年　月						
现任工商联系统各级职务	工商联筹委、第七联副行政委员、轮运业主任委员						
曾参加何种党团或宗教以及社会团体	名称	轮船业公会					
	担任职务	常务监事					
社会关系							
备注	所有新惠昌轮船已向航管处报请拆毁						
此表必须用钢笔或毛笔正楷逐项详细填写清楚，一式三份							

填表人：王锐生（印）

苏州市工商业联合会筹备委员会所属各级委员登记表（天泰东和记：毕炳麟）

1952 年 8 月

姓名	毕炳麟	别号		性别	男	年龄	26
籍贯	安徽歙县	家庭出身	小资产阶级	本人成分	小资产阶级	特长	
学历	安徽省立师范毕业			家庭地址	东北街 170 号		
企业单位或服务厂商牌号	天泰东和记	电话	11727	主营	棉布	兼营	绸
属业	商	参加何公会		五联、布商业公会			
企业规模	1951 年底资本总额	62400000 元		1951 年全年营业额		473144700 元	
	职工总人数	9		工人		职员	9
简历	起讫年月		担任机关团体工厂商店及所任职务			任职地点	
	1944 年 2 月—19　年　月		学校毕业				
	1944 年 2 月—1945 年 8 月		教员			皖歙上新联立小学	
	1945 年 8 月—1953 年　月		本企业会计			苏州娄门外 182 号	
	19　年　月—19　年　月						
	19　年　月—19　年　月						
	19　年　月—19　年　月						
现任工商联系统各级职务							
曾参加何种党团或宗教以及社会团体		名称					
		担任职务					
社会关系							
备注							
此表必须用钢笔或毛笔正楷逐项详细填写清楚，一式三份							

填表人：毕炳麟（印）

苏州市工商业联合会筹备委员会所属各级委员登记表（大华电器行：王蕲）

1952 年 8 月

<table>
<tr><td>姓名</td><td>王蕲</td><td>别号</td><td colspan="2">全源</td><td>性别</td><td>男</td><td>年龄</td><td>26</td></tr>
<tr><td>籍贯</td><td colspan="2">苏州市</td><td>家庭出身</td><td>商</td><td>本人成分</td><td>商</td><td>特长</td><td>修理电器</td></tr>
<tr><td>学历</td><td colspan="4">初中毕业（省四中，今萃英中学）</td><td>家庭地址</td><td colspan="3">胥门外大马路 505 号</td></tr>
<tr><td>企业单位或服务厂商牌号</td><td colspan="2">大华电器行</td><td>电话</td><td>1583</td><td>主营</td><td>电料</td><td>兼营</td><td>修理</td></tr>
<tr><td>属业</td><td colspan="2">商</td><td colspan="2">参加何公会</td><td colspan="4">电器材料业公会、八联</td></tr>
<tr><td rowspan="2">企业规模</td><td colspan="2">1951 年底资本总额</td><td colspan="2">8000000 元</td><td colspan="2">1951 年全年营业额</td><td colspan="2">78000000 元</td></tr>
<tr><td colspan="2">职工总人数</td><td>3</td><td>工人</td><td colspan="2"></td><td>职员</td><td colspan="2">3</td></tr>
<tr><td rowspan="7">简
历</td><td colspan="3">起讫年月</td><td colspan="4">担任机关团体工厂商店及所任职务</td><td>任职地点</td></tr>
<tr><td colspan="3">1941 年　月—1944 年　月</td><td colspan="4">毕业后在盘门五泰米行学业</td><td>本市</td></tr>
<tr><td colspan="3">1946 年　月—1947 年　月</td><td colspan="4">新中电器行实习</td><td>本市</td></tr>
<tr><td colspan="3">1947 年　月—1952 年　月</td><td colspan="4">大华电器行经理</td><td>本市</td></tr>
<tr><td colspan="3">1950 年　月—1952 年　月</td><td colspan="4">同业公会筹委</td><td>本市</td></tr>
<tr><td colspan="3">1951 年　月—1952 年　月</td><td colspan="4">地区委员、南区拥优分会委员</td><td>本市</td></tr>
<tr><td colspan="3">1952 年　月—1952 年　月</td><td colspan="4">地区副主委、南区临工会主委、节委会南区分会委员</td><td>本市</td></tr>
<tr><td colspan="2">现任工商联系统各级职务</td><td colspan="7">南区工作委员会主委</td></tr>
<tr><td colspan="2" rowspan="2">曾参加何种党团或宗教以及社会团体</td><td>名称</td><td colspan="6">中苏友好协会</td></tr>
<tr><td>担任职务</td><td colspan="6">会员</td></tr>
<tr><td>社会关系</td><td colspan="8">张德润（鸿生火柴厂）、虞钧培（大昌铁厂）</td></tr>
<tr><td>备注</td><td colspan="8"></td></tr>
<tr><td colspan="9">此表必须用钢笔或毛笔正楷逐项详细填写清楚，一式三份</td></tr>
</table>

填表人：王蕲（印）

苏州市工商业联合会筹备委员会所属各级委员登记表（民丰苏锅农具制造厂：江志南）

1952年8月

姓名	江志南	别号		性别	男	年龄	39
籍贯	苏州市	家庭出身		本人成分	小资产阶级	特长	
学历	初中			家庭地址	山塘街毛家桥弄3号		
企业单位或服务厂商牌号	民丰苏锅农具制造厂股份有限公司筹备处	电话	724	主营	食锅农具	兼营	
属业	工、手工、商	参加何公会	冶铁业公会（手工）				
企业规模	1951年底资本总额	1066132800元	1951年全年营业额	709107180元			
	职工总人数	163	工人	129	职员	34	

简历	起讫年月	担任机关团体工厂商店及所任职务	任职地点
	1930年10月—1932年10月	三友广告公司、大发广告公司营业员	上海浙江路
	1934年2月—1938年9月	祥大盛木号会计	苏州山塘街
	1939年1月—1944年2月	久丰银公司职员、□泰钱庄襄理、苏州久康钱庄申庄	上海
	1946年3月—1951年12月	江祥记木号经理	苏州山塘街533号
	1952年1月—19　年　月	民营苏锅农具制作厂股份有限公司筹备处	苏州观前街250号
	19　年　月—19　年　月		

现任工商联系统各级职务	南区工作委员会委员	
曾参加何种党团或宗教以及社会团体	名称	苏州市木商业同业公会筹备会、苏州市救火联合会筹备会
	担任职务	木业公会筹备委员、救火联合会筹备委员
社会关系	朱荣奎，住苏州市胥门皇亭街14号，新苏纽扣厂，以前是我们同业（木业）	
备注	民丰锅厂筹备时期，资本总额上项是已收数字，营业额系1951年12月份	
此表必须用钢笔或毛笔正楷逐项详细填写清楚，一式三份		

填表人：江志南（印）

苏州市工商业联合会筹备委员会所属各级委员登记表（协鑫隆孵坊：薛国杰）

1952年8月

<table>
<tr><td>姓名</td><td>薛国杰</td><td>别号</td><td colspan="2"></td><td>性别</td><td>男</td><td>年龄</td><td>31</td></tr>
<tr><td>籍贯</td><td>本市</td><td>家庭出身</td><td colspan="2">工商业</td><td>本人成分</td><td>工商业者</td><td>特长</td><td></td></tr>
<tr><td>学历</td><td colspan="4">初一</td><td>家庭地址</td><td colspan="3">上塘街293号</td></tr>
<tr><td>企业单位或服务厂商牌号</td><td>协鑫隆</td><td>电话</td><td colspan="2"></td><td>主营</td><td>孵化</td><td>兼营</td><td></td></tr>
<tr><td>属业</td><td>商</td><td colspan="3">参加何公会</td><td colspan="4">蛋孵业公筹会</td></tr>
<tr><td rowspan="2">企业规模</td><td>1951年底资本总额</td><td colspan="2">9000万元</td><td colspan="2">1951年全年营业额</td><td colspan="3">39000万元</td></tr>
<tr><td>职工总人数</td><td>14</td><td>工人</td><td colspan="2">13</td><td>职员</td><td colspan="2">1</td></tr>
<tr><td rowspan="7">简
历</td><td colspan="2">起讫年月</td><td colspan="4">担任机关团体工厂商店及所任职务</td><td colspan="2">任职地点</td></tr>
<tr><td colspan="2">1939年7月—1940年9月</td><td colspan="4">在本企业协鑫隆协助店务</td><td colspan="2">上塘街293号</td></tr>
<tr><td colspan="2">1940年10月—1941年12月</td><td colspan="4">任源裕蛋行司账</td><td colspan="2">胥门万年桥大街</td></tr>
<tr><td colspan="2">1942年1月—19　年　月</td><td colspan="4">回协鑫隆孵坊担任经理迄今</td><td colspan="2">上塘街293号</td></tr>
<tr><td colspan="2">19　年　月—19　年　月</td><td colspan="4"></td><td colspan="2"></td></tr>
<tr><td colspan="2">19　年　月—19　年　月</td><td colspan="4"></td><td colspan="2"></td></tr>
<tr><td colspan="2">19　年　月—19　年　月</td><td colspan="4"></td><td colspan="2"></td></tr>
<tr><td colspan="2">现任工商联系统各级职务</td><td colspan="7">蛋孵业公筹会副主委、西区工作委员会主委</td></tr>
<tr><td colspan="2" rowspan="2">曾参加何种党团或宗教以及社会团体</td><td>名称</td><td colspan="6">中国民主同盟、中苏友好协会</td></tr>
<tr><td>担任职务</td><td colspan="6"></td></tr>
<tr><td>社会关系</td><td colspan="8"></td></tr>
<tr><td>备注</td><td colspan="8"></td></tr>
<tr><td colspan="9">此表必须用钢笔或毛笔正楷逐项详细填写清楚，一式三份</td></tr>
</table>

填表人：薛国杰（印）

苏州市工商业联合会筹备委员会所属各级委员登记表（荣昌电器号：周烈）

1952 年 8 月

姓名	周烈	别号	镜章	性别	男	年龄	37
籍贯	苏州	家庭出身	商	本人成分	商	特长	会计
学历	中学肄业			家庭地址	古吴路 20 号		
企业单位或服务厂商牌号	荣昌电器号	电话		主营	电料	兼营	
属业	商	参加何公会		电器材料商业同业公会			

企业规模							
企业规模	1951 年底资本总额	38500000 元	1951 年全年营业额	612008550 元			
	职工总人数	5 人（内一人系资方）	工人	3 人	职员	2 人	

简历	起讫年月	担任机关团体工厂商店及所任职务	任职地点
简	1930 年　月—1932 年　月	大中华电器公司练习生	上海
	1933 年　月—1939 年　月	大中华电器公司业务员	上海
	1940 年　月—1944 年　月	大中华电器公司会计员	上海
	1945 年　月—1952 年　月	荣昌电器号经理	苏州
历	19　年　月—19　年　月		
	19　年　月—19　年　月		

现任工商联系统各级职务	工商联北区工作委员会主委、电料业副主委	
曾参加何种党团或宗教以及社会团体	名称	中国民主同盟
	担任职务	盟员
社会关系	同业：濮蕴石、章志华、包启洪、周元康、陆文发（工商界） 亲戚：华荣寿、姚植甫、冯辛甫、长子周志方（华东军管区后勤参干） 同志：谢维安、余民杰、牟汉英等	
备注		
此表必须用钢笔或毛笔正楷逐项详细填写清楚，一式三份		

填表人：周烈（印）

苏州市工商业联合会筹备委员会所属各级委员登记表
（振亚织物股份有限公司：陶叔南）

1952 年 8 月

<table>
<tr><td>姓名</td><td>陶叔南</td><td>别号</td><td colspan="2"></td><td>性别</td><td>男</td><td>年龄</td><td>56</td></tr>
<tr><td>籍贯</td><td>苏州（祖籍绍兴）</td><td>家庭出身</td><td colspan="2">小资产阶级</td><td>本人成分</td><td>工商业者</td><td>特长</td><td>丝织</td></tr>
<tr><td>学历</td><td colspan="4">私塾</td><td>家庭地址</td><td colspan="3"></td></tr>
<tr><td>企业单位或服务厂商牌号</td><td>振亚织物股份有限公司</td><td>电话</td><td colspan="2"></td><td>主营</td><td>丝织</td><td>兼营</td><td></td></tr>
<tr><td>属业</td><td>工</td><td colspan="3">参加何公会</td><td colspan="4">苏州市丝织工业同业公会</td></tr>
<tr><td rowspan="2">企业规模</td><td>1951 年底资本总额</td><td colspan="2">人民币二十亿元</td><td colspan="2">1951 年全年营业额</td><td colspan="3">2626458725 元</td></tr>
<tr><td>职工总人数</td><td>124</td><td>工人</td><td colspan="2">113</td><td>职员</td><td colspan="2">11</td></tr>
<tr><td rowspan="7">简历</td><td colspan="2">起讫年月</td><td colspan="4">担任机关团体工厂商店及所任职务</td><td colspan="2">任职地点</td></tr>
<tr><td colspan="2">1917 年　月—1948 年　月</td><td colspan="4">振亚织物公司协理兼技师</td><td colspan="2"></td></tr>
<tr><td colspan="2">1949 年　月—1952 年　月</td><td colspan="4">振亚织物股份有限公司经理</td><td colspan="2"></td></tr>
<tr><td colspan="2">1928 年　月—1949 年　月</td><td colspan="4">吴县丝织同业公会委员、理事等职</td><td colspan="2"></td></tr>
<tr><td colspan="2">1949 年　月—1952 年　月</td><td colspan="4">苏州市工商联筹委会主任委员、苏州市各界人民代表会议协商委员会副主席、苏南各界人民代表会议协商委员</td><td colspan="2"></td></tr>
<tr><td colspan="2">1950 年　月—1952 年　月</td><td colspan="4">苏州市丝织工业同业公会筹备委员会主任委员</td><td colspan="2"></td></tr>
<tr><td colspan="2">19　年　月—19　年　月</td><td colspan="4"></td><td colspan="2"></td></tr>
<tr><td colspan="2">现任工商联系统各级职务</td><td colspan="7">苏州市工商联筹委会主任委员、苏州市丝织工业同业公筹会主任委员</td></tr>
<tr><td colspan="2" rowspan="2">曾参加何种党团或宗教以及社会团体</td><td>名称</td><td colspan="6"></td></tr>
<tr><td>担任职务</td><td colspan="6"></td></tr>
<tr><td>社会关系</td><td colspan="8"></td></tr>
<tr><td>备注</td><td colspan="8"></td></tr>
<tr><td colspan="9">此表必须用钢笔或毛笔正楷逐项详细填写清楚，一式三份</td></tr>
</table>

填表人：

苏州市工商业联合会筹备委员会
所属各级委员登记表
（公私合营苏州电气公司：张宝桐）

1952 年 8 月

姓名	张宝桐	别号		性别	男	年龄	56
籍贯	苏州市	家庭出身	职员	本人成分	技术人员	特长	电机工程
学历	大学，上海交通大学			家庭地址	本市大石头巷毛家弄 4 号		
企业单位或服务厂商牌号	公私合营苏州电气公司	电话	720	主营	电气	兼营	
属业	工	参加何公会		工商联			
企业规模	1951 年底资本总额	尚未完成清产核资工作		1951 年全年营业额			
	职工总人数	1952 年底 462 人	工人	346	职员	116	

	起讫年月	担任机关团体工厂商店及所任职务	任职地点
简历	1921 年　月—1922 年　月	上海英商慎昌洋行电气部学习员	上海
	1923 年　月—1924 年　月	美国奇异公司学习员	美国
	1925 年　月—1929 年　月	苏州电气公司工程师	苏州
	1930 年　月—1931 年　月	反动政府建设委员会设计委员	南京
	1932 年　月—1938 年　月	回任苏州电气公司工程师	
	1938 年　月—1943 年　月	沦陷时期苏沪避难赋闲	
	1943 年　月—1944 年　月	苏纶纱厂动力部主任	
	1945 年　月—1952 年　月	苏州电气公司经理	
	现在	公私合营苏州电气公司第一副厂长	

现任工商联系统各级职务	常务委员	
曾参加何种党团或宗教以及社会团体	名称	参加过中国工程学会、中国科学社、中国电机工程学会，为会员，现参加苏州市技术协会，基督教青年会董事，苏州市人代会议工程建设组委员，苏州市工人住宅建筑委员会委员
	担任职务	
社会关系	顾锡堂（内弟），苏州市物促会 徐子美（襟兄），上海中国纺织公司总管理处会计科 费福焘（友），上海公私合营密烘铸铁所 陈章（友），南京大学电机系主任教授	
备注		
此表必须用钢笔或毛笔正楷逐项详细填写清楚，一式三份		

填表人：张宝桐（印）

三、组织人事

苏州市工商业联合会筹备委员会全体委员通讯录

1949年12月1日

姓名	业别	通讯处
冯刚	公营银行	观前街苏州人民银行
王文进	公营贸易	观前街苏州建中公司
陆逢治	公营实业	苏州面粉厂
王祖纪	公营书店	人民路新华书店
浦亮元	纺织	盘门裕棠桥苏纶纺织染厂
陶叔南	丝织	仓街振亚绸厂
王兆祥	铁工	平门内宝裕路大毅铁厂
邵一清	面粉	承德里二三号太和面粉厂
徐鸿生	炼油	横马路一三三号协丰炼油厂
孙宝冲	皂烛	阊门大马路六二一号裕华皂烛厂
李祥勋	火柴	胥门外皇亭街四号鸿生火柴厂
黄克铭	铁工	人民路四五一号俞嘉基铁工厂
张宝桐	电厂	观前街一三〇号苏州电气厂
黄柱天	冶坊	枣市街六六号炽大锅厂
夏旦初	面粉纺织	观前街一九九号
马春霖	染织	蔡汇河头四五号染织公会
徐桐生	针织	东中市一一五号大康织造厂
沈壮声	棉纺	观前街一九九号三楼棉纺工业联营处
吴惠镗	制革	东中市一一号同升源皮坊
刘成文	猪鬃	臬马路四一号刘义兴号
邵孝谋	印刷	大成坊巷八五号文艺印务局
张甸国	油厂	胥门外洋桥河沿祥生油厂
张寿鹏	织带	闾邱坊巷美纶厂
朱宏湧	酱工	齐门下塘堵带桥同号酱园
沈泽苍	银行	观前街四明银行
佘民杰	文具	元妙观大公书局

续表

姓名	业别	通讯处
张学明	油饼	南濠街福信昌油行
张志明	鲜肉	养育巷太平桥堍老陆稿仁记
姚士镇	粮食	娄门外德庆粮行
张淳德	百货	接驾桥德大昌百货号
袁开先	长途汽车	南丁家巷二七号
张曾祥	国药	渡僧桥堍沐泰山国药号
朱日新	南北货	南濠街万昌祥南北货行
金瑞麟	绍酒	大成坊巷城中酒号
丁德昌	饼馒	宫巷颜家巷口丁复与号
崔炳炎	刺绣	汤家巷一〇七号振华绣庄
冯焕章	茶食糖果	人民路锦盛昌茶食糖果号
金润保	钱庄	观前街鸿源钱庄
沈继玉	卷烟	山塘街胡其兴五洋号
朱汝鹏	布业	西中市辛昌布号
王仁初	典当	景德路斑竹巷鼎隆典当
孔翔生	绸缎	宝林寺前五号元祥绸庄
黄安武	人力车	干将坊巷人力车公会转
吕源棨	酱工	大太平巷万康酱园
范以日	烛业	宫巷文明烛号
卢长庆	理发	宫巷紫罗兰理发店
谢惟安	鲜果	鲇鱼墩正昌鲜果行
徐仁焕	煤业	南濠街二三三号大成煤号
王树森	木业	胥门外王永顺木行
唐士英	运输	景德路协大运输行
潘士义	五金	阊门吊桥信丰恒五金号
邵伟民	皮毛油骨	半塘油车弄二二号公利号
陆乃康	颜料	山塘街八五四号顺大颜料号
方维坤	茶叶	东中市方永兴茶叶号
朱企新	戏院	宫巷八九号戏院公会
华一峰	木器	因果巷华万顺木器号
刘孚卿	国货公司	北局国货公司
董复始	寿器	养育巷百年长寿器号
严一阳	面粉	腌猪河头茂昌粉号
王锐生	轮船	南新路四四号
刘恂介	油饼	齐门外大街刘大盛油号

续表

姓名	业别	通讯处
徐粹清	纸业	观前街东来仪纸号
陈君玉	油业	胥门大街义隆和油坊
郭润源	猪行	猪行河头六七号
许顺之	腌腊	观前街生春阳号
蔡渭森	新药	观前街正威药房
陈焕章	药材	山塘街八〇二号德大药材号
姚锡麟	蛋行	葑门锡记蛋行
吴颂其	漆业	养育巷二九号吴荣泰漆号
唐慎志	面馆	人民路二二三号四时新面馆
程鼎元	丝线	上塘街三四二号同德丝线号
王仲华	丝号	古市巷四号大祥丝号
魏俊铭	饴糖	临顿路魏兴泰糖坊
诸叔亮	山地货	南濠街四九号永丰盛号
孙惠堂	钟表	观前一〇二号华盛顿钟表行
金子庠	土烟	葑门横街一〇九号万泰福烟行
王坤荣	弹花	胥门盛家弄一三号源泰顺花号
蔡寿芝	衣业	人民路五九一号联安商号
杨家麟	破布	山塘街八六八号杨聚兴号
陆颂清	西服	宫巷四六号天然服装号
曹春裕	箔业	阊门外鲇鱼墩
朱夏禹	三轮车	十梓街九四号
罗长生	马车	金门外爱河桥二〇六号
赖仁华	盐业	南濠街一三二号赖万盛盐号
曹子衡	旅馆	观前街一四九号吴宫饭店
石德清	香业	齐门外北马路桥石同顺香号
黄谷似	爆竹	齐门路十号黄义泰号
顾子坤	水灶	嘉余坊巷口焕记水灶号
吴如泉	豆腐	娄门外一〇五号
谈滋蕃	甕业	狮子口一五号
何静山	炭行	万年桥大街元隆仁炭行
何灿如	柴行	松鹤板场一八号单永昌柴行
殷坟源	竹业	葑门外油车场二二号殷泰记竹号
李和清	石灰砖瓦	齐门外永大石灰行
曹树荣	汽车	横马路二一三号华成汽车行
濮蕴石	电料	观前街一八五号贞和电料行

续表

姓名	业别	通讯处
汪一忱	铜锡	山塘街一〇七号源泰永号
冯恒一	皮革制品	西中市老瑞源鞋庄
王颂衡	牙骨器	观前街一六二号王衡泰号
王友侬	洗染	横马路同春坊口华美号
朱继凤	染业	人民路五一一号苏州第一染厂
吴家滨	瓷业	邵磨针巷一八号吴耀升号
俞静安	菜馆	宫巷一四四号义昌福号
冯锦文	茶馆	府前街云苑茶馆
王仁君	木床	因果巷六号王复兴木床号
陈炳生	髹漆	人民路四八七号国泰油漆社
姚和笙	营造	蒹葭巷三十号姚培记营造厂
卫仁麟	眼镜	上塘街三六三号永盛祥号
顾念椿	糕团	观前街二四一号黄天源号
朱耀铨	帽业	西中市二八号大元帽庄
陆根泉	石粉	东北街一五七号陆万兴号
俞俊秀	钢铁	南濠街一八四号升昌祥号
张嘉春	烧酒	山塘街一五五号张信号
金深永	纱线	东中市存德纱布号
何福荣	制箔	阊门外胡家墩正元箔坊
罗曜祥	麻业	山塘街一一号宝元祥号
居新增	浴业	宫巷清泉浴室
黄怀德	土布	下塘街一七三号仁记洽号
唐柏生	民船	乔司空巷三号顺通船行
王惠民	馄饨	娄门外大街二六八号
李凤来	成衣	人民路五八二号李元兴号

苏州市工商联筹委会第二次全体会议
组织组业务报告

1949 年 12 月 28 日

（一）完成各业编组小组——各单位会员编组小组，选举生产、学习、税务小组长，自本月八日开始，连续进行七天，业已完成，除工厂混合小组外，104 个单位，共组成 362 个小组，选出组长 1086 人。

（二）筹组新同业公会——照相业、皂烛业、湖笔业以前均无公会组织，现由各该业分别函请筹组新公会，经研究决定，准予发起筹备，推定召集人报会报查，另有草包厂业、火柴业在筹备中。

（三）计划编制各业公会整理组织方案——开始收集各县市参考材料，了解各业公会现状，拟制订整理组织方案草案，俟突击学习终了时，展开整理改组工作。

（四）收集各业旧业规进行研究——最近少数行业，以新店开设增加，发生新旧会员业务纠纷，开始收集各业规，作为系统性之研究，编制报告，提供主管机关参考。

（五）调解水灶业务纠纷——水灶业新旧会员业务纠纷，进行了解，召开有关人员座谈会，调解业务纠纷。

苏州市工商联筹委会常务委员会、整理组织委员会、监选员联席会议记录

1950 年 4 月 10 日

出席者：

陶叔南　王文进　沈泽苍　沈壮声　张廷忠　孔翔生　佘民杰　唐士英　唐慎志
金瑞麟　邵孝谋　丁德昌　华一峰　冯焕章　许顺之　郭润源（沈代）　黄柱天
徐粹清　范以日　邵伟成　沈继玉　朱汝鹏（史德生代）　黄安武　方维坤
张寿鹏

主席：陶叔南

报告事项：

主席报告：

（一）本市各界人民代表会议现已决定延期至 4 月 27 日举行，工商界选举代表工作已作充分准备。现拟将各业代表选举工作一律于 4 月 21 日以前完成，在代表产生以后代表会议开会以前之时间内，本会拟召集新产生代表，举行预备会，以便审查提案，讨论问题。

（二）因前述预定会期之变更，故本会各业原定选举代表期日之任务临时改为漫谈，酝酿如何产生理想代表。

（三）在选举展延日期内关于整理组织公会工作，拟尽可能结合进行，以利代表产生。

（四）监选员分别汇报出席各业漫谈经过。

黄柱天：出席山地货、鲜果两业座谈会，到会人数不足半数，对税务反映会员文化水平较低，记账有困难，使营业不易进行，已请提供书面意见。

邵伟成：出席茶饭、旅社、戏院三业合并座谈会，到会人数甚少，漫谈时会上对一人逃税大家负责表示困难，并希望政府对三业房捐予以照顾，又旅社业劳资间对于保证金问题迭有争执，希望政府规定计算办法。

皮毛油骨、猪鬃出席会员十分之六，猪鬃业表示现在经营者范围甚小，业务方面上海中国猪鬃公司收购货品时对于外埠未纳货物税猪鬃同样收购，以致本市纳税猪鬃成本较高，致有困难。毛皮油骨业认为有必要办好税务，偷税的一定要自己负责，对于公债方面存有观望心理的落后分子应该研究办法加以教育。

范以日：出席营造、石灰两业，到会人数不足半数，交换选举代表意见，两业拟各推二十一人互选。营造业提出该业劳资集体合同早已签订，但现有失业工人不依规定工资而贬价做工，以致影响会员业务。又石灰业反映乡区货物税征收情形较城区为松，以致成本不同，城区货物销路多受影响。

华一峰：饼馒业出席会员仅二十①余人，最近会员开会情绪不好，原因是该业过去免税，现今要缴工商税，公会负责人亦感困难。

冯焕章：纸业出席人数尚多，反映货物税补税问题，税务局局长原允以件以令补税，但工作通知说每一张都要补税，而且要自二月十四日起，小店门售不记账，补税是愿意的，唯恐补了货物税，将来又误会漏了别的税。

菜饭馆和面馆两业合并开会，菜饭馆反映说小账一成半是职工拿的，税务局亦要收营业税。面馆业反映营业清淡，将恐两个月以后都不易维持了。两业对公债表示不能完成。又菜饭馆业对乞丐集体索讨表示于营业影响甚大。

丁德昌：馄饨、糕团两业到会人数仅二十多人，反映情况①希望税局照顾困难，减免税负；②过去小本贷款对他们帮助很大，现在没有小本贷款，因之有了困难就不易解决。

壅业、豆腐两业合并开会时，壅业反映说每月出捐约八十石米，方法是用累进的，再要缴营业税觉得很困难。豆腐业过去旧业规开设地段有六十公尺的限制，目前豆腐摊甚多，公会无法限制，因之会员营业颇有影响。

郭润源：草织业会员因产品无销路，颇有困难，希望协助收购成品。

民船、轮船两业合并开会时，民船业反映会员参加联营的业务尚可维持，其他会员都有困难。

唐慎志：铜锡和五金铰链两业开会时，铜锡业中的翻砂组一人未到，铜锡业反映苏州该业税率3％，上海同业是2.5％，要求传达变更。

染、洗染、竹器三业合并开会时，人数到得极少，初步漫谈关于产生代表各问题。

邵伟成：我附带报告一般社会反映关于上次房捐迟缴的人非但不要迟纳罚金，反可以折扣优待，在守法的人民看来认为并不合理。

金瑞麟：寿器殡墓业会员希望税务局不要一人逃税大家负责。

唐士英：铁钢、冶坊两业开会时，会员希望：①改变一人逃税大家负责的办法；②整修娄门城门口和齐门路的道路，以利交通；③冶坊与铁钢已经合并组织公会，选举代表可否直接选举；④苏州税务局对征收冶坊工商业税税率按1.5％计征，但常州、无锡南通各地都按1.0％计征，希转达改善同一待遇。

五、采芝斋茶食糖果号劳资关系不正常，经劳资教育大会以后，资劳应负复业责任，但资方意见分店办法系劳方主动要复业，须请解雇职员四人。又新康绸厂劳资问题，劳方日前与北街镇保办事处职员节外生枝，发生纠纷。另外，理发业因同业相互减价竞争营业，劳方向工筹会建议要求处理，工商局原已定期予以调处，但调处前一日有个别工友未知政府已经定期调处，致发生工友分别前往白玫瑰、九州□□□情事，旋经手工业联合会暨工商局闻悉后赶往说明，即时停止争议，静候处理，但另有个别工友前往人民路中国理发店交涉时，工友曾打伤资方，发生纠纷。以上三事，政府为进行处理特组织调查团了解

---

① 为保留文献原貌，本书中数字和日期均依照原始文件录入，未进行格式统一。

情况，由工筹会、工商局、公安局、劳动局等有关部门暨本会共同指定相等人员参加调查，人数约三至四人。

决定事项如左：①推孔甸国、邵伟成、佘民杰、谢惟安四位参加调查团；②产生代表（七十名），选举日期自四月十七日至二十一日五天完成；③工商界另有列席代表二十名，应如何支配，如何产生，请整组委员会主委黄柱天负责设计。

散会。

苏州市工商联筹委会各专门委员会委员名单

1951年1月18日

（一）整理组织委员会

主任委员：黄柱天

副主任委员：佘民杰

委员：孔翔生、沈继玉、周云泉、刘恂介、邵伟成、冯国祥、冯焕章、华一峰、方维坤、金瑞麟、邵孝谋、唐慎志、张嘉春

（二）产销辅导委员会

主任委员：张学明

副主任委员：唐士英

委员：夏旦初、张宝桐、徐征平、邵一清、陆逢冶、高吉甫、徐桐生、吕沅檠、顾誉清、孙宝冲、崔炳炎、黄克铭、袁开光

（三）劳资协进委员会

主任委员：孔翔生

副主任委员：张甸国

委员：唐慎志、徐粹清、吕沅檠、陆锡翔、刘恂介、唐士英、李鸿业、沈幼丹、张秉良、朱录嘉、经正祥、李怀慈、王振瀛

（四）宣传委员会

主任委员：谢惟安

副主任委员：孙奇华、牟汉英

委员：邵伟成、佘民杰、张云清、沈幼丹、冯国祥、丁德昌、薛国杰、汪朝倜、毛安德、李鸿业、朱企新、李怀慈

（五）税务推进委员会

主任委员：朱宏湧

副主任委员：蔡渭森

委员：方维坤、谢惟安、董复始、殷坟源、高吉甫、朱日新、金瑞麟、朱汝鹏、彭祖龄、韩学志、张志明、潘士义、濮蕴石

（六）财务委员会

主任委员：朱汝鹏

副主任委员：朱日新

委员：殷坆源、张志明、胡志明、夏旦初、丁德昌、徐粹清、张宝桐、徐仁焕、郭润源、贝祖武、蔡渭森、姚士镇、朱秉智

苏州市工商业同业公会筹委会第一联办处行政委员会成立大会记录

1951年4月18日

时间：一九五一年四月十八日下午二时

地点：本会

出席者：

马春霖　王震瀛　陈景伊　顾荣寿　李南生（顾代）

包福卿　汪云林　刘启同　李鸿业　浦亮元（袁刚中代）

刘景煜　冯执中　陆锡翔　沈慰椿　陈则义　李增咏

游凤池　陈士敏　徐桐生　俞子健　程延龄

主席：陆锡翔

报告事项：

今天第一联办处行政委员会开始成立，委员人数共计三十人，现在需要确定常务委员名额及人选，并确定正、副主委名额及人选。

讨论事项：

（一）如何推选常务委员案。

议决：设常务委员十五人，每一单位至少有一人，选举结果：

织布马春霖，漳绒李南生，旧纱包福卿，毛巾刘启同，棉纺李鸿业、浦亮元，织带张寿康，金融冯执中、沈泽苍，丝织陆锡翔、陶叔南，漂棉陈则义，机缝李增咏，针织徐桐生、王效良

（二）如何推选正副主任委员案。

议决：主任委员一人，副主任委员四人，由五个单位分任，选举结果：

主任委员：李鸿业

副主任委员：冯执中、陆锡翔、马春霖、徐桐生

（三）准备发动参加五一示威大游行，请规定召集日期及出席人员案。

决议：定于本月二十二日下午二时整，在本会召集各公筹会全体筹委及小组长宣传动员。

主席：陆锡翔

记录：李瑞庭

苏州市工商界人民团体名册

1951年6月15日

团体名称	地址	负责人
工商业联合会筹委会	西百花巷	陶叔南
工商业联合会筹委会城中区工作委员会	九胜巷	余民杰
工商业联合会筹委会西北区工作委员会	文山寺前	汪哲夫
工商业联合会筹委会平门区工作委员会	祥符寺巷	华一峰
工商业联合会筹委会东北区工作委员会	齐门路180号	冯小范
工商业联合会筹委会西南区工作委员会	由斯弄	费声海
工商业联合会筹委会临江区工作委员会	菉葭巷	王有三
工商业联合会筹委会金门区工作委员会	南新路禹川里	谢惟安
工商业联合会筹委会东南区工作委员会	葑门外东街二八号	殷玟源
工商业联合会筹委会山塘区工作委员会	后小郝弄	陈焕章
同业公会第一联办处	祥符寺巷	李鸿业
丝织业公会筹会	第一联	陶叔南
针织业公筹会	第一联	徐桐生
棉纺业公筹会	第一联	浦亮元
织带业公筹会	第一联	张寿康
旧纱扎线业公筹会	第一联	包福卿
织布业公筹会	第一联	王震瀛
漳绒业公筹会	第一联	李南生
家庭毛巾业公筹会	第一联	杨秀琳
漂棉业公筹会	第一联	陈则义
金融业公筹会	第一联	沈泽苍
机制缝纫业	第一联	李增咏
同业公会第二联办处	大井巷	谢惟安
酱工业公筹会	第二联	吴其发（副）
鲜果业公筹会	第二联	谢惟安
山地货业公筹会	第二联	朱杏生（副）
榨油业公筹会	第二联	张甸国
盐业公筹会	第二联	冯文杰
桐柏油饼业公筹会	第二联	洪承明
绍酒业公筹会	第二联	金瑞麟
烧酒业公筹会	第二联	于观清
南北货糖业公筹会	第二联	陆俊卿、陶冠学、顾正午（副）
茶叶业公筹会	第二联	陈鹤邨
蛋孵业公筹会	第二联	姚锡麟

续表

团体名称	地址	负责人
茶食糖果业公筹会	第二联	金杏荪
同业公会第三联办处	小曹家巷	唐慎志
粮食业公筹会	第三联	姚士镇
面粉厂业公筹会	第三联	沈幼丹
菜饭馆业公筹会	第三联	陈路易
面馆业公筹会	第三联	唐慎志
馄饨业公筹会	第三联	刘正家
糕团业公筹会	第三联	顾念椿
饼馒生面业公筹会	第三联	丁德昌
面粉麸皮业公筹会	第三联	严一阳
饴糖业公筹会	第三联	魏晋卿
同业公会第四联办处	施相公弄	郭润源
肉品业公筹会	第四联	朱钦佩、马钧、倪慎安（副）
猪行业公筹会	第四联	郭润源
鲜鱼业公筹会	第四联	褚云卿（副）
羊肉业公筹会	第四联	柳春丹（季节性业务，现暂停顿）
豆腐业公筹会	第四联	朱全坤、孙云凤、朱景阳（副）
腌腊业公筹会	第四联	许顺之
猪鬃业公筹会	第四联	钱星伯
皮毛油骨业公筹会	第四联	周秉钧
破布旧货业公筹会	第四联	杨家麟
麻业公筹会	第四联	徐寅生、冯振远、刘玉成
成衣业公筹会	第四联	陶永昌
同业公会第五联办处	宝林寺前文衙弄	孔翔生
绸缎业公筹会	第五联	孔翔生
布业公筹会	第五联	朱汝鹏
衣业公筹会	第五联	蔡寿芝
帽业公筹会	第五联	朱耀铨
皮革制品业公筹会	第五联	冯恒一
刺绣业公筹会	第五联	华荣寿
弹花业公筹会	第五联	顾松筠
制革业公筹会	第五联	吴惠镗
丝线业公筹会	第五联	宗柳堂（委员）

续表

团体名称	地址	负责人
洗染织补业公筹会	第五联	张泉林
染业公筹会	第五联	朱继凤
颜料业公筹会	第五联	程甘棠（委员）
典当业公筹会	第五联	姬允奎
同业公会第六联办处	乔司空巷	余民杰
图书文具业公筹会	第六联	余民杰
纸业公筹会	第六联	徐粹清
印刷业公筹会	第六联	邵孝谋
文教用品业公筹会	第六联	徐国华
照相业公筹会	第六联	吴兆鼐
报纸经销业公筹会	第六联	李赓源
乐器业公筹会	第六联	夏如椿
戏院业公筹会	第六联	夏彭年
铜锡业公筹会	第六联	汪可彬（委员）
瓷料器业公筹会	第六联	祝君硕
陶器业公筹会	第六联	陶亮生
金属制品业公筹会	第六联	黄咏清
度量衡器业公筹会	第六联	胡鉴徐
同业公会第七联办处	南濠街	徐仁焕
人车业公筹会	第七联	姜志诚
□轮车业公筹会	第七联	王东生（业务停顿）
自由车业公筹会	第七联	顾坤生
马车业公筹会	第七联	倪德隆
汽车业公筹会	第七联	李长源
民船业公筹会	第七联	梁金宝
轮运业公筹会	第七联	王锐生
运输业公筹会	第七联	陆德全（副）
造船业公筹会	第七联	吴耀祥
旅馆业公筹会	第七联	王伟公
机械业公筹会	第七联	黄尧铭
煤炭业公筹会	第七联	徐仁焕
同业公会第八联办处	人民商场	蔡渭森
百货业公筹会	第八联	张希贤

续表

团体名称	地址	负责人
电料业公筹会	第八联	濮蕴石
钟表业公筹会	第八联	孙惠堂
眼镜业公筹会	第八联	吴秉南
卷烟业公筹会	第八联	宋延龄
骨伞棕刷业公筹会	第八联	刘德发
煤油业公筹会	第八联	张秉良
皂烛业公筹会	第八联	郑伯贤
五金业公筹会	第八联	罗海珊
国药业公筹会	第八联	经正祥
新药业公筹会	第八联	王缄三
药材参燕业公筹会	第八联	周松涛
纽扣业公筹会	第八联	何晋棠
同业公会第九联办处	干将坊	黄安武
茶馆书场业公筹会	第九联	黄安武
理发业公筹会	第九联	翁维宏
浴室业公筹会	第九联	伍华聚
柴行业公筹会	第九联	顾企华
砻糠业公筹会	第九联	王蘋洲
水灶业公筹会	第九联	卢文超
香业公筹会	第九联	石德清
烛业公筹会	第九联	范以日
爆竹业公筹会	第九联	黄谷似
箔业公筹会	第九联	李世馀
制箔业公筹会	第九联	陈永相
甕业公筹会	第九联	谈滋蕃
旧货寄售业公筹会	第九联	倪少彰
草织品业公筹会	第九联	叶再寿
同业公会第十联办处	牛角浜	黄柱天
营造业公会筹会	第十联	王汉平（副）
木业公筹会	第十联	程庭桂
石灰砖瓦业公筹会	第十联	沈志立
竹业公筹会	第十联	冯子范
髹漆业公筹会	第十联	陆元增

续表

团体名称	地址	负责人
漆业	第十联	吴颂其
寿器殡墓业公筹会	第十联	董复始
石粉业公筹会	第十联	王穗清
木器业公筹会	第十联	李瑞鑫
木麻棕垫业公筹会	第十联	王仁君
白坯家具业公筹会	第十联	龚根元
盆桶橱柜业公筹会	第十联	谈威
竹藤器业公筹会	第十联	于文福
树行业公筹会	第十联	吕能勤
冶铁业公筹会	第十联	俞俊秀
白铁业公筹会	第十联	钱德清

苏州市工商联筹委会业务组拟定并区时有关本组的工作及人事建议

1951年11月16日

掌握工商业户动态开歇变更登记是领导今后全市工商业走向新民主主义经济建设的重要工作，所以过去亦为本组最重视最繁复的工作之一，且已经打下了比较好的基础，并区在即，本组为更进一步搞好今后的工作，与工商局登记科交换了意见，提出下列的建议，希作参考。

（一）工作方面：在原有的基础上受区人民政府领导和区工商办事处的指导，协助政府进行调查对保，提供资料意见给政府作最后决定的参考，同时做好各项动态统计。

（二）人事方面：不打乱原有基础，保持优点，弥补缺陷，有计划地调动人事，经过研究，并区后地域扩大，工作更形繁杂，必须内外互相辅助，方能工作达到理想，故建议东南两区办理此项工作者为内外各一人，西北中三区因工商户数较多，拟多添外勤通知一人，办理此项工作以外勤为主，经常与区工商办事处联系，做好调研工作，内勤为辅，做好各项整理统计和购表工作，故外勤工作同志必须能力较强者方能胜任，经本组与工商局登记科的研究，拟定下列人选建议，希参考采纳：

东区：吕建良（外勤）　李公言（内勤）
南区：阮大成（外勤）　邱善尧（内勤）
西区：孙念祖（外勤）　顾绳武（内勤）　另一位外勤请行政方面决定
北区：龚惠民（外勤）　范亚文（外勤）　孙凤麟（内勤）
中区：钱一汀（外勤）　张兆基（内勤）　另一位外勤工作同志请行政方面决定

一九五一年苏州市工商联组织情况调查表

1951年12月31日

机构名	地址	负责人姓名	职工人数	所属公会数	会员户数	设立年月	领导机关	备注
苏州市工商业联合会筹备委员会	西北花巷(新)35号	陶叔南	46	10个公会联办处及12个直属单位	18119	1949.11	由苏州市人民政府工商局领导	
苏州市工商业联合会筹备委员会东区工作委员会	蒹葭巷(新)11号	严柏筠	21			1951.11	由苏州市工商业联合会筹委会及工商局、区工商办事处领导	
苏州市工商业联合会筹备委员会南区工作委员会	胥门外由斯弄	祝森元	25			1951.11	由苏州市工商业联合会筹委会及工商局、区工商办事处领导	
苏州市工商业联合会筹备委员会西区工作委员会	山塘街	冯国祥	27			1951.11	由苏州市工商业联合会筹委会及工商局、区工商办事处领导	
苏州市工商业联合会筹备委员会北区工作委员会	砂皮巷	程延龄	30			1951.11	由苏州市工商业联合会筹委会及工商局、区工商办事处领导	
苏州市工商业联合会筹备委员会中区工作委员会	九胜巷	贝祖武	19			1951.11	由苏州市工商业联合会筹委会及工商局、区工商办事处领导	
苏州市同业公会筹备委员会第一联合办事处	祥符寺巷	李鸿业	16	12个行业公会及3个直属单位	1100	1951.5.1	由苏州市工商业联合会筹委会及工商局领导	
苏州市同业公会筹备委员会第二联合办事处	大井巷	谢惟安	17	12个公会	1107	1951.5.1	由苏州市工商业联合会筹委会及工商局领导	

续表

机构名	地址	负责人姓名	职工人数	所属公会数	会员户数	设立年月	领导机关	备注
苏州市同业公会筹备委员会第三联合办事处	小曹家巷	唐慎志	14	9 个公会	1362	1951.5.1	由苏州市工商业联合会筹委会及工商局领导	
苏州市同业公会筹备委员会第四联合办事处	施相公弄	郭润源	14	11 个公会	1900	1951.5.1	由苏州市工商业联合会筹委会及工商局领导	
苏州市同业公会筹备委员会第五联合办事处	宝林寺前文衙弄	孔翔生	18	13 个公会	1163	1951.5.1	由苏州市工商业联合会筹委会及工商局领导	
苏州市同业公会筹备委员会第六联合办事处	乔司空巷	余民杰	18	15 个公会	1712	1951.5.1	由苏州市工商业联合会筹委会及工商局领导	
苏州市同业公会筹备委员会第七联合办事处	南濠街	徐仁焕	19	11 个公会	4115	1951.5.1	由苏州市工商业联合会筹委会及工商局领导	
苏州市同业公会筹备委员会第八联合办事处	宫巷	蔡渭森	17	14 个公会	2070	1951.5.1	由苏州市工商业联合会筹委会及工商局领导	
苏州市同业公会筹备委员会第九联合办事处	干将坊巷	黄安武	16	14 个公会	1770	1951.5.1	由苏州市工商业联合会筹委会及工商局领导	
苏州市同业公会筹备委员会第十联合办事处	牛角浜	黄柱天	20	16 个公会	1808	1951.5.1	由苏州市工商业联合会筹委会及工商局领导	

一九五一年苏州工商联人员情况统计

1951 年

项目			上半年度	下半年度
工商联本部	工人数		8	11
	职员	高级负责者	1	1
		普通办事员	23	38
各同业公会	工人数		36	31
	职员	高级负责者	10	10
		普通办事员	106	124
各地区工作委员会	工人数		26	23
	职员	高级负责者	9	5
		普通办事员	86	91
备注			①前一阶段人数根据 5 月底统计数字 ②第二阶段人数根据 11 月底统计数字	

苏州市工商业联合会筹备委员会三十四次常会通过各联、区总干事、股长名单

1951 年

一联　陈步郭
二联　马嘉熊
三联　万巳修
四联　冯　翼
五联　胡寿卿
六联　吴震千
七联　卢默庵
八联　赵再康
九联　陈孟勋代
十联　彭清霄
东区　何瑞祖
南区　黄乐天
西区　吴直夫
北区　赵励志
中区　刘学铭

其他调动部分：唐克勤调工商联工作
钱叔明调中区股长
方树棠调南区股长
朱忍时调八联工作
奚钟鸿调九区

地区股长以上人选

区别	总干事	辅导	税务	组宣	总务	财务
东	何瑞祖	李公言	孙玉中	李　钟	郑宾秋	郑宾秋兼
南	黄乐天	阮大成	杨晓鋆	王恂言	方树棠	周学梁
西	吴直夫	孙念祖	徐松麟	张诵青	周一飞	洪宜昌
北	赵励志	王寿田	陈昌颐	夏仲三	奚钟鸿	奚钟鸿兼
中	刘学铭	钱一汀	陆稼粟	钱叔明	袁以玮	袁以玮兼

苏州市工商业联合会筹备委员会
一九五一年工作报告

1952 年

一九五一年本市工商业情况，由于抗美援朝、土地改革、镇压反革命三大运动的伟大胜利，由于我们祖国新民主主义建设的向前飞跃发展，全国金融物价继续保持稳定，以及城乡交流关系的扩大，工商业生产经营情况，出现了淡季不淡、旺季更旺的繁荣现象，大大鼓舞了工商业者生产经营的积极性。

私营企业在中国共产党、毛主席和人民政府以及国营经济的正确领导下，多方扶助、鼓励、发展，依靠工人阶级，通过工商界的自我教育、自我改造，因而在生产经营上取得了许多成绩，业务从解放初期的维持阶段，逐步恢复，进入到目前的发展阶段。一年来我们的祖国在军事、政治、外交、经济和文化建设上，继续取得许多胜利，志愿军在朝鲜英勇斗争，严重打击了美帝国主义侵略者，保卫了祖国的安全，保卫了亚洲与世界的和平，保护了我们国家生产建设的进行，巩固了我们祖国新民主主义建设。工商业情况在此基础上，有着无比壮阔的发展前途，我们应进一步加强信心，为发展生产，繁荣经济，努力迈进。兹谨将一年来本会工作概况简要报告如下：

一、开展爱国主义教育，提高认识，发扬爱国主义思想，为祖国建设贡献力量方面：本会基本任务为团结全体工商业者，在中国共产党、毛主席、人民政府的领导下，遵照共同纲领，进行新民主主义经济建设。一年来本会在多项具体工作中，联系实际，推动贯彻宣传教育工作，帮助全市工商业者提高爱国主义思想，积极发扬爱国主义热情，领导工商业者执行人民政府政策法规，在生产经营上服从人民利益，明确遵守工会法及依靠工人阶级思想，进一步认识新民主主义社会制度的优越性。在宣传教育、提高思想认识方面，主要在各种运动的中心工作中，采取点面结合、由上而下的方法，进行广泛宣传鼓动，具体表现在以下方面：

（一）在开展拥军优属工作时，宣传启发饮水思源思想，并动员群众参加新年、春节、中秋等多项劳军慰问的拥优活动。

（二）在响应号召开展慰劳中朝部队、救济朝鲜难民捐献运动时，全市工商业户在各业公筹会领导下，进行了爱国主义与国际主义相结合的思想教育，提高思想认识。

（三）在支援农村土改运动时，本会充分宣传土改政策，说明土改政策与工商业的关系，认识消灭农村封建势力，实行耕者有其田，是解放农业生产力，发展生产建设的根本保证。号召全市工商业者，坚决不做地主防空洞，并防止地主转移粮食财产，并推派代表参加本市各界组织的农村土改参观团，动员参观本市土改展览会。在土改完成以后，本会结合实际行动，于五月动员工商业者，组织资金四十亿元，委托人民银行下乡办理农村肥料贷款，协助农民解决缺乏生产资金、肥料之困难。

（四）在本市开展反动党团、特务人员登记时，本会除领导各业进行宣传，组织漫谈及各组讨论外，并动员各业组织规劝队，分就行业范围，进行规劝说明工作，协助政府贯彻办理登记工作。

（五）在纪念“三八”妇女节时，工商界、绸布、百货等十四个行业，自发地进行了折扣优待。

（六）在开展反对美帝武装日本的宣传时，本会组织行动委员会，领导各区开展宣传工作。通过人民政府各局首长在各区进行的报告，各业暨地区小组组织漫谈讨论以后，各业又先后深入开展了反对美帝武装日本的控诉大会，通过控诉，启发教育了全市广大工商业者认识美帝、日寇的侵略本质，使各区工商业者普遍受到了爱国主义教育。

（七）在庆祝“五一”劳动节时，本会动员全市工商界二万人参加示威大游行，结合动员组织工作进行宣传，世界和平理事会关于缔结和平公约的宣言，通过宣传教育，工商界一一八二二人一致表示拥护世界和平理事会宣言，并签名赞成缔结五大国和平公约。举手表决：1. 反对美国武装日本，反对美国单独对日媾和；2. 主张签订全面的对日和约，促进日本人民民主、和平的两项主张。

（八）在镇压反革命运动开始后，工商界人民代表暨各业负责委员先后深入各区各业，广泛传达本市三界二次各界人民代表会议第一次扩大会议的精神和决议，以及吴市长在工商界代表会议上关于镇压反革命的报告，通过传达，帮助工商界正确认识镇压反革命是政府对人民高度负责的贤明措施，启发提高认识，积极行动起来，坚决协助政府对反革命分子进行无情斗争，全市各区各业暨基层小组，均组织讨论，进行座谈，深入开展，收集材料控诉反革命分子的罪行，帮助工商界从思想上明确敌我界线，提高政治觉悟，激发对反革命分子的仇恨与愤怒，统计镇压反革命运动的发展过程中，工商界各业各区各基层小组先后举行各种大小型会议共七三六次，累计出席人数五三九七四人，直接参加控诉人数有二一五六人，提出密告检举七八件，出席公审宣判大会六〇三〇人，同时又涌现了大批积极分子，大大帮助工商界提高了认识，伸张了正气，加强了我们人民内部的团结，也巩固了我们祖国的各项建设。

（九）在抗美援朝总会“六一”号召发出后，工商界自觉开展酝酿，并先后两次举行工商界代表会议，动员启发，组织讨论，提高工商界的爱国主义思想，帮助了解修订爱国公约、增产捐献、优待军烈属是全国人民积极支援志愿军在前线的作战斗争、消灭美帝国主义侵略者、保卫祖国安全、保卫世界和平的具体爱国主义的行动表现，宣传增产捐献的积极意义，推动组织学习，订立增产计划，并团结工商界中的积极分子组织工作队掌握贯彻，以实际行动响应号召，巩固国防建设，发扬爱国光荣。

（十）在中国共产党“七一”三十周年纪念时，本会推动工商界进行党史学习，帮助他们了解中国共产党三十年来正确领导中国人民艰苦、曲折的斗争过程，推动学习马列主义、毛泽东思想以及中国共产党为人民服务的精神，崇敬党的伟大，服从党的领导，建设新民主主义的新中国。

（十一）在“八一”建军节前后，本会组织工商业者七百余人，分别组织十三个慰问队，携带鲜花、红旗、慰问信、文娱节目等分赴各康复医院，向志愿军伤病员同志进行亲切慰问，启发工商界提高发扬抗美援朝的爱国主义热情，认识志愿军是我们最亲爱的人，因为他们在前方英勇斗争，才保卫了后方人民安居乐业、和平幸福的生活，因此我们必须积极树立爱国观念，积极响应“六一”三大号召，踊跃进行生产支前工作。

（十二）在“九三”抗日战争胜利日，本会又发动各业举行座谈会，宣传中国人民是在中国共产党的领导下和苏联的直接帮助下，打败了日本帝国主义的历史事实，结合周外长八月十五日声明及《人民日报》社论，联系时局形势，进行反对美英帝国主义阴谋单独对日媾和，并企图长期占领日本、重新武装日本、扩大侵略的宣传教育，鼓舞工商界发扬抗日战争英勇斗争的光荣爱国传统。

（十三）在“十一”国庆纪念节时，本会先于国庆节以前推动各区普遍召开庆祝国庆座谈会，出席五二七〇人，宣传庆祝国庆意义，并由本市人民政府各局首长出席报告新中国建国两年来的伟大成就，指出我们祖国正在走向繁荣富强的光明大道，通过宣传教育，大大鼓舞了工商业者的爱国热情，在此以前工商界为了迎接国庆，自觉热情超额缴纳爱国增产献款，在十月一日本会又动员工商界二万人参加了庆祝国庆大游行。

（十四）为了迎接志愿军出国作战一周年，本会除发动宣传外，推动全市工商界继续发扬爱国主义热情，以实际爱国行动，踊跃缴纳增产献款，截至十月二十五日，累计已缴献款达到人民币一百八十六亿元，超过了原定在六个月增产捐献战斗机十架的24%，占超额增产捐献战斗机十三架的95%，到十月三十一日止，献款光荣纳库达到一百九十四亿五千七百万元，基本完成了超额捐献的全部计划。

（十五）在庆祝苏联十月社会主义革命节时，本会结合增产捐献光荣完成授奖大会同时举行，宣传十月革命的胜利开创了人类历史发展最伟大的新时代，指出了全世界一切被压迫人民求解放的道路，宣传中国人民革命的胜利是和伟大十月革命的胜利分不开的，因此必须加强中苏两大国的友好团结，以保卫世界和平，巩固以苏联为首的世界和平民主阵营，彻底粉碎美帝国主义的战争阴谋。为了扩大和深入国际主义的宣传教育，我会又于十一月十二日至十五日，分别动员各区普遍召开会议，邀请人民政府各局首长出席报告，帮助了解苏联十月革命的伟大成就，以及它对人类和平解放事业的伟大贡献，进一步认识加强中苏友好团结、保卫世界和平的重要意义。

此外，为了协助民主建设工作的进行，本会又于本年八月间发动全市工商界认真选举本市四届人民代表会议的工商界代表，在选举工作进行中，各业首先开展宣传动员，发扬民主，在各业初选产生候选人之后，通过逐一审查，然后再行复选产生，因此工作一般深入细腻。民主建设一年来，本市工商业者在中国共产党、毛主席和人民政府的正确领导下，在全市各界人民特别是工人阶级高度发扬爱国主义热情的鼓舞下，认识有了提高，通过工商界自我教育，自我改造，批判了过去某些不正确的思想，加强了生产经营的信心，端正了为人民服务的态度，提高了爱国主义的思想认识，因此在行动上表现出热烈情绪。如超额超期完成增产捐献光荣纳库一百九十七亿二千五百万元（包括行商），筹备本市抗美援朝分会基金五亿一千六百余万元。全市一百二十七个行业中有一一七个行业签订了抗美援朝爱国公约和业务公约，另外有二十六个行业签订了革除陋规改善经营的爱国业务公约。在全体抗美援朝爱国公约中，计包括了一四〇〇个行业小组，以及一二三〇一个企业单位，用爱国公约的形式巩固了爱国主义热情。在镇压反革命运动中，由于工商界政治觉悟的提高，因此各区均积极热情深入贯彻宣传动员各项工作，发扬了爱国主义精神，保证了运动的深入发展。在拥优工作中，全市二十余个行业已开始常年以折扣优待革命家属购买货物，以优待办法为革命家属服务，并在生产上给予革命家属便利或照顾。开展了慰劳中朝部队、救济朝鲜难民的宣传工作，也取得了捐献人民币三亿七千六百万元的成绩。此外，经常热情地参加欢迎欢送志愿军伤病员，听取志愿军归国代表柴川若同志，赴朝慰问团代表陈俊生、徐铸同志以及志愿军英雄代表王禹同志的多次大报告。经常在全市店员工人协助下，开展抗美援朝时事宣传橱窗布置等工作，通过爱国公约的签订，完成了纳税，清理了欠税，巩固了集体纳税并税款预储等多项制度，保证了国家财政的需要。在市政建设上协助本市自来水公司进行了募捐工作，并筹款二亿元协助本市人民文化宫的建设。

二、生产辅导与业务方面：

（一）本年二月，本会与人民政府工商局结合总工会等，组织三十四个工业（包括手工业）的生产单位以及一百余个工厂，在北区人民商场二楼及救灾联合会会址内举办抗美援朝保家卫国工业生产展览会，本市各有关公营单位，均协助大会进行并参加展出。此次工展之主要目的是进一步开展抗美援朝保家卫国运动，反对美帝武装日本，总结一年来的生产成绩，介绍和发扬光荣劳模的典型范例，进一步发挥工人阶级的积极性与创造性，打下爱国主义生产竞赛的基础。会场计分为两个部分，第一会场包括手工业、机械两馆。第二会场包括劳模、公营企业、纺织、工业教育、食品、化工、特产、市政企业、电工九个馆，另有丝织、刺绣两个厅。在展出的十八天中，统计观众达九万余人，通过展览，对观众的教育意义很大，一般群众反映也很良好，首先提高了观众的民族自尊心，进一步看到劳动人民伟大的创造能力，以及祖国新民主主义建设的胜利和社会主义的光荣前途，加强了工商业者团结生产的信心与情绪，也修正了当时少数人的崇美思想与自卑心理。

（二）在促进城乡交流关系方面，本会自本年四月开始的八个月中，先后动员本市各土特产行业，参加在杭州、苏南、华东、华北、华南等各地举行的土特产展览交流大会，参加展出及业务交流工作。组织本市广大工商业者分批参观苏南展览会，组织三个交流集团，前往苏南进行业务交流。组织代表团先后出发前往南京、苏北、华东、华南、华北、东北、洛阳进行土特产业务交流，连同本市生产经营改造展览会交流业务在内，在此期间对外成立协议合同共六一八件，包括现交在内总成交金额一千七百七十二亿元，其中购进方面计成立协议合同二百〇八件，连同现交在内总价值九百二十二亿元，卖出方面以本市土特产及手工业品为主，计成立协议合同四百一十件，连同现交在内总价值八百五十亿元，通过以上各地的业务交流，大大活跃了城乡经济积极性，商业上的新旧关系也得到了恢复、巩固和发展。由于城乡交流关系的扩大，工商业情况欣欣向荣，稳步提高与发展，工业、手工业生产因销路扩大形成供不应求的局面，商业上也出现了淡季不淡、旺季更旺的繁荣现象。为了巩固交流成绩，发扬商业信誉，本会于八月间汇集本市各有关土特产行业举行土产会议，会议着重检查前一批对外成立协议合同的签订情况，督促履行协议合同，并保证品质规格合格标准，加强联营业务，提高产销计划，以加强生产经营的计划性，废除陋规，防止发生偷工减料、盲目生产竞销、阻碍城乡交流、影响企业发展的不正派行为。通过会议，各业加强了联营组织，重视了履行协议合同的重要性，推动了在手工业联营组织内执行产品检验制度，具体规定了执行协议合同的方法与步骤，使本市对外的交流业务稳步提高，向前发展。

（三）在辅导各业改善生产经营，促进同业团结，发展联营组织，以及改善牙行经纪代理，减低佣金收取，废除牙行封建剥削，启发组织资金，进行自销，逐步转交经营方针方面，本会一年来工作过程中，主要为开展宣传动员，辅导各业，协助推动。根据初步统计，本市现有联营单位六十八个，参加户数为二五八五户，基金总额八八九七八万元，在参加各地土特产交流中，联营机构切实发挥了交流作用，实现了交易总值一四一八亿元，成绩占本市全体交流总值的80％。牙行方面，通过教育启发，在认识提高以后，鲜果、山地货、柴行等行业均已组织联营，一般则将佣金收取合理减低，以促进城乡物资交流。

（四）在劳资团结发展生产，完成加工订货业务方面，一年来本会经常教育会员遵守工会法，提高认识劳资两利、发展生产的政策精神，结合各种会议，帮助会员明确依靠工人阶级思想，巩固劳资协商会议，发扬民主精神。此外本会帮助染织、粮食等有关行业组织加工受理委员会，接受国营公司加工代织等多项业务，推动履行加工协议，完成加工任务。动员组织全体行业小组长、委员推动学习工会法，并在人民政府劳动局的领导下，重点检查工会法执行情况。在今年春季，先后通过盐业个别资方阻止职工参加工会，美和染织厂资方万仲光拒绝上级工会列席劳资协商会议，以及部分资方不缴工会费等错误行为发生后的批评检讨，教育了全市工商业者遵守工会法。通过苏南油厂锅炉爆炸、邵春记爆竹号的火药爆炸事件，提高了工商业界对安全卫生的重视。通过永生服装号、孙复兴面馆、盛云记锁作等资方虐打学徒，多业结合传达本市人民法院的宣判大会经过，教育了全市各业资方认识到虐打学徒是封建野蛮行为。一年来由于劳资双方认识的不断提高，劳资关系进一步紧密团结，但某些资方对劳资两利发展生产的政策认识存有不足，因此尚有个别资方仍有发生违反工会法现象，对工会会费有延宕欠缴情况，甚至在营业好转以后有意识地利用临时工名义对工人进行严重剥削，这些对待工人的不正确行为今后必须予以纠正。

（五）在协助政府稳定物价方面，本会主要工作为辅导各业交流商情，进行合理议价，照顾产、供、销利益，掌握市场供求、物价动态，进行调研工作。一年来由于全国物价继续保持稳定，因此本市物价少有波动。但在上半年有个别商人如祥利等三家水泥号抬高价格，谋取暴利，经本会教育后，已自觉检讨认错，并将暴利所得全部转解人民银行办理捐献手续，表示悔过。本年下半年，由于广大劳动人民购买力提高，城乡交流扩大以后，工业、手工业产品需要量扩大，发现少数不法商人有投机暴利行为，除个别行业由本会及时进行纠正外，其他如竹业联购处谋取暴利，蛋孵业会员顾顺兴孵坊、人民商场鱼腊部等不法商人均已由人民政府工商局依法移交法院处理。为了教育本市工商业者遵守法令，服从人民利益起见，本会结合私营企业生产经营改造展览会的展出，举行反暴利反投机教育大会，进行教育。十二月二十一日本会又举行了稳定新旧年关物价的动员大会，动员多业遵照中央人民政府贸易部指示，稳定新旧年关物价。

（六）在发动私营企业自我教育、自我改造方面，本会于十一月间举办了私营企业生产经营改造展览会。展出的主要目的是宣传私营企业在中国共产党、人民政府的正确领导下，通过新社会教育的正确启发与帮助，私营企业自我改造，革除陋规，改善经营，具体表示出今后私营企业在国营经济领导下，依靠工人阶级，树立工商业新道德，老老实实为人民服务的态度。全市各业各行支持这些运动的开展，各业均深入动员，大胆暴露陋规存在情况，以图表、漫画、实物与模型，说明陋规存在的不合理，以及陋规对发展生产的危害性。同时指出在新民主主义经济建设的过程中，私营企业必须革除一切陋规，改善生产经营，为进一步扩大城乡交流，为广大劳动人民服务。在大会展出期间，本市四千余个行业签订了革除陋规决心书，同时粮食、新药等二十六个行业，举行专业会议，签订革除陋规改善经营爱国业务公约，并保证贯彻执行。自十一月五日至十二日的展出期中，参观群众累计有十万六千人，外埠来苏参观团计有四十八个。展出期间，大会业务处分别动员组织了业务交易所及临时商场，在交易所中成立交易一一三单，总额二四三亿元，通过交易，本市各行业与嘉定、昆山、宝山、天津等县市，又建立了商业关系，同时促进了本市有关行业间在产销业务上的联系，签订协议，加强和提高了生产经营计划性。临时商场方面，营业情况截至十二月一日，营业总额已接近十三亿元，由于商场内商品无陋规存在，故大为群众欢迎。大会展出期间，本市织带、漳绒、针织等二十五个手工行业举行专业会议，根据解放前后的生产情况，订出了一九五二年的生产计划，以便在国营经济领导下，依靠工人阶级，有计划地发展生产，大力促进城乡物资交流。结合大会展出，本会先后组织举行了反暴利、反投机，以及反逃税教育大会，推动工商界发扬爱国主义思想，批评旧资本主义思想，更好地团结了正当工商业者，依照共同纲领共同努力，发展新民主主义的经济建设。

三、税务推进方面：

（一）由于税政建设的快速进展，工商业者遵章纳税的爱国主义思想逐步提高，故华东税务局指定本市为稽查分区专责制实验区，各区在人民政府税务局的领导下，热情拥护，次第建立并划分各专责分区，设立推进委员会。所有动员储蓄税款，协助填写税单，分发税单，以及组织集体缴纳税等推进纳税工作，均由各委员亲自动手，具体贯彻，在每季民主评议工作中，深入进行评议报缴工作，均能发挥作用，迅速完成工作任务。

（二）五〇年所得税开征时，本会协助进行动员报缴工作。工作经联评会周密的研究，进行调查各业毛利率、纯益率，并与各业进行民主协商，在因业制宜、合理负担的原则下，解决了各业所得税计算标准以后，多业均能于接到通知书后十五天内缴纳税款，做到一户不漏，全部完成光荣纳库。

（三）五一年度上期所得税系估征预缴，本会在人民政府税务局的领导下，通过工商界代表会议的动员，以及市联评会召开的两次会议，确定了估征标准以后，各业会员热情踊跃地先后缴清了税款，全部税款于六月二十五日完成纳库。

（四）私营企业财产重估工作，在本市人民政府工商局、税务局的主持下，组织评审委员会，领导开展进行工作，本会亦派员参加。此项工作自本年七月份建立各级机构开始，经过深入宣传动员，开展学习以后，工作即迅速深入各业进行，首期重估行业为酱工、染织、榨油、煤油、丝织、新药、冶铁、皂烛、颜料、纸业、棉纺、绸布、机械、木、金融等十五个行业（在十五个行业中提出酱工、新药、丝织三业作典型业，并在各典型业中提出2至3户作为典型户)，由各该业组织评审分会，主持重估工作及办理资本申报工作。总计重估单位为四一四户，申报单位为三一二户，已经分会小组、分会评审后，报经本市评审会审查通过，核发审查通知书。此外，九个地区中办理资本申报之工商户计有一八七六户，包括八十三业，各级评审工作已完成，正在填发审查通知书。以上通过评审之工商户即将依据通知书进行调整资本并办理变更工商登记手续，其余行业将于五二年继续办理。

四、加强会务健全组织方面：

(一) 一年来本会会务方面工作，在组织形式上，通过本年四月下旬多业实行联合办公及地区建立工作委员会以后，会务进行比较健全，在贯彻推行政策法令、密切联系群众的工作方法上，由于工作深入，故发挥的作用亦大。联合办公的主要目的为加强组织健全基层，保证各业会务平衡发展，以达到提高工作效果的目的，在具体处理上，对公会内部组织实行人事与经费的统一制度，房屋家具集中调配，打破工作人员办事服从个人封建人事观念，组织学习，交流经验，提高政策思想以及理论与业务水平，实行分工合作的办事制度，各展所长，为广大人民服务。

(二) 在加强领导，组织基层行业小组方面，计划决定在各行业中，就会员分布情况，适当决定小组分布，与地区情况相互结合，推动组织，各联在地区分设中心组，兼受地区领导，以便深入开展各项工作。组织工作于本年六月份开始进行，先就第八联合办事处各行业，在各地区开展动员典型组织，吸取经验，其后逐步分三批完成全市行业小组民主选举组长工作，先后选出积极分子一四〇〇人担任各业行业小组长，扩大了工商联工作的群众基础，也保证了会务的进一步提高与发展。

(三) 由于组织逐步健全，全市未参加组织的工商户相对减少，截至十一月份本会会员已有一八一一九户(内民船户二八八〇户)，比较本年三月份(即联合办公前)的一五四〇一户，计增加百分之17.7%，增加原因有二，即①由于营业好转，工商业户增加开设；②旧工商业户参加组织。目前，未参加组织的工商业户比重为工业3%，手工业30%，商业48%，交通业19%。

(四) 本会常务委员会委员人数，在开始成立筹委会时为二十三人，本年一月因会务忙碌，决议扩增十人，此外并调整各专门委员会，成立：1. 整理组织；2. 产销辅导；3. 税务推进；4. 劳资协进；5. 宣传；6. 财务等6个专门委员会。工作人员方面，在本年六月间增添二十六人(内计军属七人，失业工人十三人，其他六人)以适应工作需要。

(五) 在调整会员负担会费方面，自本年六月份起，变更原来收取制度，贯彻实行合理负担，改用1. 大业大厂协商；2. 小业照顾；3. 一般工商业依照纳税额计收会费，实行以来成绩良好，按月实收数占预算收入的90%以上。

(六) 目前全国工商联、苏南工商联均已开始进行筹备工作，本会为推动各业公会正式成立，以便本会于最短期内成立起见，特将原有整理组织、宣传两个委员会予以撤销，另行组织成立组宣委员会，领导组织工作队，分批开展行业组宣及生产辅导工作，第一批预定十个行业，正在动员进行，预定年内组织完成，第二批三十个行业预定自一九五二年一月五日开始，半个月内完成，第三批预定四十个行业，预定在三月十日前完成，其余四十余业，俟本会正式成立以后逐步推行整组。为了配合整组工作的开展，本会先于十二月十四日至十七日间动员各区对全市工商业户的生产经营和组织情况进行调查了解，现在此项工作业已顺利结束，正在整理户卡，以便今后准确掌握各业情况，开展生存辅导工作。

（七）一年来本会在各项工作进行中，配合与协助了有关单位的多项工作，包括发行党报，推销书刊，协助自来水公司及物产贸易公司募股，推行有奖储蓄，办理收缴私营企业股东职工垫款月报，以及工会费与失业救济金收缴工作。

一年来，本会在各项工作中初步获得了以上这些成绩，主要是由于中国共产党、毛主席和人民政府的正确领导，志愿军在前方英勇奋斗保卫和平，国营经济对私营企业的具体帮助，以及工人阶级高度发扬爱国主义热情，各界人民的鼓舞帮助。因此，今后我们必须继续努力巩固成绩，发扬优点，纠正缺点，在原有基础上继续加以提高与扩大，以满足广大人民的要求，共同努力发展祖国新民主主义建设，为支援抗美援朝正义斗争的爱国运动贡献力量。

工商业联合会组织通则

（一九五二年八月一日政务院第一百四十七次政务会议通过）

第一章　总则

第一条　工商业联合会是各类工商业者联合组成的人民团体。

第二条　工商业联合会的基本任务：

（一）领导工商业者遵守共同纲领及人民政府的政策法令；

（二）指导私营工商业者在国家总的经济计划下，发展生产，改善经营；代表私营工商业者的合法利益，向人民政府或有关机关反映意见，提出建议，并与工会协商有关劳资关系等问题；

（三）组织工商业者进行学习、改造思想和参加各种爱国运动。

第三条　工商业联合会组织依照行政区域为范围，在市、县建立市、县工商业联合会，在省建立省工商业联合会，在全国建立中华全国工商业联合会。

第四条　各级工商业联合会受同级人民政府之监督与指导。

第二章　会员

第五条　工商业联合会会员：

（一）市、县工商业联合会以本市、县区域内的国营、私营及公私合营之工商业、合作社或合作社联合社为会员；手工业者、行商、摊贩得个别地或集体地加入市、县工商业联合会为会员；

（二）省工商业联合会以县、省辖市及相当于县一级的工商业联合会、国营企业省级机构及省合作社联合总社为会员；

（三）全国工商业联合会以省、中央及大行政区直辖市及相当于省一级的工商业联合会、国营企业的全国总机构、全国合作社联合总社为会员；

（四）对工商界有特殊贡献的人士，得被邀请参加各级工商业联合会为会员。

第六条　会员的权利：

（一）会员有发言权、表决权、选举权和被选举权；

（二）会员有享受会内各项辅助及福利事业之权。

第七条　会员的义务：

（一）遵守会章；

（二）执行决议；

（三）缴纳会费。

第三章　组织

第八条　工商业联合会的组织原则为民主集中制。

第九条　在工商业较发达的大、中城市，市工商业联合会得在区设立区工商业联合会或区分会。

第十条　县工商业联合会得在县属较大集镇设立分会或办事处；在工商户不多的小集镇可设立工商小组。

第十一条　市、县工商业联合会下得按行业设立同业公会或同业委员会。

第十二条　手工业者、行商于必要时得在区工商业联合会或区分会下，组织区手工业者联合会、区行商联合会；摊贩得按区或按市场组织联合会及分编小组。

第十三条　工商业联合会的各级最高权力机关为各级会员代表大会或代表会议。会员代表在全国和省由所属地区组织和直属会员推选之，在市、县应依所属地区组织和行业组织选举或推选之，必要时并得辅以特邀方式。代表名额之分配应本着照顾各地区，各行业，工业与商业，公营与私营，大、中、小户的精神，协商决定之。

第十四条　各级工商业联合会须先经本级人民政府批准组织筹备委员会进行筹备，然后召集会员代表大会或代表会议制订章程，选举执行委员会，始告成立。筹备委员会在工商业联合会未成立前，代行工商业联合会之职权。

第十五条　各级工商业联合会应定期召开会员代表大会或代表会议，其职权如下：

（一）制度或修改章程；

（二）决定工作方针和计划；

（三）听取、审查、通过工作报告及预决算；

（四）选举或罢免执行委员、监察委员；

（五）议决其他有关的重要事项。

第十六条　各级工商业联合会设执行委员会，由会员代表大会或代表会议选举组织之，其职权为执行会员代表大会或代表会议的决议，办理会务并对外代表工商业联合会。执行委员会设正副主任委员，由执行委员互选，亦得由会员代表大会或代表会议选举之。执行委员会得设常务委员会，由执行委员会互相组织之，其职权为代表执行委员会办理日常事务。

第十七条　各级工商业联合会得设立监察委员会，由会员代表大会或代表会议选举组织之，其职权为督监与检查会务。

第十八条　工商业联合会应订立章程，依本通则之规定载明下列事项：（一）名称，（二）任务，（三）会员，（四）组织，（五）经费等项。

第十九条　工商业联合会章程、委员名册，应于成立或改选后十五日内呈报政府主管机关备案。

第四章　经费

第二十条　工商业联合会的经费，由会员合理负担，其缴纳办法，由会员代表大会或代表会议决定之。

第二十一条　工商业联合会因举办事业，经执行委员会议决提经会员代表大会或代表会议通过，并呈请政府主管机关核准后，得征募事业费。

第二十二条　工商业联合会收支账目，应向会员代表大会或代表会议报告并公布之。

第五章　附则

第二十三条　本通则公布前各地区已经成立工商业联合会者，其所制定之章程如与本通则有抵触时，应根据本通则修正之。

第二十四条　本通则由中央人民政府政务院公布施行，修改时同。

各业业务小组组织情况

1952 年 11 月

联别	业别	户数	正副组长	牌号	地址
一联	丝线	164	朱德全	朱绥记	接驾桥 16 号
			朱剑敏	集成新记	皮市街 154 号
	针线	122	张正明	正丰昌	皮市街火弄 24 号
			张炳书	工商	东中市 223 号
	织带	69	朱承铖	朱承记	朱家园杀猪弄 4 号
	染线	88	姚轩宇	协成	平江路混堂弄 8 号
			万仲坚	美和	韩牙庄 26 号
	漳绒	197	李南生	李南记	平江路 332 号
	毛巾	46	钱季敏	三新	谢衙前 50 号
			觉心	六和	景德路 25 号
	纺经合线	99	黄兆棠	黄兆棠	齐门平家弄 3 号
	机制缝纫	283	陈士敏	新丰	宫巷 52 号
	旧纱扎线	59	包福卿	福茂	十间廊屋 6 号
			汪云鹏	一心	中街路 75 号
	棉纺	7	浦亮元	苏纶	观前街
			徐鹤亭	苏州	观前街
	漂棉	3	王忠浩	大华	山塘街 596 号
二联	酱工	256	吕源棨	万康	大太平巷 13 号
			童士良	祥泰	人民路 672 号
	山地货	37	朱杏生	合顺	葑门外安利桥
			马鸿章	苏华	万年大街 90 号
	榨油	9			

续表

联别	业别	户数	正副组长	牌号	地址
	桐柏油饼	62	蒋振中	联一	万年大街 67 号
			徐震旦	联盈	葑门外横街 73 号
	南北货	132	童勤高	懋昌	南濠街 341 号
			包天骥	宏隆	大马路 365 号
			陶冠学	同四茂	万年大街 59 号
	茶叶	101	汪济生	大信	前小邾弄 25 号
			程汉章	汪瑞裕	观前街 62 号
			刘敬堂	茶工一联	中家弄 29 号
	茶食糖果	262			
三联	面粉工	4	邵一清	太和	承德里
	粮食	260	严伯筠	义茂	娄门外大街 19 号
	饴糖	26			
	腌腊	48	时东林	益农	山塘街 317 号
四联	皮毛油骨	65	周秉钧	同益	北濠弄 4 号
	麻业	80	冯振远	甡和	万年大街 1225 号
	破布旧货	109	杨稼熊	杨聚兴	山塘街 78 号
	猪鬃	38			
五联	制革	106	艾元康	艾盛兴	东中市 123 号
			吴惠镗	同升源	东中市 153 号
			孙燮臣	燮昌	东中市 752 号
	皮革制品	204	周绍铭	戎镃昌	观前街 170 号
			陈润生	金刚	人民路 291 号
	衣业		胡慰椿	复茂	人民路 424 号
			濮子信	兆昌	鲇鱼墩 5 号
			蔡春芝	联安	人民路 591 号
	绸布	95	史德生	源昌祥	上塘街 97 号
			程德祖	德泰	观前街
			周炳炎	怡记慎	齐门路 5 号
	丝织	82	蒋松生	咏德	北码头 3 号
			巢子铭	泰源和	东中市 132 号
			孔嘉伟	孔伟记	东海岛 74 号
	颜料	41	董湘麟	公大	南濠街
			钱铭九	德大昌	南濠街 155 号

续表

联别	业别	户数	正副组长	牌号	地址
			程安泉	安泰	渡僧桥下塘
	刺绣	140	邵孝忠	纶华	汤家巷116号
			朱宗贤	恒泰	西中市110号
			王守清	人民商场	北局
	帽扇	183	范世雄	范兴臣	上塘街
			朱耀铨	大元	西中市28号
			杨芳洲	杨政记	西街
六联	文教用品	360	徐国华	亚洲	汤家巷12号
	纸业	116	李毓麟	义源斋	西中市
	铜锡	57	张稚川	西鼎丰	西中市121号
	瓷料	47	王子章	鲁丰	南浩街247号
	金属制品	452	戚兆鸣	元大	阊邮坊31号
	陶器	20	陶荣廷	陶大昌	南新路16号
	图书文具	133	贝耀庭	贝松泉	观前街
	度量衡	33	薛韵彬	源通	娄门内
	刀剪匠作	147	沈炳生		阊门大街吊楼
	乐器	62			
	纸盒纸彩	106	吕钦安	吕惠兴	洙泗巷13号
	打铁	180	杜宗元	杜顺昌	大马路25号
	印刷	158	蒋星基	中西	钟楼头
	照相	68	施家琛	摩登	大马路847号
七联	煤炭	188			
	自由车	141			
	机械（钉制）	38	石文奎	祥昌	西混堂弄47号
八联	眼镜	118	施中林	华利	专诸巷31号
	新药	82	曹福年	华兴	观前街中
	皂烛	20	杨昌寰	立发	南濠街128号
	煤油	15	潘仁寿	德信康	南濠街282号
	药材参燕	50	陈焕章	德大享	山塘街200号
	五金	61	罗海珊	晋阁	山塘街17号
	钟表	95	胡济民	亨达利	观前街中
	骨伞棕刷（牙刷组）	202	魏步青	大中华	古吴路
	骨伞棕刷（骨器组）		顾永生	顾义源	阊门下塘街

续表

联别	业别	户数	正副组长	牌号	地址
	骨伞棕刷（角木组）		顾增培	义信昌	南码头28号
	骨伞棕刷（棕刷组）		许志浩	棕刷联	东中市
	骨伞棕刷（雨伞组）		王满荣	王万泰	山塘街74号
	纽扣	250	何晋棠	嘉美克	裕棠桥堍
	百货	139	张淳德	六联	东中市
	西烟	30	叶元林	德盛昌	南濠街
	电料				
	石棉				
九联	爆竹	25			
	制箔锡币				
	柴行	100			
	草织（草绳组）	65			
	烛商	68			
十联	砖瓦石灰	105			
	石粉	24			
	竹商	25			
	髹漆	133			
	木床	71			
	盆桶橱柜	112			
	木商	32			
	木器	167			
	树行	24			
	白坯家具	112			
	冶铁				
	竹藤器	360			

各级工商业联合会使用图记规定

1953年6月10日

一、中华全国工商业联合会，各省及中央直辖市工商业联合会，各县、市（镇）工商业联合会使用长方形、木质、楷书、阳文、全称图记，作为各级工商业联合会之正式图记。

二、上述全国、各省（中央直辖市）、县（市、镇）工商业联合会，为便于工作，得镌刻全称之长形条戳或图章以做辅用，同时各级工商联成立有综合性之办公部门，并得镌刻办公室或秘书部门之图章。

三、区工商业联合会或区分会、集镇分会、办事处，一律使用长形条戳或图章。

四、同业公会、同业委员会或小组，有镌刻戳记必要者，一律使用图章。

五、全国工商业联合会图记长 8.5 公分，宽 5 公分，变宽 0.5 公分，各省及中央直辖市工商业联合会图记长 7.5 公分，宽 4.5 公分，边宽 0.4 公分，各县、市（镇）工商业联合会图记长 6.5 公分，宽 4 公分，边宽 0.3 公分。

六、全国工商业联合会长形条戳，长 11.5 公分，宽 2.7 公分，各省及中央直辖市工商业联合会长形条戳长 11 公分，宽 2.5 公分，各县、市（镇）工商业联合会长形条戳长 10.5 公分，宽 2.3 公分，各区工商业联合会或区分会、集镇分会长形条戳长 10 公分，宽 2.1 公分。

七、全国工商业联合会图章直径 4.5 公分，各省及中央直辖市工商业联合会图章直径 4.25 公分，各县、市（镇）工商业联合会图章直径 4 公分，各区工商业联合会或区分会、集镇分会图章直径 3.75 公分。

八、同业公会、同业委员会或小组图章大小，由各级工商业联合会规定。

九、以上图记、条戳、图章均用楷书阳文，刻名称全文，文下不加任何字样，各县、市（镇）名称上均冠以省名，各区名称上均冠以市名，集镇名称上均冠以县名，图章名称之排列，应自左至右。

十、各级工商业联合会在使用上项图记时，应将印模呈报各该级人民政府及上级工商联备案。

十一、各级工商业联合会现在使用之图记与上项规定不符者，应照本规定重行镌刻使用，并将旧图记作废。

十二、上述各项，不适用于各级工商业联合会筹备委员会。

苏州市工商联筹委会常委筹委暨专职委员名册

1953 年 8 月 28 日

职务	姓名	地址	所属区段	备注
主任委员	陶叔南	仓街	东四	振亚丝织厂
副主任委员	惠志方	二联转	中十八	地方国营工业局
副主任委员	浦亮元	盘门外大马路	南六	苏纶纱厂
副主任委员	张甸国	胥门外洋桥河沿	南八	祥生油厂
副主任委员	谢惟安	人民路民主建国会	中十八	
常委兼秘书长	佘民杰	西脚门（本会）		大公书店，专职
常委兼副秘书长	严伯筠	娄门外大街	东一	义茂粮行
常委生指部部长	程延龄	东中市（人民商场）	中十八	程子记织带

续表

职务	姓名	地址	所属区段	备注
常委生指部副部长	由蕴玉	道前街工商局	中十九	
常委生指部副部长	孙宝冲	阊门外大马路	西十	裕华皂烛厂
常委组织联络部部长	黄柱天	（本会）		专职
常委组织联络部副部长	唐慎志	人民路（本会）		专职
常委学习部部长	卫楚材	人民路民主建国会	中十八	民主建国会
常委学习部副部长	童勤高	南濠街	西九	懋昌糖行
副秘书长	彭飞	二联转	中十八	土产公司，非常务委员
生指部副部长	程梓康	丁香巷中家桥	东三	非常务委员
生指部秘书	王和生	（本会）		中粮公司，非常务委员
物促会秘书处长	冯国祥	万人码头（物促会）	中十八	苏湖轮运，非常委，专职
常务委员	时立德	观前街	中十八	中粮公司
常务委员	冯友勇	景德路	中廿	土产公司
常务委员	胡平	景德路		中百公司
常务委员	计新民	观前街	中十八	花纱布公司
常务委员	徐希贞	观前街	中十八	合作总社
常务委员	郭熙炜	观前街	中十八	人民银行
常务委员	张宝桐	胥门外枣市街（观前）	中十八	苏州电气公司
常务委员	沈泽苍	观前街	中十八	人民银行转
常务委员	徐粹清	观前街	中十八	东来仪纸号
常务委员	虞钧培	洋桥河沿，枣市街下塘	南八	大昌机械
常务委员	陈茂生	观前街	中十八	叶受和糖果
常务委员	范世雄	上塘街	西九	范兴臣帽扇
常务委员	何晋棠	裕棠桥	南六	嘉美克纽扣
常务委员	俞启溏	观前街	中十八	华洋洽记新药
常务委员	邵孝忠	汤家巷	北十五	纶华刺绣
常务委员	陆锡翔	前新街	北十六	开祥丝织厂
常务委员	陶君武	葑门外大马路	南六	太和面粉厂
常务委员	潘宜平	西北街	北十四	平记漳绒
常务委员	蒋振中	万年大街	南八	联二油饼
常务委员	徐国华	汤家巷	北十五	亚洲文教用品
常务委员	徐桐生	东中市	北十三	大康针织

续表

职务	姓名	地址	所属区段	备注
常务委员	王震瀛	蜜蜂洞，吉庆弄	南六	第一染织厂
常务委员	王建言	胥门大马路	南八	鸿生火柴厂
常务委员	洪宝錩	山塘街	西十一	大同兴纸厂
常务委员	张柱华	西中市	北十六	大丰绸布店
常务委员	程汉章	观前街	中十八	汪瑞裕茶叶号
常务委员	夏如椿	阊门内下塘	北十六	凤仪兴乐器
常务委员	徐民引	观前街	中十八	永业百货店
常务委员	高国香	盘门大马路（行商联）	中十八	行商代表
常务委员	闵锦尧			摊贩代表
筹备委员	陆颂清	宫巷	中十七	天然服装
筹备委员	张嘉春	上塘街	西十一	张信号烧酒
筹备委员	姚锡麟	葑门外安利桥	南五	锡记蛋孵
筹备委员	赖仁华	南濠街		万成盐号（闭）
筹备委员	金瑞麟	大成坊，松鹤板场口	中十七	城中酒店（闭）
筹备委员	冯焕章	人民路（二联转）		锦盛昌糖果（闭）
筹备委员	顾念椿	观前街	中十七	黄天源糕团
筹备委员	魏俊铭	临顿路	东二	魏兴泰饴糖
筹备委员	俞静安	宫巷	中十七	义昌福菜馆
筹备委员	郭润源	猪行河头	西十一	猪业联营处
筹备委员	许顺之	观前街	中十七	生春阳腿店
筹备委员	刘成文	清洁路		刘义兴猪鬃
筹备委员	杨家麟	山塘街	西九	杨聚兴破布
筹备委员	罗耀祥			麻业（闭）
筹备委员	蔡寿芝	观前街	中十七	联安衣业
筹备委员	朱耀铨	西中市	北十三	大源帽扇
筹备委员	冯恒一	西中市	北十三	老瑞源皮革
筹备委员	崔炳炎	汤家巷	北十五	振华刺绣
筹备委员	王坤荣	胥门外盛家弄，新马路十八	南八	源泰顺弹花
筹备委员	吴惠镗	齐门下塘	北十三	同升源制革
筹备委员	王友侬	阊门外横马路	西十	华美友记洗染
筹备委员	朱继凤	天后宫，平门路	北十六	第一炼染厂

续表

职务	姓名	地址	所属区段	备注
筹备委员	汪一忱	山塘街	西十二	恒丰铜锡
筹备委员	罗长生	金门外		罗长记马车
筹备委员	袁开先	横马路	西十	苏嘉湖汽车公司
筹备委员	黄克铭	人民路	北十三	俞嘉记机械
筹备委员	徐仁焕	南濠街	西九	第一煤炭联营处
筹备委员	张淳德	阊门石路	西九	德大昌百货
筹备委员	濮蕴石	观前街	中十七	贞和电料
筹备委员	孙惠堂	观前街	中十七	华盛顿钟表
筹备委员	卫仁麟	阊门城门口	西九	永盛祥眼镜
筹备委员	王颂衡	观前街	中十七	王衡泰骨牌店
筹备委员	徐鸿生	阊外新马路	西十二	协丰炼油厂
筹备委员	潘士义	上塘街	西九	新丰恒五金
筹备委员	张曾祥	上塘街	西九	沐泰山国药
筹备委员	陈焕章	山塘街	西十二	德大亨国药
筹备委员	顾子坤			脱离企业，水灶业
筹备委员	石德清	齐门外大街	东二	石同仁香店
筹备委员	黄谷似	齐门路	东二	黄义泰爆竹
筹备委员	谈滋蕃	狮子口 15	东四	谈同盛甕业
筹备委员	李和清	齐门外大街	东二	永大灰窑
筹备委员	陈炳生	人民路 750	北十三	国泰炳记油漆号
筹备委员	陆根泉			企业闭歇
筹备委员	王仁君	王天井巷	北十五	王复兴木床
筹备委员	吴颂其	东中市 69	北十三	吴荣泰漆店
筹备委员	丁德昌	宫巷	中十七	丁复兴饼馒店
筹备委员	张志明	养育巷	中十九	仁记陆桥荐卤店
筹备委员	姚士镇	张香桥下塘（三联转）		大德兴米厂
筹备委员	董复始	养育巷	中十九	柏年长寿器
筹备委员	朱汝鹏	西中市	北十三	辛昌布店
筹备委员	吕源桨			脱离企业
筹备委员	邵孝谋	九胜巷（六联转）		联益印刷
筹备委员	王锐生	刘家浜（七联转）		惠民轮运（闭）

苏州市工商业联合会组织情况调查表

1954年5月7日

组织名称	苏州市工商业联合会筹备委员会			地址	苏州市景德路314号				备注
成立日期	1949.12.1		电话号码1047、1690、67、1569、1977、264		电报挂号	3670			
委员名额	共83名	执委	筹委/39	常委	44	监委	/		
内部组织	专门委员会	财务整理、纳税纪律工作、物资交流工作、行商业务、学习、宣教等委员会							
	工作部门	秘书处下设秘书、总务、财务、资料四股，生产服务部下设工业、手工、商业、综合四股，组织联络部下设组织、联络、人事三股，学习部下设学习、宣传二股							
工作人员名额	共361名	专职	293名	兼职	/	勤杂	68人		
工作人员来源	旧工业会留用	3	旧公业会留用	15	同业公会调用	292			不列编制在外计11人
	机关调用	19	考试任用	24	私人介绍	8			
会员名额	共三二二八六八户	工业	国营	10	商业	国营	19	1. 摊贩会员另有摊贩研究会组织，尚未参加工商联；2. 会员名额系根据1954年3月统计数字	
			公私合营	2		公私合营	1		
			私营	274		私营	7946		
		手工业	6367	行商	1224	摊贩	17025		
区级组织	共五组	工商业联合会	区工商联1	工商业筹委会	区工作委员会4	工商业筹备处		除东区已成立工商联，其他四区仍沿用区工作委员会名称	
		区公会		区办事处		未曾组织			
委员名额	共156名	执委	区工商联23	常委	区工商联11	监委	区工商联5	除上述执监委员外，其余为各区工作委员会委员	
工作人员名额		专职		兼职		勤杂		由市工商联统一调配	
同业公会	共121个	工业	8	商业	71	手工业	42	根据业类别划并十个联合办事处	
委员名额	共筹委922名	执委	/	常委	/	监委	/		
工作人员名额		专职		兼职		勤杂		由市工商联统一调配	

会议会务和会费收支

一、吴县县商会理监事会议记录

一九四九年五月十日吴县县商会临时理监事会议记录

1949年5月10日

日期：五月十日上午九时
地址：本会会议室
主席：戎法琴
出席：
戎法琴　刘恂介　方维坤　张淳德　张志明　曹子衡　黄柱天　姚士镇　唐士英
陈君玉　陶叔南　邵伟成　徐仁焕　范君博　朱宏湧
讨论事项：

一、此次工商界献粮总数为米六百五十万市斤，柴草一千三百万市斤，工厂方面负担有百分之三十，本会负担百分之七十（含银钱业），计米四百五十五万市斤，柴草九百一十万市斤，宜如何配献，请公决案。

议决：

（一）银钱业（包括合作社）定为三十权。

（二）金银业前于停业期间减去权数，现因营业恢复，暂先改为六权计。

（三）除本会会员中特别困难之少数单位，专案审查略予豁免外，其余一律根据原权配献。计西服、炭行、染商、土布、运输、香业、帽业等七个公会准各予减去一权，山地货业减去二权，戏院业减去五权。

（四）根据以上议定实际权数计为三三三权，每权应献白米一三六六三市斤，又柴草二七三二六市斤。

二、粮草献缴日期应如何统一规定案。

议决：

（一）白米：五月十三日以前先缴纳配献全数的三分之一，其余三分之二统限五月十六日全数缴足，如现品购买有困难，得于五月十三日以前照配献全数中百分之四十五，改缴代金（早缴不限）。

（二）柴草：分三期完成，日期待接洽后确定。

议毕散会。

戎法琴

一九四九年五月二十日吴县县商会理监事临时会议记录

1949 年 5 月 20 日

日期：五月二十日上午十时

地址：本会厅楼

出席人：

戎法琴　刘恂介　朱日新　朱汝鹏　陈君玉　姚士镇　唐士英　方维坤　黄柱天　孔翔生　邵伟成　张淳德　曹子衡　徐仁焕　陶叔南　徐瀚澄　张志明　范君博　朱宏湧

主席：戎法琴

讨论事项：

（甲）主席报告本会奉命办理工商界献粮事务，原拟于本月十八日为截止日期，后因各业公会为纠正，会员有力者应多献粮草，无力者应予剔免。并经审查结果，除剔去免献各业外，各公会大部分均有增加献粮数字，谅必各业正在开会分别认献中。现本会依照各业原献及加献合并草就列表一份，按照总献数字，尚有相当缺数。此外，另有工厂联合会方面剔除乡区数字，亦将拨归本会负担，现下缴献期限已满，而献粮数字未能顺利完成。特于本日召集全体理监事共同商讨，应如何设法补足，以利献粮工作早日完成，请公决案。

议决：一、各理监事每日必须到会，分别加紧劝导各业赶速完成献粮。二、所有短缺献粮数字，应请本地工商界能力较强者召集来会，由各理监事当面亲自劝导贡献，共同负担完成短缺之数，倘再有短缺之数字，由本会理监事之本业公会分别认担，以利足额完成。

（乙）主席报告本会于五月十二日接到苏州行政区税务局公函一件，请于文到十日内将会员清册及营业事业纳税清册送局，并附来三十八年度营利事业所得税稽征办法一份，即经分别抄转各公会查照办理。惟稽征办法第三条原文内有规定商会接到上项通知，应即召开理监事会议，于五日内评定各业纳税额，通知各同业公会造册报送主管稽征机关等云。本会应将评定各业纳税额造册送交局方核夺。现在本会与各业献粮工作异常繁忙，三十七年下半年度各业商况、各业业务情形颇不一致，确评商况势有困难，应如何办理，提请公决。

议决：查三十七年下半期商况距今为时已久，各业业务状况颇不一致。目前征税时限匆促，而本会办理献粮工作进行紧张之际，因而确评上年下期商况，势不可能。但为协助税收，准将上年纳税千分比旧册抄送税局参考。

主席：戎法琴

一九四九年六月二日吴县县商会理监事临时会议记录

1949年6月2日

日期：三十八年六月二日下午二时

地址：本会会议室

出席人：

邵伟成　张志明　孔翔生　曹子衡　朱汝鹏　戎法琴　陶叔南　徐瀚澄　陈君玉

刘恂介　方维坤　黄柱天　唐士英（翔生代）

主席：戎法琴

报告事项：略

讨论事项：

（一）关于献粮任务大体上业已完成，惟查有鲜肉等十九单位均有欠缴，应如何办理，提请公决。

决议：

（1）瓮业、戏院、卷烟等三单位欠缴数字较大，应分别通知于六月三日来会，由值日理监事面请继续缴献完成任务。

（2）鲜果、猪行二业约期六月四日来会洽请完成。

（3）其他各单位由会函催清缴。

（二）准徐理事瀚澄五月三十一日来函，为从业之天一保险苏州分公司已于两月以前奉命收歇，并已退出保险业公会在案。查当选理事系据保险业出席代表身份，业已丧失资格，应请将理事名分予以解任，应如何办理，提请公决。

决议：

请理事长先向工商局商管科请示后，再行办理。

散会。

会后请示结果，关于徐理事瀚澄辞职一案，应暂仍维持现状，照常服务。

戎法琴

一九四九年六月八日吴县县商会理监事临时会议记录

1949年6月8日

日期：三十八年六月八日下午

地点：本会会议室

出席者：

朱汝鹏　邵伟成　陶叔南　张淳德　曹子衡　孔翔生　刘恂介　张志明　朱日新

朱宏湧　徐瀚澄　方维坤　徐仁焕　陈君玉（方代）　黄柱天

主席：朱汝鹏代

报告事项：

一、献粮任务现在大体上业已完成，惟各业尚有欠缴尾数未能清解，现今催请赶办，于二日内清缴报会，以凭汇转。

二、本会徐理事瀚澄前因会员身份函请解任理事职务，上次临时理监事会议讨论时，经议决推请戎理事长先向工商局商管科请示后再行办理，旋经请示结果，应暂维持现状，照常服务，已函复徐理事查照。

三、苏州行政区税务局颁布印花税法，关于商事凭证类发货票订明，系每件价格满一百五十元者，按货价每十元贴印花税三分，其税额零数不足十元者，以十元计贴印花税票。此项规定使小额交易超越负担，纳税义务甚巨，本会已提供无锡印花税率之参考情形，函请税务局核示，现正静候指示中。

讨论事项：

一、本会经常费向例按照生活指数计算核收，本市解放以后，指数办法业已废止，而改以人民币为计算，收费之标准一时又未能予以确定，因之五、六两月经费均未向各业收取。目前会务照常工作，一切必要经费需用甚亟，应如何确定标准，以便收取而利会务之处，敬请公决。

决议：（一）五、六两月份经费应分别收取，以基数一元改收人民币一千元为标准（即每权人民币三千元），分请各业于即日起十天内缴付，并提各业理事长会议追认。（二）各业权数原为负担会费标准，在未经正式变更以前，暂仍维持原状。

二、本会前于解放前后，借用各业临时垫款先后两次：计第一次借到茶食糖果业等二十七单位合计袁头四百十八元、孙头三十三元，又食米四石；第二次借到茶叶业等三十五单位临时借款一批（计有人民币、华中币、伪金圆券、大小头、鹰、龙、川洋、杂洋等暨金钞，数目另行报告）。上项借款或为垫付经常费，或为拨付工商自卫队、安全保障会、庆祝苏州解放大会等项经费之用，为时已久，亟应清理筹还。兹假定清理筹还方法六点如左，是否可行，提请公决。

1. 借入各款中未经动用之赤金、美钞暨鹰、川、杂洋，仍以原物归还。

2. 已借已用而未经归还之伪金圆券，照人民银行第一次公告比值二千五百元对人民币一元，改以人民币折算归还。

3. 原借人民币、华中币，各户仍以原币原数归还。

4. 原以袁头、孙头、龙洋借出各户，现因银圆市价时有上落，为确定比值使归还工作获得顺利起见，拟当市价较低作定袁头每枚比值人民币一千元，改以人民币归还，其孙头、龙洋照袁头标准依原规定比例折减归还。

5. 借拨经常费所用之款，以收取五月份会费尽先全部抵拨归还，如有不足，以六月份会费收入中之预备费拨支偿付。

6. 拨付工商自卫队、安全保障会、庆祝苏州解放大会等项经费除人民币、华中币外，其余伪金圆券及袁头、孙头等，应照上述二、四两项办法，分别折成人民币后合并计算，分向各业按权收取，转还借出各户归垫（工厂等例除）。

决议：保留。

三、查本会两次借用各业临时垫款中，计有转借给工商自卫大队部袁头一九四枚，人民安全保障会经常费袁头四二六枚、孙头一〇九枚、人民券一三三二一五元、伪金圆券六六七三五〇〇元，支付庆祝苏州解放大会经费袁头六〇枚。上项各款应如何分别收还归垫，提请公决。

议决：保留。

临时动议：

邵理事伟成提出：查欠缴献粮尾数各户中有故意刁难者，致使本会任务延未完成，应否推员晋谒市长请示办理，敬请公决。

决议：推邵伟成、孔翔生、陶叔南、朱汝鹏等四员于本月十日上午晋谒请示。

主席

一九四九年六月十四日吴县县商会各业理事长座谈会记录

1949年6月14日

日期：三十八年六月十四日下午三时

地点：本会大礼堂

出席者：纸业等六十三单位

主席：孔翔生

报告事项：

一、银圆刺激物价，妨碍群众生计及工商发展，本会全体会员应一律响应拒绝银圆交易，绝对拥护人民币，并应将宣传标语迅速张贴明显处所，明确表示商人态度，务使银圆停止流通。

二、出席行政区税务局，检讨检查印花税发生各问题经过。

讨论事项：

（一）对于现行印花税法及营业税法，当局现正收集资料参考修订。各业所有具体意见应如何提出，以便汇集转送请公决案。

决议：各业如有意见，应尽速于六月十五日用书面送交本会，以便参考、汇集、转报。

（二）本会会费向例依指数计算，兹以指数办法已不适用，爰经六月八日临时理监事会议商讨决定之。

（1）五、六两月经费以基数一元改收人民币一千元，即每权改收人民币三千元。

（2）各业权数原为负担会费标准，在未经正式变更以前，暂仍维持原状。

事关变更收费办法，相应提请追认。

议决：准予追认。

主席：孔翔生

吴县县商会第十二次理监事会议记录

1949 年 6 月 23 日

日期：三十八年六月廿三日下午二时

地点：本会会议室

出席者：

戎法琴　方维坤　朱汝鹏　徐仁焕（方代）　朱日新（汪代）　孔翔生　张志明

黄柱天　朱宏湧　唐士英（朱代）　曹子衡

主席：戎法琴

报告事项：

一、各业献粮尚有少数单位仍有尾欠，本会现正赶办结束，尾欠各户亦在洽催劝解中。

二、黄理事柱天来函因事请假一月。

讨论事项：

一、准源康纱厂、倪源源珠宝号先后函请退出会员资格，应如何办理，提请公决案。

议决：函复仍请暂缓现状，以利会务。

二、准衣业公会函请将原定三权减为一权，提请公决案。

议决：函复仍请暂维现状，以利会务。

三、准文具业公会来函请求将会费三权改为一权，提请公决案。

议决：函复仍请暂维现状，以利会务。

四、准牙骨器业函请将会费二权减为一权，提请公决案。

议决：暂准减为一权，函复查照。

五、准卷烟业公会函请将会费十权减为四权，提请公决案。

议决：函复仍请暂维现状，以利会务。

六、准戏院业公会函请将会费十权减为二权，提请公决案。

议决：函复仍请暂维现状，以利会务。

七、准染商业公会函请将会费二权减为一权，提请公决案。

议决：暂准减为一权，函复查照。

八、准颜料公会函请将会费七权减为二权，提请公决案。

议决：函复仍请暂维现状，以利会务。

九、准纱线公会函请将会费六权（连同派费）暂行停止收取，提请公决案。

议决：暂准减为二权，函复查照。

十、据悉邻县武进县今对于印花税政之推行，当局为兼顾商民困难起见，同意按月认销，其数额为每月七十万元，由各业公会转配会员办理。故现在武进商事凭证均暂不贴花，而由书立凭证之商店盖一说明税讫之图章代替之，办法妥善，公私兼顾。本会应否向武进县商会函询经过，以便建议本县税务局援例实行，提请公决。

议决：准请刘恂介、朱汝鹏、孔翔生、陶叔南、朱日新定期前往税务局洽请援例试办。

十一、本会前以各业先后到会报告，现行税法未尽合理，要求转商改善一案，曾经本会综合各业对于印花、营业两税之意见，本拟汇转税务局参考，疑因徐副局长亲自到会聆取各业意见，关于各业部分困难，已蒙即席解释改善。上项书面应否补送，检附原稿，提请公决案。

议决：各业意见应重加整理后再行补送，稿件请朱理事宏湧审核。

十二、查营业税税率太高，商民负担确有困难，前于徐副局长莅会聆取各业意见时，已由各业代表纷请改善在案。现在五月份营业税额，各业均已申报，即将缴纳税款，但在各业业务困难、税率暂未改善现状下，应如何转请税务局考虑简化办理以恤商艰之处，提请公决。

议决：并第十条办理。

临时动议：

一、准绸缎业公会函请将会费五权减为一权，提请公决。

议决：函复仍请暂维现状，以利会务。

二、查本会前于本县解放前后借用各业临时垫款二批，其中银圆部分现因停止流通，无法归还原物，拟改以人民币折合归还。此项归偿之款，并拟以五月份经常费抵拨支付，如有不足，以六月份经常费节余陆续归还，不另向各业派收以清手偿。是否可行，提请公决。

议决：通过。袁头照每枚一千二百元计算，孙头、鹰洋比例核减。

三、查本县解放之前伪城防部向伪中央银行借用应变费伪金圆券四亿五千万元，其中半数即二亿二千五百万元，当时曾由本会出具担保。现在伪中央银行奉令清理，关于上述担保之款折合人民币为九万元，函请本会负责偿付，业已洽解清楚，取得收据存卷。此款系在经常费结余下开支，不另派收，应请准予追认。

议决：准予追认。

主席：戎法琴

一九四九年七月二日吴县县商会各业理事长座谈会议记录

1949 年 7 月 2 日

日期：三十八年七月二日下午二时

地点：本会大礼堂

出席者：计猪行业等六十三单位

主席：戎理事长法琴

报告事项：

一、伪城防部向伪中央银行借款伪金圆券二亿二千五百万元，当时我会被迫作保，现今折人民币九万元，现已还讫。

二、先后借用各业二次临时垫款，系安全保障会、工商自卫队及本会临时用途，现正陆续归还中。以上在经常费用中匀支，不另派任。

三、工商界纪念“七一”、“七七”两大节日，决定改期另行召集。

四、电费问题已经转报市政府及工商局，俟奉指示再行通知。

五、讨论营业税问题。

讨论事项：

1. 主席报告：本会于六月三十日接到税务局函约本会理监事前往税局开会，当时税务局提出五月份营业税暂仍简化稽征，全月预定纳税数包括电气厂、粮食营业税在内，约计人民币六千万元，各业对于简化稽征办法及纳税数额如有意见，请即席提出讨论。

2. 朱汝鹏报告：本人当时出席，据税务局估计四月份共计纳税数为五百九十万元，五月份至少需六千万元，目今各业申报五月份纳税数字，税款仅有一千一百余万元左右云，为避免查账麻烦，故仍简化办理。

3. 面粉业代表：请包认为宜，以免查账之麻烦而资简捷，但增加十倍则各业力难胜任，请将四月份各业数字抄送商会汇转。

4. 国货公司代表：五月份各业皆据实填报，况解放以来各业账册已经完全清楚，并无假账。

5. 铜锡业代表：五月份各业营业均皆不振，或停或闭，甚至有店无营业，何能担任增加倍数，表示反对。

6. 染业代表：以为是项增加倍数不合理，解放为求合理，本业甚至失业拉车者亦有之，请商会理监事对于税务办法千万不能再踏反动派之覆辙。

7. 孔翔生报告：日前税务局报告四月份初云四百余万元整，又复云为五百余万元，但本会始终未能明了四月份究有若干数字，又五月份自动申报究有若干，现拟请将四、五月份并报。

8. 烛业代表：拟请商会再赴局方洽商减短倍数，因各业账册恐有不完全者。

9. 金银业代表报告：本业大多数会员停止金银买卖，请商会注意，现申报者虽有五十余家，但为数极小，无能负担倍数，亦谈不到简化问题云。

10. 国货公司代表：以为简化稽征是最不合理又最不公平的制度，请实地查账缴纳，即如本公司八十余单位完全实报，何能增加倍数，本席请商会特别考虑。

11. 牙骨器业代表：本业原有七十余家，五月份停业者有五十余家，现已报者仅二十余家，内有十余家为牙刷店（为数甚小），若照增加倍数，本业无从负担，且营业全无，何能办理，表示难以接受。

12. 颜料业代表：以为商会急宜将四、五两月数字查明后，求得一确实倍数，方可与税局洽商，即如本业五月份比较四月份已增加一倍，但其他各业能否有若干倍数，比较后再议，倘有未报者，亦应详报商会，方可办理。

13. 染业代表：以为先将四、五月份确数详细查明比较后，即可明了。

14. 国货公司代表：本公司前次纳税系照八十二倍另加五倍计算，因之吃亏不少，曾呈请税务局，当蒙局答云，四月份简化办法不过临时而已，嗣后决无简化，现在何以又要简化，前后不符，令人难解。

15. 糖果业代表：谓本业四、五月份数字可以报告商会，但对于增加倍数表示不能接受。

16. 朱汝鹏报告：税务局说明苏北商人负担税捐如何，谅苏南人定能洞悉经过等情，本人日前开会时曾经说过商人不能接受每月增加倍数，若说税局一定要增十倍，本会自不能在未得各位同意之前擅自做主。

17. 针织业代表：以为各业有兴有衰，何能简化，各业情形不同，万不能统一办理。

18. 鲜果业代表：以为本业各行家五月份全无营业，所有杨梅、桃子等皆属地货行经营，请注意，本业情愿查账。

19. 油业代表：提议应根据各业四月份营业税款酌量情形增加倍数，不能全体各业统加倍数，请分为两部，愿简化者简化办理，营业并无增加而欲强行增加倍数，势必难以负担，何以接受，商会万不能接受统加数字。

议决：将申报四、五月份营业税时填明情愿简化与不愿简化字句。

主席：戎法琴

一九四九年七月十三日吴县县商会各业公会理事长座谈会议记录

1949 年 7 月 13 日

日期：七月十三日下午三时

地址：商会大礼堂

出席：公会代表六十五单位、商店会员代表一人

主席：孔翔生

报告事项：

各业公会新属各商号，前已转奉税局通知，遵于六月十日以前将所有五月份营业税均已据实际营业额申报在案，乃于六月三十日接由税务局函召商会全体理监事到局开会。当时局方忽然提出五月份营业税仍用简化办法，包括粮食营业税在内总数约为人民币六千万元。当时出席各理监事以不能决定，遂于七月二日召集各业公会理监事到会开会报告情形，均早经多数表示不能接受简化。并于七月八日复蒙局方电召开会，当由朱汝鹏、陈君玉、刘恂介君等赴局，答复上次开会各业未能同意简化。昨日，局方又派前孙坚股长持函一封莅会（当时宣读原函），要求商会答复，并限于七月十四日，倘不接受简化，将再以未偿增加数字启征，并迳行决定本会焉。特订定于今日召集商讨，请各抒己见。

朱汝鹏报告：昨日，局方派孙坚股长来会经过情形，并孙股长又声称限十四日无论如何要求答复，否则局方将依照各商号五月份申报额增高至七倍核算开征。惟据局方称五月份各业申报税额总数为一千四百余万元，是则倘以七倍核算，则将增加至一亿有余。商民如何能接受？当时事态迫促，并强迫本会立时出一答复函件等云。现在宏湧先生昨由锡回苏，谅必邻县情形定有考察，再请伊报告。

朱宏湧报告：本人出席苏南行政署开会，各县市均有工农商及地方人士出席，范围甚广。七月七日下午赴锡，本市同行者计有浦亮元、陶叔南等，到锡后在出席时，本人亦曾提议苏州市应有整个性的统一税收，并减轻税率等提案。当时并要求管主任接受建议，亦认为各地确有包税制，有不合公允之处，但改革税制须有若干时间。关于营业税本人并考

察各地征收不同。常熟四、五两月为四百五十石，早已收讫，不成问题。常州方面于七月上旬解决四月份，总数为四百零八石，商会所属各业约占三百七十余石，五月份增加一倍半，米价每石以一万七千元计算。无锡方面四月份结果为三千五百万元，在六月下旬解库，至于五月份现在方始由局方提出以米五千石计算，无锡商会提出筹粮数字应免除，亦未解决，并提出希望查账，一方面要求减低税率，一方面要求废除包税制以及以米计算，正在力争建议中。然本会于七月二日开会时，结果有大多数不能同意简化并请情愿查账，但局方曾有通知，凡各工商业均限于六月十日以前申报，早已完成。何以局方迟至六月三十日召集不需要之会，忽而改变简化，局方自己不肯依法启征收税，自己不能把握时机，徒自放弃，何谈责成商会为协助不力。本人代表酱工业方面情愿查账，绝对不赞成简化。

染商代表起谓：各业依照局方购买申报书，无不据实填报在案，今局方何以不在六月中旬启征，延至六月末旬强令人家要简化？各业当然不能负担此意外之损失。即如本业五月份门市全无，甚至同业拉车度日，何能负担简化？表示绝对不能同意。

染织业代表起谓：营业税以米计算征收，为自有营业税以来所未曾有过。今税局以米折合，究属于税法有何根据，应请局方慎重办理，勿使工商业负担过重。

国货公司代表起谓：本公司绝对赞成宏湧先生重新查账，不能再有简化办法。

油饼业代表起谓：局方用简化办法其增加数字应当接近实际，不可距离太远，则免去查账之麻烦手续。本人认为简化亦非绝对不可能之事，但税局现今录用一辈旧有职员，万一光将各商号账册横加挑剔，在伪政府时代各业早已受过痛苦，现在这些人万一不从正路合法查账，依旧盲目地挑剔，届时各理事长必定头痛不堪，我们应当顾及。其时全场各业代表纷纷发言，对于局方提六千万元之数字均有表示不顾商情，迹近苛政，形势有不满之态。

主席孔翔生提议略谓，各代表凡同意局方简化办法者请起立或举手，倘赞成局方查账者不必举手，以付表决。当时会场声息全无，并无举手，约计三分钟。主席孔翔生再请各代表对于查账问题各业有无反对或不赞成者，如有之并请举手，以付表决。当时会场各代表一致不举手。主席孔翔生再声明，现在各业代表对于简化均不同意，对于查账一致同意，应作为表决通过，准由本会公函答复税务局核办。

张志明建议：今后商人对于税务问题应团结一致。

朱宏湧起谓：应请商会迅速将本会情形及表示函复税局，倘税局以为商人所有账册尽属假账，但五月份局方将各业账册登记加盖印章，试问何来假账？倘在查账时有过去人员而未受再教育之职员有越出查账范围者，苟在某一商店发现其查账不合法理与有失公允者，应立即报告公会，转报商会办理。

马春霖建议：苏州电厂增加电费一案，织染方面至今未能解决，但对于商店用户本会应再有表示。即如限期缴费、逾期加纳罚金等擅自规定，试问世界各国电灯厂亦无此规定办法。现在对于逾期加罚，民营公用事业有此规定，应请商会建议本市政府予以取消。

当时未付表决。

临时动议：

主席孔翔生交议：查本会经常费预算，现因物价上涨，不敷开支甚巨，拟自七月份起会费调整为每权人民币四千五百元，以维会务，提请公决案。

议决：通过。

散会。

吴县县商会第十三次理监事会议记录

1949年7月21日

日期：三十八年七月二十一日下午六时

地点：本会会议室

出席者：

孔翔生　徐仁焕（方代）　朱宏湧　张志明　曹子衡

刘恂介　姚士镇　邵伟成　方维坤　朱汝鹏　朱日新

黄柱天

主席：孔翔生

报告事项：

一、献粮工作截至七月十六日，已暂告一段落，统计献粮总数大米四百七十万零五千三百六十二斤十二两，火草九百三十六万六千六百四十八斤（另有苏纶厂大米六万斤、由工厂联合会并案办理），本会已与粮食局给缴清楚，取得收据存查。

二、今晨沈壮声先生电话传达市长意旨，关于防风救灾捐款，希望县商会理监事加紧领导，使各业积极进行，达成理想成绩，职工总会成绩良好，将超过预定目标。与防灾有关之竹木、麻袋、柴油、五金等，各业预为接洽，必要时拟仿照无锡办法借用必需材料，所有价款照当日市价依折实计实，俟秋收时，由政府负责归还。

三、查本市五、六两月份营业税，各业请求合理课征，当局迄无指示到会。上海方面七月十七日《解放日报》刊载直接税局布告，关于五月份以后，营业税待新办法公布后，再行课征。杭州方面，征收办法已经当局公告实行，详细办法暨注意事项可请参阅七月二十日《上海商报》。

讨论事项：

一、本会负债项下折计人民币一百七十七万零八百九十四元四角，原拟定五、六两月会费收入（约二百八十一万余元）项下匀支归还，但截至七月二十日止，上项会费仅收到一百七十二万余元，除支付六月一日起至七月二十日止经常费用一百三十万余元外，仅归还各业借款三十九万余元，尚有借款一百三十七万余元，须待五、六两月欠缴会费约一百零八万余元收到后，方能清偿。惟此项借款各业亦系转借而来，折算办法确定已久，而本会因会费收入困难，迄未清偿，转使各业蒙受币值损失，间有向本会责难情事发生，应如何补救提请公决。

议决：

（一）欠缴会费各户统限于七月底以前缴清，逾期依照折实单位计算，事非得已，应请各会员原谅。

（二）借用各公会之临时借款加紧进行清偿。

二、本会理事长戎法琴因病去沪就医，前准函请给假，应否推员代理，请公决案。

议决：由常务理事共同负责，全体理监事协助会务进行，仍请戎理事长早日销假。

三、为银行公会函请比例核减权数请公决案。

决议：准予自七月份起改按人权计算。

四、为金银、保险两业公会先后函报停业及休会请免负担会费请公决案。

议决：该两业所称业务停顿暨休会情形，尚系实情，所请免负会费等，各负担在停业休会期内准予照办。

五、为钟表业公会函请减权请公决案。

议决：函复仍请以团体为重，勉为其难。

六、为粉麸业公会函请减权请公决案。

议决：准予减去二权，自七月份起改按六权计算。

七、为木商业公会函请减权请公决案。

议决：函复仍请以团体为重，勉为其难。

八、为冶坊业公会函请减权请公决案。

议决：会费仍按照四权计算，如有临时费改按三权计算。

九、为丝号业公会函请减权请公决案。

议决：准自七月份起改按一权计算。

十、为倪源源号改营文具请求退出会员资格请公决案。

议决：该号既已加入文具业公会为会员，所请退出商店会员资格一节，准予退出，函复将会员证书送会缴销。

主席：孔翔生

吴县县商会第十四次理监事会议记录

1949 年 8 月 4 日

日期：三十八年八月四日下午四时

出席者：

刘恂介　朱日新　陈君玉　朱汝鹏　唐士英　张志明　徐仁焕（方代）　方维坤　朱宏湧　张淳德

列席：张廷忠

主席：朱汝鹏

报告事项：

刘恂介报告：昨天在银行公会出席苏州市各界防汛救灾劝募会议，吴市长对于上次捐款结果表示满意，总工会成绩很好，工商界也不错。常熟沙洲台风严重，经大家努力抢救，结果因情势未见好转，所以灾情很大，死去两千多人，难民有四万人。吴江方面亦因灾情很大，所以有大批难民。此外，东山渡村一带也有同样情形。会议中商量如何予以救济。今天开会就要各位讨论这一问题。我们昨天讨论今天劝募工作的进行方式。工厂方面意见，彼此交换进行劝募，最后结论，工商双方各自先分定小组，由宣传组派员到小组去劝导，由小组进行劝募。

张科长：昨天为了防灾捐款的事，吴市长对于劝募工作做了一个总结，说明进行经过的优缺点。优点：一般的成绩良好，工商界在数字上较优于职工和学生，但是热诚不及他们。缺点：宣传不够积极主动，表现得好的当然出力很多，但是个别的并不重视这问题，以致成绩很差，还有时间很短促的原因。今天我们要继续进行救济捐款，希望大家研究一下如何把各单位划分小组领导进行，又关于各单位的人事如何安排使有很好结果，亦请各位讨论。

经相互交换意见后决定：

一、商会分二十个小组分别召开全体会员大会，宣传救灾意义。

二、宣传日期定于八月八、九、十日三天举行。

讨论事项：

一、中国编织物厂函请暂免缴付会费案。

议决：函复如已停业准予退会，但应开具书面声明退出会员资格，以凭办理。

二、准高粱烧酒业函请减权案。

议决：准予自八月份起减去一权，改按三权计算，函复查照。

三、准茶食糖果业公会函请减权案。

议决：函复仍请以团体为重，勉为其难。

四、准钱业公会函为会员业务清淡，七月份会费勉缴半数，应如何办理，请公决案。

议决：该公会所称各节尚系实情，所有五、六两月该业会员奉令停业期间，会费准予豁免。七月份会费欠缴一万八千元，准以该业前次借出临时垫款作抵清讫，八月份起仍请照原负会费八权计算缴纳，函复查照。

五、查本会经常会务等费用向赖会费收入抵拨，但目前若干会员仍有拖欠情形，因之收支难以平衡，会务进行亦多困难，所有八月份会费应如何收取，提请公决案。

议决：为谋收支平衡、兼顾各业负担能力起见，自八月份起会费每权改按四个半折实单位计算，依缴付日《新苏州报》刊载本地挂牌价格为标准，以维会务，八月份会费先行收取，俟提交各业理事长会议追认。

主席

吴县县商会第十五次理监事会议记录

1949年8月20日

日期：三十八年八月二十日下午四时

出席者：

朱日新　朱宏湧　黄柱天　姚士镇　朱汝鹏　陈君玉　徐瀚澄　张志明　方维坤

曹子衡　徐仁焕（方代）　孔翔生　刘恂介

主席：朱汝鹏

报告事项：

一、报告第二次救济水灾捐款，截至本日之成绩。

二、电气公司来函，关于增资问题，本会已转有关各业征询意见。

三、上海市最近税法规定本年八月底各业自动调整资本。

四、上海、无锡两地组织工商业联合会筹备会经过。

五、税务局函复本会提供税务意见准备参考。

讨论事项：

一、电气公司增资问题，本业应如何协助进行案。

议决：俟各业意见函复到会后再行研讨，或提交各业理事长会议商讨进行。

二、本市应否组织工商业联合会筹备会，如果准备组织，本会应推何人参加筹备，请公决案。

决议：

一、原则通过。

二、函商工厂联合会，如承同意，亦请派员参加。

三、本会推孔翔生、陶叔南、朱宏湧、黄柱天、姚士镇五员。

三、关于调整资本问题，在当局未有规定以前，本会拟先召集各业到会交换意见，以便准备，是否有当，请公决案。

议决：定期八月二十二日下午三时召集各业理事长到会先行讨论，以便各业有所准备。

主席

二、苏州市工商界代表会议

苏州市工商业联合会筹备委员会召开
苏州工商界代表会议记录

1951 年 6 月

日期：1951 年 6 月 11 日—13 日

地点：养育巷救恩堂

会议开始

大会秘书处报告　主席团名单（另附）经工商联第二十五次常务会议通过

本日出席代表共 494 人

通过大会议程：11 日下午大会会议，12 日上午 8 时起全小组讨论，13 日上午休息，下午继续开大会。

（一）主席报告：

各位首长、各位代表、各位同志：今天我们举行全苏州商界代表会议，出席这次会议的代表包括参加本市三届二次人大扩大会议的工商界代表、各业同业公会会员和直属会员的代表、公营企业和摊贩公会代表、各个地区的工商户代表，并有各联办处及各地区的总干事列席会议，主要内容为：(1) 传达三届二次各届代表会议扩大会议的精神，讨论今后如何继续深入和提交镇反运动，如何响应抗美总会“六一”号召做的三项爱国工作，如何提前完成本年上半年年度的估征所得税工作；（2）传达苏南生产会议的精神及如何扩大生产交流，促进城乡互助，为进一步发展生产、繁荣经济而奋斗；（3）如何迅速做好重估财产、调整资本的工作；（4）如何健全同业公会和工商联的组织，使同业公会和工商联早日成立。

工商界的先生们通过抗美援朝运动以来，爱国热忱已经大大提高，工商界的爱国行动一向不落人后，在这次大会上希望多加重视，多发表宝贵的意见，贯彻爱国公约，为做好业务工作和工商界经济发展而努力。

（二）工商局王局长讲话：

今天工商界开代表会议，我代表政府向代表们致贺，这次会议通过抗美援朝、镇反运动共同结合，为了响应抗美援朝总会“六一”三大号召，同时结合土特产交流，重估财产、调整资本，在这些情况下召开会议是具有特别意义的。我们要如何来贯彻人代会议的精神，响应抗美援朝总会三大工作号召，把这许多工作贯彻到具体行动中去，我们要就各种报告详细研究讨论，要想各种办法来如何贯彻抗美援朝、镇反工作继续提高，深入群众，确定工商界的中心工作，结合镇反工作，对反革命分子订立了处理检举办法，使反革命分子不能混入工商界来。我们通过学习提高了认识，积极展开抗美总会号召，修订爱国公约，检查爱国公约和优待烈军属的工作，必须完整地逐步完成抗美援朝的工作。其次，在财务方面为土特产交流、重估资产、调整资本工作，过去参观了苏南土特产展览会和苏北、南京的访问团已有了很好的成绩，今后必须以华东为中心，配合现在上海的土产展览会，继续发动土特产行业，会同上海的工商界代表商讨做好土产推销吞吐工作，南门开辟以后，必须开发，使物资交流有很好的成绩，这是对土特产交流的一件重要事情。在这些工作上关于重估财产、调整资本工作，要打破顾虑，把业务工作的发展和抗美援朝运动结合起来，希望各位代表在会议上认真讨论。这些工作当然是艰巨的，为了集思广益起见，请各位代表共同讨论，以达成重大的效果，希将大会精神带回去传达到各区工商业户去。

（三）民主建国会代表卫楚材讲话：

今天本来不预备讲话，专程来向工商界先生们祝贺的。在座各位代表先生，我们要团结工商界不可分离，首先关于抗美援朝总会的号召，在民建会研究作了决议，希工商界很好帮助。昨天报上看到进步的工商界人士已经有了很好的表现，如浦亮元先生代表苏纶捐献飞机一架，以“苏州市工商联第一号”命名，而不是苏纶或棉纺业，这可看到苏州工商界已经明白了抗美援朝是全体人民的事情了。这里我谨向浦亮元先生致敬，同时还看到很多的先生们也有很好的表现，像饼馒业营业范围虽小，也尽了自己的力量认捐，可以指出我们在爱国主义思想下进行我们的工作，不再像以前各司其事了，以后工商界一定更有很好的表现。其次我对“六一号召”有一点体验，请先生们批评指教。我觉得捐献运动是有计划、有步骤、长期性的，以增产收获，共同努力，抗美援朝固应做得很好，但也要结合建设新中国工作，因此我们的工作是要在增加生产，减少消费，增加力量，不断地拿出钱来捐献。古时有个陶朱公。我们只知道如何经营积财，但是如何散财，我们从没有做到，我们今天是要着眼到如何很好地散财上去，同时我们要求不断进步，使国家完整美满。今天各位先生都是具有爱国热忱的，怎样来巩固爱国行动便是从增加生产、扩展业务、提高认识着手，这许多事情都应该订立在爱国公约上。因为爱国公约是固定一切行动和思想的总汇，在各种不同的情况之下修订检查、补订爱国公约，时刻检查，展开批评和自我批评，不断提高，保证贯彻。这是我学习后的一点体验，不成熟的意见希望各位批评指教。

（四）谢副秘书长报告（另附）

（五）黄秘书长报告（另附）

（六）朱副秘书长报告（另附）

（七）沈副主委报告（另附）

第一日会议结束。

第二日小组讨论。

第三日会议。

中心发言（另附）

1. 冯国祥 2. 刘恂介 3. 蔡渭森 4. 汪朝倜 5. 冯友勇

王市长讲话：

各位代表，我们工商界为了贯彻第三届二次扩大会议精神，召开这次会议，开得很好，我想来提供几点意见：

一、六月份的中心工作，捐献飞机大炮的工作还得结合到镇反工作，加强检举，过去工商界有四千人控诉，纠正了敢怒而不敢言的顾虑，这是说明大家认识上有了进步，现在我们要进一步处理艰巨积案，加强人民民主专政，务必做到该杀的杀，该关的关，所以处理检举工作也是六月份中心工作，我们工商界应如何贯彻健全组织工商小组，大力推动发掘积极分子，打垮反革命分子的基础，所以这件工作绝对不能松懈下去，每一个会员都应在认识上提高，把镇反工作进一步贯彻。

二、听了大家的发言，特别是响应抗美总会的号召，要贯彻下去，把修订爱国公约结合具体事实细致地去做，关于捐献飞机大炮写了保证书表示态度，办法很好，但不是单纯捐献数字就算收货，应该好好学习为什么要捐献，从认识上提高，掌握精神，全面推动。

三、增产计划……上半年所得税缴纳未免有人挑战，应用种种方法，掀起热潮。我们应明了抗美总会的号召是在什么形势下产生的，是在朝鲜战争艰苦的扭转，毛主席与朱总司令的领导下取得优势，另外在镇反工作有力地打击了反革命分子，在这些形势下提出的“六一”号召，是有特别意义的。我们认识了这个目标，捐一千架飞机才有意义。

土产交流在六月份应步步加强，这一个工作推动特别是工商界应该眼光放长些，不要单看刺绣等，应该把苏州看作是土产的中心，此次到无锡参观苏州馆，富丽堂皇，但也应该顾到实用与销路，只有从这个方向走才对，另外要做些有组织的工作，秋收以后旺季来到，如济南的……我们考虑到南门大桥完成后，开辟一个市场，再繁荣阊门。关于重估资产工作，六月份做好准备，七月份展开，希望好好考虑进行。

自由发言（另附）

1. 华一峰 2. 缪伯炎 3. 吴养正 4. 沈继玉

税务局新风同志讲话：

各位代表先生们：今天很高兴参加，大会开得这样好，我代表税局向大会致贺，这次会议王市长已提出观念，工商界在抗美援朝及镇反运动后认识提高，在加强团结的基础上召开了这次会议，值得庆贺，我现在提出几点意见：

一、王市长讲过六月份的中心工作是继续做好镇反工作，明确地说也就是做好检举工作，只有将这个工作做好，再来完成我们工商界的整理工作，发掘积极分子，把潜伏分子检举出来，才能健全组织，全市一万余工商户团结一条心，从今天的大会可看到各地区提出的保证，已有了这个信心。

二、前天我到上海参观华东土产展览会，大会规模宏大，只有感觉到祖国的伟大。苏州的刺绣和席子得到一般人的重视，他们很希望我们来往交流。通过土特产交流来发展今后的工商业，这是1951年政府最大的工作，我们税务局愿抽出时间奉献意见，帮助如何来研究做好土特产工作的开展，组织联营是开展土特产交流的重要工作依靠，一二个联营组织来进行土特产任务是不够的，必须将联营的好处很好地宣传，从提高认识开始。

三、所得税在短期内要如期完成，这是一个实际行动。关于重估财产问题，这是工商界自己的事情，我们要发展业务，改善劳资关系，发展新民主主义经济建设，重估财产是一个重要工作，毛主席指示“三年计划十年建设”，重估资产便是第一步工作，但要搞这工作不能性急，劳资关系、私人问题、经济政策问题所发生的问题不单在技术上是比较复杂的。重估资产既是一件复杂的工作，因此打通思想是最先决的问题，打通了思想才能消除一切顾虑。总之，这一工作是要有计划地稳步前进，通过重估资产，实行经济核算制度，可以明了产销全面情况。最后，我希望全体代表把这次决议贯彻到各单位去。

陶主委总结：

各位首长、各位代表同志：工商界这次会议经过两天时间，本来这次会议在三届二次人代会扩大会议结束时，即须进行，后因时间仓促，尽量发掘积极分子来开好大会起见，所以延期至今。大会主要解决了怎样深入和提高镇反运动，响应抗美总会三大爱国工作，展开捐献土特产交流，重估资产、调整资本及改进会务四个问题的报告，在第二天作了一整天的小组讨论，提出了许多宝贵的意见，总的来讲是一致同意，表现了上下团结一致的情况。(1) 尽量交流，密切联系；(2) 展开了批评和自我批评，加强了组织观念；(3) 通过会议更好地提高了认识，一致认为镇反工作要再深入提高，对于响应抗美总会号召一致同意是必要的，正确的保证做好上项工作，对捐献都表示了态度，有的一次提出了数字，订出生产计划来作长期的捐献；(4) 一部提出了准时开会的要求，刷新我们会议的精神。

这次会议总的收获如上，但也有许多缺点，像准备不够，推选代表太仓促，时间不够，工作人员不够，未能及时提供完整的参考资料，有部分代表出席华东土特产展览会不能全部出席，但请假制度不能实践，不无缺点，这次会议对四个报告都能尽量研究讨论，意见是一致的，但也有人说镇反工作到何时为止，这是太平无事的麻痹思想，遵义事件的教训可以作鉴，刚才王市长报告，造谣亦是破坏工作，检举的逮捕了，可是还得继续注意有无潜伏分子，反革命财产要严密监视，不许移转分散，黄金变卖要建议人民银行加强处理，大家都保证不做反革命分子的防空洞及财产的防空洞。

关于响应抗美总会号召修订爱国公约，都提出了具体意见，并主张成立检查公约实践委员会，对于献捐飞机大炮运动，都很重视，为了要更快地彻底把侵略军打垮，帝国主义是不甘心灭亡的，所以我们要订立长期性的增产计划，把增产收入作为经常捐献，做好经济建设，巩固国防。

关于优抚工作，大家明了志愿军背乡离井，不怕坚苦，站在保卫祖国的最前线，所以都重视这一工作，而想了许多办法帮助就业，购物优待计划，帮助军烈属子弟解决失学问题。

关于土特产问题，认为土特产对国家财经有很大影响，在会上听到访问团的反映，我们可惜滞销，不然一定可大量购买，这说明交流工作的重要性，关于经营方法大家提出规格成本，尤其是新商业道德的建立都要统一提高，这样才能使畅销物品作出增产计划，滞销物品打开销路，切实做到城乡交流，内外互助。

重估资产，大家认为要打消不必要的顾虑，在国家是件统计工作，在工商界讲有关本身业务，应做好这一工作，配合私营企业暂行条例，将合伙议协公司章程好好修订。

工商联组织问题，大家都认清了团结的重要，特别明确要做好爱国工作，一定要搞好自己的组织，加强工商界大团结，因此提出各种建议和批评，今归纳如下：(1) 对于沈副主委报告的缺点要迅速纠正；(2) 各种工作支配未能深入基层；(3) 脱离群众，顾此失彼；(4) 布置工作联区要明确划分；(5) 工作人员待遇处理调整；(6) 会员要解答的问题要及时答复；(7) 开会遵守时间；(8) 编造预算要由下而上，切合实际；(9) 领导进行优抚工作，设立优抚专门机构；(10) 要求进步就得加强学习，统一布置，印发材料，订立制度，希切实做到；(11) 组织财经审查委员会并及时公布；(12) 土特产交流组织埠的通讯网；(13) 建立土特产指导机构；(14) 组织重估资产委员会；(15) 组织检查爱国公约委员会；(16) 加强劳资团结工作；(17) 加强调研工作，成立资料室；(18) 经费收支公开，除定期定额外，希望每月在收据上说明照营业税收的百分比；(19) 迅速发出会员证书；(20) 号召外埠厂商投资到本埠工业；(21) 印制学习手册；(22) 建议人行限制收兑黄金，防止反革命财产转移；(23) 号召开展爱国储蓄，随时响应爱国运动；(24) 开办革命子弟学校；(25) 行业小组加推副组长一人，有成绩的加以提名表扬；(26) 加强联办工作；(27) 更调工作人员，要人尽其才；(28) 汇报缺少优缺点，无从改进；(29) 山塘区收会费有成绩，未能及时表扬；(30) 组织各种委员会：①财务审核委员会；②开发闾门商场委员会；③开发闾门商场委员会；④土特产推进委员会；⑤响应抗美总会“六一”号召委员会。所有大会小组讨论总结归纳起来有如上述，闭会后很好地认真传达，使每一工商户体味到会议的精神，贯彻下去。另外一点，生产救灾会以前认的救济米未清缴的要酌情再缴，完成清缴工作，由该会清欠小组向各业分头接洽。

各联各地区工商户很多向大会献旗，热烈保证推动各项工作，我代表大会向各位致谢。

为了保证贯彻大会的精神和讨论，我们作出如下的决议：

（一）关于进一步推展镇反，响应抗美总会号召及拥护的决议

1. 继续认真学习，贯彻镇反工作，监督反革命分子财产（补充检举反革命分子隐藏在工商界的财产）；

2. 响应“六一”号召，保证在增产计划下大力捐献飞机大炮；

3. 保证国家财政收入，上半年所得税提早纳库。

（二）关于土特产

1. 重视土特产交流工作；

2. 改善经营，树立新商业道德。

（三）重估资产

1. 进行广泛宣传动员，打破一切顾虑；

2. 正确资产重估入账。

（四）健全组织

1. 爱护组织，健全组织；

2. 一致同意新核算，保证清缴会费不拖欠。

以上决议一致举手通过。

记录：邹幼梅
金绍桢
郑宝秋

陶叔南主任委员在工商界代表会议上传达出席北京全国工商业联合会筹备会议精神的报告

1952年7月27日

全国工商业联合筹备会议在上月二十日开幕，苏南出席有无锡钱孙卿、苏州陶叔南等十人代表，列席代表有荣德生等六人，荣德生先生因病缺席。十五日在上海集合，十八日到达北京，在出发前由苏南行署管主任作出指示，要我们将苏南工商界目前存在的一切问题尽量提供大会，并寄予莫大期望，代表们都很兴奋地接受了管主任的指示。在上海、南京等地更受到了当地工商界热烈欢迎。二十日大会开幕，首先由陈叔通主任致开幕词，他指出这次出席的代表除全国各大中小市县代表外，包括台湾、西藏以及少数民族、海外侨胞，这是我国工商业者在历史上划时代的大结合，这是创举，充分说明只有在中国共产党和毛主席的英明领导下，才能有这样的伟大结合。

中国工商业者在过去两年中，全国各大中城市已逐步建立了自己的组织，在这样的条件下，全国工商联经过了七个月的筹备已经胜利完成，全国“三反”、“五反”运动取得了伟大的胜利，工商界的认识空前的提高。第一次会议的提案有三百十七件，这也充分说明了全国工商界经过“五反”运动后对经营有了坚决的信心。为了更好地来解决它，大会即行分组讨论，在分组讨论中间各人都暴露自己的思想，结合实际进行了热烈的讨论，并能掌握批评与自我批评的武器进行批判解决，讨论始终在紧张热烈中进行。但是在讨论到税务问题和劳资问题时，代表大都做了正常的反映和提供了宝贵的意见，经过中央有关机构的研究后，大部分作了原则性的解决。因此代表们更为兴奋，向大会发言的就有一百十多人。大会经过十一天的会议，通过了全国工商联的组织规章和通过了陈叔通为主任委员，其他十三人为副主任委员，并通过了一百六十人为委员。最后通过了两个决议，第一个决议是通过了陈云主任的讲话，第二个决议是通过了全国工商联的经费。这两个决议通过了，代表们都非常的满意，都负责保证回去后做好传达下列观点工作：(1) 在国营经济领导下发展私营经济。(2) 坚决反对“五毒”行为，清除“五毒”行为。(3) 团结大小工商业，做好少数工商业的正当利益。(4) 坚决遵行全国工商联征收开办费及经常费的决议(经费预算及征收办法)。中央直辖市将每月全部经费的百分之五解交中央作为全国工商联的经费，省及大行政区将每月全部经常费的百分之二解交中央作为全国工商联的经常费。对各同业公会是统收统配，在本年七月份起施行。国营企业总机构和合作总社协商办法交解。关于征收开办费的办法是国营企业担任全部开办费之百分之五十，其余百分之五十由全国各地工商界担任，其办法按照去年（一九五一年）十月份之营业额征收千分之一，在本年十二月底以前交各地工商联汇集解交，如有余款作为各地工商联基金（征收数字虽小，但面积很广）（大会经费由国库支出）。开办费是指购置全国工商业联合会会所之需（现有一所现成房屋正在建筑中，所费约计国币一百五十万亿元）。

大会在六月三十日上午闭幕后，即行举行了一连串针对多个问题的座谈会，如物产交流问题、税务问题、转业问题等。也举行了物产交流会，因事前没有充分的准备，交易虽然做得不多，但是已和各地的产销者作了营业上的联系，并建立了关系，为以后交流大会打下有利基础。我还要向各位报告两件光荣事，非但是我们全体代表的光荣，亦是全国工商业者的光荣，亦可以说是今天出席各位先生们的光荣，我们全体代表见到了毛主席，在当时代表热情的掌声和兴奋的心绪，决非笔墨可能形容的，毛主席亦对我们频频点头，这也说明毛主席的接见全国代表是我们工商界的光明灿烂的前途，更鼓舞了我们私营企业的坚定不移的信心。第二个是周恩来总理给我们作关于共同纲领的报告，经过三个小时的宝贵时间详细反复说明，三年来全国工商业者对祖国的生产、经济的恢复和发展都起了光辉的不可抹杀的成就，并希望全国工商业者本着过去的光荣成绩普遍地展开共同纲领的学习，服从国营企业及工人阶级的领导，遵守国家政策法令，全心全意来努力建设我们可爱的祖国吧！我个人听了周总理富有真诚勉励的报告后，深深地感到只有中国共产党、人民政府和毛主席能真正为人民服务，并且更明确了我们工商界有我们广阔的美好的前途。我要全心全意来努力建设可爱的祖国，来报答中国共产党和毛主席的关怀。

陈叔通主任在开幕词中指出，我们应该承认过去三年来工商业者，在国家经济建设中从恢复到发展都起了相当的作用。又其在去年的抗美援朝总会发出“六一”号召时积极响应捐献飞机、大炮，起到了绝大的作用。相反的工商业者有腐朽黑暗的一面，即是“五毒”行为，故而中央人民政府发动了治病救人、与人为善的运动，即是全国轰轰烈烈开展的“五反”运动，这个运动主要目的是改造工商界思想运动，是移风易俗的社会改革运动。所以在处理中，政府本着斗争从严、处理从宽的方针进行，并且亦照顾到工商业者，都得到了宽大的处理，因此我们应该很好地掌握批评与自我批评的武器来大力检查我们的思想行动，我们检查的标准是依照共同纲领的规定做。

李烛尘副主委在闭幕词中亦说，政府对全国工商界是理至义尽了，我们工商界更应该老老实实地依照共同纲领的规定，服从国营企业及工人阶级的领导来做生意，并且彻底了解“五反”运动主要是清除工商界的腐朽黑暗的“五毒”行为，绝对不是消灭私营企业。

陈云主任对清除工商界“五毒”行为后，如何来保证和巩固，他说：（1）全国工商业者经过“五反”运动，清除腐朽黑暗，得到了光明，但公私关系、劳资关系都有了新的问题，如政府加工方面，有大有小估价不能准确。过低的估价，我们应当合理地提高和调整，棉纱方面已有花纱布公司和染坊的工缴已调整，加工方面有个别情况不同并且要照顾市场和物价标准，要合理地经常地来计算成本，利润一般的是否分二十至三十为最高，但是并不用以上的利润来限制，并且要以资本大小来结合，总之私营工商业者要正正当当地经营。（2）在加工规格方面的问题，已经向各地贸易部门的主管作出指示，在规格问题发生时，着各地工商业主管和工商联组织委员会专门处理。（3）在“五反”运动后有部分滞销品不能销出，政府已在大力开展城乡物产交流来推销。（4）银行利率的减低，放宽贷款对象，协助工商界资金不足。（5）税务问题，所得税及税收人员的态度不好等问题已通知各地税局，加以适当的处理。关于税收的过高过低可以组织专门委员会来很好解决。(6) 劳资关系问题，大的企业一般是正常的，另一方面小的作坊的关系非常的不正常，都要适当地调整。(7) 防止“五毒”行为，为了创造国家建设的有利条件，必须严厉防止“五毒”行为，因此全国工商业者必须遵守国家法令来经营，绝对不许再犯。二三年来农业生产和手工业生产都能从恢复走向发展，农业生产已经达到了抗日战争前的产量，棉花的生产量已增加到两倍半以上，其他农业产品都有发展，可以依靠洋米、洋棉、洋麦来接济。工业生产也能达到接近恢复水准，有的已经超过历史的创举，棉纱的产量已经超过战前产量的百分之二十三，其他橡胶等生产也有超过战前的产量，除此以外更有重大的建设，如成渝铁路的通车，使四川人民渴望了四十多年理想实现，以及淮河工程、荆江分洪等的建设，不要说中国历史上没有见过，就是世界也是少见的奇迹。二三年来不但是恢复了经济工作，而进行发展工商业的运动，并将危害人民国家经济建设的“三害”、“五毒”都清除出去，今后私营工商业的前途更见光明。国家工厂已经完成了上半年度的生产量，私营工厂非但能完成而且大大地超过，农业生产是小麦丰收，茶叶和去年一样的丰收，其他农业生产都可以有丰收的希望。工商业很好做好准备来迎接伟大秋收，对国家的经济建设，私营企业仍需要负担重大的责任，现在成立了工商业者全国性的组织来领导全国工商业者走向光明的大道。

陈叔通主任在开幕词中说，我们要团结友爱，在反动派时大城市和小城市的工商业不团结，大行业和小行业不团结。解放后虽然已经改去了许多，但还不够，全国工商业者的组织成立，就加强了大城市和小城市、大小行业的团结。在互助互爱精神下分工合作，是工商业者的统一战线，在人民政府的领导下迈步前进，不同于反动派的商会，现在的全国工商联是真正的人民自己组织，有人民的领导，有正确的前途，要发挥我们的力量，发展生产，繁荣经济建设。新中国全国工商联的成立，不但是全国工商界的大团结，亦是全国各民族的大团结。

今后什么是努力的方向，大家都明确在国家经济领导下，要发挥生产的积极性，我们要切实遵守共同纲领的规定，要服从国营企业的领导，劳资关系不能以个体来讲，要以大体的来讲，对生产不能盲目生产，要计划生产，要不能的话就要走向资本主义的老路。我们要老老实实发挥生产积极性，不能怀疑政府政策的改革。“五反”运动主要是反对“五毒”，不是消灭民族资产阶级，“五反”运动后更有光明的前途，但是在过程中是有困难的，困难是可以解决的，地方政府已在解决，不能解决的已有中央解决。我们的眼光要放远，我们有我们的前途，因此做出了四项决议，通过了陈云主任的报告。

1. 在国家经济及工人阶级领导下，发挥生产的积极性。

2. 有计划、有步骤、有组织、有领导地普遍掌握批评与自我批评的武器，加强开展学习共同纲领及政府政策法令。学习时应将业务和法令相结合，言行一致，为发展生产繁荣经济而努力。

3. 要推动各地工商联的组织，某些地区要照顾少数华侨及少数民族工商户的正当利益。发展生产，改善业务，反映情况，建议政府，使大中小工商业者都能各得其所，各地工商联都能整理和改组。

4. 厉行增产节约，继续加强抗美援朝运动，使生产发展，发挥力量为我们的祖国增加建设力量，克服发展中的困难，不应依靠政府解决，我们工商业者应该自力更生，贡献自己的一切力量来克服。

我们要贯彻推行决议，进行全国的伟大经济建设，全国工商业者仍需要担负起责任来完成伟大的任务。最后我希望全苏的工商业者一定要坚决贯彻大会决议，来努力完成新民主主义的经济建设。

谢惟安副秘书长传达本市协商委员会扩大会议精神

1952 年 7 月 29 日

今天我传达本市人民代表会议协商委员会扩大会议，在这个会议上，由尤旭副主席宣布开幕后，王市长、王局长作了报告，经过了小组反复讨论，一致拥护各首长报告。现在把王市长的报告进行传达：

王市长的报告首先把苏州市的“三反”、“五反”运动作了简单的情况总结，在苏州市的“三反”、“五反”运动胜利结束了。王市长首先宣布苏州市的“三反”、“五反”运动和全国各地一样胜利结束了，同时宣布四项规定也撤销了。

在王市长的报告过程中，说明苏州市的“三反”运动在去年十二月份开始，首先是民主检查了官僚主义和浪费现象，然后在民主检查的基础上，开始了反贪污。整个运动到六月中结束了。投入这一次“三反”运动的有政府干部、银行、公营企业干部，有一万多人。

关于“五反”运动时在今年一月份开始的，首先宣传、动员、学习，在工商界中，各个公会、各区、各联普遍展开了宣传动员和对政策的学习。在二月底、三月初开始了初步的典型试验，即五个行业的重点试验。在五月中第一阶段有两千多中小业作了结论，第二阶段有六千多户作出了结论，六月下半月整个运动走向结束，所有参加“五反”运动的干部整理了有关材料，进行了核实定案工作。又作了两次调整，说明政府在“五反”运动后对核实定案工作，是怎样郑重的。按照中央指示，斗争从严、处理从宽、应退即退、应补即补、不退的原则进行了核实定案工作，目前这一工作，基本上也结束了，四、五类型的须经过人民法院的处理，王市长并说明核实定案中，如有意见，有正当的理由的，可以向评审委员会提出意见。

在初期结论中，有失之过宽，不够严肃的现象，宽大不是无边，是有原则的，因此后来个别作了调整，是完全必要的，以二百万元以下作守法户，三百万元以下为基本守法户，此系标准，再根据具体情况，作适当调整。

以上是王市长报告本市“三反”、“五反”运动的过程。

接着王市长报告了“三反”、“五反”运动胜利的收获和一些副作用。

“三反”、“五反”运动是伟大的移风易俗社会改革运动，是史无前例的，通过运动，把旧社会遗留下来的坏的不好的完全革除，因此运动的意义非常伟大。运动的根本目的是进行大规模的国家建设，扫除经济建设道路中的障碍，和准备好经济建设应有的条件，从而保证新民主主义事业的继续发展，并为进入社会主义扫清道路。因此运动不单是有伟大的政治意义，也有着伟大的经济意义。我们都深深地体会到这一运动的伟大。

通过了“三反”、“五反”运动，广大的人民都受到了一次爱国主义教育，树立了俭朴节约的风气。工人阶级提高了政治觉悟，划清了思想界线，确立了主人翁态度，发挥了生产积极性。干部树立了廉洁奉公朴素、爱护国家财产的作风，工商界清洗了“五毒”，旧社会所遗留下来的，存在的投机取巧、损人利已、不好的行为，得到了改造。今后树立新商业道德，老老实实生产经营。同时也改善了家庭关系，在“五反”运动中家属有些规劝我们，有些检举我们，把过去一些封建色彩的家庭关系也改善了。也改善了公私关系，过去公私关系上许多问题没有暴露出来，通过“五反”，有些问题如工缴问题、规格问题都暴露了，因此也得到了改善。

关于利润问题，过去工商界的利润，暗多明少，私多官少。陶主委在传达陈云主任的报告中，说明最高的可百分之三十，低的百分之十，这是合理的，但不要忘记人民政府关于利润问题的精神中，私营工商业，如果因为改善经营、降低成本，在适应社会需要，遵守国家规定，又照顾了人民消费能力的情况下，有些利润超过这个规定，也是可以容许的。我们在北京开会的时候，小组会商讨论关于利润问题，产生了两个思想情况：

（1）百分之十至三十的利润是不是每批生意都可以这样赚，其实这一问题在陈云的报告中说得很清楚：按照不同情况，保证私营工厂按照资本计算，在正常合理经营的情况下，每年获得百分之十至三十的利润。这当然不是指每批生意的。

（2）合法利润只指加工订货、对商店利润没有提到，但只要仔细研究陈云主任的报告，很明确的不管你是不是加工，只要你改善经营，减低成本，照顾人民的消费，很好地经营，都是有利的。所谓利润，首先要考虑不单以私人利益，并应首先照顾国家利益、工人利益，然后再考虑你的私人利益。

王市长又说，通过“五反”运动，也改善了劳资关系，过去有些劳资关系上不正常的，通过“五反”运动，暴露了很多问题，因此也得到了改善。

王市长又指出了些副作用，在运动中、在发展中是必然的，不能因为那些副作用而低估了“三反”、“五反”运动的胜利成绩。

“五反”运动中，对“五反”生产两不误，在初期做得不够，部分表现在商场有些滞呆现象。以后召开了一些会议，组织参加了交流，在“五反”运动结束后，召开了五千多户工商户的会议，商讨了交流问题。

工业在“五反”运动中是正常的，工业用电量本年一至四月份比上年同期增加了16%，五月份增加20%，六月份增加26%。工业生产量：本年一至四月份比上年同期增加了43%，五月份增加58%。商业营业额：公营及公私合营方面本年一至四月份较上年同期增加了14%，私营减了8%，但五月份即增加了10%。这说明“五反”运动中工商业情况还是有发展的。如棉纺、纽扣、旧纱扎线生产都在扩大中。市政建设，在“五反”运动中还在进行，如建筑码头、仓库、自来水建设等。

运动中，有极个别的迫供信现象，正研究作适当处理。这些情况的发生，主要是工商界自己不老实，不接受工人弟兄的帮助，交代问题挤牙膏，反反复复逃避运动，因此激起了群众的不满意，在群众情绪高涨的时候，也是必然的。

“五反”运动以后，有些工商界教育还接受得不够，如协成布厂姚轩宇，核实定案中不老实，叫嚣，说明思想认识还没有提高。又如杨义泰米店杨精华，歪曲政策，他说：“如果没有他这样老油条的说话，政府不会宽大的。”曲解了政府斗争从严，处理从宽的政策，这是应该加以批评的。

工商界通过“五反”运动以后产生了几种思想：有些积极地搞好生产，也有一部分观望，不主动发挥自己的生产经营积极性，产生了消极观望，懊悔做资产阶级。第一种对抗不服气的情形，譬如服从工人阶级的领导想不通。服从共产党领导是服从的，但是，共产党就是工人阶级的先锋。这说明还没有接受工人阶级思想。

有些工商界，在“五反”运动中，子女为我们帮助了，认为不对，因此连学费也不缴了。这是不对的。我们所希望子女都是新中国的优秀儿女，应该承认，我们每一个人都要求进步的（这是个别的例子）。

运动进一步巩固了人民民主统一战线，保证了共同纲领的贯彻，民族资产阶级也是四个朋友之一，一定要按照共同纲领办事，不能再犯“五毒”，我们必须清洗“五毒”。因此通过“五反”运动，更巩固了统一战线，把极大部分工商界的“五毒”洗清，极少数罪大恶极的，不要他们在统一战线里了，这是“五反”运动的绝大收获。

应该承认，运动是正常的、健康的，成绩是主要的，副作用是必然现象。在“五反”运动胜利的基础上，工商业者应如何认清前途，在国营经济在工人阶级领导下，如何老老实实发挥经营积极性，不再犯“五毒”，贯彻共同纲领。同时工商业者应认清在新民主主义社会的地位与前途，任何消极悲观，都是没有根据的。

王市长最后作了今后六大中心任务的号召：

（一）继续扩大城乡交流工作——城乡物资交流是发展工农业生产的中心环节，要做好发展工农业生产，必须巩固和扩大交流工作。中国地大物博，但由于国民党统治时代封建割据，重重剥削，交通不便，人民购买力差，因此工农业生产的发展，受了很大的打击。解放后情况完全不同了，经过了土地改革，城市工商业得到了辉煌的发展，农业生产有了很大的提高，开展了城乡交流工作，城市与农村得到相互交流。今年小麦、菜籽、茶叶丰收，秋季丰收是可以肯定的。

工业通过“三反”、“五反”，生产也提高了，这样必须很好地使农产品与工业品互相交流。在“五反”运动中，恰巧是生产淡季，现在旺季到了，应该很好地组织交流团，采购原料，同时使工业品满足农民的需要。

在城乡物资交流中，应注意下面几点：

1. 保证合同履行——在去年交流结束后，检查出有许多合同没有履行，这是对待交流工作的严肃性和负责态度不够，今后应认真履行协议。

2. 为了做好交流工作，在生产上应改善设备、规格和技术。

3. 有计划、有组织，事前有充分准备地做好工作，迎接可能在八月中旬召开的市交流大会。

在交流中又应该消除几种思想顾虑：

1. 目光短浅，思想保守。以为旺季来了，东西都可以卖出去了，不必参加交流了。这些想法是不正确的，交流工作是新民主主义经济的组织形式和特点，应该经常做，不是做了一次二次即可的。所以不能保守，目光要远大，不能以短目光来看问题。

2. 自私，不团结现象，只管自己，不管别人，因此不能很好地组织，不能很好地订出计划，不能在交流中起很大的作用（不团结现象，如去年皮革制品业参加天津交流，不肯推代表作出计划，以及刺绣业等）。

3. 依赖思想，不发挥自己的积极性。任何问题，希望别人来解决。其实政府对我们的照顾和方便，真是无微不至，如贷款、订货等。

4. 投机思想，交流时为了做好生意，忘记了“五反”运动所受的教育。

希望在交流中打消这些顾虑和批判那些不正确的思想。

本市在八月下旬将开交流大会，一定非常热闹，根据以往的经验，交流会一次比一次开得好，本市最近十四个新商场的建设，为本市工商业的发展创造了更好的条件。我们应对新市场的建设，起积极作用。今后苏州市工商业全面发展，不在一点上的，希望工商界重视交流工作，保证做好本市交流大会。并预备参加各地交流，某些不参加交流的行业，应很好地配合，发挥积极作用。

（二）大力开展公私营厂商的增产节约运动。开展民主改革，创造各种条件，迎接即将到来的生产大竞赛。开好劳资协商会议，改善生产设备，主动跟工人商量，征求工人意见，很好地接受工人意见，把劳资协商会议开好。工时问题、工资问题更好地逐步改善，公私关系中工缴问题、规格问题，要仔细研究，协商解决。

（三）继续救济失业工人。失业工人都是国家的财富，在将来开展大建设的时候，一定会感觉到不够，因此各厂店目前应该克服各种困难，减少失业。通过交流以后，工商业更繁荣了，正可以解决一部分失业问题，在市政建设方面，也可以解决一部分失业工人的问题。

（四）加强税收工作。税收是国家收入主要的一部分，应该加强和提高对税收工作的认识。今天国家在工农业生产建设方面正在开始，我们应该很好地保证国家建设，因此对税收工作不能有错误思想。我们苏州市过去对税收工作有一定的成绩的，今后必须更加提高，纠正一些不正确的思想。

对于营业税方面，有人要求月报查账，是可以的，但自己要创造条件，把凭证健全，目前民主评议工作，还是要进行。

关于一九五一年所得税，经过了二次调整，目前还有未交的，希望赶速缴清。对一九五一年所得税工作，我们应该作检讨，当时有些人想过“五反”关，没有协助税局做好这一工作，今后我们应该积极发挥，促进城乡交流，大力开展工商业的发展，改善经营。

（五）继续开展爱国卫生工作。爱国卫生工作在苏州市开展了，今后应该深入，保持经常性。除了保持私人住宅、商店卫生工作，并要注意公共卫生。

（六）思想改造。工商界通过“五反”运动后，打下了思想改造的基础。今后应该进一步地改造思想，学习共同纲领，按照共同纲领办事，贯彻共同纲领，结合本身具体事实进行学习（并举例说明北京市各阶层的学习和生活已经分不开了）。

以上是王市长的报告精神。

我们今后应该打消一切顾虑，认识工商业者在新民主主义社会的光明前途和重要地位，发挥生产积极性，不再犯“五毒”，积极参加扩大城乡物产交流工作，完成王市长的六大号召。

惠志方副主委在工商界代表会议上作关于调整机构协商名单的报告

1952年7月30日

各位代表：今天我代表主席团，将主席团小组长联席会议所讨论的关于调整机构协商名单的几项原则，和大家谈一谈，谈过原则以后，即行分组讨论，进行协商，提出人选，然后再恢复主席团小组长联席会议，协商决定名单以后，恢复大会，正式通过。

今天由于主席团小组长联席会议在上午会议作了临时变更，原定是开小组会的，改了恢复大会，所以各位代表多跑了一些路，开会的时间也延长了一小时。因此我们的发言尽量缩短时间，使便于代表先生们有充分的时间，协商提名。这是工商联领导机构的大事情，希望郑重进行讨论，充分发扬民主，不能马虎。

今天上午主席团根据会议发展的情况，召开了主席团小组长联席会议，我们认为这次会议基本上是按照会议的精神发展的，我们在讨论中，在暴露思想、认识“五反”运动上，得到了尽量的发挥与讨论。我们检查最近参加物产交流等项工作，更为热烈，对今后如何迎接本市组织的物产交流大会，提出了很多建议以及自己的准备意见，所以前两天会议的发展一般很正确而且符合要求。因此主席团决定为了保证今后工作做好，必须要调整领导机构。上午的联席会议上主要是讨论和决定了一些调整的原则，有了原则大家才能进行讨论协商。在联席会议上，讨论得比较热烈，大家提出了各种不同的看法和意见，最后取得了一致。

兹将调整机构的原则宣布如下：

（一）关于调整机构总的精神原则：在讨论中，有两种意见：1. 认为加强组织，可以在现有基础上，加以调整与扩大。2. 过去机构应加以彻底改组。换言之，即把过去的机构根本否定，重来一套。经过讨论，最后大家一致认为这一次调整是在原有基础上的调整与加强，不是彻底改组。工商联的领导机构过去工作上的确有很多缺点，但也发挥了些作用，有它一定的成绩的。所差的是并没有及时总结，克服缺点，更好地发挥效力。

为什么要在现有的基础上加以调整和加强呢？

为了迎接当前各种新的任务，更好地领导全市工商业者改善生产经营，搞好交流业务，切实巩固“五反”运动的胜利，必须在原有基础上调整与扩大领导机构，这样才可以加强领导。

（一）工商联筹备调整原则：

以适当调整、维持原状为原则，即基本上维持原状。主要由于政务院对工商联的组织原则即将颁布，以后工商联正式成立，将按全国一致的法令原则进行整组工作，因此原有筹委不宜过大变动。具体调整办法如后：

1. 除名的：①因案法办的；②完全丧失代表性的，如企业闭歇、本人离苏、死亡、不代表有关同业的；③“五反”处理的五类户，情节恶劣的四类户。以上几种，为了保证组织的严肃性，应该除名。

2. 增加的：基本上不增加。在此次扩大常委中新增名额，应为当然筹备委员。

（二）常务委员调整与扩大原则：

总的精神以调整和加强为原则，常委名额四五十人，公营企业名额考虑为七人，其他照顾到公私合营、行商联、摊贩以及全国工商联筹会，邀请对工商界关系密切、有贡献的个人代表，留下照顾工业、商业、手工业。

关于原有常委调整原则：

1. 除名的：①因案法办的；②“五反”处理的五类户，情节恶劣的四类户；③审查原有常委中一向表现恶劣，工作不负责任的；④完全丧失代表性的。

2. 调整的：①适宜于加强区一级工作的；②适宜于加强工商界有关的专业机构的。

关于新增加常委题名的原则：

1. 按全市经济比重较大的行业为主，适当照顾比较突出的中小行业。

2. 照顾本身在同业中的代表性，以大中同业代表为主，适当照顾中小同业代表。

3. 对具体人选的要求，以“五反”运动中表现作主要参考，表现良好的或“五反”后在生产上、交流中表现积极的，包括一、二、三、四类型户，属于前三类欢迎的，四类户如果表现良好的，适当考虑。

以上原则今天通过主席团小组长联席会议决定，要求大家参照这些原则，考虑提名，进行协商，为了便于协商起见，准备立即分组讨论，在小组中，应该大家开展讨论，发扬民主，提名不要固执，本位主义，为本业争名额，要尽量照顾大局，按照全国工商联所指示的精神进行。

在小组会议后，小组长进行汇报时，各组可以多推几个代表，一起参加，提供意见。主席团可以接受考虑的，希望各小组能尽量做得细腻，锻炼组织修养，不要闹意气，充分协商。大家决定的意见，要大家尊重，不要无原则地闹意气。小组讨论后，主席团小组长开联席会议，决定名单以后，再向大家宣布。

苏州市工商界代表会议主席团暨小组长代表联席会议记录

1952年7月30日

出席者：（一）各小组代表（自一至七小组）；（二）主席团主席

日期：七月三十日下午五时三刻

地点：五爱中学

主席：惠志方　记录：吴少雄

报告事项：主席报告开会目的为：（一）多组汇报关于讨论调整与补充工商联常务委员会委员情况。（二）根据各组对调整与补充之具体意见，即席进行讨论决定。

各组汇报开始：第一至第七组一次汇报，内容同各小组讨论记录，本记录略。

讨论决定事项：

（一）通过摊贩参加常务委员会名额保留一人。

（二）调整工商联常务委员会委员如左：

继续保留者：陶叔南　沈泽苍　张宝桐　张甸国　佘民杰　唐慎志　徐粹清　浦亮元

黄柱天　谢惟安

应予除名者：张寿鹏　朱汝鹏　孔翔生　唐士英　蔡渭森　董复始

调出工作者：方维坤　沈继玉　丁德昌　邵一清

（三）通过各组提名介绍参加工商联常委名单如左：

徐国华　潘宜平　洪宝錩　王震瀛　徐桐生　范世雄　邵孝忠　程延龄　张柱华
何晋棠　虞钧培　王建言　童勤高　严柏筠　卫楚才　蒋振中　程汉章　夏如椿
徐民引　俞启溏　孙宝冲　陆锡翔　陈茂生

（四）关于吕沅启参加工商联常委问题，暂行保留，由主席团研究决定。

（五）周烈、薛国杰、张荣骏、郑宏森、高志成、李洪德（丝织）等为便于分工，决定今后参加地区工作。

散会（七时半）

市税务局靳局长在工商界代表会议上的讲话

1952年7月30日

各位代表先生：

大会进展到今天，即将胜利结束，我代表市税局向大家致以敬礼！

这个大会在通过“五反”以后来召开，意义是很大的。各位代表听取了大会的报告，进行分组讨论。为了发展生产、繁荣经济，大家一起来研究，共同协商，把不同的意见渐渐地取得了一致。关于税务方面，在小组讨论时也有意见提出，这些意见很是宝贵的，现在说明如下：

（一）关于税收问题。今天税收与国家利益和工商界利益是分不开的，过去有人说，人民政府什么都好，只有税务不好，人民政府为什么要钱？首先要来说明人民政府三年来替人民办了很多事情，如镇反、土改和抗美援朝等运动，有平稳物价、制止投机、兴修水利，做好治淮工程、荆江分洪工程，建筑成渝等铁路，保卫了祖国安全，保障了人民生活安全。这许多事情，在反动政府不可能办好的，现在人民政府都已次第完成了。兴修水利、建筑铁路用什么来办呢？前线志愿军用什么来支援呢？平稳物价，政府要使收支平衡，建筑铁路，促进城乡经济交流与发展生产是分不开的，这些政府依靠什么呢？

1. 依靠毛主席、人民政府、共产党的正确领导和积极分子发挥积极性与创造性。

2. 依靠钱。钱的来源呢：（1）工商业税，（2）农业税。

今天响应毛主席号召，发展生产、繁荣经济，对税收应该踊跃缴纳，这是爱国行动的具体表现。去年，本市工商业者是很光荣的，对展开集体缴税，在全国来说是带头的。现在通过了“五反”，定能进一步来巩固和发扬优点，保卫税收。

（二）关于税收政策。现在有人怀疑税收政策。生产多纳税也多，这对国家对自己都有好处，人民政府税收政策根据共同纲领所规定的，有下列三个原则：

1. 保证革命战争的供应。

2. 进行生产的巩固和发展，凡有利于国计民生的生产事业，采取轻税，对国计民生无利的，采取高税率。

3. 税的本身与生产是无妨碍的，各货物税是转加税，营业税也是转加的，工商业户直接负担的仅是所得税，资本家把盈余的所得，提出一部分来供给国家也是应该的。

（三）关于照顾国家建设需要。要使农业化的国家走上工业化，才能使国家自由、独立、富强，过去税的合理负担做得不够好，所谓合理负担，对国家来说，是以率计征，不多收不少收。在“五反”前，国家确实少收，民主评议的办法，即不能彻底贯彻合理负担，本身确有缺点。但是，现在就把它取消，是一件脱离实际的事，不过将来一定是要取消的。要到什么时候才能取消呢？就要看工商界的努力了。建账建证的制度健全起来，民评的方式逐渐改进，认识也是逐步提高，只要把条件创造得更具备，民主评议一定是可以取消的。现在有两个具体问题：甲所得税问题，乙冬评问题。

1. 关于所得税问题。经过上级的正确领导，吸取各方意见，职工按户调查，如火柴一部分在工商户中基本上接近实际的。工商界自己来研究，所以调整的数字很大的。现有部分工商户有反映说：先严后宽，后缴的比先缴的好，但是人民政府不会叫先缴纳的吃亏，定会做到合情合理的调整。关于滞纳金问题，也会做到合理解决。有的工商业户已得到了调整，但有不老实的态度，也有来请求调整，这是不对的。通过了“五反”不能这样做，故意来对抗，如南北货业中的汪鲤庭，局方根据职工意见，已予调整，但是他的认识没有提高，再来申请。但一部分是确实困难者，不过得到了人民银行的贷款，也能解决问题，克服困难。在大会结束以后，我们要赶快行动起来，迅速解决，当收则收，不当收则不收。

2. 关于冬评问题。在“三反”、“五反”高潮时，忙于搞运动，开会是有困难的。所以由王局长决定，与各业代表分等分级进行协商的，工商界也有反映，认为评得太高，如果有评高的，采用个别申请、民主审查、政府决定，予以合理调整。经过政府调整的可在七月份税收内扣除，通过这个办法来合理解决。

通过“五反”教育，逃税的很少，面也很小，但是一家也没有违犯吗？不是这样说，个别也有逃税漏税现象，就是无锡等地方也有的。这是由于少数人接受教育不够深刻，它们犯的原因有两种：（1）确因手续上发生错误。（2）故意逃税。事实说明，在少数人中，这种逃漏情况是存在的，它们侵犯了国家利益，也侵犯了自己利益，我们要进一步地消除这种情况，订出一个适合于今天情况的办法。“不逃漏的不补”，办法也要改变，凡有嫌疑的，加以评补。要从实际出发，这样基本上可以接近的。评补的人要说又犯了新“五毒”了，但是我们仍以教育与惩罚相结合，通过教育改造，得到提高认识，如果故意对抗，定予依法严办。我有三点希望：

（1）希望更好地以协商精神，帮助政府贯彻政策，做到以率计征，合理负担。

（2）要求代表们做好宣传工作，使生产、税收各方面涌现出新的气象，响应毛主席的号召，达到发展生产、繁荣经济。

（3）结束清欠一定要大家动手，才能消灭这欠税的现象。

今天大会是开得成功的，不论在生产方面、物资交流方面，还是在税收方面，由于各位代表的努力，定能发现新的气象。我在这里，敬祝到会代表康健，为发展生产、繁荣经济，为城乡物资交流，为完成税收而努力，敬祝大会成功。

市工商局王局长在工商界代表会议上的报告

1952年7月31日

今天我代表本市人民政府祝贺工商界代表会议的胜利成功。

本市“三反”、“五反”运动获得伟大胜利以后，出现了一番新的气象。“三反”、“五反”运动初开展时，在二三月份市场有暂时的呆滞现象，由于人民政府的正确领导，国营公司、人民银行及时开展加工订货贷款等，对私营企业进行了一连串的扶助，就迅速转变了这些情况，表现在以下各方面：

首先是城乡交流逐渐畅通，经济上通过交流，我们总共做了约六百亿元的生意。在交流中的特点是成交数字由小到大，代表人数由少到多，从最初少数行业参加而至多数行业参加，从狭隘到广泛，信心愈来愈高，市场愈来愈活跃。在这四个月来的交流中，首先在华东成交了一一四亿元。七月份苏南交流，大家情绪热烈，信心很高，成交数字较参加华东时提高了三倍。参加交流人数苏南第一次交流时本市推代表十五人参加，苏南第二次交流时有代表四百人参加，由于会场太挤，以致还有许多代表要求参加，已经无法满足。在态度上，起初大家对交流抱着“试”、“看”，或者只卖出不买进等观望态度，但是后来迅速转变为有进有出，大进大出，而且购销数字基本接近平衡。参加交流的代表们都非常高兴，满载而归，喜气盈盈。那些没有参加交流的，看到了人家这样好，自己懊悔没有参加。代表们信心都提高了，在扩大城乡交流工作上，收获很大。市场情况通过交流也更加活跃起来，这对原来情况就起了很大的变化。根据材料统计营业额情况，六月份较五月份提高11%，六月份较二月份超过52%，当然七月份会比六月份更好。我们又调查了十二个工业性行业的四十八家工商户，他们今年五月份与去年五月份基本相同。六月份就比去年六月份超过20%。这些情况，虽不能代表全部市场，但是可以证明市场是在好转与活跃中。关于公私比重，由于三四月间私商因进行“五反”，对生产消极，国营公司为了保证供应任务，比重有了增加，这是客观原因造成的结果。

目前以北局人民商场为例，中国百货公司六月份营业额比五月份增加15%，而私营百货部，则同期增加20%，这证明公私营业额比重逐渐在正常，并且是同样在增加与提高中。此外，如苏联花布，百货公司一个月卖出三万多尺，私营永业袜厂每天有顾客二三百人，星期天有四五百人，而其中大部分是工人，这又说明人民购买力是在不断地提高。所以说通过交流，经济好转，市场活跃，是收获上的第一情况。

第二情况是滞销品找到了出路，销出去了。积存的滞销品已解决了大部分，过去特别是手工业，由于滞销影响了再生产，情况非常严重，通过交流，这些情况也变化了，并且还解决了原料问题。在卖出与购进方面都出乎一般工商户的意料之外，如生菜油的推销出去，漂棉找到出路，丝织业不合规格的货品也销出去了，原先比较困难的黄冰糖与毛笔，也得到了解决，并且还恢复了旧关系，建立了新关系。

从工业用电数量来看，工业生产的扩大，去年上半年和今年上半年比较计增加18%。从用电中看出棉纺今年和去年比较，今年增加了30%，面粉增加36%，丝织增加35%。此外，一般用电量都在提高。今后工业生产上也必然会进一步得到恢复与发展。

工农业与手工业生产的活跃与繁荣，更证明必须做好城乡交流工作，并在贯彻交流中更加发挥与提高交流作用，争取市场经济更大繁荣。私营工商业者，通过“五反”运动洗清了“五毒”。今后遵守共同纲领，服从政府法令，在新民主主义建设中有着光明的前途。

第三是调整公私关系、劳资关系。根据陈云主任的报告，在新的基础上来进行调整，本市已开始收集材料进行研究工作：

1. 加工工缴利润问题。苏州市过去与各地一样，大部分是合理的，目前棉纺工业已调整，其他如榨油、碾米正在研究中。根据材料，可以加以调整。

2. 零售价格、批发价格、地区差价问题，亦正在研究中，以便对要调整的进行适当调整。

3. 利率问题。自六月二十五日开始全面降低以后，银行为配合交流工作的进行，又对私营工商业大力贷款扶助，计先后贷出四百多亿，大大鼓舞了私商参加交流的信心。

4. 税收问题已由靳局长在报告中说明了。

5. 劳资问题。通过“五反”运动，工人同志一般都主动团结督促协助资方搞好生产。劳资关系一般都很正常，大企业更正常，就是有些小企业与作坊尚有些不正常现象。个别的资方有报复思想，劳方中也有个别的提出过高的要求，均需加以调整。主要精神是根据企业实际情况，在服从生产的前提下加以适当调整。但是资方也应该遵守法令，注意工人的劳保福利，接受工人的合理化建议，以贯彻劳资两利、发展生产的政策。

第四是城乡交流繁荣与活跃的原因，以及存在问题：

1. 对交流的态度问题。通过交流，大家信心提高，态度积极是基本的一面，但也有麻木满足的现实思想，不关心交流的错误思想。今后交流不单是在淡季举行，或推销滞销品，在旺季中也将会不断举行，以促进和提高交流。乐器等行业在规格上不断加以注意和改善，但是也有像刀剪匠作业在交流中不积极、不负责、态度敷衍，影响别人同时自己也造成困难。今后各业都要配合交流，深入开展宣传教育，使同业了解交流工作的重要性，端正态度，积极参加，这是私营工商业者具体的爱国行动表现。

2. 改善经营，提高规格，降低成本问题。规格问题很大，规格不好会影响打开业务销路，现在尚有三十一个行业规格上存在问题急需改善，打铁、刀剪业的滞销品积存有一亿一千万元，由于规格不合销不出去，如旱烟筒、袜子、毛巾都因规格或价格不正确不能成交。拖鞋装潢太讲究都应加以改善，但是降低成本不能从减低工资上来着眼。

3. 改善行业生产组织。某些行业负责人对大家搞工作，“人财两空”的不正确思想，必须加以批评纠正。某些行业负责人仅替自己做生意，不替同业服务，都是错误的。为了更好地开展交流工作，必须加强生产组织的领导。

4. 当前手工业生产中存在原料供应困难的问题，过去交流成交中买进原料较少，今后应积极尽量争取，通过努力尽可能协助设法加以克服。

5. 发展与行业专业问题。必须根据实际情况与条件，而不能盲目。过去草织业就是一例。

6. 尚有一百多种滞销品，要继续不断协助推销，其中也有不适合需要的，今后就应该考虑停止生产，规格不合适的必须加以改进。

第四，合同检查与履行问题。今年虽比去年好一些，但是严肃性还不够，仍有未完全履行保证与责任，今后促进会应普遍对合同履行情况进行检查，结合表扬与批评来保证完成。

今后工作意见：巩固“三反”、“五反”胜利，广泛开展交流，肯定“三反”、“五反”成绩，宣传教育交流的重要性，使之家喻户晓，做好交流工作。

1. 准备迎接本市开展的交流工作。

2. 组织下乡访问，深入交流。

3. 开好行业会议，解决存在问题。

4. 传达交流经过，举行劳资座谈会议，协商如何迎接交流以及全市性的购销计划。

5. 保证税收工作的完成。

此外，要贯彻推行政策法令，通过加强组织，全力为工商界生产服务。进行学习，发挥各级组织效能。工厂应改善行政管理制度，改进安全卫生设备，并接受工人的合理化建议。又全市工商界应努力改进爱国卫生工作，为胜利完成各项工作任务而努力。

苏州市工商联筹备会常务委员会常务委员名单

1952 年 7 月 31 日

时立德　冯友勇　王协和　刘　湘　徐希贞　惠志方　陈　晖　由蕴玉　张宝桐
沈泽苍　卫楚材　陶叔南　谢惟安　佘民杰　浦亮元　唐慎志　张甸国　黄柱天
徐粹清　程延龄　虞钧培　俞启溏　陈茂生　范世雄　何晋棠　孙宝冲　严伯筠
邵孝忠　陆锡翔　童勤高　吕沅桀　陶君武　潘宜平　蒋振中　徐国华　徐桐生
王震瀛　王建言　洪宝锠　张柱华　程汉章　夏如椿　徐引民　江善先　摊贩一名

苏州市工商界代表会议传达提纲

1952 年 7 月 31 日

总的要求：

一、肯定“三反”、“五反”运动的必要性、正确性，巩固“五反”胜利，保证不犯“五毒”。

二、明确私营工商业者在新民主主义社会中的地位和责任。

三、如何进一步认识对改善生产经营、搞好交流业务的重要性，保证开好本市交流大会。

四、认识全国工商联成立的意义和重要性，提高工商业者对自己组织的爱护观念。

传达提纲：

（壹）这次工商界代表会议的重要意义及会议进程：

1. 在“三反”、“五反”的胜利基础上召开，通过会议将进一步巩固“三反”、“五反”的胜利，保证贯彻共同纲领，明确私营工商业的地位和责任。

2. 在全国工商联筹备会成立后，有了全国一致性的组织方针指示，为加强本市工商联组织而召开的。

3. 为贯彻本市各界人民代表会议协商委员会扩大会议的精神，及传达王市长号召本市当前六项中心任务而召开的。

4. 在交流业务获得初步胜利的基础上召开的。

5. 会议代表总数五一二名，都是各业各区的工商界负责人，日期自七月二十七日至三十一日止，中间听取三个传达报告及税务局、工商局、卫生局负责同志的报告。并有一天半的小组讨论，代表们对“五反”运动的性质目的有了一致的认识，并保证贯彻苏州市当前各项中心任务，全力投入城乡交流工作。

（贰）会议内容：

关于全国工商联代表会传达报告：

1. 这次全国工商联会议具有广泛的代表性（代表包括公营企业、合作社、公私合营企业、私营企业的代表，国内少数民族和国外华侨。私营企业的代表又包括全国大中小城市的代表）。这标志着工商界的大团结，并意味着民族大团结。

2. 各级首长对这次会议的关心重视（各首长的报告，周总理关于学习共同纲领的报告，并光荣地见到了毛主席）。

3. 代表们听取了陈叔通先生的开幕词、陈云主任的报告以及李烛尘先生的闭幕词后，一致认清了新中国的光明前途，新民主主义经济制度的优越性和工商业者在新中国的地位和责任。

4. 明确了工商联的性质和任务，大中小工商业各得其所的团结互助精神，使工商联合会真正成为全体工商界的人民团体。

5. 会议最后通过了二次决议（全文）及确定今后努力方向（全文）。

代表们听了陶主委的传达报告，在小组讨论中，在本市工商联常务会需要调整与扩大的原则下，充分发挥了民主协商精神，产生了新的常务委员四十五名（内中包括公营、合作社、公私合营、私营、行商摊贩代表并适当照顾到行业性）。

关于苏州市协商委员会扩大会议的精神和当前六项中心任务的传达报告：

1. 肯定本市“三反”、“五反”运动和全国各地一样获得了彻底胜利和辉煌成就，特别工商界在运动中洗清了“五毒”，获得了改造。王市长并宣布本市“三反”、“五反”胜利结束并撤销“五反”运动期间的四项规定。

2. 王市长指出了今后工作任务：扩大城乡物资交流，大力开展公私企业的增产节约运动，继续救济失业工人，加强税收工作，深入开展爱国卫生运动，有计划有领导有准备地开展思想改造工作。

（甲）一、扩大城乡交流工作，听取了过去交流工作总结报告，经过了小组讨论，一致认识城乡交流是新民主主义经济的特点，通过交流促使城乡经济活跃，提高了工农业生产。

二、过去交流中的收获：

1. 通过交流，认识了私营企业的前途，提高了经营的积极性。

2. 通过交流，帮助解决了生产过程中的具体问题，购进了原料，销出了滞销品，不但恢复了旧关系，并建立了很多的商业新关系（在本年度交流业务共计六百多亿元）。

这些收获主要是依靠政府正确的领导及国营公司、人民银行大力协助的结果而获得的。其次与工商联本身有计划、有组织的劳动和工商业者的主动努力是分不开的。

三、在交流中发现的缺点：

1. 发动面不广，宣传不深入。因此部分行业对交流认识不足，有的采取了敷衍塞责的态度。

2. 业务组织不健全。部分货物规格的不统一，计算成本不准确，因此无法打开销路。

3. 履行合同的严肃性尚不够。

4. 购销计划不全面，有些大业动，小业不动，大户动，小户不动。

四、代表们经过讨论，巩固了成绩，保证纠正过去的缺点，并由王局长对今后的交流工作作出了重要指示。

1. 广泛宣传城乡物资交流的重要性，并须深入，做到家喻户晓。

2. 组织各业下乡访问组，深入交流。

3. 开好专业会议，解决目前存在的问题，加强业务小组。

4. 做好全市性的购销计划，迎接本市即将展开的城乡物资交流工作。

5. 号召工商界积极准备参加南门商场建设工作。

（乙）大力开展公私企业的增产运动，准备利用一切条件迎接即将到来的生产大竞赛。

（丙）继续救济失业工人。有条件介绍学习专门技术，政府继续开展以工代赈，救济失业工人。

（丁）加强税收工作。在这次会上靳局长特来关于税务工作做了一次报告，税收对国家经济建设及支援抗美援朝的重要性。

①对税收中发现的问题要按手续申请解决，纳库与具体问题之解决要分开。

②对一九五一年所得税问题指出已作了两次调整，尚有存在问题，今后仍可在复议中解决，但要防止偏低思想（防止错觉与一般性的）。

③当前民主评议有继续存在的必要，由于一般工商业户会计制度尚不够健全，今后希望工商户积极做好建账建证工作，扩大自报查账面。

④说明税收政策（参考共同纲领四十条全文）。

（戊）深入开展爱国卫生运动。这次卫生局负责同志来会作了一个报告，说明了卫生运动的重要性，工商界应继续努力，深入贯彻并促使工商业户的卫生运动成为经常化。

（已）有计划有领导有准备开展思想改造工作。

说明工商界在“五反”胜利基础上更好地学习共同纲领。

王市长并指出六项中心工作中，特别应抓住城乡物资交流中心环节，环绕这个中心推动各项工作，为发展生产、繁荣经济努力。我们工商界应有计划有组织有领导地贯彻当前六项中心工作，并全力投入城乡物资交流大会。

三、年度大事记

苏州市工商业联合会筹备委员会
（包括其前身吴县县商会及工厂联合会）
1949 年大事记（自 4 月 27 日苏州解放始）

1949 年

4 月 27 日　苏州市解放。

4 月 28 日　旧吴县县商会（以下简称县商会）通知各业对于批发和门市部交易均须维持原有价格，不得擅自抬高。

5 月 3 日　苏州市军管会命令指定财经部经济处接管县商会。7 日，财经部通知旧吴县工厂联合会（以下简称工厂联）亦归经济处管辖。两会从此在经济处领导下进行工作。

5 月 6 日　解放后本市物价，由于奸商兴风作浪，波动仍剧。县商会奉军管会指示，通知各业自动迅速抑平，并明确规定嗣后各重要日用品价格如有调整必要，必须事先报经军管会工商局商业管理科核准。同日又通知各业，关于使用货币问题，必须遵守军管会布告，一切交易均以人民币为计算单位，不得再以银圆等其他货币计价。

5 月 11 日　工商界开展支援解放上海的献粮献草工作。工商界计划筹献大米 650 万斤，火草 1300 万斤。经过宣传动员，掀起大厂大业重点献粮献草热潮，由工、商（县商会和工厂联）两方面，分别按协商决定目标贯彻。大部分行业在 5 月 28 日即已基本完成，少数单位缴纳较迟，至 7 月 16 日结束。结果献粮献草户共二千七百户，完成缴纳大米六百五十二万三千四百三十一斤，火草一千一百六十三万六千三百七十八斤。

6 月 1 日下午　县商会召开全体理监事暨各业理监事暨各业理事长座谈会。吴明副市长在会上作了讲话，主要是总结献粮工作和指出上海解放后的革命形势，教育工商界祛除自私心理，培养革命思想。最后谈到应该怎样尊重劳方地位，贯彻劳资两利。这天正是农历端午节，吴副市长说，希望不要发生解雇纠纷。

7 月 14 日　县商会配合本市各界防汛救灾委员会开展捐献工作。10 月 14 日捐献结束，统计工商界（包括工厂和银钱业）捐献代金人民币 66755624 元。另有捐献大米三万二千余斤，面粉一千零六十五袋和布匹、衣服等物品和竹、木、麻袋、蒲包等抢救灾情用的材料。

8 月 22 日　县商会在税务局领导下，召集各业理事长讨论了各业资本数额的正确估价问题。通过这次会议，贯彻了税务局指示，全面地动员了各业工商户将各项资产负债于 1949 年 8 月 31 日作合理的估价，从而调整确定了企业 1949 年 8 月 31 日的资本额，申报税局，作为今后企业正确核算盈亏的基础。

8 月 27 日　县商会在税务局领导下举行各业理事长会议，开展纳税单位编查工作，至10月25日全部完成。通过这次编查，工商户普遍设置合法账册，建立纳税计算根据，扭转了逃税漏税和负担不公平、不合理的现象。

9月19日　县商会开始动员各业推选商界方面参加本市第一届各界人民代表会议的代表35人（内包括公营事业2人，同时工厂联方面推选工业界代表25人，共60人，至22日推选完成）。这些代表参加了9月25日开幕的苏州市首届各界人民代表会议。

10月6日　县商会组织本市工商业者一万人，于下午整队往阊门外三六湾北营房参加苏州人民庆祝中华人民共和国诞生、保卫世界和平示威的五万人大会，接着参加大游行。

10月17日　参加本市各界人民代表会议归来的工商界代表，于本日由陶叔南、施云滨、周广知、沈泽苍、朱宏湧、沈壮声等六十人召开一个准备成立苏州市工商业联合会筹备委员会的准备会议。本市王东年市长和工商局徐也平均莅会指示。会上选出了沈泽苍等14人为苏州市工商业联合会筹备委员会临时常务委员会委员，负责开展工作。临时常务委员会是本市工商界人民代表秉承本市各界人民代表大会决议，并在市人民政府领导下组成的临时性机构，专办成立工商联筹委会的一切准备工作，如酝选筹委、甄审筹委资格、草拟章则、规划财务人事及接收县商会、工厂联等工作。关于工商联筹备委员会人选，除本市各界人民代表会议的工商界代表58人转为委员外，对未产生人民代表各业进行酝选，由各业票选产生并经临常会甄审合格的委员63人，共计筹备委员123人。

11月19日　举行苏州市工商业联合会筹备委员会（以下简称本会）成立大会（会期一天半，19日下午及20日整天）。本市军管会惠浴宇主委、市委周一峰书记、市府王东年市长、工商局徐也平局长等首长莅会指示。会上修正通过了本会简章，并选出常务委员会委员陶叔南等23人。通过这次大会的报告和讨论，明确了本会为发展生产、繁荣经济服务的宗旨和当前推动生产、组织学习、完成税收三项中心工作的重大意义。会后接开常务委员会第一次会议，互推陶叔南为本会主任委员，沈泽苍、王文进、浦亮元为副主任委员，沈壮声为秘书长。本会会址设西百花巷县商会原址。

11月23日　常委会举行第二次会议。会上决定，按本会简章规定设置整理组织、产销计划、调解、学习及税务推进五个专门委员会。各委员会人选，除就常委内推定若干人参加并指定一人为主任委员外，其余由各委员会在本会筹委中产生或聘会外专门人才担任，分别负责领导各业开展工作。

11月27日　常委会临时会议通过本会秘书处人事编制。秘书处分设总务、调研、组织、学习四组分工办事。

11月30日　本会分别接收旧吴县县商会和吴县工厂联合会，继聘工作人员，正式开始工作。

12月8日　整理组织委员会根据筹委会决定，开始进行各业编组工作。户数少的行业每业编立生产、税务、学习三种小组各一个。户数多的行业编组较多，一般按地段改编为若干组，每组各设生产、税务、学习三个小组。每一小组选出小组长一人负责开展工作，经过整理组织委员会七天的努力，除工厂另编混合小组外，计在104个行业中编立了365个小组，选出了小组长1095人。关于工商界学习方案，决定分四周（即按四个单元）进行，每周先组织报告会听取报告，然后由各业分别安排阅读文件和讨论。本日上午假座开明大戏院举行工商界第一周学习报告会。本会筹委、各业理事长、小组长等学习人员一千三百余人参加学习。学习内容为本市第一届第二次各界人民代表会议关于物价、劳资、冬防、冬赈四大问题的决议和中央人民政府发行人民胜利折实公债的意义，分别由各界人民代表会议副主席谢孝思和本会沈壮声作报告。会上并由王市长讲话，向各业小组长指出为群众服务的光荣感和参加学习的重要性，勉励大家努力工作和学习。经王市长的启发，学员们要求学习的情绪相当热烈。

12月25日　上午假座苏州大戏院举行第二周学习报告会，到1300余人。由地委宣传部徐部长主讲共同纲领序言及第一章总纲。

12月28日　本日召开第二次全体筹委会议，会上号召各业负责人带头认购人民胜利折实公债，当场各委员初步表示了认购公债份数，一致迎接光荣任务。

苏州市工商业联合会筹备委员会1950年大事记

1950年

1月8日　在开明大戏院举行工商界学习第三周报告会，请上海经济专家周有光来苏主讲共同纲领中有关经济政策部分。

1月14日　本会为协助政府贯彻各业统一会计制度、统一发单和推行印花总贴等税务措施，本日邀请市税务局王琢局长及各位负责同志到会参加本会召集之各业负责人座谈会，对上述诸问题做详细指示。会后并特记录整理印发各业参考。

1月15日　在开明大戏院举行工商界学习第四周报告会，请本市工商局徐也平局长和市府王纪秘书分别主讲集体合同、工商登记和各业整理组织等问题。

1月20日　本会为配合苏南行政公署关于工商业开设与停歇及复业改组迁移解散临时登记办法的贯彻，办理各业工商户临时调查登记，并在市工商局领导下组织力量，做了一次普查。其中登记工作从1月20日开始，25日截止，部分行业展期至28日完成。普查工作从1月30日开始，2月2日完成。统计登记工厂、商店总数13528户，另有未登记商店457户，总共13958户。通过此次登记和普查，本会全面地了解了各业公会会员、非会员和没有公会组织的工商户分布情况和各业旧公会的组织情况，从而制定了整理同业公会的方案，并决定了产生同业公会筹备委员的方法与方式。

1月23日　本市人民胜利折实公债推销委员会工商界分会开始进行工作。工商界总的推销目标为65万份。各业分配原则，系按1949年8月底重估资本额之40%和同年7—10月份营业额之40%比例计算。认购工作至2月14日基本完成。实交数截至5月10日为455279份，占目标数的70%。

3月1日　整组同业公会的工作，从本月份开始分批分期进行。对各业公会筹委人选，要求思想进步，作风正派。在筹委名额上照顾大中小，以消除公会内部的矛盾现象。通过约一年的整组工作，完成了各业新同业公会筹备会的组织工作。

4月17日　开始选举本市第二届各界人民代表会议工商界代表，结果选出代表80名，列席20名，参加了5月3日开幕的二届人代会议。会后于5月12日召开本会全体筹委会和各业公会负责人150余人的会议，传达了这次大会对当前工商业者如何提高信心克服困难的原则精神和如何调整工商业的公私、私私和店摊之间的关系及调整劳资关系等问题，使大家对政府调整工商业的政策精神获得比较正确的认识。

4月27日　为了救济苏北及镇江等区灾民，在市各界节约捐献救灾委员会领导下开展工商界节约捐献救灾运动。工商界捐献目标为米一万一千石，对各业努力目标系参照1950年1、2月份营业税的平均一个月纳库数及公债任务数两项材料，以税款占百分之七十，公债占百分之三十比例计算分配。结果实交代金17902万元，折米898石。

8月17日　开始选举本市第三届各界人民代表会议工商界代表。选出代表80名，列席14名，参加了10月9日开幕的第三届人代会议。这次会议主要内容为听取政府工作报告和作出做好秋冬二季生产和拥护土改等重要决议。会后由出席代表根据传达纲目，结合时事学习和劝募寒衣工作，向工商界群众进行了直接传达。

8月28日　为了配合政府贯彻调整工商业政策，本会常委会成立重估资产负债调整资本净值办法研究小组，对重估办法进行研究，提供意见，供政府参考。同时推员参加调整工商业工作的工业小组和商业小组，协助政府进行工作。调整工作系就染织厂、面粉厂和粮食商、绸布商等四业先行开展，创造典型，接着就公会基础良好并有条件可以进行调整工作的造纸、榨油、皂烛、冶铁、茶叶、油饼、酱工、南北货、皮毛油骨、百货、新药、五金等十二业同时开展调整工作。这次调整工商业，是在经过政府大力稳定物价，虚假购买力消失以后，农村丰收在望，工商业趋向好转的情况愈来愈明显的时机，从搜集工商户分布情况和资金、营业、利润、税负、开支、生产、运销和劳资、公私、私私之间关系以及过去改善经营管理等情况的材料着手，对存在的问题进行分析研究，明确今后改善经营的方针，避免盲目经营。并在调整工作做好之后，紧接着进行全市工商业登记，进一步全面深入了解工商业情况，保护正当工商业的生产经营和正常的稳步的发展，以符合新民主主义经济的发展生产、繁荣经济的要求。

9月18日　常委会第14次会议，为本市成立税务民评会，本会推张甸国等三十五人代表本会参加民评会为委员。

10月21日　组织本市工商登记委员会，以各业主委或副主委为当然委员。该会于11月1日正式成立，受工商局领导和工商联指导，在北局人民商场二楼设办事处，分批办理全市各业登记工作。对每个行业的登记工作，大体分四个阶段进行：①宣传动员；②指导填表申请；③各业登记分会和办事处审核；④办理交费发证。登记工作至1951年2月22日全部结束。根据该会1月上旬所作的统计，办理登记的行业有166业，户数为12699户（当时说明尚有一千多户待补办登记）。通过这次登记工作，使政府可以了解整个工商业的实际情况，来领导工商业工作，更好地达到发展生产繁荣经济的目的，同时也加强了同业公会的组织和同业间的团结，有利工商联各项工作的贯彻。

11月1日　由于苏北皖北灾情严重，动员工商界开展捐献寒衣，支援灾区人民克服困难战胜水灾。各业劝募目标共寒衣29299套，12月10日截止统计完成捐献寒衣25332套，又代金人民币23476200元。

11月11日　为了使工商业者了解美帝侵略朝鲜和我国台湾真相，领会周外长这次外交声明和全国各民主党派联合宣言的意义，组织全市工商业者进行了一个月的时事学习。学习从各业委员、组长，逐步推向全面。除了听取大报告，还组织阅读文件和小组讨论，并进行了总结。通过这次学习，广大工商业者认识了抗美援朝运动的伟大意义，激发了爱国主义和国际主义热情。

12月11日　召开各业筹委扩大会议，讨论签订工商界爱国公约五项，表示支援抗美援朝爱国行动。关于爱国公约，在会后即由各业出席代表回到业中进行传达，深入贯彻到全市各个同业小组。

12月14日　副主任委员王文进调动工作后，经与公营方面协商，改选人民银行冯刚同志继任本会副主任委员。

12月19日　召开工商界反美侵略代表会议。会上通过了开展时事学习，加强时事教育，支援抗美援朝和深入发展与贯彻爱国公约两项决议。并通过临时动议，捐献子弹十万发，毛巾二万条，慰劳中朝部队和地方驻军。会后向各业贯彻捐献，结果统计解出代金人民币19761万元和实物毛巾一万条（计价2750万元）。

12月21日　组织全市各业工商业者一万五千人，在本日下午举行抗美援朝示威大游行。通过游行，向全市人民表明了工商界热爱祖国反对美帝侵略和开始实践五项爱国公约的决心，并通电向毛主席，中朝部队及地方驻军致敬。这次游行队伍空前盛大和整齐，情绪始终热烈。沿途有本市各界群众设鼓动站欢迎游行队伍。

苏州市工商业联合会筹备委员会1951年大事记

1951年

一月份

（一）继续发展工商界爱国热忱，推动签订爱国公约，已经完成签订的共计有78个单位。

（二）举行各业代表大会，传达苏南土改扩大会议各项报告及会议精神，帮助工商界正确认识土改意义及土改与城市工商界之关系。

（三）协助办理反动党团特务人员登记工作，动员宣传，并分函各业组织规劝队，进行劝导督促工作。

（四）响应号召推动各业公筹会动员会员在自觉自愿基础上进行慰劳中朝部队，救济朝鲜灾民及地方拥军优属的捐献工作，各业纷纷热烈开展，初步已收到代金总数人民币二亿五千万元，运动仍在继续进展，至二月份内包括子弹、慰劳毛巾等先后汇出捐献代金四亿元。

（五）加紧完成自动捐献子弹及慰劳毛巾，收到各业代金一亿九千二百余元。

（六）号召各业稳定春节物价，根据工商局指示于一月十九日召开各业公筹委员扩大会议，号召各业配合贯彻爱国公约，保证物价稳定，并通函各公筹会认真执行，春节期间，物价如有变动，必须事先由公筹会报告本会，以便掌握具体情况，防止物价波动。经过会议号召后，油饼业、粮食业、鲜果业、猪行业、茶叶业、酱工业等先后通过同业会员会议作出决议，保证春节不涨价，浴室业向上海看齐，把春节涨价期间，缩短到三天，同时表示愿意将该项陋规逐渐废除。

（七）为了配合抗美援朝，贯彻踊跃纳税，保证国家财政收入的爱国公约，于本年一月份内本会先后发出号召，鼓励各业把1950年12月份营业税报缴工作，以集体纳税的竞赛方式积极进行，并对1950年8—12月营业税民评工作认真执行，贯彻合理负担原则，做到肃清偷漏、保障国家财政收入。通过号召，据回报统计，有60余个行业，已将12月份营业税申报税款和8—12月评补税款都实行集体纳税，在营业税方面，自一月十日至一月二十日这十天中，已纳库税款达到查到数93%以上，营业税评补工作至一月底止，同业小组评议全部结束，并有49个行业更进一步完成了全业评议工作。

（八）本会接受中国人民银行苏州支行委托，调查各业厂商股东职工垫款，调查结果，计各业填送调查表的有布商等25个行业，股东垫款54亿元，职工垫款7亿9千余万元，即将调查表附送人民银行。同月内又协助人民银行举办有奖储蓄，经由本会两度号召，各业结合抗美援朝爱国运动努力宣传推动，响应一家一户运动，以求普遍深入。

（九）通知全体会员推派代表于一月二十一日上午九时赴开明戏院参加欢送参干军校同学大会，由本会率领全体代表暨本会全体工作人员向参干同学献花并欢送至车站。

（十）响应苏南人民行政公署新闻出版处号召，分函各业公会发动捐送新连环图画及其他通俗简易书报，充分安慰赴朝志愿部队。

二月份

为了协助开征1950年所得税，本会于1951年二月份召开各业公会及分评会正副主委，举行1950年所得税存货调整问题座谈会及1950年所得税动员大会，号召各业对1950年所得税征收工作，在公私兼顾、公平合理的原则下，迅速做好调查协商标准原价和标准纯益率的准备工作，并积极筹款在三月份完成纳库。经过动员大会，在二月份内已做好第一阶段的调查协商标准原价的工作，并进行第二阶段调查各行业标准纯益率的工作。

本会为了拥护和协助土改工作，于1951年2月份内进行了一系列的宣传教育以及动员组织工作。①号召各业动员宣传，劝导本市有土地在吴县的地主将单契自动送交吴县人民政府；②号召各业提高认识同情农民，支援土改，对地主来城躲避和隐匿及转移财务等情事要尽力检举，不要给地主做防空洞；③配合本市各界人民代表会议协商委员会号召，动员工商界参加土改参观团，了解土改工作中各项具体情况；④动员工商界参加土改斗争大会。

在工商局领导下，举办本市抗美援朝、保家卫国工业生产展览会，从一月份筹备开始至二月二十三日揭幕，预展一天，二十四日起开始展览，连日参观者异常踊跃，盛况空前，至三月十日胜利闭幕，统计参观人数逾十万人。

拟具1951年上半年度整组同业公会的组织工作计划草案，提经整委会第141次常会通过，并分函各业造具会员登记出席报告表，作为各业正式成立同业公会准备工作。

三月份

组织刺绣业、纽扣业、丝织业、乐器业、湖笔业、刀剪业、提琴、国画颜料等参加浙江省土特产展览交流会，征集样品60多种，于三月二十七日运往杭州陈列展出。

苏南区举办城乡交流物产展览会，本会被定为重点参加单位，首先组织成立委员会，联系经营土特产各行业召开各种会议，深入动员，广泛征集展览品，要求绝不遗漏任何一种土特产品。

为了贯彻抗美援朝，反对美帝武装日本的爱国行动，动员各区工商界组织行动委员会，传达三届二次代表会议的决议和精神，推动各业进行控诉美帝和日寇的各种罪行，并组织工商界收听苏南反对美帝武装日本广播大会。

配合人民银行苏州支行金融管理科召开“苏南区私营厂商股东及职工垫款管理暂行办法”扩大传达会议，动员各业公会向会员转达管理办法精神和详细手续，督促做好股职垫款呈报备案和今后逐月填报表报，以利管理，达到照顾私营厂商资金周转困难，防止非法吸收存款。

酝酿变更本会各基层单位组织形式，以适应形势发展，满足群众要求，加强与群众联系，贯彻推行各项政策法令，经过分别酝酿、广泛讨论、反复研究，做出同业公会联合办公及建区的初步计划。

四月份

组织各业正、副主委 250 人参加本市各界清明节祭扫烈士墓。

中央劳动部施复亮副部长于四月十六日来苏，本会组织各业正副主委、筹备委员、税务评议委员、小组长、工作人员等 1000 余人，于四月十八日在苏州大戏院听报告。

四月下旬经过各业广泛讨论一致同意后，实行变更基层组织形式，建立第一到第十各同业公会联合办事处，全市 100 余个同业公会按其性质分别划入联合办事处联合办公，同时建立临江、平门、东南、西南、东北、西北、金门、山塘、城中等九个区。

响应本市郊区土改委员会号召，召开粮食、金融两业会议，动员米行、银行分别深入检查各户存货、存款，追回不法地主隐匿和变卖转移多余的粮食财物，更好地支援市郊土改。

继续深入动员广泛征集土特产品，参加苏南土特产交流工作，第一批展览品于 27 日装运赴锡。

四月二十七日，政府接受广大人民的要求，下令逮捕了一批反革命分子，本会根据人民代表会议扩大会议决议精神，领导所属各地区工作委员会召开大会，进行宣传和传达，并进行对反革命分子的检举和控诉。

筹备庆祝“五一”国际劳动节，组织工商界二万人参加示威游行，宣传内容主要为庆祝劳动节，结合宣传反对美帝武装日本和坚决镇压反革命，以十个同业公会联合办事处分成十个联队和工商联队、摊贩联队共 12 个联队，于主要街道上张贴巨幅标语和悬挂宣传横幅。

组织工商界 1300 余人赴火车站及观前街等处夹道欢迎志愿军归国代表柴川若、董栗辅、窦少毅 3 同志，另外，又分编11 个大队（包括摊贩）听取柴代表等报告我国人民志愿军在朝鲜英勇战绩和协助朝鲜人民救济等工作，同时亦听到了美帝侵略军在朝鲜的奸淫掳掠杀人放火的罪行，进一步认识了美帝的野兽行为，引起了仇恨性，各同业公会联合办事处包括摊贩业在内分别捐献了各种画刊书籍 2264 本，于代表离苏时又组织工商界 300 人赴火车站欢送。

五月份

协助政府镇压反革命运动，传达人代扩大会议决议和精神以及王市长的报告，后于五月四日在全市分八九个区先后动员广大工商户参加这一运动，组织小组讨论，开展对反革命分子的控诉，五月十二日又推出代表1600余人在开明大戏院举行控诉大会，会上各区工商户先后对反革命夏旦初、沈壮声、邵伟成、唐骏一等10余人进行控诉，但个别的对控诉有顾虑，仇恨性不高，材料不完整。

本会于五月十五日召开各区各联委员、总干事会议，决定以城中区、金门区两个区为重点，推动其他各区于五月二十日以前各就本区范围内再度发动工商户由下而上地举行各种中小型控诉会及区域性的控诉大会，运动反复进行，使工商户从根本上明确镇压反革命的重要性。本会又于五月十八日举行各业代表300余人的控诉座谈会，在会上由大型行业带头控诉，提出的材料又具体生动，因此仇恨反革命情绪空前高涨。总的方面，通过一系列的大会，百分之九十以上的工商户受到了深刻的教育，统计大小不同类型的会议计有736次，累计出席人数有53974人，在会上进行控诉的有2156人，检举密告的有78件。

苏南城乡物产交流会于五月十日在无锡开幕，本市各业参加展出的有刺绣、苏锅、丝织、织带、漳绒、绍酒、蛋孵等31个行业，展出品2391件，占苏州馆中展出品的65%，在大会交流期间，本会又领导组织了两个交流集团进行业务交流，第一集团为乐器、糖果等24个行业，分3个小组，于五月二十三日出发，第二集团为煤炭、木业等9个单位，分为2个小组，在本月内初步成交为9亿余元，同时我会在大会展览期内组织工商业户6500人分批前往参观，并组织和扩大了购销委员会的组织，领导各业积极开展交流业务。

组织参加苏北、南京展览会代表团，计50人，由工商局张科长率领，于五月二十九日出发，参加期间同时进行了业务交流，计有皂烛、冶铁、针织等业成交5亿余元。

土改后，农民生产信心大为提高，政府又大力兴修水利，因此今年在农村中开展农业大生产运动，但由于农民长时期遭受地主剥削，生产资料上存在困难，需要城市资金下乡帮助解决。本会响应党的号召，事先分向各业酝酿交换意见，在认识提高的基础上，于五月五日召开了第23次本会常务委员会会议，专署工商科王文进科长，市工商局王纪局长、人行中心支行施云滨行长均出席参加指导，决定动员资金以50亿元为目标，以资力雄厚行业为对象，争取在五月十二日一律集中。当场表示保证完成数的有棉纺业15亿元、电气公司6亿元，其余29亿元由绸布、油饼、酱工、南北货、粮食、百货、茶叶等30个行业分配。在工作开展后，除棉纺业、电气公司于五月十一、十二日全数缴纳以及茶叶、染织、烧酒等业按照目标先后完成外，其他各业大体均有缺数，缺数较大的为皂烛、酱工、国药、盐商等行业，另外亦有强调困难一无成绩的，如破布旧货、颜料、绍酒等业，虽最后结束总计完成40亿零八百三十五万元，达到原定计划40亿元的目标，但未能争取超额完成。缴款工作结束后，本会代表各业与人行签订协议，规定贷款期间6个月，利息2分，在利息收入中提出十分之一作为办理贷款的各项费用。

六月份

整理行业小组成立整理同业小组工作委员会，研究整理行业小组计划，以各地区为单位，按各联合办事处行业系统划分，每区成立10个中心小组，一个综合组，由地区领导各联合办事处及无组织的小组，推动各项具体工作任务。工作计划以第八联合办事处各业为典型整理，继续分三批完成整理计划，一般程序首先为动员宣传，各地区召开联席会议和各种小型座谈会，酝酿小组长人选，然后正式产生小组长，送交各联办事处有关行业的公会进行初审，本会及工商局协助进行复审，始行正式确定。截至六月底，初步统计全市组织成立的小组计有1392个，对整理基层工作基本上已告完成，下阶段为建立中心组及综合组，使同业小组通过中心组联系办事处，与行业、与地区均能取得密切联系。

六月份本会开展了整理会费、调整会员负担的工作，主要由于过去工商业负担高低不一，有畸轻畸重不合理现象，各业联合办公后，缺点暴露更加明显。为了贯彻合理负担，本月份开展该项工作，经过较长时间的酝酿讨论，搜集各项参考资料，确定收费原则，经过工商界代表会议讨论通过，于本月份开始实行。以“量入为出”的原则，确定具体办法：①直属本会的大业及最小业或个别工厂以民主评定方式确定负担，固定不变，有特殊原因另行协商；②特殊小行业原则上加以照顾，在原来负担基础上不予增加；③依定期定额纳税的行业，在原有负担基础上酌情增加；④其他一般行业概依营业税额平均百分比收取，六月份为营业税额的百分之十。

六月十一日在养育巷救世堂召开工商界代表会议，会议期间一天半，出席代表478人，列席代表22人，出席代表包括：①公营代表；②工商界人民代表；③各业负责委员；④地区基层积极分子；⑤本会常务委员；⑥摊贩代表；⑦直属会员代表。会议内容以进一步提高抗美援朝、镇压反革命运动、响应抗美援朝总会“六一”号召为主要内容，结合传达本市各界人民代表会议第二次扩大会议的决议及精神，推动土特产交流促进城乡经济繁荣，并开展重估财产、调整资本，健全同业公会基层组织，做好1951年上半年所得税估征工作，在会议过程中充分发扬民主精神，各代表初步开展了批评和自我批评，对本市各项工作提出许多善意的批评、意见和建议。王东年市长、王纪局长、民建卫楚材先生、税务局新风科长均亲自出席大会并作了讲话。

动员刺绣、丝织、乐器提琴、茶食糖果、苏锅、湖笔等行业参加上海华东土特产展览会，并动员工商界组织代表团通过苏南购销委员会介绍于六月十七日参加交流业务，截至六月底，计成交购进七十二亿一千七百五十三万元，销出四十亿三千一百四十二万一千元。另一方面，通过苏南区物产展览会召开的各级购销委员会扩大会议，掀起了再次交流高潮，本市代表因与各县市签订了大件合同二十七份，协议扩大和建立了彼此间的购销关系。同时，又继续组织各区工商界1112人参观苏南区物产展览交流大会，组织代表团参观苏北、南京两地的土特产展览交流大会。

1951年上期估征所得税百分之百提前完成纳库工作，向全国各市县提出了友谊挑战书。

七月份

发动各业学习抗美援朝总会“六一”三大号召及人民日报社论支援前线两件大事的学习，先从部分行业筹委入手，组织漫读，以后逐步扩大，七月十一、十二两天召开各联合办事处主委及筹委行业小组长动员大会，布置小组学习，动员地区积极分子组织工作队分批与各厂各业交换增产捐献意见，酝酿订立增产计划，复于七月二十三、二十四两天在宫巷乐群社召开抗美援朝代表会议，出席代表542人，听取了王市长报告，并由本会副秘书长传达了本市抗美援朝代表会议的决议和精神，在小组代表中心发言中，苏纶纱厂、苏州电气公司等单位，除了介绍计定增产捐献计划的情况外，更提出了于七月二十五日首先集体缴纳第一期爱国捐献20亿元。会议闭幕后，出席代表均在业内召集会员进行传达，结合讨论本业增产计划，热烈地以增产的全部或一部进行捐献。初步统计，各业增产捐献数为175亿余元，已分一、二两批集体缴纳31亿74300万元，第二批行业集体缴纳，并组织了4000余人的盛大游行，表示具体的爱国行动。

本月份各业在评审委员会领导下先后建立组织进行学习，打通思想，以便为开展具体工作时创造条件，同时推动金融、染织、新药、酱工、木商等14个行业作为第一批准备盘点工作，推动石粉、油饼等33个行业为第二批，成立分评会，各地区工作委员会亦先后成立分评会。

行商登记工作已告结束，批准的有1046户，山塘区最多275户，临江区最少30户，资金最大的一户8000万元，最小的一户10万元，本会于登记工作结束后，即协助筹组行商联合会，成立临时筹备处。

总结本市参加苏南、苏北、南京、华东四处展览会的业务交流，总的成交数为八百十九亿二千九百七十五万七千零五十元，内分合同150件，总值62亿4千5百82万6千5百50元，协议187件，估值7百49亿4千5百65万4千元，现交34笔，总值7亿3千8百27万6千5百元。

本会统一领导统一布置各联各区委员和组长分别成立学习小组，每星期至少集体学习一次，七月份学习内容结合推动爱国增产捐献运动，布置学习“六一”三大号召和人民日报社论支援前线的两件大事。

志愿军伤病员分批来苏休养，本会五次组织工商界参加各界人士至火车站欢迎并在要道列队欢迎，参加人数在2000人以上。

本会因工作需要，在六月十八日电请劳动介绍所代为招考工作人员三十人，具体要求，年龄25岁至35岁，文化程度初中毕业，曾在工商界服务一年以上，擅长文书、会计、统计工作，于六月二十一日开始报名，七月五日举行考试，报名共125人，实际参加考试共108人，初步录取通知口试三十一人，七月十一日举行口试，以笔试和口试成绩在50分以上正式录取26人，其中民政局介绍七人，失救处介绍十三人，本会介绍六人，正式录取后于七月十六日开始集体学习政治业务，半个月分派工作。

八月份

本会自从发动工商界热烈响应抗美援朝总会“六一”号召开展爱国增产捐献运动以后，各业会员都先后订出了具体的爱国增产计划，截至八月底，增产捐献计划总数已达195亿2千4百52万元，为了深入贯彻工商界爱国热忱，本会于八月十日开始组织工商界积极分子工作队分赴全市各区对工商户进行宣传并检查贯彻情况，推动工商界中空白户订立计划，同时将本市工商界的爱国热忱，向全国各市县工商界提出报告书，要求响应开展爱国主义竞赛。缴款方面，本月止已缴74亿6千3百50万零3千8百65元。

本市工商界出席四届人民代表会议，依照本市协商委员会决议为73席，由本会负责选举产生，本会于8月16日召集各联合办事处正副主委举行会议，即席决定成立选举委员会，并选出徐仁焕、李鸿业、丁德昌、殷坟源、张甸国、黄安武等六人，结合本会常委陶叔南、沈泽苍、黄柱天、谢惟安、佘民杰等共十一人为委员，负责主持选举工作。委员会首先根据协商会决议初步确定了分配各项：①公营五席；②摊贩四席；③行商一席；④本会常委五席；⑤各业选举产生58席。8月26日分函各公私营企业、联合办事处、地区工作委员会、摊贩、行商等，要求依照计划开展宣传动员，先行产生候选人，报送本会审查，再行定期复选，产生代表。8月27日立即展开该项工作，至29日止基本上完成，经选出候选人621人（公营、摊贩、行商、常委不在内）。

本月四日，召开本市土特产会议，会议期间三天。由工商局王纪局长首先作了动员报告，陶叔南主委传达了华东土特产会议的决议和精神，购销委员会朱主委报告两个月来协助交流业务的各种情况，在先后三天会议中，代表们对履行协议方面纷纷表示保证完成，个别行业准备订出计划来完成，同时对改善规格、提高品质、加强联营、废除陋规等问题都有了一致的明确认识。本会通过土特产会议发现了各行各业很多问题，有的经营方法要改革，有的同业之间有矛盾，因此，我会在工商局领导下组织生产辅导工作队协助各业革新业务，在本会及各业各种专门委员会中选出28人，分成两个小队。首先以桐柏油饼业、纽扣业两个行业作为典型开展工作，深入各户检查辅导，吸收反映，召开专业会议协助解决一切问题。桐柏油饼业全体同业决心革除陋规，统一售价，作出了五项决议，纽扣业对生产部门的关系，订立了生产协议书，同时决定自九月七日开始一律废除司马秤，改用市秤。工作处的辅导工作准备于两个行业辅导结束后，于九月中继续全面开展。

中央贸易部派员来苏调查手工业行业的产销情况，总共调查了20多个行业，印制了一份比较具体的调查表，对本市手工业的情况进行了一次比较系统的调查。

八月十日，我会在宫巷乐群社召开检查工会法动员大会，由劳动局孔局长讲解工会法。本月份工商界的学习，就布置学习工会法印发学习材料四种，各区同业小组学习情况由各区检查小组随时向本会汇报。八月三十日召开了检查工会法座谈会，并成立了工商联检查工会法执行情况委员会，由孔翔生担任主委，李鸿业、陶景瑗担任副主委，汪哲夫等12人担任委员。

九月份

本月份本会对前一阶段中签订爱国公约的情况进行了一次检查，由九个地区工作委员会进行了解，统计参加组织有固定营业场所的工商户检查对象共计14715户，其中已有12301户签订了爱国公约，占工商户总户数的83%。一般对爱国公约都表示重视，不论在内容上或签订方式上都比较好，但亦有部分单位表现出形式主义、不切实际，本会为了巩固成绩，克服缺点，于9月19日召开工商界修订爱国公约座谈会，结合搞好重估财产以及积极增产、提前和超额完成增产捐献等问题进行具体的研究与讨论，出席座谈会的有工商界人代、工商联常委、评审会处长组长、各联各区评审分会主任委员等200余人，工商局王局长、税务局王局长都出席指导。

关于提前和超额完成爱国增产捐献计划，结合修订爱国公约座谈会的精神，在各区广泛开展宣传，通过组长以上的各种大小类型的座谈会以后，爱国热忱有了进一步的提高，纷纷表示保证搞好该项工作，因之在全市工商户中掀起了一个纳库高潮，至九月二十九日止，包括以前七八两月纳库的在内，共计纳库137亿2400万元，完成总计划的91.5%。

选举本市第四届人民代表会议工商界代表，本月份进入复选阶段，首先对提出的候选人进行复审，同时组织力量深入各区广泛开展宣传动员，号召工商户对各业选出的候选人提供意见，加强工商业者的思想教育，为复选工作做准备。复选分三种不同方式进行：①分区投票，集中开票；②集中投票，集中开票；③候选人结合各区投票，代表投票复选。在复选过程中除了个别单位曾有争执或复选结果系属同票须待协商解决外，一般因采用类型基本上都能照顾到行业实际情况，所以都顺利地产生了代表，总计工商界选出代表73人，计公营6人，摊贩4人，行商1人，私营62人，另推列席代表16人。

九月八日，本市人民法院结合检查工会法执行情况对永生服装店、孙复兴面馆、盛云记锁作虐待及殴打学徒案件进行宣判，本会于接得劳动局通知后，鉴于最近期间，虐打谩骂学徒事件时有发生，为了推动教育工商业者及动员各业推派代表出席听判，并以一般手工业更容易违反工会法，因此增加了听判代表名额，并通知各代表事后在业内做好传达工作，总计此次出席代表200人。

布置本会所属各地区工作委员会于9月28—29日分别召开迎接国庆宣传演讲大会，使一般工商户更能确切了解祖国二年来的伟大成就，总计各区出席听讲的有5270人。

十月份

本会于国庆前夕在各地区召开庆祝国庆座谈会，由本市劳动局孔局长、人事局刘局长、市人民法院吕院长等分赴各区出席报告外，本会于国庆日组织工商界2万人参加本市各界庆祝国庆大游行。

十月五日，本会在开明戏院举行提前完成爱国增产捐献光荣授奖大会，对提前完成的金融业、马车业、家庭毛巾业、面粉厂、漂棉业、典当业、造船业等七个行业及各业中的1021家光荣户进行授奖及大会表扬，鼓舞了工商界的爱国精神，并号召工商界在12月份内基本完成全部捐献光荣纳库。

十月二十三日，本会在新艺剧场召集各业委员、地区小组长，举行抗美援朝扩大会议，由陶主委传达参加北京国庆典礼经过，通过报告，提高了工商界爱国主义思想，出席人员纷纷表示，回去后做好传达提前完成捐献，以实际行动庆祝志愿军出国作战一周年，截至十月三十日，纳库总数达人民币194亿9700万元，超过了原定六个月捐献计划的30%（捐献十架战斗机）。

十月十七日开始，在本会各联合办事处、各地区先后召开委员组长会议，传达本市四届人民代表会议决议和精神，综计各联出席会议的1577人，各区出席会议的6437人，合计8014人，会议中工商界对李凌主席“目前形势与我们的任务”报告和王东年市长“七个月来政府工作报告”均一致表示拥护。

检查工会法执行情况，督促各联办事处推动工作，汇报本会。另外，本月份发生江南油厂锅炉爆炸事件，本会派员参加劳动局、总工会组织的调查组进行调查，又邵春记火药爆炸事件，本会主动派员调查后报告劳动局、工商局。

十一月份

11月20日，在牛角浜第十联合办事处召开了反暴利反投机教育大会，通过大会教育了个别落后商人的不法行为，并启发了工商界自我教育改造的自觉性，在大会上宣布了政府处理不法商人家庭毛巾业刘启同、顾顺兴孵坊等13件投机暴利的决定，大会后并由各联合办事处召集各业公会筹委以上人员，各地各区召集小组长以上人员会议进行传达。

本会为了帮助工商界进一步了解新民主主义社会的优越性，学习新民主主义经济的各种政策，从而提高工商业者的生产经营积极性，特会同本市东吴大学举办新民主主义经济学术讲座，准备邀请经济专家分期进行专题演讲，第一次于本月二十四日在东吴大学举行，由杨荫溥主讲“新民主主义经济的历史条件与基本纲领和性质”，参加此次听讲的有各业会员400人，会后继续举行7个专题演讲。

11月29日，在华东税校（景德路）举行反逃税教育大会，出席会议的有市法院吕院长、市税局王局长及工商界代表2000余人，会上由税局干部俞□宗同志报告被长丰糖果号范寿宝殴辱经过和同兴酱园职工张瑞麟报告被资方濮贵生凌辱的经过，市法院代表介绍范寿宝逃税及殴打税干调查经过，市店员工会代表张皓良代表店员工会要求对这两个违法商人予以严惩，各地区工商界代表亦纷纷发言表示要求政府严惩范寿宝、濮贵生两人。通过大会教育，加深了工商界对税收政策的重视和认识。

11月28日，本会组织工商界3000人听取了志愿军英雄总代表王禹同志的报告。与会者对朝鲜前线志愿军的英模事迹和高度发扬爱国主义热情的战斗意志一致表示敬意，许多工商业者并表示以后要学习志愿军的精神，努力生产，继续加强抗美援朝运动，做好支前工作，彻底打垮美帝侵略。

由于形势发展，本市区人民政府胜利建立，本会各地区工作委员会为了更好地在区人民政府领导下开展工作，决定将原来九个地区工作委员会根据人民政府辖区，归并为东、南、西、北、中五个地区工作委员会，11月中旬开始酝酿，拟定计划，确定人事及工作进行步骤，11月23日经本会常委会第24次会议通过，24日至28日期间先后召开原有九区工作委员会委员会议，说明情况，同时召开了新聘的各区委员及地区小组长以上人员动员会议，宣布建区，开始交接合并，28日交接手续基本完成，29、30日整理，12月1日起新区正式开始办公。

苏南物产展览会苏州馆经费业经该馆将所有账表单据及余款送交本会，由本会于本月六日邀集苏州专区各市的工商联代表举行审查，已经通过核销，该项经费共计实支1亿6355万4340元（包括补助大会经费一亿元在内），其来源如下：①本会负担102049490元；②常熟、吴江、吴县、昆山、太仓等市县负担61400000元（内有吴县4500000元，太仓为4200000元尚未缴到，由本会暂垫，候补缴来后归垫）；③苏州馆刺绣部屋顶盖草变卖价款10485元。

本会为发挥爱国主义教育精神，根除殖民地思想，纠正重洋轻土的错误观念，保证正当工商业的发展，响应政府号召，反对袭用洋文商标，分别动员各区联合办事处收集有关资料作为统计，分别决定更改或销毁的处理，并定于下月份召开一次“反对袭用外文，根除殖民地思想教育大会”。

11月份工商户动态，原有17709户，创设290户，复业6户，转入37户，停闭41户（暂停），转业4户，共计全市会员工商户17993户。

我会为加强中苏友好，扩大与深入国际主义的宣传教育，于11月12日发动各区工商户普遍召开庆祝苏联十月革命节纪念大会，分请各有关机关首长莅会讲话。通过会议，各区工商业者对苏联十月革命的伟大成就有了进一步的认识与提高。

十二月份

常会35次会议，通过常委兼副主委冯刚、常委孙奇华、胡志民辞职，通过公营代表惠志方、刘湘为常委并通过以惠志方兼副主委。第36次会议为开展整组工作，决定将原来整理组织及宣传两个专门的委员会结束，另行吸取新生力量，成立组织宣传委员会，领导进行组宣工作。

本会以各业同业公会筹备委员会进行筹备已将近两年，在各项运动中亦取得一定成就，为进一步配合当前形势，满足广大工商界要求，经36次常委会决定，全面发动整组，正式成立各业同业公会，进一步成立工商业联合会，以便配合全国工商联筹备及苏南工商联的成立，当即推定惠志方等19人成立“组宣委员会”，分设生产辅导、组织宣传、调查研究三组，分工配合工作，下设组宣工作队，以谢惟安为队长，冯国祥、缪伯□为副队长，聘请各业积极分子40人组织成立，为执行工作机构，开始工作。计第一期整组十个行业，自本月20日开始至月底完成；第二期整组30个行业，自1952年1月5日起至20日完成；第三期40个行业，自1952年1月20日起至2月10日完成，要求在旧历元宵节前成立工商业联合会，其余行业俟工商业联合会成立后，继续整组，直至全面完成为止。本月份第一批整组行业，染织、茶叶、面馆、肉品、帽扇、图书文具、轮运、新药、理发、营造等10个行业，已于本月20日如期进行，由工作队深入各地区工作委员会、各联合办事处进行了解，收集材料，召开动员会议，报告整组的重大意义，使会员在思想上明确整组重要性的基础上，充分考虑委员人选，并发掘积极分子，慎重协商产生委员，结果大部分都能合于理想，第一期整组工作已于本月底胜利完成。

本会根据市协商委员会布置学习全国政协文件，经常委员会第36次会议决定，组织工商界学习分会，推立陶叔南等11人为委员（包括各区参加分会委员一人），确立学习对象为各业公筹会筹委及中心组长。12月13日，召开第一次委员会议，决定各地区设立支会，每一支会下设七个大组，大组下按照参加学习人数分设若干小组。12月20日，各区支会全面召开第一次学习座谈会，由分会指派委员分赴各区作动员报告，座谈会后即由各区各组根据具体情况订出每周学习计划（原则上规定每周六小时），学习进度自12月20日起分三周进行，第一周阅读文件，第二周小组讨论，第三周二小时小组讨论、四小时小组总结、大组总结。

1951年年终双薪或奖金问题，本会由孔翔生、刘恂介等六位委员于本月20日与店员工会苏州市筹委会签订了集体协议，于27日召开了各联办事处各行政委员会议，要求各商店根据集体协议办理，又各产业会员应根据中央财经委员会颁布的关于年终双薪或奖金办法办理，在会议上并听取了各业已签订协议的情况。

新旧年关将届，本会为稳定物价，于12月21日下午在第十联合办事处会场召集各业筹委并邀请店员工会、民主妇联、民主建国会、工商局等推派代表出席举行动员大会，会后由常委会推选委员7人负责办理稳定年关物价工作，并于28、31日两天召开有关年后供应的行业座谈会，出席会议后，代表们纷纷表示保证不涨价不暴利，尽量供应货物，完成光荣任务。

为了切实了解全市工商户总数及各项资料，做好统计工作，为迎接1952年大生产运动，作为调研基础，本会决定制发一种调查卡，由各地区工作委员会挨户深入调查，调查卡一式两份，一份由地区工作委员会保存，一份送有关行业联合办事处造具分业明细表二份，一份送区人民政府工商办事处，一份送交本会。此项工作，于12月13日开始至25日全部完成，28日再根据苏南规定划分工业、手工业、商业，分造清册（动员区、联等力量于年底完成）。

本月份工商户动态，原有17993户，创设267户，转入9户，闭歇46户，暂停10户，转出6户，迁出88户，合计18119户。

本会为响应中央人民政府广播局及中华全国体育总会联合决定的推广广播操的号召，推派委员参加文教局召开的讨论成立本市广播操推行委员会，并组织工商联足球队参加本市体育会举办的元旦小型足球比赛。

苏州市工商业联合会筹备委员会1952年大事记

1952年

一月份

一月四日，召开常委会第38次会议，重点讨论稳定年关物价及报缴所得税两项问题，会议决定建议工商局邀请有关单位组织委员会领导稳定年关物价工作委员会，以下各业设立小组，具体掌握议价并开展检查。会议后，在工商局领导下，由工商局、工商联、店员工会、国营土产公司、摊贩、合作社、妇联等各单位代表19人组成“稳定年关物价委员会”开展工作，在具体执行任务上得到了一定的收获，保证了物价稳定工作。

一月八日下午，召集各业各级委员、组长举行年度结账宣传动员大会，会议内容以报缴所得税以前的盘点存货结账、动员储税、遵照市税局从1月12日至25日完成纳库等问题为主。通过会议，各区普遍进行传达，推动贯彻，保证了税款的及时纳库。

本会依照本市各界人民代表会议协商委员会的通知，推定本会全体常委、组宣工作队人员、各地区工作委员会委员、各正副主委共350人，于1月23日上午八时前往人民文化宫参加市各界干部动员大会，此次会议以开展“反贪污、反浪费、反官僚主义”为内容。会后，本会于24日下午召集本会全体筹委、各业正副主委、各区委员进行传达，开展讨论。在这次扩大座谈会上先后有陶吉庆、刘恂介、姚和笙等10余人，初步坦白了自己与“五反”有关的问题。

本月份开展棉纺业等第二批行业整理同业公会工作，1月8日召开第一次工作会议，9日分别向各联合办事处进行第一步动员，10日在各地区先行召开南北货业等14个行业全体会员大会，酝酿讨论新公会候选委员名单。

我会依据本市抗美援朝分会召开的春节拥优工作各界代表联席会议统一布置、分工负责的决定，于1月21日动员各区工商界代表四十余人组成第二慰问队，由贝祖武率领，携带慰劳品（慰劳品由抗美援朝分会统一购办）前往齐门外康复医院向志愿军伤病员慰问；于1月24日上午动员工商界代表52人，由戎法琴率领，组织慰问队，携带慰问品向驻军86师进行慰问，并举行茶话会，气氛非常亲热。

本会为了贯彻推行政策法令，加强与各业会员的关系，团结全市工商业者，在人民政府领导下，发展新民主主义经济建设，自本年一月份起，随时将有关工商业全面性的通函在《新苏州报》上另辟“工商联通函栏”刊布，以资周知迅捷，并通告全市工商户经常注意，随时剪贴保存。

二月份

通过前阶段各业全体委员会分别在各地区学习全国政协文件以及“三反”文件，在思想认识提高的基础上，继续开展工商界“五反”运动，2月3日本会举行了常务委员会扩大会议，初步通过了工商界“五反”运动委员会组织章程，选举了包括工商联常委、工商联地区委员、民盟、民建、公营企业、摊贩、行商等各单位所组成的“五反”运动委员会人选，以便领导开展工作。

2月4日上午，工商界举行“五反”运动动员大会，出席者包括各业委员、各地区委员、公营、摊贩、行商等代表，各区行业小组长等，共计2693人。大会由王市长作动员报告，下午分五处举行小组讨论，至下午五时恢复大会，在大会上由不法资本家蔡渭森、童勤高、于欢清等人向大会进行坦白，由张正□、郁慰先等先后在大会上进行检举揭发，市协商委员会副主席在会上发言，指示不法工商业者应在坦白与抗拒之间、宽大与惩罚之间选择自己应走的道路。大会在通过了工商联常委扩大会议提出的工商界“五反”运动委员会组织章程以及“五反”运动全体委员名单后，高呼口号散会。

2月5日，举行工商界“五反”运动委员会第一次委员会议，讨论具体开展工作有关问题，并确定内部分工以及分工委员名单，在市节约检查委员会领导下，开展了工商界“五反”运动。

2月16日，召开了工商界干部动员大会，19日，动员各业参加市节约检查委员会召开的工商界第一次坦白检举大会，各工会亦派代表参加。本次大会中，不法奸商包天骥、金瑞麟、陶吉庆等上台坦白，并由工人代表对不法奸商的违法行为进行检举揭发，大会最后根据不法奸商的坦白程度，接受到会群众的意见，分别进行处理，当场对有严重违法行为又拒不坦白的不法奸商陶吉庆以及公然抗拒“五反”运动的不法奸商徐全生二人宣布逮捕法办，得到群众的热烈拥护。

拥护政府对不法奸商的四项规定，并通知各联在行业内检查有无违反四项规定的情况，随时汇报。

本月20日起，各联合办事处分别召开各业全体会员会议，传达工商界干部动员大会、王市长的动员报告以及大会的精神，进行分组讨论，使工商业者对“五反”运动的重要意义，在思想认识提高的基础上明确惟有彻底坦白才能改造自己、挽救自己，批判了不正确的思想，端正了过去的错误看法。

本月七、八两日，各地区工作委员会召开了全区工商户“五反”运动动员大会，东区由惠副主委，南区由卫楚材、惠志方，西区由工商局王纪局长、统战部徐秘书，中区由谢孝思等同志分别传达了2月4日王市长在工商界干部动员会议上的报告，反复说明了“五反”运动的重要意义，更详细解释了政府对“五反”运动的政策精神，鼓励工商业者要勇敢地投入这一运动，打消一切不必要的顾虑，深刻检查自己的犯法行为，向政府作出彻底的坦白交代，号召工商业者通过这一伟大运动改造思想，把资产阶级黑暗腐朽的一面彻底根除，学习工人阶级思想，服从国营经济领导。各区在大会进行中都有工商业者上台坦白及检举揭发。

各地区工作委员会经过七、八两日会员大会之后，九日起分批召开了各业筹委、组长、会员分组讨论，通过讨论，检查各业会员自己有关“五反”问题的犯罪行为，一般都做了初步坦白。检举揭发材料以书面形式送交“五反”检查委员会，据不完全统计在8000件以上。

三月份

本月三日，召开常委会扩大会议，决定各级委员、组长在“五反”运动期间，各项工作应服从“五反”工作，如有借词推诿、阻挠运动等情况，本会或“五反”委员会均得随时撤换。根据决议，经本会按照“五反”委员会决定，做出处理的：①南北货行业公会副主委杨逸民、委员陈祖宪、组长周武樾等在运动中不能树立模范，对问题不肯彻底交代，态度恶劣，对抗运动，决定将三人所任职务分别撤除，油饼业主委刘恂介屡次坦白不彻底且歪曲政策，恶意阻扰运动，撤除所任本会常委及其他一切职务；②打铁业糜荣庭本身五反问题不作交代，并不能接受批评，压制民主，撤除该业副主委职务；③刀剪匠行业副主委张盈秋于“五反”委员会召集刀剪匠等36个行业举行生产检查会议时，非但不作深刻检讨，反而对抗群众意见，根据会上揭发材料，该员利用强权，营私舞弊，欺压同业，“五反”运动开展后，蓄意停工，破坏四项规定，撤除该员筹委会副主委职务。

“五反”运动委员会布置各业进行学习有关“三反”、“五反”文件，结合文件学习进一步彻底坦白交代，由各联行政委员会同“五反”委员会委员掌握启发，另外分别在各地区再度召开“五反”宣传动员大会，东区由惠志方、王纪，南区由惠志方、靳震嘉，西区由刘干源、靳震嘉，中区由工商局王纪局长分别作了报告，再度对政府“五反”政策作了解释，并针对前阶段各工商业者在运动中的不正确态度作了分析批判，根据坦白从宽、抗拒从严的政策，以处理不法奸商陶吉庆、徐全生、包天骥、张振华的事实例子教育启发群众，明确指出工商界在“五反”中应持的态度，号召各工商业者展开互相检查揭发，洗清工商界过去的“五毒”。

组织工商界5000余人于3月5日至阊门外张家花园听取志愿军归国代表及朝鲜人民军访华代表团，朝鲜海军英雄康□同志的报告，动员工商业者写慰问信1300余封，征集各业使用的抗美援朝的包装商标及有关宣传抗美援朝宣传品，送交代表转送前线展览宣传。通过大会报告，大大激发了工商业者的爱国热情，会员王全业、王万太、王永楼把自己心爱的机器脚踏车捐献给前线最可爱的人民志愿军，瓷料器业华牲负责人刘建华把积蓄银圆四十枚捐献出来购买飞机大炮。

发动各业组织会员集体参观志愿军代表团带来的抗美援朝前线图片以及教育工商业者提高爱国主义思想认识，布置各联各地区组织工商业者至大光明、苏州两影院观看“三反”新闻第一、二两集，推动工商业者加深理解“三反”、“五反”运动的重大意义，加强认识资产阶级丑恶本质，从而自觉地投入运动，彻底坦白交代问题。

协助违反委员会征集有关“五反”材料，举办“五反”展览会，各地区工作委员会组织工商业者前往参观，累计参观人数1万余人。税局开征1951年所得税，以南北货等工业25个行业及私营工厂为第一批，本会动员以上各业全体会员及工厂代表参加市税局召开的1951年所得税动员大会，根据王琢局长在会上宣布的征收办法，推动各业提名推选各业所得税推进委员，报经市税局审查批准，开始进行等级评定以及调查纯益率工作。

四月份

四月六日，市节约检查委员会在景德路华东税校举行扩大联席会议，本会动员各业代表1000余人前往参加，由市节约检查委员会在会上阐明政策，宣布纪律，进一步开展“五反”运动。

四月八日，市节约检查委员会举行绸布、颜料、新药、南北货、油饼等五业处理大会，本会动员以上五业全体会员以及其他各业代表约1200余人参加。

个别行业的委员、组长有抗拒行为，不肯彻底交代问题，本会同意“五反”委员会意见，撤除了茶馆书场业陶炳芳，肉品业马永□、薛灿然，照相业施家琛，东区工作委员会查云鹏，白铁业陈夕□、倪瑞卿，纽扣业张建刚，骨伞棕刷许志浩，柴行业何灿如等主委、组长等职务。

组织工商界1800人参观文联在新艺剧场演出的话剧《控诉》，话剧内容有教育意义，通过参观大大提高了工商界对“五反”运动的认识。

布置本市工商界进行庆祝“五一”国际劳动节的准备工作，要求：①宣传“五一”国际劳动节的伟大意义，充分发扬国际主义精神；②结合“三反”、“五反”运动宣传政策；③推动工商界贯彻“五反”、生产两不误；④未经处理的工商户应彻底交代问题。

苏州区土特产交流大会于四月二十日在人民商场三楼开幕，会期六天，本市参加行业有漳绒、丝织、毛巾等十余个手工行业，大会成交总额为6180614346元，本市成交数占成交总额的57.68%，同时也解决了不少滞销品，会后部分行业又去苏南参加土特产交流会。

本月份各业“五反”工作，大部分已进入处理阶段，一般行业都已填写结论表，由工会掌握审查，在审查中绝大部分均能通过。

各地区工作委员会于四月上旬分别召开了各业全体会员大会，由各区区长、指挥部负责同志到会作了报告，说明今天政府的政策是依照共同纲领实施的，但是资产阶级没有很好地贯彻，暴露了资产阶级黑暗腐朽的面目，成为新民主主义经济建设中的障碍。今天全国各地展开了“五反”运动，主要是肃清旧社会遗留下来的污毒，扫除新社会建设中的障碍，每一人民都应接受这一运动的考验，特别是工商业者，应该在这项运动中把过去所犯污毒彻底交代，只有彻底交代以后，方能取得政府和工人阶级的宽大。通过大会启发，分组讨论，在小组上展开互相检查，帮助补充，最后填写“五反”结论表。

本月份各地区中小工商户都先后进行了劳资见面会议，按各户坦白程度，做出通过与否的决定。本月份各区分别召开各业大会处理了一批一、二、三类型的工商户，处理后并组织讨论，计东区575户、南区905户、北区700余户、中区1189户。

五月份

整理核对各业工商户情况，调查各业联营组织，充实调查资料，以便在“五反”运动伟大胜利的基础上迎接增产节约运动。首先整理各业会员，尚未参加组织的非会员名册，分联、分业、按区进行核对补充；第二步根据内容，依照企业性质，分出工业、手工业、商业等九种类型，同时将各业资金情况根据最近调查的1951年年底总资金包括固定、流动两项，分业做出统计，并对各业会员和非会员的雇工情况包括工人、职员、学徒按照人数标准按户分类，加以调查综合，以健全工商户情况的资料。

进行各业联营组织情况的调查，主要为了解各业联营组织的目前情况，联营过程中的优缺点，为今后协助整顿联营组织打下基础。在调查中对牙行性质的联营作重点注意，查清商业联营有无垄断投机等情况，同时注意各业联营在“五反”运动中所暴露出来的缺点，听取工会和同业对联营的反映，了解目前存在的问题。该项工作，由联、区配合进行，于本月26日基本结束。计第一联合办事处联营、联购、联销性质的有12个单位，第二联 19 个，第三联 8 个，第四联 8 个，第五联□个，第六联□个，第七联 19 个，第八联 14 个，第九联无，第十联 20 个。

各地区工作委员会发动尚未处理的工商户继续进行小组互动互评，最后评出初步类型，基本上胜利结束了，深刻交代小组审查的工作。

“五反”委员会为适合现阶段工作，要求经第二次联席会议决定调整委员会机构，成立检查、生产、学习、会务等四个专门委员会。

统计本市 111 个行业以及五个地区的综合组等，合计会员 11382 户，非会员 238 户，都投入了伟大的“五反”运动，至五月底止，已结项的：①守法户 7292 户；②基本守法户 1501 户；③半守法半违法户 732 户；④严重违法户 21 户；⑤完全违法户 4 户。总计 9550 户。

六月份

本会常委朱宏湧、朱日新，染织业公筹会委员陈奎萍，营造业公筹会主委顾炳余等四人，在“五反”运动中一贯以对抗态度破坏运动，在互助互评时仍拒不彻底交代，坚决不接受群众帮助意见，业由人民政府依法逮捕，本会为纯洁内部组织，接受工商界“五反”运动会建议，对以上四人在本会组织系统内所任本兼各职一并撤除。

接受《新苏州报》读者建议，动员各区开展宣传教育，启发工商户自助清除招牌上“日进斗金”、“一本万利”等丑恶字样。

各联合办事处在“五反”胜利结束的基础上，进入发展生产、繁荣经济，推动各业工商户积极参加各地区城乡物资交流大会。

东、南、中三个地区工作委员会联合在北局开明大戏院召开“五反”总结大会，在会上并适当调整了工商户处理类型。

各地区工作委员会都分别召集各业订好退补计划。

组织本会暨各联各区委员以上（还包括中心组长）举行抗美援朝两周年纪念座谈会，通过会议，一致表示要搞好生产，支援前线，粉碎美帝细菌战。

七月份

本会原来常委会已因伟大“五反”运动的胜利，人事上起了若干变化，处于无形停顿状态，一切重大工作都在工商界“五反”运动委员会协助掌握下进行。本月份与“五反”委员会联合召开本会常务委员会以下各级组织系统委员联席会议。通过讨论，为了传达全联筹备代表会议精神和决议以及传达本市各界人民代表会议协商委员会扩大会议的精神，推动贯彻王市长在扩大会议报告中指示的当前六项中心任务，传达苏南城乡交流大会上首长的报告和指示，讨论整理本会常委会组织，迎接今后各项工作任务的开展贯彻，决定于七月下旬举行工商界代表会议，并在联席会议上讨论审查通过代表名额 512 人，计①国公营 7 人；②公私合营 6 人；③工业 73 人；④手工业 138 人；⑤商业 277 人；⑥摊贩 5 人；⑦行商 5 人；⑧民建代表 1 人。

工商界代表会议于七月二十七日开幕，七月三十一日胜利闭幕，全体出席代表分为 17 个小组，大会由惠志方副主任致开幕词，陶叔南主委传达中华全国工商联代表会议的精神和决议，谢惟安副秘书长传达本市协商委员会扩大会议的经过以及王市长提出的当前六项中心工作的指示，程延龄委员传达参加苏南交流大会的经过以及本市各业参加苏南交流的优缺点，大会报告后，各小组开展小组讨论，代表们都一致表示“五反”运动是伟大的，对私营工商业的帮助也是巨大的，一致认识“五反”运动的必要性与正确性，表示要在今后行动中巩固“五反”胜利，保证不再重犯“五毒”，亦明确了私营工商业者在新民主主义社会中的地位与责任，明确工商业者光荣参加祖国建设，必须切实具体做好城乡交流工作，积极参加交流，并表示要做好即将在本会召开的城乡交流会准备工作，迎接大会开幕。代表们又一致拥护全联陈叔通主席的报告、国务院财政经济委员会陈云主任的指示以及全联代表会李烛尘代表的闭幕词。在会议过程中，通过代表们的热烈讨论，又具体解决了健全组织、加强本会对各业的领导等问题。会议闭幕后，各地区工作委员会准备于八月上旬开始在各区进行传达，推动全市工商业者具体贯彻大会决议与精神。

本会为适应形势发展，加强组织领导，经与“五反”委员会联系，根据具体情况，经过讨论研究，计划对本会常委会、各地区工作委员会，在现有的组织基础上进行适当调整补充，以健全组织。该项计划复经工商界代表会议全体出席代表在小组讨论中提出了具体的调整充实意见，经大会表决通过，调整以后的常委会计有委员 45 人，较原来名额 33 人增加 12 人，分配方面，计国公营 6 人，公私合营 3 人，合作社 1 人，摊贩 1 人，行商 1 人，工商界民主人士 1 人，私营大中小企业 32 人。新常委会于工商界代表会议闭幕后酝酿，内部分工组织形式拟仿照全联内部组织，结合本市具体情况，在本会内部改设：①秘书处；②生产指导部；③组织联络部；④学习部。所有调整及正副主委、正副秘书长、各部正副部长名额人选以及调整本会筹委、各地区工作委员会等具体工作，将于八月份起开会讨论解决。

本月份先后领导本市工商业者参加苏南及余杭、长兴泗安镇、孝丰、海盐、太仓、南京市、淮阴、嘉定、安吉、富阳等各市县城乡物资交流会，参加行业有工业、手工业、商业等 78 个行业，参加交流会代表 393 人，先后成立合同协议 1492 件，共计成交总数为 3998500 万元，计购进 2199200 万元，销出 1799300 万元。

开展“八一”建军节二十五周年纪念的宣传教育，发动各业工商户向中国人民解放军、志愿军、伤病员等写信慰问致敬，祝贺胜利。

动员各业工商户组织参观爱国卫生展览会，分区推动工商业者签订爱国卫生公约，各区组织力量，全面开展清洁卫生运动，各区分别根据具体情况提出重点行业（食品业等），特别督促各重点行业工商户搞好卫生要求，做到六面光。

本市参加苏南区交流代表团代表张甸国同志于七月十日在苏南人民电台广播交流进展情况，本会布置各区动员工商户收听广播。

八月份

常委会第 40 次会议，决定本会常委会设主任委员一人，副主任委员四人，设秘书长一人，副秘书长二人，常委会以下设秘书处、生产指导部、组织联络部、学习部，秘书处设正副秘书长，各部设部长一人、副部长两人，各处部以下再按业务性质分别设股。常委会主委陶叔南，副主委浦亮元、惠志方、张甸国、谢惟安，秘书长佘民杰，副秘书长严柏筠、彭飞，生产指导部部长程延龄，副部长孙宝冲、田蕴玉，组织联络部部长黄柱天，副部长唐慎志，学习部部长卫楚材，副部长童勤高。

调整与补充各地区工作委员会力量，加强区一级机构，根据工商户分布情况，经常委会第40次会议通过，各区设主委一人，副主委三人（内第一副主委由国营公司派员担任），委员兼秘书一人，委员会设委员人数计东区33人，南区34人，西区33人，北区34人，中区35人。

加强本会对各联合办事处的行政领导，推动贯彻各项工作，每一联合办事处临时指定驻会负责委员二人。

支持中国店员工会苏州市工商联合会筹备委员会组织本会干部分两批脱产短期集中学习，每期学习两星期，计第一批172人，于八月十三日开始至八月二十七日结束，第二批142人，于八月三十一日开始至九月十四日结束，在此期内，本会各级委员尽量克服工作上因人员减少而发生的暂时困难，并在经费上争取支持。

苏南区1952年第三次城乡物资交流大会，预定9月份在本市举行，本会配合工商局推动各行业积极参加交流，分别协助各业组织成立行业性的业务小组，产生业务代表，在各同业公会联合办事处内，就已经成立的业务小组，再行推动组织中心组，以便有组织有领导地参加大会。本月份内，经推动组织成立的计有10个中心组，86个行业业务小组，623个业务代表，同时讨论酝酿订出具体的购销计划。

配合本市城乡物资交流促进委员会组织各业代表209人计191个业次，参加南京、安庆、常州等19个市县的城乡物资交流大会。

推动各业组织下乡访问团，分两次下乡访问农村，先后到达23个城镇，成交369980万元。

推动贯彻执行“苏南区私营工业定期统计报表制度”，抽调各联合办事处、各区工作委员会工作人员25人集中学习，由市人民政府财委会派员主持学习，时间三天，布置各联合办事处按照填报说明，分别编造填报表、工厂单位名册，经过初步审查，汇送市财委会核定。

发动各联合办事处调查本市九种主要产品1950年6月份的出厂价格、批发价格，按照中央规定的产品目录编号造具清册，送请财委会审核后报苏南财委会核定作为生产总值不变价格的标准。

8月18日，召集全市1951年所得税滞纳户举行会议，出席300余人，说明国家税收的重要意义，提高纳税观念，动员滞纳户迅速设法完成纳库工作。

协助工商局贯彻执行苏南行政署颁布的“原铜料购运管理办法”，动员通知有关使用铜料行业推派代表出席工商局召开的会议。

九月份

本市四届二次各界人民代表会议定于九月中旬在人民文化宫举行，本会常务委员为了保证开好这次会议，对部分由于在“五反”运动中抗拒坦白破坏运动已由人民政府依法逮捕的代表，以及情节比较恶劣的代表，因工作岗位调动失去代表性的代表资格进行讨论，经会议决定应予撤换或更换的共计十三人，即席决定仍由各原产生单位进行改选补充或另行调整。这次人代大会工商界代表计74人，列席代表10人，各种提案或建议141件，内容有关交流、继续贯彻增产节约、劳资、税务、公私关系、市政建设等。

四届二次人民代表会议闭幕后，本会召集出席和列席代表举行座谈会，决定对本市工商界分五区进行传达，自9月19日起至24日止分9次举行，并由党报告员分别作专题报告，五个区工商界出席传达会议的共计6045人。

苏南区1952年度第三次城乡物资交流大会定期于9月25日在本市开幕，本会于大会开幕前，配合包括各界在内的城乡物资交流宣传周，并在西区、中区两个区重点开始夜市营业，一般行业营业情况都有提高，参加交流的各业代表在大会10天的会期内，共计成交了4793笔，338亿元的购销数字。参加大会的计有93个行业，126个单位，579个交流代表，大会于10月5日胜利闭幕。

本月中旬大会筹备工作进行期间，本会积极动员委员参加筹备工作，组织力量筹建南门商场，准备招待联络、交通运输、物价掌握等具体工作，动员各业借出大批家具用物，供给大会使用，调拨工作干部参加大会工作。

本月份，华北区、北京市、苏州、镇江、蚌埠、郑州等省市县区35处举行城乡物资交流大会，本会配合动员有关行业参加，计组织出发参加的有34处，成交地区计大行政区1处，省级5处，市级3处，初级7处，其中除参加华北区、北京市、上海市化工原料颜料交流会代表本月份尚未返苏，苏南区第三次交流大会尚未结束外，计成交477件，购销总值335823万元，销出超过购入20%。

本会为了配合当前工作上需要，自中国店员工会苏州市委员会举办的工商联工作人员脱产学习一、二两期结束后，对本会全部工作人员的服务岗位，又重新做了全面考虑，加以适当调整，计工商联38人，各联合办事处113人，各区工作委员会93人，交流大会76人，其他方面包括因病未参加学习的、看守公会房屋的以及管制分子和工会开除会籍的23人。

本会各级系统的委员除了在本会各级组织机构中确定负责委员，专责主持日常行政工作外，关于参加交流大会服务的委员计参加大会秘书处、门市部、宣传处16人，参加收购委员会18人，参加展览会第二馆展出委员会10人，参加本市交流代表团115人，参加南门集场管理处14人，参加门市部收购处各业联购小组（包括油饼、药材、蔴、竹藤器、南北货、卷烟、百货、蛋孵、糖果业等代表）14人，参加门市部收购处收购委员会25人，参加大会服务12人，合计224人。

本会暨所属单位工作人员人事报表制度过去并无统一规定，为了加强今后对人事统计工作起见，统一规定了每月到勤情况汇报表、签到簿和请假单的格式，准备在10月份起开始使用。

本会各级系统委员登记表分发本会常务委员、筹备委员暨各地区工作委员填报，大部分委员都已填报，本会根据填报材料进行整理，尚有极少数委员未曾填报，已分别催填。

十月份

本会在健全内部组织机构上确定组织编制，明确干部分工，适当调整干部积极性，经与中国店员工会苏州市工商联筹委会协商研讨获得一致意见后，于本月10日召开会议正式宣布，确定本会秘书处下分设秘书、财务、资料、总务四股，在生产指导部下分设工业、手工业、商业、综合四股，在组织联络部下设组织、联络、人事三股，在学习部下分设学习、宣传两股，在各地区工作委员会下分设秘书、联络两科，秘书科下分设秘书、生产、组织、学习、财务等股，在联络科下，按照工商户分布情况划区工作，不另设股，在各同业公会联合办事处方面，分设秘书、业务两科，科以下分设秘书、财务、组织、生产、税务、劳资六股，新的编制以充实区一级的力量和加强发挥分工作用，规定本会50人，各区150人，各联（包括调派物产促进会工作的10人）150人，会计350人，其中经调整后升级的24人，降级的29人。

为了保证今后各项工作任务能够更好地贯彻，加强对私营工商业者的思想领导，本会动员各区工作委员会就区内工商户分布情况及街道系统，设计建立工商业地区小组计划，本月份先做一般了解，正确掌握户数，酝酿组织形式，注意发现工商界积极分子，为开展各项工作做好准备。

本月份重点整理与健全各联合办事处各行业的劳资协商会议，在调整各业资方代表的基础上，贯彻执行劳资协商会议精神，同时对各同业小组组长亦进行了必要的调整补充。

为了更好地协助中小行业的中小企业协商解决个别劳资争议的问题，本会遵照市劳动局指示，在各区工作委员会中推出代表专门负责此项工作。

中苏友好协会工商联支会从本年三月份开始筹备后，由于上半年开展“五反”运动，因此尚未积极开展活动，经筹备会干事会讨论决定，在原有会员144人的基础上，首先按照本会行政系统在五个区方面成立地区组织，每区推定负责人三人，具体推动基层工作。本月份内通过宣教活动吸取新会员38人，发行友协的《保卫和平》周刊43份，该项工作准备在7月庆祝苏联10月社会主义革命35周年的纪念活动上大力推动。

通过伟大的“五反”教育后，部分私营工商业者对纳税认识尚有不足，欠税情况相当严重，根据四届二次人民代表会议决议，本月内开展清欠工作。本会由陶叔南主委等15人参加苏州市清理欠税委员会工作，并负责欠税清理的具体工作，推动各区在区税务分局领导下成立分会，由委员103人参加工作，并在分会以下划分成立支会，共有委员322人，于10月9日开始工作，通过建立机构等准备工作，于本月14日召开全市各级委员、组长等2000余人的大会进行动员，18日各区宣传进入高潮，推动清缴，统计欠税户有6000户，金额约计90亿元，欠税中以欠所得税比例最大，24日开始对欠税大户进行排队，分为：①有条件可以照缴的；②可以照缴但须照顾分期的；③有困难而酌情减免的；④刁滑户。通过各阶段工作，至本月底止，已纳库现金22亿元，开出支票保证短期内清缴的约有10亿元，完成欠税总额90亿元的三分之一，该项工作尚在继续贯彻。

本月份根据东、南、中三个区材料汇报统计，各该区内有部分私营工商业者在经营作风上态度上仍有不老实情况，如投机暴利、偷工减料、破坏议价、以次充好等恶劣现象发生，为扩大教育影响，经各区人民政府指示，分别召开违法工商户处理大会，由区人民政府先后对35户的违法情况进行处理，分别予以罚金、警告、登报悔过、短期停业等不同处分，以资教育。

棉花业本月份遵照苏南人民行政公署公布的棉花买卖管理整行办法之规定办理，特别登记典当业会员降低质押利息为月息四分八厘，人力车业方面协助建设局进行检验，淘汰不合格破车146辆，协助度量衡检定所检查柴行柴秤，取缔不合格秤杆90支，又磅秤4具。

组织本会各级委员477人分五区学习工商联组织通则，并薛暮桥局长关于工商联组织通则的说明，于10月20日动员，22日开始学习。

组织工商业者5000余人参加全市各界的庆祝国庆大游行，同时又推派代表300人参加各界的庆祝国庆三周年大会，动员工商界推派代表在本市抗美援朝分会领导下分别向志愿军伤病员、休养员、驻军部队、革命家属等进行慰劳与慰问。

本市私营工厂民主改革、生产改革即将全面开展，本会为帮助私营工厂资方正确认识运动的重大意义，事先做好思想准备，会同民主建国会苏州市分筹会召集私营工厂负责人举行座谈会，座谈会历时七小时，首先由苏纶、苏州、源康三家棉纺厂及东吴绸厂分别将民主改革典型开展过程作一般介绍，提出过程中的经验介绍，会上由出席的工厂资方和行业代表对有关问题即席提出交换意见。

组织各业参加西安、开封、嘉兴、吴兴、金华、盐城等14个地区的交流大会，至本月底，根据参加西安、开封二地区代表报告，计成交47笔，购销金额为6亿余元。

本会城乡物产交流促进委员会苏州交流代表团对各业参加交流情况进行总结，10月18日举行总结大会，本会对各模范行业、模范小组及模范代表分别进行授奖，以资鼓励。

十一月份

本月份召集各地区组织工作人员举行业务会议，整理各业会员名册，截至10月底，除马车、民船外，计有国营及地方国营会员30户，私营会员15301户。

协助开展1952年1—9月份所得税估征工作，经正副主委例会讨论，决定推定委员19人，成立所得税估征委员会，根据本市协商委员会决议，全市估征率为上半年所得税总数的33%，为照顾各行业具体情况，适当调整增降。该项工作在市税务局领导下，于本月下旬逐步开展。首先在完成估征数字的要求下，根据各业今年营业利润及发展等具体情况研究业与业之间的增降估征率，一面召开动员大会，传达贯彻市协商会决议，通过协商，调增的有漳绒、丝织、染织等28个行业，降低的有国药、人力车、浴室、漂棉等22个行业，其他一般行业则按33%估征。

本市劳动就业登记开始以后，本会为配合该项工作，根据政府指示，对私营企业目前使用劳动力情况以及今后发展需要增加劳动力情况，进行调查，提供参考材料，经先后动员各业举行座谈会并深入各户了解，总计各业在1953年度需要增加劳动力计普通工人1474人，职员102人，学工346人，建筑工人2660人。

清理欠税工作至本月中旬基本结束，除各类欠税中应由政府另行处理外，经欠税清理委员会完成清欠总数，计56亿8千1百余万元，在11月15日前纳库约28亿5千4百万余元，保证在12月份纳库的17亿7千9百万元，保证在1953年纳库的2亿4千200万元，减免8亿零5百万元。

本市人民政府卫生局为保障人民身体健康，自10月份开始对国药业失效药及伪药进行登记集中，经本会推动国药业公会彻底执行，登记伪药71种1353斤又141条，价值994万元，失效药131种，计895斤又969粒1300服，价值1010万元，以上伪药及失效药均进行集中报请卫生局及税务局指示销毁。

根据本市协商委员会指示，即将开展工商界学习共同纲领，本会为做好各项准备工作，动员所属各区发动工商业报名参加，至11月20日止统计各区报名参加学习人员计有900余人，于11月23日举行学习动员大会。

在中苏友好月活动中，本会成立苏州市工商界中苏友好月筹备委员会，由委员17人组成，领导各区开展庆祝会，漫读会，听报告，组织讨论，以及发动31701人参观苏联电影展览影片，在各区组织听取“关于苏南工商界参加中苏友好月活动问题”的广播以及苏军红旗鼓舞团到达南京播送的特别节目，并结合发展中苏友好协会会员。

遵照市财委会和工商局指示，突击调查1952年度手工业产品、产量调查估算工作，第一步开始行业小组排队，第二步召集行业小组长积极分子40人举行动员大会，第三步发动各业活动分子协助工作，另外市财委会得到手工业工会有关基层协助支持，计调查57个行业4个直属小组，4425户，321种代表产品，除成衣、机制、缝纫、印染等行业本月并无产品外，基本上做到了手工业全面调查。

召集棉纺、面粉、丝织、榨油、染织、制衣、碾米等行业各工厂举行座谈会，了解生产情况，专题讨论一般加工业务和工缴问题，据反映：①希望照顾旺淡季，使旺淡平衡；②对加工规格希望事先详细计划，避免临时更改，使加工厂要改装设备，造成短期停工，丝织、面粉都有此项要求；③染织业工缴，苏南区按无锡市100台机之中型厂计算，苏州厂小，管理费高，希望提高工缴，或采用分级工缴制；④裕新面粉厂规模小，不适合加工，该厂要求照顾委托加工。

完成调查本市45个工厂单位1951年使用16种化工产品消耗用量，1952年预计用量，1953年实际需要量。协助电气公司调查了解本市450家电力用户电动机设备数量及用电情况。

组织本市各业先后参加无锡、九江、吴江、新登、董桥、丹阳、山东等地交流，在无锡成交235笔，总值27亿1千4百77万元，九江成交17笔，总值4亿6千4百万元，此外在其他各地均有成交。

为了准备本市冬季交流大会开幕，访问农村丰收，本会协助动员各业参加下乡访问团，由各业推出代表24人代表28个单位分为6个小组7个路线下乡访问，在访问过程中成交购销231笔，总值7千7百零7万元。

本月份对私营工商业资金情况，根据本年九月份材料进行统计，计工业2371亿元，手工业633亿元，商业1165亿元，合计4169亿元，其中独立劳动户、民船户不包括在内。

十二月份

1951年1—9月份估计所得税除重点大厂商10余户由市税局直接掌握外，其余工商户应交159亿3千9百万元，在20日前实缴税款133亿6千2百万元，其余未交各户亦在努力筹划，至本月底工作基本结束。

市税局于上月份抽查税源时发现仍有避漏税情况，经本会商同市税局同意，发动各业工商户开展自检互查工作，本会于12月12日举行动员大会后，即在各业全面展开，此项工作由本会推定委员19人组织自检互查工作委员会，在市税局领导下，分区推动贯彻，截至24日，各业自检工作大体上已告完成，除偷税部分明确需要补缴的均主动向市税务局所属各分局补缴外，在问题中比较不易明确的均提出请求市税务局进行研究解答，自检工作完成后，互查工作因受时间限制，决定暂不开展。

年终盘点存货结账工作，本市与市税务推动委员会联系决定，双方配合于12月26日组织委员27人成立“1952年年终盘点结账辅导委员会”，在市税务局领导下，推动办理有关盘点结账工作，在委员会下各区设辅导大队，大队以下以分管区为界成立中队，在纳税小组方面适当编成小队，吸收工商界委员，税务推进委员会、区人民政府工商股干部，以及会计补习学校学员为骨干，具体协助各业推动贯彻，要求在1953年1月7日前完成盘点存货工作，15日以前完成结账工作，此项工作在本月内完成建立机构，进行宣传动员，预计可以按时达到工作要求。

为了进一步帮助本市各业工商户对账册凭证制度之继续提高与健全，以便能够符合纳税的要求，本会商得市税局同意协助以后，组织力量集中印刷统一账册，经发动工商户开始预约需要数量后，先后有7100户进行办理登记，总计中式账册15141册，西式账册8800册，活页82万页，本月下旬开始发行，月底基本完成。

遵照市财委会指示，以本会掌握10月份工商户材料为根据，分类进行职工人数统计，除综合组会员219户，工业12户，手工业1007户，商业1076户，因材料不完整，尚须进一步深入核对，未予列入统计外，其余12917户计：①工业大户98户，小户178户；②手工业大户31户，小户1167户，个体手工业2487户，家庭手工业2267户；③商业大户408户，小户3516户，独立经营工2765户。以上全体共有职工38642人（内计工业10306人，手工业12365人，商业15971人），学徒4483人（内计工业309人，手工业3039人，商业1135人），资方从业人员20745人（内计工业702人，手工业8929人，商业11114人）。分类标准：①有电动设备的工业职工16人以上为大户，15人以下为小户；②手工业31人以上为大户，30人以下为小户，3人以下为个体手工业户，无雇工独立劳动者为家庭手工业户；③商业职工10人以上为大户，10人以下为小户，无雇工者为独立经营户。

1952年私营工业全体主要产品产销加工情况，本会于本月开始重点了解，有关调查范围者，计有棉纱、棉布、绸缎、油、面粉、碾米、火柴、机械、化学用品等共100余种，通过各有关行业，按照分月要求进行查填，截至12月份，完成60%以上填报手续。

征集轻工业、金属制品、医疗器械、纽扣等产品由本会集中转送南京，参加在苏联举行的中国国民经济展览会。

继上月份学习动员报名工作之后，正式开展系统学习共同纲领，通过审查名单，参加第一分会者64人，分为4个小组，参加第二分会者339人，分为21个小组，参加旁听者计129人以上，合计595人。嗣后于本月中旬听取市委宣传部长关于学习苏共19次党代表会议马林可夫报告第一部分的动员报告，各小组即根据提纲进行讨论。

组织工商界有代表性的各业委员参加由本市抗美援朝分会组织的中国人民第二届赴朝慰问团代表传达报告大会，听取赴朝慰问团代表的报告。

苏州市工商业联合会筹备委员会1953年大事记

1953年

一月份

（一）苏州市吴县初级市场交流大会

地址：南门集场

时间：1月29日—2月2日（延长五天至2月7日结束）

业务情况：批发业务成交768笔，总值15亿8千余万元，零售私营商4亿7507万元，收购成交9930万元。

为了贯彻华东区的号召，在春节前举行初级市场交流会，本市在党政机关领导下与吴县联合举办初级市场交流会，筹备工作由筹备委员会负责进行，业务方面组织下乡访问邀请团进行访问邀请并了解农民需求情况，一方面召开有关行业代表准备会议，动员会员踊跃参加，有力支持了各乡镇将在春节前举行的初级市场交流，在大会期间，并组织展出了：①婚姻法；②吸血虫病；③婴妇卫生三个展览会以及群众性的文娱演出，以配合贯彻宣传教育。

（二）深入贯彻推行修正税制

中央人民政府修正税制于本年一月一日开始实施，多数工商户未经学习，对于纳税环节、手续以及某些具体问题之处理尚未明确，本会为及时帮助各业工商户遵守修正后的现行税制，除与市税局密切联系，根据各业各户的意见与要求随时反映，请予参考研究外，本会委员干部首先进行研究，并先后召集部分行业代表举行座谈会，广泛吸收意见，了解情况，召开各联、各业、各地区委员一级的会议，并邀请市税局梁局长作报告，各区分别召开新税制讲解会议，从而推动各业工商户以实际行动来拥护修正税制的推行。

二月份成立修正税制推行委员会，委员25人，各区成立分会，分会委员19人，各同业公会联办处分别成立小组，以贯彻修正税制的推行工作。

（三）进行1953年三大任务的学习

遵照协商委员会规定，从本月份起，每周六上午为固定学习时间（二月份即改为每周周五上午），学习内容在上年学习国际时政的基础上于本月十四日开始本年度三大任务的学习，通过李市长关于“本年度三大任务”的报告，即分区进行小组讨论。

（四）推动督促工商业者“五反”退补款纳库

本市工商户“五反”退补款第一批规定于一月份开始纳库，但如期缴纳者为数甚少，经本会于一月十三日召集重点工商户一百余户召开座谈会，推动各工商业者重视执行自己所订退补计划，并分区督促到期各户迅速执行退补款项如期纳库。

二月份

（一）本会等联合组成春节物资供应检查委员会

为保证做好春节供应工作和稳定物价，本市在市工商局的领导下，由国营公司、合作社、行商、摊贩以及市店员工会、本会等单位联合组成委员会，号召私商充分准备，做好物资供应，发动本会各区工作委员会配合政府干部随时调查商品价格，以保证物资供应和物价稳定。

（二）准备建立区工商联机构

本会23次例会决定建区工作，先以东区为典型实验区，争取区人民政府的监督指导支持进行，要于三月份开始45天以内完成，正式成立东区工商联的任务，并决议通过成立区工商联总的工作计划。

甲. 步骤：（1）准备阶段——组织力量，进行学习了解区内基本情况，通过材料的正确研究初步做出结论。

（2）行动阶段——深入贯彻宣教活动，根据具体计划贯彻进行，成立筹备会。

（3）召开会员代表大会，选举成立区工商业联合会。

乙. 对象：各业工商者包括行商及摊贩。

丙. 驻区具体负责指导人员——彭飞（副秘书长）、黄柱天（组织联络部部长）、冯国祥（委员）。

（三）开始手工业月度报表填报工作

手工业报表在一月份布置试报，计有针织等41个行业，按各业职工人数3人以上的企业一律填报，综合有88个业组，包括1774户。

（四）征集轻工业品参加出国展览

本月份奉市工商局通知，征集部分轻工业品参加出国展览，联系乐器等有关行业定制锣、腰鼓、檀香扇等产品15种，由本会代为装箱如期运赴北京中央轻工业部。

（五）传达苏州市四届三次人代会议决议和精神

为了贯彻中央三大任务与本省六项中心工作并讨论制订本市1953年春季工作计划，于2月1日召开四届三次人代会议，对于工商界人代中已失去代表性之代表所在产生单位分别召开座谈会，协商研究，重新产生代表，计通过各业重新产生之代表有10人。关于反映意见及与要求，经本会整理汇集共计选出提案56件，意见151件。会议闭幕后，由本会指导委员及人代分别按联进行传达，自2月9日至11日传达完成。

（六）协助政府开展1952年度所得税汇算清缴工作

通过一月份进行完成年终盘点存货结账工作的基础上，进一步开展1952年度所得税汇算清缴工作，本市税务局决定于本月上旬开始准备，本会即于2月2日下午通过22次行政例会决议，在本会常委会下成立“1952年度所得税汇算清缴工作委员会”，并于各联成立分会，主持领导各业开展学习，对利润情况分级排队，协商纯益率等各项问题，至八月十二日基本结束。

2月下旬，在生产指导部下建立一个生产经营研究组，在同行业中聘请了23个委员，每周开会2次，介绍情况，进行研究，帮助各业解决生产经营上存在的一些问题，特别是在淡季中的问题。

为了推动私营工商业者克服困难，稳定淡季，迎接旺季，进一步提高生产经营积极性，指导业务，于4月2日召开了筹委扩大会议，讨论了淡季生产经营中私营工商业者应如何克服困难的有关问题。

三月份

（一）苏州市区各界人民追悼斯大林同志大会

二月五日，斯大林同志逝世后，工商界方面亦均深表悲痛，除在政协领导开展了悼念斯大林的文件学习，并组织会员代表 1789 人参加 3 月 9 日举行的追悼大会，在同日下午五时举行下葬丧礼的时间，全市工商界与全国各界人民一样，停止活动五分钟，并就地肃立静默，以示哀悼。

（二）划分行业

遵照市工商局指示，经将本市各业按照中央统计局所颁发的私营企业统一分类办法草案第二条规定，分别划分为八大类，本市各行业划归各联办处的 128 个，划归各地区综合组的 51 个行业。

（三）学习婚姻法

3 月 7 日，由人民法院吕院长作了关于婚姻法的报告，并由市常委会下发了学习文件，分区进行学习。

（四）成立行商摊贩整组研究小组

根据中央人民政府政务院颁布的工商业联合会组织通则的精神，在市府工商局的指导下，由市工商局、本会及行商摊贩代表共 7 人组织成立行商摊贩研究小组，以环绕生产为主，结合整顿组织。

（五）成立东区建区工作组及酝酿产生区工商联筹备委员会

3 月 3 日，成立包括区工商股同志 11 人，外区委员 15 人，东区委员及积极分子 33 人，共 59 人的建区工作队进行建区工作，于 3 月 16 日基本完成，在 3 月 20 日召开区工作委员以及区内组长、积极分子扩大会议，协商产生华炳麟等 35 人为区工商联筹备委员，定于4 月 1 日正式成立筹备委员会。

四月份

（一）整理手工业商场及各联营组织

本月下旬，由工商局领导派干部，由本会推定委员及由土特产交易所组织工作组，着手协助整顿针织等八个联营组织，至 11 日在工商局批准下，整理各联营组织工作基本上告一段落。

（二）正式成立东区工商业联合会筹委会及东区工商业联合会

4 月 1 日正式成立东区工商联筹委会，开始具体负责进行建区筹备工作，选举产生中心组长 15 人以及 96 个工商小组长，4 月 18 日至 21 日举行东区工商界代表会议，21 日正式成立东区工商业联合会，选举产生了以中心组长、小工商业者为主的执行委员 35 人，监察委员 5 人，分别组织成立执委会及监委会。会议过程中也讨论了各业工商户所提出的提案 206 件，并分别作出处理。

（三）加强开展资料室工作

为了配合今后本会各项工作开展进行，决定加强资料工作，资料室配置工作人员六人专门负责，以基本的、系统的、有历史性参考价值的资料为重点进行整理收集，协助提供各种参考资料。

（四）调整学习组织

撤销第二分会（市工商联），成立联络组，一部分学员划归第一分会（各界市一级代表人物），各支会（各区）直属总会（协商会）领导，以求得进一步加强领导，搞好学习。

于4月17日进行全国政协四次会议上毛主席的重要指示的学习，围绕继续加强抗美援朝及学习苏联两个问题展开讨论。

五月份

（一）奉令撤销民船业公筹会

由于该业会员流动性颇大，不易掌握，情况特殊，本会于3月30日报请工商局核示，5月7日奉到通知，以转奉江苏省商业厅指示，可予撤销，5月23日起，该业公筹会正式停止活动，同时登报通告关于该业撤销经过。

（二）开始选举法的学习

5月15日及22日参会普选的政治意义，着手更加加强大规模经济建设及抗美援朝的力量，29日开始深入学习选举法的具体内容。自5月15日至7月17日止，先后历时两个月，举行一次报告、九次小组讨论，分三个单元进行学习。通过讨论一般都认识了我国选举制度的优越性，对普选的政治意义、选举法的具体内容均有了较深的了解，从而在思想认识上也有了提高。

本月份由于各区支会已由市协商会共同纲领学习委员会直接领导学习，为了保持本会与各区学习支会之间的相互联系，故开始建立了学习汇报制度，以掌握各区学习情况。

（三）领导办理1952年所得税汇算清缴工作

通过5月25日、27日税务局召开的会议和梁局长报告，各联分会即于5月29日分别对染织等67个行业1325户亏损进行评议会议，在本月上旬即开始贯彻进行工作，于月底基本完成。

六月份

（一）重点行业进行生产经营情况的调查

对油饼、手工、染织等十一个重点行业生产经营情况进行调查，在本月二十日基本结束，反映了四年来的基本变化情况和工商户对国家政策的看法和认识情况以及经营信心，本会当将这些情况分别进行研究综合并提供给有关部门参考，组织会议解决一些问题，提高他们的生产经营积极性。

（二）市劳动局召开了全市劳资协商首席代表会议

通过局长指示及讨论，总结了前阶段劳资协商会议情况和存在的问题，纠正和澄清了过去的不正确看法和态度，对今后劳资协商会议的努力方向有了进一步的认识，提高了积极发挥其应有作用的态度和信心。

（三）进行青年手工业者的调查

本月份进行一次各区青年手工业者的调查，计有男1644人，女152人，共1796人，占全市工商业户总数的12.14%。

（四）开始重点行业典型户按月调查

本月上旬开始，由于同业公筹会联办处选举了30个重点行业的66家工商户建立关系，按月典型了解生产经营情况，以争取主动发现问题，为生产指导提供参考材料，并通过按月资料积累，以了解各主要行业生产经营上的变化及其经营情况。

（五）工会费、失救金经收代解工作由联转区办理

为了便利工商户报缴，研究决定转移至各区办理，本月份内即完成各项转移准备工作，自七月份起各区开始经收代解。

七月份

（一）开展工作干部基本情况了解工作

为了便于会后合理调配工作干部力量，保证各项工作的顺利进行，并为本会建立人事档案打下基础起见，本月20日开始对干部思想情况、特长、工作态度、学习情况以及当前具体工作的表现，进行分批有计划的调查了解。

8月，45次行政例会通过“本会各级干部奖惩试行制度草案”、“奖惩试行办法草案”，并建立人事材料袋，整理人事材料工作

（二）响应政府公布六项用电措施

由于本市电厂发电机于7月11日在雷雨后发生故障，因此市人民政府决定颁布六项用电措施，市政协在公布六项措施后召开扩大会议，各界代表一致拥护李代市长的正确措施并一致响应号召，本会于7月21日召开各业负责人及重点用电工厂代表举行会议，贯彻市协商会扩大会议精神，并配合电能分配研究委员会，着重帮助各业解决生产上的用电问题。对有关供应照明的各工商业推动督促，做好供应工作及统一议价工作。

（三）准备成立劳资协商会议

本月份根据市劳动局指示，通过上月份各业暨工厂填报劳资登记表的基础上对职工人数50人以上的工厂，30人以上的手工业、商业等企业单位进行调查了解，准备推动正式成立劳资协商会议。

（四）整理改善公筹会内部组织

为了便于辅导各业生产，推动组织各业参加城乡交流并使各业公筹会能在今后工作中确实发挥组织作用起见，本月份开始，对若干公筹会内部组织不健全者进行深入调查，以便整理健全贯彻各项工作，经了解情况如下，健全者20个，尚健全者40个，不健全者64个，共有会员15094户。

（五）加强掌握工商界学员的情况

本月份加强了与学习第一分会的联系，重点掌握了第一分会中工商界代表人物的学习情况并将小组记录本进行整理，对各区直属支会也召开了负责会议，进一步明确必须与本会加强联系和了解各区支会的学员情况。

（六）做好肉品屠宰税预储税款

在市税局指示下，7月16日开始本会派出干部3人，专门办理本市私营肉商每日报缴屠宰税税款预储的收取代缴工作。

（七）寄宁有关全联首届代表大会的提案

根据省联指示，征集首届全联代表大会提案，经本会研究宣传组织征集的意见和建议，共收到96件，通过整理补充，于7月20日寄省联核转20件，其他原送意见、提案、

建议分类研究和转有关部门研究办理。

（八）完成北区试点整组行商工作

根据报经工商局批准的整组行商工作，通过准备于本月在北区进行，至本月份止结束了原有行商联合会北区分会的组织，改由行商个人身份集体参加本会北区工商联为会员，并建立基层组织。至八月底，各区行商的整顿工作基本结束。9月17日，市行商筹委会20次筹委会做出了正式结束的决议。

八月份

（一）开展重点行业（组）生产经营情况了解工作

为提高本会对各业的生产辅导工作，经研究决定，本会所属各级组织必须主动掌握了解各业生产经营情况，为此各区联应分别选择与国计民生有关的以及经济比重较大的行业为重点了解对象（已确定23个主要行业、10个行业组），并规定重点行业（组）应整理①基本情况；②生产经营情况；③存在问题；④建设和意见等。

（二）行政例会通过各业成立交流委员会的组织章程

为迎接旺季交流，本月行政例会通过各业成立交流委员会的组织章程，发动组织本年第一次下乡交流访问团（计有20个行业，推定代表16人）。

（三）宣传动员和组织参加甘肃省兰州市交流大会

兰州市于9月25日举行交流大会，本会接受邀请，发动所属各单位进行宣传动员，争取有关行业订立购销计划，积极参加。

（四）配合市税务局积极开展整饬纳税纪律的教育工作

根据市税务局最近以来对部分工商户纳税情况的调查结果，发现部分工商户对纳税认识不足，态度不端正，偷税漏税等不法行为甚为严重且较普遍，市税务推进委员会为教育纠正这些违法现象，决定在工商界中开展整饬纳税纪律教育工作，本会于本月14日召开了各业委员、组长以上的动员大会，号召全体人员认识此项工作的重大意义，要求工商界积极行动起来，自觉协助政府认真检查和带头推动群众，深入贯彻执行。8月24日，市税务局又召开工商界会议，由李市长作了有关的重要指示。同月27日，本会为更好地领导所属各单位贯彻会议指示精神，经常委扩大会议决议成立“苏州市工商界整饬纳税纪律工作委员会”，由陶叔南等25人为委员，各区成立分会具体领导与推动工作，经两个多月告一段落。

（五）贯彻督促遵守六种主要粮食的六项管理办法

8月26日，市工商局宣布对六种主要粮食的六项管理办法，本会即于当日下午召开有关行业和市场的负责人等举行会议，进行了督促宣传教育工作。

（六）1952年所得税汇算清缴工作基本结束

1952年所得税汇算清缴催缴工作至本月12日基本结束，得到结论的542户，税款50620万元，申请复议的80户，税款24416万元，还有一部分税户造册转区税局协助办理。本月28日进行工作总结。

九月份

（一）工商界共同纲领学习正式开始

自7月25日开始遵市学委决定，转入共同纲领学习，通过一个多月的自学和交流自学心得等阶段，于9月5日由李市长作了共同纲领的学习动员报告，即正式开始进行学习讨论。

（二）协助各选区开始有关工商界的普选活动

本月份本市普选活动已在深入开展，本会除通知各所属单位，在工作中应尽量予以协助外，注意吸取工商界参加普选情况汇报，提供各区有关情况，供给工商界委员积极分子名单，并在选举委员会领导下，以座谈会等形式对工商户进行宣传教育。

（三）调查了解手工行业产品、规格，开展技术与经验交流，改进产品规格质量

本会在工商局领导下，对手工行业进行产品规格检查，并加强对履行合同的教育，从检查乐器业着手，逐步推向全行业，继续深入了解检查。

十月份

（一）政府宣布恢复棉纱管理办法

本月20日，政府宣布恢复棉纱管理办法，并规定了原料申请和存纱登记办法，对非用纱户存有棉纱的，动员向政府申请登记。

（二）政府宣布粮食及油料作物等四项物资、23种商品开始管理

政府于本月24日上午召开粮食等有关25个行业全体会员及各公筹会正副主委举行大会，宣布对粮食等四项物资、23种商品进行管理，同时宣布有关管理的6项规定，本会即于下午将一切可能组织力量全部投入宣传，动员有关会员进行登记，各区成立工作组及小组（全市划分为48个小组），至27日申报工作基本结束。

（三）传达省协商会扩大会议精神，推动增产节约运动

在省协商会议扩大会议后，本会即召开筹委扩大会议响应政府号召，深入了解增产节约运动的意义，在会后即分别自10月5日至11日按联按业召开会员大会传达会议精神，并小组讨论。

（四）传达四届四次人代会议精神与决议

本市四届四次人代会议于本月中旬举行，结束后即作出决议，响应中央人民政府和本省增产节约的号召，在本市范围内积极开展增产节约运动，按行业全面传达。

十一月份

（一）新药配方价格统一评议

各药房配方部分过去一贯暴利严重，经本会发觉于本月下旬经有关会员通过二天评议，结果80%次日降低10%—15%，将于12月1日一律实行。

（二）产业行业贯彻增产节约，使用代替原料

各业及手工业行业为贯彻增产节约精神，除工业行业采取逐步深入制订指标等措施之外，手工业也跟上展开增产节约，并改进操作，使用替代原料，如原来使用饴糖的使用乌

菱等。

（三）开展反偷漏税自查补报运动

本月中旬在市税局领导下，开展了反偷漏税自查补报运动，以染织等七个行业为首，逐步推向全面。本会组织了工作队编组，分业在税局干部协助下进行工作，要求于本月底基本结束。

十二月份

（一）整顿副食品规格和议价及加强市场管理工作

一般副食品规格和议价大多有不统一的现象，根据群众意见，组织力量进行纠正，本月份在工商局领导下整顿各区副业，首先开始逐步推向各副食品有关行业，并在市场与摊联配合下组织了工作，进行了明码实价、份斤准足的宣传教育与督促。

（二）全市粮食店走上国家资本主义道路

本月份政府对粮食实行统购统销后，全市粮食业于本月 7 日起改为粮食经销店，经政府批准经销之粮店（包括 8 户面粉贩卖商）计 136 户，并调整店址及供应地区（分区供应）。

（三）开展对国家过渡时期总路线总任务的学习

本会各会员（原共同纲领学习学员及大户和骨干等）自本月 2 日听李市长动员报告后，分别由市区推向全面，组织编组进行学习。

苏州市工商业联合会筹备委员会
1954 年 1—6 月大事记

1954 年

一月份

（一）胜利完成 1953 年年终盘点结账工作

在市税局指示下，本会为做好 1953 年年终盘点结账工作，市、区分别组织了 1127 人，227 个工作组进行辅导，在本月三日基本完成，于八日全部结束。

（二）传达和贯彻全联代表大会精神和决议

本月中旬本会举行常委扩大会议，除了传达和贯彻全联代表大会精神和决议，并推动委员（代表）先走一步，以彻底敞开的方法进行国家在过渡时期的总路线总任务的学习。

（三）开展副食行业的经营作风整顿工作

本月份在政府领导下对副食品行业进行了遵守政府政策法令、端正经营作风的教育检查工作，召开了 13 个有关行业及摊贩、行商会议，通过报告及讨论，大家自觉地订出了爱国公约，保证贯彻守法，并在这个基础上同时开展春节供应工作，在全市 28 个主要菜市场加强了管理工作。

（四）本月 28 日，45 次常委会及扩大会议通过了本市出席省工商联会员代表大会代

表等

遵照省联会员代表大会组织条例规定，在政协会协助下，确定本市出席代表：国营代表胡光军等5人，私营企业代表陶叔南等13人（工业7人、手工业2人、商业3人、本会1人），列席代表范世雄等3人。

大会于3月26日开幕，经过9天，于4月3日胜利闭幕。

大会通过决议：(1) 正式成立省工商业联合会；(2) 通过省联章程；(3) 产生正副主委、执委兼常委及秘书长；(4) 大会决议：以具体行动贯彻国家在过渡时期的总路线总任务，改造个人，改造企业。

二月份

成立1954年国家经济建设公债推销组织

本月九日，在市公债推销委员会领导下，以本会109个委员组成工商界推销分会及在各区成立6个支会，在分会下各联分别成立11个推销小组，支会下按同业区域成立工作小组。

推销工作自三月四日、六日分别听取了李市长及惠副市长报告后，于六日下午召开了工商界认购公债大会，展开认购。

全市108个行业认购约共13054户，另2063人，占全部行业的90%，认购数为3050696万元，占完成额18.66%。

三月份

部分商业户开始走上国家资本主义道路

本月19日绸布业新昌等18户、百货业人民商场袜衫部12户、图书文具东吴等2户分别与国营公司签订了供销合同，使企业生产经营开始纳入国家计划轨道，走上了国家资本主义道路。

五月份

成立专业委员会

本月14日，第八次例会决议通过，由程延龄等11人为委员成立转业委员会，在本会开转业辅导接待室，并指定干部15人负责工作，了解研究有关辅导转业行业户情况，并召开各型会议推动工作。

六月份

(一) 召开市工商业者首届代表大会

在党和政府以及上级领导指示下，本会自5月17日例会决议，通过筹委会的决议，经过5月19日至6月3日的各项会议准备，分别组织代表资格审查委员会、提案审查委员会及秘书组着手进行工作，于6月3日上午举行筹委会结束会议，下午即正式进入大会准备会议，通过主席陶叔南等会员的名单及组织成立起草委员会、财务审查委员会等。

大会日期：6 月 6 日—6 月 12 日

代表产生及名额。区联二次会议共出席 2200 余人，反复将筹委提出候选人名单进行协商讨论，共推选了 257 名代表，除国营、公私合营代表 27 人占 10%外，按照“工业为主，照顾全面；大业大户为主，照顾一般”的精神，选出工业代表 81 人，占代表总人数的 35%，选出商人 72 人、手工业 62 人，各占代表总人数的 25%左右，商业代表略多于手工业代表。

大会决议通过：

1. 成立苏州市工商业联合会；

2. 通过苏州市工商联章程；

3. 通过正副主委、执委及秘书长选举办法及选举正主委陶，副主委惠、浦、程、张、朱，执委王玉龙等 95 人，秘书长叶元铮；

4. 通过提案审查委员会的提案审查报告；

5. 通过财务审查委员会的财务审查报告；

6. 大会决议继续加强学习，以具体行动贯彻国家过渡时期的总路线和总任务。

大会任务：

1. 正式成立市工商联；

2. 继续深入地学习国家在过渡时期的总路线总任务及有关各项政策；

3. 贯彻省联代表大会决议和精神。

（二）修正本会组织系统

本月 15 日，首届一次常委会通过本会组织系统及常委名单、各室处人选与工作规程，以及税务、转业、财务委员会、劳资委员会和各专门委员会规程。

1. 正式成立组织系统：代表大会—执委会（正副主委）—常委会—各专门委员会—各室处（办公室、调研室、工业辅导处、手工业辅导处、商业辅导处、组织处、宣教处）。

2. 常委名单：主委陶，副主委惠、浦、张、朱，委员李永德等 41 个，秘书长佘、彭、(叶)。

（三）推动漳绒业组织技术研究组

漳绒是本市著名手工业品之一，该业会员众多而分散，解放后由于国营公司的扶助，生产扩大、销路剧增，机台数从1949 年 180 只增达 625 只，但是该业技术保守，自满情绪很浓，产品规格不一，而缺点很多，对于提高产品质量很少重视。经工商局、土产公司、手工业、工会和本会的督促和协助，首先由劳方成立技术研究组，在本月份成立资方技术研究组，端正对技术改进的态度，经常与劳方组员交流经验，次货率逐步降低，对习惯上认为不易或不可克服的断经路、篾经路、刀锋等瑕疵缺点都获得了改进，达到 90%以上产品没有这等瑕疵。

该业全体会员 230 户按地区组成 31 个小组，每组推选技术经验丰富的担任研究组组员，利用午休、晚休时间进行碰头会，发现不能克服的困难，由组员汇报，全体组员进行研究，并随时与劳方组员交流技术经验或进行实习。

四、会费收支

吴县县商会各种经费收支报告

1949年11月20日

自民国三十七年十一月十一日起至公元一九四九年十月三十日止

甲、经常费

收入之部：

一、收结存金圆券二百五十九元三角七分一厘；

二、收会员缴十一月份会费金圆券五千一百元零七角九分；

三、收会员缴十二月份会费二万一千九百九十三元一角一分；

四、收会员缴三十八年一月份会费金圆券二万五千七百七十六元四角；

五、收会员缴三十八年二月份会费金圆券三十六万零七百七十三元零八分；

六、收会员缴三十八年二月份会费金圆券一百六十一万零八百五十九元；

七、收会员缴三十八年四月份会费金圆券一千六百万零一千五百五十七元；

八、收工商自卫大队部贴补门警伙食费金圆券五十七万九千八百元；

九、收息金金圆券八十二万九千四百三十九元六角七分；

十、收暂借款袁头四元、孙头二元，折合金圆券二百万元。

以上共收金圆券二千一百四十三万五千二百九十八元零五分。

一、收会员缴三十八年六月份会费人民币一百万零二千元；

二、收会员缴三十八年七月份会费人民币二百十六万六千五百元；

三、收会员缴三十八年八月份会费人民币二百一十万零五千四百二十一元伍角；

四、收会员缴三十八年九月份会费人民币二百三十万四千三百三十九元；

五、收会员缴三十八年十月份会费人民币三百万零八千七百四十五元五角；

六、收工商局茅同志贴补本会午餐费人民币一千二百三十元；

七、收柴行公会代理工商局献草办事处贴补本会伙食费人民币八千元；

八、收各业暂借款人民币二十七万四千二百九十二元（计袁头三百元、孙头七十元、龙洋九十五元折合如上数）

九、收各业暂借款人民币一千六百二十元。

以上共收人民币一千零八十七万二千一百四十八元。

总共收金圆券二千一百四十三万五千二百九十八元零五分。

人民币一千零八十七万二千一百四十八元。

支出之部：

一、支三十七年十一月份下半月经费金圆券一万一千零六元二角八分；

二、支三十七年十二月份经费金圆券二万八千六百零二元九角八分；

三、支三十八年一月份经费金圆券三万一千六百八十二元零四分；

四、支三十八年二月份经费金圆券三十二万六千零二元七角；

五、支三十，八年三月份经费金圆券一百三十七万一千八百九十元零二角；

六、支三十八年四月份经费金圆券一千七百五十六万零八百七十二元二角八分；

七、支拨还暂借款（旧任下）金圆券四百七十六元。

以上共支金圆券一千九百三十三万零五百二十七元四角八分。

总共支金圆券一千九百三十三万零五百二十七元四角八分。

人民币一千零六十六万四千七百五十七元三角。

一、存金圆券二百一十万零五千零二十九元九角四分一厘；

二、存人民币二十万零七千三百九十元零七角。

前项金圆券按法定比例1：2500元折合人民币八百四十二元零一分一厘，总共存人民币二十万零八千二百三十二元七角一分一厘。

乙、临时费

收入之部：

收结存金圆三元七角一分；

收会员缴（旧任下）三十六年十一月、十二月各项派费金圆二角一分；

收会员缴（旧任下）三十七年五月份各项派费金圆五分；

收会员缴（旧任下）商联会会刊费金圆五分；

收会员缴（旧任下）在乡会捐款金圆一角三分；

收会员缴（旧任下）晋京请愿费金圆三角三分；

收会员缴（旧任下）七七慰劳公宴彭师长专费金圆一元七角八分；

收会员缴（旧任下）联合国儿童救济捐金圆二元二角；

收会员缴（旧任下）慰问河大费、孙子纪念亭建筑费金圆八元四角；

收会员缴（旧任下）公宴督导团、欢送陶局长筹费金圆五元六角一分；

收会员缴（旧任下）中秋慰劳费金圆一百八十元；

收会员缴（旧任下）欢宴王县长费金圆九元一角五分；

收会员缴（旧任下）端节慰劳金圆十元八角；

收会员缴（旧任下）呈献绸匾、欢宴等费金圆四十五元二角；

收会员缴九至十二月份各项派费金圆四千三百二十元；

收会员缴元旦庆祝暨流散流亡学生等费金圆一万四千四百零一元；

收会员缴第一旬副食差额金圆七万零四百八十五元；

收会员缴城防工事等派费金圆三十一万四千元；

收会员缴城防部开办等派费金圆十万零三千二百五十元；

收会员缴追加城防部开办等派费金圆五十八万八千元；

收会员缴春节慰劳金圆九万六千元；

收会员缴三月份驻军副食差额金圆三千一百四十一万九千九百二十元；

收临时存放永丰庄二、三月存息金圆一万五千三百十四元三角一分；

以上共收金圆券三千二百六十二万五千九百五十四元四角。

支出之部：
支城防部补助费金圆一千元；
支公宴李军长费金圆一百八十九元；
支公宴彭、王师长费金圆二百零九元；
支公宴王介佛费用金圆八百八十二元；
支公宴张局长费用金圆三百零四元二角七分；
支印花税册工本费不敷款金圆四百元；
支代表大会不敷款金圆一百九十四元四角七分；
支恭迎陈布雷灵柩车费金圆四十元；
支军警体协会捐款金圆五百元；
支元旦庆祝经费金圆八百元；
支元旦庆祝用奖章金圆三百元；
支流散、流亡学生捐款金圆八千元；
支山东省公教人员联谊会捐款金圆三百元；
支元旦庆祝广告刊费金圆七百元；
支三十七年十一月第一句副食差额金圆六万六千八百元；
支春节慰劳费金圆十万元；
支慰问三休六七医院乐器二套金圆二千九百四十三元；
支助六七医院棺板费金圆四万元；
支第十补给司令部购办公桌凳二百套差额金圆四千元；
支城防工程木材费金圆二万元；
支城防部开办经费金圆六十万元；
支城防部木床两只，金圆七千元；
支六二医院病故团长棺木一具，金圆二万五千六百元；
支公宴苏南议长费用金圆一万零十八元五角；
支助二月份人民安全保障策进会经费金圆六万九千八百元；
支助三月份驻军副食差额金圆二千九百万元；
支庆泰庄借款利息金圆四千二百二十九元；
支拨还庆泰庄中秋借款（旧任下）连息金圆一百六十五元三角二分；
支拨垫营造公会修理营房费金圆五千三百零八元；
支拨垫助十一教养院荣军补助费金圆四千元；
支拨垫救济四九军荣军张有才等三人川资金圆六千元；
支拨垫代国防部招训组演剧券资掉现贴息金圆一万元；
支拨垫菜宴新旧驻军费用金圆六千四百元；
支拨垫欢宴新任正副议长费用金圆二千三百十九元；
支拨垫欢宴税捐处长等费用金圆二千七百二十四元；
支拨垫三月份安全保障策进会经费金圆十九万八千二百元；
支拨垫四月份安全保障策进会经费金圆一百八十五万四千二百元；
支领支票一本工本费金圆三千元；

以上共支金圆券三千二百零五万六千五百二十五元五角六分，结存金圆券五十六万九千四百三十二元五角五分。

公元一九四九年十一月二十日

理事长　戎法琴

会　计　俞义方

吴县县商会1949年11月经常费收支报告

1949年11月29日

吴县县商会经常费收支报告，自一九四九年十一月一日至十一月二十九日止。

收入项：

收十月三十一日结存人民币二十万零八千二百三十二元七角一分一厘。

收会员缴会费人民币五百七十四万二千九百三十八元。

计制箔业34020元，升昶17010元，针织17010元，蘸业5582.50元，机械23010元，人力车26130元，源康54135元，水磨石粉47795元，柴行业5785元，牙骨器19620元，饴糖57420元，麻业73875元，集成22395元，纱线45000元，菜饭馆194196元，旅社31500元，盐22860元，煤45100元，茶馆书场35775元，卷烟163050元，油饼161730元，苏纶178875元，冶坊91597.50元，钱49230元，皮毛23850元，烟22860元，鸿生86152.50元，华盛61537.50元，电厂98460元，粮食143100元，丝号12375元，旧货25470元，漂花厂12735元，铁钢55057.50元，沈秉奎13342.50元，柴行27675元，猪行70987.50元，什货业50100元，竹30060元，茶食90180元，染16987.50元，钟表45000元，织带50960元，国货公司94500元，鲜果45090元，油80280元，银行160560元，刘正泰20070元，布厂81000元，烛81000元，布200070元，土布40770元，蛋27675元，典25470元，丝织86625元，瓷41500元，山地货42000元，面粉85185元，绍酒101925元，印刷40770元，颜料133710元，烧酒43695元，面馆48780元，弹花48780元，中南78770元，木床52515元，鲜肉166185元，营造73170元，石灰48780元，南货101880元，木69187.50元，箔55395元，丝线55395元，帽83100元，刺绣83100元，衣83100元，铜锡55260元，运输110520元，酱工101880元，四川商店12740元，爆竹55575元，国药111150元，茶叶50940元，福来康12307元，药材行166185元，皮革制品110520元，制革36922.50元，炭79315元，合如上数。

支出项：

支职员薪给人民币三百十七万五千五百七十四元五角；

支劳务工资人民币八十一万五千五百十元；

支纸张笔墨人民币十六万四千四百五十元；

支邮费人民币一万二千四百元；

支电话费人民币七万八千元；

支茶水人民币五万九千元；

支灯火人民币一万四千七百八十四元；

支公报人民币二万零七百元；
支车费人民币二万五千二百元；
支膳食人民币三十八万四千九百八十元；
支什支人民币十一万九千七百八十一元；
支交际人民币六万四千七百元；
支预备费人民币四十三万九千五百元；
以上共支人民币五百三十七万四千五百七十九元五角。
结存项：
结存人民币五十七万六千五百九十一元二角一分一厘。

一九四九年十一月二十九日
理事长：戎法琴
会　计：俞义方

吴县石灰砖瓦窑业同业公会为再请核减代表权数致吴县县商会函

1949 年 8 月 17 日

案查本公会九月一日第十九次理监事务联席会议讨论事项第一案，准县商会函请筹借军粮二大包一案，应如何拨借，敬请公决案。当时一致决议，因本会经济孔急，无力负担二包，函请该会减为一包，其负担办法，由会采购，款项由各会员预借经费一窑，俟后扣算，等语，记录在卷。相应录案函达，即希查照，请予惠付为荷。此致全体会员

吴县石灰砖瓦窑业同业公会为如何合理公允收取会费致苏州市工商联筹委会函

1949 年 12 月 29 日

顷奉贵会筹总字第一〇四号公函开：为拟定一九五〇年度经常费预算一案，咨询各方对于本会收取会费应何如进行比较公允合理，经将征询意见，等由。准此，业经提会讨论，佥以根据第三条原则，以本年度七、八、九、十各自营业额及现在资本额综合计算其平均数，比例负担，每月会费确定后，以折实单位计算，等语，记录在卷。相应录案函送，即希查照为荷。此致苏州市工商业联合会筹备委员会

改进工商机构业务及经费意见

1950 年 6 月

目今各业公会内部组织，除若干基础良好，会员停闭情况较少，公会内部人员精简，开支合理，经费来源尚无多大困难者，仍能维持健全外，多数公会之业务现况，亟待在各业筹备会开始工作之际，加以改进，以确立工商团体为会员服务之精神，积极发挥联系人民与政府之桥梁作用，因拟改进计划提供参考。

健全机构业务与业务方面：

一、公会委员会分工负责各项会务，并实行轮值到会办公，工作人员处理会务，视公会目前人事情况，适当支配，分别负责。范围狭小之业，因受经费限制，而职工人数不克分工者，则协助洽商分别成立联合办事处，以分工合作方式，互助进行，使各业会务平均发展。

二、公会工作人员应认真办理各项会务，对有时间性之事务，尤应及时办妥，非因特别原因，不应积压处理。经常检查应办事务，有无遗漏，切实做到负责态度，工商联更应兼顾各业工作情况，对于交办限期各事项，应加注意，以便利各业工作人员依照办理。

三、客观原因所产生之公会内部工作松弛现象，应予变更，工作人员中待遇过分不合理者，依公会情况，适当照顾，量予调整，以便安心工作。要求争取服务主动，提高工作情绪，发挥工作效果。根据此种目的，民主订立服务公约，共同遵守公约之基本精神与表现：（一）遵守办公时间，并准时出席应参加之会议。非因重要原因不迟到或缺席，实行请假制度。（二）处理事务有计划有步骤，分清先后缓急，不积压不敷衍，切实做到对上对下完全负责。（三）发扬民主，展开工作检讨，贯彻批评与自我批评精神。（四）谦虚诚恳，为会员服务，尊重会员意见，不强调困难，不推诿责任。（五）爱护公共财产，节约经费支出，反对一切浪费。（六）准备执行政策，协助推进税务。（七）保持经常学习，争取服务主动，以便逐步提高工作效率。

四、建立工作汇报制度，工业以生产情况为中心，商业以运销情况为基础，配合劳资态度、会员异动、税负统计等有关材料集中整理后，每月一次，由公会以书面提出汇报。此项工作在公会方面，可以掌握会员情况，研究业务进度。在工商联方面，更可借以了解全面情况，与有关方面保持联系，便于展开各项工作时作为参考。

五、工商联与有关行业之调研工作，过去临时性事务较忙，以致未有整个计划。今后必须在工商局领导下，订出有系统之调研计划，使调研材料，充实进步，各业方面之调研工作，依其业务性质，由工商联推动指导，并经常保持联系，使在适合于该业之情况下，分别订出调研计划同时展开。

六、对各业公会间之业务联系，今后应再加强，拟就各业公会分布地区上之便利，或业务性质比较相近，或习惯上素有联系者，分别划分小组，由工商局派员经常指导，并与工商联保持联系，以便检讨业务，交流经验，加强工作联系。

七、劳资关系正常对工商业经营帮助极大，本市各业劳资协商会议，目前尚未普遍成立，工商联对此工作，在各业公会方面，应加强宣传，领导并推动各业普遍成立，使各业劳资关系，在有步骤地处理下，逐步走向正常，共同协商业务的进展。

八、布置工作人员政治与业务两方面的学习，使提高工作情绪，发挥服务积极性，学习采取指定读物、自我学习方式，结合各业分组计划成立之小组，进行小组讨论，最后举行集中测验，加以总结，作为一个阶段之结束。

为帮助各业工作人员增进会计学识，准备本年十二月底举办工商资产重估及资本调整等工作，此项计划拟在实施业务学习时列为重点之一。

九、工商联主办学习讲座，邀请首长出席讲话，征求各业会员自动报名参加，学习方式以听报告为主，会员如有疑问，可用书面提出意见，由工商联转请给予书面解答。

经费方面：

一、各业经常费仍维持各自独立原则，机构编制、职工人数，视业务需要，精简确定（经费特殊困难之业，职工暂维兼职现状）。预算经公会会员通过后实行，一面函报工商联，转呈工商局备案，经费收支暂由负责委员负责，不得由职员办理。实行单据审核制度，每月收支决算，应编造收支对照表，以二份送交工商联存转工商局备查，工商联、工商局在必要时均得派员抽查。

二、争取非会员入会，尽可能减收或免收入会费，可由各业就公会具体情况，协商决定。

三、有学校、公益等事业之公会，其附属事业费用，原则上不列入经常费预算内支付。事业收入，房租收益亦不列作经常费收入，使事业费与经常费得有区别，收支办法由会员自行协议行之。

四、限制收取临时费、补助费，以保证会员不承担额外负担，公会遇有收临时费或补助费之必要时，应先编造预算，说明理由，提经全体会员大会通过后，函经工商联转呈工商局核准，方可收取，其收支状况并应于事后列报工商联转呈工商局备查。

五、工商联重编经常费支出预算，并试拟适当收入标准提经各业会员大会同意后，分向各业收取会费。废除沿用日久依权数计收会费之办法，业与业间之负担级距尺度放宽，季节性行业之公会，在会员营业期内负担会费，使全部收支预算逐步合理。

六、工商联及各业公会收取经常费一律使用统一收据，由工商联呈奉工商局核准后，统一代印，由各业公会补价领用，公会欠缴工商联会费，或延迟不将应送之决算收支对照表送交工商联者，此项统一收据，即行停止发给，以期促使注意。

七、为保证本计划之顺利进行，工商联对以上各规定，与各业同业公会同时实行。在改进业务方面，对秘书处工作人员及各业公会工作人员，均一视同仁，对工作不力人员，一律通过各业组织，加以纠正。欢迎各业公会对工商联工作人员作风态度提供意见，严格批评。

苏州市工商业联合会筹备委员会关于十月份起调整办公费预算的通知

1952 年 10 月 14 日

查各联、区按月办公费支出预算，业经本会常务委员会第四十二次会议调整通过，决定自十月份起实行在案，兹检发你联、区办公费支出预算表及关于调整办公费预算说明各一份，并规定下列应行注意各点：

一、各联、区一切支出须经负责委员签准（零星支出得授权负责工作人员代签），然后付款。

二、办公费支出应遵守预算限制，避免超支。项与项间不得互相流用。

专案核拨之修缮、购置及特别等费，应依照本会核准范围，核实支用，支出完毕后，随即将单据及余款专送本会列报，不得以余款移作他用。

三、按月经费报销，包括收支对照表、支出明细表（均附表二）及收支传票、办公费支出单据，工资清册等件须于次月五日前连同结余款上缴本会核收。

四、本会本年二月二十九日会财字第四四二七号函附发之各联统一会计科目表，今后并将“业务费”、“购置费”、“特别费”三个科目停止使用，另添“专案领拨经费”科目，以备专案核拨之修缮购置及特别等费。

五、关于备用现金限额及账册登记注意各点，仍参照会财字第四四二七号函内有关各项规定办理。

以上各点，即希查照切实执行为荷。此致联合办事处区工作委员会

附办公费支出预算表一份、关于调整办公费预算说明一份、收支对照表表式一份（略）、支出明细表表式一份（略）

附一：苏州市工商联筹委会暨所属联区按月经常费支出总预算书
第42次常务委员会会议通过
1952年10月份起实行

科目	预算数（折实单位）款项	备注
第一款薪工费	22000	薪工费各项另依编制规定员额及支薪标准，在不超过上列薪工费预算总额内按月核实支拨
第一项委员薪工费		
第二项工商联同志薪工费		
第三项五区工作同志薪工费		
第四项十联工作同志薪工费		
第二款办公费	4100	
第一项工商联办公费	1300	（原预算1419单位，核减119单位）
第二项五区办公费	940	（原预算973单位，核减33单位）
第三项十联办公费	1560	（原预算1648单位，核减88单位）
第四项物促会办公费	300	
第三款购置费	200	包括本会及联、区购置费，由本会统筹核拨（原预算125单位，增列75单位）

续表

科目	预算数（折实单位）款项	备注
第四款修缮费	100	包括本会及联、区修缮费，由本会统筹核拨（原预算关于联区修缮部分并在特别费用，此次所列数字亦较原预算减少）
第五款特别费	600	包括委员交通费、值日委员膳费及纪念庆祝集会，招待、送礼、辅助等费，由本会统筹核发
第六款全国工商联会费	100	
第七款预备费	900	不可避免之超额费用及预算外支出，经常委会通过动支
总计	28000	

附二：本会按月办公费支出预算表
1952年10月份起实行

科目	预算数（折实单位）	备注
第一项　纸张	80	
第二项　文具	35	
第三项　印刷	280	每月会费收据、营业状况调查表暨各项调查统计表格及文件等印刷费
第四项　广告	50	指通函及公告、启事等类公文登报费
第五项　书报	30	
第六项　邮电	55	电话五具（本会四具、工会一具）及邮信电报
第七项　电灯	30	
第八项　茶水	30	
第九项　会议	150	大型会议所需会场及扩音机租费暨茶烟等项供应及一切什费
第十项　临时膳食	20	委员及工作人员出勤及加班膳费
第十一项　杂支	120	包括车力、各项消耗、税捐（印花税及少数不能请免之房地产税）及其他不属于上列各项之办公用费
第十二项　工会经费	420	按本会及联、区全体职工工资总额百分之二计算缴纳
总计	1300	

附三：关于调整办公费预算说明

一、原预算“车旅”一目，根据半年来经验，实际需要甚少，无须另立一目，兹予并入“什支”项下。

二、原预算“邮电”实际支用亦少，无须与“电话”分为两目，兹将电话与邮电并为一目，名称仍称“邮电”，借以简化科目。

三、“税捐”支出，因人民团体自有用房屋已可免税，故予删除。如个别联区租用房屋，依约应负担税捐者，另请本会核拨。至印花税为数不多，可在“什支”项下支报。

四、原有“出勤膳食”实际支用甚少，而加班膳费需要机会较多，兹改列“临时膳食”一项，将出勤与加班两种膳费一并包括在内。

五、原预算业务、购置、特别三项，兹分别变更如下：业务费内表格印制费并入“纸张印刷”，大型会议费用专列“会议”一项。至各联、区今后对从前原属“购置”、“特别”两项的支出，需用时应专案报请本会核拨。

六、此次办公费预算内所列各项预算数，主要系参考3—8月份半年来实际支用情况，并估计今后工作需要，仍在厉行节约原则下分别核列。

各级工商联

一、全国工商联

中华全国工商业联合会筹备代表会议闭幕词（李烛尘）

1952年6月30日

主席团、各位代表：

中华全国工商业联合会筹备代表会议今天胜利闭幕了。经过十天来与会代表们的共同努力，在中央人民政府的关怀和领导下，在中国人民政治协商会议全国委员会的推动和指导下，在参加会议工作的同志们的辛劳不倦的努力下，我们的会议已经获得圆满的成功。在会议中我们听到了陈叔通主任的“筹备代表会议闭幕词”和陈云主任的报告，我们完全拥护陈叔通主任和陈云主任所指示的工商界的努力方向。我们全体工商界代表在这些重要的启示下，进行了自我检查，更清楚地认识了在毛主席领导下，三年来国家建设的伟大进展和正当工商业日趋繁荣的前途。我们将带着更大的信心，回到我们各自的工作岗位，为祖国的建设事业尽到我们应该的努力。

我们的筹备代表会议，是在“五反”运动之后召开的，这一场伟大的移风易俗的社会改革运动，对于我们工商界来讲，更是一个伟大的思想改造运动，经过了这一场伟大的运动，无疑地，我们工商界提高了政治认识。但毋庸讳言的是，我们工商业者中曾有一部分人在被揭露了旧社会遗留下的许多污毒之后，抱着某些怀疑与顾虑。经过我们会议的讨论和自我检讨，我们已经完全认识到“五反”运动对于我们国家建设和工商界的思想改造，都有极其伟大的意义。在这一次惩前毖后、治病救人的运动中，人民政府本着严肃与宽大相结合、改造与惩治相结合的方针，在严格检查了我们工商业者某些犯有“五毒”罪行的人们之后，又在核实定案，退财补税方面，照顾了工商业者的困难，进行了宽大的处理。政府对我们工商界已经做到仁至义尽，今后我们工商界就应该求其在我，老老实实遵照共同纲领办事，服从工人阶级、国营经济与国家计划的领导，清除“五毒”，积极从事正当的生产经营，这是全国人民的利益，也是一切正当工商业者的利益。

经过“三反”、“五反”运动，私营工商业的腐朽部分被揭发出来了，在痛苦的改造过程中出现了一些困难。无疑地，这是去旧生新中的困难，是发展中的困难，是经济好转中的困难。陈云主任的报告中已经明确指示我们，在“三反”、“五反”运动胜利结束后，“需要在新的基础上来调整公私关系、劳资关系”，对于在消除“五毒”后如何保障私营工商业的合理利润，规定加工订货规格，畅通城乡内外交流，降低银行利息，纠正税收负担中畸轻畸重的现象，按照发展生产、劳资两利原则调整劳资关系，和防止再犯“五毒”等问题，均已根据实际情况，提出了明确的解决办法。中央人民政府各有关部门更已在慎重研究，并采取各种有效措施，以保证陈云主任指示的具体实现。其中某些措施，如扩大加工订货、贷款、收购的范围，审查并调整加工订货的工缴、货价和验收货物的尺度，降低银行存放款的利息等，已在会议前或会议中见诸具体实施了。这些措施，无疑地都将为正当的私营工商业的发展创造更为有利的条件。与会代表心中所存在的怀疑和顾虑，在听到了这些报告和看到了这些措施后，已被一扫而空了。

各位代表先生，我们必须认识新民主主义经济建设的发展过程，同时也是一个经济改组的过程。在这种发展和改组过程中，不可避免地还会有若干困难的，这些困难只有在国家建设的逐步发展中才能得到解决，也一定能够得到解决。有些问题需要有一段时间、一个过程才能解决。我们不应该不加区别，不考虑客观的可能性，要求一下子通统解决；我们也不应该一切都依赖政府来解决，而放弃了自己主观的努力和自己所应负的责任。人民政府从各方面来照顾守法的工商业者，我们工商业者就应该自力更生，克服困难，发扬我们生产和经营的积极性，在国家的伟大建设事业中，更好地贡献出自己的力量。

各位代表先生，经过十天来我们共同的努力，我们已经产生了中华全国工商业联合会筹备委员会，建立了工商界的全国性组织。在经过反复协商、民主选举的二百六十名筹备委员中，包括了全国公私营企业、合作社以及大、中、小城市和大、中、小企业的代表，包括少数民族、海外侨胞以及和工商界有关联人士的代表，它具备有广泛的代表性，是全国工商界大团结的体现。在中华全国工商业联合会正式建立前，筹备委员会将代行它的职权。中华全国工商业联合会筹备委员会肩负着重大的责任，它有责任领导工商业者推行共同纲领和人民政府的政策法令，指导私营工商业在国家总的经济计划下发展生产，改善经营；同时又应该代表工商业者的合法利益，向人民政府反映意见，提出建议，并组织工商业者进行学习，改造思想和参加各种爱国运动。我们应该遵照陈叔通主任在开幕词中所指示的精神，使工商业联合会真正地能够照顾到公私营经济，合作社，全国大、中、小城市，大、中、小企业，照顾到少数民族和海外侨胞，这样才能使工商业联合会符合于周总理指示的："工商业联合会，将逐渐成为全体工商界的，即包括各城市、各阶层和各行业的，并使中小工商业者享有平等权利的组织。"对于各地的工商业联合会的组织，如果不符合上述精神的，应该本着大会的精神进行整理和改组，使工商界的各阶级与阶层的利益都能得到适当的照顾，使大、中、小户都能各得其所。

各位代表先生，我们中间有许多代表，在各地的工商联合会中都担负着领导的任务，经过了伟大的"五反"运动，又经过了这一次会议中我们所得到的启发和指示，我们的政治认识已得到了进一步的提高，思想上对私营工商业的发展前途也已经获得明确的认识。因此，我们也肩负着重大的责任，在我们回到各自的岗位时，我们不仅应该宣传大会的精神与决定，还应该成为切实执行共同纲领、认真搞好生产与经营的工商界的榜样，并积极推动工商界认真地学习共同纲领，坚决地防止重犯"五毒"，只有不断地提高我们的政治认识和经常地开展批评与自我批评，才能够逐步地改造我们的思想，真正成为新中国所需要的工商业者。

盼望我们伟大祖国光辉灿烂的前途，我们应该满怀信心，在毛主席和中央人民政府的领导下，在工人阶级和国营经济的领导下，为我们伟大祖国的建设而奋斗！

中华全国工商业联合会筹备委员会章程

（一九五二年六月三十日筹备代表会议通过）

第一章　总则

第一条　中华全国工商业联合会筹备委员会（以下简称本会），经中华全国工商业联合会筹备代表会议决议组织之，负筹备成立中华全国工商业联合会之责。中华全国工商业联合会是在中央人民政府监督与指导下，以团结全国工商业者、贯彻共同纲领、建设新民主主义经济为目的的人民团体；在未正式成立前，本会代行其职权。

第二条　本会于全国工商业联合会正式成立后，即告结束。

第三条　本会会址设于北京。

第二章　任务

第四条　本会的任务如左：

1. 执行筹备代表会议的决议，进行正式成立中华全国工商业联合会的各项准备工作；
2. 推动和健全各省、市、县工商业联合会的组织，并指导其会务的进行；
3. 领导全国工商业者遵守共同纲领，推行人民政府政策法令；
4. 指导全国私营工商业者，在国家总的经济计划下，发展生产，改善经营；
5. 代表工商业者的合法利益向人民政府及有关机关反映意见，提出建议；
6. 组织全国工商业者学习，以提高政治认识，改造思想，发扬爱国主义精神。

第三章　组织

第五条　本会由委员一百三十五人至一百六十人组成，设主任委员一人，副主任委员十三人；委员、主任委员、副主任委员均由筹备代表会议选举之。

第六条　本会设常务委员二十七人至三十一人，除主任委员、副主任委员为当然常务委员外，并由本会全体委员互选足额组织常务委员会。

第七条　本会为适应工作上之需要，得设立各种专门委员会，其组织规程由常务委员会另订之。

第八条　本会设秘书长一人，由筹备代表会议主席团提请筹备代表会议选举之。另设副秘书长若干人。秘书长、副秘书长之下，设置各处，分工办事。

第四章　职权

第九条　本会全体委员会议职权如下：

1. 制定或修改本会重要规程、章则；
2. 制定本会工作计划；
3. 选举常务委员组织常务委员会；
4. 听取与审查通过主任委员、副主任委员及常务委员会的工作报告；
5. 通过任免本会副秘书长；
6. 审查及通过本会收支预算、决算；
7. 决议主任委员、副主任委员及委员提议事项；
8. 负责召开全国工商业代表大会，正式成立中华全国工商业联合会。

第十条　常务委员会职权如下：

1. 执行筹备委员会的决议，并向筹备委员会报告工作；

2. 决议设立或撤销各种专门委员会；

3. 通过任免本会各处处长、副处长；

4. 听取与审查通过主任委员、副主任委员、秘书长及各种专门委员会之工作报告。

第十一条　主任委员对外代表本会，对内领导会务。副主任委员协助之。

第十二条　秘书长协助主任委员、副主任委员，执行会务。副秘书长协助之。

第五章　会议

第十三条　本会全体委员会议，每半年举行一次，由主任委员召集之，必要时，经委员三分之一以上的提议，或常务委员会之决议，得提前或延期召集之。

第十四条　常务委员会会议，每三个月举行一次，由主任委员召集之，必要时，经主任委员或常务委员三分之一以上的提议，得提前或延期召集之。

第十五条　各种专门委员会之会议，视工作需要，由各该委员会召集之。

第十六条　各种会议，根据事实需要，得由主任委员邀请政府有关部门的负责人员与会。

第十七条　各种会议，均须有过半数委员之出席，始得开会；有出席委员过半数的同意，得始通过决议。

第六章　经费

第十八条　本会经费预算及征收办法，由筹备代表会议决议之。

第七章　附则

第十九条　本章程经筹备代表会议通过，报请中央人民政府政务院财政经济委员会核准后施行，修正时亦同。

中华全国工商业联合会筹备委员会主任委员、副主任委员、委员及秘书长名单

1952年6月

主任委员：陈叔通。

副主任委员：

李烛尘　南汉宸　章乃器　孟用潜　盛丕华　许涤新　荣毅仁　付华亭　陈经畬

黄长水　胡子昂　巩天民　李象九

委　员：

李哲人　殷玉昆　凌其峻　付华亭　乐松生　王光英　朱继圣　李烛尘　杜新波

周叔弢　毕鸣歧　谭志清　申希礼　吴韫山　赵少农　宋子纯　薛志龙　朱绍清

鲁定华　郭荫南　燕金利　锐　军　包禹风　姜君辰　王一五　王子仁　柳　中

巩天民　姜培禄　杨竹坡　侯启兴　金东波　苗竹贤　武百祥　刘佩芝　成盛三

于振河　李象九　叶雨田　经春先　李维新　瞿冠英　王宜之　马志阳　何义江

廖霭廷　库特鲁克　魏岐山　许涤新　王性尧　史慕康　吴蕴初　吴雪之

胡子婴　胡厥文　郭棣活　盛丕华　陈巳生　项叔翔　张爱国　荣毅仁　经叔平
刘靖基　陈邃衡　黄希仁　顾忱遥　苗海南　黄元吉　程秉文　陈文其　张东木
于汝成　张敬礼　陆小波　荣德生　钱孙卿　黄梦飞　潘锷璋　俞佐宸　孙章录
汤元炳　蔡衍吉　刘永业　林良材　曲新民　孙耀华　王一鸣　王际清　余金堂
李国伟　陈经畬　华煜卿　林志澄　林朗天　梁尚立　陈祖沛　黄长水　潘永刚
禹品三　寇华亭　周苍柏　秦育之　刘杰三　向　德　戚详麟　杨子霖　余昭华
潘式言　李朗如　邱秉衡　邓文钊　韦　棠　陈培元　卢燕南　王　磊　胡子昂
童少生　温少鹤　霍衣茹　萧松立　朱已训　黄鱼门　彭劭农　李华伯　萧则可
林全九　陈职民　罗安平　王少岩　李琢庵　董仁明　郑梦麟　三多仓·罗桑格登
顿康·格桑旺君　黎之淦　千家驹　王芸生　沙千里　包达三　俞寰澄　施复亮
侯德榜　陈叔通　章乃器　杨卫玉　刘鸿生　薛暮桥　罗叔章　香港工商业者二人
马万祺　王源兴　庄明理　蚁美厚　缅甸华侨工商业者一人
美洲华侨工商业者一人　孟用潜　南汉宸　叶季壮　钱之光
秘书长：沙千里

中华全国工商业联合会筹备委员会关于全国各地工商业联合会缴解经费暂行办法

1952 年 6 月

第一条　本办法根据中华全国工商业联合会筹备代表会议关于中华全国工商业联合会筹备委员会（以下简称本会）经费及开办费决议案第一项经费预算及征收办法之决定订定之。

第二条　凡已成立之工商业联合会或筹备会及其他与工商业联合会性质相同的工商业地方组织，均应分别依照左列规定缴解经费：

1. 中央直辖市及各大行政区辖市工商业联合会或其筹备会，每月均以其经费预算的百分之五，缴解本会。

2. 省辖市、县、镇工商业联合会及同级工商业联合会或其筹备会，每月均以其经费预算的百分之二，缴解本会。

3. 第一、第二两项所指的百分之五及百分之二，均以各工商业联合会本身之支出预算为计算标准。

4. 各地工商业联合会或筹备会如无经费预算者，应根据上月实际支出的百分之二或百分之五缴解本会。

5. 各地工商业联合会对所属各同业公会会费已实行统收统支，而在预算上对工商联合会与所属各同业公会之支出未加划分者，其应缴解本会之经费，由各该工商业联合会将具体情况与缴纳本会经费的意见报告本会，再由本会与各该工商业联合会协商决定之。

第三条　各地工商业联合会或筹备会，缴解经费一律采用直接的汇解办法，即将其应缴解之款项经交当地人民银行用信汇或电汇方式汇解中国人民银行北京分行王府井办事处，收入“中华全国工商业联合会筹备委员会经费账户”（如未设有人民银行地区由邮局汇至本会)。

第四条　前项经费之汇解，应详细注明：汇出日期、机构名称、经费所属月份及地址等，以免错误，而便查核。

第五条　各地工商业联合会或筹备会，其应缴解之经费必须与每月五日前汇出。

第六条　各地工商业联合会或筹备会应将全年或每月之预算报告本会。如无预算者，应将每月收支报表报告本会，以备查考。

第七条　本办法自一九五二年七月份起开始实行。

中华全国工商业联合会筹备委员会关于进行筹备代表会议传达的指示

1952年10月15日

关于进行筹备代表会议传达由主送机关各地工商业联合会（或筹备会），抄致机关各地协商委员会（或人民代表会议常务委员会）全国工商联筹备代表会议出列席代表。

中华全国工商业联合会筹备代表会议经过十一天的努力，已于六月三十日胜利闭幕。这是我们全国工商界一个空前的大团结的盛会。它对今后工商业的进一步恢复与发展起着一定的作用。全国工商界都很重视这次会议。因此，全国各地工商业联合会（或筹备会）必须很好地布置传达，组织学习；并可邀请出席这次会议的代表担任传达报告，为了有计划地进行这次会议的传达工作，本会特作下列指示，希各地工商业联合会（或筹备会）结合当地具体情况，切实执行，并将执行情况汇报本会。

一、目的与要求

为使全国工商业者都能了解这次会议的精神和决议，必须广泛与深入地进行传达；并贯彻下列三点要求：

(1) 肯定“五反”运动的必要性与正确性，及其对我国经济建设与私营工商业前途的重大意义。巩固“五反”胜利，保证不再犯“五毒”。

(2) 认清工商业者在新中国的地位及责任。加强学习共同纲领，发扬生产经营的积极性。

(3) 加强团结组织，并本着这次会议的基本精神，有领导、有步骤地整理建立各该地工商业联合会的组织。

二、传达方式与方法

(一) 各市、县工商业联合会（或筹备会），可根据当地具体条件，分别采取召开市、县全体工商界传达大会或工商界代表会议的方式，进行传达。较大的市可按区或行业分别召开区或行业的传达大会或代表会议。各市、县工商业联合会（或筹备会）召开传达大会时，亦可主动邀请省内或行署区内出席这次会议的代表担任传达报告。如尚无工商业联合会（或筹备会）组织者，希望当地协商委员会或人民代表会议常务委员会工商界委员布置传达。

(二) 各省或行署所在地的工商业联合会（或筹备会）应与省或行署区的协商委员会及工商行政主管机关协商，在可能范围内订出全省或行署区传达计划；并可根据具体情况，分别采取下列两种方法布置传达工作：

（1）召集省内或行署区内未有代表出席这次会议的各市、县工商业联合会（或筹备会）正副主任委员举行会议，进行传达。再由各该市、县工商业联合会（或筹备会）正副主任委员回去向各该地全体工商界进行传达。

（2）邀请省内或行署区内出席这次会议的代表，巡回向省内或行署区内各市、县工商界进行传达。

（三）如在最近期内，各大行政区或省（行署区）举行全区或全省物资交流会议或类似集会者，均可充分利用时机进行传达，以达到广泛传达的目的。

三、传达内容

关于传达的内容，一般应包括会议的意义与经过，会议的成就及今后努力方向三方面。所有这些传达，应以陈叔通主席的开幕词、政务院财政经济委员会陈云主任的讲话和李烛尘代表的闭幕词三个文件为中心。

为便于系统地进行这一传达工作，本会特拟定传达提纲和讨论参考提纲，分发各地工商业联合会（或筹备会）；并附发本会编印的“传达学习参考资料”，以资更好地做好这一传达工作。

四、组织学习，作好总结

各地工商业联合会（或筹备会）在进行传达后，应组织全体工商界进行学习，进一步深入了解会议的精神，明确今后努力的方向。如当地已有统一的学习领导机关，则必须取得联系，将这次会议的主要文件，作为工商界最近期内的学习主要内容，并结合原有的学习计划，布置学习。

如尚无工商业联合会（或筹备会）组织者，希望当地协商委员会或人民代表会议常务委员会工商界委员能组织全体工商界进行学习。

学习时必须联系实际，并联系自己的思想，展开讨论。最后作好总结，汇报本会。

附件一：中华全国工商业联合会
筹备代表会议传达提纲

一、会议的意义及经过

（一）会议是在“五反”胜利基础上召开的，更有其重大的意义（参阅开幕词第一段第四节，闭幕词第二节，及陈叔通广播词）。

（二）会议在六月二十五日胜利开幕，出席代表四一三人，收到提案二一七件，会议除大会外，并分综合及地区小组进行讨论，代表在大会发言者达一百二十四人，充分发扬了团结、民主与协商的精神。会议通过了全国工商业联合会筹备委员会章程，并进行选举。最后通过了两项决议：（1）关于接受与拥护陈叔通主席开幕词和政务院财政经济委员会陈云主任讲话的决议；（2）关于全国工商业联合会筹备委员会的经费及开办费的决议（参阅陈叔通主委广播词，开幕词第二、三节，闭幕词第一、五节及两项决议全文）。

（三）大会闭幕后，又召开了一连串的座谈会，中央人民政府的有关主管部门的首长都出席参加，说明政府对工商界意见的重视。同时毛主席亲自接受代表会议的献旗，出席代表又参加了政务院周恩来总理关于共同纲领的报告会，使工商业者进一步认识到自己在新中国的地位。

二、会议的成就

（一）肯定了“五反”运动是完全正确与必要的。同时也认清了“五反”运动是移风易俗的社会改革运动，不是要消灭资产阶级，而是反对不法资产阶级分子的“五毒”，扫除国家建设的障碍，也是替正当的私营工商业在国家总的经济计划下准备了发展的条件。因此消除了部分工商业者对“五反”运动的种种怀疑与误解；并且进一步认识到“五毒”的危害性（参阅开幕词第一段第二、三节，闭幕词第二节，陈叔通主委广播词）。

（二）对消除“五毒”后，如何保障私营工商业的合法利润，规定加工订货的规格，畅通城乡内外交流，降低银行利息，纠正税收负担中的畸轻畸重的现象，按照“发展生产、劳资两利”的原则，调整劳资关系等问题，都已获得了明确的解决原则；更认识到人民政府的领导是正确的（参阅陈云主任讲话第七—十六节，闭幕词第三节，人民日报社论）。

（三）认清了新中国的光明前途，新民主主义经济的优越性，和工商业者在新中国的地位、责任与希望。因此，增加了信心，提高了生产经营的积极性，决心在工人阶级与国营经济领导下，和国家总的经济计划下，改善经营，提高生产，并且通过了决议（陈云主任讲话第三—六节，第十七、十八节，闭幕词第七节，开幕词第四段第一节，关于陈叔通主席开幕词和政务院财政经济委员会陈云主任讲话的决议，人民日报社论，和李普：“市场繁荣在望”）。

（四）产生了工商界全国性的组织——中华全国工商业联合会筹备委员会，具有广泛的代表性，标志着工商界空前的大团结和民族大团结。通过这次会议，通过大会与小组的讨论，不仅私私之间的关系改进了，公私之间的关系也提高了，特别是政府与工商界的关系更进一步紧密起来。同时通过这次会议，明确了工商业联合会的性质与任务和大、中、小企业各得其所的团结互助精神，使工商业联合会能真正成为全体工商界的人民团体（开幕辞第一、二节，第二段第五节，第三段全文，闭幕词第五节，人民日报社论第二节及最后一节）。

三、今后努力方向

（一）在工人阶级和国营经济的领导之下，在国家总的经济计划下，发挥生产与经营的积极性（闭幕词第二段第二、三节及决议）。

（二）有计划、有组织、有领导地学习共同纲领和人民政府的政策法令，经常展开批评和自我批评，坚决反对和清除“五毒”（开幕词第二段第四节，闭幕词第六节，陈云主任的讲话第十六节及决议）。

（三）推动和协助各地工商业联合会及同业公会的改组，并使大、中、小企业团结互助，各得其所；在某些地区并须照顾少数民族和华侨工商界的利益（闭幕词第五节及决议）。

（四）厉行增产节约，继续加强抗美援朝工作，积极参加各种爱国运动；并主动地克服发展中的困难，更好地贡献我们的力量，为我们伟大祖国的建设而奋斗！（闭幕词第一段第二节，陈云主任讲话第十七、十八节，决议及开幕词）

为使全体工商业者达到深入了解会议的精神与成就，明确今后努力方向，各地在传达会议精神后，可参照本会所发讨论参考提纲，结合当地具体情况，组织全体工商界进行学习与讨论；并将讨论结果作好总结，汇报本会。

附件二：中华全国工商业联合会筹备代表会议讨论参考提纲

（一）这次筹备代表会议的召开在思想上、行动上和组织上起了什么作用？它的任务是什么？听了传达后有什么感想？

（二）为什么说私营工商业在新中国是有光明的前途的？你的体会如何？“五反”对整个国家的经济建设和我们私营工商业的发展，起了什么作用？

（三）对陈叔通主席所指出的我们工商业者应努力的方向有何意见？请联系实际检查一下我们过去在这方面的努力和不够的地方、成就和缺点，以及今后如何来克服这些缺点，巩固我们的成就，发扬我们生产经营的积极性。今后如何在工人阶级和国营经济的领导下，遵守共同纲领，为发展有利于国际民生的工商业而努力。

（四）陈云主任对私营工商业者提出七点指示，说明政府对私营工商业的重视和照顾，但我们私营工商业者将如何主动地来配合贯彻执行和如何“保证不再犯‘五毒’”、“保证品质规格”、“保证国家财政收入”，用具体行动来表示我们对陈云主任讲话的热烈拥护？

（五）李烛尘代表在闭幕词中指出：“新民主主义经济建设的发展过程，同时也是一个经济改组的过程……不可避免地还会有若干困难，这些困难只有在国家建设的逐步发展中才能得到解决，也一定能够得到解决。”你的体会如何？我们工商业者如何来主动地克服这些困难，更好地贡献我们的力量？

（六）工商联的性质与任务是什么？如何保证如期解缴全国工商联筹备委员会的经费与开办费？

（七）对全国工商联筹备委员会的成立有何意见和希望？

中华全国工商业联合会一年来的工作报告（1953年10月至1954年9月）

1954年10月3日

1953年10月间本会召开了会员代表大会，这次会议，正值国家在过渡时期的总任务明确宣布以后，从这时候起，工商联合会的工作进入了一个新的阶段。将近一年以来，私营工商业的情况有了极大的变化，新的形势、新的任务，都要求我们在工作上有新的开展。

本会和各地工商联一年来的主要工作。

根据国家在过渡时期总任务的要求和人民政府对资本主义工商业逐步进行社会主义改造的政策，根据本会会员代表大会的精神和决议以及第一次常务委员会通过的《1954年上半年工作提要》的规定，并针对私营工商业的变化情况，本会一年以来做了如下的主要工作：

第一，关于宣传教育工作。

本会会员代表大会前后，全国都大张旗鼓地开始宣传国家在过渡时期总任务，大会闭幕后，本会也立即推动各地工商联开展传达和学习。由于总任务明确地指出了全国人民前进的道路和奋斗的目标，指出了资本主义工商业实现社会主义改造的步骤和途径，全国私营工商业者都表现了极大的关心和注意。经过各地工商联积极地组织和推动，经过大会代表广泛地传达和讨论，使总任务的宣传和学习由点到面，逐步展开。根据本会截至本年六月所收到的十二个直辖市、二十个省、二百三十三个市县的不完全的统计，参加总任务学习的工商业者共四十三万四千余人。在传达结束以后，很多地区组织工商业者进行经常性的学习，仅据十一个直辖市、三个省、二十四个市和六个县的不完全统计，参加经常学习人数达八万二千余人。本会除通过文件刊物督促和帮助各地传达学习、报告各地学习情况、总结并交流经验外，并编印了学习参考资料，每辑各发行十五万份，对于各地中小工商业者的学习有一定的帮助。

总任务明确宣布以来，私营工商业者中许多人在思想上曾经有过怀疑和顾虑。一般来说，工业比商业好一些，大户比小户好一些，上层比中层好一些。在总任务刚宣布的时候，工商界的震动是很大的，特别在商业和中小工业中产生了彷徨顾虑和急躁情绪。在部分私营工商业者中，发生了分散资金，消极经营，大吃大喝，挥霍浪费并大量购买生活资料的现象。通过总任务的传达和学习，混乱思想开始逐渐澄清，大多数工商业者对过渡时期总任务有了初步的认识。政府对零售粮商的具体安排，使大家进一步受到实际的教育，更认识到这是“大势所趋，人心所向”，只有“争取利用，接受限制，欢迎改造”，才有光明前途。

但是私营工商业者的情绪还不是很稳定，对于接受社会主义改造的信心还不是很坚强。1954 年以来，特别是春节以后，由于营业额下降，部分业户发生艰难，混乱思想又开始抬头，三月以后，消极躺倒情绪在中小商业户中一度十分普遍，此后宪法草案公布，全国人民广泛开展学习，本会即结合工商界当时的情况，号召各级工商联广泛组织讨论与学习，在各地贯彻人民政府工商安排市场措施并逐步推进社会主义改造的工作以后，消极情绪逐渐有所改变。最近《公私合营工作企业暂行条例》已经公布施行，棉布施行统购统销使棉布零售商全行业走上了经销道路，特别是《中华人民共和国宪法》已经正式公布，国家政府方针已明确昭示，所有这一切，都将对全国工商界发生极大的鼓舞作用。可以相信，加强我们的宣传教育，私营工商业者的经营信心将会有进一步的提高。

第二，关于调查研究工作。

为了反映工商业变化情况，提供有关机关参考，我们做了一系列的调查研究工作。

（1）派人下去或组织工作组下去。一年来，我们派了四个工作组分别到华东、中南、西北和天津等地区，做了调查研究工作。此外，派人参加了山东省工商联市县秘书汇报会议，并派人到山东、河南中小城市了解工商联经费收支情况。本会下去的工作组，一般是收集材料，反映情况，加强了本会和各地工商联的联系和了解，并提高了本会工作干部的业务水平。

（2）邀人上来或召开会议。我们召开过建账委员会、财务委员会和学习委员会各一次。三个委员会的工作情况另有报告。并召开过二十二个省市工商联参加的财务工作座谈会和二十三个省市工商联组织工作汇报会各一次，对各地财务工作、经费收支、节约原则以及同业公会在社会主义改造过程中如何发挥专业性作用等问题，交换了意见，介绍了经验，获得了比较一致的认识。

（3）参加有关部门的工作组工作。如参加中央工商行政管理局关于摊贩问题的调查（在北京）和关于中小工业的调查（在天津）。此外，我们在北京市工商联组织了对北京市绸布业、百货业、土产食品业、化学制药业、金属品制造业和机器制造业以及北京市合营工业和中小工业联营并厂的情况作了调查，并提出了报告。

在我们的调查研究工作中，除了对一般工商业情况、思想情况和学习情况作了调查研究外，大致涉及了如下的一些主要问题：①有关批发商转业问题；②有关零售商社会主义改造问题；③有关中小工业社会主义改造问题；④有关加工订货中所存在的问题；⑤有关公私合营的情况和存在的问题等。

以上这些调查研究资料都写成了书面报告，并提供有关部门参考。但是我们对以上这些问题了解得还不够深入、不够全面，提出的意见也还不够成熟，还待继续摸索，继续深入。

第三，反映情况，提出建议。

反映情况和提出建议，是工商联主要任务之一。总任务明确以后，本会对这方面工作有了一定的加强。根据本年一月至九月不完全统计，经本会送给有关部门的资料、反映、意见和建议等约八十种，但其中以参考性的资料为多，意见和建议是很少的。

由于我们的资料一般都是情况，而我们又没有很好地进行研究分析，因而缺乏积极性的建议，这是我们工作存在的一个研究缺点。

除了书面反映和建议外，我们曾向中国人民政治协商会议全国委员会做了二次口头的报告，一次关于私营工商业的变化情况，一次关于公私合营企业的情形。

除以上三点工作外，建账工作正在继续推进，建账委员会所设计的七种会计制度已由中华书局出版，初版发行数为二十七万七千册，不久即将再版。大会提案工作已大部分处理完毕。截至目前，已答复的共 338 件（本会处理的 190 件，各部门答复的 148 件），尚未答复的 134 件（其中应由本会处理的 11 件，各部门处理的 123 件）。

一年来，我们对《工作简讯》的内容作了一些改进。通过《工作简讯》，加强了与各地工商联的工作联系和经验的交流。去年这时候每期发行数为六千六百份，目前已增加到一万一千八百份。这个刊物目前已成为各地工商联、特别是中小城市、省级和县镇工商联工作干部的业务学习资料。《工商界》月刊去年九月份发行数为四万三千份，目前也增至六万零三百份。但由于工商业情势的变化，工商界要求学习研究的迫切，这两个刊物还是远不能满足读者的要求，需要在以后的工作中继续加以改进和提高。

本会所做的各项工作，很多是和各地工商联的工作相联系的，如关于宣传教育、调查研究和推行建账等工作。一年以来，各地工商联一般还作了如下的主要工作，并获得了一定的成就。

首先，在进行经济建设公债方面，各地都如期并超额完成了工商界认购计划（八大城市平均超额 20%），多数地区并已如期完成了交款计划。各地交款情况，北京市截至八月十九日完成 82.7%；上海市八月底完成了 83.56%；天津市七月初已完成 92.78%；武汉市虽然受了水灾影响，但到七月底完成了 75%；东北区沈阳、鞍山等六个市，早在四月底以前，就完成了 90%以上，此外，华北区及华东区都接近完成，中南区、西南区及西北区尚有一定困难。不能如期完成的原因，有的因为交款计划订得比较迟，有的因为营业额下降，有的因为水涝灾害，都有若干的困难存在，要完成任务，尚须作进一步的努力。但是，毫无异议，各地工商联在推行公债工作上是经过很大的努力而且获得了一定的成就的，使我们工商业者又一次受到了爱国主义的教育并提高了思想认识。

其次，在协助税务工作上，各地工商联结合总任务的传达和学习，对工商业者再次进行爱国守法教育并推动自查补报工作以后，交税工作已有一定的提高和改进。根据杭州市市工商联报告，1954 年春夏季营业税联评典型试验工作，骨干分子都比较负责，分评委员和大组长都起了一定作用，一般工商业者绝大多数都能从实申报，如江干区民评户九十六户中，报实户占 84%。这是过去没有的现象。1954 年上半年所得税估征工作，多数地区都于八月间完成，有的且提前交款入库。如抚顺市于八月中旬，锦州于八月十三日，南昌市于八月三十日提前交款。上海市工商联并发动工商界认真地做了一次自查补报工作。北京市估征交款也已于八月份完成，不少户提前交款。如同仁堂今年上半年约盈余三十亿元，于六月二十九日即主动将应纳税款约十亿元，一次预交入库。各地工商联在协助税收工作上都动员了很大的力量，且有一定的成绩。

再次，在辅导批发商转业的工作上，不少工商联都做了工作，有的且已获得了一定的成就。部分大中城市的工商联已在当地有关部门统一领导下，成立了转业辅导机构，过去没有成立的，目前都在考虑成立。有一些工商联已经把这一方面的工作经验初步总结出来，通过本会加以综合，并介绍给各地工商联参考研究。

再其次，在引导零售商进行社会主义改造方面，不少工商联领导同业公会做了较为深入的调查研究工作，并协助有关部门作出了具体安排工作的方案。

为了使工商业走上国家资本主义的道路，有些地区的工商联正在大力推动业户改善经营管理，降低开支费用，并获得了一定的成就。

此外，多数工业城市的工商联，在增产节约和技术交流方面，在协助组织加工订货和分配任务方面，在推动公私合营方面也有一定成就。如八月间上海市批准合营工业企业 106 家，上海市工商联就曾作过详细的调查并提出了建设性的意见。

以上都是各地工商联在这一年来的主要工作。当然各地工作的发展是不平衡的，工作的掌握也不一致。有的宣传教育方面多做一些，有的在社会活动方面多做一些，有的在业务辅导方面多做一些；有的工作已经有了经验，有的还在摸索。

一年来，各地工商联的工作有一定的特点：表现在宣传教育方面的，是比较普遍和深入；表现在调查研究方面的，是比较具体；表现在反映方面的，是反映比较及时的；表现在督促指导方面的，是上下级的联系比较密切，如浙江等省级工商联召开了全省性的中心工作。此外，各地工商联和有关方面的联系及工作上的配合，都有一定的加强，为今后改进工作奠定了有利的基础。

本会一年来所做的工作，存在着很多缺点，其中有些缺点还是比较大的。一年来私营工商业变化的速度，远远超过我们工作进展的速度。我们对各地还是一般的号召多，具体的指示少。各地要求我会进一步加强政策性的领导，要求在工作上有更多具体的指示和及时的布置，要求更充实《工作简讯》的内容并提高《工商界》月刊的质量，对于这一些要求，我们还必须做更大的努力。我们的调查研究工作，不够重点突出，不够具体深入，缺少分析研究。各地工商联有不少好的工作经验，我们会内也有一些经验，但总结性的工作做得不够，介绍交流的工作也还做得不够。工作计划的制订和执行上也还存在很大的缺点。一般对工作要求得过大、过高、过宽，计划和实际脱节。这些缺点需要在今后的工作中加以改进。

存在的问题和当前的工作。

私营工商业目前存在着一定的困难。在工业方面，特别是中小工业方面，一般是加工订货任务还不正常，或布置不及时，某些原料不能满足生产上的需要，国营地方工业和私营工业在生产协调和设备利用方面，也还有些不能配合的情况，因此影响了产、供、销的平衡，从而出现生产不正常情况。在商业方面，零售商一般是户多、面广、资金少、开支大、人事臃肿、经营落后，因而维持困难，并且影响了企业的改造。批发商，一般是转业对象不容易找，转出的少。此外，私营工商业也还有一些问题存在。例如尽管有越来越多的工商业户愿意接受社会主义改造，但仍有不少的人存在着彷徨、顾虑、消极、急躁情绪。又如在纳税方面偷漏面还是比较的广。在工业方面，还不能做到完全按质、按量、按时完成国家任务，误期退货现象相当严重，偷工减料行为有时也有出现，甚至还有破坏生产设备、挑拨工人同政府关系的恶劣表现。在商业方面，掺杂掺假、短秤缺量、抬价压价以及不服从市场管理的情况和不老实的经营作风，也还继续存在。有的业户还有抽逃资金、消极经营、坐吃等垮的行为。

以上存在着的一些困难和问题，需要我们在今后工作中加以重视。针对此种情况，我们当前的工作应该向如下几个方面努力：

第一，大力宣传这一次全国人民代表大会的伟大成就，宣传和学习《中华人民共和国宪法》，加强爱国守法和积极经营的思想教育。在全国私营工商业中，广泛地深入地宣传第一届全国人民代表大会第一次会议的伟大成就及宣传和学习《中华人民共和国宪法》的精神和实质，是本会当前的最中心的工作。应该集中一切宣传力量，运用各种方式方法，提供学习资料，大力推动各地工商联在当地党政统一领导下，积极展开上述的宣传和学习工作，要做到家喻户晓，深入人心。结合大会成就和宪法的宣传和学习，推动各地工商联加强对私营工商业者进行社会主义改造思想教育，进行爱国守法和积极经营的思想教育，并积极培养先进骨干分子，起带头、模范和桥梁作用，扩大对工商界的团结。要向我们工商业者反复地说明国家的伟大未来和自己的光明前途，说明由新民主主义到社会主义的道路是唯一应走而且不能不走的正确道路，提高我们对于伟大祖国的庄严的责任感，深入地说明人民政府改造资本主义工商业的具体政策和进行步骤，以提高工商业者接受社会主义改造的积极性。要纠正过去忽视个人改造的缺点，把个人改造和企业改造结合起来，把爱国守法的思想教育和积极经营的具体实践结合起来，帮助我们工商界在生产经营和企业改革的实践中重新学习，改造自己，提高思想认识，正确地发挥积极作用。要引导工商界积极地发扬批评和自我批评的精神，帮助工商界做到自觉自愿地遵守自己对社会对国家应尽的各项义务。对于进行非法活动和反抗改造的私营工商业者，应区别不同性质，不同程度，分别予以批判和教育。

第二，公私合营是国家改造资本主义工业的主要途径。根据本会“关于学习宣传和贯彻《公私合营工业企业暂行条例》的通知”，推动各地工业城市的工商联按照当地具体情况，组织合营企业中的私方和有条件合营的企业负责人，深入学习《公私合营工业企业暂行条例》，要求大家严格遵守条例的规定办事。凡是有利于国计民生的资本主义工业，各地工商联应鼓励和引导这些工业“在国家的需要、企业改造的可能和资本家自愿”的原则下，积极向公私合营发展。对于已实行公私合营的私方和资方代理人，应帮助和鼓励他们在公方代表直接领导下，守职尽责，努力工作，学习各种事务和新思想，改造自己的旧思想和旧作风，使他们在社会主义改造和经济建设中正确发挥自己的才能并获得光荣的前途。对于暂时还不可能合营的企业，应指导它们做好加工订货、推行增产节约、提高质量、降低成本，做到按质、按量、按期完成任务，为进一步向公私合营发展创造条件。对于中小工业以及一般设备陈旧、技术落后、经营管理腐败、成本价格高、产品质量低的工业企业：(1) 帮助它们改善经营管理，改进技术；(2) 总结中小工业联营并厂的经验加以进一步的研究。联营并厂，一般应在生产的协作与依存关系的基础上，根据“改进和发展生产的需要、企业组合的可能和企业主自愿”的原则，开展对私营工商业的社会主义改造，并由先进工商业者作骨干，有领导、有步骤地来进行；(3) 组织大厂帮助小厂。由大厂在接受国家生产任务时根据互助与自愿的精神，吸收和带领中小工厂参加，以改变其分散落后的状况，创造有利的条件。因此，中小工业的改进与改造必须有领导、有计划地进行，应该防止急躁冒进行动，防止某些企业主借此抽走资金丢包袱等错误行为。本会应该总结各地经验，交流推广，并具体调查研究，提出建议，以供各地工商联和有关部门参考。

第三，辅导私营商业逐行逐业地进行社会主义改造，是各地工商联当前中心任务之一。

对于需要转业的批发商和可能吸收转业资金和人员的行业，各地工商联应作全面的深入的调查研究，协助有关部门进行安排。凡是对于国计民生尚有作用，而营业也可以维持的，则帮助他们继续经营；有一定的技术和设备条件而国营商业需要他们代理批发业务的，帮助他们做好委托代理业务。不能转业又无业务可做的资方，工商联应在当地党政领导下负责组织他们，进行训练，并联系有关部门在服从国营或合作社工作的调配和工资待遇标准的原则下，予以适当安置。本会对于批发商转业工作，应该继续总结经验，介绍交流，进行指导一般。

对于零售商业，主要是协助有关部门稳步地逐行逐业地辅导他们转为各种不同形式的国家资本主义经济，成为国家的批销、经销或代销店。各地工商联得联系和进行配合，本会还须在组织工作中加以研究和推动，同时也望各级工商联在实际工作中加以注意和发挥。

为了做好上项工作，本会及各地工商联工作干部必须克服不安心工作、不重视工商联工作的情绪，加强自我教育，自我改造，一面工作，一面学习，在工作和学习中，努力提高自己的政策水平和业务水平，为社会主义改造尽最大的努力。

以上将近一年来工作报告及当前工作方向提请常委会审核，并热烈地请求各位常委在日常工作中经常加以指导督促和批评。

一九五四年十月三日

二、江苏省工商联

江苏省工业会关于本会准备结束的代电
（附会议记录）

1949 年 7 月 15 日

各会员公鉴：查本会成立即将一载，精诚团结发展工业。自解放以来，气象为之一新，在毛主席指示“发展生产，繁荣经济，公私兼顾，劳资两利”大原则之下，共同努力，发扬光大。惟本会以名称不符现实组织，已感散漫，爰经七月十二日临时全体理监事联席会议，议决准备结束，并盼各县市工业界自觉自发就实际需要，在得当地主管机关许可下，迅即筹组工业团体，以资配合在案。查本会结束，自应征询会员同意，兹特附奉会议记录一份，相应电请查照，如有异议，即希见示为荷。江苏省工业会叩（38）午删。

附件：本届会议记录一份

江苏省工业会理监事联席会议记录

日期：三十八年七月十二日下午二时

地点：本会大礼堂

出席者：

张寿鹏（朱宏湧代）　张品泉　庞甸材　高富龙（胡念倩代）　吴中彦

荣尔仁（钱钟汉代）　袁国梁（邵柏森代）　钱钟汉　高景岳　王德润

李惕平　徐质彬（徐文贤代）　查秉初　陈进立（朱俊康代）　陶叔南

陶心华（范谷泉代）　严欣淇（沈壮声代）　薛明剑（翔德代）

荣序馨（同一代）　黄柱天　马春霖

列席者：

华晋吉　顾曼轩　黄孟修　薛韶成　范次庵　邱振宇　许俊才　吴祯祺　张钟麟

唐定庵　注超逸　郑锡之　钱昌夫　张佩苍　杨同德　荣广宏　尚若川　薛毅君

荣泉馨　萧宗汉　杨树春　无锡市工商局代表马般青　杨满湖

主席：荣尔仁（钱钟汉代）

记录：孙兴龄

报告事项

一、主席报告：理事长荣尔仁先生尚未返国，本届临时理监事联席会议故由本人代理。今日出席理监事超过三分之二，合法开会，且为苏南解放后首次会议，出席及列席会员非常踊跃，深感兴奋，且蒙无锡市工商局马科长、杨同志出席指导，更表欢迎。

二、本会工作摘要（四月至五月载本会出版之第六、七期会务通讯合刊，六月至七月十一日止详印件）。

三、本会中心工作报告（1. 支前筹粮；2. 庆祝解放；3. 调查统计；4. 工资协商；5. 电费问题，均详印件）。

四、本会收发文报告（详印件）。

五、本会经济报告（收支之部，会员欠费之部，详印报表）。

六、本会工作人员座谈会报告（详印记录）。

七、理监事不克出席委托代表函五件。

八、会员提案报告各件。

讨论事项

一、本会不能适应现实，是否即行办理结束案？

理由：本会应即结束之理由如下：

1. 本会系解放前之组织，其名称与现在政治环境不尽适合。

2. 本会不能照顾全体会员，力量与责任不胜负荷。

3. 理监事散漫，理事长不能处理会务。

4. 工作人员能力有限，不能发展会务。

5. 经济拮据，无法维持。

议决：即日起准备结束，并定下列各项原则，交由本会工作人员负责处理之：

1. 准备结束限七月内完竣，七月份会费照收（欠费仍盼补缴），工作人员照常维持。

2. 结束期间对外停止活动，并分函各会员征询一致意见，完成手续。

3. 本会结束期间，为便利会员间之咨询，暂设“苏南工业通讯处”，俾与苏南工业界维持通讯联系，通讯处之设并不对外，其临时组织由会中原有工作人员计划办理。

4. 各县市为配合政府发展生产、繁荣经济起见，当视实际需要分别自发自觉，在得当地主管机关之同意，筹组工业团体。

二、武进等各县函请设立工业组织，如何处理案？

议决：并案办理。

三、武进电气公司提关于电厂用煤，无锡利生煤业公司应尽量设法供应处。

议决：即席请工商局马科长协助设法解决困难。

江苏省工商业联合会筹备委员会筹备处
全体筹备人会议记录

1953 年 4 月

日期：四月七日至四月八日

地点：中山路福昌饭店

出席者：

召集人：钱孙卿　顾忱遥　陈邃衡　张敬礼　程秉文

筹备人：

毛柏森　潘指行　徐美峰　黄希仁　于汝成　陆小波　王君实　吴惠春　宓绳武

柳云峰（王宗瑞代）　丁治安　张文潜　倪言杨　杜学展　张金堂（王友芝代）

冯晓钟　史　永　刘国钧　李　林　张允溪　林静波　廖卓之　周海秋

会议第一日（四月七日下午）

主席：钱孙卿

略谓：本年一月五日江苏省协商委员会同意成立江苏省工商业联合会筹备委员会筹备处，并通过了筹备处召集人、筹备人后，我们即于一月二十一日成立筹备处，进行筹备工作。关于两个月来的筹备工作情况，由秘书长林静波向会议报告。

这次会议，主要讨论如下几个问题：①江苏省工商业联合会筹备程序；②江苏省工商业联合会筹备处章程；③江苏省工商业代表会议组织条例；④江苏省工商业代表会议地区代表分配名额；⑤其他有关筹备事项。召集人的初步意见，准备在七日下午讨论第一、二、三案，八日上午讨论第四案，八日下午讨论其他有关筹备事项。

（以上议事日程经全体筹备人一致通过）

秘书长林静波报告江苏省工商业联合会筹备委员会筹备处两个月来的工作情况（摘要）

一、筹备工作情况

本处自本年一月二十一日成立到现在已有两个多月了。在这两个多月中，我们的工作能够顺利展开，得到江苏省协商委员会、江苏省委统战部和其他有关部门的帮助很大。首先，我们应该向他们表示感谢。

我们现有工作干部六人，勤什人员二人，其中大部分是由江苏省协商委员会调配过来的。

工作开始，我们即进行了解各市县工商业情况及工商联的组织情况，制发了各种调查表和汇报提纲，到目前为止，已收到七十二市县的调查表，六十市县的汇报，经过了整理和汇编，已分送有关方面作参考。

由于我们主动地与各市县工商联建立密切和广泛的联系，他们对工商联省级组织期望很高，对这次制发的调查表和汇报提纲都很重视，并尽了很大力量。同时，他们还主动地向我们汇报工作，请求解答问题，并提出很多积极性建议。他们的来信，我们都进行了研究处理，自己可以解答的直接答复，自己不能解答的分送有关机关或全国工商联筹委会解答，他们对解答的问题，一般都很满意。到目前为止，共收文三八八件，内各市县工商联占三四八件，发文五九八件，内各市工商联占四零六件。

在全国工商联筹委会交办任务方面，我们代为征集了一部分建账资料和一至三月份收支概况，并贯彻了学习文件等工作。

我们的经费，在尚未自筹和核准补助以前，向江苏省人民政府拨借一亿元，并先拨出二千万元。预计到本月底止，约需支出一千八百余万元，现在已支出一千二百零五万元，尚需支出约计二百万元，这次会议费约计四百二十万元。

这次会议的召开，事前我们曾和江苏省协商委员会、省委统战部进行了联系和共同研究，除了讨论江苏省工商业联合会筹备程序外，并草拟了江苏省工商业联合会筹备处章程、江苏省工商业代表会议组织条例、江苏省工商业地区代表分配名额，准备一并提交这次会议讨论和通过，同时苏北工商业联合会筹备委员会的结束问题，苏南、苏北棉纺业同业公会的归并和存在问题，并将提交这次会议研究。

这是本处两个月来的简单工作情况。

二、全省工商业户情况

全省工商业户情况，根据七十六市县不完全的统计共二七一六九七户（全省共八十三市县，内七县未报来，估计约一万余户未列入），其中国营 1201 户，占总户数的 0.442％；合作社667 户，占总户数的 0.245％；公私合营 79 户，占总户数的 0.029％；工业 17660 户，占总户数的 6.5％；商业 185173 户，占总户数的 68.154％；手工业 66917 户，占总户数的 24.63％。全省共有摊贩 149127 户，行商 10980 户。至分区分县户数详细情况，不作细述。

三、各市县工商联组织情况

全省八十三市县，正式成立工商业联合会的计二十三市县，成立筹备委员会的计三十九市县，未成立的计二十一县。其中一九四九年成立到现在的计有无锡市、苏州市、镇江市、常熟市、太仓县、震泽县。1950 年成立和改组的计有吴江县、嘉定县、上海县。1951 年成立和改组的计有丹徒县、江宁县、句容县、溧水县、高淳县、常熟县、南汇县、奉贤县、金山县、宝山县、扬州市、海门县、大丰县、丹阳县、武进县、砀山县。1952 年下半年成立和改组的计有扬中县、泰兴县、泰县、江都县、仪征县、六合县、高邮县、清江县、涟水县、新沂县、宿迁县、邳睢县、睢宁县、如东县、启东县、崇明县、滨海县、射阳县、建湖县、徐州市、南通市、无锡县、泰州市、清江市、海安县、新海连市、赣榆县、丰县。1953 年成立和改组的计有常州市、沭阳县、如皋县、盐城县、阜宁县。

四、各市县工商联存在的问题

各市县工商联存在的问题，主要的有下列几方面：

（一）在思想认识方面

1. 工商联干部存在着自卑心理。认为工商联是资产阶级的一个集团，觉得厕身其间，很不光荣，并且认为在人家心目中，也不把他们当作革命干部看待，又不能和其他的人民团体工作人员享受同等待遇。如海门县反映了工商联人员，既不能参加县属机关的活动，仍要配伙、出民工和站岗。如南汇县反映，工作人员感到□□，在“三反”时期人家都反了，我们工商联机关没有反，希望今后抽调□□。

2. 工商业者对工商联组织认识不够完善。认为工商联不替他们做事，专门替政府收税当差，是税收机关的一个支部，地方机关的一个勤务。同时，他们感到向政府反映的意见很难完满答复，甚至对工商联组织发生怀疑，很多地方开会都是勉强。这是工商联过去的最大缺点。自中华全国工商联筹委会成立和公布了工商联组织通则后，一般工商业者的认识是提高了，对工商联的看法是转变了，但终认为工商联是资产阶级的集团，脚底很软，没有其他团体吃香，且有部分工商业者仍认识不足。如铜北县□庙镇的油坊业和弹花业，认为加入工商联没有好处，反而要负担会费，强行退出工商联，不做工商联会员。

（二）关于组织机构方面

1. 组织散漫，系统紊乱。有不少工商联的下面，有区工商联组织，继而又有镇工商分会和小组的组织。有不少县下面已有区工商联、镇工商联和工商小组，没有县工商联的组织。但又有些地区仅有县工商联而没有基层组织，致使领导关系不能明确，布置工作没有系统，形成混乱现象。

2. 工作机构一般不健全。如主任股长多不能尽职，专职干部绝大多数是旧商会和同业公会原有人员，他们的水平参差不齐，解放以后，大部分没有经过思想改造，人事庞杂，机构臃肿，开支浩大，会费负担加重，引起工商户有意见。如泰县有十个通讯员，这些工作人员中，年龄最大的八十多岁，薪水高低差别很大，最高的一百七十七万元一月，也有一百二十三万元一月。也有比较小的县工资又太低，如铜北县文书月薪仅九万一千元，还有些地区支米六十斤，一般都是委员兼职的。

（三）关于工作制度方面

1. 工商联的干部多数没有脱离生产，对工商联的工作很少兼顾，往往挂了一个名义，以致所有工作容易积压到少数积极分子身上，推动吃力。同时，平时对积极分子又很少予以支持与帮助，以致热情不够巩固，稍遇挫折，即感灰心。如高淳县反映，十八个市镇工商联干部，多数忙于自己生产，工商联工作无法兼顾。其次，国营企业的干部，对工商联工作也很少重视，存在依赖思想，缺乏对应在组织中发挥领导作用的正确观念。

2. 工商联的机关中，除个别城市外，一般工作都是头疼医头，脚疼医脚，很少主动地订出工作计划，工作过去了，也不注意总结和巩固。如太仓县反映，无论哪次运动，开始大雷大雨，事后冰雪消融。同时也没有建立经常工作制度，宣传教育工作抓得不紧，学习方面也不够注意，时断时续，很多县还没有展开学习，尤其是辅导工作做得更差，缺乏调研和统计，故工商业每一阶段的实际情况，不能全面了解，不但无法进行正确的指导和教育，也不能正确地向有关部门反映实际情况，求得应有协助与指导，并引起了工商业者对工商联有很大的意见。所以普遍地说：工商联是收税和当差，没有什么别的作用。

以上这些问题的存在，是工商联不能充分发挥组织作用的一部分原因，因此提出来附带报告一下，供作各位研究参考。我们今后应该大力推动建立和健全各市县工商联的组织，发挥组织作用，进一步对工商业者加强爱国主义教育和深入贯彻政策法令，并组织工商业者加强学习，提高认识，进行自我教育和自我改造，在思想上、政治上、组织上以及业务上达到应有的水平。

报告结束后，根据议事日程进行讨论，并通过议案如下：

第一案：

江苏省工商业联合会筹备程序

本年一月五日江苏省协商委员会同意成立江苏省工商业联合会筹备委员会筹备处，并通过了召集人、筹备人后，即进行筹备工作。全体筹备人一致认为全省已有六十二市县成立工商业联合会或筹备会，各地工商业者三年多来，在人民政府的领导下，无论在政治上、组织上都有很大的提高，已经具备不经过筹备委员会阶段，迳行成立江苏省工商业联合会的条件；同时，为了加强组织领导，团结全省工商业者，配合国家三大任务，曾于事前征得江苏省协商委员会和中华全国工商业联合会筹备委员会的同意，决定自本次会议后，改组成立为江苏省工商业联合会筹备处，并草拟江苏省工商业联合会筹备处组织章程，经会议通过后，报请江苏省人民政府批准，并送江苏省协商委员会、中华全国工商业联合会筹备委员会核备施行。

会议第二日（四月八日上午）

依照议事日程，继续讨论和通过议案。

第二案：

江苏省工商业联合会筹备处组织章程

经讨论修正后，全体通过。并根据组织章程推选钱孙卿为主任委员，顾忱遥、陈邃衡、张敬礼、程秉文为副主任委员，推选钱孙卿、顾忱遥、陈邃衡、张敬礼、程秉文、史永、陆小波、刘国钧、李林为常务委员，并追认通过林静波为秘书长。

第三案：

江苏省工商业代表会议组织条例

经讨论修正后，全体通过。

会议第二日（四月八日下午）

依照议事日程，继续讨论和通过议案。

第四案：

江苏省工商业代表会议地区代表分配名额

在秘书长林静波说明分配草案精神后，全体筹备人一致认为江苏省工商业代表会议地区代表分配名额，以经济情况作基础，工商户数为参考，并首先照顾地区是以大中城市为主，照顾经济比重，特别是各业比重，结合照顾城市地位以及不同地区的不同情况，这是完全适合于实际情况的，我们完全同意，经提出个别单位调整后，一致通过。

第五案：

关于其他有关筹备事宜

一、关于江苏省工商业联合会组织章程，推定钱孙卿、史永、林静波、黄希仁、于汝成、张允溪负责起草，于一个月内提交常务委员会议讨论。

二、关于代表资格审查委员会或小组，决定由常务委员会全体委员担任资格审查委员会工作，在进行审查时，并邀请江苏省协商委员会、江苏省府商业厅、江苏省委统战部派员参加，会同进行审查。

三、关于苏北工商业联合会筹备委员会结束问题，经全体筹备人交换意见，一致同意苏北工商业联合会筹备委员会速来南京与江苏省工商业联合会筹备处合处办公，俟正式召开全省工商业代表会议时宣告结束。

四、关于苏南、苏北棉纺业同业公会合并与存在问题，经全体筹备人研究结果：1. 在江苏省工商业联合会未正式成立前，苏南、苏北棉纺业同业公会仍有继续存在的必要；2. 在江苏省工商业联合会正式成立后，可以考虑在江苏省工商业联合会内设置专业委员会或棉纺科。

五、关于江苏省工商业联合会成立日期、经费来源、干部配备以及办公房屋等问题，经全体筹备人研究，获得初步意见如下：

1. 关于江苏省工商业联合会成立日期，暂定本年六月下旬或七月上旬召开全省工商业代表会议，正式成立江苏省工商业联合会。

2. 关于江苏省工商业联合会经费来源，决定开办费一次征收，由公营、私营、公私合营及合作社等共同负担；经常费按照全国工商联按成上缴为主或仿照安徽、浙江、广东等省定额征收。以上两项经费，由筹备处根据实际情况拟具预算概数及征收办法，提请大会通过。

3. 关于江苏省工商业联合会干部配备，总数约需三十人，主要干部请江苏省委统战部协助调配，一般干部根据工作需要尽量先在各市县工商联现有人员中挑选或采取考试方式任用，但必须服从工作需要和适合应用的原则。

4. 关于江苏省工商业联合会办公房屋，请南京市工商业联合会负责协助解决。(完)

附一：江苏省工商业代表会议组织条例

一、江苏省工商业代表会议，由江苏省工商业联合会筹备处报请江苏省人民政府核准后召开之。

二、江苏省工商业代表会议代表名额，暂定为350人左右，其具体分配如左：

1. 地区代表310人左右（包括各类工商业者）。

2. 省级国营企业及合作社代表十五人。

3. 特邀代表十八人。

三、地区代表分配：以省辖市、专区辖市和各县为单位，其具体名额，由江苏省工商业联合会筹备处依据各地实际情况议定之。

四、代表条件：凡拥护共同纲领，年龄在十八岁以上，并在当地工商业者中有一定的联系和代表性者，均可当选为代表。

五、代表产生：

1. 地区代表：已有工商业联合会（筹委会）组织之县（市）单位，由工商业联合会（筹委会）负责在地方协商委员会（常委会）的协助下协商推选之，如尚无全体性工商业联合会（筹委会）组织的县，由地方常务委员会与工商界及工商行政有关部门协商产生之。

2. 省级国营企业及合作社代表，由各有关部门协商推选之。

3. 特邀代表，由江苏省工商业联合会筹备委员会及工商行政有关部门协商邀请之。

六、代表资格审查在工商业代表会议召开以前，组织代表资格审查委员会或小组，根据第四条之精神，进行审查之。

七、江苏省工商业代表会议设主席团，由代表会议人员若干组成之。

八、江苏省工商业代表会议，设秘书长一人，副秘书长若干人，由主席团提请代表会议通过，其下设秘书处，处理会议有关事务。

九、江苏省工商业代表会议之职权如左：

1. 制定江苏省工商业联合会章程。

2. 决定江苏省工商业联合会工作方针和任务。

3. 审查并讨论代表的提案和其他建议。

4. 决定“江苏省工商业联合会”经费预算及经费征收办法。

5. 选举江苏省工商业联合会执行委员、监察委员、主任委员、副主任委员，并推选和通过秘书长人选。

6. 决议其他有关重要事项。

十、江苏省工商业代表会议，得设提案审查委员会、起草委员会及其他委员会，由代表会议各推代表若干人组成之，分别主持各该委员会工作。

十一、本条例经江苏省工商业联合会筹备处，报请江苏省人民政府核准后实施，并送中华全国工商业联合会筹备委员会和江苏省协商委员会备案。

附二：江苏省工商业联合会筹备处章程

第一条　根据江苏省协商委员会之决定，筹组江苏省工商业联合会筹备委员会筹备处，本处全体筹备人会议认为，全省县（市）级工商业联合会（筹委会）已有了相当组织基础，业经具备迳行成立江苏省工商业联合会之条件，并征得江苏省协商委员会之同意，定名为江苏省工商业联合会筹备处。

第二条　本筹备处的任务，为准备召开江苏省工商业代表会议，根据工商业联合会组织通则第三条之规定，成立江苏省工商业联合会，并在筹备期间进行关于工商业联合会的必要工作。

第三条　本筹备处委员定二十九人，前苏南区九人，前苏北区七人，南京市四人，徐州市二人，新海连市一人，国营省级机构六人，其人选以江苏省协商委员会所通过之全体筹备人担任之，国营省级机构委员人选，由国营省级机构推定之。

第四条　本筹备处设常务委员九人至十一人，由全体委员中推选（主任委员、副主任委员为当然常务委员），组织常务委员会。

第五条　本筹备处得视工作需要，设立小组，就委员中推定人选主持之。

第六条　本筹备处由委员推选主任委员一人，副主任委员四人，并设秘书长一人，副秘书长若干人，由主任委员提请常务委员会聘任之。

第七条　本筹备处设工作人员若干人，在秘书长、副秘书长领导下办理日常工作。

第八条　本筹备处委员会议与常务委员会议均由主任委员召集之，并有过半数委员之出席，方得开会，以出席委员过半数之同意，方得决议。

第九条　委员因事不能出席，得委托其他委员为代表，但每一委员以代表一人为限。

第十条　本筹备处从“江苏省工商业联合会”正式成立后，即告结束。

第十一条　本章程由筹备人会议通过，经江苏省协商委员会同意后施行，并呈报江苏省人民政府和中华全国工商业联合会筹备委员会核备，修正时同。

附三：江苏省工商业代表会议地区代表分配表

1953 年 4 月

省级国营公司及合作总社 12	江宁县 1	兴化县 2	赣榆县 1	小计 10	宝山县 1
	句容县 1	靖江县 1	东海县 1	南通分区	上海县 1
省级公私合营 3	溧水县 1	江浦县 1	邳县 1	南通县 2	小计 14
特邀 10	武进县 2	小计 27	丰县 1	如皋县 2	苏州分区
小计 25	溧阳县 1	淮阴分区	沛县 1	如东县 2	常熟市 5
省直属市	金坛县 1	清江市 3	萧县 1	海安县 1	常熟县 2
无锡市 25	高淳县 1	淮阴县 1	铜北县 1	启东县 2	吴江县 2
南京市 30	小计 19	涟水县 1	砀山县 1	崇明县 2	吴县 2
苏州市 18	扬州分区	灌云县 1	小计 11	海门县 2	太仓县 2
常州市 18	扬州市 7	泗阳县 1	盐城分区	小计 13	昆山县 2
南通市 18	泰州市 5	沭阳县 1	盐城县 2	松江分区	无锡县 2
徐州市 16	泰兴县 2	新沂县 1	东台县 2	松江县 2	宜兴县 2
小计 125	泰县 2	宿迁县 1	淮安县 1	南汇县 2	江阴县 3
镇江分区	江都县 2	邳睢县 0	滨海县 1	奉贤县 1	震泽县 1
镇江市 7	仪征县 1	睢宁县 1	射阳县 1	金山县 1	小计 23
丹徒县 1	六合县 1	小计 11	阜宁县 1	青浦县 2	总计 278
杨中县 1	高邮县 2	徐州分区	大丰县 1	嘉定县 2	
丹阳县 2	宝应县 1	新海连市 3	建湖县 1	川沙县 2	

管文蔚副主席在江苏省工商联会员代表大会上的讲话

1954年4月1日

这次会议收获很大，缺点很小。

一般说都能够畅所欲言，有顾虑的还是少数，认识是慢慢提高的，不通不要紧，以后认识提高了，他就会没有顾虑地谈出意见。

今日我向大会讲三个问题：

一、资本主义工商业的前途问题。

这个问题有两种看法，两种观点：

（一）老的观点看法，即自由资本主义观点看法；

（二）新的观点看法，即新民主主义观点看法。

这两种看法会得出两种前途，两种结论：

（一）老的观点得出什么前途、什么结论呢？我们再说资本主义前途，假定以自由主义观点来想或者来看问题，这情况是怎样呢？由于自由资本主义的思想，是主张工商业是无限制地自由发展，要怎样就怎样，只要有利可图，其他都不管，随便搞，又可自由竞争，那么这样的结果就变成大鱼吃小鱼，小鱼吃虾子，就造成许多人关店关厂。在资本主义国家里面许多破产的工厂商店就是由于自由竞争的结果。只要哪个行业生意好，那就大家转过去，哪样东西生意好，就大家做，这样大家垮下来，由于这样竞争结果，造成很多人破产失业，像美英国家就是这样，失业的人相当多、相当大。那么大家穷了，购买力就低了，购买力一低，工厂的货色即堆积起来，这就叫做危机。工厂的货堆积起来，流动资金都堆到制成品上，要想继续生产，只有减少工人，工人要吃饭，那就闹罢工，骚动就起来了，革命危机就来了。那么资金总要找出路呀，通常的出路就用战争的办法，到外面抢地盘，倾销成品。美帝就是这样的，这里抢那里抢，如中国、朝鲜、日本、印度、越南等等，就是这种办法，用战争来解决危机。这差不多是资本主义国家的规律性，这规律性的事件一般的是十年、十五年，有周期性的危机。大家可以想想，第一次世界大战1914年—1918年，第二次事实上开始时1937年就揭开的，这中间亦打了七年，那个经济危机是1929年就开始的。在第一次世界大战前，还有二三资本主义战争（在欧洲），所以差不多十几年有一次，这是资本主义的规律性。从第二次世界大战以后，英国、法国、意大利到目前还没有恢复，美国亦很危险。所以斯大林说，“这是资本主义体系的瓦解”。他们的规律是战争，而战争的结果是资本主义的死亡。

大家想想，我们看到第二次世界大战以后死亡一批。假定说第三次大战美帝预计1960年（实际是不可能的），假定说可能的话，那必然又有一批帝国主义垮下去，可以肯定。这是一种规律性，是大势所趋。而起来代替的就是无产阶级。第一次大战死了一千万人，第二次死了三千万人，假定再来一次即不止这些呢？所以苏联想尽一切办法要和平。而欧洲的老百姓就在慌，要不要再战，这种战争对人类的文化幸福的摧残很大，那么这样的自由发展下去必然垮台，是人类最怨惨的前途。那么这样走，从国际国内条件在中国是不可能的，结论就是“走不通”。

从旧观点来看前途得出这样的结论。

（二）从新观点新民主主义观点来看，得出的前途是怎样？结论怎样呢？

从新民主主义观点来看，中国的私营工商业家在目前来讲虽然受到一些限制，但是由于他过去受到反动统治的压迫，在解放战争中有的采取中立态度，有的还参加革命，那么这些先生们在今天的情况下面就是说在将来到社会主义情况下面，只要照毛主席讲的道理去做，在本身还是有前途的。毛主席曾经这样说：“只要战争关、土改关都过去了，剩下了的一关就将容易过去的……只要谁肯真正为人民效力，在人民有困难的时期内确实帮了忙，做了好事，并且是一贯地做下去，并不半途而废，那么人民和人民政府是没有理由不要他的，是没有理由不给他以生活的机会和效力的机会的。”这点从政治上来讲。

再从经济上来看，中国国内市场还是很大，国营公司还没有力量全部承担下来，还要充分发扬私营工商业有利于人民的一面。国内市场那么大，国家还需要的，还可以发挥一下，那么从经济上讲亦是有可为，不是不可为。但是另一方面，私营工商业有黑暗的一面，唯利是图思想，破坏国计民生，因为唯利是图常常不照顾全局，不照顾人民利益，因此在破坏的一面要加以限制。

各位可以回想一下，在汪伪蒋匪时期，在刚解放时候是什么情况，大家都投机，投得不得了，连教员都不安心教书而去投机，物价天天涨，人民的痛苦说不完。

（如 1950 年春节时候，南京米涨，我们要米店开门供应，他们死都不开。）

1950 年我们去救灾而奸商不管人民的利益痛苦，跟着去高价收购，假使这样发展下去，那就不得了。去年的黄豆问题，在夏季收购时候，公家收多少，私商收多少，我们曾经研究过几个方案，100％、90％、80％，决定公家收 80％，但是结果我们只收到了 60％，因为我们的收价是 950 元一斤，而私商则高价收，最高到 1800 元以上，那个就是唯利是图。因为唯利是图必然破坏市场，有唯利是图思想不要紧，因为这是制度所促使这样的，但是对私营工商业自己来说，不能怪制度，要检查出来。所以私营工商业破坏的一面，要想各种办法加以限制，但是有利的一面要发挥他，利用他。“利用”二字是好的字，证明你是好的，有好处可以利用，工商业能够利用他为人们做些好事情。“利用”并不坏，做好事的利用是光荣的，好坏要有区别。

那么从旧的制度来讲，要根本改造。这旧制度毛病太多，主要是生产资料私人所有和生产品社会所有（厂是自己的而生产的东西要社会上去卖）发生矛盾，工厂里资本家与工人发生矛盾，国家计划和个人那种自由资本无政府状态、无计划发生矛盾，像英美帝国主义国家里能订计划吗？根本不可能。这旧制度就是无政府、无计划的，因此要生产资料逐步改变为国家所有，把制度逐渐改造，这改造是必要的。

这改造在中国讲完全有条件的。中国工业资本家并不多，过去受帝国主义、封建主义的压迫，参加过反压迫斗争，解放后承认工人阶级领导，现在看到不少人带头改造，一定可以成功的，这改造是和平的改造。那么这种改造是否苦痛？可以说有些苦痛的，因为资本是你的，逐步改变为国家，并且生活习惯要变，人与人的关系要变（以前是命令式的，现在平等）。这样改变是有些不舒服的，只要政治水平提高，人是脑子指使的，那就会想通，最难的是钻牛角尖，想不通，那么苦痛就来了。思想认识提高接受改造，就可以克服苦痛。

改造完毕之后，所有人都很幸福，特别是下一代更幸福了，到那时没有战争，国家生产一步步提高，大家有工作做，在国家培养下愉快地工作，愉快地生活。这前途是很好的，可以避免危机，苏联就是很好的例子，大家都很幸福，所以这条道路肯定前途是光明的、广阔的，私营工商业家走这条道路肯定是光明的、有前途的。

因此我们根据这条道路，用新民主主义观点看问题，坚决走这条道路，得出结论必须把旧的观点、希望自由竞争的观点抛弃掉，那种前途是不利的，对子孙亦不利的。

至于有人说“国家有前途或个人没有前途”这种说法是不对的。国家是一个整体，每一个人都是国家里的组成部分，是国家里的系统，你如果把一个一个人抽掉就不成国家，国家变为空的，那么国家前途六亿人口是一致的。但是如何会发生这样看法的呢？那就是旧观点，把国家看成另一问题，和个人对立起来。新社会的国家与人们的关系是怎样呢？人民的事业文化国家都负责，然而现在还有些困难，几个五年计划以后会逐步解决的，今后国家与人民的关系会更密切，这些宪法上规定的，规定国家与人民的关系。

经过改造结果如何呢？工商业家结果变为社会主义公民之一，到社会主义一样有工作做，一样根据能力拿一定待遇，问题决定于我们诚诚恳恳地接受改造，不要抗拒改造。

改造时间大约十五年左右，不能因为我们有计划，譬如计划今年搞几十个厂公私合营，而且比重很大，要占 1/3（全省经济比重），这样只要三年就可以了，没有那么简单。江苏省有 17000 多工厂是不容易的，非经相当长的时间不可，大厂搞起来容易，小的厂就困难，工业改造是比较有成熟经验，商业还在摸索中，所以大家提出的方案要求是高了一些，还要摸索。对米商改造有个例子，是改造办法之一，但并不是惟一的，亦不是什么行业都可以用，为何米商先来呢？因为他的弊漏最大，对人关系最大。以后搞哪些行业、如何搞还要慢慢研究，在改造过程中商业困难是比较多的，但是总要解决的，不要埋怨，问题要想办法改造，三十八万户要开一连串会议研究，逐步稳步前进，过急要出毛病的。

二、关于会议开法的争论问题。

这次会议开的时候有两种不同意见：

1. 先解决思想问题。

2. 先解决具体问题。

争论得很厉害。这问题争论是好的，应该的。

我认为解决思想问题、具体问题不好绝对起来看，应该联系起来，抓住重点，意思就是说二个问题都要谈，但是要抓住重点——即思想问题。解决思想问题为主，具体问题为次，亦不好二个问题并立起来看，应该先解决思想问题，把大道理弄通，再在这个基础上讨论一些主要的、突出的、要解决的具体问题。

大家对具体问题提了些意见是好的，可以作政府解决问题时候的主要参考。

大道理通了（总路线），小道理（具体问题）就可以通，这是我们的经验。

这次大道理谈得多，但小道理谈得不畅不多，可能还有些顾虑。有些呢，是大道理讲通了，因此小道理亦通了，所以把提案撤回。

在商业方面，目前的确存在些困难，提困难我们很欢迎，拒绝人家提困难是错误的，不研究更错，把具体困难分析一下找出克服的办法，这才对。对困难要有分寸，不能笼统讲困难。困难有真困难、假困难，有大困难、小困难，有临时困难、长期困难，有季节性的，淡季困难、旺季困难，都要分清楚加以分析区别，然后想办法解决。

现在工商业方面有如下困难：

（一）手工业原料困难，是少数的，如丝、草帽边、瓜子，这困难原则上政府应该帮助解决，但是不能依赖政府解决，原料困难，有些政府没有控制被投机投掉，有些是不是这个问题应该考虑，我们来召开合作会解决。

（二）货源问题。这个问题的困难主要是名牌货、热门货，这问题原则上尽量照顾，我们商业厅要专门开会对公私分配定出原则，过去是有些缺点的。

（三）差价问题。这问题政府原则上保持合法利润，假定说这个行业差价有问题可以调整，但是希望要能够提出具体行业品种，但要事实相符。

（四）转业问题。转业如果这业或这店的确不能维持，没有前途，应该允许他转，然而转哪一业要很好研究，因为那一业的供产销会因你转业而发生问题，如果转去是有好处的，应该批准他转，就是要反对盲目转业。转业中的大困难就是职工问题比较难处理，到将来都不是问题（可以转入国营、工厂）。目前要照顾具体情况，不能急于推出门，不顾职工生活，但是有些商店要吃光了，应该迅速帮助处理。

（五）销路问题。有人说国营生意很好，私营生意不好，我想这问题很难解决，不可能强迫别人一定要到哪里去买，只有改善自己经营，改善思想作风，来解决这问题。因为有这些问题产生了疑问，将来商业是否也取消，商业少不了的，这是人们的供应工作，将来还要，不过经营方法不同了，不是自由市场，而是有计划经营。

这些问题，会后交商业厅研究，与有关方面逐步地来解决。

这是社会主义性质限制，点的限制与面的限制，目前不可能提出具体答复。

三、工商联合会基本任务，代表回去后的任务。

（一）工商联合会的任务，组织章程规定五条：

1. 领导全省工商业者遵守共同纲领及人民政府政策法令。“领导”、“遵守”。

2. 指导私营工商业者在国家总的经济计划下发展生产，改善经营。对生产经营起指导作用。

3. 代表私营工商业者的合法利益，向人民政府或有关机关反映意见，提出建议，并与省工会协商有关劳资关系等问题。代表“合法”利益，这里有一个含意，非法的不要代表，要有所区别。

4. 指导与推动全省私营工商业者进行学习，改造思想和参加各项爱国运动。学习之后只讲一套，而自己不做，对你是没有好处的，这是要言行一致。

5. 领导并协助全省各地工商业联合会工作。

基本任务是五条，其中有很多内容，希望大家研究。

（二）代表回去后的任务：

1. 传达大会精神，特别是陈司令员的讲话。做这事情，很不容易，传达时不要弯曲，要忠实，要老实。

2. 工作中要起带头作用，因为代表们都是工商界的骨干分子，工商界许多人都是看你们样的。

3. 自己行动上、思想上、言论上要起模范作用。模范很不容易做，无论在哪一个工作上都有一大批模范，是一种正确的标帜，亦是一种前进的标帜，使大家有所方向，移风易俗，将来在工商界中间应该有一批模范工商业者。条件如何，你们可以研究。

4. 要在政府与工商界中间起联系桥梁作用。

至于传达是否召开代表会议可与当地政府商量决定。要做到这样有几点要求：

1. 自己努力，要有远见，在政治上要有远见。

2. 要依靠党与人民政府，思想上一定要坚定，否则工作做不好，对国家的政府法令，要严格遵守，不要违抗，要联系群众，这是我们的信条，工商界亦应该如此，联系不是点点头，拉拉手，联系必须了解群众困难、苦痛、思想情况，有错误的要进行帮助，好的要吸收，困难向政府反映，是做工作，又教育他，又向他学习。

对生产要积极经营，商业经营好，工厂生产好，主观努力是主要的，客观原因是次要的，积极改善生产经营，才能够做模范。

最后，我们这一个伟大的祖国，正在一天天向强大的人民幸福的前途迈进，天天在生长许许多多的新生力量，在改革不合理的制度、习惯和风俗。我们的第一个五年计划规定了141项工程，要建近700的工厂，都是最新式、最近代的，这些力量生长起来，改变了中国的经济面貌，如果这任务完成，就有基础了，就不怕别人来侵略。我们国家缺乏大批科学家、专家，正在大批培养，经过几年培养人才多了，文化面貌亦为之改变。那么一个二个五年计划完成，那时人们生活就大大提高一步，生活情况面貌为之改变。就以几年来，我们这里不是建设地区，然而房子亦造了不少。在经济上、文化上、生活上起了变化，在制度上会起更大的变化。现在农村那种小农经济制度就是要改变为集体的用机械耕种的情况，普遍看到拖拉机、收割机，村庄很自然地变，这工作很艰苦，很不容易做，但是可以完成的。农村生产合作社，原来只有200多个，现在已经发展到4000多个，拉都拉不住，这种发展趋势很清楚。大工业与农业集体化要配合起来，大工业生产不能建筑在小农经济上的，某地有一个大工厂要十几万人，而它的周围都是小农经济，单是种的菜都供给这个厂，就是几千人挑，这怎么行，只能把它合作起来，用拖拉机、用汽车运送，这就说明必须以近代化来适应。就拿原料讲，亦是如此，工厂要多少原料，不合作化，计划是很难完成的，结果不是这样多，那样少，或者这里多，那里少。假使全部合作起来，这问题就可以解决，农业要适应上去，运输业、商业、工业都要适应上去。

国家过渡时期要求每一个人民跟上去，在总路线照耀下跟上去，掉队是苦痛的，落后是要受讥讽的。

国家的局势无论哪方面都是欣欣向荣，在改造过程中，会有小小的苦痛，困难要克服，要改变观点，改变制度。

历史发展是无情的，是按照它的方向发展，每一个人都不能违背的。今后如何发展，大家很清楚，要求工商界朋友能够跟上时代，适应时代。国家要求各界一致努力把祖国建设为真正的名副其实的国家，不要受人家欺侮。

江苏省工商联为正式成立将各项名单及印模送请查照致苏州市工商联筹委会函

1954年4月30日

本会于一九五四年三月二十六至四月三日召开会员代表大会，正式成立江苏省工商业联合会。兹将（一）本会主任委员、副主任委员、常务委员及执行委员名单；（二）秘书长、副秘书长名单；（三）新印模各一份送请查照。

（一）江苏省工商业联合会主任委员、副主任委员、常务委员及执行委员名单

主任委员：钱孙卿

副主任委员：

李　铮　陆小波　刘国钧　张敬礼　陈邃衡　钱省三　程秉文　范谷泉　陶叔南

常务委员：

丁治安　于汝成　毛柏生　吴漱英　吴惠春　李杏卿　林静波　姚清德　唐君远
徐美峰　徐佩镕　徐粹清　陈东波　陈东明　黄希仁　张允溪　张海波　张凤鸣
张金堂　程延龄　黎　民　潘指行　郑翔德　卢潜庵　谢德栽

执行委员：

丁治安　李春华　徐佩镕　徐美峰　黄希仁　曹汝亮　裘在兹　卢祖诒　魏振华
唐君远　冯晓钟　张凤鸣　荣广亮　邓　平　郑翔德　刘铭三　胡　平　浦亮元
徐粹清　程延龄　谢惟安　王荣炘　李杏卿　姚伯方　张允溪　潘石江　杜学展
崔度云　张文潜　卢潜庵　佟蔗佳　宓绳武　张海波　胡鲁璠　黄晶觉　毛柏生
金锦祥　于汝成　程溥泉　严彩广　吴惠春　章定甫　张金堂　王君宝　汪金波
林静波　丁朗哉　杨雨成　严德泰　陈士扬　王培栋　金明云　程冠东　姚清德
潘逸尘　沈彬儒　汤所均　潘指行　吴漱英　李慕萱　陆子容　谢彦章　陈东明
陈东波　梅　村　黎　民　廖卓之　谢德栽　冯伯华

（二）秘书长、副秘书长名单

秘书长：陈邃衡（兼）

副秘书长：黎　民　林静波

三、成立苏州市工商联

陶叔南关于准备召开会员代表大会协商代表名单的讲话

1954 年

各位委员、组长，各位先生：

苏州市工商业联合会会员代表大会，在六月上旬，就将要正式召开了，我们相信，大家听到以后，一定会很兴奋的。这次大会的召开是我们工商界的一件大喜事，是值得我们每一个工商业户高兴的。

我们市工商联，还是在四九年十月间，就开始筹备的，在这四年多时间里，由于党和政府的支持与正确领导，所以虽然是在筹备期间，但是亦同样的代行了工商联的职权，因而使我们全市工商业者，在政治认识上，在经营管理上，都获得了不同程度的提高，取得了发展与进步。

自从总路线明确宣布以后，我们工商业者全国性的组织在去年 11 月已经正式成立了，江苏省工商联亦在本年四月三号通过会员代表大会，正式成立了。我们参加这次大会以后，原来在考虑怎样来传达，同时又联系到，我们苏州市工商联筹备期间已经很长，亦应该及时地来正式成立。因此就把我们的意见，向市政府李市长汇报，请示李市长同意我们召开会员代表大会，通过大会，一面加强组织，正式成立“市联”，一面来传达“省联”大会精神决议，进行讨论、学习，使我们通过这次大会（正式成立“市联”以后）能够更好地领导全市私营工商业进一步深入学习总路线，贯彻总路线，一起来接受社会主义改造，所以这次大会是极关重要的，是要足够重视的。

工商联根据这样的精神要求，在 19 号召开了筹委会扩大会议，一起研究大会怎样召开，到会的筹委和各业代表都表示热烈拥护而且保证支持大会的召开。

我准备在今天的会议上，谈三个问题：

一、会员大会的筹备情况，以及代表的名额分配、产生办法。

从筹备委员会扩大会议以后，我们就立即紧张地开始工作，连续开了一连串的会议，分头积极准备起来。

现在初步决定，大会在六月六日正式召开，会期暂定六天，并且拟定了会员代表大会组织条例，我这里把主要的几条介绍与说明一下：

代表名额以及代表名额的分配：

全体代表总额 265 名，除了正式代表外，还准备有一定数目的列席代表，正式代表 265 名，中间国营、合作社、公私合营会员代表 27 名，特邀代表 10 名，摊贩、行商5 名，其余的都是在私营工商业中产生，产生的原则，是遵照工商联组织通则上“市、区分工，各得其所”的精神，并结合我们当地私营工商业的实际情况出发产生的。

从业务性质来分：工业 30%左右，商业 27%左右，手工业 25%左右。

从单位的大小分：大业大户 42%左右，中户 30%左右，小户 10%左右。

（以上是根据 265 名总名额计算）

代表的产生办法：

国营、合作社、公私合营会员代表，由有关部门协商产生。

特邀代表，由工商联筹委会或常委会提出代表候选人名单与有关部门协商邀请。

摊贩、行商，另行协商产生。

私营工商业会员代表，先由筹委会或常委会，根据名额分配，提出代表候选人名单，分别提经联或区协商产生。

具体步骤：

市联提名——召开联及区主要委员。第一次协商——由联或区分别召开行政委员会或区委会扩大会议。第二次协商——最后由联召开各业筹委扩大会议或由区召开委员组长扩大会议，协商产生代表名单。

为什么这样分配，采取这样的步骤来产生代表？

首先要说明的，无论工、商、手工，无论大、中、小会员，都是市工商联的成员之一，这样做主要是贯彻组织通则的原则，我们“市联”成立以后，“区联”亦将考虑成立，这样就可以使市能够用较多力量来照顾较大工商业，而“区联”成为确能反映中、小工商业者意见，和代表中、小工商业者的利益。

另外，在本市的工业户数并不多，然而经济比重较大，因此代表的名额中，是工业最多，商业、手工业次之，是完全从合理分工出发，从搞好工作出发，使全市工商业者真正能达到大、中、小各得其所。

不过，我们不能只产生大户、工业户代表，而亦要照顾到中、小户，又要照顾到主要行业的面，因此订出了以上的一个比例。

并且为了掌握时间，照顾全面，因此按照比例，提出初步名单，提供协商产生代表时参考（不这样无法照顾全面）。

同时为了一面照顾行业性，一面又要照顾到地区性，因此一部分代表在联里产生，一部分就在区里产生。

二、工商联的性质任务。

“市联”即将正式成立了，但是我们必须首先明确一下工商联的性质任务。关于工商联的性质，组织通则第一条就规定，“工商业联合会是各类工商业者联合组成的人民团体”。

工商联的任务。在组织通则上亦规定了工商联的四项基本任务：

（一）领导工商业者遵守共同纲领及人民政府的政策法令。

（二）指导私营工商业者在国家总的经济计划下，发展生产，改善经营。

（三）代表私营工商业者的合法利益，向人民政府或有关机关反映意见，提出建议，并与工会协商有关劳资关系等问题。

（四）组织工商业者进行学习，改造思想和参加各种爱国运动。

这些任务，都是符合于国家和人民的利益的。我们私营工商业者是中华人民共和国的人民之一，是以工人阶级为领导的四个阶级之一，因此亦符合工商业者自身利益的。我们私营工商业者如果遵守共同纲领和人民政府的政策法令，并且符合于国家总的计划，是可以发展的，这是我们所必须遵循的道路。因此工商联呢，有责任用共同纲领和政策法令来帮助教育私营工商业会员，并且引导他朝着有利于国计民生的方向发展。我这里根据我个人的体会谈一谈，我对工商联任务的认识，提供各位参考，主要三点：

1. 辅导生产经营方面。

工商联过去在这方面的工作是做了一些，但是做得很不够的。譬如，动员参加物资交流，推动搞好生产，改善经营管理等工作是做了一些，然而只是停留在个别业或个别几个户，或者是有了问题以后，再帮助解决，不能及时地、全面地、主动地来多做辅导工作，多引导些方向，这是值得我们注意与改进的，同时亦希望大家对我们多提意见。

对于目前一些情况来说，从总路线明确宣布以后，开始一般的工商业者思想上很混乱，认为是不是会倾家荡产，对前途看不清楚（举钞票被鼠咬例子）。经过了听报告、学习讨论才逐步地明确起来。但是到目前为止，消极情绪还是存在的。为什么这样呢？这完全是对问题没有看清楚的关系，关键在于我们怎样来认识困难，对待苦难。我们看问题应该：

第一，要全面地看，要先看总的情况。譬如你说苏州市工商业没有困难，这是假的，但如果你说苏州工商业都困难，这亦是不老实的。我们从总的情况看是没有差，工业很好，手工业原来是淡季关系但是亦还好，商业总的与去年同期相仿。但是业与业之间，户与户之间就不同了，有好的有坏的，像糖果业、食品、服务性都比去年同期高。这点我们必须首先搞清楚，不能一概而论。

其次，有困难，怎么办？我们首先要端正态度，端正认识来分析。困难有真有假，有大有小，有临时有长期，有季节性的，淡季困难或旺季困难（原料资金）。有困难尽量提出来，但是必须分别清楚，加以分析，然后想办法来克服困难（本身企业也常有困难）。

譬如有人说私营生意清，国营生意好，那就应该研究：你的服务态度怎样？买价怎样？我们可以自己作买客来比，为何自己买东西也要到国营？像协记布衣老早就靠拢国营，生意一直很好。因此要服从牌价，改善经营作风是会好转的。

又如，在米粮统购统销的时候，大家都认为很好，但是一些经销店本身讲，亦有问题。主要因为刚开始，有的开支大，分配任务少，因此有些困难，但是他们中间就有两种态度，一种呢，是不满意了，甚至西区有一户要申请歇业；另一种是相信政府，暂时尽力克服困难。现在政府加以调整，问题就解决了，困难亦克服了。

所以有困难，必须先分析困难，而且找出办法来克服，只有自己积极努力，才能够得到各方面的帮助（举竹头与草绳例子），要认识今天的人民政府不是希望多关一爿店好一爿。

第三，至于有些因为业务起了变化，特别是一些批发业务，怎么办，亦应该有准备的态度对待。一方面仍旧搞好现有经营，一方面积极找方向，多与工人商量，与工商联向政府请示（工商联已成立专业辅导委员会），可以研究转业，但是并不是全要转业，不能道听途说，盲目乱动，亦不能消极依赖。

因此，如果有问题，有困难，不积极想办法，这样既不利于国家，也不利于自己，结果吃亏还是你自己。工商联过去对这一方面工作亦做得不够好，没有帮助会员分析问题，研究问题，指示方向。

2. 学习方面。

学习就是为了提高我们的思想认识，愉快地接受改造，准确地发挥积极作用。我们谈起来，大家很清楚，社会主义是好的，国家只有走向社会主义道路才是光明大道，但是我们应该怎样走？怎样来真诚地接受社会主义改造？首先必须把一套旧的唯利是图的，只顾个人利益的旧观点、旧思想拿掉。要拿掉那就必须学习，在学习中不断提高，如果不学习，还是拿老的一套办法经营，在新社会里就行不通而且要犯错误。学习就是使我们不犯错误或少犯错误（举一二例子，民丰，崔炳炎），所以有人把学习看作包袱，很危险，有的人认为“学习是好的，但是解决不了具体问题，无啥道理”，这样说法想法都是不好的。我们可以反问一声“不学习是否对你有好处？不学习是否困难就可以解决?”一定说不可以，那么通过学习至少能吸取别人的经验，大家一起来帮助。何况学习就是首先要学通道理，道理通了就能够分析问题，认识问题，找出解决问题的办法。不过学习要能够敞开，有问题大家拿出来研究，而且学习必须联系实际，要贯彻到行动中去，理论与实际一致，思想是指导，才是真正的学通道理。因此我们如果认识到学习的重要，就会感到兴趣，非但不会看作负担，而且会与吃香烟一样有瘾（吃橄榄先酸后甜，帮助犹如苦口良药利于病）。

3. 遵守共同纲领与人民政府政策法令。

法令一定要遵守，法令不仅仅是几条条文，像服从国营领导、市场管理、工人群众监督都要遵守。我们苏州市有很多例子：像染织、丝织，几年来接受国营领导，加工任务以后，都获得一定的提高与相当利润（接受加工时的错误思想及接受加工前后对比）。而像崔炳炎之流就是不遵守法令，投机，套买，危害人民利益、国家利益，因而受到法律制裁，判徒刑十年。不奉公守法，结果自己吃苦，罪该应得。像崔炳炎主要是在于自己，工商联过去曾经对他几次帮助，由于他不能很好地接受，抱着阳奉阴违的态度，工商联就不管他了，假使能再多做些教育帮助工作，说不定能挽救他，因此这方面的工作，是值得我们今后注意的。

上面已经谈过，今天的政策法令，是符合全体人民利益的，是保障合法经营的，我们只有准确地贯彻政策法令，才符合我们真正的长远利益。至于有人这样说，整体利益、长远利益与我们无关，或者有的说与我们工商界无关，那是完全不对的。我们就以今天的教育事业来谈，高级以上的学生，都是由国家在培养，我们工商界的子女没有例外吧，有的子女经过国家培养，已经能够寄钱回来了，这是哪里来的？再静心想想总路线是过渡到社会主义，我们私营工商业经过社会主义改造，经过和平转变，同样地进入社会主义，同样地享受幸福生活，但是社会主义，不可能天上掉下来，是要靠全国人民大家努力。我们是人民的一员，那么就应该尽一份力量，要准确发挥我们的积极作用，首先要服从政策法令，爱国守法，这样才是真正的出把力，亦是符合了我们在内的整体的长远的利益。这些是我个人的体会，对不对大家讨论指正。

三、怎样迎接会员代表大会召开。

（1）学好道理，相信领导，积极搞好生产经营。

我们必须要相信领导，相信共产党，相信自己有前途，我们可以从解放几年来的各方面来证明（物价稳定，胜利折实公债，抗美援朝），党做事是说一是一、说到做到的，是为着全国人民利益打算的，因此毛主席的指示国家过渡时期总路线，是完全准确的，不是像我们过去那样想象的用私营工商业倾家荡产来换取社会主义，是由党领导着全国人民一起努力来创造的。过渡时期，国家对资本主义工商业社会主义改造的政策就是利用、限制、改造。利用是利用我们的积极一面，我们如果认识到这点，我们就应该积极地搞好生产经营，即使有困难亦就会有信心来克服，这是一方面。另一方面保证税收购买公债（发挥）等，这样既对国家有贡献，在社会主义建设过程中出一把力，对自己来讲亦获得合法利润，有利可得，将来同样能享受幸福生活，真所谓“功在国家，利在自己”。这样亦是迎接自己组织正式成立的实际行动。

（2）要群策群力，大家想办法。

市工商联组织正式成立以后，我们会员与工商联的关系一定更密切起来。成立工商联就是为了关心生产，大家一起搞好生产，因此有困难，有问题，大家来想办法，大家研究。各位回到本行业里希望深入传达，广泛征求意见，积极地组织提案，并且以实际行动来推动群众，影响群众。提案要既有案由又有办法。通过大会，代表们一起研究解决，对工商联有意见，有建议亦应该提。工商联是我们自己的组织，我们要一起来把组织搞好，共同来贯彻总路线，接受社会主义的改造。

（3）选好代表，保证开好大会。

今天的会议，主要就是协商产生代表，代表产生得好，就能够保证开好大会，就能够代表我们的正确意见来研究我们自己的事情。因此对代表的要求条件来讲，代表一定要有代表性，要有积极经营、遵守共同纲领的具体表现，这样才能够上代表的条件，必须郑重研究反复协商。今天召开这个大会就是将市、区领导上协商酝酿的和昨天区委员会扩大会议协商的候选人名单，提交今天的大会，不要认为候选人名单已经提出了，认为形式主义的，不是的，而是反复民主协商的方法。因此，一定要发扬民主，要以负责的态度郑重协商来选好代表，使大会开得更好。

江苏省苏州市工商业联合会章程

1954年6月12日

一九五四年六月十二日江苏省苏州市工商业联合会会员代表大会通过。

第一章　总则

第一条　本章程根据中央人民政府政务院公布的“工商业联合会组织通则”制定之。

第二条　本会定名为“江苏省苏州市工商业联合会”（以下简称本会）。

第三条　本会是苏州市各类工商业者联合组成的人民团体，受苏州市人民政府的监督与指导，以团结全市工商业者，贯彻共同纲领和国家在过渡时期的总路线、总任务为目的。

第四条　本会的基本任务：

（一）领导全市工商业者遵守共同纲领及人民政府的政策法令；

（二）指导全市私营工商业者在国家总的经济计划下，发展生产，改善经营；

（三）代表全市私营工商业者的合法利益，向人民政府或有关机关反映意见，提出建议，并与本市工会联合会协商有关劳资关系等问题；

（四）组织全市工商业者进行学习，改造思想和参加各种爱国运动；

（五）贯彻和执行上级指示和决议，并领导本市各区工商业联合会工作。

第五条　本会会址设于苏州市。

第二章　会员

第六条　本会的会员：

（一）本市国营、私营、公私合营的工商企业；

（二）本市合作社或合作总社；

（三）本市手工业者，行商、摊贩得个别地或集体地加入为本会会员；

（四）对工商界有特殊贡献的人士，得被邀请为本会的个人会员。

第七条　会员的权利：

（一）有发言权、表决权、选举权和被选举权；

（二）有向本会提出建议、批评与反映意见之权；

（三）有享受本会各项辅助及福利事业之权。

第八条　会员的义务：

（一）遵守会章；

（二）执行决议；

（三）缴纳会费。

第三章　组织

第九条　本会的组织原则为民主集中制。

第十条　本会的最高权力机关为会员代表大会，其职权如下：

（一）制订或修改本会章程；

（二）制订工作方针和计划；

（三）听取、审查、通过工作报告及预算决算；

（四）选举或罢免正副主任委员、执行委员、秘书长；

（五）决议其他有关的重要事项。

第十一条　每届会员代表大会代表名额及产生办法由上届执行委员会协商决定之。

第十二条　本会会员代表大会选举主任委员一人，副主任委员若干人，执行委员九十一至一百一十一人，组织执行委员会，其职权为执行会员代表大会的决议，办理会务，并对外代表本会。

第十三条　本会执行委员会设立常务委员会，除本会正、副主任委员为常务委员会正、副主任委员外，由执行委员互选常务委员三十五人至四十五人组织之，其职权为代表执行委员会处理日常会务。

第十四条　国营企业、合作社及公私合营代表当选为执行委员的，如因故不能继续担任委员职务时，得由原单位推选代表补任之，以补足原任的任期为限。

第十五条　正副主任委员、常务委员、执行委员任期均为二年，连选得连任。

第十六条　本会设秘书长一人，由会员代表大会就执行委员中选举之，任期为二年，连选得连任。设副秘书长若干人，由执行委员会任免之；秘书长、副秘书长之下，设置机构，分工办事，其机构组织规程以及办事细则另订之。

第十七条　本会常务委员会得因工作需要设置各种专门委员会，其组织规程由常务委员会另订之。

第十八条　本会按本市地区设立各区工商业联合会，为本会领导下的一级组织，在有关全市性的问题上遵行本会的决定和指示，并受各该区人民政府的监督和指导，区工商业联合会组织章程另订之。

本会根据需要得按行业设立同业公会或同业委员会，为本会领导下的专业性组织，组织办法另订之。

第十九条　各种会议规定如下：

（一）会员代表大会每一年举行一次，由执行委员会召集之，或经五分之一以上的会员代表大会代表建议，或在必要时经常务委员会的决定召集之；

（二）执行委员会每三个月举行一次，由主任委员召集之；

（三）常务委员会每一个月举行一次，由主任委员召集之；

（四）各种会议可提前或延期召集之，必要时得召开临时会议。

第二十条　各种会议均须有过半数的出席人方得开会，有出席人过半数的同意，方得通过决议。如赞成与反对遇同数时取决于会议主席。

第廿一条　本会于成立或改选后十五天内应将制度或修改之章程及正副主任委员、执行委员、秘书长名册，报请苏州市人民政府财政经济委员会及江苏省工商业联合会备案。

第四章　经费

第廿二条　本会经费由各会员合理负担，其缴纳办法，经会员代表大会通过后施行之。

第廿三条　本会因举办事业募集事业费，应经执行委员会决议，提经会员代表大会通过，并报请政府主管机关核准，如不及召开会员代表大会，得由执行委员会决议，经政府主管机关核准后，先行征募，于会员代表大会开会时，提请追认。

第廿四条　本会的财务应做成报告，向执行委员会及会员代表大会报告并公布之。

第五章　附则

第廿五条　本章程经本会员代表大会通过，报请苏州市人民政府财政经济委员会核准后施行之，并报请江苏省工商业联合会备案，修改时同。

江苏省苏州市工商业联合会主任委员、副主任委员、执行委员及秘书长名单

1954年6月12日

主任委员：陶叔南

副主任委员：

惠志方　浦亮元　张甸国　程延龄　朱汝鹏

执行委员：

王玉龙　王德墀　董德棠　郭熙炜　计新民　刘井荣　黄柱天　刘玉坤　彭　飞
卫楚材　谢惟安　牟汉英　卢燕庭　沈泽苍　贝祖武　袁开先　陆锡翔　李永德
丁庆田　高吉甫　程梓康　徐桐生　张正明　李鸿业　徐鹤亭　王振瀛　姚轩宇
任锡荣　潘宜平　张鸿钧　夏定良　蒋振中　童勤高　陈茂生　高志成　郑益清
程汉章　陈鹤村　刘敬堂　薛国杰　章聚堂　吴其发　李延秋　于观清　陶君武
唐慎志　魏俊铭　严鸿高　周秉钧　张柱华　毕炳麟　姚叔威　范世雄　邵孝忠
姬允奎　吴惠镗　叶元铮　蒋松生　陈祖燮　佘民杰　徐粹清　洪宝锠　诸葆良
夏如椿　薛温良　叶元铨　訾守甫　华伟明　成焕兴　虞钧培　周根生　黄克铭
范安仁　冯国祥　徐仁焕　孙宝冲　王建言　张学明　李坤松　俞启溏　何晋棠
孙奎俊　徐民引　王　蕲　张曾祥　钱天鹤　杜宗元　蔡宇茂　陈焕章　罗海珊
范子明　叶国桢　徐守仁　高国香　闵锦尧

秘书长：叶元铮

苏州市工商业联合会第一届执委会常务委员名单

1954年6月

陶叔南　惠志方　浦亮元　程延龄　张甸国　朱汝鹏　叶元铮　彭　飞　佘民杰
陆锡翔　李永德　王震瀛　姚轩宇　陶君武　叶元铨　洪宝锠　孙宝冲　徐守仁
王建言　李坤松　虞钧培　周根生　潘宜平　邵孝忠　范世雄　夏如椿　叶国桢
张正明　陈茂生　高志成　程汉章　薛国杰　张柱华　毕秉麟　徐粹清　俞启溏
孙奎俊　卫楚材　牟汉英　王玉龙　王德墀　黄德棠　王子方　郭熙炜　谢惟安
刘玉坤　陈健光

江苏省苏州市工商业联合会
各种专门委员会组织规程

1954年6月15日

一九五四年六月十五日常务委员会第一次会议讨论通过。

第一条　本规程根据江苏省苏州市工商业联合会（以下简称本会）章程第十七条及常务委员会工作规程第二条、第四条的规定制订之。

第二条　各种专门委员会各设主任一人、副主任若干人、委员若干人，由本会常务委员会或主任委员选聘组织之，必要时，得分设若干小组。

第三条　各种专门委员会为本会常务委员会的辅佐机构，根据本会常务委员会、正副主任委员的指示，对下列事项进行研究审议或设计工作：

（一）本会会员、执行委员的提议或建议事项；

（二）各区工商业联合会、国营企业单位、合作社单位、公私合营企业单位的提议或建议事项；

（三）专门性或专业性制度或问题；

（四）其他专门委员会移送研讨或审议事项；

（五）本会秘书长、副秘书长及各室、处的提议或建议事项。

第四条　各种专门委员会应将研讨、审议或设计的结果，作成报告、方案或提案提交本会常务委员会或正、副主任委员审核决定处理。

第五条　各种专门委员会为适应工作的需要，得由主任或副主任报请本会常务委员会或正、副主任委员邀请区工商联委员或行业中的委员或其他人士担任工作。

第六条　各种专门委员会为便于工作，得由主任或副主任报请本会正、副主任委员选派秘书及工作人员。

第七条　各种专门委员会会议由各该专门委员会主任召集之。

第八条　各种专门委员会会议时，由主任为主席，主任缺席时，由副主任代理之。

第九条　各种专门委员会会议时，本会秘书长、副秘书长及有关各室、处负责人均得列席，必要时，并征得本会主任委员或秘书长之同意，邀请党、政有关部门负责人员出席指导。

第十条　各种专门委员会因事实上之需要，得与其他专门委员会举行联席会议，或邀请其他专门委员会委员参加会议。

第十一条　各种专门委员会得视性质之不同，制订工作规程，报请本会常务委员会或正、副主任委员核准施行。

第十二条　本规程经本会常务委员会会议通过施行，修正时亦同。

江苏省苏州市工商业联合会
常务委员会工作规程

1954年6月15日

一九五四年六月十五日第一届执行委员会第一次会议讨论通过。

第一条　本规程根据江苏省苏州市工商业联合会（以下简称本会）章程之规定制订之。

第二条　常务委员会的职权：

（一）执行本会执行委员会的一切决议，代表执行委员会办理日常会务，并向执行委员会报告工作；

（二）审查、通过本会工作计划；

（三）制订或修改本会各项规程；

（四）决议设立或撤销本会各种专门委员会；

（五）通过任免本会办公室正、副主任及各处正、副处长；

（六）听取与审查本会秘书长、各室及各种专门委员会工作报告或提案；

（七）审查本会预算、决算，并向执行委员会报告；

（八）代表执行委员会办理有关召开委员代表大会的工作，必要时得决议提前或延期召开会员代表大会或召开临时会；

（九）决议其他有关的重要事项。

第三条　主任委员代表执行委员会对外代表本会，对内领导会务，副主任委员协助之。

第四条　各种专门委员会由常务委员会或主任委员选聘委员组织之，进行研究审议或设计工作，并应做成报告或提案，提交常务委员会或主任委员审核决定处理。

第五条　常务委员会每一个月召开一次，由主任委员召集之，必要时经主任委员的决定或常务委员会三分之一以上的提议，得提前或延期召集之或召开临时会。

第六条　常务委员会会议以主任委员为主席，主任委员缺席时，由副主任委员代理之。

第七条　常务委员会会议须有过半数的委员出席，始得开会，有出席人数过半数的同意，始得通过决议。赞成与反对遇有同数时，取决于会议主席。

第八条　本规程经执行委员会会议通过施行，修正时亦同。

苏州市工商业联合会委员分工名单

1954年7月31日

1954年7月31日例会第二次会议通过

工业辅导处：

处长：浦亮元
副处长：王震瀛　陆锡翔
委员：
李坤松　徐守仁　王建言　夏定良　严鸿高　徐鹤亭　周根生　张学明　范安仁
訾守甫　卢燕庭　袁开先　诸葆良　洪宝铝　姚轩宇　程梓康
商业辅导处：
处长：朱汝鹏
副处长：徐粹清　冯国祥　唐慎志
委员：
孙奎俊　陈焕章　程汉章　陈茂生　姚叔威　吴其发　罗海珊　俞启溏　张增祥
徐仁焕
手工业辅导处：
处长：程延龄
副处长：范世雄　潘宜平
委员：
华伟明　李永德　刘敬堂　于观清　章聚堂　成焕兴　何晋棠　蒋松生　陈祖爕
夏如椿　魏俊铭　徐桐生
组织处：
处长：张甸国
副处长：孙宝冲　黄柱天
委员：
丁庆田　毕秉麟　王　蕲　薛国杰　姬允奎　高志成
宣教处：
处长：惠志方
副处长：牟汉英　虞钧培
办公室：
主任：沈泽苍
副主任：贝祖武
学习委员会：
主任委员：陶叔南
副主任：惠志方　卫楚材
委员：
余民杰　浦亮元　牟汉英　程延龄　王震瀛　徐粹清　朱汝鹏　叶元铮　陆锡翔
虞钧培　彭　飞　张甸国
税务工作委员会：
主任委员：张甸国
副主任委员：俞启溏　冯国祥
委员：
张正明　陈茂生　薛国杰　高志成　毕秉麟　高吉甫　王震瀛　任锡荣　夏定良

严鸿高　周秉钧　姚叔威　姬允奎　成焕兴　徐民引　黄克铭　徐仁焕　陈焕章
罗海珊　陈寿彭　高国香　闵锦尧　范子明　蔡宇茂　钱天鹤　杜宗元　薛温良
王　蕲　张鸿钧　郑益清　陈鹤邨　李延秋　吴惠镗　李毓麟　徐敦义　范世雄
邵孝忠　时东林　吴定祺

转业辅导委员会：

主任委员：程延龄

副主任委员：朱汝鹏　佘民杰　牟汉英　叶国桢

委员：

陆锡翔　蒋振中　童勤高　王子章　张学明　孙宝冲　马元龙　程梓康　程汉章
潘宜平　任锡荣　周秉钧　黄克铭　张正明

劳资关系研究委员会：

主任委员：孙宝冲

副主任委员：范世雄　黄柱天

委员：

李永德　周根生　孙奎俊　张柱华　夏如椿　丁庆田　戴浩良　丁德昌

财务委员会：

主任委员：王建言

副主任委员：李鸿业　贝祖武

委员：

姚轩宇　陶君武　邵孝忠　叶元铨　徐桐生　徐鹤亭

苏州市工商业联合会内部分工

1954 年 8 月 6 日

税务工作委员会：

（一）贯彻推进政府税务法令，整饬纳税纪律；

（二）贯彻督促按期履行纳税义务；

（三）动员做好税款预备工作；

（四）辅导建账建证工作；

（五）办理其他有关税务工作和计划改进事项。

劳资关系研究委员会：

（一）贯彻推行并督促指导政府劳动法令，检查工会经费、失业工人救济金报缴情况；

（二）指导并督促检查各区办理劳资关系有关事项；

（三）指导协助签订有关劳资问题各种协议合同并检查督促履行；

（四）工厂安全卫生指导改进工作；

（五）办理其他有关劳资关系事项。

转业辅导委员会：

（一）加强转业工作中的思想教育；

（二）调研综合有关转业各项资料，并向政府部门提出反映与建议，有领导地开展转业辅导工作；

（三）根据产、供、销情况研究分析转业计划，辅导转业；

（四）办理其他有关专业事项。

财务委员会：

（一）审查本会财政收支计划，审查本会预算、决算；

（二）健全各项财务制度、会计制度及设计改进事项；

（三）指导办理有关欠债及清理资产事宜；

（四）研究设计其他有关财务及会费之改进事项。

办公室：

秘书科：

（一）文书、收发、管卷、监印、校对、文件交换、印信保管事项；

（二）交办事项及不属其他各处事项。

财务科：

（一）经费审查，预算编制执行，财务表报；

（二）经费收支管理，单据审查，决算，报销；

（三）指导办理代售印花税票及股职垫款事项；

（四）指导办理代收代缴工会费，失业工人救济金有关事项。

总务科：

（一）公物采购、保管、调拨、登记；

（二）房屋管理（包括修缮、使用、调拨、租户管理）；

（三）会场布置，机关安全卫生，宿舍、办公室管理，勤杂人员工作调配，其他庶务事项。

资料科：

（一）各项资料的综合、汇编、整理、保管；

（二）指导办理大型工业及小型工业定期统计报表；

（三）指导办理各业营业情况、主要商品购销情况暨批发商购销情况等报表事项；

（四）各业基本情况的汇总、整理、统计、分析；

（五）综合、统计各业工商户开歇业变更动态；

（六）其他调研统计及资料归集事项。

组织处：

组织科：

（一）本会各级组织委员、组长的组织教育暨有关资料的收集、整理、保管事项；

（二）各业同业公会、区工商联、小组的整组工作。

人事科：

（一）组织本会全体干部的学习；

（二）本会各级组织干部的工作纪律教育工作；

（三）本会各级组织干部的人事登记、调配、考勤、考绩，及有关资料的收集、整理、保管。

宣教处：

宣教科：

（一）时政宣传，政策法令宣传，思想教育，动员参加爱国运动及庆祝纪念，文娱体育活动；

学习科：

（一）组织学习，整理记录，总结汇报，介绍参考书籍及学习文件，书报整理、保管。

工业辅导处：

综合科：

（一）有关行业、厂生产经营情况资料的收集和研究工作；

（二）组织有关生产经营的经验交流；

（三）每月生产经营情况总结；

（四）有关会员会籍登记，开歇业变更动态之掌握以及合伙契约、合同议据的证明事项；

（五）其他不属于业务辅导科的工作事项。

业务辅导科：

（一）督促并检查执行产销计划情况；

（二）有关公私关系的问题，检查加工、订货、包销、收购合约执行情况；

（三）有关公私关系的问题；

（四）改善企业经营管理事项；

（五）有关原料供应事项；

（六）直属本会领导的各业同业组织活动事项；

（七）配合各专门委员会工作并提供参考资料事项。

手工业辅导处：

综合科：

（一）有关行业生产经营情况资料的收集和研究工作；

（二）组织各行业生产经营的经验交流；

（三）每月生产经营情况总结；

（四）手工艺品陈列的管理事项；

（五）有关会员会籍登记，开歇业变更动态之掌握以及合伙契约、合同议据的证明事项；

（六）其他不属于业务辅导科的工作事项。

业务辅导科：

（一）改进产品规格、品质事项；

（二）有关公私关系的问题，检查加工、订货、包销、收购合约执行情况；

（三）有关产销问题和原料供应事项；

（四）有关联营机构的组织和业务辅导事项；

（五）改善企业经营管理事项；

（六）审核产品成本等有关业务辅导事项；

（七）配合各专门委员会工作并提供参考资料事项。

商业辅导处：
综合科：
（一）有关行业经营情况资料的收集和研究工作；
（二）每月商业营业情况总结；
（三）介绍有关改善经营管理的经验；
（四）有关商会会籍登记，开歇业变更动态之掌握以及合伙契约、合同议据的证明事项；
（五）不属其他科的业务辅导事项。
业务辅导科：
（一）改善经营管理和经营作风事项；
（二）有关货源问题；
（三）有关批购合约检查和经验总结；
（四）推动有关行商、摊商的业务辅导事项；
（五）配合各专门委员会工作并提供参考资料事项。
市场物价科：
（一）调查研究市场动态；
（二）督促检查各业做好商品议价工作和明码实价工作；
（三）有关副食品行业联营机构的业务辅导事项；
（四）菜市场管理工作。
各区工商联内部分工：
秘书科：
秘书股：
（一）办理文稿、记录、工作总结事项；
（二）文件收发、监印、缮写、归档、印信保管事项；
（三）公物之保管，办公用品之领发、登记、保管事项；
（四）其他一切庶务事项。
财务股：
（一）经费之收支、保管、出纳、报销、财务表报之编造事项；
（二）会费、工会经费、失业工人救济金之代收、代解、表报编造事项；
（三）其他有关财务事项。
组宣科：
组织股：
（一）有关工商户之组织教育事项；
（二）工作人员之人事登记、考勤、考绩事项；
（三）有关各委员之人事登记事项。
宣教股：
（一）政策法令之宣传教育及会员参加各项爱国运动之宣传组织事项；
（二）拟订学习计划，组织学习，整理记录，总结汇报事项；
（三）反映学习中的思想情况；

（四）介绍参考书刊，转发学习文件及报刊材料整理、保管事项。

生产科：

辅导股：

（一）了解会员产、供、销情况并作记录，每月总结情况事项；

（二）市场管理、物价检查及供销情况之调查了解及市场动态汇报事项；

（三）生产经营管理及产品质量、规格之辅导改进事项；

（四）贯彻有关劳动政策法令事项，办理劳资问题的辅导事项；

（五）推动贯彻有关税务政策法令并组织督催税款纳库事项；

（六）会员动态登记、统计、汇对事项；

（七）其他业务辅导事项。

资料股：

（一）各项资料之登记、统计、汇编及各项有关资料之表报事项；

（二）重要行业每月营业情况之分析；

（三）典型户的资料调研事项。

外勤工作：

区内各股外勤工作之贯彻进行。

（外勤工作组组长由生产科科长兼任，统一掌握区内各股外勤工作之力量调配，工作布置，检查督促，掌握汇报事项）

江苏省苏州市工商业联合会常务委员名单

1954 年 12 月 31 日

执委兼常委	姓名	企业名称	企业类型			企业性质			政治态度	简历
			大	中	小	工	手	商		
执委兼常委	陶叔南	振亚绸厂	√			√				1917—48，振亚协理兼丝织业公会委员、理事，吴县县商会理事； 1949—54，苏州市工商联主委，人代会协商会副主席，苏州市民建第一召集人，振亚织物公司资方。
执委兼常委	谢惟安									1940—50，小学教员，水果行职员、经理； 1950—54，苏州市工商联常委，民建专职秘书长。
执委兼常委	浦亮元	苏纶纱厂	√			√				1927—45，苏纶纱厂管理员、主任、营业主任、厂长； 1945— 苏纶厂厂长，市工商联第二副主委，民建工商研究委员会主任。

续表

执委兼常委	姓名	企业名称	企业类型			企业性质			政治态度	简历
			大	中	小	工	手	商		
执委兼常委	余民杰	大公书局		√				√		1939—52，书局经理，大公书局经理； 1952— 任苏州市工商联秘书长，民建会员。
执委兼常委	唐慎志	四时新面馆			√			√		1935—52，绸庄练习生，面馆经理； 1952—54，苏州市工商联组织部副部长，民建会员。
执委兼常委	黄柱天									1939—47，木行经理，锅厂经理； 1951—54，苏州市工商联筹委秘书长，组织联络部部长，民建会员。
执委兼常委	徐粹清	东来仪纸号		√				√		1936—54，东来仪纸号经理； 市工商联常委，民建会员，中区人民代表。
执委兼常委	程延龄	程子记织带厂	√				√			1952—54，程子记织带厂经理，苏州贸易公司经理，民建会员； 1952— 任苏州市工商联生产指导部部长。
执委兼常委	张甸国	祥生油厂	√			√			中	祥生油厂厂长，工商联第三副主委，民建会员。
执委兼常委	卫楚材								左	工商联学习部长，民建第二召集人。
执委兼常委	姚轩宇	协成布厂	√			√			右	协成布厂经理。
执委兼常委	张学明	天明化工厂	√			√			中	天明化工厂经理。
执委兼常委	李坤松	中南火柴厂	√			√			中	中南火柴厂厂长。
执委兼常委	徐守仁	光华水泥厂	√			√			中	光华水泥厂代表。
执委兼常委	冯国祥	苏湖联营局	√					√	左	1934—1951，曾在南货店学业，后为职员，并曾任航运公司职员、业务主任，轮船局经理，苏州联营局总经理，民建会员； 1951—1954，任物促会（苏州）秘书处长，工商联生产部副部长。

续表

执委兼常委	姓名	企业名称	企业类型			企业性质			政治态度	简历
			大	中	小	工	手	商		
执委兼常委	牟汉英		√					√	右	物产贸易公司副经理，民建组织处长。
执委兼常委	虞钧培	大昌铁工厂	√			√			左	1929－1946，铁工厂学业，苏纶、生铁二厂技工，曾任铁工厂机器部主任；1946－1954，大昌铁工厂经理，市工商联常委，民建会员，苏州市第一届人民代表。
执委兼常委	俞启溏	华洋药房		√				√	中	1937－1947，药房练习生、职工、经理；1947－1954，任华洋药房经理，民建会员，市工商联常委。
执委兼常委	陈茂生	叶受和糖果	√					√	中	1932－1947，练习生，职员，做过行商，北货行经理；1948－1954，任叶受和经理，市工商联常委。
执委兼常委	范世雄	范兴臣帽扇		√			√		中	1932－1937，任吴县横宅小学校长；1938－1954，范兴臣帽店经理，行业主委，市工商联常委，民建会员。
执委兼常委	何晋棠	嘉美克纽扣	√				√		中	1936－1954，嘉美克纽扣厂厂长，市工商联常委，行业主委。
执委兼常委	孙宝冲	裕华皂烛厂	√			√			中	1931－1942，化工行练习生、职员，原料号经理；1943－1954，裕华皂烛厂，市工商联常委，生产指导部副部长，民建会员。
执委兼常委	邵孝忠	纶华		√			√		中	1925－1954，刺绣号学业，曾任职于宏源绣庄、纶华刺绣庄经理，市工商联常委。
执委兼常委	陆锡翔	开祥	√			√			右	1933－1954，开祥绸厂经理，市工商联常委，行业主委。
执委兼常委	童勤高	懋昌糖行	√					√	右	1940－1954，糖行练习生、会计经理，工商联学习部副部长，民建会员，市工商联常委。

续表

执委兼常委	姓名	企业名称	企业类型			企业性质			政治态度	简历
			大	中	小	工	手	商		
执委兼常委	陶君武	太和面粉厂	√			√			中	1920—1948，曾任堆栈经理，电机厂常务董事；1949—1954，任太和面粉厂经理，市工商联常委，民建会员。
执委兼常委	潘宜平	平记纬织工坊	√				√		中	1929—1950，曾任职员，绸绣庄经理，绸厂经理；1951—54，任平记纬织工坊经理，市工商联常委。
执委兼常委	蒋振中	联一合营处	√					√	中	1949—1951，油坊职员，油号经理；1951—1954，联一合营处经理，市工商联常委，民建会员。
执委兼常委	徐桐生	大康针织厂	√				√		中	1924—1954，绸布百货公司练习生，后任大康针织厂经理，市工商联常委。
执委兼常委	王震瀛	第一染织厂	√			√			中	1940—1952，任天和染织厂职员、厂长；1952—1954，任第一染织厂厂长，染织业联营处主任，市工商联常委，民建会员。
执委兼常委	王建言	苏州鸿生厂	√			√			中	1925—1930，上海水泥公司会计、协理；1930—1954，火柴厂职员、经理及苏州鸿生厂厂长，市工商联常委，民建会员。
执委兼常委	洪宝錩	大同兴造纸厂	√			√			右	1934—1949，钱庄练习生、职员、经理；1949—1954，大同兴造纸厂经理，市工商联常委。
执委兼常委	张柱华	大丰绸布号	√					√	中	1929—1932，苏州久丰布店学业；1932—1954，大丰绸布号职员、经理，市工商联常委。
执委兼常委	程汉章	汪瑞裕茶号	√					√	中	1917—1954，汪瑞裕学业，任职员及资方代理人，同业主委，市工商联常委。
执委兼常委	夏如椿	凤仪兴乐器		√			√		中	1921—1954，曾任学徒、职工，凤仪兴乐器号资方，市工商联常委。

续表

执委兼常委	姓名	企业名称	企业类型			企业性质			政治态度	简历
			大	中	小	工	手	商		
执委兼常委	徐仁焕	煤炭联营处	√					√	中	1923－1935，曾任煤公司职员、经理； 1935－1954，□砂厂司账，大成煤号经理，煤炭联营处主任，行业主委，市工商联常委。
执委兼常委	朱汝鹏	辛昌布店	√					√	中	1911－1937，曾任布店职员； 1938－1954，合伙开新昌布店，任经理，市工商联筹委，行业委员，民建会员。
执委兼常委	李永德	成永绸厂	√			√			左	1937－1954，绸布厂学员、经理，北区人民政府委员，北区工商联委员，民建会员。
执委兼常委	孙奎俊	世界商店	√					√	中	1923－1931，刺绣百货店职工； 1937－1954，苏州开设儿童世界百货店，后扩充为世界百货商店。
执委兼常委	张正明	正丰昌棉织厂	√				√		中	1942－1954，任百货店经理，正丰昌棉织厂经理，北区工商联委员。
执委兼常委	吴其发	吴鼎源酱园	√					√	中	吴鼎源酱园经理，酱工业主委。
执委兼常委	虞绍南	福康药厂	√			√			中	福康药厂经理。
执委兼常委	范安仁	克来砂轮厂	√			√			中	克来砂轮厂经理，东区工商联委员。
执委兼常委	高国香	行商							中	
执委兼常委	闵锦尧	摊贩							中	

四、工商联筹委会区级工作委员会

苏州市工商联筹委会金门区工作委员会第一次会议记录

1951年4月22日

日期：四月二十二日上午九时

地点：阊门外南新路禹川里绍酒业公会

出席者：详签到簿

临时主席：严裕安

记录：周一飞

报告事项：今天是我们金门区工作委员会第一次会议，现在最主要的问题先以三个分管区的界限详细地说明，第一区自横马路以南至小日晖桥止，第二区自横马路以北至鸭蛋桥浜东止，第三区自普安桥以西至上津桥及朱家庄止。根据上述地址划分后，即展开全面工作，并须于本区上次动员大会产生工作委员二十一人内即席民主推选正、副主委共同领导协助本区一切工作，希望各位多提意见以供参考。

谢委员报告：关于地区工作委员会的意义再来加以补充，此次组织各业公会联合办事处和地区工作委员会的原则性，第一点系加强工商业的组织，第二点是共同领导协助推进工作，其目的系抱定必须成功不得失败的决心，为最广泛的群众服务。惟在初创时期各项工作的进行或许略有紊乱，但是大家不要顾虑，沉着应付，一致联系，努力进行，搞好今后的工作，绝对要把过去的恶习彻底改革，使工作不断地进展，实现良好成绩。因为我们地区工作委员会和联合办事处的性质是不同的，他们是负责传达各业任务的计划，我们就要根据计划去实际行动，负保证完成任务的责任，所以一切的工作都要彻底解决，断不可粗枝大叶地了事。希望今后大家互相联系，一致努力，发挥我们今后工作的效果，这是我唯一的愿望。

讨论事项：

一、本区工作委员会推定正、副委员人选，应如何产生，提请公决案。

决议：通过票选（1）推定冯国祥检票，潘葆康唱票，冯锦章写票。（2）票选揭晓：冯国祥17票，严裕安16票，谢惟安16票，陆俊卿9票，薛国杰4票，韩铁群1票，王永楼13票，沈壮声2票，冯锦章5票，毛安德1票，张秉良1票。（3）冯国祥、严裕安、谢惟安、王永楼、陆俊卿五名为当选。（4）即席互推谢惟安为正主委，严裕安、冯国祥、王永楼、陆俊卿为副主委。

二、关于本会委员轮值制度应如何推定案。

决议：除主委及第一、第二副主委外，其余委员十八名，推定三人，轮值一天。

三、本会委员之分工应如何确定案。

决议：由主委会定期召集商讨之。

散会。

临时主席：严裕安

苏州市工商联筹委会东南区工作委员会召开全体筹委临时会议记录

1951年4月24日

日期：一九五一年四月二十四日上午八时

地点：葑门外东街本会

出席者：筹备委员十四人

报告事项：略

讨论事项：

一、本会正、副主委人数决定多少及如何产生。

决议：（1）定主任委员一人，副主任委员三人。（2）选举方式以正、副主委分别票选。

二、为建立办公制度起见，应由各委员轮流值班案。

决议：定星期一至星期六经常由各委员分别轮值，星期日为遇特别事故临时决定值日委员。

三、经常轮值各委员人数应如何支配案。

决议：（1）定星期一、三、五推轮值委员三人，星期二、四、六推轮值委员二人。（2）本星期内轮值委员暂先决定每天一人。（3）下星期起，各委员轮值名单决定在第一次常会讨论决定之。

四、本会常会日期应否确定日期案。

决议：自本星期起规定每星期六开会一次，以便总结本周工作情况，以及计划下周工作准备。

五、如何分配各委员负责本会各股工作案。

决议：总务：殷坟源、王克昌、胡尔康、陈云；业务：汪养和、徐振瀛、马俊源、吴其发、吴志刚；辅导：姚锡麟、俞德明、柳福元；宣传：任锡荣、赵俊英、戴浩良。以上两股配合，工作人员分股起见皆并。

六、本会房屋修葺，现由洪福记营造厂开具估价单到会，应征询见，以便转请工商联审核，即日开工案。

决议：公推俞委员德明接洽办理。

选举开始：推吴委员其发监票，钱同志唱票。

副主委选举：殷坟源12票，任锡荣12票，姚锡麟9票，汪养和8票，徐振瀛5票，吴其发4票，俞德明2票，胡尔康1票，马俊源1票，戴浩良1票，赵俊英1票。

正主委选举：殷坟源12票，汪养和1票，任锡荣1票。

选举结果：正主任委员殷坟源，副主任委员任锡荣、姚锡麟、汪养和。

议毕散会。

苏州市工商联筹委会东北区工作委员会第一次筹委会议记录

1951年4月25日

时间：四月二十五日下午一时

地点：本区会议室

出席者：

程庭桂　汪子才　刘琪文　瞿兴华（代）　章叙堂　金涌尧

陈荣广　黄谷似　王伯深　沈幼丹　王淳新　张国桢

冯小范　孙玉如　屠福生

主席报告：今日召开会议主要是选举筹委会正、副主委，依照组织规程草案应产生正主委一人，副主委二人至三人，选举方法及副主委人数请予讨论。

讨论结果：本地区依据税务所划分为三个分管区，为了将会务推进便利起见，决定以每一分管区产生一人为宜，选举方式可用票选。

选举结果：冯小范先生以12票当选主任委员，沈幼丹先生10票、程庭桂先生5票、刘琪文先生5票当选为副主任委员，即席开第一次筹委会。

主席交议：组织规程规定常会每旬开会一次，但本会各筹委会均担任许多职务，恐每旬一次事实上发生困难，本人意见每月二次定于二日及十六日为常会日期，当否请公决。

决议：通过。

王淳新委员提议：东北区工商业户对本会之设立大多均未了解，可否召集本区全体工商业户召开一次大会，将本会情况介绍，以便会务推动之顺利，请公决。

决议：为使搞好会务决定分区召开，日期与会议方式在五月二日常会详细讨论。

散会。

主席：冯小范

记录：何瑞祖

苏州市工商业联合会筹备委员会西南区
工作委员会筹备会委员名册

1951年4月30日

职别	姓名	年龄	籍贯	服务工商业牌号	担任公会职务		住址	电话	备注
					公会	职务			
主任委员	费声海	39	宁波	宏昶源油麻			胥门外万年桥大街67号	220	
第一副主任委员	张士杰	43	苏州	升昶粮行	粮食	筹委	万年桥大街157号	272	
第二副主任委员	张榜第	57	苏州	恒丰福	粮食	筹委	万年桥大街162号	268	
第三副主任委员	张甸国	39	上海	祥生油厂	榨油工业	主任委员	卫前街20号	1834	
第四副主任委员	徐育培	43	绍兴	源盛箔坊	箔业公会	筹委	念珠街13号		
委员	陶冠学	25	绍兴	同四茂恒记	南北货公会	第三副主委	万年桥大街59号	639	
	黄安武	50	盐城	四海楼茶馆	茶馆书场业	主任委员	盘门外四海楼茶馆		
	杨德荪	34	苏州	杨万兴小房	饴糖		胥门内大街9号		
	魏德昌	50	江宁	经德堂	药业	组长	大太平巷43号	37转	
	董文奎	44	苏州	万隆	卷烟		吉庆街104号		
	唐琦行	37	吴江	新亚组造厂	针织		西河沿新23号		
	顾鸿轩	51	江阴	同和染织厂	布厂业		苏州吉庆弄新4号	1267	
	满德宏	27	苏北	永昌竹号	竹业	委员	胥门外皇亭街1号	446转	
	徐荣甲	39	苏州	大伦纸号	纸业	委员	胥门外新马路	887	
	徐根源	36	嘉定	鼎丰勤记	南北货	组长	胥门外新马路	1528转	
	夏务滋	46	镇江	大丰木号	木业		仕其巷老42号	889	
	高国香	33	盐城	宝昌茶栈	茶业		盘门外大马路	1522转	
	游立俊	26	苏州	立大商店	卷烟		盘门外大马路194号	1522转	
	唐炳相	41	苏州	阜昌义烟作	卷烟		胥门外长春弄	791	
	唐钧培	37	常州	大昌铁厂	机械	筹委	吉庆街65号	725	
	陈德培	45	青浦	新华丝厂	丝织		胥门外枣市街135号	1628	

苏州市工商联筹委会中区工作委员会改组成立第一次全体委员会记录

1951年11月25日

日期：十一月二十五日下午二时

地点：本会所

出席：牟汉英、钱欣伯、俞启溏等二十一人

列席：工商联代表唐慎志、工商办事处俞亮主任

主席：牟汉英

报告事项：

主席报告：传达今日会议精神以及通过这次并区改组工作，调整各区工作委员会组织，今后应在区人民政府的领导下，密切联系，配合贯彻，以便在原有工作成绩的基础上，更深入地发挥出新的力量来贯彻各项政策法令的推广。

工商联代表唐慎志：说明地区工作委员会的改组由于目前形势的发展与区人民政府的建立，为配合新的工作需要，必须予以适当的调整。现在将原有九个地区工作委员会合并为东、南、西、北、中五个地区。我们中区全体委员先生的产生，由于抗美援朝几次运动中公所积极表现的成绩，以及通过各方面的酝酿和联系，然后才产生出这一支崭新的力量。希望各位先生，本着过去先进的光荣来紧密团结，建立分工合作制度，更深入地展开各项工作，为我们工商界服务作进一步的努力。

工商联办事处主任俞亮同志：通过今天的会议，我们中区工作委员会已经有新的委员产生，也就是新的姿态出现，焕然一新，同时今天的天气这样的明朗，象征着今后工作，一定能够顺利地开展，希望各位委员先生，群策群力密切团结，特别是思想工作必须明确，不能光靠一二个委员来负责主持，应该我们大家担负起责任，搞好工作，唯有这样，才能巩固和健全自己的组织，来发挥它一定的作用。

俞启溏：报告过去代理城中区主委过程中各项工作，以及指出过去委员的不经常到会轮值办公，也许由于其他职务繁忙的关系，形成一切工作的主持，都责成在一二个人身上的缺点，希望今后及时予以纠正。

讨论决定事项：

一、通过本会全体委员名单如后：

主任委员：贝祖武，副主任委员：牟汉英、钱欣伯，委员：俞启溏、董复始、程汉章、张伯诚、张怀瑾、高志成、倪少彰、汪朝偶、俞鉴如、吴定祺、周荃、管仲健、谈建华、唐德林、徐学成、姚铁英、陈奎萍、庄家瑞、胡腾伯、金德炯、胡济民、丁德鼎

二、为明确分工提高工作效率，决定根据工商联指示原则，划分辅导、税务、组宣、总务、财务五股，并推定各股负责人如下：

辅导股长：金德炯，股员：倪少彰、谈建华、汪朝偶、董复始

税务股长：俞启溏，股员：吴定祺、陈奎萍、胡济民

组宣股长：高志成，股员：徐学成、唐德林、张伯诚、姚铁英

总务股长：胡腾伯，股员：丁德鼎、管仲健、庄家瑞

财务股长：周荃，股员：张怀瑾、俞鉴如、程汉章

三、定期十一月二十七日下午二时召集全体中心组长、小组长举行联席会。

四、关于新旧交接工作，决定十一月二十八日下午一时开始分股接管，由本会全体委员协助进行。

五、关于建立办公制度与会议制度问题决定暂行保留，提请下次会议研究讨论。

主席：牟汉英

苏州市工商业联合会筹备委员会
东区工作委员会工作人员名册

1952 年

姓名	职级	担任工作	住址	工作能力
何瑞祖	三级总干事	总干事	二门口 15 号	
郑实秋	三级组长	总务股长兼财务股长	嘉馀坊 1 号	起稿、缮写、记录
程子权	一级组员	总务股股员，文书缮写	文衙弄 7 号	缮写
曹叔良	三级组员	总务股股员，庶务校对	平江路和平里 6 号	除庶务、校对外，无其他工作可做
赵祥秩	三级组员	总务股股员，收发管卷	颜家巷 18 号	除收发外，不能做其他工作
端木仲渔	一级组员	会计（一切财经工作）	蔡汇河头 18 号	对财务工作很能负责
李公言	三级组长	辅导股股长	小太平巷 4 号	办理工商户动态
吕建良	二级组员	辅导股股员	吴趋坊 111 号	办理工商户动态
李政宣	二级组员	辅导股股员兼第一分管区	东海岛老 83 号	缮写
徐东明	二级组员	辅导股股员兼第二分管区	东中市宫弄光霁里 1 号	并无专长
李钟	三级组长	组宣股股长兼第八分管区	娄门外大街 79 号	起稿、缮写、记录
祁明德	三级组员	组宣股股员兼第七分管区	大儒巷仁孝里普庆里 5 号	无专长
王锡坤	三级组员	组宣股股员兼第六分管区	元妙观东脚门 28 号	无专长
李嘉禄	二级组员	辅导股股员兼第五分管区	祥符寺巷 8 号	缮写、图表、布置会场
孙玉中	三级组长	税务股股长	平江路 88 号	对税务问题比较熟悉
凌清峰	一级组员	税务股股员兼第四分管区	旧学前大新巷 13 号	除负责分管区外，并无其他特长
蔡根泉	一级通讯员	内外勤	小太平巷桂花弄 3 号	能骑自由车
朱安祥	二级通讯员	内外勤	平江路 307 号	能骑自由车
惠学敏	三级通讯员	内外勤	砂皮巷 42 号	目力甚差，除部分发通知外，其他工作不能做
尤胜金	三级通讯员	内外勤	三六湾醒狮弄永福里 2 号	因年老（65 岁），因此专负责内务工作

苏州市工商联筹委会东区工作委员会一九五二年度工作总结

1952年

一、开展各项运动方面

(一)“五反”运动

在全国各地开展伟大的“五反”运动中，本会在上级的正确领导下，推动了本区工商界开展“五反”运动，整个运动自二月上旬起展开至六月中旬结束，大体分成三个阶段，第一阶段从二月上旬是运动的展开，首先于二月七日假座民治路人民文化宫召开本区全体工商业户大会，由工商联惠副主委作了动员报告，号召工商业者们勇敢地投入运动，打消顾虑，深刻检查，彻底坦白，接着成立了“五反”检查委员会第二临工会，继续召开了一系列的大小会议，帮助各行各业分别进行政策学习，贯彻思想教育，各工商户开始了初步坦白交代，收到了工商户的坦白书与检举信共计壹仟捌百余件，为了使运动深入与全面开展，于三月二日假座葑门吴衙场华东税校再度召开了全体工商业户大会，由市节约检查会王纪、惠志芳两委员对政府政策做了再度的详细解释，并对工商户当时存在的不正确思想和不老实的态度作出了批判与分析，并指出工商业者应根据“坦白从宽、抗拒从严”的政策，以严肃的态度认真检查，老实交代和开展相互检举揭发，把工商界过去的“五毒”彻底洗刷，此后即进入了运动的高潮阶段，对北京市人民政府在“五反”运动中关于工商户分类处理的标准和办法，亦组织了各业工商户进行了学习讨论，在此阶段中，工商户听取了志愿军归国代表团的报告，一般在听到了中朝人民军在朝鲜战场上的英勇战绩和艰苦奋斗的模范事例后，深受感动，同时对奸商王康年、刘祥荣等危害志愿军的罪行表示痛恨。参加这次听报告的工商户有一千余人，在本市展出的“五反”展览会，本会亦组织工商户前往参观，人数共计一千四百八十余人，在参观之后，结合“五反”会议进行小组讨论。工商户在讨论中了解了工商界存在的“五毒”对国家、人民利益危害深重，也体会了工商界在政府大力扶助私营企业发展的过程中却犯“五毒”罪行是严重的错误行为。工商业者们通过一个时期的政策学习，在一系列会议的启发帮助，志愿军归国代表的报告以及“五反”展览会、“五毒”种类的展出等活动的教育影响下，一般地讲，在思想上都有了提高，对政府政策亦有了进一步的认识，整个运动亦进入了高潮。相互检查，坦白交代，热烈地开展起来，各业工人兄弟普遍进行了帮助，督促各工商业者彻底坦白，以各业基层工会划分展开了劳资说理及劳资见面会议，同时也召开了工商业者家属会议，保证了运动的顺利展开。各业各户（地区经办的中小型工商业为多）以自己的检查填写了各种表格，并根据坦白资料，在小组上展开了互相检查帮助补充。最后以各户的“五毒”行为按年份分别填写“五反”结论报告表，汇交市节约检查委员会第一分会审查，并由该分会召开劳资见面检查会议，按各该户的坦白程度作出通过与否及决定处理类型。于四月中旬开始对违法工商户进行处理，并通过会议继续贯彻教育与改造、严肃与宽大相结合的政策，动员各户不要因依法处理而自满，要更积极地投入运动，向拒不坦白的大盗窃犯进行围剿运动。五月中旬进入了结束阶段，继续组织各业各户进行较长时间的学习。由东区人民政府刘区长不断来会启发帮助，号召工商业者要在“五反”运动胜利的基础上接受思想改造，巩固收获，服从工人阶级及国营经济领导，提高经营信心积极搞好生产，并更进一步地召开了生产退补会议，对当时工商户存在的不正确的思想，不断地进行了批判教育，并根据当时情况指出工商业者应建立新的劳资关系，以生产退补两不误的原则，克服困难搞好生产，迎接国家大规模的经济建设到来。各工商户于六月十五日参加了节约检查会在北局开明大戏院召开的“五反”总结大会，会上适当地调整了工商户“五反”处理类型，并掉换及发给处理通知书，整个运动工作至此基本结束。

在整个运动过程中一般地说，进展是正常的，在上级的帮助与区指导部的督促下，跟各方面的发展，亦能够配合。发现问题及处理问题都能遵守请示汇报制度，在成绩方面是帮助了各工商户展开了政策学习，提高了思想认识，开展了坦白检举，逐步深入地交代了“五毒”罪行。但有少数工商户由于思想模糊，对政府政策认识不清，因此发生了违反政策，如违反运动中的政策四项规定等违法行为，甚至自杀事件。根据在运动中的各方面汇报及调查统计：违反思想规定的共计十件，自杀事件共计六件，自杀未遂共计二件，参加运动的工商户共计二千〇五十七户（未处理及未开展“五反”行业的工商户不包括在内），其中新处理的类型计：守法户七百五十三户，基本守法户九百八十五户，半守法半违法户二百九十八户，严重违法户十七户，完全违法户四户，违法新得退补金额共计二八五四一二八三〇〇元（以上系接到退补通知书的统计数字）。

（二）爱国卫生运动

自美帝在朝鲜进行了细菌战，并在我国东北撒布细菌后，引起了各界防疫爱国卫生运动的高潮，本会除内部由全体工作同志举行了大扫除及整理清洁工作外，积极推动工商界参加这个运动。于五月三十日首先召集菜饭馆、鲜果业等与群众健康有密切关系的二十个行业的卫生会议，宣讲了爱国卫生教育和这次运动的重要意义，分别与他们订立爱国卫生公约，贯彻执行，并迭次推动其他食品及服务性行业改善环境卫生及清洁工作，督促各业小组订立卫生公约及建立卫生管理制度。经一再检查推动，至六月二十五日止，已有三十余业订立公约。该项公约内容，经发动普遍检查，一般的尚能实际做到，仅有少数漠视。建立了检查制度，由各业小组中推定卫生组长负责经常检查。

遵照工商联指示，于八月四日动员各工商组长设立收听站，组织工商户收听华东军政委员会卫生部暨苏南爱国卫生委员会举行的爱国卫生广播。参加收听的商户约有五百余人，通过这次收听，对爱国卫生运动有了更进一步的认识。

为配合东区人民政府卫生股重点检查有关食品业工商户卫生情况，又推选工商界积极分子组成四个小组，每组五人参加检查工作，随时进行检查，使爱国卫生运动做到全面。

二、生产辅导方面

（一）城乡物资交流工作

为了贯彻城乡物资交流政策，并迎接苏南第三次城乡物资交流大会的开展，本会首先召集本会委员及工商界积极分子举行多次会议商讨，配合交流大会的具体工作，并与东区人民政府经常联系配合东区人民政府的检查队，进行检查物价及逐日营业情况之统计，关于本会经过工作如下：

1．宣传活动情况

（1）广播宣传：在交流宣传周内，为配合各阶层群众开展广泛的宣传活动，在东北街敦号酱园内设立了扩大播音宣传站，并在交流大会近处临顿路潘儒巷口，分别装置播音喇叭，借以扩大音响，由委员沈明东等七人组成宣传组负责逐日轮流广播，宣传物资交流意义。

(2) 环境布置：本会在各主要街道张挂红布横幅共六十六幅，如东北街及临顿路北口起至酷坊桥一段，每隔十二三户即张有过街横幅一幅，街头巷尾遍贴关于交流的标语，并结合动员各工商户尽量利用条件，加强环境布置，借以提高宣传结果，工商户之挂灯彩者在此一段内达百分之九十左右。

2. 协助服务工作

在交流大会中，于九月二十日起，东北街自拙政园起至跨塘桥一带及临顿路的商店开始夜市，为了便利各地代表及各乡来城农民茶水需要，本会在娄门外齐门外大街设立了五个茶水站供应茶水。

3. 检查物资

为了保证交流期间各种食品的供应正常，防止高抬物价及统计各业在此期内的营业发展情况，在本区人民政府统一领导下，本会配合力量协同进行该项工作，并为使工商户更明确城乡交流的意义，为人民群众服务，于九月十七日复召开服务性供应性、食品、消费性三种行业全体会员大会，由东区区委书记彭克同志莅会作报告，会中对少数工商户乘机抬高物价，进行了批评与教育后，均已表示悔过，绝不再犯，保证做好供应和服务工作。

（二）商业报表统计

商业报表以前由各联办事处选择几个重点行业及符合条件的商业户每月填报，地区协助催收，联办事处负责综合，本年十一月份间本市府财委会指示，今后商业报表改由地区经办，填报行业上扩展至四十八个商品普及至九十五种，并规定填报户于每月五日前送达地区，地区负责审查并综合，于十日前报送工商局及市工商联。

自十一月份起报表改由地区直接掌握后，因本区大部分工商户还是初次填报，账册不够健全，在报表技术及思想上可能还存在问题，为使填报户明确填报意义并准确及时掌握填报要求，本会特于开始填报前三日分批召开填报户动员大会，由本区之政府工商股顾同志来会作报告并解释有关填表方面的问题，会后又分组讨论，使填报户思想上更可进一步地明确。

在开始填报时，一般还能及时和准备，但有部分工商户认为老老实实填出后，暴露了实际利润，恐有些不利，以致顾虑重重，一再拖延，后经外勤同志逐户反复解释和努力催收，甚至协助填写，以及区工商联的督促指导，各填报户在思想上已渐渐打下了很好的基础，所以每月送来的报表内容一次比一次的准确和及时。

（三）各项税务工作

(1) 清理欠税：遵照市级布置，关于欠税清理工作成立了欠税清理委员会，各区成立了分会及其支会，本区除成立分会外，同时成立了五个支会，配合税务分局先做宣传动员并发动职工、居民、妇联等进行调查催缴。欠税情况由各支会掌握，税务分局领导分会将欠税清理情况逐日造表汇报市清欠会。查本区欠税总数为一四三三户（包括居民房地产税），欠税总额共为二六〇九六二七二八〇元，自展开清欠工作至十一月份结束时止，纳库数为四〇〇四四六一七〇元，除减免等外，约计完成百分之五十。本区重点滞纳户总数约占百分之四十，破布业约占百分之十，多数强调困难，拖拉与观望。除催缴现款外，督促滞纳户分别拟订计划，由分会评议，部分实际困难者予以缓征或免缴，依实际情况分批处理，共计清理了三五二户，应缴而未纳库数尚有三一〇八三〇一〇〇元，待由政府处理。

(2) 协助办理所得税估征工作：遵照市级布置，本区于十二月一日成立东区估征分会，协助办理本年度一至九月所得税估征工作。成立之前，先由东区人民政府刘副区长及税务分局袁股长来会作动员报告，号召工商户预储税款以求如期纳库。本区全年应征数为二十四亿七千万元，已纳库数为十八亿四千四百万元，应缴户为一六五〇户，已缴一千五百二十三户，于十一月十七日结束，将一百余家滞纳户分四种类型造册建表研究解决。

(3) 协助办理年终结账盘点工作：为协助工商户盘点本年度结账盈亏，以便更换明年度账册，市税局与工商联研究决定成立年终结账辅导委员会，每区成立一大队。本区于十二月二十七日成立，由辅导员丁庆田任大队长，下设五个中队，每个中队若干小队，队员包括工商户中之积极分子及有会计学识者，另外结合青年补校会计学员合计二百五十五人，先于三十日下午召集全体队员来会学习工作步骤，由丁大队长作动员报告，再分组讨论，将注意事项逐条研究，最后于三十一日出发工作，前往各户实地协助盘点结账。

(4) 协助办理购货簿工作：税局为简化进货管理制度，于十月二十五日号召工商户试用购物簿、提货簿。该项购领手续经市税局与工商联联系决定由地区办理。当即召集各业组长来会，由东区税务分局袁股长报告说明使用意义与便利，随后分发定购表格。由组长动员组内工商户购用，并估出需用数量送会汇总，再由本会向观前新生印刷厂洽定购买，俟代为办妥编号及登记手续后，再行通知各户凭此来会领取。

(四) 劳资纠纷事件

劳资纠纷向由联办事处办理。本会九月份经市工商联指示，关于各区的个别劳资纠纷划由地区经办。本会自开始办理至年终统计，受理劳资纠纷共有五十八件，除内中十一件经本区召开劳资协商会议已取得解决外，三十一件因调解较为困难，已移转各有关部门核办，十六件暂时还无法解决，待有关方面共研究解决之。

关于劳资纠纷的起因大部分是由于一般比较小型的手工业及商业户、资方对本身企业没有信心，向政府报请闭歇以致造成劳资纠葛，及部分没有前途的迷信品行业因解雇而产生的解雇金问题，还有个别职工没有很好地遵守劳动纪律，因此劳资关系不够正常，又有股东间的争执引起劳资纠纷。

调节中最大困难系本会往往处于被动地位，本会立场对有纠纷的资方唯一解决方法，只有进行说服教育，解释及阐明政府政策法令，并遵循合法合理的步骤，根据实际情况来使双方由远接近取得解决。关于劳资协商需邀到劳方及其基层工会代表人之出席，一定要通过职工会的同意，有时职工会为了要把问题了解研究，因此时间有所拖延，但工商户为了要把问题及早取得解决，一再催促，虽经本会主观上的努力，但仍旧不能把问题解决，所以本会形成处于被动地位，必须听候有关方面研究成熟后，始可迎刃而解。

(五) 一般生产情况

自"五反"运动胜利结束后，工商户一般地在国营经济领导下，并在工人阶级的督促下，开展拟订生产计划，改善经营的方法，劳资关系亦趋正常，但仍有少数工商业者对经营信心未见提高，经营态度不够端正。在交流大会之后，一般工商户营业清淡者多能发展，形成淡季不淡，旺季更旺，因此一般主要工商户未有经营信心者多能得到提高，有信心者有更进一步的巩固。以东区各业生产情况为例，已有显著地在逐月上升。一般小手工业者以前因为失业而暂时维持生活独立经营的作场和工场，自"五反"后，多有报闭而回到他们原来的企业单位上的，商业方面有部分迷信品行业亦转向有前途的工商企业，自五月份起各业生产的进度，亦逐月地向上，虽有少数工商户因经营不善又乏信心而报闭，而一般工商户的经营总额又逐月地增高。

本区行业重点为丝织业、漳绒及纺经合线，通过“五反”后，由于国营公司的扶助，丝织业已较前增开机台百分之六，产量增加了百分之五十六，此外并有加工任务，因此电力机方面，企业已无困难。手工业各纺经合线及漳绒业在“五反”前生产平淡，大约一半处于停顿状态，而在“五反”后欣欣向荣，常有加工订货，营业数字逐渐增高，至今漳绒业已增设了七家。商业方面如手工业在苏南交流时购进黄豆一九四〇〇〇斤，菜油七十桶，解决了部分会员的制货问题，但小企业限于资金不足，遭到困难，要请政府进行帮助。机缝业在生产上的严重问题，为流动性摊甚多，其中家庭妇女经营该业较多而无负担，盲目竞争影响该业正当户的经营，该项问题至今犹未能适当解决。破布业在七月份中存有滞销货，因此资金发生周转困难；另一方面该业联销处对收货要求太高，以致时遭退货，甚至几解几退。此外裕新面粉厂，该厂起先因资金短少，对生产可说毫无把握，在“五反”结束后，通过劳资协商会议订立具体计划后，由劳方垫款二千万元及向银行贷款二亿元，因此资方提高了生产积极性，在苏南第三次交流大会及吴县、淮阴等物资交流会上售出了一万三千包面粉和购进小麦二百五十万余斤，解决了该厂在旺季中的产销问题，劳资双方非常融洽，生产具有热烈信心。又江南油厂于人民银行的扶助和工人的督促下，在苏南物资交流大会上共售出菜油超过原订生产计划百分之七十，因此提高了该厂对生产的信心，向各方吸收经验生产熟菜油以便扩大推销来发展生产。

综合东区各业本年度营业收入总数，自一月份起至三月份止共有一六三四二六三七九四五〇元。除一月份为阴历年关旺季外，三月份最低，十月份最高，超过三月份达二倍，除三月份及十月份外，其余每月营业数字平稳直上。计算自五月份起，工业营业额平均占百分之二十弱，手工业占百分之三十弱，商业占百分之五十以上。

三、组织动态方面

（一）委员、工作人员人事调整情况

1. 委员方面：本会委员原为二十五人，于“五反”运动后，经工商联第四十次常务委员会议决定对各区工作委员重行调整，本会委员数额加为三十一人（包括正、副主委及秘书），其中委员沈仰辉因故于本年十月间投河自尽，已报请工商联核备，委员陈洁因企业单位迁至中区，本会职务亦已报请工商联撤销在案，计本区现有委员共二十九人。

2. 工作人员方面：工作人员原为二十人（包括通讯员三人），本年九月初旬因工会方面分批布置会员脱产学习，为配合工作上之需要，联区之间曾一度临时调动，学习结束后部分工作人员参加苏南第三次交流大会工作，十月、十一月由工商联统一调整，嗣后个别调动，计本区现有工作人员二十六人（包括通讯员四人）。

（二）工商界代表会议的传达

市工商联于本年七月下旬召开了工商界代表会议，经四天讨论至三十一日胜利结束，各区例须传达，本会于八月五日下午召集全体行业组长及委员举行会议，讨论决定由行业组长分别通知各该组内会员依照规定日期参加大会，并由委员在其企业所属之专责区内向重点工商户进行宣传动员，及每次大会开始前由工作同志分组深入，逐户催请，以期开好这个会议。

本区内因无较大会场，故假座谢衙前嘉音堂分为三次举行。规定八月六日上午出席者为五、六、七专责区工商户，下午为一、二专责区工商户，八月七日上午为三、四、八专责区工商户。以上三场大会由副主委郑宏森传达工商联陶主委、谢副主委及王局长在代表大会上的报告，继由东区税务分局袁同志、东区人民政府彭克区长及工商股刘嘉谟股长作有关税务及东区工商界目前生产情况的专题报告，由工商联副秘书长严柏筠宣布东区工作委员名单与说明调整原因。合计三场出席人数共为一千三百二十九人，占东区工商户百分之六十，缺席者一千户。缺席原因有三点：一为六、九两联同时开业务会议，东区税务分局召开民评会议；二为六日、七日上午均有阵雨；三为部分工商户在思想上认为开会不及生产重要，因而出席人数受到影响。

为了更使工商户对此次会议的精神深入了解，在大会后布置各业小组讨论。每组二十余人，分为八十五组，每组由组长主持，全体委员分工负责各小组督促检查。经过此次讨论虽有个别组长掌握不够，但一般情况尚是热烈，在思想上确有提高和收获，在各组讨论中工商户分别提出了建议和反映，一般情况作为此次会议大会中的研究。

（三）本年度各联各业东区工商户开歇业及变更动态统计表

各联业别	一联	二联	三联	四联	五联	六联	七联	八联	九联	十联	综合组	合计
设立	26	10	11	34	3	41	10	18	6	9	3	171
歇业	18	24	21	41	11	19	14	18	15	40	4	225
暂停			2		4		1			5		12
负责人	3	12	9	2	7	13	19	41	9	16		131
地址	83	45	21	36	17	46	23	21	18	22	8	340
组织	21	13	10	39	4	27	15	2	31	10		172
转业	9	2	1		3	9	2	5	6	21	4	62
转浪	3		18		10	21	18	8	52	9		139
业务		4	9					1				14
焊号		8	1		3		1	2	31			46
资金	7				1	1	10	8		8		35

四、学习宣传方面

（一）组织工商户学习情况

对共同纲领及全国工商联组织通则的学习，本会曾数度发动，但在最先的一二次成绩很差，就如七月二十九日开始的共同纲领学习，起初有四十人参加（本会委员及积极分子），因时间关系分早晚二班进行，中间并曾插入全国工商联代表会议文件的学习计五天，总计这次学习的过程是每况愈下，最少的一次仅到七人，整个讨论中对陈叔通的开幕词及陈云主任的讲话等讨论比较热烈，领会精神亦较深刻。

后于十月二十二、二十四、二十七、二十九日亦曾举行组织通则之学习，此次学员除本会委员外，另有各业筹委之在本区内者，共计七十三人，出席人数虽较上次提高较多，但实际上四次的平均数仅及百分之六十。通过了这几次的讨论，使大家明确了私营工商业在新民主主义社会中的地位和所起的作用，同时体会到人民政府对私营工商业的照顾与保障，因此亦认识到自己应负的责任。

在共同纲领学习之前，先行考虑学员人选，初由本会拟定名单送市审核，经过反复研究，最后确定学员五十二人，旁听四十四人，并订定每星期六上午专门为学习时间，停止办公半天。首次于十二月二十日听取蒋宗鲁部长对马林科夫在苏联共产党中央委员会第十九次会议上报告第一部分的报告和分析后，于二十七日进行学习，学员五十三人分三组讨论。因鉴于上二次出席情况之差，故先于二十六日由组长亲往每一学员处登门动员，并送上参考材料及学习提纲，日于每组内置一黑板，组长点名后将缺席人员姓名揭示出来，并拟对缺席过多者给以适当的批评。总计实到四十一人，请假二人，缺席九人。三组讨论情况尚佳，但发言不够全面，甚至有个别会员始终未发言等情况发生，研究其不发言的原因，有些是怕陌生，有些是不善于发言，还有极个别的似有陪客态度，即发言者亦有比工人能争取主动，又有些人专对提纲而未能充分发挥自由思想，但总的说来，比上两次却有显著的提高。

（二）举办工商业在业会计人员学习班

本会为适应工商户当前需要而使一般业户做到建账建证以利于税务工作及经济核算制度，故曾举办过在业会计人员学习班。此项工作上年度东北区工作委员会亦曾办过，已有各业学员二三六人。本年根据上年经验，照顾到地区的辽阔分三处授课：第一班在本会自五一年十二月十一日至本年三月十五日结业，分高、初二级，共计学员一四一人；第二班假东北街勤惜小学自五一年十二月十五日至本年三月二十九日结业，分基本会计、会计学、高级、初级，共计学员二〇七人（内有 2 人免费）；第三班假齐门外第二税务推进支会，自五二年十二月二十五日至本年四月八日结业，分会计学及高级二级，共计学员六十七人。结业学员均未发证，仅有个别学员四人有意深造，为转学的需要，曾要求出给证明，本会准予出给肄业证明各一件。

（三）传达本市第四届二次人民代表会议精神

本届二次人民代表会议于九月上旬召开，各区例须举行传达会议精神。本会于九月二十日上午八时在北局开明大戏院召开，并出席工商户八一三人。首先由本会沈明东副主委报告举行大会意义，继由党报告员惠志芳同志传达王纪局长关于城乡物资交流的重要意义及为何迎接苏南第三次交流大会的到来，继由人民代表牟汉英先生传达刘中政委关于目前形势的报告及增产节约加强建设等，最后由人民代表郑宏森同志传达四届二次的人代会议的决议和精神并介绍对苏南第三次交流大会的认识情况。

由于大会缺席人数过多，于九月二十四日下午在本会及革大会场，分批补开传达大会。由党报告员刘展翼同志及郑宏森先生分别作了传达报告（内容与第一次相同），出席人数本会二二〇人，革大会场三〇一人。

（四）各项纪念庆祝活动情况

（1）拥优工作。

在春节优抚工作中，为优待烈军工属购买年货，事前征得酱工、肉品两业会员同意，订定酱工、肉品两项优待办法，计酱工的酱业一律八折，肉品一律九五折。印制优待券转由东区人民政府分送东区革命家属共七百张，一方面发动工商户参加慰问组进行春节慰问。

（2）庆祝“八一”建军节。

为了纪念中国人民解放军二十五周年纪念，庆祝中国人民武装革命的伟大成就和志愿军在朝鲜战场上的辉煌战绩，本会根据市工商联指示，深入动员各工商户写信向中国人民解放军和在朝志愿军及伤病员庆祝和慰问。工商户共计交来慰问信二百九十件（大部分已由派出所方面收去），本会在各户送集的慰问信中看到一般都结合了“五反”后的认识并表示增产节约，继续支援人民志愿军加强抗美援朝争取和平而努力。

(3) 庆祝中华人民共和国成立三周年。

九月二十八日下午七时半召开全体工商户大会，热烈地庆祝伟大的国庆，为了照顾工商户的地点及会场的容量，大会分为三处进行。计狮林寺巷狮林寺预定人数一千四百人，实到六百九十九人，占预定人数百分之五十；东白塔子巷灵粮堂预定三百八十人，实到一百五十五人，占预定人员百分之四十；本会会所预定出席六百二十人，实到三百六十四人，占预定人数百分之五十九。由委员分别主持，由东区人民政府彭区长、刘副区长及工商联惠副主委三位分别作宣传报告并作勉词。

(4) 组织工商户参加国庆节示威游行。

根据工商联统一布置，于国庆节日组织工商户参加示威游行，组成一个大队，由正、副主委担任大队长，下分七个中队，再分二十一个小队。游行发动人数共计一千人，上午八时在本会及借用附近莱葭小学两处集中，二处共计实到五百八十二人，于十时许整队出发至公园，并由工作人员四人随队维持秩序。在游行中工商户都能遵守纪律，唯有少数表现非常散漫，在到达公园前即行溜之，并将小红旗带走，归点用品略有散失及损坏。

(5) 庆祝中苏友好月活动情况。

十一月七日起至十二月六日为中苏友好月，本会根据市工商联布置与东区人民政府联系，与本区各界分工负责进行各项活动，自七日起在本会内张挂横幅，遍贴标语及苏联各种图片，并在街头巷尾亦遍贴标语及张挂过街横幅，并在本会举行工作委员和东区中苏友好协支分会工商界会员联席座谈会，讲述中苏友好的重大关系。

十一、二两日下午假座大柳贞巷银行干部训练班场所召开庆祝苏联十月革命节三十五周年纪念的宣传报告会。十一日这天由工商联惠志芳副主委作报告，次日由东区副区长刘展翼作报告。二次共到工商户一二五三人，占本区全体工商户百分之五十强。十五日下午召集委员、组长、积极分子及重点行业工商户举行联席会议，到三百零五人，占应出席人数三分之二以上。会上布置发动参加中苏友协学习共同纲领的报名工作，会后即动员群众，由委员带队前往北局参观苏联图片展览会。另外迭次发动参观苏联电影，以便向苏联学习，得到更进一步的认识。二十一日晚由苏南友协筹委会主任钱荪卿作广播，本会发动各同业组组长动员组内置有收音机的会员组织收听。惟大部业户因无收音机而未得到收听。根据各组长汇报统计，仅一百零九人听到广播，二十七日晚由苏联代表团在南京作广播，依二十一日办法组织进行收听，根据汇报统计，收听只有一八〇人。

本区原有友协会员三十七人，经二十天之深入进行动员，至月底已扩展至三百零三人。

(五) 书报画册发行工作

通过伟大的“五反”运动，群众的思想认识已有进一步的提高，对学习要求亦较迫切。《新苏州报》为迎合这个情况，进行扩大党报的发行。在工商联的指示下，本会于七月十二日举行动员大会，在委员与工作人员的密切配合下，经大家努力提早四天完成了发行工作，原定一百五十份而做到超额百分之十，同时提出了经常检查订阅户读报成绩和帮助解决文化水平低浅者的困难，随时反映意见，使党报与读者关系日趋密切。新华书店及各报社为正确掌握发行数字，免致纸张之浪费，于十二月间在各区成立发行站，由区委领导。本会为配合该项工作，又推展订阅户，计《新苏州报》四十五份，其他报纸六份及其他书刊画片约计五十余份，惟经以前数次之加紧动员，故后来发展对象较为稀零，且以在此期内，适以其他各项突击工作之来临，因而受到影响，故将该项工作结合在平时工作中进行之。

（六）纪念六二五朝鲜人民反侵略战争二周年

六月二十五日下午召开委员、中心组长及“五反”临工委员联席座谈会纪念朝鲜人民反侵略战争第二周年，出席四十五人，会上对朝鲜人民两年来的反侵略斗争和中国人民抗美援朝的伟大成就，各发表自己的感想和意见，一致认为反侵略战争是正义的斗争，因此得到世界人民的支援。

五、财务方面

（一）经常费收取情况（略）

（二）办公费收支情况（略）

六、总的工作分析

（一）优点

本区情况分为前后两个阶段，自一月份至十月十日为前阶段，在前阶段人事编制中，由于原来工作人员配备于本区工作者为时已久，对工商户情况都有经验，而与各有关部门配合工作，亦较有联系性，多能及时完成。

（二）缺点

在后阶段中因人事重行编制，大部分工作人员由各联及其他地区调来，对本区工商户情况，都不够熟悉，所以分配外勤方面的工作人员对外勤工作正在步步摸索，尚难将工商户一般情况全面了解，而得到充分吸收，因此在整个工作来讲，抱了事务主义态度，对于工商户的思想情况、生产情况以及反应要求，不能很好地掌握，上级交办的工作和任务往往不能研究和很好地布置和遽即推动，临渴掘井，间有发生混乱等现象，如清理欠税工作做得不够理想，协助办理估征所得税工作和宣传工作不能及时完成，以及本会所掌握的数字和税干同志掌握的数字不同等，亦说明与有关部门联系上的不够。

（三）存在的问题

（1）人事配备不够，外勤力量尚感不足。

本会自十月十一日调整人事编制后，虽较以前多增工作人员六人，而工作范围亦逐渐扩大，除经常工作之外，税务方面等工作，亦常有各项突击任务，因此人事配备至今仍感不够。内勤方面每股至少须配置二人工作，外勤人员分配于各负责区者，掌握尚不够全面，以致推动各项工作，虽经主观上的努力，往往不能及时完成，所以还需加强外勤工作，应酌添人事。

（2）劳资纠纷事件不能及时解决。

本区对工商户中劳资纠纷事件由委员配合工作人员办理，惟对调节中存在的问题所能解决者往往由于劳方工会方面不抓紧研究，致延而不能解决，有的无法解决而移送东区工商股办理亦遭退回。在此种情况之下，使工商户对搞好生产的信心实有重大影响，今后应作如何方针，使该项工作可能迅速进行，问题及时解决。

（四）今后计划

（1）加强委员与工作人员联系。

本会委员办公室与工作人员办公室相距较远，以致在工作上的联系感到不够便利，亦使有些工作相互隔膜，因此间有发生脱节等现象。今后为加强联系，冀使各项工作趋于周密起见，拟将外面工作人员办公室二处，就可能条件与范围内予以扩充，将委员办公室迁至外面与工作人员之办公室比连一起，俾对日常工作取得紧密联系。惟外面工作人员之办公室二间，碍于建造之不能适合要求，故必须略予改动，方能适合工作需要而加强联系。

（2）建立会议制度。

为求工作上进展起见，每星期召开业务会议一次，俾对工商户一般不能解决的思想情况转向上级反映，综合各工作人员一周来汇报情况，检查优缺点，有缺点者研究改进。

（3）对于各项突击工作或新任务，先开会议研究，以便作较为周密的布置，庶几开展或推动不致脱节或任务障碍。

苏州市工商业联合会筹备委员会西区工作委员会工作人员名册

1952年4月26日

	职别	姓名	性别	年龄	籍贯	住址	备注
三级	总干事	胡寿卿	男	三七	海宁	人民路德安里2号，本区会	
二级	总务股股长	周一飞	男	五〇	苏州	阊门外潭子里19号	
一级	股员	庞文均	男	五〇	苏州	祥符寺巷20号	专任收发、管卷工作
三级	股员	汪志高	男	四七	常熟	北五泾浜27号	担任第六专责区
三级	股员	钟健哉	男	六七	绍兴	南新路禹川路3号	年届六旬余，精神委顿，且有两耳重听，语言模糊，谈话时有格格不入之苦。文化虽及格，由于脑筋思想的问题，似不适合，故对工作的效能实无发挥力量，现担任抄写工作
二级	财务股股长	洪宜昌	男	三四	苏州	渡僧桥下塘72号	
二级	股员	蒋松霖	男	三三	苏州	丹阳码头10号	担任第四专责区
二级	股员	吴松涛	男	三八	如皋	南浩街117号	担任第一专责区
四级	股员	嵇允堂	男	七〇	北京	天宫坊13号	年达七旬，文化水准极低，对工作方面低能，就最简单的传达及内部洒扫等事项，余均不够条件，虽则勤恳，不起作用
三级	税务股股长	徐松麟	男	三六	苏州	万人码头49号	
一级	股员	罗君浩	男	三六	苏州	双东乡大安桥，本区会	担任第八专责区
三级	股员	胡振甫	男	四六	苏州	前小郏弄30号	患有腰子病及高血压，对紧张工作实难胜任，经常请假，使操作与休息得以平衡，不致妨碍病情，担任第五专责区

续表

	职别	姓名	性别	年龄	籍贯	住址	备注
二级	组宣股股长	陈昌颐	男	四七	苏州	花街巷6号	
一级	股员	徐文韶	男	四五	嘉善	莲花坊三弄4号	担任第九专责区
二级	股员	李焕新	男	四四	苏州	花驳岸34号	担任第七专责区
二级	股员	黄建新	男	三二	新会	阊门外潭子里25号	担任第二专责区
三级	辅导股股长	孙念祖	男	三七	苏州	仓桥浜4号，本区会	
二级	股员	顾绳武	男	三八	苏州	前小郴弄46号	专任工商业生产辅导登记工作
三级	股员	张连元	男	二九	苏州	阊门外潭子里10号	素体亏弱，患有肺病，不能胜任艰巨工作，现专任管理工商户登记卡事项
二级	股员	赵平	女	二六	苏州	王洗马巷36号	担任第三专责区
一级	通讯员	周云龙	男	四七	无锡	后小郴弄6号	专职对外一切传达事项，尚能称职
二级	通讯员	秦元亮	男	六〇	丹阳	大马路爱河桥	年龄较大，内勤尚能称职
二级	通讯员	徐沛泉	男	五七	长沙	本区会	素性懒惰，不动脑筋，体格不健，嗜酒若命，年龄较大，一度遭遇刺激，神经有异，因此工作上只有不限时间性的一类尚可应付，其他实难胜任
二级	通讯员	朱文荣	男	六一	苏州	臭马路	年龄较大，适合内勤，现专任本会伙食燃煮事项
三级	通讯员	褚永根	男	六四	苏州	本区会	年龄较大，适合内勤，现专任管理茶水事项
	股员	方冠英	男	六一	鄃县	后小郴弄6号	自跌破膝盖骨后，在金门、山塘两区归并以来，并未到会工作
	股员	程永忠	男	四七	泰州	阊门外下塘街	因触犯新婚姻法，业经地院羁押在案，目前尚未开释
	股员	张仲清	男	三六	苏州	双林巷19号	

苏州市工商业联合会筹备委员会
南区工作委员会工作同志名册

1952年5月2日

姓名	性别	年龄	籍贯	住址	职别	职级	备注
黄乐天	男	42	宁波	百花洲137号	总干事	二级	
阮大成	男	48	本市	吴殿直巷12号	辅导股股长	组长二级	办理工商登记
邱善垚	男	20	本市	调丰巷诗巷1号	辅导股组员	三级	协助办理工商登记
李钰笙	男	42	本市	张思良巷老2号	辅导股组员	三级	担任第九分管区工作
朱炳如	男	40	本市	十全街106号	辅导股组员	三级	担任第七分管区工作
张菊明	男	21	本市	带城桥下塘3号	辅导股组员	三级	担任第八分管区工作
王恂言	男	42	本市	本会	组宣股股长	组长二级	
钱骏卿	男	50	沭阳	西支家巷18号	组宣股组员	三级	担任第三分管区工作
周振鸿	男	31	本市	瓣莲巷瓣莲里24号	组宣股组员	二级	
罗健	男	28	宝应	本会	组宣股组员	一级	担任第二分管区工作
丁英	男	34	本市	道前街舒巷9号	组宣股组员	二级	担任第五分管区工作
杨晓鋆	男	41	本市	石塔头横街15号	税务股股长	组长三级	办理营业税调查登记
浦鉴初	男	32	本市	平桥直街22号	税务股组员	二级	担任第六分管区工作
谭启伟	男	19	常熟	本会	税务股组员	三级	担任第四分管区工作
杨溪铭	男	47	本市	狮林寺巷45号	税务股组员	三级	担任第一分管区工作
方树棠	男	57	本市	马路一区东18号	总务股股长	总干事三级	
徐维摩	男	51	吴江	书院巷26号	总务股组员	三级	撰稿、写稿、收文、发文、管卷、其他
萧洪生	男	47	盐城	新马路观音弄7号	总务股通讯员	二级	
顾铨礼	男	24	泰兴	乌鹊桥弄50号	总务股通讯员	一级	
严惠春	男	65	本市	南河沿6号	总务股通讯员	三级	
徐金寿	男	46	本市	桃花坞前新街8号	总务股通讯员	一级	
董永泉	男	50	绍兴	南新里禹川里3号	总务股通讯员	一级	
周学梁	男	37	本市	吉由巷21号	财务股股长	组长二级	
程梅厂	男	61	本市	胥外长春弄34号	财务股组员	二级	
张铿	男	32	本市	司前街82号	财务股组员	三级	

苏州市工商业联合会筹备委员会北区工作委员会工作人员分工概况表

1952年4月

职别	姓名	年龄	现任职务	担任工作	擅长工作	住址	备注
三级干事	赵励志	三〇	总干事			富郎中巷3号	
三级股长	王寿田	三七	辅导股股长	辅导股工作	负责、耐劳、有创造性，适内勤	闾邱坊巷4号	
三级股长	夏仲三	三二	组宣兼税务股股长	组宣、税务股工作	负责、细心、耐劳，适外勤	人民路268号	
一级股员	沈凤麟	三九	辅导股股员	负责开歇业动态	工作负责，有钻研性	开甲巷7号	
一级股员	顾士高	三〇	代财务股长	财务股工作	工作负责，适内勤	花家巷6号	
二级股员	徐祖培	二六	财务股股员	财务股会计	工作负责、细心，内外勤	二门口2号	
二级股员	吴耀祖	四四	组宣股股员	组宣股内勤工作	管理表格簿籍，适内勤	装驾桥巷36号	工作很好，就是太慢
二级股员	范亚文	二七	辅导股股员	负责开歇业	外勤	东海岛116号	工作能力尚好，少积极性
二级股员	吴龙赓	二七	代总务股长	总务股工作	工作负责，有钻研性，深入工作甚佳	双林巷13号	
二级股员	单士德	二四	组宣股股员	负责第一专责区	外勤	阊门内横街11号	工作很好，组织性比较差一些
二级股员	徐鸿源	二六	组宣股股员	负责第六专责区	外勤	虎丘山门内6号	工作能力不肯发挥，略有油条
二级股员	陆敬一	五五	辅导股股员	开歇业售表工作	适缮写，较慢	古吴路51号	
二级股员	刘忠琪	一九	税务股股员	税务股工作	抄写工作很好，能担任内勤	盛家浜4号	油条作风很深，不能主动工作

续表

职别	姓名	年龄	现任职务	担任工作	擅长工作	住址	备注
三级股员	徐龙官	三六	组宣股股员	负责第八专责区	外勤	装驾桥巷50号	负责性还好，不能及时反映情况
三级股员	陆海泉	三三	组宣股股员	负责第四专责区	外勤	庙堂巷14号	不深入工作，而且很慢
三级股员	李仲杰	四五	组宣股股员	负责第五专责区	外勤	阔巷2号	工作很负责，身体有内病，希望调内勤
三级股员	毛云章	五九	财务股股员	财务股工作	工作还负责，适内勤	宋仙洲巷横街5号	新迁移九胜巷19号
三级股员	朱赞炳	四一	税务股股员	税务股工作		天库前56号	患肺病，须长期休养
三级股员	杨学铮	四〇	组宣股股员	负责第七专责区	外勤	九胜巷10号	工作很慢，问题不能及时反映
三级股员	陶继珍	二三	组宣股股员	负责第二专责区	外勤	万人码头69号	工作不专心，并区至今进步很少
三级股员	何秉忠	四五	组宣股股员	协助第六专责区	外勤	东中市19号	工作很短，了解不够
三级股员	汪鼎元	四〇	总务股股员	负责收发工作	身体有缺陷，适内勤	本会	
三级股员	陈孝霖	三六	总务股股员	庶务工作	工作负责	间邱坊巷20号	
四级股员	沈静安	四六	总务股股员	协助第七专责区	杂务	砂皮巷47号	文化水平太低
一级通讯员	孙福庆	五〇	通讯员			本会	
一级通讯员	葛洪水	二四	组宣股股员	负责第三专责区	外勤	富仁坊巷35号	工作很负责，能升组员
二级通讯员	戴根荣	四二	通讯员			本会	能踏脚踏车
二级通讯员	许伯寒	五一	通讯员			宝林寺前6号	
	许大香	四七		内部杂务		祥符寺巷35号	

苏州市工商联筹委会北区工作委员会一九五二年度工作情况总结报告

1952 年

回忆过去一九五二年一年来的工作情况，遵照市级工商联的精神，在政府统一领导下，遵守政府政策法令，依照各项规定向前推进工作，重点方面：1. 开展工商界增产节约运动宣传工作；2. 展开“五反”运动消灭“五毒”工作；3. 反对美帝细菌武器，开展爱国防疫卫生运动宣传；4. 发动工商业参加各地城乡交流；5. 清理工商户欠税工作；6. 开展中苏友好月活动；7. 做好本年度所得税估征工作；8. 发动工商界对税收上的自检互查工作；9. 组织工商业户共同纲领学习；10. 协助工商企业年终盘点结账。总的方面，根据本区工商业者的希望和要求，遵守共同纲领，服从国营经济和工人阶级领导，引导发展有利于国计民生的事业，系于北区辖境辽阔工商密集，特别是小手工业方面，与各区情形有所不同，一年来工作并没有成规可循，因人事变动在工作上不免从不熟悉中摸索，目前为止汇集各项材料优者极少，缺点很多，远不能符合当前形势的发展及各方面的要求。今举重点扼要大概归纳为几点，报告如下：

一、工商业在北区的比重

本市工商业集中，本区的工业方面丝织业占全业的百分之五十六，染织业占全业的百分之四十二，商业方面一般尚平均，比较突出的有手工业，金属制品、漳绒、制革、刺绣、丝线、帽扇、眼镜、乐器、旧纱扎线、木器、骨伞棕刷、纸坊、算盘、银箔、玉器等行业会员单位，占全业的百分之七十至九十五之间，并具有相当的历史。目前发展情况除极少数因原料上及其他关系暂时有些困难外，大部分工商业受益于解放后全国各地交通便利，在政府领导下，通过城乡交流，业务蒸蒸日上，不但畅销全国各地，还沟通了国外贸易关系。数十年来素负盛誉的苏州手工业品，一向被反动统治势力所摧残，劳资双方的生活苦楚，在今天新中国毛主席领导下才翻了身。

二、组织股一年来的工作情况与存在的具体问题

组织股方面，工商管理在过去一年来，自西北、平门两区合并后，经过普遍调查整理，不久就开始“五反”运动，那时因上级机构一切服从“五反”，工作停滞日子较久。五月初“五反”运动胜利结束，赶紧恢复工作，大力展开调查整理，企业变更登记，发现缺少会员卡二四〇户之多，及时清理已能接近正确。八月份又因工作同志分批参加集体学习期满，恢复工作，仍将熟手配合，继续查对，费了十几天的整理工作，幸能符合数字。

部分小手工业因其行业的季节关系，一部分是半工半农的，文化水平低，不了解政府政策法令，虽经一再传达讲解，仍有擅自停业，甚至将工商证带走，因此无法掌握正确户数。至于工业、商业、手工业服务性类别的划分，绝不是以其行业性质在主观上予以单纯的划分。因部分行业工兼商已成历史性混淆不清，必须加以彻底调查，才可统计。根据最近各地调整工商业工作中的经验教训，工商类别要明确划分清楚，应坚持工不能兼商的原则，这样才掌握正确户数，防止投机操纵的发生，确保市价一律，利润相等，纳税明确，更照顾了一般商贩的利益，使私营经济更趋活跃。坐商与摊贩营业范围应有划分规定，目

前两者税率差别，往往坐商想以摊贩面貌出现，而摊贩营业发展有胜于坐商的部分，室内摊贩和坐商几乎没有分别，如不划分规定，将造成畸形发展。

另一方面，有关单位对工商管理仍未紧密配合，对违法工商户的处理，宽大松弛。过去各单位抱着本位主义思想，工商股只管登记，税务局只管收税，公安机关只管户口，因此各区在执行企业变更登记工作处于被动孤立状态，造成上下脱节现象，无法掌握正确户数。今后希望有关单位加强领导，密切联系，才能对工商管理执行工作做到收效而消灭虚假数字，统计正确，符合企业登记的意义。

在同业公会组织方面，根据各业目前发展趋势与一般行业的实际关系，有适当合并和分开的必要，例如金属制品组别面太广泛，帽扇、草席不相接近应予划分，菜饭馆、面馆、馄饨、糕团、生面、饼馒，成衣与衣业、机缝机行业性质关系相近，应予合并。这些只是例子，应作考虑研究，适合他们的需要，予以合并或分开，使业务上取得联系，消灭私私之间的隔阂，各方面有了便利，不再被少数人利用。

一般小手工业作坊包括个体经济独立劳动，具体困难情形很多，如季节性关系、原料问题等等。总的方面是资金缺乏，一部分手工业如丝线漳绒业等已组织联合工作或合作社解决了很多困难，尚有大部分如金属品、帽扇、皮革制品等小作坊向来以制成品供售于大同行，自己素来没有促销对象，即使有对象因出品很少，不易吸收买主，因此一向被大同行垄断操纵，处于被剥削地位。这一批小作坊目前生产能力、日常生活都因上述情形有着极困难问题等待解决，这是本区手工业的隐情。

三、生产股一年来工作情况

“五反”后劳资情况。北区工商单位劳资双方通过“五反”教育，大中企业大部分已能明确政府政策法令，很好地恢复生产并且更紧密团结，建立协商小组通过小组讨论，逐渐减少至消灭劳资问题。经过了民主改革运动，生产经营稳步发展，更为企业奠定了有利条件，但一般小手工业如金属制品、木器、文教用品、理发等，目前为止还不够纳入正轨，有的为了原料问题或季节关系生产上受到阻碍，营业因而呆滞或生产过剩，以致发生欠薪停伙等问题，有的双方不很好自行协商克服，往往细小事故闹成纠纷，强调理由借故报复。但个别劳方也有违反劳动纪律的情形，主要由于文化水平较低，同业公会与基层工会组织力量单薄，教育工作不够，不了解政策方针，不懂得生产为谁，希望有关单位对这方面教育灌输多加注意。

我区自十月份人事调整后，除对联络科外勤工作加强力量外，为了贯彻工作顺利展开，加强生产辅导及时解决工商业者的困难，特别是劳资纠纷系生产上的障碍，要符合公私兼顾、劳资两利的政策，考虑到生产辅导工作的重要，因此很迅速地组织劳资协商小组，推定负责委员轮流值日，通常执行协商调解工作，配合工作同志，密切联系工会机构，深入了解，站在第三者立场，掌握政策，联系实际，仅七十余天，工作中解决了具体劳资问题二百余起，对整个发展生产繁荣经济起了一定的作用，这是肯定的。

四、财务股方面

北区的财务工作一年来，亦因经办人员几次更动，受到一定的打乱，并且没有办理交替手续，因此脱节在前不能衔接于后。对于管区同志的收取会费，仅在出纳上做到随来随解，保证现金上的正确。其他情况，因每月急于及时收费，及时完成任务，没有刹车整理的空隙时间，因此不能达到掌握全面与深入了解的要求，同时客观上也有很多因素，如专责区将收据自相交换，困难户收据随便退回等，这是举些例子，因此难以掌握正确数字。

五、人事方面的配合为今后的调整

在本区工作人员是通过十月份人事新编制调整阵容后，遵照统一规定，改变两科。由于辖境辽阔，工商较多，尤其手工业户数几乎加倍于其他区域，因此当初考虑人事的分配，首先注意到外勤工作负担，由原来每区六七百户的改为二三百左右，驳轻了负荷，提高了工作效能，并且尽可能不兼内部工作，因此由原来十位外勤增加至十六人。秘书科方面，财务股仍以原数三人。组织股方面，区政府的指示为加强工商管理并使一般小手工商申请变更便利，结合了税局纳税报表代填书表，必须一人专职管理动态，仍旧一人调查，对保原来二人改为一人。生产股代表了以前辅导税务等工作，目前单是劳资问题调查工作每天很多，与他区有关各业报表、税务解答、资资问题、私私问题，不予及时解决就妨害生产，因此这方面工作非常紧要，并且今后更要加重学习股专职一人，秘书股除了庶务收发二人，经常工作感觉不够，一遇到突击任务，各股事务的限制就不免凌乱。当初人事调动原为熟练与交换工作经验以及另一方面的关系确有更调的必要，但因不熟悉而工作上受到损失也是肯定的。以目前区级工作的日益繁重不仅是人事上必须加派力量，组织上亦有调整的必要。在我们主观上看来，专责区工作目前仍循旧路收收会费，发发通知，没有提高他们的效能，同时也没有改善事务工作，如开歇业动态与劳资等各种问题的调查应该结合在专管区的工作上，收取会费应该全市决定期限，使工商户对会费有珍视心，天天收费反使卑视，专管区同志也感觉疲劳。秘书科与联络科工作的繁简远殊，应有调整的必要，学习股的名目犹可归并。

六、总结经验

总结一年来工作情况，上半年几全部力量投入“五反”运动的开展，通过这一运动普遍提高了工商界的思想认识，使他们得到教育改造，运动过去在下半年很迅速地贯彻到各业，恢复了生产，同时发动参加各地城乡生产交流，深入到各乡初级市场，使经济快速地繁荣发展。在市级工商联和区政府税务局密切配合指示之下，重视税务问题，纳税是为了发展建设国家，也是工商界的光荣任务。我们及时完成税收，贯彻政府政策，协助工商界自己办税，随时组织力量，配合政府干部，联系各方面完成清理欠税，做好所得税估征工作与自检互查补税及各季民评工作，推动了年终盘点结账，还发动群众完成了各项大运动中心任务，在胜利基础上获得更进一步的思想教育，鼓励了生产经营的积极，解决很多劳资问题、私私问题以及生产上的困难问题，使本区工商业者出现了一个新的繁荣气象。我们的胜利与收获系由上级的指示、各方面的配合，以及工作人员发挥工作的积极，成绩是肯定的，但因限于人力的不足及区以下的工商机构还是空虚，同业组长能起作用的极少，工商干部很单纯，会员组织观念不够高，因此不能符合目前形势的发展和工商界所提出意见与要求，所以发生了困难问题不能做到及时解决与向上反映，工商户对政府政策法令不了解或有误解之处，遂不能普遍达到解释教育深入宣传。今后对这方面当多加研究，多听取反映，多提建议，为工商界多做工作，多解决问题，这是我们今后的主要努力方向。

七、优点方面

1. 根据上述总结经验，一年来各项工作遵照政府规定都得以胜利完成，成绩与收获是肯定的，并且在清理欠税、估征所得税与自检互查工作上配合干部联系群众，做到及时纳库，完成任务。

2. 组织股办理开歇业动态工作，密切联系区政府工商股随时发现问题，随时请示汇报，并且协助政府做好调查核对工作，使一般工商企业明确管理规定。

3. 办理工商单位企业变更各项报表与各种纳税表册，专设问询站，做到细腻详细解答，并且对一般文化较低的工商户代缮报表给予便利。

4. 由于北区小手工业的关系，劳资事件特多，为使顺利解决起见，经常与工会组织取得联系，因此问题发生均能很迅速地解决，给予双方批评教育纠正错误。

5. 工作同志的团结。自通过新编制调动以来，两科之间均能以互助互爱的精神发挥工作积极性，与以前有显著的不同，并能遇事协商，运用善意批评。最近经过民立团结运动，工作上更加提高，把素称“四等车”的个别同志改变成了“快车”面貌，素称“小油滑”的改变了工作态度与作风。

八、缺点方面

1. 委员组长不重视组织怕负责任，一部分抱着敷衍态度不够认真，不经常到会办公，区级行政力量单薄。

2. 对综合组会员因其行业性的散漫，不经常联系接触，有事少于传达，今后应加注意。

3. 过去任何运动，不论政治任务事务工作，认为即使完成，搞过就算。对整个私营企业生产情况、发展趋势、历史沿革、实际资金等各种资料，各联各业虽有具备但不够全面，各区基本上算是没有建立。

4. 财务工作因一年来经办人员几度调动，造成了工作上损失，事务工作方面偏重办公费报销，疏于核算统计记账工作，并少与专管区经常核对，发现问题不及时反映，只忙于现金的收解。

5.“五反”后任何会议缺席愈来愈多，已成普遍，虽有客观因素，总的说来，组织观念不够，一方面不必要的会议太多，使出席冲突，逐渐造成对会议的不珍视。

九、反映意见

根据一般群众反映意见，五三年统一新账册订购时各税务组长没有很好传达说明情况，随便将订购申请书盖了章，因此，一般手工业莫名造成上下脱节，甚至将账册买回来，因不懂会计仍旧搁置。

盘点结账工作各中队情况不一，大部分做得不够理想，不能符合工商业户要求，各种书表存在队部不及时发售，负责员不负责推动，如第一中队很早就办理结束，使工商户结账时书表无从购买。

过去饼馒业加入同业公会组织，按月缴纳会费取得会员身份，今因合乎摊贩管理处规则须领摊贩证，目前大部分已遵照办理，其会员身份会费义务应予转移。

由于过去普遍性会议太多，造成出席人麻痹思想，影响今后工作开展，必须尊重大会的重要，尽量避免繁复，与减少不必要的会议，同时应给予缺席者缺席通知，批评教育，做到准时开会，准时散会，绝对避免延时。

主委　周烈

副主委　王英彦　李泳德　李毓麟

委员兼秘书　姬允奎

苏州市工商业联合会筹备委员会中区工作委员会工作人员名册

1952年4月

职级	职别	姓名	性别	年龄	籍贯	实际工作	能做的工作	住址	备注
三级	总干事	刘学铭	男	三八	苏州市	主持会务	调研、会计、主持会议、设计	临顿路57号	
二级	组长	钱叔明	男	三三	苏州市	内勤	记录、拟稿、制表	娄门新桥巷12号	
二级	组长	袁以玮	男	二八	苏州市	内勤	记录、钢板、拟稿、大楷、图表	人民路460号	
三级	组长	陆稼粟	男	三九	苏州市	内勤	拟稿、记录、钢板、普通会计	卫道观前38号	
三级	组长	钱一汀	男	四五	苏州市	内勤	珠算、记录、拟稿	齐门路89号	
一级	组员	张绍基	男	三五	苏州市	开歇业登记	调研、缮写	西善长巷21号	
二级	组员	陶旭初	男	三八	苏州市	财务	普通会计、钢板、缮写	十全街81号	
二级	组员	汪志明	男	二七	苏州市	内勤	记录、普通会计、钢板、缮写、调研	吴殿直巷6号	
二级	组员	唐晓慧	女	二二	苏州市	管卡	记录、钢板、缮写	全狮巷4号	
二级	组员	程华麟	男	二三	苏州市	外勤，第二专职区	钢板、缮写、调查	文衙弄7号	
三级	组员	陆菊坡	男	五九	苏州市	收发	拟稿、记录、管卷	大儒巷60号	
三级	组员	吴文炳	男	五五	绍兴	外勤，第六专职区	调查、拟稿	南新路禹川里3号	
三级	组员	宋钧	男	四二	苏州市	外勤，第四专职区	调查、缮写	大曹家巷6号	
三级	组员	李忠达	男	三五	苏州市	外勤，第一专职区	调查、缮写	萧家巷28号	
四级	组员	程蓉珍	女	二三	苏州市	外勤，第五专职区	调差、钢板	桃花坞98号	
一级	通讯员	赵大林	男	三九	高邮	外勤，第七专职区	调查、缮写、自由车	阊门外北码头18号	

续表

职级	职别	姓名	性别	年龄	籍贯	实际工作	能做的工作	住址	备注
一级	通讯员	方鉴彬	男	四八	苏州市	外勤，第三专职区	调查、自由车	旧学前50号	
二级	通讯员	邬岳传	男	五六	无锡	通讯、杂务	骑自由车	九胜巷中区	
二级	通讯员	钱家坤	男	四七	苏州市	通讯、杂务	油印	施相公弄15号	

同业公会和
行业概况

一、各同业公会概况

吴县盐商业同业公会第八次理监事会议记录

1949年4月28日

时间：三十八年四月二十八日上午十时
地点：公会
出席：
吴佩全　赖仁华　刘桐生　吴良甫　梁剑清　叶锡珪
赵玉龙　徐鼎荣　李云麟
主席：吴佩全
报告事项：（略）
讨论事项：

一、吴县人民安全保障策进会函嘱本会代办人民解放军供应站食盐十五石，应如何供应案。

决议：暂由赖万顺、一大、大刚三盐号各供给五石，由本会负责给价。

二、谢鑫泰盐号已丧失会员资格，其代表人胡惠民在本会理事职缺以本会当选候补第一名吴良甫进补，并推选叶锡珪递补常务理事。

决议：通过。

三、重行推派本会职务

决议：推叶锡珪兼本会总务股主任，梁剑清兼本会调查股主任，赖仁华兼本会组训股主任，徐鼎荣为本会调查股股员。

主席：吴佩全
记录：吴良甫

吴县图书笔墨文具商业同业公会
第二十三次理监事联席会议

1949年5月2日

地址：富仁坊巷本公会
时间：下午二时
主席：张咏梅
讨论事项：

（一）为本市业经解放，万民欢腾，嗣后币值当可稳定，本会议价是否应恢复每月两次，并标价以人民币为本位，请公决案。

议决：通过。

（二）本会经费收支请经济组列表报销，请公决案。

议决：通过。

吴县瓷器商业同业公会关于讨论职员薪给等事的理监事紧急会议记录

1949 年 5 月 5 日

日期：三十八年五月五日上午九时

地点：祝昌记

出席者：祝君硕、平澄僧、蒋振汉、张福霖、刘介媒、吴子良、张菊亭、刘仪亭、项溥仁

主席：祝君硕

记录：吕菊明

（甲）报告事项：本会一切会务亟待整理，特请各位商讨。

（乙）讨论事项：

一、四月二十九日全体会员大会讨论事项第一案，为商会临时垫款一案，因各会员营业清淡及金圆券折算为难，未予收取，旋经祝理事长君硕及刘常务理事仪亭合共垫借黄金一两，讵于五月二日前往缴解时，因商会无人鉴定，奉知等候电话再行缴解，但迄未接获电知，请备查案。

决议：准予备查，如奉电知，再行缴解。

二、各会员店中职员薪给向以底薪折合生活指数发给，现在生活指数无从根据，对于职员薪给如何发放标准，请公决案。

决议：以照底薪二十元折合白米一石，按市作价发给之。

吴县瓷器商业同业公会关于商讨筹措本会经费等事的理监事会议记录

1949 年 6 月 12 日

日期：三十八年六月十二日上午九时

地点：祝昌记瓷号

出席者：

张福霖　刘介媒　项溥仁　张寿昌　祝君硕　刘仪亭（王钧代）　张菊亭

平澄僧　蒋振汉　元丰兴记

主席：祝君硕

记录：吕菊明

报告事项：

准华昌会员函报，因周转无法，于三十七年年底结束，于三十八年六月十一日清理完毕停业。

讨论事项：

一、本会经费支绌，应如何筹措案。

决议：以前所定千分比一律作废，兹经暂定为三百元、二百元、一百五十元、一百元、五十元五种，并经评定如下：

三百元者三户：洪兴厚、祝昌记、大兴。

二百元者十二户：张发记、华大、元丰、永源昌、大成、恒昌生、华甡、荣泰兴、祥源、新发仁、吴宝记、和丰

一百五十元者六户：振兴、高盛祥、黄仁发、吴耀升、张启泰、永兴祥

一百者八户：高森泰、恒兴、严振发、徐丰盛、协顺、张连发、张裕锠、祝君记分号

五十元者十二户：协兴、元丰分号、严新发福记、严新发申记、义成、现代、元都、競美、钱泰源、荣记、永泰祥、徐丰泰

共计四十一户，五万六千元整，先行收取四、五两月份。

二、本会书记吕菊明工作较忙，待遇应否调整案。

决议：自六月份起月支中白米一石五斗整。

三、查杨安浜第□号门牌内设有瓷庄，主持人齐某，营业范围相当广大，既不加入本会，又不报纳一切税捐，应如何办理，请公决案。

决议：查纳税为人民应尽义务，本会会员既经纳税，而税务当局自应维护纳税商人权益，该瓷庄逃税营业，间接剥削正当商人权益，由会转函税务局请予派员前往查明，以裕税收而资公允。

吴县电机丝织工业同业公会第二十次临时全体会员代表大会会议记录

1949年5月10日

日期：三十八年五月十日

地点：本会

出席者：会员大会韩梅钦等九十五人

主席：徐福庆

记录：陈步郭

报告事项

一、本月八日惠市长在县商会召集各业理事长谈话，要求各业缴献粮草，并经县商会按照商会权数规定本会应献白米九八四九七市斤、稻草一九六九九四市斤，白米限十八日

前缴清，稻草限二十三日前缴清案。

讨论事项

一、本业缴献粮草应如何办理请讨论案。

议决：事关通案，自应遵办，并决定各项原则如下：

1. 缴额由各会员衡量自身力量认定。

2. 资力薄弱范围狭小无力缴纳者免缴。

根据上述原则分别认缴足额依限缴解。

主席：徐福庆

吴县电机丝织工业同业公会第二十一次临时全体会员代表大会会议记录

1949年6月5日

日期：三十八年六月五日下午

地点：本会

出席者：会员代表张爕树等九十九人

主席：徐福庆

记录：陈步郭

报告事项

一、奉税务局通知，为五月份营业额限于本月十日前据实申报。如有迁移、改组、开业、闭歇等情况于本月八日前呈报等因，经已转知各会员照办案。

二、准职工队召集本业劳资双方及职员代表成立复工委员会，业于本月三、四两日会谈复工问题，并为顾念电机工友停工时期生计起见，再予津贴职工白米四斗、准备工两斗，于日内发付职员方面，如四月份薪津尚未发给者希即付清，五月份未付者请至少发付百分之五十，其余亦希于半个月内发清。

三、据闻电气厂煤斤来源已渐好转，大致本月十一日起可能恢复日电供应。

四、三十八年度上期所得税希于本月七日前缴解人民币银行。

五、本会各会员缴献粮草业已依限勉力缴解清讫。

主席：徐福庆

记录：陈步郭

吴县电机丝织工业同业公会第二十二次临时全体会员代表大会会议记录

1949年6月24日

日期：三十八年六月廿四日下午一时

地点：本会

出席者：会员代表沈慰椿等四十七人

主席：徐福庆

记录：陈步郭

报告事项

一、陶理事赴申与中蚕公司洽商收购成品事宜，业蒙该公司首肯，外销货大致可无问题，惟数量价格等，须俟样品选定后再行决定；内销货则希望甚少，各会员如果只有内销货而拟申请收购者，亦不妨先申请，俟本会代表再向该公司要求后决定。

二、申请收购成品数量表、成本表、样品，如果尚未送会者，务希于今日送会，万勿延迟自误。

讨论事项

一、查申请收购成品、评定价格、检验货品等，事物纷繁，应否推定专人负责处理，请讨论案。

议决：除原有理监事外，加推陶叔平、封冬生、陆寿申、朱剑敏、王西三、朱观华等共同负责处理。

二、本业工资标准经与劳方暨职工队等洽商尚无决定，查工资问题关系整个业务，应否组织工资研究委员会，推选委员专责处理之处，请讨论案。

议决：除原有理监事外，加推朱观华、陶叔平、朱剑敏等共同研究处理。

主席：徐福庆

记录：陈步郭

吴县电机丝织工业同业公会第二十三次临时全体会员代表大会会议记录

1949年7月3日

日期：三十八年七月三日下午三时

地点：本会

出席者：会员代表沈慰椿等四十七人

主席：徐福庆

记录：陈步郭

报告事项

一、六月份电费及七月上期电费缴付办法，业与电厂约定，一俟电价确定再行结算。

讨论事项

一、本会四、五月份会费因生活指数取消后，失去计算标准，尚未收取，兹拟恢复上年按开动电机每台食米两升办法，即日收取，以资支应，当否请公决案。

议决：通过，即日收取米价按收款日报纸中白粳价计算。

二、县商会召集各业理事长开会，为征询各业对于五月份营业税，是否按照简化办法征收等语，本会各会员如何主张，请商讨案。

议决：按照申报额纳税，如果须依简化办法，缴税额最多不能超过四月份税额。

三、本业工资迭经与产业工会洽商调整办法，迄无结果，究竟如何订定标准，以便继续商谈之处，请公决案。

议决：授权工资研究委员会妥善办理。

主席：徐福庆

记录：陈步郭

吴县国药商业同业公会会员清册

1949年5月20日

吴县国药商业同业公会会员清册				
商号		负责人姓名	商况计分（千分比）	备考
牌名	地址			
良利	萧家巷35	张瑞璋	45	
王鸿翥	临顿路506	顾芹生	65	
仁寿天元记	观前街中	宋汇善	19	
东恒山	观前街中	章春雷	26	
同庆	宫巷97	胡汉龄	18	
同庆分号	富仁坊88	胡汉龄	5	
大生	闾邱坊95	缪慎斋	6	
仁仁	中正路676	邵元祥	8	
鹏寿	中正路575	陈君伯	2	
生生	中正路569	蒋若霖	8	
太和	中正路220	廉叔亮	16	
颐寿恒	中正路732	曹霄芬	2	
采山	带城桥下塘15	经正祥	5	
天益生	凤凰街8	周慎安	8	
庆余	大太平巷96	严伯玉	3	

续表

商号		负责人姓名	商况计分（千分比）	备考
牌名	地址			
鲁树德	濂溪坊	鲁志云	3	
种德	濂溪坊	鲁伯平	1	
同益生	葑门外横街 55	沈德荣	18	
存德	葑门外横街 41	沈尧卿	3	
回春	葑门外横街	朱钦文	4	
经德	大太平巷 22	魏德昌	3	
沐泰山	上塘街 331	张辛眉	100	
良宜	山塘街	颜柏荪	14	
谢济寿	上塘街 33	王介卿	27	
天寿	上塘街 59	王介卿	2	
保寿	山塘街 756	邬渭章	14	
宁远	山塘街 754	盛子良	12	
天和	山塘街 734	郑锱传	16	
天益	山塘街 407	顾锡荣	2	
天生	山塘街 398	严邦孙	2	
人和	山塘街 599	柯新如	12	
西恒山	上塘街 338	章春雷	20	
同生	金外大马路 533	唐虎保	4	
人和	金外横马路	沈正明	7	
雷允上	西中市 103	雷徵明	95	
乐寿	西中市 10	郑维彬	12	
高益寿	东中市 128	高志达	25	
天生德	东中市 72	汪国钧	6	
大利堂	接驾桥 99	刘守初	14	
大吉春	接驾桥 88	浦程之	3	
仁寿天正记	接驾桥 50	林梓堃	12	
谢济寿令记	接驾桥 48	周一鸣	10	
徐延益	桃花坞 117	徐焕如	10	
鸿济寿	桃花坞 251	徐松麟	6	
同春	庙桥下塘	葛恒钧	20	
同寿康	吴趋坊 5	李近仁	10	
泰和	学士街 4	李雨华	1	

续表

商号		负责人姓名	商况计分（千分比）	备考
牌名	地址			
寿春	景德路177	喻伯年	6	
大德	学士街168	喻伯雯	8	
宏济	中街路37	严伯英	2	
童葆春	道前街113	童穗封	40	
大德生	道前街	金益群	10	
杜良济汉记	养育巷66	任盛华	10	
天一寿	养育巷93	任盛华	10	
德生	养育巷114	翁义卿	2	
杜良济南号	胥外万年桥大街188	杜鸿钧	45	
广大生	胥外万年桥大街	陆光觉	16	
承德	胥外大马路1272	宋汝霖	2	
同泰山	司前街117	陈毓桂	1	
庄资益	司前街42	查国栋	3	
养生	临顿路419	卢仁明	11	
潘资一	临顿路385	沈德华	11	
同仁寿	临顿路桥堍	朱惠篆	11	
震元	临顿路	华玉泉	13	
老益生	西北街83	沈鹤章	4	
大全	平江路112	方季周	2	
养寿	濂溪坊125	方松涛	2	
灵芝	齐门外大街273	袁家振	4	
天德	齐门外大街94	李伯康	2	
良心	西中市	周金宝	7	
镒生正	娄外大街110	陈国桢	3	
老一生	娄外大街234	史维善	7	
泰山	娄外大街245	史实善	7	
晋德	盘外大街54	吕昌龄	4	
同仁	盘外大街32	叶伯良	1	
三星	胥外枣市街中	董有仁	2	
大德南号	胥外万年桥大街	徐顺发	10	
长春	平江路322	张维屏	2	
奚良济	接驾桥	奚凤良	12	
灵芝	景德路258	沈耀卿	4	

吴县木商业同业公会第二十四次理监事会议记录

1949 年 5 月 24 日

民国三十八年五月二十四日上午九时

计到九人

主席：夏务滋

报告事项

县商会函为抄送印花税法一份送请查照转知。

县商会函为以前金圆券贴用印花税各项凭证仍继续使用者，应照新税法补贴，转知查照。

县商会函为请转知各会员向原仓库掉换收据。

会员永丰号王立贵函因年老不胜，即日起改由王志才负责主持。

县商会函奉通知未缴之粮，局方特派曹德旺、曹炳荣、徐传义三同志传递意旨，自五月二十三日起，向人民银行按当日市价结付代金。

税务局通知三十八年度上期营利事业所得税以上年商会商况千分表计，应纳税十五万三千元，于五日内评定纳税清册送局估定。

县商会函为准税局函以营业牌照税暂缓征收。

县商会函为催欠缴献粮暨造报缴解清册。

县商会函为柴行堆栈延期三天结束。

会员鼎成号函暂停营业。

讨论事项

申报营业所得税清册案。

决议：根据税局通知仍以上年商会千分表为基本，以本会此次调查各号三十八年下半年度营业数配合十五点三列册报告。

本年四月三日县商会为人民安全保障会需款向各业措筹之款，现已由商会发还，应否分别归还各会员案。

决议：应即查照原定数目按户发还，以清手续。

吴县木商业同业公会会员职工人数统计表

1949 年 7 月

吴县木商业同业公会会员职工人数统计表				
牌号	地址	店员人数	工友人数	备注
王永顺	胥门外大街 23 号	17	6	
同丰	胥门外大街 25 号	7	1	
震生裕	皇亭街 7 号	10	2	内学生 3 人
裕丰	皇亭街 50 号	13	4	内学生 3 人
永顺丰	枣市街 59 号	9	2	
永丰盛	道前街 82 号	5	1	
万森	学士街 12 号	5	0	
元泰	胥门外大街 6 号	8	2	
乾大顺	枣市街 55 号	12	4	内学生 4 人
永泰昌	枣市街 75 号	16	6	
天昌成	枣市街 65 号	13	1	内学生 2 人
正丰	枣市街 84 号	1	0	
泳丰	枣市街 78 号	1	0	
鼎丰昌	枣市街 129 号	1	0	
大丰	枣市街下塘 14 号	16	4	
鼎昌裕	枣市街下塘 8 号	13	4	内学生 4 人
恒大	枣市街下塘 10 号	7	1	
张乾源	阊外北码头 28 号	10	7	
永丰	阊外大马路 207 号	2	0	
振丰	阊外大马路 444 号	2	1	
顺源	阊外北码头 160 号	10	7	
永大成义记	阊外北码头 147 号	3	2	
益丰遐记	南濠街 264 号	7	3	
永兴	南濠街 24 号	2	0	
丰泰裕久记	南濠街 51 号	9	3	
大隆	南新路 4 号	13	5	内练习生 2 人
益大正记	南新路 20 号	9	3	内学生 3 人
大源	南新路 29 号半	4	0	
义昌鸿记	南新路 20 号半	3	3	内学生 1 人

续表

牌号	地址	店员人数	工友人数	备注
大震	景德路109号半	2	1	
义昌	黄鹂坊50号	3	0	
大陆	长船湾55号	11	3	
复兴泰	长船湾9号	1	1	
大华新记	长船湾70号	3	1	内学生1人
江祥记	山塘街288号	5	0	
乾丰	山塘街484号	5	0	
恒丰	山塘街435号	1	0	
祥大盛	山塘街547号	4	0	
泰丰	莲花斗19号半	1	0	
同丰协记	莲花斗8号	1	0	
大裕	莲花斗新1号	1	0	
德昌	莲花斗17号半	1	0	
森盛祥	娄门外糖坊湾16号	8	0	内练习生3人
祥康	娄门外糖坊湾8号	3	0	学生3人
协丰盛林记	娄门外糖坊湾10号	9	3	内学生4人、学徒1人
昌记	娄门外糖坊湾47号	4	0	内练习生2人
三泰	娄门外糖坊湾76号	5	0	内学生3人
裕德	娄门外永宁桥下塘76号	5	1	内学生1人
永昌	娄门外永宁桥下塘77号	1	0	闭歇
程甡记	齐门外东汇路11号	1	0	
中一	齐门外东汇路4号	6	1	
三万康	齐门外东汇路16号	3	0	
永新正柏记	齐门外虹桥浜	6	0	内学生3人
大兴	齐门外倪家桥浜	5	1	
永兴裕	天后宫大街47号	1	0	
森森	娄门外坝基桥	2	0	
苏州新记	南濠街38号	5	4	内学生3人
鼎泰	胥门外洋桥河沿15号	2	5	
何顺泰	潭子里31号	3	4	
利华	留园马路9号	3	4	内学生2人
陈万兴	吴趋坊164号	6		内学生2人

吴县木商业同业公会会员业务概况调查表

1949 年 8 月 20 日

吴县木商业同业公会会员业务概况调查表（报商会转工商局）				
牌号	资金估计（折合西木两码算）	批发零售	级别	备注
王永顺	500 两	零售	甲	
鼎昌裕元记	420 两	零售	甲	
乾大顺	380 两	零售	甲	
益大正记	350 两	零售	甲	
森盛祥	280 两	零售	乙	
大丰	280 两	零售	乙	
大隆	270 两	零售	乙	
永泰昌	260 两	零售	乙	
裕丰	260 两	零售	乙	
协丰盛	240 两	零售	乙	
丰泰裕	220 两	零售	乙	
张乾源	210 两	零售	乙	
震生裕	210 两	零售	乙	
祥康	200 两	零售	乙	
泳丰	180 两	零售	丙	
大兴	160 两	零售	丙	
天昌成	150 两	零售	丙	
益丰	150 两	零售	丙	
大陆	150 两	零售	丙	
中一	150 两	零售	丙	
裕德	140 两	零售	丙	
昌记	140 两	零售	丙	
永顺丰	130 两	零售	丙	
顺源	130 两	零售	丙	
永新正	120 两	零售	丙	
元泰	120 两	零售	丙	
江祥记	87 两	零售	丁	
同丰	80 两	零售	丁	
王万康	70 两	零售	丁	
三泰	60 两	零售	丁	

续表

牌号	资金估计（折合西木两码算）	批发零售	级别	备注
永丰盛义记	50两	零售	丁	
恒大	40两	零售	戊	
永大成昌记	40两	零售	戊	
万森	40两	零售	戊	
永源	35两	零售	戊	
永兴	35两	零售	戊	
祥大盛	35两	零售	戊	
程姓记	30两	零售	戊	
义昌	30两	零售	戊	
正丰	30两	零售	戊	
永丰	28两	零售	戊	
鼎丰昌	22两	零售	戊	
和丰泰	22两	零售	戊	
大源	20两	零售	戊	
义昌鸿	12两	零售	己	
恒丰	10两	零售	己	
永兴裕	10两	零售	己	
永昌	3两	零售	己	
泰丰	18两	零售	己	
德昌	13两	零售	己	
同丰协记	7两	零售	己	
大裕	2两	零售	己	
复兴泰	20两	代	戊	
大华	15两	代	己	
大震	15两	零售	己	
振兴	10两	零售	己	

吴县油饼商业同业公会为调整资本、本会经费等事开全体会员代表座谈会记录

1949年6月16日

时间：民国三十八年六月十六日下午三时

计到七十人

主席：张学明

恒隆号职员函，请求调整派费等级事由。

商会开会时指示，关于调整资本办法业与税局洽定，尽自本日起至三十日止为调整期间，七月一日起应以新资本额计算。

讨论事项：

关于调整资本额方法案。

决议：各会员应在此半个月期自行检讨如何调整，探听他业大致以现存货物作价加入资产、生财及人欠、欠人为新的资本额，至应否全部换立新账册，俟商会十八日开会请局长出席指示确定后，再行通知。

关于各种税务提供意见，以备税政当局采纳改善案。

决议：自应提供改善意见建议当局，申述在国民党统治之下遭受重税之累，现值政体解放，革除以往苛政，将各种税法请求改订税率。

（一）营业税：关于本公会所营各货如：

桐油：为农人髹染农具及农船，有助于农业生产关系极大，宜减为千分之五。

苎麻：麻类为修嵌农船、渔民结网之用，亦有助于农事生产，亦宜减为千分之四。

豆饼：豆饼为稻田肥料及饲养牛豕食料，与其他消耗品不同，应回复昔时不征税款。

豆菜油：食油为民食，与米麦相同，应与粮食同等课税。

柏油：柏油为制造皂料，为民生必需之物，亦应课税千分之五，且查趸卖商利润极薄，为减轻成本计，应减半征收。

（二）印花税：是经开宗明义为凭证对象，不应将营业额笼统核计，形同营业税之附加税。

（三）营利所得税：应循名核实于盈利所得课其税款，上年限价抢购至山穷水尽，尚须含恨缴纳，正宜及时抚循以复元气。

关于收取经费案。

（说明）商会自上月份起每月须人民币二万四千元，约占米二石。

本会因各当局须按日调报市价，特忝请范林泉先生负责办理，月支薪米二石。

本会主任书记丁君及助理一人，月支米六石，工役一石（共九石）。

又现时接触频繁，会中不可一刻无人，现在供给午餐一顿（系四公会分派），本会应派米约一石。

办公费一应约二石。

共须米十四石，比上次假定等级表时已节省四石。

决议：本月份收费暂照上月份全月六万元加倍收取，俟七月一日起新资本报告到会后，再行参考实际需要确定收费考级，本月所收如不敷开支，另行抵补，商会费先付一个月。

吴县油饼商业同业公会关于议决会费以米为标准收取的通知

1949年7月22日

迳启者。迩以本会事务殷繁，各项支款又节节高涨，上月份全部收入不足抵现时米价三石，因之积有亏累。现七月份已届下旬，各项开支亦势不容缓。兹于本月二十一日开会时提出讨论，佥以物价动荡靡定，若仍以币数计算势必逐月调整，太嫌麻烦，为经决定比照其他公会办法，以米为标准，分等收取，庶几一劳永逸。兹查贵号七月份起每月应付白米□□，以付款之日报载米价折算。本会深知目今市况萧条，各会员间业务不振，困难之处在所难免，只以本公会亦有不得已之苦况，尚祈贵会员格外谅解，俾维会务，毋任公感。此致宝号台鉴

吴县油饼商业同业公会第三十四次理监事会议记录

1949年8月16日

报告事项：

县商会函，准苏州电器公司函，增资六亿元，劝迎工商界集体投资由。

约定事项：

第二次救灾经费，现已收到人民币二百二十四万五十四百元又白米二石四斗，与额定七十石米价相去不远，应即结束报告商会。

本会开支上月约定以白米十一石计算，现因收取不易，应否紧缩支出，俾资顺利。约定就可能范围酌量节省，另立预算表及等级表，定期召开全体议决审定后，九月份起收取，俾获一劳永逸。

吴县鲜果商业同业公会现有会员名册

1949年8月

吴县鲜果商业同业公会现有会员册　民国三十八年八月				
牌号	负责人	地址	电话	备注
华丰	严云亭	山塘街一〇五		
天丰	顾斯馨	山塘街七五二		
长丰	沈寿宝	山塘街一七一		
宝大	薛宜宝	山塘街一七〇		
恒丰	韩荫初	山塘街七四六		
合计	朱仲芳	山塘街七五〇		
立昌晋	孙锡康	南濠街一五四		
永记	胡恭保	南濠街一四九		
广丰正	孙春林	南濠街一三九		
协兴盛	汤尧安	南濠街一四四		

续表

牌号	负责人	地址	电话	备注
茂丰	刘季贤	南濠街一五八		
王成兴	王恩欲	南濠街一五〇		
王裕泰	王恩沛	南濠街一五一		
茂昌	王继祖	南濠街一四八		
立昌盛	张少亭	南濠街一五三		
裕源成成记	冯树璋	南濠街一五六		
洽盛	许凤翔	南濠街一四一		
裕昌新	郁汉章	鲇鱼墩四六		
公泰	毛培芳	鲇鱼墩四八		
元泰	孙锡棠	鲇鱼墩四六半		
天丰恒	唐康宝	鲇鱼墩二四		
泰成	任绅荣	鲇鱼墩四七		
裕源成延记	冯延昌	鲇鱼墩五〇		
正昌	沈炳南	鲇鱼墩二二		
永大	卢伟铭	鲇鱼墩四五		
大昌	颜桂泉	大马路四七七		
新泰	王继祖	大马路二八三		
德兴福	陆文达	大马路二三七		
正大	耿云卿	胥门外新马路六		
福昌	陈世善	观前街		
福昌西	张介如	观前街		
福茂	金洲生	观前街		
永成	李德森	观前街一二		
华协成源记	华志豪	观前街二三四		
华协成德记	华晋德	观前街二三四		
天福	方琳荪	观前街二五一		
元昌	苏松龄	邵磨针巷一五		
宝大祥	任纪霖	大成坊巷九八		
万利元	戴同生	北局二八		
元茂	桑铭德	三贤祠巷二七		
宝昌	冯国勋	北局		
朱泰记	朱老三	北局		
朱源泰	朱福生	皮市街		

续表

牌号	负责人	地址	电话	备注
永兴	徐永福	宫巷二九		
源大	任寿南	西中市一九〇		
天昌	华龙生	东中市接驾桥		
福锠	陈炳生	中正路古市巷口		
德昌	曹荣海	养育巷三六七		
德成	杨志清	养育巷二六六		
顺昌	刘鸿华	养育巷七一		
协昌鑫	缪新生	迎春坊		
大昌	宋三男	临顿路		
张福兴五记	张慰庭	齐门外大街		
张福兴秋记	张秋全	齐门外大街一四		
张同兴	张树敏	齐门外大街四二		
顾玉记	顾阿玉	齐门外大街一一三		
张洪兴	马焕章	齐门外大街		
张源兴	张湧卿	娄门外大街二三		

吴县鲜果商业同业公会关于响应捐款、公债的临时会员大会记录

1950年1月13日

日期：一九五〇年一月十三日

时间：下午二时

地点：卷烟业公会

出席者：

刘鸿华　陈世善　任纪霖　苏松龄　桑洪初　张少亭　任煜培　冯延昌　唐康宝
孙冠全　郭松年　张秋泉　陈永林　张介如　华志豪　张根福　张春泉　冯焕章
张慰庭　杨志清　陈炳生　任寿南　华晋德　方琳荪　朱老三　徐永福　李德森
戴同生　冯国勋　李庆文　宋三男　缪鑫泉　唐和尚　华阿根　许凤祥　孙锡棠
孙庆曾　王思仁　孙尚林　穆培庆　韩全根　冯树璋　张年尘　朱介舜　曹荣海
耿玉卿　王恩沛　谢惟安　王继祖　胡琪锷　范寿宝　薛二宝　韩荫初　顾斯馨
王柏生　王阿三　沈德成　严云亭　朱仲芳　仲长泉　刘林生　钱浩成　顾阿玉
殷荣成

讨论：

一、冬账捐款如何响应达到六十万元目标案。

决议：以营业额百分之十二为目标，请各小组长带头，努力完成任务。

二、公债应如何响应政府号召案。

1. 意义：整个大陆解放通货须增发，老解放区接济新解放区，也须增发通货。
2. 照顾一般人民发行折实公债，即折实储蓄，共二万万份，分二期发行。
3. 公债现已开始认购者，有冶坊、同号、王永顺、大兴煤炭号等。
4. 本会分区进行，由各小组动员各组员思想，积极认购。

吴县菜饭馆商业同业公会会员名册

1949 年 8 月 24 日

吴县菜饭馆商业同业公会会员名册				
牌号	负责人	地址	电话	备考
松鹤楼	殷志荃	观前街 93	270	
味雅	俞静安	太监弄 13	109	
上海老正兴	郭永康	太监弄 21	210	
苏州老正兴	郑鹤初	太监弄 56		
老义昌福	祝敏信	宫巷 114	3242	
新聚丰	张桂馥	中正路 546	3210	
德元馆	孙桂昌	阊门下塘 265	682	
德记正兴	秦守仁	石路 65		
五福楼	江宝卿	大马路 284		
和记义昌福	刘志芹	大马路 273	604	
新太和	吴宝兴	大马路 299	975	
大鸿运	张锡亮	道前街 100	601	
天兴园	王仁林	养育巷 64	3246	暂停
天和祥	冯耀华	临顿路 124	881	
新兴园	周琴鹤	临顿路 403	598	
鸿兴园	张福昌	皮市街 209	769	
福源祥	王润如	中正路 374	748	
老仁和馆	朱鸿年	上塘街 74		
新雅	吴钧里	观前街 117	777	
石家饭店	石仁安	木渎		暂停
徐家饭店	石仁寿	木渎		
仁和馆	孙斌铨	石路	3257	
鸿庆楼	潘鸣岗	星桥湾 12		暂停
六宜楼	凌润田	西中市 160	845	

续表

牌号	负责人	地址	电话	备考
西德福	秦焕章	东中市 221		1949 年 8 月 31 日注销
天来福	曾荣庭	中正路 175	576	1949 年 8 月 31 日注销
福兴园	席寿林	凤凰街 43	598	
福新园	华金寿	临顿路 539	654	
丹凤	胡石屏	大成坊巷	993	
三吴	倪培鸿	太监弄 19		暂停
会食堂	戴叔范	北局小公园	2311	
卫生粥店	贾寿南	大马路 491	299	
天天	黄泉兴	小菜场 5		
大上海正兴	姚亦方	广济桥堍		
大春楼	郑永德	太监弄 10	178	
新协和	周君鳌	西中市 5		
大上海菜馆	黄泉兴	大马路 294		
味美	项国良	大马路 311		暂停
新安	周继凌	观前街 199		暂停
美味斋	唐国贤	大马路 270		
味芳	秦南生	大马路 298		
长兴馆	朱云龙	虎丘		
正源馆	谢绍卿	虎丘	518	
胥江正兴	沈福根	万年桥大街 287		
来元馆	陈秀昌	万年桥大街 207		
泰昌馆	梁鸿宽	山塘街 164		
周元兴	周连生	大成坊巷 7		
新雅仙	袁炳尧	大马路 47		
万利	顾仁男	大马路 471		
三新粥店	汤文耀	横马路 93		
大庆馆	朱秉洲	山塘街 184		
三兴协记	陈阿根	横马路 36		
永兴馆	严长明	广济桥北		
顺兴馆	邵桐生	姚家弄 23		
花园饭店	顾志铭	新民桥堍		
聚兴馆	陈万云	阊门吊桥堍 348		
兴昌馆	陈松培	鲶鱼墩 57		

续表

牌号	负责人	地址	电话	备考
正兴馆	浦阿小	永安弄 1		
协和馆	俞和尚	葑门横街 21		
荣和馆	顾金泉	娄门大街 132		
锦和馆	朱根林	宫巷 78		
胜源馆	李玉英	景德路 228		暂停
集宏馆	丁合生	娄门外 290		
功德林	平忠海	太监弄 5		
功德林	盛兰亭	横马路 92		暂停
仁和馆	叶东生	娄门外吊桥 112		
新兴馆	严华松	娄门外 19		
陆聚兴	陆顺福	娄门外 32		
谢复兴	谢秉魁	横马路 27		
三兴面饭店	陈根生	小杨树里 8		
聚丰馆	唐和卿	大马路 244		
长丰馆	周水森	南濠街 79		
万花楼	王友松	钱万里桥堍		
小东来	张文炳	钱万里桥 328		
顺兴馆	邵桐生	钱万里桥 336		暂停
顺源馆	王立山	大马路 456		暂停
大庆饭店	陈大公	大马路 203		
南昌馆	许子良	山塘街		
春和馆	周冯氏	山塘街		暂停
张福记	张金林	山塘街 306		
大新馆	严根福	虎丘		
顺兴馆	陈春初	胥门马路 142		暂停
永兴饭店	陈永林	胥门马路 154		
兴记饭店	李金木	枣市街 77		
长和馆	徐坚竹	盘门大街 3		
陈家饭店	陈冯氏	盘门马路 714		
聚兴馆	陈阿水	葑门横街 57		
添兴馆	朱盘林	葑门横街 56		
泰昌馆	包大多	十全街 323		
金梅记	金梅生	凤凰街 7		

续表

牌号	负责人	地址	电话	备考
余昌馆	丁余昌	中正路124		
聚昌馆	张树栋	十梓街1		
万兴	朱招生	大马路		
同兴馆	叶银川	濂溪坊65		暂停
荣胜馆	陈根发	濂溪坊86		
金阳馆	胡根寿	临顿路71		暂停
虞万兴	虞信财	临顿路91		
荣兴馆	殷泉宝	临顿路180		暂停
聚庆馆	蔡庭煜	迎春坊		
马家	马阿水	平江路173		暂停
长兴	张菊生	东北街30		
三吴饭店	殷根土	齐门大街19		
三星鸿记	缪永根	齐门大街96		
陈兴馆	郑陈氏	齐门大街28		
齐兴馆	张金笙	齐门大街186		暂停
周家	周水全	天后宫71		
聚兴园	王瑞度	道前街		
沈郁记	沈文郁	镇抚司前27		暂停
鸿兴馆	虞渭樵	镇抚司前28		
姚记	姚桂福	学士街169		
杏花饭店	丁巧生	景德路101		
锦兴馆	邱桂生	塔倪巷17		
荣昌馆	王金生	中正路276		
杨源兴	杨云财	中正路297		
沈振新	沈松云	中正路香花桥		暂停
义成饭店	殷泽元	中正路香花桥		
天兴馆	陈天和	北寺塔西首		
聚源馆	徐根元	东中市212		
锦阳楼	朱富林	宫巷96		
杨源兴	杨时春	万人码头13		
福新春	沈濬宽	干将坊		暂停
万和	马金水	草鞋湾2		暂停
钱记饭店	钱桂良	大成坊75		
杨家饭店	杨桂林	大成坊89		

八月二十三日止，共有会员一百二十四家，报闭二家，暂停二十一家，尚在营业一百零一家，尚有非会员二十二家，另有清册。

吴县汽车同业公会关于集中营业等事的理监事会议记录

1949 年 10 月 7 日

十月七日下午五时　星期五

出席人：

姜厚良　董景文　谢宝才　曹　荣　颜树培　柯喻福　成金发　冯庙琴　范庚申

周新宝（费代）　苏子民　陈国光（严代）

缺席：李长贵、李春芳

主席：曹树荣

记录：朱黎民

主席报告：1. 为奉税务局谕，本年下半年度车行使用牌照税一案，已逾规定日期，请速催各车主遵照缴纳，毋再延误，致被扣车。2. 检讨营业如何改善稳定方法。3. 新会员如何办理入会手续。

讨论：本会送奉当局谕以会员营业车辆任意散漫停歇，市容秩序攸关，饬会改善方针一案。兹为两筹兼顾起见，功令则绝对服从，但会员现时营业异常困苦，如何妥筹办法，请付讨论。

决定：在遵奉功令而又以便利营业，即日择定相当地点为集中营业，如此市容秩序既无妨碍，由公会主办（名称）苏州市汽车联营办事处。所需经费每车自动捐助白米一斗之公益金，专为该办事处动支，作正项用途，不得别用。推选经济保管三人：姜后良、成金发、董景文。推选车务：谢宝才、柯喻福、黄仁清。

讨论：对新会员入会手续应如何办理。

决定：仍照原办法办理。

吴县汽车同业公会关于推选工商联筹备委员等的会员大会会议记录

1949 年 10 月 25 日

十月二十五日下午五时

出席人：

谢宝才　陆亦全　钟增祺　周云宝　李长源　董少邻　朱文炳　苏子民　曹五宝

叶子卿　卢筱山　纪福鑫　冯连才　曹家声　倪老根　叶裕德　陆佩钦　王荣槐

冯庙琴　曹树荣　李广才　商承宝　张飞祺　姜厚良　吕祥富　裘忠裕　范庚申

何根生　董景文　张　仁　王金祥　吴瑞章　朱建萍　卢筱龙　吴金顺　李长贵
谢宝富　杜忠川　诸何锡　季鸿才　冯润本　喻国安　卢良坤　韩炳突　吴士清，
共45人

主席：曹树荣

记录：朱黎民

报告：本会为核准工商联合会通知本业推选工商联合会筹备委员一人，选定由会函报。现出席会员四十五人，已近三分之二，既合法定之半数以上。今由吴县县商会来员指导协助。

列席：吴县县商会吴干事代唐士英先生协助推进。

汽车业代表唐士英本日另事委托本人来会代为简报工商会意义性质，解放后时经六月，工商局对解放前机构积极加以改组。本日为工商联合会产生筹备委员，希望以后实际做事，为会员谋福利目的：①服从政府法令；②各会员须重商业道德；③各为本位，服务从业员；④无取巧投机行为；⑤热忱拥护。现在以票最多为当选，无备选人。在选时希诸位郑重办理。

监票一人（公推：谢宝才），检票二人（公推：王荣槐、李长源），唱票一人（公推：姜厚良），写票一人（公推：朱建萍）

选举结果：曹树荣最多数，计33票；次多数李春芳8票。本月二十六日将选举完成经过函复工商联合会核备。

主席报告：本会七月九日开会决定，继续推进会务，惟限经济，当时七月份会费每车收米二升，八月份会费每车减轻负担改收人民券四百元。前后计收取会费两次。报销亦已分送。惟本会对县商会，会费自解放后，迄今未付。本日，商会来员催缴五、六、七月六、六、九千元，共二万一千元。又八、九、十月每月折实单位（两权）九、九、九个，共二十七个单位（照当时报纸，约五万余元）。如十月份职员一人，薪金及房金、电灯、电话并纸张、各项交际杂支等，在在需款。九、十两月份会费如何收取，以清会内负债要用，补救办法请付公决。

议决办法：九、十两月会费合并收取，每车人民券二千元。十一月份会费届时再由理监事会商议办理。

吴县石灰砖瓦窑业同业公会为送捐款慰问遇难电机职工致苏州市工商联筹委会函

1949年12月1日

径启者：本会为响应捐助匪机轰炸戚墅堰电机厂被难职工，为特捐助人民币六万元。相应备函奉达，即希检收为荷。此致苏州市工商联合会筹委会

吴县石灰砖瓦窑业同业公会关于办理存货登记的通知

1950年2月21日

径启者：兹奉税务局通知，关于各项货品存货登记，希各同业于本（二）月二十四日抄齐，交组长汇总，以便如限呈交税局。倘不及逾期，应各自负责直接送往税务局登记。特此函达。此致各同业

关于货物税暂行条例公布后，各项应税货品之存货登记手续，兹特分别规定如左：

一、所有厂商、行号、货栈、仓库及私人存储之应税货品一律以二月十四日之存货（二月十三日之截存数量）办理登记。

二、应行补税□存货须于办理补税后，方准销售。

三、凡属已祝货品亦须办理登记，并注明完税凭证字号，以凭查核。

二、整理同业公会

苏州市工商业联合会筹备委员会关于开展各业整理工作的通知稿

1950年1月14日

一、本会为吸收整理工作经验，决定先行整理组织衣着业公会（包括西服业、衣业、成衣业）、粮食业公会（包括粮食业、米厂）、肉品业公会（包括鲜肉业、羊肉业、腌腊业、野味业、牛肉业、荤油业）、国药业公会（包括药材行业、国药业、参燕业）、点心业公会（包括饼馒生面业、馄饨业、糕团业）五单位。

二、整委会推定孔翔生（召集人）、沈泽苍、唐士英、吕沅桀负责指导衣着业，张嘉春（召集人）、刘洵介、邵孝谋、冯焕章负责指导粮食业，郭润源（召集人）、王文进、唐慎志、殷玟源负责指导肉品业；沈继玉（召集人）、谢惟安、潘士义负责指导国药业，黄柱天（召集人）、张志明、李祥勋、董复始负责指导点心业，并推定王文进为总指导员。

三、有关各业之筹备委员，理事长请即领导理监事、各小组长、全体会员展开酝酿，完成准备工作。

四、整理工作粮食业、国药业二单位于本月十六日开始，衣着业、肉品业、点心业于本月十八日开始。

五、除分函外，即希查照办理为荷。

此致业公会

苏州市工商业联合会筹备委员会整理工商业同业公会初步方案草案

1950年2月

一、整理原则

（一）工业同业公会与商业同业公会仍以分开组织为原则，但或某业因情形特殊，工商业自愿联合组织者，得斟酌实情联合组织之。

（二）凡同类性质之工业或商业一律以组织一个同业公会为原则，如因其经营方式不同，得分组之。

（三）凡同类性质之工业或商业过去因经营方式不同、规模大小有别及保持历史传统而分立组织者，一律归并之。

（四）凡同类性质之工业或商业过去因人事问题及一时之经济要求而另立组织者，一律撤销之。

（五）凡参加各同业公会之会员以本市行政区内之同业为限，如本市以外之同业在本市设有营业事务所或分支机构者，应参加之。

（六）凡工商业家数过少者，暂缓组织同业公会，但该厂商得直接参加工商联合会。

（七）凡公营工商业者及私营工商业者务须依照规定参加该业同业公会。

（八）凡工厂商店经营二种性质以上之业务者，应就其主体之业务参加同业公会，至是否需要参加次要业务各同业公会，听其自便。

（九）凡过去未有同业公会组织之工商业，应择定其性质归并参加或单独组织之。

（十）本方案执行时尽量与各该同业协商办理。

二、整理程序

（一）由整理委员会邀请全体筹备委员会及工商界人士编成若干整理小组，分别对各业进行整理之初步工作。

（二）整理小组了解各公会情形商定组织方式后，由联合会聘请各业筹备委员成立各业筹备会。

（三）筹备完毕召集会员大会，以民主方式正式产生同业公会。

（四）各业筹备会应于□月□日起□个月内陆续成立。

（五）各公会筹备时期暂定二个月。

三、整理小组任务

（一）了解情况。

（二）向会员阐明本会政策、方针及交换意见。

（三）集体研究调整办法。

（四）研究筹备委员人选。

（五）组织筹备会。

四、筹备会任务

（一）接管各该旧同业公会。

（二）重新举办会员登记。

（三）处理各该业公会日常事务。

（四）向会员阐明并协助政府推行各种政策政令。

（五）反映各会员之实际情形并提供各种建议。

（六）召集会员大会，办理选举，正式成立同业公会。

五、附则

本方案经工商局核准后施行之。

整理本市旧同业公会原则

1950 年 2 月

（甲）新同业公会的标准

1. 把旧公会改变为为新民主主义及新政协共同纲领经济建设服务的公会。

2. 把少数人操纵的旧公会改变为为全体会员服务的新组织。

3. 使每一行业的正派的进步的积极人士都能参加筹备工业。

4. 使全体同业参加整理组织新公会，一面批判旧公会的旧作风，一面树立新公会的新作风。

5. 配合新经济政策提高工商界政治的认识。

（乙）新同业公会筹备委员人选

1. 照顾大多数会员的利益，做到大中小兼顾。

2. 避免偏于一方面为少数人控制。

3. 要有充分的代表性。

4. 要公正热心。

5. 人数多少视各业具体情况决定。

（丙）新同业公会筹备委员产生方法（由整理小组主办）

1. 召集该业会员公正人士、小组长、旧公会负责人分期用座谈会方式交换意见。

2. 个别访问交换意见。

3. 征求书面提出个人或集体理想人选名单。

说明：旧公会未改组前会员没有重新登记，出席代表没有审查，如果用投票选举不十分妥当，可能发生偏向。

（丁）新同业公会筹备委员决定顺序

1. 整理小组归纳该业各方意见，拟定理想人选名单。

2. 整理组织委员会审查名单。

3. 常委会通过，呈请工商局核准。

4. 由本会加聘。

苏州市各业同业公会组织计划

1950 年 2 月

（甲）旧公会组织

1. 绸缎纱布商业同业公会（包括布、土布、绸缎、弹花、纱线）
2. 织布工业同业公会（即染织）
3. 百货商业同业公会（包括华洋行货一部分、牙膏器、丝线）
4. 炼染商业同业公会（包括染、洗染）
5. 衣着商业同业公会（包括衣、西服、成衣）
6. 缏带针织工业同业公会（包括织带、针织）
7. 皮骨旧货商业同业公会（包括皮毛油骨、破布旧货）
8. 酱盐商业同业公会（包括酱工、盐）
9. 油饼麻商业同业公会（包括桐柏油饼、麻）
10. 酒商业同业公会（包括绍酒、高粱烧酒）
11. 食油工业同业公会（包括油厂、油业一部分）
12. 畜产商业同业公会（包括蛋孵、猪行、鲜鱼行）
13. 国药商业同业公会（包括国药、药材行、参燕号）
14. 颜料油漆商业同业公会（包括漆、颜料）
15. 茶叶商业同业公会（包括茶叶、茶花）
16. 南北海货糖商业同业公会（即南北货）
17. 面粉麸皮商业同业公会（即面粉）
18. 肉品商业同业公会（包括鲜肉、羊肉、牛肉、荤油、野味）
19. 粮食商业同业公会（即粮食，包括米厂）
20. 石粉工业同业公会（即水磨石粉）
21. 豆腐商业同业公会（即豆腐）
22. 卷烟皂烛商业同业公会（包括卷烟、土烟）
23. 新药商业同业公会（即新药）
24. 钟表眼镜商业同业公会（包括钟表、眼镜）
25. 五金电料商业同业公会（包括五金、电料）
26. 皮件鞋帽商业同业公会（包括皮革制品、帽、□）
27. 陶瓷器商业同业公会（包括瓷料、陶器）
28. 冶坊工业同业公会（即冶坊）
29. 木树竹商业同业公会（包括木行、树行、竹行）
30. 家具商业同业公会（包括木器、木床、盆桶、西式木器、藤竹器）
31. 建筑材料商业同业公会（包括髹漆、凉棚、石灰砖瓦、芦扉）
32. 机械厂工业同业公会（包括机械、大毅厂）
33. 街车商业同业公会（包括人力车、马车、三轮车、自由车、车行、塌车）

34. 交通运输商业同业公会（包括运输、汽车、轮船、船行）
35. 煤炭商业同业公会（包括煤、炭行）
36. 柴行砻糠商业同业公会（包括柴行、砻糠）
37. 茶食糖果商业同业公会（包括茶食糖果、饴糖）
38. 金融商业同业公会（包括银行、钱庄、保险）
39. 丝织工业同业公会（包括丝织、丝号、漳绒）
40. 典当寄售商业同业公会（包括典当、寄售）
41. 印刷工业同业公会（包括印刷、镌刻）
42. 猪鬃工业同业公会（即猪鬃）
43. 制革工业同业公会（即制革）
44. 刺绣商业同业公会（即刺绣）
45. 文教用品商业同业公会（包括文具、□、湖笔）
46. 山建地货商业同业公会（包括鲜果、山地货）
47. 铜锡商业同业公会（即铜锡）
48. 香烛箔爆商业同业公会（包括香烛、爆竹、箔、制箔）
49. 壅业同业公会（即壅）
50. 茶馆水灶商业同业公会（包括茶馆、水灶）
51. 戏院书场商业同业公会（包括戏院、书场）
52. 理发浴室商业同业公会（包括理发、浴室）
53. 面饭菜馆商业同业公会（包括菜饭馆、面馆）
54. 点心商业同业公会（包括馄饨、糕团、饼馒生面）
55. 铁铜器商业同业公会（包括铁铜、剪刀、打铁、白铁）
56. 旅社商业同业公会（即旅社）
57. 营造工业同业公会（即营造）
58. 纸商业同业公会（包括纸业、裱画、制匣）

（乙）新公会组织

59. 面粉厂工业同业公会
60. 皂烛工业同业公会
61. 火柴梗片工业同业公会
62. 草织品工业同业公会
63. 煤油商业同业公会
64. 照相商业同业公会
65. 寿器殡墓商业同业公会（包括寿器、公墓、殡仪馆）
66. 棉纺工业同业公会
67. 乐器礼品商业同业公会（包括旗店、花店、银盾店、证章店、冥器店、中西乐器店、古玩店、首饰店）
68. 度量衡器商业同业公会

第二期整组各业公会参考办法

1950年2月

第二期整组各业公会的顺序，可以参照下面各项办法：

一、各业公会动员大会开会时候：（1）各业原理事长（筹备委员）担任大会主席，报告现有会员数，今天出席会员数和准备工作的经过，再介绍推进小组工作人员讲话。（2）推进小组委员讲话的资料，可以讲一讲本市工商业同业公会整理组织方案的意义和原则性的规定（新公会的标准和筹备委员人数）。（3）工商局同志讲话。（4）征询会员意见，包括旧公会的优缺点和新公会的希望。（5）讨论决定筹备委员名额支配，不宜作硬性的匀分。（6）即席先行划分群形，待群形划分后，即席开始分组办理候聘人提名工作，在五十人左右的会场中：可以直接在大会中进行提名，提名时候，最好做到自我介绍，否则要求做到提名的人介绍候聘人一般情形，使得每一个会员都有认识。（7）恢复大会宣布各组候聘人提名名单，再由全体会员反映一般情况，准备会报资料。

二、动员大会出席会员的多少，事前先对原公会估计，督促充分准备，开会不足法定人数的时候，候聘人提名工作只得改期举行，同时与原公会负责人决定日期，督促会员务必出席，完成准备工作，使下一次会议一定完成。

三、合并性的公会，在动员大会上，可以把合并问题放在征询会员意见的时候讨论，随时由推进小组依据反映情形互相协商，对并与不并的问题作一决定，大会一定继续开，使提名工作实时完成。

四、各业公会筹备委员会名额多少，有一个标准在下面：

会员单位在五十以下者，产生筹委五人至九人。

会员单位在五一以上一百以下者，产生筹委七人至十一人。

会员单位在一百零一以上二百以下者，产生筹委九人至十五人。

会员单位在二百零一以上四百以下者，产生筹委十三人至十九人。

会员单位在四百零一以上者，产生筹委十七人至廿一人。

有特殊情况者，可以由推进小组协商决定增减。

五、各业公会候聘人提名一律增加一倍。

六、以前未有公会组织的各行业，先由工商联或有关公会，收集同业名单，进行联络，使他们参加动员大会，否则的话，可以保留出一部分筹委名额，待产生候聘人后，再合并起来，召开谈话会，征询反映，准备会报资料。

七、各工厂商店出席公会代表，有变更的话，要加以注意真正公正热心分子，倘使会员有反映要求继续服务的话，一方面进行劝说参加提名，一方面叫反映者提出书面报告工商联或工商局，再行协商办理（推进小组发现这种情况时，要将名单会报）。

八、各业公会候聘人名单要一式两份，写明候聘人姓名、籍贯、年龄、服务单位、名称、住址、电话，一份交推进小组，一份送工商联。

九、推进小组在各业公会候聘人名单提出后，再分别定期召开候聘人谈话会，征询意见，吸取反映，谈话会日期决定后，可以由工商联出面召集，最好开会地点也在工商联。

十、正、副主任委员的人选和名额，可以在谈话会和各种不同情况中，尽量收集资料，准备会报资料。

各业公会办理交接注意事项

1950年2月

一、新公会筹备会成立后由主任委员召集全体委员举行第一次筹备委员会议，决定接收旧公会日期并推定接管人员，咨请原公会负责人查照办理。

二、原公会接得咨文洽知移交日期后，应由原负责人迅将过去经办事项作一结束，关于经费方面各部分均应分别迅速处理。

（一）档案卷宗清册。

（二）印信清册。

（三）公有财产清册。

（四）经费收入清册。

（五）会员名册。

（六）服务人员清册。

三、交接清册缮写一式四份，由移交人（前任）与接管人（新任）分别加盖私章，除新旧任各执一份外，两份送工商联，以一份存查，一份转呈工商局核备。

四、各业公会办理交接时，应先分别呈函工商局、工商联派员监交。

五、有合并性之公会，得分期办理交接事宜。

六、办理交接后，应由新旧任将交接经过连同交接清册会报工商联核备。

整理各业公会工作程序

1950年

一、准备工作（一九五〇年一月一日起至一月二十四日止）（整委会、常委会）

（一）整理组织委员会审议整理方案暨有关文件。

（二）常务委员会审议整理方案暨有关文件。

（三）将整理方案暨有关文件呈请工商局核准。

（四）召开筹备委员临时大会传达整理方案暨有关文件。

二、传达整理改组各业公会方案（一月二十一日起至二月二十日止）（整委会、整理小组）

（一）各业公会召开全体会员大会，由整委会委员出席传达。

（二）成立整理小组。

（三）整理开始，指导整理各业旧同业公会（了解各业情况，广泛交换意见，召开各业各种会议，研究拟定各该业筹备委员候选名单）。

（四）整委会随时征集各业会员及公正人士意见。

包括(甲) 对整理本业旧公会工作及人事之积极建议与批评。
(乙) 对整理本业旧公会之具体办法。
(丙) 对本业公正热心人物之介绍。
(戊) 对本业公会之未来希望。

三、成立各业公会筹备会（二月二十一日起至二月二十八日止）(整委会、常委会)
(一) 整理组织委员会、常务委员会审核候选人名单。
(二) 呈报工商局核准。
(三) 工商联加聘各业公会筹备委员。
(四) 各业成立筹备会。

四、各业公会筹备会工作（三月一日起至四月三十日止）(各业公会筹备会)
(一) 接管各该业旧同业公会。
(二) 重新举办会员登记。
(三) 审理各该业公会日常会务。
(四) 向会员阐明并协助政府推行政策政令。
(五) 反映各会员之实际情况并提供各种建议。
(六) 召集会员办理选举，正式成立同业公会。

苏州市工商业联合会筹备委员会关于印发各业同业公会筹备会组织规程通则草案的通知

1950年3月16日

查本会整理组织各业同业业已分别开始进行，兹印发各业同业公会筹备会组织规程通则草案一份，除分函外，即希查照参酌办理为荷。此致业公会

附草案一份。

附：苏州市各业同业公会筹备会组织规程通则草案

一、苏州市各业同业公会（以下简称本会）系经苏州市工商业联合会筹备委员会聘请筹备委员若干人组织之。

二、本会会址设于苏州市。

三、本会任务如下：

1. 接管原有旧公会（合并之公会一并接管），处理日常事务。
2. 举办会员登记。
3. 进行本业调查统计工作。
4. 推动集体合同之订立。
5. 起草工会组织章程及业规等草案。

6. 办理工商联交办事项。

7. 向会员阐明并协助政府推行各种政策政令。

8. 反映各会员之实际情况并提供各种建议。

9. 召集会员大会，办理选举，正式成立同业公会。

10. 经常向工商业联合会筹备委员会提出报告。

四、本会设主任委员一人，副主任委员□人及委员若干人，其人选依据本规程第一条之规定产生之。

五、主任委员对外代表本会，对内主持一切会务，副主任委员协同办理之。

六、本会视事实之需要得设置下列各委员会（凡规模较小之公会不另设委员会，对下列各种业务可由筹备委员会分工兼任）：

1. 组织委员会，规划关于会员资格之审查或调整会员组别及其他有关组织等事项。

2. 业务计划委员会，规划关于生产技术之改善及业务之推进等事项。

3. 税务推进委员会，办理有关工商税务法令之研究推进及协助指导各会员完成纳税事项。

4. 学习委员会，办理一切有关政策政令及法规学习事项。

5. 财务委员会，筹划经费及审核本会会计账目等事项。

七、各委员会设委员□人，每会设主任委员一人、副主任委员□人，由筹备会就全体委员及会员代表中选聘之，必要时得聘请专家担任顾问。

八、本会设干事一人（如会员在一百人以上者得酌设秘书）、助理干事若干人（视实际情况斟酌设置），秉承正、副主任委员之命办理日常事务。

九、本会对下列各项事务可由工作人员分工办理之（凡规模较大之公会得设股长一人，主办本股事务）：

总务（股）：主办文书、会计、出纳、庶务及其他事务。

业务（股）：主办会员登记、对外联络、调查研究、文教、劳资纠纷之辅导事项。

十、本会视实际情况之需要经筹备会全体会议之决议得设置其他委员会或举办其他事业（例如诊疗所、训练班或学校或俱乐部等）。

十一、全体委员会会议至少每半月举行一次，必要时得召开临时会议。

十二、各种委员会会期由各该委员会视事实之需要自行决定之。

十三、各种会议以过半数委员之出席为法定人数，讨论事项以出席委员过半数之同意决议之。

十四、各种会议本人不能出席时得请各该委员会其他委员代表出席。

十五、本组织规程经本会全体委员会通过，报请苏州市工商业联合会筹备委员会核准，并特呈工商局备案，施行修改时同。

本规程于完成本会筹备任务同业公会正式成立后失效。

第一、二两期整组各业公会筹备会主任委员工作人员座谈会记录

1950 年 4 月 26 日

日期：一九五〇年四月廿六日下午二时

出席者：（机械厂业）黄克铭、逖甦；（陶器业）刘汉云；（皂烛厂业）谷希平、赵再康；（国药业）经正祥、朱点鳌；（猪鬃业）顾浩明；（银钱业）沈泽苍、郑象乾；（百货业）张希贤、李怀慈；（茶叶业）陈鹤郙、周维忠；（药材业）周松涛、李振霄；（典当业）王仁初、金鼎之；（煤炭业）徐仁焕；（旅社业）王伟公；（丝线业）程鼎元；（纸业）徐粹清；（肉品业）曹克厚、张国伟；（刺绣业）华荣寿、龚心若；（印刷业）邵孝谋；（盐业）朱东明；（饴糖业）林寄风；（照相业）强云鹤；（茶食糖果业）金杏荪代；（酒业）金瑞麟；（酱园业）吕沅棨；（新药业）蔡渭荪；（瓷料器业）祝君硕；（工商联整委会）黄柱天

列席者：工商局周科长、工商联秘书处徐卧云

主席：黄柱天

记录：范方中

报告事项：

一、工商联一二期整组完成各业准备成立公筹会者，有织布、机械厂、国药、药材参燕、银钱、酱园、盐、新药、茶叶、煤炭、纸、茶食糖果、肉品、寿器殡墓、皂烛厂、瓷料器、陶器、机制缝纫、旅社、典当、刺绣、酒、丝线、印刷、猪鬃、石粉、饴糖、照相、百货、浴室等三十个单位。

二、上列三十个公筹会筹备委员业经常委会审查通过，并呈奉工商局指令核准备案，即日由本会分别加聘。

周科长讲话（略）

讨论事项：

织布业等三十个同业公会筹备会成立大会如何进行，提请讨论案

决议：

（一）联合举行成立大会，以隆重节约为原则。

（二）由三十个公筹会主任委员组织联合成立大会筹备会，推请沈泽苍为总干事，主持筹备会一切事宜，并聘请樊巽绎、徐卧云、奚钟鸿三人协助工作。

（三）筹备会设总务主任一人，推请蔡渭森担任，副主任二人，推请冯焕章、王伟公担任，并聘请工商联及有关公会工作人员若干人协同工作。

（四）联合成立大会预定于五月七日上午假座北局开明大戏院举行，借用会场推请王伟公先行接洽。

（五）大会名称定为“苏州市（三十行业名称依照笔画多少排列）同业公会筹备会联合成立大会”，对外行文暂借工商联条戳使用。

（六）联合成立大会筹备会经费暂定九十个折实单位，每一委员垫借三个单位，支出费用以布置会场、筹备会印刷纸张等为限，多退少补（其他记录手册、联欢费用等不包括

在内，由各单位斟酌情况自备）。

（七）筹备会定自五月一日开始办公，会址设工商联，办公时间每日下午四时至六时。

散会：五时三十分

主席：黄柱天

记录：范方中

缺席单位：织布业、寿器殡墓业、机制缝纫业、石粉业、浴室业

苏州市工商业联合会筹备委员会整理工商业同业公会初步工作总结报告

1950 年 6 月

工商联筹委会在一九四九年十一月二十日成立，第一次常委会依照简章规定推定黄常委柱天为整理组织委员会主任委员，聘请谢惟安等十四人为委员，第二期整组工作开始加聘殷玟源等五人为委员，到第三期整组开始又增聘邵伟成等十一人为委员。

整委会的任务包括接管、整理、合并、改组旧工商业各级组织。十一月三十日，整委会接收了旧吴县县商会和旧吴县工厂联合会，这时候旧工商业同业公会有一百零四个。

整理组织工商业公会是工商联筹委会基本中心工作，原则上我们要求把旧公会在本质上改变成为新公会，配合新时代来替同业服务，更为新民主主义经济建设服务。整委会同仁感到责任重大，不敢草率从事。为做好这一件工作，首先征集各方面的意见和经验，另外做了些预备工作。

各种工作的准备和经过，整委会都向常委会事前提出讨论或报告。

预备工作

工商联筹委会成立大会，决议展开三个中心工作，是展开学习、辅导生产、推进税务。少数旧公会的组织是散漫的，常委会决定把旧公会会员编组小组，选举小组长。整委会依照上项指示在十二月六日开始动员各业编组小组，一个星期组成 365 个小组，产生 1095 个组长。

工商业界对政治问题，过去多数是不闻不问的，要把公会工作搞好，一定先要帮助全体会员在政治认识上提高一步。十二月十五日整委会和学习委员会开了一次联席会议，决议展开工商界短期学习。一个月里举行了四次专家讲话，同时各业小组全面展开小组学习，都能热烈参加。经过这一次学习，在政治认识上是提高了一步。

工商业在解放后有很大变化，准确数字，过去没有统计，也有很多工商业以前没有参加同业公会或者没有公会组织。我们组织原则上规定，不论经营任何业务、范围大小统统组织到公会里去。所以在一九五〇年一月二十日，各业展开临时调查登记工作。一月三十日，由工商局同志领导，调请市场和公会工作人员六十余人协助，将市区划分五区，组成三十四个小组，展开普查，补办登记。总计登记的公会会员 10521 户，有组织而未参加公会的 1038 户，没有公会组织的 1969 户，有五十多个行业是没有公会组织的。

布置整组工作

一九五〇年一月十二日整委会第二次常会，决议通过整理工商业同业公会初步方案。这一个方案原则上包括下面五点：(1) 工业与商业分开组织；(2) 同类性质的工商业合并组织；(3) 公私营工商业均参加同业公会或工商联组织；(4) 过去未有公会组织的工商业择定其性质归并参加或单独组织；(5) 执行时尽量与同业协商办理。对新公会组织上希望做到下面五点：(1) 为新民主主义经济建设服务；(2) 为全体会员服务；(3) 筹委名额之分配照顾多方面；(4) 树立公会新作风；(5) 提高会员政治认识。

对于同业公会组织单位，我们拟定初步计划，希望把旧公会和过去没有公会组织的工商业合并组织为六十八个同业公会。

各业公会筹委候聘人

由于原公会与部分会员失去联系、会员与会员之间认识不够，在民主条件没有具备以前用票选是不妥当的，所以用民主协商提名方式进行。

整组工作的进行方式包括下面几步：第一步对原公会进行了解；第二步召开全体会员动员大会，说明整组意义，对新公会的希望，协商筹委名额分配，进行候聘人初步提名工作（加一倍）；第三步重点个别访问，征询意见，或侧面调查；第四步召开候聘任座谈会，协商拟定筹委名单；第五步提交整委会和常委会审查，呈报工商局批准；第六步工商联发出聘书，成立筹备会。

整组工作初步阶段

整委会第二次常会决议，为了吸取整理工作经验，指定业务大中小和文化水准高低不同情况的国药业五个单位，先行进行整理，于一月十六日开始。我们过去还没有这种经验，一切都从头摸索。这一期工作主要是吸取经验和创造典型，因此所花的时间也比较多。

二月初，政府发行胜利折实公债，本市工商界热烈拥护，由原公会组织机构办理认购工作。另外春节期间，工商界业务在习惯上很忙，所以整组工作停了一个多月。

根据第一期经验感到工作繁重，有限人手，全面同时展开整组是不可能的，决定分期进行，由整委会全体委员、工商局工作同志、秘书处工作人员组成推进小组，在分期、分组、有计划、有步骤的方式下，展开各业同业公会整组工作。

工作经过

第二期整组二十五个单位，由三月十一日开始。计划工业性的六个，商业性的十九个，包括四十六个行业，在二十天里面，完成产生筹委候聘人，这一期的工作是顺利的。

第三期整理冶铁业等二十个单位，在四月四日开始，整委会为调剂整委本身业务，又增聘新整委十人参加工作，里面有工业性的四个和商业性的十四个、手工业性的两个，包括四十四个行业。这一时期，正是工商业遭遇暂时困难，缺乏克服困难、维持经营信心的阶段，对整组工作情绪低落，所以我们在每次集会上，更做了一次工商业家克服暂时困难的宣传工作，增加他们的认识，使整组工作在协调情绪中顺利进行。

五月十四日有新药业等三十个同业公会筹备会举行联合成立典礼，六月七日又有皮毛油骨业等三十二个同业公会筹备会举行联合成立典礼。

第四期整组工作，因为六十二个公筹会成立，整委会帮助它们办理联合成立典礼和接收旧公会工作，所以延展到六月十六日才开始，这一期整理交通运输业等二十三个单位，包括四十个行业。有部分原公会组织是散漫的，所以工作比较费力。

现在把整组情况作一个报告在下面：

（一）已成立同业公会筹备会有 104 个单位：（1）工业性的 18 个单位；（2）商业性的 70 个单位；（3）手工业性的 7 个单位；（4）交通运输业性的 7 个单位；（5）金融性的 1 个单位；（6）其他性的 1 个。

（二）已经整组核准名单尚未成立公会有制箔业一个单位。

（三）已在酝酿准备整组的旧公会有五个单位。

（四）准备整组的八个行业。

很多同业公会没有合并组织，所以与我们的组织计划有些变更。

整组期间，工商局指派工作同志六七人，经常参加推进小组，使得工作更顺利地进行，很多困难问题帮助我们解决。这种服务精神，是我们应当学习的，整委会全体同人在这里致以谢意。

困难和缺点，少数同业公会原组织不健全，理监事早已无人负责，剩下旧理事长一个人或者少数人，会员对公会视若无睹，有的开会通知送去负责人看也没有看（洗染业），也有一个人也不来开会（豆腐业）。在全面整组工作期间，推进小组不能迁就这种事实，必须留下来另外再整理，从下而上地重新组织起来。

原公会会员对这次整理公会的意义，多少存在着些怀疑，有的认为不过是换一块招牌，还是换汤不换药的老一套，所以开会出席人数不多。这是我们宣传工作做得不够所造成的结果。

要把新公会基础组织得好，一定要深入了解原公会情况，整组工作进行中，对少数单位情况了解不够，增加了我们许多困难。实在公会会员众多，我们人手少，不够分配，短期间内要彻底了解情况，是有困难的。

一般会员在开会时没有发言的习惯，往往在会场上发言的人很少，而且总是这几个人，使我们工作不能深入，增加许多困难，这一种在旧社会造成的毛病，希望新公会要负责纠正。

筹委候聘人是采取提名方式的，在工作进行中也发现有偏差，有的一个会员提几个人，有的盲目提几个年迈不能做事的人，也有存在着报复行为的提名，这种情况我们根据经验，随时注意纠正。

会员多的单位，大都将会员分成若干区组，有的分得太多，组长有名无实，有的分得太少，区组负责人不容易掌握，开会往往流会。卷烟业整组工作竟开了十七次会，饼馒业大会不能开，小组会还是开不起来。这一件分组工作，新公会要好好组织起来。

合并组织外界反映很多，有的说分开组织以前在历史上是有原因的，倘使没有经过酝酿成熟合并后可能造成大家不管的现象，负责人也不容易掌握全体会员。有的说要合并组织，双方一定要较长时间的研究，充分进行酝酿，到同业公会成立时再合并。整委会从第二期整组工作开始，即依据同业会员意见，由推进小组协商办理。

已合并组织的新公会像文教用品业（浆糊与湖笔）等，名义上是一个单位，事实上各自为政，发生了偏差，工商联正在帮助它们解决这种矛盾。

整委会委员本身业务和其他工作都很忙，往往开会临时有要紧事情或者与其他会议时间有冲突，不能出席使工作不能贯彻进行。

体验和收获

各业公会筹委人选，我们只要求公正热心，在筹备会期间都希望能出来为同业服务，一方面再积极培养新人才，同时每一个行业都做到照顾大中小，消灭了大吃小、小挤大的矛盾现象。

少数公会在动员大会上，会员情绪不高，对整理公会组织态度消极。在工作中随时加以说服，只要对症发药，一定可以使会场情绪高涨。像百货业，开会时一个都不肯出来担任筹委，后来经过发掘中坚分子，决定分工合作后，顺利完成。现在公筹会工作，已显著地有进展。自行车业开会时候，连临时主席都没有人，后来在座谈会上很顺利地产生筹委候聘人。汽车业本来旧公会业务早已停顿，经过事前联系和酝酿，在大会上，会员坚决表示要组织公会，一次会议竟连续开了九个小时。

大体上讲，以前没有公会组织的新公会筹备会，公会业务表现都很好。原因是新公会没有旧社会遗留下来的矛盾和怀疑，我们应当好好地培养它。

少数公会开会往往正气不能抬头，反给部分落后的操纵会场情绪，所以我们强调少数服从多数，也要多数照顾少数，真正解决问题。

各业同业公会筹备会联合举行成立典礼，这样既隆重，又节省，已举行过两次。

以前没有同业公会的行业，现在组织新公筹会的有皂烛厂业、陶器业、照相业（包括照相、材料、礼服）、寿器殡墓业（包括寿器、殡墓）、文教用品业（包括湖笔、浆糊、制砚、算盘）、竹藤器业（包括竹器、藤器、笆斗、凉棚）、眼镜业、草织品业、茶花业、鲜鱼业、五金铰链业、自行车业、棉纺工业、面粉工业、钮［纽］扣工业十五个单位。

合并组织的同业公会有肉品业（包括鲜肉、野味、熏腊、牛肉、荤油）、刺绣业（包括刺绣、神帽）、瓷料器（包括瓷器、料器）、药材参燕业（包括药材、参燕）、冶铁业（包括冶坊、铁钢）、丝织业（包括丝织、丝号）、印刷业（包括印刷、镌刻）、酒业（包括烧酒、绍酒）、煤炭业（包括煤业、炭业）、布业（包括布业、土布业）、骨伞棕刷叶（包括牙骨器、牙刷、油伞、板刷）、帽业（包括帽业、扇业、席业）、烟业（包括卷烟、土烟）、金融（包括银行、钱庄）十四个单位。

今后工作计划把以前没有同业公会组织的行业，包括火柴梗片厂业、度量衡器、礼品乐器业、铁器业、寄售业、树行业、旧纱扎线业、长途汽车业，原公会组织已停顿的洗染业、中服缝纫业、豆腐业、饼馒业继续整理组织起来。

各业公会筹备会办理重办会员登记，审查会员资格。

建议常委会召集会议协商同业公会成立的各种问题，有计划、有步骤地展开各业公会成立工作和准备工商联合会成立大会的事宜。

苏州市工商联筹委会丝织业公筹会
第一次筹备委员会会议记录

1950 年 7 月 14 日

日期：一九五〇年七月十四日上午八时

地点：本会

出席者：

韩梅钦　徐福庆　沈慰椿　陆锡翔　丁庆田　王仲华　唐志鹏　陶叔南　王海丰

高吉甫　王咏之　朱观华(吉代)

主席：陶叔南

记录：陈步郭

报告事项：

1. 本会于六月七日偕其他各业共三十二个公筹会在开明戏院联合成立，嗣以会务栗六，各委员同时在会机会亦少，以致第一次筹委会延至今日始能召开。

2. 华东纺管局定于本月二十三日召集华东各地区纺织界举行会议，苏南区丝织业代表由本会陶主委出席，请将本业今后业务、产销经营、劳资关系、公私关系、复工计划、联营问题等尽量提供意见，以便届时提出研讨。

讨论事项：

1. 本会奉工商联通知整组，并将丝号业并入本会合并组织，查该业系贩卖业，与本业业务性质完全不同，如果合并颇多窒碍，应如何处理适当之处，请公决案。

议决：贩卖系属商业，制造系属工业，经营性质完全不同，如果强合，将来会务推展势将发生困难，即函请工商联将丝号业归并其他。

2. 本会成立已久，迄今未办理交接手续，应否定期办理，以清手续，请公决案。

议决：俟丝号业归并问题由工商联决定指示后再行定期办理交接手续。

3. 据洪金记、朱荣记、朱金记、大昌、洽记等申请入会，请审核案。

议决：于本会开始整理办理会员登记时再行办理入会手续。

4. 奉税务局交下本会一至四月份工商（营业）税任务，计四四六七八〇一六元，较原额超出 13.35%，应如何处理，请讨论案。

议决：勉力接受并即召集大会报告。

5. 上海商品检验局嘱调查产品数量，并嘱搜集样品，业已将有关外销绸缎征集，请予审核以便寄申案。

议决：请韩梅钦、陆锡翔、王海丰、沈慰椿、丁庆田、高吉甫、徐福庆先生先行审核后再行寄出。

6. 准工商联转知，为准本市公债推销委员会知照，未购及未全购公债之工商业，希继续完成任务，查本业已购公债数占总任务 57.38%，其未购一部分，应如何发动，请讨论案。议决：即日分函未完成任务各会员赶速购买。

苏州市金融业等四十二个同业公会筹备会联合成立大会记录

1950年8月20日

日期：一九五〇年八月二十日上午八时

地点：北局开明戏院

出席者：各该业筹委、服务人员等

列席者：各机关首长、各社团代表等

主席：沈泽苍

行礼如仪

主席报告：

今天是苏州市第三次同业公会筹备会的联合成立典礼，参加的有人力车业等四十二个单位，连前二次总计已成立的同业公会筹备会共有一百零四个，虽然还有很少单位尚未改组竣事，但本市工商联筹委会的整理改组工作，至此已告基本完成。各同业公会的整组是工商联的一项重大而繁难的工作，所以必须经过一个较长时期的过程，为了详密研究、认真办理、吸取经验而在进度上表现得迟缓，这也是必然的。关于进行改组的情况将由工商联整组委员会详细报告。

所谓解放就是改造，把过去不合理的改造成合理的。苏州解放后，事实表现了社会各阶层都在改造进步，无论在思想方面、行动方面以及业务方面等各方面都有着多少不等的进步、成绩，我们工商界也不例外。今天我们四十二个同业公筹会的改组成立，就是我们工商界在组织上的改造的具体表现。现在我们的组织改造了，今后就应该转变以往工作的方向，在新民主主义原则下，帮助会员进步，为人民大众服务，协力推行各种政策法令，为新民主主义经济建设而努力，与苏州市各界人民共同进步。

工商联整委会黄柱天同志报告：

本人代表工商联整委会把本会整理组织的工作作一简单的报告。

在解放后的改造过程中，整理各业公会，把旧的不合理的改造为新的合理的组织，使其为新民主主义经济服务，是工商联的中心工作。由于工商联同仁经验不足，故在着手之先，广泛征求各方面的反映，原则上采取抓住重点、分期进行、逐步改组的步骤。苏州市工商业组织共有104单位，会员10500家，但还有3000户尚未加入组织，本会整理工作于本年元月开始，分四期逐步组织，第一期为了吸取经验，争取了大中小业中五个典型公会先行整组，作为实验，第二期整组了25个公筹会，第三期整组了32个，都已先后完成。惟以当时正值工商困难之际，故一般的情绪低沉，进行得特别迟缓。现在参加这次（第四次）联合成立的有42个单位，其中有7个工业的，24个商业的，2个手工业的，9个□业的。再按组织划分，其中有15个是合并组成的，10个新近组成的，17个是原公会改组的。连前三次已成立的公筹会总计有104个，尚未改组的还有7个单位，还有些业别尚未组织公会，但工商联的整理组织工作，今天已经基本完成。不逮之处，尚请各位指教。整委会对于历次整理工作自我检讨，自觉有以下缺点：第一，对群众宣传不够。第二，对各业情况了解不够，犯有粗枝大叶偏向。第三，工作中同仁因本身业务关系时间限制，工作迟钝，不能及早完成，今天简单报告，希望各位指正批评。

工商局刘副局长致词：

首先代表工商局为来参加联合成立典礼的公筹会祝贺。

今天主要地要谈两个问题：

第一个是各业公筹会今后的主要任务问题。就总的方面是继续支持人民解放军解放台湾、西藏，完成人民革命战争的伟大任务，并有计划地从事经济建设工作，把落后的中国建设成新的富强的中国，在这总任务下，工商界应与全国人民共同努力，为了有效地发展力量，就必须组织起来。现在本市各业组织基本上已经建立起来，但这只是初步，今后更应该：1. 各同业在思想上组织起来，加强同业思想教育，提高政治认识，团结在公会的周围，共同努力，完成本身任务。2. 进行学习，武装头脑，通过学习提高思想水平和对目前局势的认识，减少建国的阻力。学习内容可以分为政治学习、技术学习、文化学习等，而以政治学习为重要之一环，以了解新民主主义之经济政策及共同纲领各项规定，通过学习来赶上社会的发展。3. 加强工商界的内部团结。以前工商界及各业内部团结得不够强，今天的改组就是团结的开始，以及应在政府领导下切实团结，不应分散独立，各自经营，因为“团结就是力量”。4. 正确执行和贯彻政府的法令政策，这也是今后各筹会任务的重要内容。

第二个要讲的就是今后新公会的工作态度和工作方法问题。

1. 要改变以前的工作态度，因为现在的各业公筹会是在民生基础之上组织的，是要充分代表会员的，所以应该而且必须广泛吸取每一个会员的意见，有问题就要与群众多商量，发扬民主，通过会议完成任务，要切实为会员服务，而不可形成包办独裁的偏向，这是好坏及能否发挥力量的关键。2. 要老老实实为人民谋福利。3. 要在一切问题上创造模范，发生长久作用，领导会员完成任务。4. 公会方面要遵循大公无私精神，站在正确立场上处理会务和一切问题，全体会员也要抱着爱护团体拥护协助的态度，共同求发展进步。

陶叔南同志致词：

今天天气晴朗，象征着各新公筹会前途光明，特为祝贺。

刚才刘副主任指示了新旧公会有着很大的不同，新公筹会的任务非常重大，并强调指出注意政治学习，希望各业筹委负责改造同业思想，以利今后会务之推行。本人认为这一点特别重要，所以提出再来谈谈。对于学习，苏南区管主任曾在区人民代表会议中讲得很清楚，说学习即好像配光带眼镜，以便正确认识事物。譬如对于税务，在从前政府与人民对立的时候，政府官僚取之于民用之于己，人民对税当然要反抗，现在政府为人民服务，是人民自己的政府，注重公平合理，提出不多收不少收的原则，取之于民用之于民，这是和人民要求一致的，而且在人民民主专政的政权中，工商界包含民族资产阶级和小资产阶级两个重要成分，所以对于人民政府的税收政策，各公会须认真协助办理。要想改进各业对政策的认识，就必须先学习。工商联拟于秋后进行有计划的学习，并希各业及时推行，以便顺利完成任务。

现在我一方面为各公筹会成立道贺，一方面庆祝各公筹会会务顺利，正式公会能够早日成立。

协商委员会代表谷友庄同志致词：

本人代表协商委员会为各公筹会成立表示兴奋，并致贺忱。

今天和各位讲两个问题。

1. 对新公会要有正确的认识。认清新公会与反动政府统治期间的公会在本质上是截然不同的。新公会是建筑在民主基础之上的组织，是代表某业人民的，是为同业谋福利的，是可以向政府提供意见的，希望各业能发扬民主精神，要有民主勇气，利用各种会议发表正确意见，而不要在当面不说，在背后乱说，予反动派及匪特以造谣机会。

2. 各业要加紧生产，提高生活，繁荣经济，今天重新组织起来，就是要便利并促进生产，努力建设，如果大家一致努力，相信财经状况短期内就会好转。

宣读各业筹委名单并颁发各筹委会图戳。

谢惟安同志致答词：

今天承各位长官、各位来宾在暑热百忙中莅会致词，给予很大鼓励，谨代表今天成立的 42 个同业公会筹备会敬致谢意。

在各位长官及来宾的讲话中，深觉我们今后责任的重大。我们检讨过去发现个别的存在着分散不健全等缺点。在今后工作中我们一定要接受各位的指令，检讨自己的错误，改良以后不良的作风，首先解放自己的思想，向共产党学习团结，会员努力生产，不向困难低头，不骄傲不暴躁，耐心地为会员及人民大众服务，遵守法令及工商联的指示，决心搞好工作，让苏州市向着繁荣的大道迈进。

夏旦初同志致词：

本人刚从无锡归来，今天参加本会很是兴奋，同时听到刘副局长说要各业公筹会用新观点办公会，因此联想到典业公会理事长王仁初先生因犯错误而受检讨教育的事情。回想过去人民与反动政府对立，各业都是只顾本业利益，互相批评，现在时代变了，人民与政府的关系也变了，因此我们也要积极学习，改造思想，用新眼光看事物。譬如对于工商困难，我们也要认清困难的原因，并且也要看清将来光明的前途；对于土改，我们也要认清，这与以前历代封建地权的变迁很不相同，这在思想上必须搞清楚，可以免去无谓的苦闷。同时我们观察问题不要只顾目前利益，而弃前途于不顾，也不可只好高骛远，而不顾及实际情况，定要远近兼顾，共同努力生产建设，相信工商业前途一定很好。祝各位办好公会，为繁荣经济而努力。

娱兴（电信局宣传队表演歌咏、腰鼓等）

散会（十一时三十分）

主席　沈泽苍

三、行业概况

苏州市绸布业筹委讨论调整工商业第一次座谈会议记录

1950 年 9 月 4 日

日期：一九五〇年九月四日下午二时半

地址：国货公司二层

会议由工商局张科长主持，出席绸布业各筹委

公推临时主席孔翔生

讨论事项

关于公私问题（市场业务）

朱汝鹏提出，我业会员限于资金之短绌，可否向花纱布公司不拘匹数自由购买，提请商讨；邱家杰提出，认为市场之不能繁荣，最大症结实因规定起购额，会员资力薄弱，无力购买。考之上海及无锡等地，其市场起购点亦仅与本市相同，而今后欲使市场繁荣，必须减低起购点；周丙炎提议谓，市场在成立时候，布业会员非常重视，在当时参加者亦很踊跃，但自六月份起花纱布公司规定限额后，虽经磋商，但尚无结果，因此一般资力薄弱之会员对市场兴趣渐渐淡薄，而认为加入市场后尽了义务而不能享受批发价之权利，如同非会员相仿。照我个人想法，倘国营公司能领导私营商业，应当适当调整，使小会员同样得到批发价之权利；汪朝倜提出，搞好市场业务必须先从起购着手，因本业会员对此反映很多，并请张科长解答。

关于供销调剂

朱汝鹏希望，花纱布公司将所有品名尽量在市场内供销，关于纱布市场之不能繁荣，何以其他市场能发展，原因就在供销方面之不能适合一般会员的需要，希望花纱布公司能够照顾弱小会员，予以减低限额。

利润问题

汪朝倜提出，在百货公司开幕时期由本人出席参加会议，由王副局长主持，关于利润问题曾由公司方面报告批发价格为 6%—9%，零售价格 9%—12%。本人亦提出本业利润批发 8%—10%，零售 15%—20%，并说明利润较之国营相差之原因，当据公司方面表示接受考虑，但迄今尚无消息；周丙炎提出，利润较高之原因，一方面因人事较多，另一方面因顾客选择费时，故在一切开支较大，所以不得不将利润提高，否则难以维持。

经常联系

汪朝倜提出，请公联方面发表意见，如私营方面有缺点之处，望提出批评，今后使公私方面打成一片，经常联系；朱汝鹏认为，私营必须跟随国营进行方能得到进步，因为过

去公私方面失却联系，因此一切隔膜，但本业方面也有缺点，如表面上一律平尺，而为适应环境及顾客心理，所以不得不暗自加放，故在利润方面不免较高；陈乾生提出，为取得公私联系起见，最好由花纱布公司、百货公司及本公会组织联系机构，经常联系。

建立新秩序

朱汝鹏认为，我们以上问题能顺利进行，则对秩序方面亦有赖之。

苏州市绸布业筹委讨论调整工商业第二次座谈会议记录

1950 年 9 月 5 日

日期：一九五〇年九月五日上午九时半

地址：国货公司二楼

出席人：筹委十七人

主席：朱汝鹏

主席报告

关于成立联购处，税局施同志答复在原则上表示同意，技术方面可再行研究，现请确定联购处名称及起草委员案。

名称定为苏州市绸布业联购组，当经推定龚震南、邱家杰、汪朝倜、陈乾生、周丙炎、杨茂修、陈觉民、孔翔生、朱汝鹏九人，以朱汝鹏为召集人。

讨论劳资问题

1. 劳资协议书须要几份并请统一规定备案机关名称。

张科长指示，根据中央人民政府劳动部协商会议指示，劳资协议当须一式三份，劳资双方各执一份，另一份呈送劳动局备案。

劳动局李同志，正本为一式三份，如上级需要，可由基层工会转抄副本。劳资双方各一份指店方与职工。

孔翔生提出，店员工会出席劳资协商会议是否列席或出席资格待确定。

劳动局答为列席资格。

张科长提议，希望将劳资协议书转抄一份，工商局以便了解情况。

2. 独资店家庭负担是否合理。

刘副局长指示：①特殊性的如该店资本本来短少，而家庭负担不妨碍店务者，可自行协商，这样是劳资两利的；②在新民主主义下私人资本还是私人所有，如资方私人方面有天灾人祸时而不得不动用资金，那是劳方不可加以反对的，因为私人资本私人可以动用，不致因天灾人祸无法负担，而使该店资本损失也是可以的。照一般的情形，还是由资方打薪俸负担家庭，这样可使有计划地向业务发展，也是符合于劳资两利的。

张科长提出，希望职工提出意见，资方必须加以改造，是否对自己有利，主要的是对事不对人的看法，另一方面我们事业要发展，态度必须准确，对于旧社会遗留下来的旧作风须加以改善，一般经理可能存在着命令主义而引起劳资不协调。

李同志解答，在原则上独资店与家庭界限必须划分，如有特殊情况得与职工协议。

刁步云、杨懋修提议，独资店老板兼经理，除所得薪俸不够维持家庭开支，可按月预付股息以资弥补，在不妨碍生产条件下，均由劳资双方自行协议。

3．在旧的机构下，资方有信心克服困难，经过精打细算后，收支始终不能平衡，应如何处理。

劳动局李同志看法，在困难下不但要有信心克服，而且还要积极经营，首先要精打细算，减缩不必要开支，团结劳资双方，改善经营业务，打消目前过虑，并举例永叶袜厂及顾得丰整个负债已在百分之八十以上，虽已到危机急迫的时候，但劳资双方有信心，表示实际行动，在互相团结之下，终于做到了收支接近平衡。

邱家杰提出，希望劳资协商会议对调解劳资关系外，对业务方面多多改善。

朱汝鹏愿意接受。

4．工资统一标准，原有以米计算者，现须改为单位，应如何折算。

原则同意以折实单位当日挂牌米价折合单位一次调整，以前已调整单位者不在此限，如有个别特殊问题，由劳资双方自行协商。

5．资方失业后转入劳方而无职工身份，证件应如何处理。

劳动局李同志，对这一问题法令并无规定，根据工会法第 21 条已很明白规定。

汪朝倜提出，资方失业找到职业是否可加入职工会，资方失业工人可否参加土改工作，应向何处登记。

会议讨论至此已近二时左右，张科长答复准备明日上午继续讨论。

苏州市绸布业筹委讨论调整工商业
第三次座谈会议记录

1950 年 9 月 6 日

日期：一九五〇年九月六日上午九时半

地址：国货公司二楼

出席人：筹委 20 人

主席：公推孔翔生

主席报告

今日按照议程规定继续商谈劳资及税务二问题，现请各位对此多多提出意见，以便共同讨论等云。

朱汝鹏提出，本业会员在去年年底共计 108 户，至现在闭歇者已有 45 户，而每户按二人，资方失业者约有 90 人，考其身份实际为资方之代理人，但为谋生活起见，而找到了职业，必须取得职工身份证，应如何处理。

史德生提出，本店协理当时亦为职工方面所推出，而职工会方面认为协理不得加入，但迄今尚未取得职工身份，以致无法找寻职业。

孔翔生提议，如资方失业后，可依照上海大公报劳动局答复方式加入职工会。

张科长指示几点：①资方失业与职工失业性质不同，在资方方面至少有点办法，因职工完全依靠薪水维持家庭生活，一旦失了业，生活即无法维持，所以政府为符合目前情况分成轻重缓急先行举办失业工人救济，但主要还是依靠劳动力换取工资，以工代赈，回乡生产，生产自救；②资方完全有权利找职业，但必须在思想上认识到在劳动法第 21 条主张明白规定，雇佣店员并不限于工会会员，但店方须于三日内通知基层工会，如雇佣人员有违反法令及与集体合同有抵触者，工会得提出抗议，但须按照具体事实；③职工会议有建议权而无决定权；④资方停业没有权利加入职工会，但职工会有权利审查其资格是否适合标准；⑤资方在确实无法维持时可向本地民政局申请登记。

孔翔生提出，现在依本议程规定并不是讨论失业登记而是职工身份证证明。

刘副局长指示，根据大家所谈的精神及中央规定划分农村阶级成分的决定，这个问题如通过讨论更为明确，并将政务院决定第二条详细分析了商业资本及商人，但资方假定有一定的资本及雇佣职员而遇到天灾人祸或意气不合及资方无信心积极经营宣告停业者是否算为失业，根据中央规定确定为商业资本家或商人资方失业程度如何：出于自己劳动力取得的主要生活来源；过去生活是否以劳动力换取工资。

劳动局李同志，基本上同意刘副局长意见，关于身份问题再加说明，是否正确，请大家讨论：①假定说资方失业后他们的行政权已随之丧失，但他的身份在没有找到职业以前，还不能确定，倘使仍开店做经理就是资方；②资方找到职业，必须取得证明文件，一方可将本店核准停业批示，另一方可向当地公安机构申请登记，填发证明文件。

邱家杰提出，协理身份是属于何方，由李同志答，只要是代理行政权就确定资方。

朱汝鹏提议，如本业恒大祥戈伯琴因失业后找到了职业而无法取得职工身份证不能服务，关于这一问题不是说一定要政府救，因为我们会员有此反映，所以不得不提出讨论。

孔翔生综合，关于资方转入劳方此一问题攸关全国性，我想不必再加讨论。

陈觉民提出，必须阶级中再分出轻重缓急。

史德生提议，如资方转入劳方非常困难而职工转入劳方很便利。

劳动局李同志，主要关键如资方找职业好似没有职工身份而不容易找到，而在工会法并不规定一定要工会会员，主要点还是依照各人技术水平为对象。

张科长提议，讨论问题必须以全面出发，不要以断章取义，这样对问题不能解决，必须领会讲话的精神，事实上资方失业少，劳方失业多；如资方确实比职工困难，也可以请求政府救济。

会议至此已近十一时三刻，主席宣告结束，并推定下午主席为朱汝鹏。

下午二时半继续开会

戈伯琴先生报告，本店因营业无法维持，经工商局申请核准停业后即由友人介绍至公营企业服务，但因无法取得身份证明，以致不合规定。

劳动局李同志解答，他主要的并不是一定向你要工会证明文件，你可向当地派出所请求证明，同时将停业批示亦可作为证明，倘国营公司认为不妥时，再可向民政局社会福利科证明。

讨论税务问题

朱汝鹏报告，关于税收问题政府一致号召不多收不少收，希望大家多提意见。

陈觉民提出，自报实缴与民主评议有何区别。

税务局施同志解释，政府立场保证不多收，也希望商人做到不少缴。①自报实缴，会计制度与凭证制度健全，记载明确，一向遵章纳税而无违犯情形者采用自报实缴；②会计制度不够健全者一律采用民主评议。

朱汝鹏提，本业因放尺关系所以在盘货方面难以准确，倘一时改为平尺，营业须受影响，则对自报实缴不容易办到。

陈觉民提出，如本业进货以分量计算，售出以市尺计算，而同时进货有干湿关系。

史德生提，民主评议政府保证以营业额评议，绝不盲目增加。

朱汝鹏提，一方面动员宣传，督促会员据实申报，如有遗税现象应自己负责。

陆鹏飞提议，现在评议是否由组或公会办理，如本组单位16户，行业有15个，本人大都不认识，如何评议。

施同志答，希望随时注意。

史德生提议，一般老实商人为了滞纳罚金依限缴款，而有的商人拖延缴税反能占到便宜的解释。

陈介林提出，有些行业不遵期限缴款而可能打七八折。

施同志答，这一问题不可否认是我们的缺点，今后我们须很好改正。

张科长认为，税收工作做到合理并防止非法商人取巧，必须由各同业公会提出意见集中研究或进行教育。

孔翔生提议，希望政府以立法宽执法严的态度。

主席附议孔翔生提议。

邱家杰提议，本业职工提取厘金二分四（以营业额计算）照薪俸比额分配，实际为贴补薪金之不足，开征所得税可否请税局将厘金归薪俸类内，以符实际。

朱汝鹏提议，开征所得税希望依照苏南发表资本指数，以五点一四伸值计算。

朱汝鹏提，希望税局征收摊贩营业税而对售价方面不致过分相差。

孔翔生提议，希望税局对行商问题加强管理，控制进口报验：①举办行商登记；②规定统一发票，写明成交数量及货物来源；③关于已停业之商号希望税局将为用掉之统一发票收回作废，以免遗漏在外，造成其他事件。

讨论学习问题

张科长首先说明了学习的意义以及新民主主义社会与过去旧社会有本质上的不同，并指出学习是帮助大家进步，特别是共同纲领经济政策是我们学习的主要内容，我们要进步，必须很好地进行学习：①组织学习，进行漫谈，工商局尽可能范围内帮同大家学习，交换意见；②座谈会每星期定为二次，由学习组负责推动。

参考资料：①刘少奇五一劳动节报告；②六月六日毛主席三中全会报告；③李立三劳资协商会议上报告。

苏州市绸布业筹委讨论调整工商业第四次座谈会议记录

1950 年 9 月 7 日

日期：一九五〇年九月七日上午九时半

地址：国货公司二楼

出席人：筹委□人

主席：孔翔生

今日继续讨论为私私问题包括业务、行商、摊贩，在这里面如有存在的困难或难以解决的问题，请各位提出共同讨论等等。

陈乾生提出，关于花纱布公司经常联系，尚无答复应如何办理。

朱汝鹏提出，对一问题有两种看法：①为国营公司加入本会，当然为本会会员，但经常开会亦可通知出席，取得联系；②或另行组织联系机构，由花纱布公司、百货公司及绸布业三方面经常召开会议，取得联系。

汪朝倜提出，关于第一天所谈的增加市场品名及利润问题当由花纱布公司代表回去研究，时逾数天而尚无答复。

陈乾生提出，报载百货公司门售神鹰细布每尺为 2300，低于原定利润，应请答复。

经常联系，组织联系机构，当经推定由二业全体筹委参加，并推定周丙炎、汪朝倜、何作明三人先行与公司方面接洽，交换意见，再行决定组织方法。

摊贩问题

周丙炎提出，须重视其资力之大小。

邱家杰提出，一方面由政府领导其纳入正轨，或以数摊合并一店，同时可对国家税收亦可提高，而正当商人亦不受影响。

朱汝鹏提出，摊贩因无营业税与行商税，故售价方面较之商号为低。

汪朝倜提出，单靠政府说服工作不能见效，主要须规定其负责税收。

张科长指示，根据华东决定办法，由工商局、税务局、同业公会三方面进行研究并确定摊贩摊商身份。

会议至此结束，下午二时继续开会。

关于摊商问题

孔翔生提出，杭州绸业以一千万以上资金作为坐商，在一千万以下作为行商，但原有入会会员资金不在此限。

张科长指示，这一问题绸布业方面可成立研究小组，专门研究，经常取得联系。

经议定名称为“苏州市绸布业行商摊贩研究小组”，并即席推定黄怀德为布业负责召集人，张沅康为绸业负责召集人，原有各税务小组长为当然委员，会址暂设于宝林寺前布业公会。

业务问题

汪朝倜提出，原有停业会员申请复业，请政府放宽尺度，如别业转入本业者，必须加以考虑研究。

张科长指示，防止盲目发展，必须参照抗战前的资料，以资力之大小与能力如何以及营业情况如何加以研究。

汪朝倜指出，抗战前本业原有会员三十三户，资力约计纫布十五万匹，而人事少、资力厚，现在会员是六十三户，资力约计纫布二万匹，而资力薄、人事臃肿，且营业方针亦与过去不同。

张科长指示，一方面防止盲目发展；一方面须照顾实际情况，但必须限制资金。

汪朝倜提出：①请工商局郑重审查复业计划书；②同业公会协助工商局了解情况；③参考地区营业情况如何；④复业资产除生财外，至少须两件纱为标准。

孔翔生提出，绸缎业申请复业者亦以五件纱为标准，批发商复业者以资金一千万元为标准（以被面计算为二百五十条），新开批发店资金以一千五百万为标准（因批发营业完全销售外埠）。

不合理的现象

布业方面表面实行同业一律平尺，暗中不免仍有加放尺度，抬高售价，欺骗顾客；绸业方面有些不顾道德绸商往往将绸货渗添，提高重量，欺骗顾客，影响老实商人。

困难点：绸业会员原有资力短绌，销售外埠货物货款大都延期缴付，因此周转发生困难。

讨论总结

朱汝鹏：①公私关系方面，组织绸布业联购处解决会员困难并组织经常联系机构是成功的；②调整零售价并未得到公司复示，今后须经常联系；③资方有信心克服困难，但收支始终不能平衡，没有做到详细检讨，以后提交劳资协商会议再来讨论；④资方失业转入劳方而无职工身份证件，虽耗了一天多功夫，然经工商局及劳动局的指示方法帮助了同业解决困难也是成功的；⑤关于独资店家庭负担，经工商局及劳动局的明确指示也是优点。

孔翔生：①关于税务问题，税务局对专业组织联购方式亦很同意，所有其他建议回去检查；②关于私私问题，行商与摊贩经过讨论，组织成立研究小组基本上是成功的；③这次会议各位均能做到知无不言，言无不尽，同时各位首长帮助我们解决问题，今后希望经常召开。

汪朝倜：此次会议收获与经验教训非常圆满，使我们的认识更提高了一步，但综合这次会议缺点多、优点少，在缺点方面，因事先尚未充分准备，对问题不能掌握重心，发言不够普遍，今后我们的缺点尽量改善，优点继续保持下去，并准备将这次会议传达到群众中去，但尚有其他问题，希望政府尽量解答。

张科长：①优点方面，通过这次会议政府与工商界已接近并通气；②打下开会基础，基本上解决问题；③会议情绪非常良好，出席人数均能保持水准，希望今后多召开，尽量发扬民主精神；④经过这次会议讨论后，各位在思想方面至少提高了一步，也是这次会议的收获；⑤这次会议除了优点之外还有缺点，是由于我们掌握不够，也发生偏差，如劳资问题讨论了一天半时间，尚不能解决问题，以后逢到这种会议，最好召集小组或进行漫谈；⑥关于讲话的角度立场问题，应该站在人民大众的立场，不要从同业的立场为出发，否则容易形成政府与群众的脱节。

苏州市绸布业基本情况综合表（插页一）*

1954年2月18日

解放四年来绸布业的发展情况

1954年5月

甲、历史变迁及解放初期的情况

抗战前，原分绸缎和布商二业，布业会员有三十三户，资力估计在龙头细布十五万匹左右，全年营业总数约为四十五万匹（龙纹细布）。抗日战争开始，部分店家受到战争灾害，被洗劫一空。其后在敌伪沦陷时期，棉布统制而上海租界尚未落入日伪手中，以苏沪二地临近交通便利，各地客商乃径行来苏采办，且有很多上海同业迁至苏地，因此会员户数激增达200余户。这一时期的营业表面上似乎是空前发展，实际上是一种虚伪的繁荣，投机囤积于此日益滋长，棉布的买卖已从消费品转为抛弃□□的投机筹码，之后更受棉布收买的影响，各地元气开始损伤。迄抗日战争胜利后，又受到通货恶性膨胀、抢购风潮等损害，摧残颇甚。因此，在解放初期，虽有会员一百数十户，但其先天极不健康，不论在资力上、业务上、经营作风上、管理制度上都是极不正常的。各店在旧社会受尽风浪，元气大伤，依靠虚构的购买力苟延残喘。同业间相互竞争，斗新争异，放盘摸彩，虚伪号召，以资吸引主顾，一部分不正当发展者，吸收高利贷，无异于饮鸩止渴。解放后，由于看不清社会的发展方向，不能及时改善经营，迭施故伎，这一部分不正当发展者就必然遭到时代的淘汰。

乙、解放四年来的发展与变化

在一九四九年八月底，布业会员有107户，绸缎业会员有56户，由于受尽了反动统治的摧残，发展畸形，多数会员资金薄弱，惯于假借外力周转，盲目经营，当市上购买力由虚假转入正常的时候，就困难丛生，周转不灵，再加一部分会员解放初期没有正确领会政府政策，看不清前途，缺乏经营信心，在五〇年相继停业，会员户数锐减，布业由107户降至53户，绸缎业由56户剧减至19户。其后，看到私营企业还有一定的发展前途，乃陆续开业复业，至1951年并联办公时，会员户数又增至106户（包括缎、布二业），其中又因内部组织不健全，经营不正常，逐渐淘汰，至目前止，仅剩57户。总计三年来，开业者15户，停业者64户。兹就解放四年来该业业务变迁，分述如下：

一、批发业务，布店方面，由逐渐缩小到完全停止，像大丰布店过去以批发为主，约占整个营业的60%左右，目前已完全转向零售，绸缎和土布还有批发业务，但在整个行业中所占比重不大。

---

*此表由于篇幅过大，移至书末，为插页一。

二、经营作风的改善

解放初期，布业会员在经营作风方面存在混乱现象，有加三放尺，也有加五放尺，绸缎店还在使用海尺，各店虚伪号召，常年放盘，利用摸彩赠品，吸引顾客，甚而雇佣乐队吹吹打打，盲目经销，经营作风极不正常。在五一年七月份，经同业组织业务改进委员会决定废除放尺，实行明码平尺平价，并一律不准以摸彩赠送及放盘折扣等虚伪号召欺骗顾客，但是还保留5%的开剪损耗，其后又发展成为公开的0.5放尺，受到各方指责，乃在1953年12月1日重行全面贯彻彻底废除放尺陋规。

三、同业统一售价，服从国营领导

绸布业的议价制度在伪金圆券时代就开始的，这一议价是集体涨价的标准，各种布匹议定几档售价，各自灵活运用，同一牌子的商品虽有同业议价，但由于大小会员成本不能统一，中小会员均向大店批购，因此中小店的售价就高一档，大会员的就低一档，这种现象在解放初期还是存在。议价表上并不载明各种布匹牌子，仅就每一品种，如士林布或卡其或白府绸等罗列几档售价，作为标准，实际各店售价互有出入。有些店家像伟大（已闭歇）由于自身资金短绌，逢到轧头寸拼命迁就顾客，售价低于进价成本也肯出售，这一经营极不正常，而当时的议价工作，亦徒具点缀，仅供各店作为涨价和划码的参考而已。议价制度渐趋正常，乃开端于业务改革之际，同业实行平尺平价，价目全面修订，各品种注明产品牌子、规格及规定开剪尺寸，但是这一时期的利润看得较厚，像学生剪布，当时售价每尺五四〇〇元，利润为25%，现在售价为四二〇〇元，利润14%。同时，在议价工作中，还存在很大的矛盾，大会员要求划低，小会员希望抬高，此外像人民商场布匹部就干脆来个不执行，同业间发生不团结现象。后来，在苏南第三次交流会时，对议价工作虽然进一步标明了各种商品的利润率，但同业间的矛盾还没有消除，对价格组的要求各各不一，这一矛盾的焦点集中表现在人民商场布匹部对同业议价的遵守态度上。因为这一阶段的议价还包括0.5的损耗在内，售价就与国营零售价保持相当距离，一般私营店都有这样的思想，认为价格虽然我们卖得大些，但是我们有放尺可以拉拢顾客，而商场布匹部却别具看法，售价低于同业，略高于国营，放尺也有些完全走着中间路线，因此行业间意见纷纷，对议价工作感到有进一步改善的必要。几经磋商，最后决定遵照国营零售价格出售，但是还有部分会员认为绸缎毛货成本可能高于国营公司，要求先从棉布部分服从国营价格作为开始，因此现阶段各店零售价格虽都遵照国营售价出售，但对国营公司没有供应的品种，其售价尚不够正确，对待议价工作有进一步健全的必要。

四、改善经营，统一成本

绸布业会员由于大小资金悬殊，经营方式不同，在解放初期，大店均兼营批发，其对象除掉本市复制商、附近四乡同业及外地竹商、猪商等等外，本市中小同业亦均向其批购，因此同业成本参差不一，大会员的售价就是小会员的进价。在议价工作上，就出现了上节所述的取巧情况，统一售价表不得不含糊其辞地不载明商品牌子，而且每种品名分列几档价格，以发挥其适应性。表现在后一阶段的议价上，就是大户要低小户要高的矛盾，同业间不能团结一致，在进货方面，大店资力充足，直接向厂商开货，成本较低，并且对季节性的商品在落令时杀价收进，一方面摧残生产者，一方面排挤小同业，用不正常的手段降低成本，不是获取暴利，即是同业盲目竞争。在小店方面则由于资力有限，盲目赊购，到处谋求欠货，即使价格略高，只要是期款，亦就在所不计，大量赊购后的结果，不得不扩大本身营业，加强周转，因此摸彩赠品于此生焉。同业相互竞争特为剧烈化，为了拉拢主顾，就采用放账手段，扩大营业，赊购业务在前几年的绸布业是一种普遍的行为，由于这样不正常的赊购赊销，对资金的运用愈来愈感到短绌了，轧头寸几乎是每一中小会员店经理的主要工作，应付货款，排定日期，全靠每日营业的市下钱抵付逐日到期的货款，一旦阴雨连朝就要双脚乱跳，愁眉不展，营业受到影响就要打乱全局，预定算盘，因此就产生依赖贷款的思想。总之，对资金的流转不外依靠赊购、贷款二种办法。该业的联购处就是在同业集体赊购的基础上发展的，所以当时受到相当一部分会员的欢迎，因为靠了联购处的名义向外赊欠货物比单独向外赊购要便利得多。自从对自由市场的发展受到限制后，这种不正常的赊购行为逐渐消灭，进货不得不集中向国营公司批购，因此在成本上大小会员亦趋向一致，对议价工作的开展也有所帮助。

五、进一步服从国营领导，初步纳入国家资本主义道路

绸布业在历史上受到反动统治的影响，本身发展不正常，在解放初期社会改革中必然的被淘汰了一部分。当时一些自以为侥幸残存者就在市场消失虚假购买力、会员店供过于求的借口下，企图阻止国营百货公司开设绸布零售机构，曾向当时的工商联作过这样的反映，他们说："如果说私营商业的零售价格必须有了国营的零售商店才能稳定的话，相信这样的'稳定'绝不是基本的，更不会长久的，因为投机商业和暴利商业早已不复存在，即使国营机构把这个'稳定'坚持下去，那也只是变相的消灭私营商业而已。"但是几年来的实际教育了他们，使他们明确了只有在接受国营经济的领导下，私营企业才有正当的一定的发展。拿他们的同业来讲，辛昌协记的营业逐年在提高中。无论在进货、利润、售价等各方面，只有在服从国营经济的领导下才可有正确的发展，因此，在本年二月间，同业有十八户会员与国营花纱布公司签订了供销合同，进一步加强了公私联系，在本月份，又发展为二十四家会员。在总路线的光辉照耀下，初步走上了国家资本主义的形式。

苏州市行商联合会汇报材料

1952年12月20日

关于本市行商变动情况（表甲）及填报私营企业经营（商品）月报表以11月份为例（表乙）。兹将部分具体材料（北区）作为行商情况初步材料以供参考，对全市行商动态等各区普遍结束后再行汇报，并祈随时给予指示。

（一）本市行商自1951年6月开始办理登记，核发行商临时证明书，于同年11月份换发行商登记证，并于本年8月份换发本年度行商营业证，使行商从散漫到有组织登记，行商受到政府的保障。中间虽经三次发证换证，但对行商业务动态了解不够，缺乏有计划的全面深入的了解。

在加强行商管理分区领导的基础上，为了健全行商组织、巩固组织，进一步深入了解行商业务动态，防止非法经营，保证国家税收，更便于行商今后业务正常发展起见，有必要对本市行商进行一次有计划的普遍检查，摸清行商底细，并发动群众动员不登记的非法

行商补行登记，进行说服教育，宣传政府政策，督促不登记行商遵守政府法令，以便加强行商管理，控制税源，积极地开展城市交流。

上项初步决定后，经筹委会讨论，各委员认为进行普查是必要的，因此决定由各区行商分会先和区政府工商股联系，取得同意后，组织力量开始进行深入了解，访问划分三个阶段进行：①准备计划；②全面了解，深入访问；③总结、处理。目前北区已完成第二阶段，现将北区191户普查工作中已经了解的130户材料初步统计，归纳如下：

1. 行商登记资金普遍检查，发现增加、减少或虚报资金的占50.77%及部分信用资金，见附表1、2。

2. 行商经营方式方法非常复杂，大概可以分为7个类型26种情况，部分已经参加劳动就业登记或准备撤销行商登记，见附表3、4、5。

3. 关于利润除部分行商经营不善或缺少资金外，一般都有利润，占多数的为毛利25%—35%，见附表6。

（二）行商在城乡物资交流中有一定的作用，但除少数积极经营外，大都不够积极，在思想方面存在着旧的商业观点，很少积极地主动争取业务，部分存在不必要的顾虑，停留过去的“有货就办，无货不办，有利就办，无利不办”的老观念，而行商在思想上行动上表现尤为显著。仅北区130户，发现许多行商因此不正确的观念形成经营不够积极或者消极经营，内中船户行商除个别外，经营态度比较正常，因为以船为室，赖以生活，从事城乡贩运，自己有劳动力，为其他行商所不及。

行商对经营不积极，另一方面是认为没有前途，认识不足，因此不能发挥经营信心，希望能够联购或委托经营，但这种想法在行商管理办法及税法上是有出入的。其次目前行商不符合条件的思想情况更差，为座商化行的，他的资金来源肯定是从企业里抽出来的，假使经营信心好的早就可以撤销行商登记，将行商资金充实企业，因此存在投机暴利等不正确态度，甚至少数行商仍有偷漏税行为。

填报月报表情况，一般的除出门外尚能填报，内中部分，包括船户行商，因文化太低须找人代填。关于填表内容，除少数行商有故意填报不实外，一般的尚能认真填报，出门行商的填表有些困难。根据北区行商对填表的意义尚能认识，反映政府对私营商业填表，认为这是政府做好领导私营商业的正确措施，也是将来国家实行计划经济的依据。少数行商具体联系实际，觉得过去自己一个月做少交易也不留意，现在填报月报表，可以每月明白自己的交易数目，对自己也有好处，除因文化低填报感到些困难外，填表还存在两个问题：

1. 部分行商自己加工关系，原来的进货经加工变了质量，存货填报不易正确。

2. 部分行商向系委托外埠代理商或行栈购销者，因为不能及时联系，所以经营商品金额不能符合实际。

其次，少数行商对填表认真负责态度是不够的，不是填报不实就是歪曲思想，认为填表对税收有影响，产生落后的模糊思想，甚至毫无根据地认为是不是要变更临商税法或要行商纳所得税等错误观点。

（三）这次初步整理了北区130户行商情况的经验

1. 过去仅知行商复杂类型不一，究竟如何不清楚，现在单就北区已经了解130户之中业务动态情况，在未普遍深入之前，尚无确切材料可供参考。通过了解虽未能完全翔实，但在只占本市行商十分之一强的130户中，可以看出本市行商初步外貌，深深感觉肯定“理论的基础是实践”，今后应该重视材料的研究。

2. 以北区90户发生业务的行商在三个月中的营业数字只十亿元光景，根据原资金也就是等于三个月转了两次，即要一个半月资金才能周转一次，主要是行商经营积极性不够，今后必须加强行商宣传教育，提高行商思想认识，发挥积极性，扩大城乡物资交流确属是个重要的问题。

3. 从资金变动及撤销行商登记中，关于资金已经全无者，除少数因虚报资金外，一般的都是由于登记时资金太少，在25户中大部仅只数十万至二百万元资金，加上主观不积极地经营，很快的就要吃蚀。主要原因资金与业务配合不切实际，因此经营有困难，所以今后行商登记时，必须加以注意，以免再有此种现象。

4. 这次北区130户行商了解访问后有一定的收获，但是还要努力改进，像发现问题及动员不登记行商这方面做得还差，今后各区工作中应吸北区经验加以提高，完成本市行商普查工作，提供政府参考，以便更进一步指导行商正常发展，来迎接明年的经济建设。

附表甲

苏州市行商变动概况（52年1月—11月）

月别	上月原有		本月登记		本月撤销		本月现有		备注
	户数	人数	户数	人数	户数	人数	户数	人数	
壹	1160	1160	141	141			1301	1301	资金 586527 万
贰	1301	1301			156	156	1145	1145	
叁	1145	1145	97	97			1242	1242	
肆	1242	1242	32	32			1274	1274	
伍	1274	1274			55	55	1219	1219	
陆	1219	1219			94	94	1125	1125	
柒	1125	1125			78	78	1047	1047	资金 488890 万
捌	1047	1047			80	80	967	967	资金 459470 万
玖	967	967	379	416	106	93	1240	1290	资金 422407 万
拾	1240	1290	2	2	21	21	1221	1271	资金 419601 万
拾壹	1221	1271	111	113	55	56	1277	1328	资金 442889 万

苏州市行商联合会

附表乙

苏州市行商经营状况月报表填表情况（52 年 11 月份）

区别	户数	填报月报表的		未填表的	说明
		本月有营业者	未发生营业者	（包括出门）	
东	190	71 户 37.37%	40 户 21.05%	79 户 41.58%	1. 关于填报情况内中未填表的与实际出门的尚未分清，今后要划分，进一步做好月报表工作。 2. 反映有二种困难，部分行商加工关系，存货不易正确，尚有委托外埠货栈代理售货者，存销情况当月不能符合实际情况。
南	387	92 户 23.77%	30 户 7.75%	265 户 68.48%	
西	462	169 户 36.58%	65 户 14.07%	228 户 49.35%	
北	183	85 户 46.45%	2 户 1.09%	96 户 52.46%	
中	55	35 户 63.64%	8 户 14.54%	12 户 21.82%	
合计	1277 户	452 户	145 户	680 户	
	100%	35.39%	11.36%	53.25%	

附表 1

行商资金变动情况

与登记资金相同者	较登记资金增多者	较登记资金减少者	资金已完全没有者	合计
64 户 49.23%	14 户 10.77%	27 户 20.76%	25 户 19.24%	130 户 100%

表列 130 户的登记资金来源总计 48755 万元，目前实有资金只有 43294 万元，减少 5461 万元，其详细增减情况参看附表。

行商有信用资金户数与情况

在 100 万元以内者	在 100 万元以上至 300 万元者	在 300 万元以上至 500 万元者	在 500 万元以上至 1000 万元者	合计
10 户 26.32%	13 户 34.21%	6 户 15.80%	9 户 23.67%	38 户 100%

附表 2

行商资金动态增减情况表

<table>
<tr><td colspan="4">较登记资金增多者</td><td colspan="4">较登记资金减少者</td><td colspan="2">资金已全无者</td><td>资金不动者</td></tr>
<tr><td>户数</td><td>登记资金</td><td>实有资金</td><td>增加额</td><td>户数</td><td>登记资金</td><td>实有资金</td><td>减少额</td><td>户数</td><td>登记金额</td><td>户数</td></tr>
<tr><td>14</td><td>6910 万</td><td>9100 万</td><td>2910 万</td><td>27</td><td>7030 万</td><td>3619 万</td><td>3401 万</td><td>25</td><td>4250 万</td><td>64</td></tr>
<tr><td rowspan="3">说明</td><td>增多原因</td><td colspan="9">(1)盈余积累的 7 户 ;(2)存货增值的 2 户 ;(3)登记时不老实短报的 2 户;(4)其他借入或船未估入者 3 户。</td></tr>
<tr><td>减少原因</td><td colspan="9">(1)营业清淡补贴家用者 12 户;(2)不做生意吃蚀者 6 户;(3)经营不善,亏蚀者 3 户;(4)虚报资金者 2 户;(5)其他情况者 4 户。</td></tr>
<tr><td>全无原因</td><td colspan="9">(1)家庭开支吃光的 13 户;(2)生产清淡补贴家用的 5 户;(3)根本没有资金的 4 户;(4)资金借来的 2 户;(5)被客户侵占的 1 户。</td></tr>
</table>

附表 3

已经了解的 130 户行商，大略可以归纳为七个类型，内容参考附表

埠际行商	市内行商	船户	流动摊贩性质	经纪人性质	座商类型	其他类型	合计
77 户	17 户	8 户	3 户	8 户	8 户	9 户	139 户
59.23%	13.08%	6.15%	2.31%	6.15%	6.15%	6.93%	100%

上表说明登记行商内中不符合中央贸易部颁布“行商管理暂行通则”的户有 45 户，占 34.62%。情况复杂，详见附表。初步了解内中有小手工业（加工方式）及摊贩今后如何转为座商摊贩，关于经纪人座商化必须取缔，其他类型亦要研究，进行教育纠正态度。

此次劳动就业登记在已了解的 130 户中情况如下表：

<table>
<tr><td rowspan="2">未参加劳动就业登记</td><td colspan="2">已参加劳动就业登记</td><td colspan="2">准备参加劳动就业登记</td><td rowspan="2">合计</td></tr>
<tr><td>已申请撤销行商者</td><td>未申请撤销行商者</td><td>已申请撤销行商者</td><td>未申请撤销行商者</td></tr>
<tr><td>108 户</td><td>2 户</td><td>14 户</td><td>2 户</td><td>4 户</td><td>130 户</td></tr>
<tr><td>83.1%</td><td>1.5%</td><td>10.8%</td><td>1.5%</td><td>3.1%</td><td>100%</td></tr>
</table>

1. 上表参加劳动登记和准备参加未申请撤销的户有 18 户。

2. 未参加劳动就业登记的，108 户中初步了解有 28 户准备撤销行商登记，原因：（甲）资金已无者；（乙）不合行商条件者；（丙）业务清淡者；（丁）另找出路者；（戊）其他转业者。

附表 4

行商动态分类统计表

<table>
<tr><td rowspan="4">具体情况</td><td colspan="7">埠际行商</td><td colspan="4">市内行商（17 户）</td><td colspan="3">船户（8 户）</td></tr>
<tr><td>经营积极</td><td>经营正常</td><td>到外埠零售</td><td>经营有困难</td><td>业务停顿</td><td>未做生意</td><td>非法经营</td><td>经营正常</td><td>经营有困难</td><td>业务停顿</td><td>未做生意</td><td>经营正常</td><td>营业有困难</td><td>未做生意</td></tr>
<tr><td>10 户</td><td>26 户</td><td>3 户</td><td>13 户</td><td>12 户</td><td>12 户</td><td>1 户</td><td>6 户</td><td>5 户</td><td>3 户</td><td>3 户</td><td>4 户</td><td>2 户</td><td>2 户</td></tr>
<tr><td colspan="14">（1）杨剑秋经营方式系临时与人合伙，由合伙人出钱，其本人找生意路子，合伙人极不固定，亦无手续买卖，由其出面经营照相机、望远镜等。
（2）杨烈华已与人伙开三友工业社，该社已批准，地址在皮市街 220 号。负责人即为其本人，行商尚未撤销。
（3）陈锡泉据说拟转入座商大昌染坊与人合伙，行商尚未撤销。
（4）李伟传已在枫桥中心小学教书，预备让他父亲做。
（5）潘庭华有木船一只，未报进资金内，并有工人三人，均加入海员工会。
（6）沈仲元在阊门外轮船公司担任售票，兼营行商。</td></tr>
</table>

流动摊贩性质	曾做行商业务		3 户
经纪人性质（8 户）	行商部分做过生意		3 户
	行商部分未做生意		5 户
座商类型（8 户）	座商化移		1 户
	已转座商（3）	申请撤销	1 户
		未申请撤销	2 户
	资金与座商相混		4 户
其他类型（9 户）	家庭妇女兼行商未做生意		2 户
	临时停工女工经营行商业务		1 户
	生活优裕为保存存货而登记		1 户
	为身份登记未做生意		4 户
	盲目登记未做生意		1 户
共计	7 大类型 26 种情况		130 户

1. 郑寿室在四摆渡肉品联营处担任工作，每月待遇 34 个单位，经营行商也是流动摊贩性质。

2. 刘永桂做猪腰子等肉品生意，每笔生意二、三千元，是流动摊贩性质。

3. 王朱氏零收旧铝及赛璐珞，在本市售出，属流动摊贩性质。

4. 余振东常做掮客性生意。

5. 顾星耀以往常说自己无资本是掮客，现闻在药材市场仍甚活跃。

6. 杨承笙常做树柴掮客。

7. 周基梁公开说行商税重不如做掮客，在吴苑极著名，证讫不来领，因用不着。

8. 金光华代客带运货物，所得收益，缴佣金税。

9. 包南卿原来是经纪人，转入行商部分，近无营业发生。

10. 朱全根已开设永大皮毛油骨号数月，并自10月份始营业，行商仍未撤销。

11. 胡张氏已开设张记号，批准四天，行商尚未撤销。

12. 张黄秀英行商资金已并入其夫开设张兴记号。

13. 王松涛资金被其子拿去，其子系上海座商资方。

14. 胡国钧其妻开设小杂货店，本人亦在店中相帮，登记行商一年多，均未做生意。

备注：

1. 内中表列有加工的行商8户，属于手工业性质，而经营方式是埠际业务，在实际上可以算座商，亦可算行商。

2. 粪草行商有不老实（偷粪）作风，供应农村肥料，交换稻柴来城销售。

附表5

劳动就业登记行商动态情况

<table>
<tr><th></th><th>撤销情况</th><th>户数</th><th>参加劳动就业登记原因</th><th>实有资金情况</th></tr>
<tr><td rowspan="6">已参加劳动就业登记</td><td rowspan="2">已申请撤销行商者</td><td rowspan="2">2</td><td>1. 因为当初资金虚报，拟转座未批准，故就业登记。</td><td rowspan="2">根本没有资金</td></tr>
<tr><td>2. 认为行商终必淘汰，申请就业登记可以找到工作岗位，是最好的机会。</td></tr>
<tr><td rowspan="4">未申请撤销行商者</td><td rowspan="4">14</td><td>1. 营业清淡，资金短少，希望就业登记。</td><td rowspan="4">资金短少，经营困难者9户，计1520万元。根本没有资金者5户。</td></tr>
<tr><td>2. 资金吃光，急于要出路。</td></tr>
<tr><td>3. 原系失业工人，并有相当条件就业登记。</td></tr>
<tr><td>4. 行商无前途（珠宝、旧货），难以维持生活者。</td></tr>
<tr><td rowspan="5">准备参加劳动就业登记</td><td rowspan="2">已申请撤销行商者</td><td rowspan="2">2</td><td>1. 因本业感觉行商不做，所以想就业登记。</td><td rowspan="2">存有资金
530万元</td></tr>
<tr><td>2. 本人有技术，希望为人民服务。</td></tr>
<tr><td rowspan="3">未申请撤销行商者</td><td rowspan="3">4</td><td>1. 资金吃光，无法经营行商。</td><td rowspan="3">有资金的1户，计100万元，无资金的2户，1户只有存货（珠宝）。</td></tr>
<tr><td>2. 行业无前途（珠玉），急于要求就业登记。</td></tr>
<tr><td>3. 本人有相当技能，够条件争取就业。</td></tr>
</table>

附表6

在最近三个月中曾发生交易者计90户，未发生交易者40户，三个月的营业额总值约计100150万元，一般利润除珠宝玉器利润无规律及亏蚀等原因未填表外，兹根据填报的

71户利润统计如下表：

13%—15%	16%—18%	20%	25%	30%	35%	40%	45%	50%	80%	合计
11户	3户	26户	4户	18户	1户	4户	1户	2户	1户	71户
15.50%	4.22%	36.62%	5.64%	25.33%	1.41%	5.64%	1.41%	2.82%	1.41%	100%

以上表列各种利润，均包括行商税及印花税、9.5%运旅费开支在内，就是毛利，其中的净利（纯益）一般为10%左右，因25%—35%大多数为自己劳动力或加工费用，40%—50%的是做旧货修理加工及零售，80%—100%的一户是船户，做柴生意，包括自己一家运输劳动在内。

根据北区61户中未了解的，初步所知情况分类如下表：

埠际行商出外做生意者	船户出外做生意者	回乡种田或劳动者	到外做生意长久不返者	去上海作家务或作临时工	不知去往何地不久即返者	不知去何乡下组长未见过者	回江北修船未来领证者	因访友赴广州者	因贩毒被判徒刑或劳动者	因病未能了解者	人在胥门摆摊找不着人者	合计
19户	25户	3户	1户	2户	1户	1户	2户	1户	3户	2户	1户	61户
31.51%	40.98%	4.89%	1.65%	3.28%	1.65%	1.65%	3.28%	1.65%	4.89%	3.28%	1.65%	100%

行商的任务是为城乡埠际物资交流服务，因此出门的流动性很大，上表有44户出门做生意，占61户中的78.7%。

1949—1952年苏州市轮船业概况

1952年

1949年5月1日起恢复交通，支前与营业

支前情况

（一）支前工作调配轮船统计四十三艘，输送弹药、物资、军粮、卫生药品等，均由使用机关指挥，配合部队随军前进，沿途流动运输，燃料及船员生活由使用机关发给，至五月二十五日，杭州、嘉兴、上海等处相继全部解放，工作时间最长计十艘，平均使用二十天，最小工作时间计三十三艘，平均五天，支前任务完成。

（二）在支前期间，海员荣华生因航船时间深夜照顾第十兵团同志，因此落水死亡，并蒙政府发给抚恤棺木费及烈属证，我会举办追悼会，支前司令部及市政府派员出席，支前工作完成。

（三）结束工作，输送各部队干部、人员及病员、弹药至各处，俘虏兵输送回乡生产。

（四）继续抢救吴江水灾，调用轮船十艘，各轮船所用燃料经专署钱天素同志讲话后，各船负责人自愿捐献，继再输送灾民回乡生产，放轮船二次，送到靖江等处。

轮局状况

（一）解放后统计轮商共有七十二家，航线共计三十八条，总长1500公里，最短的航线6公里，最长180公里，船舶统计102艘。

（二）苏州地区统计船舶计有八十一艘，该地船舶长期流动十大干线：（1）苏杭

(2) 苏沪 (3) 苏湖 (4) 苏嘉 (5) 苏锡 (6) 苏虞 (7) 苏澄 (8) 苏浒 (9) 苏州东、西山 (10) 苏松。该地船舶经常流动，增加生产，担任城乡物资交流。

(三) 进厂修理船舶计有二十艘，煤炭船一艘（不定期船舶）。

各轮局经营状态

自解放后各轮商组织极为简化，大部分轮主自兼经理，通常雇佣船账房一、二人，局内只有二、三人，其余经过码头代理店扣佣制，轮局组织比较完备只有六、七家，余者散漫，普遍情况业务是黄牛性质，投机取巧，自私自利。

目前资方思想情况

各局资方思想顾虑严重，仍旧老作风、旧观点，根本没有转变政治认识，尚要一个时间可能觉悟，劳方在解放后提高认识。

1950 年度（困难年）

轮局状况

苏州地区轮船计有 102 艘，现行航线轮局计有 47 家（即56 家合并），停闭航线计有 17 艘，不定期轮船计有 24 艘，上岸修理计有 5 艘。查各轮局因业务清淡，农村购买经济薄弱，收支不能保本，日见亏蚀，无法维持，纷纷停闭，但是各轮局最困难情形是船舶供求状况问题。解放以来各航线秩序纷乱，互相竞航，后经航管处核定票价，规订货运公里运价，不得故意违反，统一管理。查各轮商，有基础的轮商只有改进业务，无组织的航商、投机取巧的航商只有自动淘汰。

各轮局经营状态

自航管处开始整理轮局，办理登记产权手续，调整各轮商行驶时间，这些整理工作扫除各航商自由主义，纠正思想错误，逐步遵守航政规律性，觉悟提高一步，但是投机航商仍有冒名顶替、蒙蔽政府、办理登记手续不老实态度。查各轮局组织情况逐渐改善，一般轮商尚未做到遵守航政规定，政策法令的精神不能贯彻，但是解放将近两年，企业上旧制度仍然如此。有个别航商肯定说对业务及谋发展已自觉自愿与同线航商联络，共同协商组织合营，已有东山线、苏琴线、大益局自动地团结同业组织合营，初步实现计划，这是很好的。

目前资方思想情况

查各航商资方思想问题，各种不同的情况。有的只以个人的利益为重，有的不独顾个人利益尚要查问别人的利益，这种思想不纯正的观念。一般的对国家利益不重视，对税务政策法令并加意批判，对航政机关当面不提建议，背后提意见，批判验船客位计算不准确，大船倒客位少，小船倒客位多，尚有违反航政规律，处理起来尚要说是无党无派人士应当要从轻，处理不妥善。

优点

轮商只有鼎鑫局冯国祥思想明确，团结劳方，依靠工人阶级，共同搞好企业，巩固基础；缺点：轮商永源局钱世芳思想落后，主观太强，自己没有错，别人样样不对，不能很好地团结劳方，搞企业但是认识模糊。

存在问题

不掌握行政，不依靠工人阶级，不订业务生产计划，不争取货源，只讲开支太大。

1951年度

轮局状况

苏州地区统计轮船共有102艘。

个体轮局计有29家，行驶船舶共计32艘，接管船舶金陵号、义新号二船舶。不定期船舶共计16艘，船舶失修停航、折卖转让船舶共计24艘，退租船舶同和、恒余二艘。联营轮船局计有7家，行驶船舶共计26艘。

（一）苏东线组织联营，保大局、苏庭局、庆成局、保成局4家联合组成，共有船舶庆泰轮、新松江轮、飞虎轮、庆成轮，计有4艘。

查该联营局参加各单位在资产上相等，业务同一航线均等配合，在联营后资方存着消极旁观、依赖的错误思想，种种原因，在联营前既未能做好准备工作，最近有个别股东提出拆散联营的迫切要求，这是思想错误，这些情况都是阻滞联营发展。

（二）苏虞线组织联营，苏虞局、公利局、通达局三家联合组成，共有船舶苏虞轮、飞黄轮、瑞昌轮，计有3艘。

查该联营局参加单位因同一航线关系，均未深核考虑，在联营后，又未建立合理制度，无计划、无组织地盲目联营，造成职责上不明确，联营处行政上由资方负责，经理内部各自为政，操纵把持，造成混乱现象，弊端百出，蒙蔽政府私订契约，种种不法行为，发生混乱现象，财务迄今无法结算。

（三）苏荡线大益局组织联营，大隆局、普益局二家联合组成，共有船舶荣升轮、万里轮、长风轮，计有3艘。

查该联营处参加单位思想明确认识，目前的个体经营走向集体经营，易于节省开支，改进营业，克服当前困难，交流技术，更可提高运输效能，使企业走向合理、巩固与发展。

（四）苏华线组织联营，东苏局、鸿泰局二家联合组成，共有船舶金龙轮、新祥云轮、老祥云轮，计有3艘。

查该联营局参加单位因同线关系，共同克服当前困难，在自主自愿的基础上参加联营，是今后轮船业的发展途径。

（五）苏湖线组织联营，源通局、鼎鑫局、顺利局三家联合组织，共有船舶长航轮、顺利轮、新祺云轮、冯利轮，计有4艘。

查该联营局业务情况相等，自觉自愿地进行组织联营，认识目前有利国计民生，企业联营无论对国家经济或私营经济来说，都是有利的，走向集体经营，易于节省开支、交流技术、改进营业，更可以提高运输效力，使企业走向合理、巩固与发展，因此组织联营是今后轮运业的发展途径。

（六）苏陈线组织联营，鑫记局、友联局二家联合组成，共有船舶新胜阳轮、友联轮，计有2艘。

查该联营局因同线以前各开单班，双方自主自愿组织联营，共同克服当前困难，改为1艘轮船行驶来回，1艘改为不定期出租与其他轮局，增加收益，减轻开支，为企业生存发展起见。

（七）苏申线组织联营，福基局、新生局、江通局、尤文记局、大星局五家联合组成，共有船舶福基轮、福基轮二号、为生轮、苏丰轮、和生轮等，计有7艘。

查该联营局开始组织时，由于各航商对联营意义以及其他方式方法、条件对象认识不清，未能完全出于自觉自愿地参加联营，对联营存在着旁观、依赖、撂包袱等的错误思想，劳资关系存有许多的问题，均未作深入考虑，在联营后又未执行联营章程，无计划无组织地盲目联营，以致营业亏而不能维持，拆散联营。

各轮局经营状况

苏州地区一般私营航商，但是当时经济的困难情况复杂，许多偏差，例如船多货少，开支浩大，经营方法没有改进，运价方面在船多货少的困难情况下，因盲目竞争，无限制降低，以致营业亏本而不能维持，这些情况都是阻滞航运业发展的主要因素。

各轮局资方思想情况

自解放以来资方一般性的腐朽黑暗，自私自利，唯利是图，投机取巧，认识尚未提高，没有爱国思想，缺少互相学习，没有互助互爱的精神，思想上不一致，各自为政；劳方在经济困难时尽量帮助克服，不向困难低头。

1952年度

（一）各轮局状况

国营华东公司一家。私营联合组织轮局6家，现有船舶18艘。私营单位组织轮局24家，现有船舶25艘。分支机构轮局4家，现有船舶4艘。不定期轮船8艘。

统计各局现存船舶共计55艘，抢救吴江防汛工作共计四次，调配船舶共计57艘，平均每艘三天。

（二）各轮局经营状态

自“三反”、“五反”运动时营业清淡，结束后，各地区物资交流客货运均好转，一般性的业务均有盈余。各轮局在本年度整理工具准备迎接冬季交流物资运输任务，查轮局这次得到政府照顾扶助私营企业，经过航运管理处同意，抵押贷款数字颇大，一般航商旧船变了新船，工具健全。

（三）资方思想情况

自解放以来三年，各航商一般的思想认识提高，这次“三反”、“五反”运动时经过教育改造又进了一步，对工人阶级领导他们感觉苦闷，对企业运营不掌握行政管理，盲目依靠工人，对政府政策法令不重视，对政府政策法令时有违反，对税务政策法令理解模糊，虽然经过“五反”运动，目前偷漏税情况颇为严重，劳资关系仍存在问题，资方需要通过政治学习阶段后，提高政治觉悟，生产方有进步、有信心。

（四）存在问题

一般性劳资关系未能真诚团结，关于劳资协议书只有一部分签订，生产计划及精简节省燃料，保养船舶，爱护机器，准时到埠，按时开出班次及劳动竞赛。种种工作均未开展，一般性的资方未能很好地在行政上执行工作。

（五）优点

只苏湖局生产上面搞得有进步，业务上累积的新生资金，添置鑫泰轮1艘，增加生产工具，这是好的。劳方督促领导英明，资方对公司内部经济情况莫名其妙。

（六）缺点

大星局资方不能很好地团结劳方，不依靠工人，乱搞乱闹，结果企业垮台，造成劳资纠纷破产清理之后果。

各业调查情况汇总：染织业反映情况综合

1953 年 5 月

（一）同业一般情况

该业 1951 年共有会员九十户，当时有会员厂与家庭组的分别，由于过去染织业在本市发展并不大，所以生产工具一向落后，只有四五家的设备是动力机，一般多是人力的脚踏车和手拉机。50 年下半年成立了家庭组，工商局核准每家最多不得超过 3 台机，全组会员有四十八家，而机台数仅占 120 台左右，比重不算大，同时零星分散，产品规格不一，显得混杂，相互竞争。50 年上半年先与苏南合作总社加工过一批蚊帐布约八千匹，而结果少数厂偷工减料，发生了次布混充的坏现象，最后赔偿解决，之后经过公会方面不断开会批判，扭转了不良思想，后来部分中小产乃于下半年组织了联营，自动向上海私商承接加工斜纹布一万五千匹，在主持者准确领导和督促下，完成了任务，树立了老实经营的作风，提高了加工信心，打好良好基础，促使几家自产自销的大厂，感到加工确是有利的，影响大会员的思想转变，所以在国营加工初时，仅是几家中小户试办而已，由此逐步增加发展到目前已全部加工，只有六、七户独立劳动的小户还仍自营。总的说，该业自解放后，已认识到棉布是广大人民需要的，肯定有前途，故有协成、美华福两厂，由煤油号转业创设。另一方面各厂也认识了应由分散走向集体，改善设备及加强经营管理，争取加工业务。自“五反”运动后，首由第一等四个厂合并组织起来，至今工友是个合并组成，而且大部分正在增添改善设备，同时满怀信心地经营。过去该业全铁机仅有 104 台，而现有 233 台，这是改善设备的一个具体例子。由于各厂增添设备使大部分流动资金枯竭，固定资金增加，各合并厂在合并时多充实了资金，多有新的投资人加入经营，“五反”后政府指示扩大生产，向人行贷款，扶助加班加机。目前全业尚欠款六十余亿元，各厂因为资金短绌，一部分数字较大会员厂的“五反”退补均缴不出，拟申请陆续缴纳。本年五月份又有丝织业转入染织业的有同泰丰等七户，因为他们去年已与国营加工棉布，因此奉工商局批准，应转入染织业。该业现有会员三十八户，另有光华、顺兴两厂是整理厂，亦属该业会员，自通过“民改”后，生产更有显著提高。大部分厂本年起由于生产渐趋正常，产量提高，均有盈余。在上级工会正确领导下，除极个别之外，劳资关系较其他一般行业为好，“民改”后更进一步的团结一致，向前发展。

（二）劳资关系

1. 该业有少数厂对劳动纪律比较松懈，劳动态度不好，如不遵守请假制度等情况，使生产受到一定的损失，造成加工任务不能完成。尤以大德厂反映劳资关系不正常，更严重的是劳方劳动纪律没有，劳方态度强横，经常开口骂资方，常到账房间大吵大闹，在生产上起了不良影响，行政工作无力推动，劳资协商会经常开不起来（座谈会因协商会未准组织批准），即使开了，议决了，不能贯彻执行，特别如唐炳如、王金宝横蛮无理，要资方关厂，要给资方吃屎，染纱染坏了，资方不能讲，一讲就要吵闹起来，像唐炳如，资方说了一句车子慢，他们就把车子开得特别快，快得车子不能织布，并且三四天不修铁车等情况。合众厂反映说，部分工人劳动纪律和态度不好，尤其不遵守请假制度，每因日班不睡觉，夜班上工时感到疲乏，托词病假，或因不必要事，强调家有要事，不待行政同意，不到工作岗位。因为缺勤率增加，常要请替工代替，减少停台率，但是织布熟练女工缺少，有时申请劳动介绍所介绍工人，一时无适当技术工人可以介绍，而厂方则急不待缓，所以希望劳动部门，能照顾实际，准予各厂自行招雇临时工人，同时以不违反劳动就业的法令申请备案的手续。

2. 自通过“民改”补课后，大部分的厂出现了新的气象，工人积极性普遍提高，遵守劳动纪律，减少次布率，资方对企业也能积极负责增添设备，还努力改善了安全、卫生、车间设备，使生产日渐提高。像华星厂反映了该厂好的体念，过去该厂劳资关系因人数少，很正常，“五反”后不团结，相反的常有争吵情况，对质量方面很少的女工不够重视，资方也没有经营的积极作用，信心不强。最近民主改革补课运动结束之后，资方加强了经营信心，明确了对企业负责就是对国家负责，所以自“民改”开始后，及时地供应了原料，对增加生产起了作用，劳方更明确了生产为谁的基本精神，把产量提高 20%左右，质量也随之提高了不少，同时劳资关系，有了显著的改善。现在从原来的基础上，成立劳资协商会，重点研究讨论生产问题，并将其他问题，求得合情合理来解决，使得劳资关系更团结起来，搞好生产，超额完成五三年度生产计划。

小组意见

综合该业一般劳资关系多数是正常的，过去同业的劳资协商会，确能起作用的，如今大部分厂各自成立了劳资协商会，因此直接解决了不少问题。该业会员通过“五反”、“民改”等运动的的确确呈现了新的气象，认识到由分散走向集体的好处，在国营经济领导下，端正经营作风，提高产品质量，除个别不好的外，各厂均有盈余，进一步地巩固向前发展。可是有的厂本身存在了问题，影响生产搞不好，劳资又不团结，如大德厂更是严重的例子，该厂劳资问题的不正常是很深久的，劳资协商会亦没有成立，在资资之间内部也有隔阂，经营消极，互不关心，使企业困难重重，产量低，次布多。劳方态度蛮横无理一味胡闹，像资方说了车子慢，修机工人唐炳如就把车子开得快，不能织布，染司王金宝染坏了棉纱，资方讲了就是吵闹，我们认为像这样的态度是恶劣的，存心捣蛋，双方不团结现象的根源，使资方消极经营，感到行政权不能推动，发展下去是危险的，应该请市纺工会向该两工人进行严格教育及时纠正，本会对此事曾召集资方来会研究讨论予以帮助，并请市纺工会会同派员下厂深入调处。合众厂为缺勤率增加，要求自行招雇临时工人补救停台率，这是说明该厂平时对管理制度不能很好掌握，因此只从请替工来解决问题，我们认为是多余的，因为绝大多部分厂都能执行请假制度，而独该厂不能做到，主要资方自己没有重视，应该在劳资协商会上向工友说明道理，加强自己管理权，定有收获的。华星厂在通过“民改”后，资方认识提高，及时供应原料，双方紧密团结，才能使产量初步提高 20%左右，这些好的成绩表现出来，可以肯定说与“五反”教育和“民改”等伟大运动是分不开的。

（三）存在问题

1. 所得税与退补问题

（1）所得税有协成厂及大康名下的裕丰厂，对 51 年所得税过高认为不合理，因为他们都是亏损户，所以反应意见很大，因此在退补时拖欠缴纳，请求展期拨付等情况，如协成厂 51 年亏 5300 万元，而缴税 26300 万元，所以该厂对此曾先后分呈东区税务分局、市税务总局、市协商会、工商联等机关请求查账稽征各在案，根据坦白核实一亿余元，检举核实二亿余元，亦经呈请市节约委员会，对检举核实部分要求复核，嗣经法院改处严重违法户（总结会及颁给凭证为基本守法户），增加罚金四千余万元，退补总数为441746000元，承政府宽大，照顾实际困难，业已迭次呈请延期缴纳，如裕丰厂对51年所得税10354000元，根据该厂自50年至52年三年中，根本没有盈余过，尤其51年所得税要一千多万元，完全不切合实际，51年营业额包括工缴在内共221900000元，评补20000000元，而所得税要一千多万元，希望税局对此再行研究，重行核查退补额与实际不符，否则认为退补是要退的，但是厂中目前情况不好转，若各厂从新企业中提出款子来退补，势必影响生产，希望照顾实际困难，待以后情况好转时，按月拨付一部分，做到退补生产两不误。

（2）第一厂名下的同和厂及华星厂，对“五反”退补问题，均因困难一致要求展缓缴纳，同和厂是第四类型户，加罚金共计170000000元，因纳库困难拟请求转至明年，华星厂核实退补总数8455000元，原定分两次缴纳，第一期本年1月10日5000000元，第二期10月10日，第一期资金困难曾经申请延期，从四月份起按月缴纳1000000元，第二期亦拟继续申请延期，争取在53年度全部完成，大德厂52年估征所得税已缴，但该厂是实际亏损户，已经税局查账，希望早日退税以助企业目前困难而利周转。

2. 合并后各厂工资问题。

第一厂反映本厂系合并厂，各原单位制度、福利、工资均不一律，目前福利及制度已解决，但工资问题未能调整，故在同一工作部门技术高者反较技术低者工资少，故合并初期因此而劳动态度不好，经“民改”后，虽已进行说服，但不是根本办法，希望能与各方面配合协助解决。

小组意见

（1）协成厂系大成煤油号转业的，于50年4月份创设的，由于外行经营，一切比较浪费，经营盲目，乱添设备，使固定资金增加，现金枯竭，利息随之增加，因此生产不免受到影响，以致51年亏本5300万元，但所得税26300万元，退补总数计441476000元，这是“五反”中定犯“五毒”，则是应有的教育。裕丰厂51年所得税10350000元，该厂资方过去经营信心不高，产量素低，在同业中是有名的坏典型厂，而且在“五反”时，曾被工人检举过逃避资金等“五毒”行为，所以对51年所得税看来，税局方面决不为有偏差的，通过“五反”伟大教育后，资方已认识自己的错误，从思想上已转变了，因此提高经营信心，才合并组成大康厂，裕丰厂的退补在新企业中要抽提缴纳的话，事实上确有困难，只得在新企业好转时逐步缴纳，是否可请税局转知各厂订立缴纳计划酌情办理。大德厂要求早日退还52年估征所得税税款，亦应了解予以协助。

（2）该业新合并厂增多，个别确有存在工资不一的现象，影响到生产的积极性、劳劳之间的团结，多有连带关系，因此希望本会深入进行研究。

（四）要求二点

1. 合众厂反映要求政府疏浚梵门桥弄一段的阴沟，因该处地段下水道年久失修淤塞面积较广，且在过去有一小河互通梵门桥弄至学士街河中，但迄今已无痕迹，因此所有污水无法灌注，淤积不通，竟有渗入附近水井中，将妨碍群众卫生，故急需疏浚，设一根治办法，虽已呈案至建设局与卫生局，尚希工商联亦能将事实反映，及早施工，以利生产与群众卫生。

2. 永联厂反映厂房是一个寺院，在本厂未迁入前，曾驻过军队，通过南区人民政府批准，迁入时用去很大的修理费，但每逢军队驻苏多的时候，仍常派来驻扎，生产场所太挤，确实不够应用，能否请政府照顾生产，勿再派来，以便安心经营。

小组意见

（1）合众厂提的疏浚梵门桥弄一段阴沟淤塞，影响了附近水井卫生是很重要的事件，本会应予了解情况，早日反映，以利群众卫生。

（2）永联厂提的厂中房屋常有军队驻扎，像该厂设在王思巷会馆场三号是一个寺院，因此常有军队驻入，但是该厂迁入时，既已通过南区人民政府的，那么可以嘱该厂直接请求政府今后免予驻扎军队。

苏州市染织业解放后各年基本情况比较

1954年5月24日

B03-005-0187-083　苏州市染织业解放后各年12月份基本情况比较　1954年5月24日

时间	资料户数	运转设备数		职工人数		棉布产量		备注
		电力机	人力机	职员	工人	合计	其中加工	
1950年1月	57	162	302	280	892	8584	——	未划线的空格系因资料不完整而无法统计者
1950年6月	4	24	43	173	478	1269	——	“二六”轰炸后纷纷停工，实际开工仅四户，运转之机台数中尚包括11户进行料机的机台在内，实际开工的四户的机台尚不到左列数字。
1950年12月	40	227	318	268	955	15899	——	
1951年12月	86	221	433	246	1123	17831	8457	自1951年5月起有华星一户加工，八月份起增为立丰、同和、新生、新纶岐等四户，九月份起扩大为56户加工，十二月份为67户。
1952年12月	65	341	504	234	1848	26509	25079	户数较上年减少的原因，是合并经营，并非闭歇。本月份加工计59户。
1953年12月	38	373	509			33010		实际开工38户内2户整理厂，12月份产量因仅30户有报表，故尚有部分小厂数字不在内。设备数为2月份资料（38户除整理厂）。本月产量中绝大部分是加工，只有少数零布等自营，当时加工厂计35户。

续表

苏州市染织业解放后各年生产量及原料耗用情况比较　1954年5月24日				
年度	棉布产量		耗用原料棉纱(包)	备注
	合计	其中加工		
1950	84592	——	71114	未划线的空格系因统计资料不完整而无法统计者
1951	150814		134516	
1952	202394	172512	180074	
1953	315452			

染织业基本情况（1945年起）

1954年

苏州市染织厂1912年（民初）仅有三家，以手拉机平织条布为主，仅销售本市和近乡。1931年续有新设两三家，以电力龙头格子机及脚踏机生产，产品略有改进，销地渐远，常州、无锡等地均来采购，当时原料均向上海购买。是时社会各界人士对工业不关心，致无发展。在1936年时共有六户，有人力机（包括手拉）260台，电力机62台，迨抗战沦陷时，外埠以治安不靖，又见本市市面特兴（当时为伪省会所在地），迁来经营布厂者甚多，增至50余户，布机约800台。

（一）抗战胜利后至解放

抗战胜利后，因封锁甫开，运销较畅，产销情况较好，但不久就处在物价高涨、美货竞销、滥发通货时期，原料向上海伪中纺公司配购，但中纺产量仅配售上海一地，只能求诸黑市（上海市每星期有三次），中纺配价如20支460万一件，黑市要600万以上，因此成本大殊，对外无法推销，尤其在将近解放时，1948年受到伪金圆券的贬值、抢购等损失，较大者纷纷停业，能够维持者，其设备运转率亦在40%以下。

当时（1948年）情况如下：

户数	48
大、中、小（%）	13、27、60
电力机	380台
人力脚踏机手拉机	570台
电机工人	645人
人力机工人	1140人
资金	41760石米
产量	216000匹

在这个阶段里，一般在春夏淡季时大部分是停工减产，到冬季旺季时即加班加点地追求营业。由于那时物价不平衡，出售产品都是收到些远期支票，到期后已补不到同值原料，损失很大，迫使企业只能经常吃高利贷，套购原料，买空卖空，进行投机活动来获取

利润，以求企业的生存，生产上出现了畸形现象，产品的售价不是按照质量好坏来决定，而是依照投机市场的需要、投机家的好恶来决定的。因此产品只是粗制滥造，规格混乱，二尺五寸就作一码，每匹布（20码长折合五丈）却要少三尺左右，更有一部分厂购进旧袜纱（新纱70%）来织布，攫取暴利，因此形成只重外面业务，不重内部生产，生产管理很糟很落后，企业很小，三五台木机的家庭化很多，最大的新毅布厂（后来迁常州），也只有电力机50台，没有一家新式厂房，也没有拉绒机、整理机等设备，更不会用褪色染料，织的多是条格厂布，厂内连最起码的普通药品、卫生设备也没有，更谈不到安全设备了。

在这一阶段里，苏南地区武进、无锡、常熟、江阴、吴县五县染织业有一个组织叫“联谊会”，开会地点是五县轮的，那时苏州染织业的代表人物为马春霖、万仲光等，他们利用了“联谊会”的名义向当地伪中纺公司争取配纱额，对业内则进行大吃小的分配，又在染料方面加“硫化碱”，利用整个团体名义申请伪输入输出管理委员会，得到了外汇限额美金（可以到美国去买便宜颜料）卖给上海的颜料行，利润饱入大会员私囊，如美和、立丰、美华等，当时中小会员是不知不觉，即使知道也是没有办法的。

（二）解放后至“五反”止

解放初（1949年）上半年各厂在解放前后的停工，搁置成品以致资金大部枯竭，不能周转，不能开工，整个业是停顿状态，后经建中公司收购一批成品数量很大，并向人民银行贷款后，始能复工。

在1949年时（下半年）

户数	63
大、中、小（%）	5、25、70
电力机	277台
人力脚踏手拉机	463台
职员	285人
工人	982人
资金	比1948年少七、八折
产量	140600匹

注：设备运转率在70%

那时由于大些的布厂迁的迁了，闭的闭了，新增加了一些家庭工厂，所以产数多了，设备和工人少了，企业的经营管理和解放前一样，仍无改进。

一九五〇年上半年，国家财政工作的统一，稳定了物价，游资纳入正规，市上虚假购买力消失了。染织业由于产品质量低劣，规格不统一，销路局限本市，因此成品积压，各厂经济基础又薄弱，在三四月中完成了一批苏南合作总社蚊帐布任务后，实在不能维持，在五月间整个行业停工下来（经工商局同意一般暂停2—4月，部分正式歇业，仅新开的协成、森泰等少数厂继续部分开工），职工疏散回家。停工后在工商局指示下同业组织了专业会议，研究如何提高质量，改进统一规格，筹备联销机构，派员到天津、上海等地联系业务，仍以规格不一未有效果。七月间由立丰、天和、森泰等厂试织斜纹坯布，向上海接到订货一批，收到定洋，分配各厂方始陆续开工，接着为了想继续承接订货，又为了统一规格的必要，在自愿的基础上，成立了四个联营处，这样大部分会员就依靠订货方式继续生产下去，到1951年七月试织样品后，参加交流大会，在苏南及华东二次大会上承接了天津、东北二地的信托公司和铁道机构大批花色布订货（利农格被单布）逐渐以坯布的统一，做到了颜色花样规格统一。过去是承接私商订货，这时是承接国营企业订货，为了做好这批订货，原来联营处不符当时的要求，经全体会员一致同意下，合并改组了一个联营处，由先进厂公开颜料配方，研究花样，交流染色技术经验，按地区分组进行集体染色及检验打包，这样在经营、管理、生产各方面都提高了一步，为以后接受经常加工打下了基础。同年九月份起与花纱布公司、本市批发供应站开始了经常性的加工任务，产量逐年增加起来，总的说在解放到“五反”前阶段，染织业为了企业的生存对生产上有过努力的，但次布率始终很高，并且一般性的，如白斜纹高至80%（51年第四季度），色布一般20%，台产量不高，如被单布台扯30码。

（三）“五反”之后

“五反”运动后，政府号召扩大生产，业内对于集中经营、加强管理的认识提高了，过去只重生产数量，不重规格，造成质量太差，行政管理费用大，虽加工后还是不能稳固地保本，质量还是不符公司要求，就派了同业到上海、无锡等先进发达的地区去参观和交流经验，知道主要原因在于企业范围太小，机械设备差，生产行政管理很不够，因此“五反”教育之后，针对上述问题，采取合并办法，这个计划打算提出后，受到政府、工会、花纱布公司、银行等方面的支持，就从五二年九月份起到五三年四月份只有54户，先后并成11户。

在五三年年底情况如下：

户数	38（整理厂二户）
大、中、小（户）	21、11、6
电力机	499台
人力机	362台
职员	186人
工人	1913人
从业人员	193人
资金	115亿
一至六月产量	173832匹

注：资金数系54年三月份材料，应除去36亿负债

在“五反”结束时，各厂纷纷添加设备，增加生产，流动资金逐渐变为固定资产，致大部会员资金均难周转，需依靠贷款。

染织业正式经常代国营花纱布公司加工，自五一年九月份开始，但当时参加加工产值比量不大，五二年起绝大部分产值纳入国家计划内。

逐年百分比如下：

年度	1949	1950	1951	1952	1953
加工占(%)			18.53%	89.66%	94.19%
自营占(%)	100%	100%	81.47%	10.34%	5.81%

在这一阶段由于接受国营经济领导，其程度和面积逐渐增高，加上同业思想上也有所提高，具体表现在几方面，色布次布率在10%以下，个别户次布率减少到公司规格之下，五二年度全年平均70%不能保本，五三年度除了个别一二户外，都能盈余，五四年基本上全部都能保本。

目前存在的问题

该业整个业供销上均由公司调度，均在国家总计划之内，仅存在资金短绌，经常普遍地要依赖人民银行，并且欠发和迟发工薪，车面纱的储备不足，欠付应付账款等。

五四年度第三季度加工任务、织品规格变动很大，需有改机、产量缩减等问题，如织粉袋布者，过去整理后解交，现规定不整理就解交（不经轧布，尺码要加长些，才能合规格），需要加纬纱，但多少不易掌控，这些是目前新换规格所出现的技术等浮面困难问题，不是长期性的根本问题。

中华厂至今未能保本，系本生产力低，劳资方面不很团结，如拟订制度等不能很好统一意见迅速推行。

思想情况

染织业会员过去虽然在花纱布公司的领导下进行代织任务，但终是只重数量能及时交货，都注意在这方面，所以次布率平均要在20%左右。要做自营的思想还有很多存在，如中华布厂在填工业表时少报产量的事实，对于有关政策法令等，一般讲能够贯彻，但在五三年估征所得税、估征纯益率协商出来后，他们嘴里不说，从态度和精神上看出是认为太高、不合理的，主委王震瀛和搞所得税工作最出力的任锡荣，都一度很消极，但嘴里一字不提的。

主委王震瀛对企业的管理制度等比较注意，其他如永联布厂黄麟槃等亦较负责，他们能够认识私营工业的前途，能够把自己企业搞好，但这种人不多，另一部分人不明确自己的前途，不相信政府，不关心企业，像震丰布厂的叶达礼每天一定要吃酒，星期日不到厂（厂星期是周六），平时一派敷衍，同业也对他不满意，思想很腐朽的，公债缴纳表现很坏。再如合众布厂的姜一鸣、大康的袁汉阳，他们厂里财务都很困难，而自身很舒服，自己房子重估财产时不估入企业内，租给厂里收房租。还有联和布厂林锦甫在加工任务中偷工减料，以次货混充好货欺骗国营公司，经查出后，七十匹次货搁在厂中等待处理，并借钱给厂工会主席买脚踏车行贿干部。总路线明确提出后，很显明地他们对企业有什么困难和问题，极少反映了。如五四年第三季度织品换规格等问题，他们都不谈了。有些一向比较进步的人，总路线后更羡慕更要求公私合营了，过去模糊的现在依然也没有什么转变，在建设公债催缴工作中也很消极和敷衍。对于今后的前途看法，可归纳为三类：（1）认为今后前途只有走上公私合营，对企业较注意负责，想争取希望公私合营，认为是唯一的前途，而希望早日实现的（如王震瀛）；（2）看法和上面一样，但条件不够且差得远，认为自己只有争取在群众工作中表现得好些（如任锡荣）；（3）对前途怀疑或模糊，只要本身企业能够维持没有事（如劳资、财务等方面能过去不生问题）就算了，有时连这些起码责任也不负，前途不前途更不关心（如姜一鸣、叶达礼、林锦甫等）。

看法

染织业在“五反”之后，明显地前进了一步，生产管理、规格的改进、染色技术的提高等都有了进步，这也可以说是在国营公司经常性领导接触下的必然趋势。

产品是人民的必需品，并且在国家计划下，产品也适应社会需要，改换和改进织物能逐步符合纱布公司要求，也就是符合了人民的要求。只要对品质继续负责，不断改善，我们认为今后主要是要对技术、生产、管理等成本方面去研究，肯定有前途的。

各业调查情况汇总：丝织业反映情况综合

1953 年 5 月

概况

（一）丝织业全部会员约 160 户，分电机、木机二大组，电机占 70%，木机占 30%，会员散布在东区及北区，本区户数比东区少，但资金比重占全业 60%，如丝织第一、第三联营，纱缎联营处都在本区，是本区经济比重最大的重点户，一般毛利 10%—28%，6—8 月为淡季，目前已在淡季中。

（二）电机组，大部分接受国营中蚕公司代织加工业务，机额占 500 余台，自营机 150 余台，加工方面大型厂设备全部加工，中小型是全部或部分加工，像第一丝织厂、东吴、二联、延龄、公大、李祥记等都是完全加工，以工缴收入开支。

部分加工的如开祥、三联、同福、新纶等自营机台占少数，大部分重于加工。

完全自营户是家庭自织户、小型或独力劳动户，机台少、设备不完全，不够加工条件，自产品主要是软缎纱、背缎等，销售品主要是本市刺绣业等，在淡季时停止生产或减少生产，旺季时开工。

（三）木机组，该组约机额 200 台，完全自营为主，去年曾一度发生纱缎滞销，部分会员就紧缩生产，现在销路已可恢复正常，如大户唐元记、范乾丰、朱绥记等，制造花缎、素缎、贡缎等，都向上海出口商推销，小型户大部制造纱背缎等维持生产，今后如电力机恢复，自织木机小会员就有影响，同时该组有 90%以上工人在唯亭生产，组织生产合作社，产品规格与苏州同，因当地税收低，成本亦低，要相差 10%，与中蚕公司订有合同，每月产量纱缎 2500 公尺、素缎 6000 公尺、花蓝缎 1500 公尺。

原料方面：土丝比较缺乏，中蚕公司方面时有断货。

目前存在问题

丝织业自去年秋季国营中蚕公司盲目扩大加工，形成畸形发展，各厂接受加工，纷纷添置机额，增加班次，添用大量工人，甚至对技术差、数年不做之失业工人都雇佣到厂，但还是感技术工人不够，现在国营公司查到过去盲目加工，积压大量资金，经过领导批评与指示后，就陆续减少加工 60%，例如去秋机额 1070 班，现在减少到 860 班，上次工商局宣布要减到 430 班，因此发生了很大的恐慌。

自织户方面资金短，如东吴第一丝织厂等所有流动资金已投入固定部分，添置了机台，增加技工，目前争取自织，感资金短，希望得到贷款后可克服困难。

市场销路狭隘，在现阶段的丝绸销路尚不合群众的需要，而价亦高，因此造成供过于求，降低售价就亏本。

中小型改营自织兼营棉织品，一般中型绸厂因为工人数没有大户多，所以可以改织棉织品，维持生产，但必须要求政府批准与花纱布公司的照顾，给予加工或供给原料。

销路方面，绸机造高档棉织品、元直贡呢、灯芯绒、卡其等上海市场是需要的，并全国各地亦能大量倾销。

一般会员因资金短，希望银行给予照顾贷款，帮助自营户克服困难，部分会员因资金短缺，还是要求中蚕公司继续给予加工，否则非但营业造成困难，因限于资金关系，必然在淡季中要发生以八折、九折等结价销售来维持生产。

公私关系

（一）要求淡季时国营给予加工任务，使维持二三个月来帮助克服困难。（巨大）

（二）要求中蚕公司多配给原料。（宏祥）

（三）国营中蚕公司号召要由代织转入自织，我们认为要逐步地进行，如何来扶助私营走入自织，人民银行在淡季中尺度要酌量放宽，尤其是自织的在淡季中生产有计划地要求银行注意扶助。（自立）

（四）国营中蚕公司去年盲目扩大代织造成积压，今年缩短定期为一月一次，并宣布代织任务将减少到半数以下，使近二月的生产时断时续，并使多数代织厂在资金枯竭的情况下遭到严重困难，希望以后加强计划，深入了解各加工厂情况，在公私兼顾的原则下增产或减产。（二联绸厂）

（五）国营中蚕公司去年领导负责同志官僚主义，盲目发展，今年经济核算，收缩加工，影响了整个丝线业，有垮台的严重危害性，但反映到中央也无法解决。（成永）

（六）要转入自营，不能一时做到，要求有关部门协助解决。（美丰）

（七）希望国营公司（中蚕）能从业务方面打开销路，不单以减少加工、号召自营为办法，因为目前本业条件不够，在两年来由国营的领导下，由恢复而到发展，即使国家总的计划有所改变，亦不能不负责地甩包袱，今日丝织业的困难，主要因素不可否认是由于中蚕公司盲目经营和无计划扩充，中蚕公司应抱负责的态度，拟出切实可行的办法，求得问题的合理解决。（李宏兴）

（八）向中蚕公司采购原料外用纸张及绳索，虽规定扣除每包 1.28 市两，但实际包装尚在 1.5 市两或 1.8 市两，致结算扎存原料时遭少，以后希望该公司实事求是办事，做到公私兼顾。花纱布公司西中市第一门市部时有 32 支棉纱无供应，这种情况说明领导上调拨欠灵，直接妨害复制厂生产。（宝康安记）

（九）中蚕公司在鼓励各加工厂争取自织自销的时候，公司忽将大量存货倾销，甚至放宽票期两个月，这一行动对自织是一大打击。（同福）

（十）我厂所造之双福软缎经常由纱缎组联销给本市国营土产公司和中蚕公司，在淡季以内希望国营公司继续收购，以资维持正常生产。（周荣祥）

（十一）中蚕公司不能照顾我们纱缎组小手工业，放发加工代织，屡次要求，未有应

允。（源康）

（十二）关于土丝原料经常缺货，希望国营中蚕公司必须予以调节收购及生产土丝。（唐元记）

（十三）吴县唯亭镇有个丝织生产合作社隶属于吴县合作总社，其产品与我们一样，虽我们的工人也在唯亭，但是工资较合作社要多24%，并据说该合作社已申请准予免纳商业税，因此成本低百分之十，合作社的扩大，我业的萎缩是明显的。（朱绥记）

（十四）中蚕公司售出土丝分量不足，并内有断丝，屡次向该公司提出意见书，至今未见答复解决，银行在淡季中要求增加贷款，不料反而减短数额，发生困难。（唐玉丰、丁祥泰）

（十五）中蚕公司售出小丝完全售与大户，小户不能买到，希照顾。（丁祥泰）

（十六）要求中蚕公司多配给原料。（宏祥）

（十七）52年上半年不能取得进货的证明图章，致停工二三个月，52年下半年中蚕增加代织加工，但自力劳动除外，我们未配到，这是什么意思。（顾锦记）

（十八）中蚕公司加工由于去年盲目扩大，成品积压，本年以来一再紧缩，造成生产失常，六月份加工有缩减50%之说，中蚕公司如果付诸实行，将使各厂遭受不可克服的困难。（苏州市第一丝织联营公司）

（十九）希望全部转营花纱布公司的棉织品。（公大）

（二十）国营销货有一个月的期款，私营资金短，要做到这样有困难。（永泰）

税收问题

（一）52年新税制颁布是公平合理，希望从速进行所得税汇算清缴，执行多退少补工作，以贯彻税收。（成永）

（二）税只要合理负担，过去因缴税不合理，怕多做营业。（美丰）

（三）希望52年所得税汇算清缴做得合法合理，不要再蹈51年的覆辙，单纯地只重经济而忽视政策。（李宏兴）

（四）本厂于上年10月呈准停业，请北区税局结算所得税，不料该税局一味拖延，不合理解决，到估征所得税时坚持本厂必须参加估征，使本厂资金三分之一缴纳税额，造成生产萎缩，希望税局在短期内对所得税多纳税部分退回，帮助克服困难。（宝康安记）

（五）对估征所得税应退回的应及时退回。（同福）

（六）51年所得税超过纯益率的七倍弱颇觉偏差，申请北区税局派员汇算清缴，始终未予处理。（义成）

（七）52年估征税太大。（源康）

（八）关于1952年的账希望税局早一些查，以能汇算退税投入生产。（唐元记）

（九）我们由大会公布评为亏损户，要求即日退回估征税额，以便投入生产。（徐茂隆、协荣丰）

（十）上海、杭州丝织业不论全能厂、非全能厂工业税只1.5%，苏州丝织业工业税2%欠公平。（黄士记）

（十一）我户系亏损户，对52年估征税23万要求退回。（丁祥泰）

（十二）要求以账计征，合理负担。（巨大）

（十三）52年所得税纯益率到今天怎么还没有算出来？（顾锦记）

（十四）51年全年营业额8000万元，所得税纳3300万元是否合理，染色丝织品5.5％的税率，我们不是染织业是丝织业。（张志记）

（十五）希望52年所得税早日汇算清缴。（复旦洛记）

（十六）51年所得税汇算清缴工作，在“五反”时开展，纯益率由税局公布1％—20％，我业抽空了流动金纳清了税，现在资金困难，中蚕加工紧缩，在思想上搞不通，认为组织无力量，抱着消极态度。（芮兴隆、通大、义成、祥和公、华成）

劳资问题

（一）青工谢金生对生产不负责，产量低30％。（周记）

（二）负责人不识字，会计掌握经济，去年亏7000万元，该款是祥和公暂垫，资方消极，抱横竖横思想。（成裕）

（三）祥和公在歇业中对劳方在进行解雇手续。

（四）第一丝织厂目前加工减少，以致工缴收入差，减少部分工资未发。（第一丝厂联营处）

（五）丝织业劳资问题除以上个别情况以外，一般正常，有的经过民主改革补课后工人劳动热情已提高，产品质量有逐步改进，业务亦有发展，还有部分店方按月召开劳资协商会，二次进行布置和检查工作，能互相解决存在意见及问题，可做到生产与福利结合的原则，也有些厂方劳资能相互知悉，资金及营业情况实在困难时，可原谅资方停工。（自立、成永、鸿兴和）

资资问题

（一）我厂大部分产品是手拉机拌花绢，在努力争取之下产销尚能勉强正常，今闻有同业意图在电力机上织造，日后形成盲目竞争大鱼吃小鱼。（黄士记）

（二）吴县木渎区香山镇等各乡有丝织木机四五十台，一户一台占多数，亦有四台、五台一户的，产品与我们相同，销售量比本市较多，而完全取得自产自销证，因此价格较我业牌价贱一分钿。（朱绥记）

（三）纱缎组联营处不能照顾小同业。（程瑞记）

（四）在“五反”时借兴成裕绸厂张顺根有8000万，虽向人民法院起诉，在53年二月份归还，但至今未收到一文，希望组织协助支持。（祥和公）

苏州市丝织业解放后各年基本情况比较

1954 年 5 月 24 日

年度	资料户数	设备情况				职工人数		产销情况												备注
		电力机		人力机				绸(公尺)缎						被(条)面						
								产量			销量			产量			销量			
		设备	运转	设备	运转	职员	工人	合计	加工	自营	合计	解缴	自销	合计	加工	自营	合计	解缴	自销	
1949	134	1083		386				730021		730021				117435	——	117435				销量无资料
1950	84	933	414	485	467			848417	112432	735985				77069	——	77069				销量无资料
1951	147	932	668	560	472	362	1729	1668974	605038	1063936	1605009	559362	1045647	92981	8418	84563	88948	6236	82712	
1952	108	1165	917	276	119	479	2272	2683503	2037911	645592	2668406	2025031	643375	134277	42452	91825	139664	44418	95246	
1953	75	1170	1007	239	192	328	2163	3409100			3430174	1848210	1581964	49229			50202	7350	42852	

说明：

设备情况及职工人数除 1953 年为二月份资料外，其余均系 12 月份数字。

本资料系根据历史资料整理，故各项指标不能逐年完整，未划线的空格系因资料不完整而无法统计者。

绸缎产销量部分原有资料计量单位为码，兹一律折合为公尺，故零数有些上下，仅能供作参考。

资料户数仅指设备及职工等栏，产销情况则系各该年逐月不同户数的累计数字。

丝织业接受国营委托加工自 1950 年 6 月份开始。

吴县桐柏油饼业历史情况及职员表

1953年8月

组织上的变化情况

（一）公会名称

1. 抗战以前

宜稼公所（1924年4月原名）

吴县桐柏油饼业同业公会（1930年11月3日起）

2. 沦陷期间

吴县工业油脂业同业公会（包括火油及一切工业油脂）

3. 胜利后迄解放前

吴县桐柏油饼业同业公会（1946年）

吴县桐柏油饼商业同业公会（1947年）

吴县油饼商业同业公会（1948年）

（二）内部组织

1. 抗战以前

1924年4月由吴县经营桐油豆饼业组织宜稼公所，1930年8月以吴县行政区域为区域着手登记，共计会员88人，定名为吴县桐柏油饼业同业公会，就中街路第181号门牌，于同年11月3日开成立大会，设主席委员一人，常务委员二人，执行委员十人，候补执委三人。1933年9月6日举行抽签改选，又添设监察委员五人。

2. 沦陷时期

3. 胜利后迄解放前

（三）委员及负责人姓名

1. 抗战以前

1934年11月吴县桐柏油饼业同业公会主席委员俞绳祖，常务委员宣国祥、刘恂介。1933年9月改选主席委员俞绳祖，常务委员宣国祥、颜铭之。

2. 沦陷期间

3. 胜利后迄解放前

（四）会员的业别或组别

1. 抗战以前

油饼、板木桐油、桐油、油号、油麻、豆饼、桐食油、冶坊桐油、柏油、酱园。

2. 沦陷期间

3. 胜利后迄解放前

油饼、杂粮油饼、板木桐油、冶坊桐油、油麻、桐柏油、桐食油、豆饼。

生产经营情况

（一）资金

1. 抗战以前

2. 沦陷期间

3. 胜利后迄解放前

1948 年申报之资本额自一千万元至十亿零五千万元。

（二）职工

1. 抗战以前

1933 年 9 月申报之职工人数自二人至九人。

2. 沦陷期间

3. 胜利后迄解放前

（三）设备

1. 抗战以前

2. 沦陷期间

3. 胜利后迄解放前

（四）产品

1. 抗战以前

各种桐油、麻油、棉油、棉籽油、菜油、豆油、生油、柏油、各地原麻、丝麻、豆饼、菜饼、铁锅、铁罐、铁桶。

2. 沦陷期间

同前

3. 胜利后迄解放前

同前

（五）原料

1. 抗战以前

2. 沦陷期间

3. 胜利后迄解放前

（六）市场

1. 抗战以前

并无市场，食油部分参加玄妙观三万昌茶社内进行榨油业茶食交易。

2. 沦陷期间

同上

3. 胜利后迄解放前

并无市场

（七）营业额

1. 抗战以前

2. 沦陷期间

3. 胜利后迄解放前

1949 年 2 月食油组议决筹组市场，同年 3 月议决对于组织市场，先草拟市场规则，食油部分向系参加玄妙观三万昌茶社内进行榨油业茶食交易。

旧公会在各个阶段中主要活动情况

1. 抗战以前

2. 沦陷期间
3. 胜利后迄解放前

苏州市百货业基本情况综合表（插页二）*

苏州市茶业、山地货业基本情况综合表

1954 年 2 月 18 日

业别			茶叶						山地货					
区别			合计	东	南	西	北	中	合计	东	南	西	北	中
业务组别														
户数			57	5	5	30	10	7	26	8	9	9		
组织方式	合伙	有雇工	8	2		2		4	10	3	3	4		
		无雇工	2			1	1							
	独资	有雇工	24	2	2	12	6	2	11	4	4	3		
		无雇工	23	1	3	15	3	1	5	1	2	2		
销售方式	批发		3			3			23	8	7	8		
	零售		46	5	5	21	9	6	2		2			
	批主		5			5			1			1		
	零主		3			1	1	1						
经营性质	复制		20	1		18		1						
	贩卖		37	4	5	12	10	6	5		3	2		
	代理								21	8	6	7		
经营商品	主营													
	兼营													
开设年月														
纳税类型	自查		5			1	1	3	1		1			
	民评		47	4	4	28	7	4	22	7	6	9		
	定额		5	1	1	1	2		3	1	2			
	免税													
职工人数	技工		7					7						
	工人		84	2	2	31	18	31	156	54	70	32		
	职员		118	16	8	43	20	31	131	47	56	28		
	学徒		7			6	1		2		2			
	合计		216	18	10	80	39	69	289	101	128	60		

* 此表由于篇幅过大，移至书末，为插页二。

续表

业别			茶叶						山地货					
区别			合计	东	南	西	北	中	合计	东	南	西	北	中
资方从业人数			88	14	7	48	15	4	81	27	25	29		
重估或申报资本额		申报	30314	1542	2228	15912	5972	4660	12648	3115	5773	3760		
		重估							300	200	100			
五二年年底结算	资金	固定	26358	548	520	10470	12724	2096	5412	538	4266	808		
		流动	222539	21915	8974	76615	54343	60692	19702	7405	7188	5109		
		合计	248899	22463	9494	87085	67067	62788	25114	7743	11454	5917		
	流动负债	银行贷款	14503	900	300	5400	503	7400	1690	500	800	390		
		股职垫款	5291	375	400	1966		2250	2161		1858	303		
		其他	52727	3281	613	15035	1572	32196	10320	2328	7065	927		
	公积金													
五三年平均每月营业额		批发	18228			13127	1340	3761	31043	10619	16554	3870		
		零售	69890	8002	4017	30201	11605	16065	757		744	13		
		收益	1075			1075			26406	8916	9758	7738		
		合计	89193	8002	4017	44403	12945	19826	58206	19535	27053	11615		
五三年全年评补营业额			15015	4169	953	7654	2239		106415	96615	1433	8367		
五三年主要商品平均每月销售情况	红茶地货单位：斤	数量	32936	2782	1839	19600	5492	3223						
		金额	48309	3063	2031	29595	8463	5157	22293	11100	9716	1477		
		占平均营业额%												
	绿茶山货单位：斤	数量	59271	11452	1495	35805	4107	4412						
		金额	64644	3117	1961	43598	8904	7064	33719		33688	31		
		占平均营业额%												
盈亏情况	五二年	户数	23	2	2	14	5		9	2	2	5		
		盈	15405	2705	280	7059	5361		4050	1098	504	2448		
		户数	24	3	3	13	3	3	11	4	4	3		
		亏	39633	3186	3412	16895	3131	13000	13426	3156	9601	669		
	五三年一—九月	户数	26	2	3	18	1	2	19	6	6	7		
		盈	24683	1740	813	20943	500	687	32121	99962	15594	6565		
		户数	14	2	1	8	2	1	2		1	1		
		亏	4724	1148	208	2336	670	360	443		43	400		
备注														

资料时间：1953年12月份　　　　苏州市工商业联合会筹委会制报

苏州市粮食业（杂粮组）基本情况综合表

1954 年 4 月

金额单位：万元

区别			共计	东	南	西	北	中
业务别组								
户数			22	7	4	3	5	3
组织方式	合伙	有雇工						
		无雇工						
	独资	有雇工	30	1	1			
		无雇工	20	6	3	3	5	3
销售方式	批发							
	零售		21	6	4	3	5	3
	批主							
	零主		1	1				
经营性质	复制							
	贩卖		22	7	4	3	5	3
	代理							
纳税类型	自查							
	民评		18	4	4	3	4	3
	定额		4	3			1	
	免税							
职工人数	技工							
	工人							
	职员		1		1			
	学徒							
	合计		1		1			
资方从业人员			46	12	10	8	6	10
重估或申报资本额		申报	3702	657	1305	333	948	459
		重估	250	250				
五二年年底结算	资金	固定	5574	1278	3433	123	290	450
		流动	16233	2329	7127	2162	1549	3066
		合计	21807	3607	10560	2285	1839	3516
	流动负债	银行贷款	300	300				
		股职垫款	150		150			
		其他	916	916				
	公积金							

续表

区别			共计	东	南	西	北	中
五三年平均每月营业额		批发						
		零售	22475	5765	5014	3930	2871	4895
		收益						
		合计	22475	5765	5014	3930	2871	4895
五三年全年评补营业额			2360	360	460	310	1175	55
五三年主要商品平均每月销售情况	食油单位：市斤	数量						
		金额						
		占平均营业额%						
	单位：	数量						
		金额						
		占平均营业额%						
	单位：	数量						
		金额						
		占平均营业额%						
盈亏情况	五二年	户数	2		1			1
		盈	3193		3093			100
		户数	10	5	2	1	2	
		亏	1030	545	78	100	307	
	五三年	户数	8		2	2	•3	1
		盈	7891		4110	1180	330	2271
		户数	12	6	2	1	2	1
		亏	1947	1143	184	100	320	200

制表日期：1954 年 4 月　　　　苏州市工商业联合会筹备委员会编制

刺绣业行业情况

1954 年

一、历史变迁及一般情况

苏州的刺绣历史悠久，闻名中外，是我国著名的工艺品。相传创始在周朝，沿传到明朝嘉靖年，经过吴县人顾儒的提倡和改良，于是苏绣的产销就深入到民间，所以苏绣又叫顾绣，就是这个原因。

苏绣的特点因纯系女工刺绣，是一般农村妇女都熟悉的手工艺，不但绣工细腻精致，色泽均匀，鲜艳大方，而且可以大量生产。估计在抗战前，从事刺绣的女工有四万人左右，大体上分布在光福、木渎、西华、东渚、金墅、香山、蠡墅、五龙桥、横塘等地，是农村的主要副业，在当地农村经济中占较大比重。

刺绣业会员大多集中在北区汤家巷西中市一带，在历史上由于业务的不同，分为零剪、戏衣、绣庄三类，各自经营互不相通，在抗战前即同业组织也分为零剪顾绣业、戏衣业、绘印业三个公会，迄沦陷期间，才改组成刺绣业同业公会，然各组业务尚截然不同，组与组之间派系很深，兹就三组业务分述如下：

1. 零剪——最初以绣制小件绣品为主，像帐沿、枕顶、扇袋、爆仗袋、门帘、床沿、鞋面，其后逐步改产被面、枕套、童装，在沦陷期间童装业业务特盛，当时敌伪对纱布实行统制收买而绸缎刺绣品才畅销于苏浙皖一带，童装童帽乃发展为一项主要产品。

2. 戏衣——专制戏装、戏衣、神袍、旗伞、庄严、贳器、轿衣等物，在抗战前戏衣组一度营业清淡，部分乃兼产寿衣。

3. 绣庄——在前清时代，专造内宫服饰，其后改产寿衣、被面、绣花、被挡头，是刺绣业实力最充足的一组，抗战前兼营绸缎批发，寿衣滞销后转向被面、裙子等产品，目前已与零剪业务没有分别，而多数绣庄亦已停闭。

此外尚有承绣及绘印二种业务，过去一度并入刺绣业，而外销的洋庄业务，最初多数为估衣业会员经营，上海也有一些单位在苏造货，专做市披、马褂套等货品，而本市刺绣业并不经营该项业务。抗日战争胜利后一二年，海运畅通，外销业务盛旺，乃始有少数会员兼产项龙衣、马褂套，在胜利的一年为该业历史上最盛销的时代，产品供不应求，即不成件的片子亦被搜罗一空。当然这种情况是畸形的，当时刺绣品外销的种类有市披、马褂套、睡衣、衬衫裤、床毯、台毯、鞋面、被面、靠垫等。而在内销方面亦开始制造漂布枕套，惟产量极微，从事该项产品的会员亦仅二三户。该业在解放之前受到反动政府的摧残，在物价动荡、通货膨胀的威胁下，经营不能趋向正常，部分业务受到交通线阻碍的影响，不能得到发展，有些单位转产洋庄货争取外销。解放后，外销部分由于美帝实施经济封锁，日渐减少，一度曾由一些跑单帮携带少量货品前往香港出口，似见起色，然而业外人盲目生产，造成供过于求，一些专做洋庄业务者亦以成本关系，极少发生交易，甚而停止生产。最近据闻海关对外销绣品实行贴汇（马褂套每套贴 2 万元），因此，又有少量生产。内销方面，解放后在人民政府大力扶植下，通过多次交流大会打开了销路，并且隔绝很久的老关系恢复了业务往来，另一方面，国内文化事业蓬勃发展，文娱活动普遍开展，因此戏衣业务激增，欣欣向荣，大有应接不暇之感。

二、会员户数及资金情况

阶段		抗战前	胜利后至解放	1951年	1952年	1954年
会员户数		62	84	122	136	159
大中小比例	大	20%	27户	10%	8.5%	10%
	中	50%	28户	40%	40%	50%
	小	30%	29户	50%	51.5%	40%
资金		约白米十万石	约白米53000石	人民币33451万元	人民币486864万元	人民币605685万元
材料来源及说明		大户占资金80%,中户占15%,小户占5%。根据1951年手工业调查资料进行核对,据同业推算,当时像天成永正记、源记二户拥有资金30万元,合米三万石,整个同业足有资金十万石。	材料来源同前,会员户数中尚不包括非会员,当时非会员有25户(资料年代属1948年)。	会员户数是并联办公时资料,包括盔帽组及办事处组。资金来源系参照工商登记证副本,大部分是1949年9月1日向税局申报的数字,根据同业估计,当时实际资金约白米22800石之上。	会员户数中包括盔帽、绘印及办事处组。资金数字是根据1952年物促会布置的手工业调查材料,其中大部分是重估后的资金或当时的实有资金,一部分尚系申报数字,资金中流动者412874万元,固定者73990万元。	会员户数中包括盔帽在内。资金来源根据53年年底资产表计算,其中流动资金为522300万元,固定资金为83385万元。流动资金中包括估征税款55000万元以上,同时53年盘点比较全面纠正了52年低盘滞销品的现象,因此流动资金显得比52年大,而事实上在53年各店普遍都有盈余,因此资金数字就较52年增加得多。

三、从业人数

阶段	资方从业人员	职工人数			资料来源及说明
		合计	职工	人数	
抗战前	100人	270			根据同业估计,当时职员较多,工人数包括外作工人在内。
胜利后到解放前	120人	240			同上
1951年	182人	204	96	108	根据工商登记证副本,不包括外作工人。
1952年	192人	280			根据当时的手工业调查资料。
1954年	283人	323	55	268	根据最近会员名册综合,资方从业人员增加的原因是枕套组都是家庭人员参加生产,因此人数增加颇多。

四、主要产品及产量

年份	被面	戏衣	布枕套	刺绣枕套	鞋面	资料来源及情况说明
抗战前	32500条	19500件	不详	78000对	520000	被面包括上海在苏造货量,每月可造八万条。
胜利后到解放前	12500条	7500件	不详	30000对	200000	根据51年手工业调查材料。
1951年	25000条	15000件	不详	60000对	400000	
1952年	12305条	13232件	192102对	不详	不详	根据当时估算产量。
1953年	13405条	24638件	651895对	不详	不详	根据手工业报表综合。

五、产供销情况

刺绣的产供销情况由于内部组与组之间的业务性质不同，可分为戏衣及零剪绣庄两方面。

1. 戏衣方面。在抗战之前一直到解放时，产品以庄严、贳器、寿衣、戏衣、神袍、旗伞等为主，当时神袍、旗伞占30%，贳器15%，庄严15%，寿衣占10%。解放后封建迷信品逐渐淘汰，而另一方面随着文化事业的发展，各地普遍展开文娱活动，剧团林立，因此戏衣产量日益增加。目前基本上已以戏装、戏衣为主要业务，而在抗战之前，绝少专营戏衣者，一般行头店均以神袍、旗伞为主，现在在文艺界推陈出新、百花齐放，发扬各种地方剧种的情况下，戏衣业务也获得了新的发展，各店承制各种地方戏戏衣，大有应接不暇之感，业务可谓盛焉。在敌伪沦陷时期，对越剧戏衣曾有些发展，因为越剧发源于浙江，所需戏装虽均由本市购置，然数量不大，且均属一般性的服饰，当时越剧发展地区仅局限于浙者，其后至沦陷时，日渐扩展，戏班集中沪地，因此越剧戏衣也有发展，但当时同业均系上门兜售，并非定制性质。一般戏衣店在过去有两种经营方式，一种造货后销给中间商转售出去，另一种就是由戏班子兜售。而后者的业务较前者为差，解放后各地剧团发展颇广，都向本市添办戏装，业务上升，就放弃上门兜售的方式。然而越剧方面由于在演出上有所改进，多数自行雇工制造，更采用广占、铜泡、光片等来代替绣花，因此越剧戏衣逐渐减少，而一般地方戏剧装却日渐增多。

戏衣组过去都是以产定销，在上半年适应农闲季节进行造货，以配合下半年销货的需要，当时订货较少，占40%，大体上都是批给贩卖商。目前均系剧团直接交易，订货比重已占70%。

在生产方面，戏衣组的放绣部分，不论五彩线绣或金线绣均系直接发给农村女工，成合部分过去以在店工人为主，少数发给外作（作坊性质的企业单位），其加工比重约占整个造货的50%。目前由于营业激增，在店工人产量有限，发给工场（工人组织的集体工场）成合的比率乃提高为50%，并有部分产品发交成衣店缝合，戏衣产量如果在抗战前作为100%，根据目前的产制情况，则将超过200%。

在产品质量规格方面，目前私房货已超过战前标准。官中货的原料在“五反”前采用香山五钱缎（纯系丝质），目前改用丙级纱背缎，夹里在抗战前用夏布，其后逐步改用十四布、八四布（“五反”前），旋又逐步提高，改用70—90两的坯布，目前采用粉袋布，部分已恢复用夏布。

花样和绣工方面，由于同业竞争，盲目降低成本，减轻花样绣工，本来绣三朵花的改绣两朵花，以便低价竞销，但在绣花色泽上较前有所改进，而私房货由于采办者的要求日益提高，为了适应这一需要，花样方面力求改良，采取仿古作法，并不像过去那样单从美观着想。

销售对象，过去中间商居多数，产品以武汉、华北、江浙二省为主，目前遍销全国，而且对象亦以剧团为主，一反过去专门销售中间商的情况。抗战前戏衣利润颇厚，放绣工资混乱，如果是赶制的急件，就拼命抬高放绣工资，刺激绣制日程，以求按期交货。这种情况目前尚有存在，不仅同业售价不统一，规格不一，就是在经营作风上也存在着现货厚利，高价惜售思想，尤其在目前原料（软缎）采购困难（私商已包销而丝绸公司的供应计划还没有肯定），业务供不应求的情况下，经营作风颇不端正，然在经营上有一个极大的转变就是从封建迷信品转向为文化事业服务。

2. 零剪绣庄方面。在抗战之前业务截然不同，绣庄会员资力雄厚，实力充沛，当时有句俗语，要长指甲、大肚皮才能开绣庄。像恒吉泰一户（在上海另设万利源），据同业传闻，资金拥有五十万现洋，天成永正记、源记二户实力约有30万银圆。每次放绣，绣花被挡头在一万条之上，承绣者挑了担子来承接原料（缎），可以想象当时的资金确是雄厚，其销售对象及地区由于历史上素向制造内宫服饰，因此销路远达东北。当时所谓关外生意均为以上几户独揽，而零剪业务均系小件产品，资力稍差，像闻名的老祥泰在零剪组中已算首屈一指，论实力尚难望恒吉泰项背。这二组的产品在抗战之前主要是绣花、被挡头、旗袍、袄裙、双幅被面、堂彩、桌披、寿衣等，绣庄会员还兼营缎子批发，其所备资金必须几批，当时客户欠款一批，在途装运货物一批，成品一批，原料（尚分自用、批发二部分）一批，而在制品方面，又分发绘、棚面、棚底等数批。当时原料都为硬缎，同时资金周转极慢，每年仅周转一次或二次，像天成永每年营业近20万元，尚泰昌（资金3万元）每年营业始终在35000元左右，在经营方面一般都在年终收到账款后，于来年正、二月里农村空闲季节发料造货，这一时期工价也较便宜，此外部分有资金的在秋收后再造一批。

关于绣庄零剪的放绣，不论五彩线绣或金线绣均有代放者，俗称包口（即承绣业），转手放给农村女工，相沿至今并无改变（目前虽有少数发给城市妇女加工，但主要还是依靠承绣者转放）。

抗日军兴后交通阻碍，东北帮的营业中断，产品亦逐渐转变，小件产品的营业日益上升。在胜利时海运初通，刺绣品畸形发展，可称盛况空前。自胜利后至解放止，产品以各种鞋面、帐沿、枕顶、旗袍、袄裙、被面、童帽、童装为主。当时社会风气崇尚浮华，绣花鞋面年产约80万双，除去销给各地喜庆习俗上所需外，主要销给妓女和所谓公馆等。同时一些剥削阶级不论婚丧喜庆，力求铺张，即在死人身上也要夸耀其富有，所以刺绣礼品及寿衣销路颇畅，尤其是寿衣业务利润优厚，越是上等货品，利润越高，所以选料不计成本，当时大都批发给天津、北京、上海等地的批发商。然而旧的商业关系相当保守，像苏州的刺绣品，就无法直接批给上海布商中著名的三大祥（宝大祥、协大祥、信大祥），解放后这种关系已经打开。在以前本市中市一带，客寓林立，各地采办商来苏后，集居于此，本地刺绣商就纷纷前往交际，以冀获知其采办单上究需采办何种产品，如果能够发生交易，就可建立长久关系，这种经营方式现已不见存在。

解放后该业在50年一度因跑香港者甚众，纷纷携带绣花、鞋面、床毯等出口，惟以美帝实施经济封锁，外销中断，部分会员对内销信心不强，通过各地交流，打开了销路，同时在产品方面也起了变化。绣庄、零剪的业务基本上已经一致，不再有所分别，但部分业务日渐退落，被面、鞋面的产销量逐步降低，绣枕套的产量更是越来越少。经过国营公司的直接领导，时常有加工订货任务，不仅在业务上解决了一部分困难，而且在规格品质上也有了初步统一，但是该业一些有实力的大户像沈鑫记（过去专产被面）、朱昆记（专产鞋面）等已相继停业，因此在统计数字上产量显得减少。另一方面该业新兴的府绸漂布枕套由于价廉物美，适合大众需要，不像软绣枕套那样，只能当作点缀品看待，也不像其他缎质刺绣品那样高贵化，所以“五反”后在产销方面很快获得了发展，形成一种新的主要业务，也是一种新的发展方向，所以本来只有七八户专营枕套的会员，由于大家贪图枕套周转快速且可获得国营经济的直接领导，无论在产供销方面都可得到扶助，因此兼营者日众，竟增达70余户，即戏衣组会员亦有兼营枕套业务者，而新会员更是日益增多，在53年一年中就有29家新开的枕套作，因此在行业方面也产生了新的枕套组，目前枕套业务又告低落，国营公司紧缩订货，整个枕套组呈现着睡眠状态。

在产品规格方面，像被面、枕套由于承接国营公司的加工订货基本上已经统一，但是在质量上还有问题。部分单位妄思获取暴利，在开料时，故意选用二等品、B字货，就是绣工方面也颇有出入，放绣工价不一，图画面积缩小等等，都是以影响成本与售价，所以规格虽能统一，售价尚不一致。

六、存在问题

1. 枕套方面，由于盲目发展，动机不纯，普遍存在着依赖国营订货的思想。目前加工紧缩致业务受到一定限制，而私商业务又多数发生在下半年，上半年确是淡销季节，因此有些单位简直停顿生产。但枕套组会员大部分是独立劳动或家庭生产商，不致有大困难发生，且目前正在改进枕套式样花样，力求打开新的销路。然一些拥有工人的单位，如果停产则问题会比较严重，像顺利、纶华、汇丰等企业过去大量承接国营订货，目前枕套业务衰落，虽然改开童装门面发展，然以资金限制亦无从发挥，单纯依靠合作社及中百，加工生产时停时继，不能从根本上来打开自己的出路，在主观上还存在着到旺销季节大概可以活络一些的看法。

2. 各店的实际流动资金一般都是比较短绌，如果目前不造就些现货，将来在旺销季节营业将受到一定的限制。同时大多数店都有滞销品压积，这些滞销品包括风迹货、迷信品、冷背货，像袈裟、法衣，目前无人问津，有些产品花样落伍，虽一再跌价标卖，亦销路缺乏，现在部分滞销品已在拆改复染或当作夹里用途，以加强资金流转。

3. 戏衣组方面，虽然业务鼎盛，但有些会员已经资负二平，且多数会员都资力薄弱，为了贪图业务，滥接定洋，造成脱期交货的现象，已是屡见不鲜，而另一方面亦促使一些有实力的会员造就现货，抱着现货高价的态度，所以资金短绌的现象不仅造成一个企业单位内部经营困难，亦影响整个戏衣组的经营作风，形成混乱情况。我们的看法是可以在转业工作方面吸收适当的转业资金，导入正常发展的方向。

4. “五反”后很多资方歧视工人，停止吸收学徒，因此技术工人停留原有数字上，影响生产，不能有所发展。在以前刺绣店每年要招收学徒一二人或二三人，主要负责下乡催收棚面绣品，而在戏衣组方面，还可以熟悉配线协助成合。“五反”以后一般资方不能正确对待“五反”教育，相反滋生了报复心，否认工人养活资本家的真理，抱着“啥人养活啥人”的对抗思想，拒绝招收学徒，致使从业人员只减不增，阻碍了生产的发展。有些资方就是在“我不想靠工人来养活”的思想指导下，封步自守，不再吸收学徒。因此像戏衣组方面，业务日益扩展，而由于技术工人均已在业，无从添雇，在生产上受到了一定的影响。更像尚泰昌一户，迁入中市大街的原意就想转向戏衣组，至今招收不到技工，只好维持原旧的寿衣生产，因为戏衣的绣制必须熟悉一定的规格，具有相当技术，并不像枕套那样简单，容易为业外人可学会，所以戏衣业务虽然发达，产品供不应求，然而会员户数始终保持原来的数字，没有增加，产量也仅能在一定的生产机能上得到发挥，不像枕套那样销路一发展，产量激增，会员户数猛然增加。主要就由于戏衣的生产过程比枕套复杂得多，必须是内行具有一定的技术水平，才能从事生产。目前戏衣工人已无处添聘，各店停收学徒后，更使后起无人，对今后的业务发展有一定的牵制。我们的意见认为可配合当前初中高小毕业学生出路问题，教育一些刺绣店适当地组织招收毕业生参加劳动，这样于己于人都有利益。

5. 该业产品主要依靠农村女工绣制，过去农村经济低落，从事绣花生产确是一项主要副业。目前农村经济已有新的变化，同时一些年轻的农村妇女都愿向工厂发展，成为产业工人，工资比较高，操作也有规定，不像绣花生涯既费工夫工资又低，因此该业目前在放绣方面都感到技术较前退步，主要由于从事绣花的都为年龄比较大的农村妇女，年轻的女工都在工厂或其他收入较高的手工业方面发展。因为参加绣花的工资收入比参加其他生产的工资收入较低，所以目前刺绣业在放绣过程中也就存在着一定的困难。

6. 在原料方面，当前一般感觉原料软缎、纱背缎、电力纺供应不畅，主要由于本市丝织厂大部承接国营加工，而与本市中百及无锡丝绸公司还不能建立供应关系，因此纷纷反映采购困难。目前上海中百和私商囤户有部分尚能供应，但向无锡丝绸公司所造送的第三季度要货计划尚未获核准，所以一般对原料供应上，都感到有些困难。尤其是 224 双 A 软缎市上颇难买到，但据同业反映假定改用 223 单 A 软缎，尚可向无锡丝绸公司购买，另外还有一种浙江产的绢丝软缎可以代用，但是质量比较轻薄，因此同业存在顾虑，恐怕制成成品后推销不出，造成滞销。该业过去进货依靠赊购，目前向国营进货必须现款，再加该业对计划供应的问题素不重视，今后大部分原料均须向国营公司批购，必须督促其严肃对待。

七、思想情况

在总路线全面宣传之前，该业很多单位片面依赖国营的扶助，认为自己资金短绌，要发展业务一定要国营公司扶植，因此在承接订货中，就要求公司方面先付订洋，还向银行申请贷款，如果贷不到就借词银行不照顾，拖延交货。在加工订货业务中，更是花样百出，有资金有业务的会员认为做国营生意挑剔严格，自找麻烦，不屑承接，而没有资金的会员承接业务，着眼于订洋贷款。由于不能正确认识国营经济的领导关系，不法行为时有发生，脱期交货，产品不合规格，偷工减料，移用订洋，盗卖加工货品，侵占国家物资，拿国营订货来垫淡季的空档等等，情况极为恶劣，而且还抱着犯了错误顶多只要检讨的思想，就是在私商业务中投机作风也相当严重，商业信誉极坏。戏衣组方面存在有业务就可周转的思想，因此只图订洋，滥接订货，以致约期必误形成习惯。同时一般的都对劳资关系别具看法，尤其对集体工场的问题，认为政府偏护工人。总路线明确以后，一般在思想上稍有进展，认识国家资本主义道路是对私营工商业的改造，但是在国营公司紧缩枕套订货业务后，一般会员就又认为国家需要时就利用他们，不需要时就将他们踢开一边，同时看到合作社的业务并无发展，不但承接被面、靠垫的造货任务，而且最近又在开始制造蓝裙，因此他们又对自己的前途发生动摇，认为绣花过程并不操纵在企业手里，合作社将乡村女工组织起来的话，他们的前途是暗淡的，因此有些会员就认为在童装方面发展将来或许会有前途。

八、行业前途

刺绣是本市著名特产，有着光辉的历史，当然有其一定的发展前途，根据我们的主观意见作出如下的分析：

1. 刺绣应该被当作一种艺术品来看待，因此在花样上、绣制技术上必须相互交流经验，有组织地进行研究，以资逐步提高发扬，在业内可以成立生产研究组，加强生产指导和业务改造工作。

2. 在销路方面，可以注意各地的风俗习惯，研究少数民族的需要，争取国际间的贸易。

3. 在原料方面，采用的丝线必须进一步研究，做到不褪色，产品必须面向大众，克服绸缎质料只能欣赏不能实用的缺点。

4. 在生产方面，零剪绣庄组的绣花女工分散在各农村间，放绣依赖承绣业转手，因此对产品品质和操作日程不易掌握，而且绣片缝合绘印亦需依靠外作，本身毫无生产技能，形同商业机构，如果与整个生产没有密切联系的话，这些单位的前途确乎将逐渐淘汰。

5. 戏衣组的生产，随着文化事业的发展，我们认为是有前途的，但是不能再墨守成规，必须配合服装设计，研究历史上古代服装的特点，应该从花样上、服式上不断地改进，适合舞台的需要。

管理和
发展工商业

一、工商登记

苏州市工商业登记委员会关于请转知登记户缴销旧证照造册报会致各业的通函

1950 年 1 月 20 日

一、苏南区工商业登记暂行办法第四条规定："凡领有伪政府所发登记证件者应并缴销"，经本会于上年十二月二十五日以登字第一〇〇号通函各业收集伪证，于领取登记证缴销在案。

二、凡本市工商业户在解放前创设者于领登记证时，应遵照现规定将伪政府所发给之各种伪照一并缴销，如确系遗失或损毁，可登报申明，检附报纸查验，其交通不便或无力登报者，可觅保取具保证书附送；如在解放前确未领到伪证者，可由同业公会或同业一家出具证明书或出资人具结附送。

三、各种伪证照不得故意不缴，登记后如发现并无遗失等情事，当予适当处分。

四、凡本市工商业户于一九四九年十月后创设者，于具领工商登记证时，应将本市人民政府发给之工商业临时登记证一并缴销。

五、除分函外，相应函达查照转知办理，希于本月二十五日前将各户缴销旧证照造具清册报会，勿误为荷！此致各业公筹会、登记分会

苏南区工商业登记暂行办法

1950 年 10 月 1 日

第一条　为了解苏州南区（以下简称本区）工商业实际情况，保护正当工商业利益，取缔非法经营，建立新民主主义经济秩序，以达到发展生产繁荣经济之目的，特订定本办法。

第二条　凡在本区境内设有固定厂址铺面之工厂、作坊、公司、商号、行庄及其他有固定之场所及设备，进行一定业务者（以下简称工商业），不论新开旧设，不论其为公营、私营、公私合营及合作社，均须依照本办法之规定，在当地人民政府公告期限内，向各市、县人民政府工商主管机关申请登记，领取营业登记证后，始得进行营业。前项"公司"登记，须依照本办法规定，呈由所在地工商主管机关审核，层转苏南人民政府行政公署工商处复核办理之。"公司"于领得营业登记证后，得暂行营业，俟政府颁布公司法后，应依法另行呈请办理。外国人在本区经营工商业者，须呈外侨主管机关核准介绍，方得依

照本办法进行申请登记。外国人之工商业，在本区设立分店或代理店者，应指定在本区有一定住所之人为经理人。工商业应依其主要业务申请登记，其兼营业务在登记时，亦应详加说明。

第三条　在本办法公布前已设立之工商业，其资本额应于申请登记前就实有财产重行估值调整。其办法另订之。

第四条　凡领有伪政府所发之登记证件者应一并缴销。

第五条　无固定铺面之行商及沿街摊贩，其登记办法另行订之。

第六条　工商业登记之申请人，除本办法第十一、十二、十三条规定者外，在独资经营者为出资人，在合资经营者为合伙人。申请人委托代理人登记时，应附其委托书。

第七条　凡依法先取得主管该业务机关许可之工商业，在申请登记时应呈验主管该业务机关许可证件，并附呈抄本或影本备查。如：

（一）银钱业、保险业、信托业、信用合作社，其主管机关为当地中国人民银行。

（二）医院业、镶牙业、中药业、西药业，其主管机关为卫生局（未设卫生局之市、县可径向工商主管机关申请）。

（三）旅馆业、茶馆业、典质业、旧货业、刻字业，其主管机关为公安局。

（四）汽车、轮船业及其他运输业，其主管机关为交通管理局。

（五）文化出版业，其主管机关为教育局。

第八条　工商登记与撤销，须按照下列规定办理申请手续：

（一）创设者应于开业前二十日申请之。

（二）登记事项有变更者，应于变更前十五日申请之。

（三）歇业或解散者，应事先备文述明理由，检具有关文件，先行呈请当地人民政府工商主管机关审核。在未经核准前，不得擅自歇业或解散；其业经核准者，应于核准后十五日内缴销原登记。

第九条　申请登记时均须依式填具申请书，并觅具同等资力之保证厂或店一家（国营公营者除外）。工商业登记除在规定申请书表格填明应报事项外，工业登记并应以厂为单位，填报工厂登记表，最近半年度生产计划书或估计，已开业者须加填上年度厂务报告表。商业如系合伙经营性质者，并须填报合伙契约。

工商业如属公司营业性质者，并应遵照本办法第十一条之规定，办理各项登记手续。

第十条　工商业在本区范围内设有分支机构者，如在同一市、县，得由总机构统一申请，分别发给登记证；不在同一市、县者，应分别向所在地工商主管机关申请，并须将总分支机构登记内容抄送存查；在外区设有总机构或分支机构者同。

第十一条　公司登记。

公司申请登记人规定如左：

（一）无限公司应为全体股东。

（二）两合公司应为全体无限责任股东。

（三）有限公司应为全体执行业务之股东，其选有董事、监察人者，为半数以上之董事及至少监察人一人。

（四）股份有限公司应为半数以上之董事及至少监察人一人。

（五）股份两合公司应为全体无限责任股东及半数以上之监察人。

公司申请登记时，应一并呈缴下列各件：

（一）公司登记事项表。

（二）股东、董事及监察人名册，公司章程。

（三）在本办法公布前设立者，并附送上年度营业结算书。

第十二条　公营与公私合营企业之登记。

公营企业与公私合营之企业，按其业务性质与组织，依本办法各项规定办理登记，并须详尽说明公家资本数字及其投资机关名称。

公营企业依下列各项规定申请登记：

（一）申请登记人为各该企业主要负责人。

（二）登记事项除按规定表格报明各项应报事项外，并须填明该管上级机关之全部名称、所在地及负责人姓名。

第十三条　合作社登记。

合作社依下列各项申请登记：

（一）合作社申请登记人为社长或主任。

（二）填报社员及社务委员、工作人员名册。

（三）填报合作社登记表，附送合作社章则。

（四）编送营业计划书，如在本办法施行前设立者，应造送最近半年营业结算书。

（五）设立工厂或作坊者，并应填报工厂登记表及厂务报告表。

第十四条　凡经核准登记之工商业，由工商主管机关签发工商业登记证，作为准许营业之凭证。登记证须悬挂于营业所在地显明易见之处，以便查验。

第十五条　登记证如因故遗失或毁坏时，应由申请人将其原因登报三日声明作废后，检同所登报纸，申请补发。其有特殊困难者，可说明原因，准予免登报纸。

第十六条　请领或换领登记证，应按照当地工商主管机关之通告缴纳登记费。

第十七条　工商业登记后，如因增资、减资、改组、迁移、继承、更换经理及其他变更时，应申请变更登记，并将原领之登记证缴销，换领新证。

（一）转让变更登记：应由出让与受让双方向原登记机关会同申请之。

（二）继承变更登记：独资由其继承人，合资由其他合伙人会同继承人向原登记机关申请之。

（三）迁移变更登记：迁出原所在市、县以外，应向原登记机关申请撤销登记，并向迁入所在地工商主管机关申请设立登记。

（四）改组或更换经理变更登记：应由负责人将其事由登报公告三日，于申请变更登记时并附呈所登报纸。

利害关系人对于前项变更如有异议时，须在公告后七日内提出证件，申请核办。其他工商业登记事项有变更时，不须申请变更登记，但须呈报工商主管机关备案。

第十八条　工商业在本市区域内不得使用相同或类似他人已登记之名称，经营同类业务；否则得由利害关系人申请禁止其使用；但创设在他人登记之前，有确实证明并实际尚在使用者，或征得已登记人之书面同意者，不在此限。工商业两家以上同一名称申请登记者，应准申请在先者使用，如同时申请者，由工商局批令协议变更使用，如不能达成协议时，由工商局核定该名称之使用权。

第十九条　工商业有违反本办法规定之行为或逾规定期限不登记者，得按情节轻重，予以下列处分：

①警告；②登报悔过；③定期停业；④永久停止营业；⑤送当地人民法院依法论处。

本区工商业概须依照登记核准业务进行营业，其有未经呈报核准，私自经营登记核准以外之业务者，或将登记证转借、涂改者，经查实后，其处分办法适用前项规定。

第二十条　工商业不得有投机或其他有害社会经济之行为，违者除依法论处外，并撤销其登记证。

第二十一条　工商业有伪政府官股公股或各级战犯资本者，均应据实详报，不得隐匿。违者依法惩处。

第二十二条　工商业因行政处分或司法判决停业者，应缴销登记证。

第二十三条　为便利登记工作之顺利进行，各市、县得成立工商登记委员会，并得就各业设登记分会，其组织办法及职责等项另行规定之。

第二十四条　本办法自公布之日起施行。

第二十五条　本办法之解释权为苏南人民行政公署，如有未尽事宜，得由苏南人民行政公署随时以命令修正或补充之。

苏州市工商登记委员会组织规程

1950年10月30日

一九五〇年十一月三十日二次全体大会修正通过：

（一）本会定名为苏州市工商登记委员会（以下简称本会），遵照苏南区工商登记暂行办法第二十三条规定组织之。

（二）本会受本市人民政府工商局之指示暨工商业联合会筹备委员会之指导，办理全市工商业登记事宜。

（三）本会委员由各业公会筹备委员担任。设常务委员会，由工商局暨工商联筹会提名，经大会通过组织之。常务委员会设主任委员一人，副主任委员二人，由全体常务委员互选之。常委委员名额视工作需要决定，在每期工作终了时，得另行调整之。

（四）本会设工商业登记办事处，设主任一人，副主任二人，下设工业、商业、总务、宣传、审核五组，由全体常务委员分工指导，办理各组事务。组设组长一人，就常务委员中互推担任之。各组职员，视事务需要，就工商联筹委会及各业公筹会工作人员中调用服务之。

（五）各业公会筹备会成立苏州市工商联登记委员会××业分会，受本会领导，办理各项该业会员及非会员之登记。由各该业全体筹备委员及原有组长，为分会委员，设正、副主任委员各一人，由全体委员选举之。但已任本会常务委员者不兼任分会正、副主任委员。

（六）各业分会必要时成立工商业登记办事处，受分会领导，办理登记事务，其内部分工可视各业具体情况自行商议决定。分办事处设立主任一人，由分会委员兼任。

（七）本会暨各分会之人物如左：

(1) 宣传政府关于工商登记之法令。

(2) 发动群众，通过组织、领导并负责推进登记工作。

(3) 拟订登记程序及进行计划。

(4) 指导工商业登记填表手续，协助解决具体困难，并加强各业公会组织。

(5) 审核登记表格，签注审查意见。

(6) 汇报登记情况，总结登记经验。

(7) 反映群众准确意见，并提供各种建议。

(八) 本会全体委员大会，每月举行一次，常务委员会每星期举行一次，必要时均得临时召集之。各分会委员会议，得根据登记程序之先后，自行定期召集之。

(九) 本会会所，暂设于本市北局人民商场二楼(电话二〇一七)。

(十) 本规程经呈奉工商局核准后实行，修正时同。

苏州市私营工商业单位歇业移转步骤须知草案

1950 年

(甲) 开业手续

1. 遵照规定办法由单位负责人先向工商局登记。

2. 凭工商局许可开业凭证向同业公会办理入会手续。

3. 完成入会手续后，由同业公会向税务局证明代办申请登记纳税手续(倘由单位负责人径自申请，税务局不予办理)。

4. 各项手续完备后，由同业公会出具证明交单位负责人向所在地公安局派出所报列新开商户。

5. 如手续不完备而私开商号者，由派出所以违反户口条例论处。

(乙) 歇业转业手续

1. 遵照规定办法由单位负责人先向工商局申请歇业或转业登记。

2. 凭工商局许可凭证向同业公会缴销会员证并由公会向税务局代报歇业或转业(倘由单位负责人径报，税务局不予办理)

3. 俟同业公会奉到税务局准予备案审批后，当即由公会出具证明交申请人向所在地公安局派出所报请变更户口种类。

4. 如手续不完备或无同业公会证明文件者报请变更户口种类时，公安局不予核准，并不准其闭歇原有商号。

(丙) 迁移手续

1. 遵照规定办法由单位负责人先向工商局、税务局分别申请登记。

2. 经申请登记后，再向同业公会办理登记。

3. 前两项手续完成后，由同业公会出具证明交单位负责人向所在地公安局派出所办理商户迁移手续。

4. 如有手续不完备未获同业公会证明件而先行迁移时，主管公安机关不予核准。

(丁) 其他

如有牌号变更字记或有定期性转让他人及永远出让他人经营时，应由有关负责人会衔先向工商局登记核准后，由同业公会出具证明，再分向税务局及公安局主管机关办理申请纳税登记及户口变更手续，如未具公会证明件而办理上项手续者不予受理，其私自变更者公安主管机关当以违反户口条例论处。

苏州市工商联筹委会对苏南区划分工商行业暂行办法草案的意见

1950年

（甲）根据本会整组成立各业公筹会，有一部分行业在苏南划分工商行业分类表没有列入，希望增列：

（1）织带工业——本市有二十八家，主营业务织造丝边、丝带、宽紧带，主要原料人造丝、纱线，运销地区两广、南洋一带，部分厂商有动力设备。

（2）染商业——本市有四十九家，主营业务收受沪宁线苏锡等地丝绸布厂商，代客炼染丝绸布成品或原料，少数厂商有动力设备，与洗染织补业性质不同。

（3）茶花商业——苏郊虎丘产销茶花（白兰、茉莉等），素有盛名，运销华北、华中等地，每年花讯（六月至十月），客商设行收购，它的性质是地域性的代理商，本年开业行商有八十余家。

（4）蛋孵商业——本市有二十四家，若干孵坊有科学设备，经营孵育雏鸡、雏鸭，蛋行收购鲜蛋，运销上海外洋等地，性质是贩卖业。

（5）丝线商业——本市及西乡农村妇女，手工制造刺绣的很多，所有绣件用线，悉由丝线业供售，该业现有三十九家。

（6）猪鬃工业——本市有二十八家，雇佣工人，经营整理猪鬃业务，运销外洋，性质是整理工业。

（7）饴糖商业——本市有二〇家，使用麦芽糖粞制造饴糖，运销上海等地，复制新药、糖果。

（8）旧纱扎线商业——本市有四十五家，利用破旧衫袜，拆线摇制扎线，供销市民包扎物品之用，性质属于手工业。

（乙）下面两个行业，本来苏州有的，现在因为业务衰落，大部停业，在苏南区划分行业分类表没有列入：

（1）丝号商业——苏市本来有二十五家，现剩一家，经营贩卖厂丝、人造丝、土丝，供售小型丝绸厂商织造原料。

（2）保险业——苏州解放后剩有五家，现剩公营一家、私营一家，主营业务承保险。

（丙）有一部分行业，苏市组织名称与苏南区划分工商行业分类表规定业别未尽符合，也有一个行业分成几个组织，有几个行业并成一个组织的。第一类像水炉业苏市称水灶业，柴草业苏市称柴行业，竹爆业苏市称爆竹业。第二类像绸布、呢绒业，苏州分组绸缎业和布业两个单位，香烛业分组香业和烛业两个单位。第三类像猪肉业、牛羊肉业和熏腊业，苏市合并组成肉品业一个单位；卷烟业、土烟业、日用什货业苏市合并组成日用什货烟业一个单位；药材业、参燕业苏市合并组成药材参燕业一个单位。

（丁）依照苏南区划分工商业分类表的规定，贩卖业与代理业，本市有部分行业经营情况与规定不合，像砻糠、药材、鲜果等代理业，本市经营者多属于贩卖业。

（戊）苏南地区各市县工商业盛衰情况，与上海市有密切关系，苏南区划分工商行业分类表规定行业有无遗漏，希望与上海市取得联系并核实。

苏州市工商业登记工作须知

1950 年 11 月 27 日

一、基本原则

1. 了解苏州市工商业全面实际情况。

2. 保护正当工商业的利益。

3. 为进一步调整工商业打好基础。

4. 作为指导及扶助工商业正常发展的依据。

二、要求与方针

1. 根据具体情况，本市工商业划分为三期办理登记，自十一月份起，每期二十天，要求在年底前基本完成。

2. 登记工作是调整工商业的一部分，应与调整工商业结合进行，从群众的迫切要求出发，有条件、有重点地适当解决问题。

3. 工商业登记不仅是政府法令，也是工商界自己的事，要及时完成任务，必须通过组织发动群众，加强组织领导，防止自流现象。

三、工作方法

1. 要深入调查研究，了解情况，对各业特点（如业务性质、前途）、存在的主要问题（群众思想）及组织情况（如文化水平，集中或分散）预先均要充分研究，根据各业具体条件，分别订出计划，在工作中力争主动，避免忙乱。

2. 要提高群众的思想认识，必须通过各种方式方法，展开广泛而热烈的宣传动员，要根据各行业的不同情况和各种顾虑，结合具体实例，反复说明道理，树立群众对工商登记的正确认识。只有针对思想，打破顾虑，群众自觉起来，方能顺利开展登记工作。

3. 一切工作要通过组织，有系统、有步骤地进行，要集中领导，分工负责，建立制度（如会议汇报、按级检查等），密切配合，善于组织和运用力量，防止包办代替。

4. 领导方法上要避免一般化，应掌握全面与深入重点结合，树立典型，突破一点，吸取经验，以推动和指导全盘工作。

5. 分会是登记工作的基本领导机构，要发扬民主精神，大家动手，通过积极分子来发动群众，并在工作中继续发现和培养积极分子，要健全同业公会的组织，加强和会员的联系，动员非会员进行本行业的调查研究，至于没有公会组织的行业，可以结合登记筹备组织。

6. 加强小组的思想领导，小组是登记实际宣传者，是工作具体执行者，及时地抓紧小组汇报，交流经验，了解情况，决定决策，不断地检查总结。

四、工作步骤

（甲）准备酝酿

1. 进行自我调查工作。

2. 成立登记分会，划分登记小组，产生正、副主委委员及各组正、副组长。

3. 分会工作人员参加集中学习。

4. 召开分会委员会研究该业进行登记之各项问题及工作计划。

（乙）宣传教育

1. 召开各分会主任委员及工作人员座谈会，并分组举行会议，讨论各该组具体工作步骤及有关问题。

2. 各业分会举行委员小组长会议，初步打通思想，发掘该业存在的主要问题，结合发表进行登记和填表教育，并即席确定动员大会日期。

3. 先进行小组长填表审查，随即开始动员大会，进行政策宣传时事教育，同时售发书表，对大家进行填表说明（由各该会分会推选委员负责报告）。

4. 特别要着重小组的宣传教育，结合漫谈讨论，才能打破顾虑，解除困难。

（丙）填表申请

1. 分会组长会议进行填表教育后，组长将表格带回填写，再开会审查修改，随即售发表格，转给各业户就不会观望，容易着手。

2. 事先做好准备工作，将售发的表格附件（委托书存公会，要用迳向领取）资料参照组织系统按级分发，由办事处总务组先发给分会保管（正本留下，待统一誊写），再定期送小组转各工商业户。

3. 结合发表召开小组会议学习填表方法，并推行小组互助方式，解除困难，各自据实填写表格和附件。

4. 小组业户将已填具书表缴至小组再开会，按户研究，提出意见，如有遗漏填写，当场补充修改，组长负责盖章，然后汇齐送本业分会。

（丁）分会审查

1. 分会在接受小组书表时，必须当面检点申请书及各项应备文件。

2. 全部书表缴齐后，由分会正、副主委及全体委员负责审查，必要时可结合小组长共同进行。

3. 分会审查完毕，副本留存，正本统一誊抄后，设法由各业户盖章，并负责对保统计（表格统一印发）追缴附件等工作，整理后送登记办事处总务组。

（戊）审核发证

1. 审核由办事处与工作队结合进行，转呈工商局决定之。

2. 通知缴费发证手续，由本会根据各分会所报各户营业额填写缴费通知书，连同解款书（由公会填写）交分会，分会将通知书发各户并通知限期向分会缴款（缴款时通知书留存分会，另给分会出具之临时收据），分会将各户所缴登记费汇解人民银行后，统一（连同通知书）向办事处领证，各户凭临时收据向分会取登记证并换正式缴款收据。

五、登记手续

（甲）处理方法

1. 目前新开设之工商业向工商局直接购领申请书及登记表等，填具后，送同业公会签具意见。

2. 已办理临时登记之工商业，及在解放前开设在伪政府登记之工商业，不论是否各该同业公会会员，均应在工商局公告期限内，向本市工商业登记委员会各该业登记分会重行申请办理登记。

3. 未经工商局核准擅自开设者，也向各业登记分会申请登记，通过登记进行教育或适当处理。

（乙）应备文件

1. 商业登记：

（1）申请书、保证书、商业登记表各一份（副本三份）；

（2）委托经营须填具委托书；

（3）合伙组织者加具合伙议据副本；

（4）附设工厂、工场或作坊者另填工厂或手工业登记表；

（5）公司组织者须填公司登记表一份，商业登记表可免填。

2. 工业登记：

（1）申请书、保证书、工厂登记表二份（副本三份）；

（2）委托经营者须填具委托书；

（3）生产计划书及报务报告表各一份；

（4）公司或合作社组织者另填公司或合作社登记表；

（5）工厂设门市部或发行所者另附填商业登记表一份；

（6）厂房设备租赁者须附租契。

3. 手工业登记：

（1）申请书、保证书、手工业登记表各一份（副本三份）；

（2）委托经营者须填具委托书；

（3）合伙经营者附合伙契约；

（4）生产估计；

（5）附设门市部或发行所者另附填商业登记表一份。

（丙）有关费用

1. 申请书、保证书、登记表等每份工本费一千元。

2. 登记表副本、填表补充说明、苏南工商业登记暂行办法等费一千元。

3. 登记费用自五千元起至十五万元，根据十一月二十二日《新苏州报》工商局公告标准，于接到缴款通知书后，缴到公会汇解银行。

4. 保证书贴印花一千元，委托书贴四百元。

六、审核方法

（甲）一般性认识

1. 必具条件：

（1）商业要有：①固定场所及设备；②进行一定之业务，必须分别主营、兼营；③一定资本；④从业人员。

（2）工业除包括商业条件外，还包括是否有发动机，马力几匹，机器和工具及工人。

（3）手工业除包括商业条件外，还包括工人及工具。

2. 初步了解：

(1) 填写有无错误？附件全不全？

(2) 申请书与登记表对比一下相符否？

(3) 书表与附件内容对比一下相符否？

(4) 概括地考虑一下所填的书表会不确实吗？印章有无遗漏？

(5) 保证书和委托书贴了印花没有？

(6) 特种营业有没有主管机关的证明文件？

3. 进一步了解：

(1) 附件必具条件都有吗？

(2) 书表内的数字计算错误码？

(3) 保证书合适吗？他们的资力业务配不配做被保者的保证者？

(乙) 重点了解

(1) 业务是否正当，有没有投机性，是否有利国计民生？

(2) 主营与兼营是否配称？

(3) 人事制度配合业务吗？职工的劳动条件怎样？

(4) 产供销方法妥善吗？

苏州市工商业登记工作计划

1950 年 11 月

甲、总要求：吸取典型实验的经验，结合本市具体情况和当前任务，自十一月份起，前后共分三期，每期暂订二十天（行业名单另附）展开全市登记工作，要求在年底前基本完成，为今后本市合理调整工商业行业打好基础。

乙、分组领导：

(一) 力量组织

(1) 工商局调抽工作干部及吸收的临时工作人员约四十名，组织工商业登记工作队，队设正、副队长，下分内务、工业、商业三组，组设组长，工业组内分二小组，商业组内分四小组（名单另附），工作队的任务是了解情况，指导登记，协助解决一般问题。

(2) 以工商联为基础成立工商业登记委员会（章程另附）领导和推动有关登记一切事宜，以同业公会组成登记分会，负责主持该业登记工作，下设登记小组是登记工作的基层组织。

(3) 先后分三期登记，各分会均先成立，在第三期登记的行业，分会先要健全组织（如没有小组的）加强联系，思想酝酿，做好一切必要的准备工作。

(二) 力量筹备和使用

(1) 通过常委会、组织办事处，具体分工，讨论计划，定期召开登记行业（第一期）的分会主任会议，并分组讨论，然后成立分会。

(2) 办事处和工作队的工商业组的结合，把三十二个行业划分成六个工作单位（工业二、商业四），每个工作单位登记委员会常委二三人，各业分会主任，办事员，及工作队干部五六人，统一结合成立登记工作组，由常委担任组长，负责主持各该工作单位的调研、动员、审核等事，是登记工作中的机动性领导机构，可以集中力量，分工合作。

（3）工作队内务组配合登记办事处总务组统一负责会计（做预算、筹划经费），文书（执掌钤记，管收发），宣传（编通讯、印标语，并首先搜集工商界稿件，供给报纸出特刊），事务（如准备发售表格附件份数，加印登记办法，填表补充说明副本等），服务（如问讯、电话）等工作，登记办事处设在人民商场二楼茶部，工作队集中生活。

（4）工作干部各登记分会办事员（二十二个行业）定期集中二、三天，组织学习，学习资料包括思想认识、登记办法、填表技术和工作步骤方法两个单元。

丙、工作步骤

（一）宣传动员

1. 内容和要求

（1）宣传登记的意义目的，解释疑虑，把工商登记当做我们工商界自己的事。

（2）结合调整工商业，针对存在着的主要问题，适当解决，以便把群众思想引导到登记工作上来。

（3）在业务上要搞通登记手续、办法、填表说明和技术。

2. 方法

（1）对一般群众通过报纸（如专刊、报导、服务栏、登记的行业需登报公布）标语、幻灯等工具进行宣传，对各业登记小组编辑通讯，定期出版，以此汇报情况，交流经验，指导和推动全面工作。

（2）在各公会反复地动员，通过不同会议形式打通思想，先后召开分会组长会议及全体大会，进行一般号召动员，然后再通过组长会议教育填表知识。

（3）特别要着重小组的宣传教育，结合漫谈讨论，才能打破顾虑，解除困难，把工商登记变为自觉自愿的群众性工作。

（二）填表申报（附登记办法，填表补充说明）

（1）分会组长会议进行填表教育后，组长将表格带回填写，再开会审查修改，随即售发表格转给各业户。组长先填表，可以明确认识，能完全搞通填表技术，以便指导小组填表，而且先树立了榜样，小组各业户就不会观望，容易着手。

（2）事先做好准备工作，将售发的表格、附件（委托书存公会，要用径向领取）资料照组织系统按级分发，由办事处内务组先发给分会保管（正本留下，待统一誊写），再定期送小组转各工商业户。

（3）结合发表召开小组会议，学习填表技术，并推行互助，解除困难，各自据实填写表格和附件，再开会按户研究后，汇集小组送分会（副本留存，正本统一誊抄后设法由各业户盖章），审查后转办事处内务组。

（三）审核决定（审核提纲见工商业登记资料）

（1）表格附件的审核决定，分三步骤，即小组研究，分会审查，审核决定，不同的步骤要有不同的方法和要求。

（2）先树立榜样，通过小组会议按户研究，提出意见，当场补充修改，组长盖章，然后汇齐上交。

（3）分会审查，负责对保，并对登记表内主要项目和附件数量填制统计表（统一印发）。

（4）审核决定，由办事处与工作队结合进行。

（四）公告发证

（1）通知缴费并填证，核对，盖章。

（2）凭据按组组织发给登记证。

丁、要注意的几个问题

（一）工商登记是调整工商业的一部分，应与调整工商业结合进行，有条件有重点地适当解决问题，但又要及时完成登记任务。

（二）工作步骤上，首先要通过各种方式方法，进行广泛而热烈的宣传动员，除一般宣教外，还要根据各业不同情况，各种怀疑，深入到各业中去宣传解释，针对具体思想，打破顾虑，加强大家对工商登记的正确认识，打下顺利开展工作的基础是整个登记工作中的基本环节。

（三）一切工作要通过组织，有系统有步骤地进行，要加强领导，建立制度（如各种组织的会议汇报等），分工负责，密切配合，防止放任自流的现象。

（四）领导方法上，应深入群众，但要掌握重点，吸取经验，树立典型，推动全盘，避免一般化（如组长要先在分会上填好），各行业的特点，组织性，存在问题，预先均要充分研究，心中有数，根据各行业的具体情况分别订出工作计划。

（五）分会是登记工作的基本领导机构，要发扬民主，大家动手，通过积极分子来发动群众，并在工作中继续发现和培养积极分子，健全同业公会的组织，加强和会员的联系，动员非会员进行本行业的调查研究，至于没有公会组织的行业，可以结合登记筹备组织，对非法店或厂（未经政府批准的）通过登记进行教育或适当处理。

（六）加强小组的思想领导，小组是登记实际宣传者，是工作具体执行者，要抓紧小组汇报，交流经验，了解情况，决定决策，不断检查总结。

江苏省苏南区工商业登记宣传要点

1950 年

（一）为什么要办理工商业登记

办理工商业登记的目的，是为了全面了解工商业情况——这是发展生产、繁荣经济所必要的。因为政府从登记中可以了解到全区有多少工厂商号，多少职工，经营哪些业务，工厂的设备，工业成品与原料供销情况及生产中的困难等，以便从实际情况出发，来研究和确定本区工商业发展的方针与步骤。其次，办理工商业登记是为了保障工商业的正当营业，取缔投机活动，因为工商业经过登记核准后，政府就可以了解他所经营业务的具体情况，如果这些业务符合共同纲领的要求，有利于国计民生，那么政府就可以给以合法的保障。对于国计民生无利或有害的商业，也可以加以诱导，使其逐渐转业，因此我们要求本区工商业在无论公营、私营、公私合营、合作社等，都要依照规定向政府申报，并办理登记手续。

（二）打破登记中的顾虑

工商业在办理登记手续，申报自己经营情况时，可能发生如下的顾虑：

(1) 不敢实报资本，怕多报了要多缴税。

(2) 怕暴露了自己的经营实况，受政府干涉。

前一种顾虑主要是由于国民党反动政府长期的不合理的统治与压榨造成的，商人为了反对国民党反动政府不合理的压迫与剥削而采取了隐瞒自己资产与营业情况，作为斗争的手段，这是不得已而为之。但现在以此手段同样对待人民政府那就是错误。首先要知道办理工商业登记主要目的，并不是为了收税，而是为了掌握情况，指导发展。其次要了解人民政府的税收是取之于民用之于民，与国民党反动政府的残民自肥有根本的区别。因此大家老老实实登记，就可使负担公平合理，如果为了逃避负担，故意短报资本，这种自私自利的做法，对国家对人民都说不过去，对正当工商业者不利（负担不公平）。而且这种取巧自私的行为，总有一天揭发开来，对自己也无好处。至于怕暴露自己营业情况，也是不必要的，如果本身不作非法经营，政府一定会加以保护，决不加以任何干涉。而且如果所经营的工商业有利于国计民生，而经费发生困难者，政府当可予以适当的帮助。属于投机性营业者，应即转变才是根本办法。隐瞒是不能解决问题的。因此大家对政府保护正当工商业的政策，应该不用任何怀疑。希望工商业者打破顾虑，不要听信谣言，不要拖延观望，忠实地自觉地向政府从速申报登记。

（三）进行步骤

工商业登记工作有利于工商业的存在和发展，因此工商界就应该发扬民主，大家动手，把工商业登记工作当作工商界自己的工作，成立工商业登记委员会，并组织各业登记分会，协助政府进行宣传，解释登记的意义与办法，发送各种登记表格，帮助指导填写报告表格，初步审核填报事项，代收登记费用等。希望工商界人士踊跃参加，共同完成这一重要工作。

（四）把工商业登记变为自觉自愿的群众性工作

为了把工商业登记工作做好，我们应展开广泛热烈的宣传动员，使工商业登记的意义与手续做到工商界家喻户晓。如果发现有顾虑要随时给予解释，发现有故意隐瞒营业情况的要随时检举，发现造谣惑众者要随时予以彻底揭发。总之，要使工商业登记成为自愿自觉的群众性的运动。我们相信依靠大家的努力，依靠工商界进步人士的帮助推动，这一工作是有充分条件可以胜利完成的。在工商业登记之后，政府将有计划地对工商业经常指导，促进整个社会经济的发展。

苏州市工商业登记委员会关于复兴泰、陈万兴二户移转会籍的意见致苏州市工商联筹委会函

1950 年 11 月 16 日

一、准木床棕垫业公筹会床筹字第一〇三号函开："案查复兴泰、陈万兴二户，其主要经营业务均为茶板箱业，其兼营业务为代锯板木等，代锯板木部分前经加入木商业为会员，其主营业务茶板箱业现已加入本会为会员，另行成立茶板箱组，并拟退出木商业，亦

经木商业表示同意。是该二户之工商登记应划入本会办理时开始登记较为适当，相应函达，希查照对此二户准予暂缓登记并请转致木商业。”

二、经核该复兴泰、陈万兴两户移转会籍，木业公会是否同意，如已办理转移手续，该两户自可参加木床棕垫业办理工商业登记。经转函木业公会去后，兹据复称：“案准贵会十一月十日登字第十八号大函洽悉，查本会机器、锯木厂会员目前共七家，其业务除锯解板木外，大部均兼营板箱，而牌号一律称锯木厂。现在复兴泰与陈万兴二厂拟改入木床棕垫业公会一节，本会无意见。转呈工商局核夺可也，相应复请查照办理。”

三、查同业公会会员移转会籍不属于本会业务范围，为使工商登记顺利进行，拟请该两户会籍关系迅予协商决定。

四、即希查照办理见复为荷。

此致苏州市工商业联合会筹备委员会

二、工商管理

商民陈友兰等为催促张顺泰米厂迅速归还粳米致吴县县商会呈

1949年4月29日

窃为呈请催促张顺泰米厂厂主张礼和迅速归还上白粳米二百石事，详情已载四月二十五日呈内。今因该厂主张礼和于本月二十六日，复在《苏州明报》报端故施烟幕，谓“渠事前因事往木渎，厂中料理乏人，以致形成抢风，而遭受损失，现已着手处理，人欠欠人，绝对负责处理等语”。但迄今已届三日，尚未有何表示发出，而该君亦避不见面，故意拖延，实属老奸巨猾，为我商人之公敌。祈贵商会迅速加以严惩彻究，斥祈归还所有欠人，以儆效尤。则凡属商民等同情者，皆感恩莫大焉。此呈吴县县商会会长戎钧鉴

商民：陈友兰（住城中饭店一二二号）

胡友秋

田忠懋

吴县饼馒生面商业同业公会、面馆商业同业公会为张金寿诈骗事致吴县粉麸商业同业公会函

1949年10月10日

案据敝会等会员聚兴斋、周顺兴等报称：略以开设山塘街星桥殳家墙门九号粉号（粉

麸业公会会员、面粉市场经纪人组长）负责人张金寿素常在品芳面粉市场向复制业兜售面粉，例免缴款，次日送货，习以为常。讵最近该张金寿心怀叵测，连续向会员等三十四家兜售面粉达二百五十七包之多，借口厂方开货过少，或诿称手中现存均系劣货，不合制用，一味延宕，会员等信以为真，未加注意，不谓本（十）月二十日该张金寿避不见面，由其子张毛毛代父到场，谎称昨日上午九时随父途经大成坊附近突被不相识之男子数人出示武器要挟之他去，并挥其子不准随后云云，当经诘其有无报请当局查究，该张毛毛耳赤语塞，令人质疑。会员等遂即赶去其家探寻究竟，察其家人举动既不慌张，语言中又露破绽，而翌日其子张毛毛亦杳如黄鹤，至此始悉受骗。惟会员等均系小本经营，遭此变故，势难继续营业，理合报请贵会援助，并乞转呈有关当局查究，等情。查值此繁荣经济、增加生产之时，张金寿胆敢沿袭旧作风设肆行骗，贻害群众，殊属痛恨，除附具被骗会员麦粉数量清单外，相应函请贵会查照并乞转请当局彻究，以凭办理。此致吴县粉麸商业同业公会、严理事长

附被骗会员面粉数量清单（原文缺失）

苏州区工商局关于张金寿诈骗案的训令

1949年10月27日

令面粉业同业公会

案据吴县饼馒生面商业同业公会、饭馆商业同业公会会员称“为麦粉市场经纪人张金寿连续向会员聚兴斋等三十四家诈骗面粉二百五十七包潜逃，请予彻究”前来，查张金寿诈骗潜逃，殊属非是，除批示关于诈骗部分直接径向司法机关控诉外，所有张金寿经纪人资格，着即取消，并着该理事长向其担保人追究赔偿，至于其他经纪人一律觅具殷实铺保二家（有五百包面粉价值），重行担保，并将办理经过情形具报前来，以凭核办，希即遵照为要。

局长徐也平、副局长王文进

苏南区主要商品市场管理暂行办法

1949年12月18日

一、为保障商业的合法经营，取缔投机操纵，便利城乡物资交流，以达到平稳物价、恢复与发展生产、安定生活的目的，对现有各地主要商品市场必须进行整顿与管理，特订定本办法。

二、凡各地之主要商品大批交易场所，不论其为市场、茶会或露天市场，均适用本办法，由当地工商主管机关予以管理。

三、市场交易严禁买空卖空，捏造商情，哄抬物价，投机操纵等违法行为。

四、为适应成交习惯，便于计算，规定市场计算单位如下：

米粮以石，小麦以包，面粉以袋，油饼以担，纱以件，布以匹。

五、规定市场交易员资格分下列四种：

（甲）经常经营各该业之正当商店、行庄，参加各该同业公会为会员者，可列为甲种交易员。

（乙）制造业、复制业及手工业作坊，可列为乙种交易员。

（丙）公营企业及经苏南行政区合作总社认可之生产、消费、供销合作社等，可列为丙种交易员。

（丁）经市场管理委员会审查合格之其他生产及大宗消费者（如工厂、学校、机关等伙食单位），可列为丁种交易员。

六、参加市场交易之交易员，甲、乙两种须事先觅具其他业同等资力之殷实铺保二家，丙、丁两种须具有正式证明文件，向市场管理委员会申请登记，附相片三张（一张贴交易证上，一张存市场管理委员会，一张呈该管工商局备案），经审查合格发给交易证，凭证入场交易。并为促进城乡物资交流，凡农村乡镇流动小贩，具有该管工商机关正式证明者，得向市场管理委员会申请入场交易，经认可后，发给临时交易证，限使用一次。

七、市场交易制度：

（甲）为使成交信实不乱，杜绝投机，交易员进行交易时须持有市场管理委员会特制交易员显明胸章，以资识别，无胸章者一律不准进行交易。

（乙）为保证市场交易正常，杜绝投机，凡交易员欲在各该市场买卖大批货物时，均须在开市前向市场管理委员会书面报告拟收购货物之种类及数量。

（丙）买卖成交后，必须当天交割清楚；其有特殊情形者，得由当地工商局规定限期交割制度。

（丁）成交后，买卖双方均须使用成交单（一式三联，买卖双方各执一联，另联交市场管理委员会存查验核），一经成交，即不得有随便变更或撤销交易等行为。

（戊）出售之货物须带准确样品，并严格规定货样必须一致；倘有掺假使潮，以劣货顶替，使买方蒙受损失者，市场管理委员会责成卖方作相当之补贴或补偿。

（己）市场管理委员会必须注视市场交易实际情况发展，随时写牌揭示成交价格，开盘、收盘均须按时以鸣器为记，不得任意延长或缩短。

（庚）交易员必须遵守市场管理委员会所规定之市场交易制度，不得违反。

八、市场交易时间规定上午九时至十时半，并可按各地市场实际情况规定下午交易时间（原则上二时至三时），均由该管工商局具体规定并公告之。

九、交易员应在市场规定交易时间内入场进行交易，收市后出场，不得在交易时间内随意出入。

十、交易员均应按成本、数量缴纳一定交易手续费，由市场管理委员会提请该管工商局核准公布施行。

十一、凡违犯本办法上列各项规定，视情节轻重予以下列处分：

（甲）警告。

（乙）停止其一定时期交易员资格。

（丙）永远取消其交易员资格。

（丁）送交当地政府、法院依法论处。

十二、本暂行办法由苏南行政公署订定，自公布日起施行。

苏南区所属县市营利事业重估资产负债调整资本净值办法

1950 年 6 月 1 日

江苏省苏南人民行政公署一九五〇年六月一日公布：

一、本区所属县市营利事业重估资产负债价值，调整资本净值，应遵照本办法规定处理。

二、凡本区所属县市营利事业应将一九四九年十二月三十一日止账面及账外实有资产及负债按照上开日期市场价格予以重估，以调整资本净值，并以人民币为重估价值之本位币。

三、重估价值标准：

1. 固定资产：

（1）土地：按当地地政税收机关所估价值为标准。

（2）建筑物：建筑因材料之不同及时间之久暂，对于使用年限一节，往往互异，应分别估计，各按重造价值，减去已使用之折旧估值计算，其折旧按平均法计算之，通常房屋之估价，应包括一切附属品，如电灯、电线、水管等，须一并估计在内，惟另有给水设备、暖气设备、输电设备、通风设备等科目者，应分别估计。

（3）机器设备以及其配件等之估价，极为困难，因为机器种类繁多，有自国外输入，有为本国制造，故重造价值，每难稽考，而保全之优劣，更影响其使用年限，最高估值为二十年，而实际之使用，已远超过年限，而仍在继续使用，凡此种种，极难估计正确。

①凡原始购入有外币记载者（主要指人民银行有挂牌之外币），不论外币是否贬值，即以原价（包括运费、保险、关税）乘牌价，加入现时之装置费用，作为重造价值。

②凡本国自造有市价可按者，即以市价加运费及装置费用等作为重估价值。

③凡特殊机器，无市价可按，比照同性能之机器价值，作为重造价值。如机器性能相同，照①项重造价值计算，较②项计算之结果为高，应酌情照②标准计算。重造价值确定后，使用年限为二十年者，则乘估计尚可使用之年限，然后可依下列公式计算之。重估价值＝重造价值（或重置价值）×尚可使用年限÷20（或规定之最好使用年限）。

④器具、运输设备及其他什项设备，按其新旧程度折扣计算，如价值较巨者，得依前条公式计算之。

2. 黄金：按华东区人民银行公布以黄金购买“人民胜利折实公债”之收兑价计算。

3. 银圆：按华东区人民银行公布牌价计算。

4. 存货：（在买卖业为各种商品及下脚等，在制造业为原料、物料、废料、在制品、制成品、副产品等）。

（1）商品、原料、物料及配件（向外购入者），按市价计算，如物料之已在使用者，按其新旧程度估算之。

（2）制成品及配件（自行制造者），按市价扣除货物税后九五折计算。

（3）在制成品及配件（自行制造者），按市价扣除货物税后九折计算，无市价可查者，按已耗用原料市价计算。

(4) 废料及下脚，按市价八折计算，如无市价，可按最后一批售价为标准（如无市场最后一批售价或售出时期又远，可酌情办理）。

(5) 存货中如有呆藏变质货，估计时得酌予减低其价值，短少者予以剔除，如有损坏废弃者，参照废料下脚之估值办法办理。

(6) 折实单位，按契约规定所在地人民银行牌价计算。

(7) 其他资产及负债：

①各种债权得据过去催收经验及对象情况，按其呆滞程度，酌提呆账准备，转入“估值整理”科目，如确实无收回希望者，得提出证件，径予剔除，各项实物债权债务，应依照契约规定实物数量、品质，按市价计算，非实物债权债务又无契约规定者暂照原值计列，俟收回或清算时，再予分别调整。

②预收及预付订货款：依原订货物数量品质比照预收或预付款项百分数按市价计算。

③存入及存出保证金：有契约规定或特殊约定者，按其约定情形计算。

④预收收益及预付费用：依收入或付出时之各该货物品质、数量预收收益按市价九折计算，预付费用八折计算。

⑤图书：图书本为职工学习或阅览之用，可拨交工会保管，如账面作为资产者，以原值冲平，倘系工程或生产所需之学习书籍，则按其新旧参照市价计算。

⑥仪器及模型：按其新旧程度参照市价折扣计算。

⑦有价证券及投资：有价证券有市价或人民银行牌价（如人民胜利折实公债）可按者，按市价或牌价计算，如无市价者，暂不估值。

⑧其他未列之资产负债得参照上列各条例酌情重予估值。

四、账务处理。

1. 一九四九年十二月三十一日本区所属县市各工商业应举办结算。

2. 上项结算办妥后，再根据前列估值标准重估所有资产负债之价值，以调整资本净值之数额。

3. 添设“估价整理”科目，所有各项资产负债重估增值或减值之差额应分类详细记入该科目中，使该科目内之记录，足以表现此项资产负债重估价值之真相。

4. 资产负债估计后发生之增减差额，其转账分录如下：

资产增加及负债减少

借：各该科目子目（传票根据资产负债重估价值明细表子目缮制，该表作为附件，明细账根据附件逐笔登记）

贷：估价整理

负债增加或资产减少

借：估价整理

贷：各该科目子目，如属债券债务科目，其子目仍列债权债务原额，其估值后之差额另立“未分配整理差额”

子目处理。如“未分配预收订货款整理差额”、“未分配应付账款整理差额”等。

5. 如资产科目有折旧准备者，以折旧准备转入估价整理。

借：折旧准备

贷：估价整理

6. “估价整理”科目之余额悉数转列资本调整准备。

7. 各项资产负债及资本净值经重估调整后，应将其重估之后价值，列入一九四九年十二月三十一日账内表示实际之财务状况。

8. 资产负债重估价值时，应分类编制一九四九年十二月三十一日资产负债重估价值明细表为调整账面记录之根据，其格式如下：

财产重估价值明细表

会计科目：

类别：　　　　　　　　　　　　年　　月　　日　　　　　　　　　　第　　页

子　　目：

编号	名称	数量	单位	重估前账列记录		重估后之状况		差额	备注
				单价	金额	单价	金额		

（负债之估价对上表之数量、单位、单价无法编填时，得予空白）

9. 重估资产负债及调整资本净值办理完竣后，应编制一九四九年十二月三十一日调整后资产负债表连同第一项之结算及第四条第八项所规定之财产重估价值明细表各一式二份呈送工商局备核。

五、前项估价之进行应由营利事业主持人（在商店为经理，在工厂为厂长或经理）会同工程人员、其他专门人员、职工代表及会计部门共同办理之。估价前应由各地同业公会或公会分组商讨，尽可能使估值及步骤统一。

六、本办法自公布之日施行。解释权属江苏省苏南人民行政公署。

注：1. “重置价值”或“重造价值”，即以此价格可以购置或制造与现存数量、品质、规范相同之货品或财产。2. “市价”即以报载商情批发价格为依据。

重估资产负债调整资本净值研究小组会议记录

1950 年 8 月 31 日

日期：一九五〇年八月三十一日下午三时

地点：工商联

出席者：

朱宏湧　蔡渭森　李怀慈（韩代）　吕沅桀　顾誉清

朱汝鹏　贝祖武　张宝桐　沈继玉

主席：朱宏湧

主席报告：

苏南区工商业登记行将开始，关于营利事业重估资产负债调整资本净值办法，虽经政府公布，惟本市情况不同，将来实行困难定多，所以请诸位先生组织研究小组，汇集研究各业意见，准备向政府反映，并已通知各业公会将规定各项问题研究以后提出书面意见，尽于九月二日前送会集中研究，今天本会应将各项问题先行研讨，请各位尽量发表意见，并即席推定小组长一位。

决定事项：

（一）推定贝祖武先生为小组长。

（二）奉本市工商局转下苏南工商处关于重估资产负债调整资本所提六项问题，经反复研讨决定如下：

1. 估价日期何日为妥

以各业情况复杂，如于中途结账诸多困难，如将一九四九年十二月三十一日结存，予以重估调整资本，佥以历时太久，盈亏不一，变动既多，不能作为准确根据，故同意一九五〇年十二月三十一日为估价日期。

2. 中小工商业账册不够健全以及根本无账册的如何估价

全市中小行业多于大业，会计组织不够健全及无账册之工商业单位甚为普遍，应于一九五〇年十二月三十一日结账时，保存货物及生财，除去负债，作为重估资产的根据，并拟制简易资产、负债、财产表，由各业公会协助填具。

3. 在抗战前后遗留至今的债权债务以及保证金等应如何处理

抗战前后历经变化，加以人事变迁，币制改革，使各业遗留之债权、债务，情况复杂，估计不易。例如旅馆业所收工友证金，电气厂所收用户证金及房屋押租等经过一再变迁，往往无法折合，且有证据散失不全，更难调整与清理，只能依账面计算，暂不重估，各项保证金亦照此办理。惟全国金融会议已有整理意见提供当局，将来自可统一处理。

4. 机械使用年数超过二十年者如何折旧

各业使用机械种类不同，即系同样机械，以管理及性能关系，颇有出入，二十年以后折旧程度势难一致，应由专家以实际使用情况分别估计其剩余价值，将来上海方面如有机械折旧标准办法时，可以参照估计，更为合理。

5. 一九四九年十二月三十一日已结账者，在调整资本时的账务如何处理

本市拟以一九五〇年十二月三十一日为估价日期，对于该项账务之处理，已无问题。

（三）查固定资产第一项关于土地估价一节，规定以当地税局所估价格为标准，以本市地价估计，较实际价格普遍估高，所欠准确，应参酌实际价格作为估价之标准。

（四）下次会议预定九月三日上午九时举行，由会预发通知。

主席：朱宏湧

记录：范云书

庆昶染织厂申请承织志愿保证书

1950 年 9 月 9 日

兹保证庆昶厂承织上海斜纹布订货，每月认织计肆拾匹，保证规格及交货期限，按照契约精神，服从检查，绝不延期交货等任务。此证。

立保证书：庆昶染织厂　负责人：李庆祥　地址：盛家带九号

保证人厂名：森泰染织厂　负责人：任锡荣　地址：葑门十全街

公元一九五〇年九月九日订立

同丰、泰丰等六家木号联营协议书

1951 年 5 月

立协议组织联营人同丰、泰丰、振兴、大裕、德昌、复昌等，在本市阊门外大马路莲花斗一带开设木号，情因响应政府号召，为统一国家税收、促进城乡交流、发展业务、巩固人民团结之精神，自动组织联营，经全组会议通过协议各项办法列后：

一、组织情形：一切均以民主化，由各号自动自觉参加，不勉强，不指派，观念面向大众，决不贪取暴利及垄断，业务股本采取各号实际情况加入，并全组会议决定，不短报隐瞒。

二、业务计划：（1）本组以旧木料为大宗，兼营砖瓦、寿器，来源大都由苏浙乡区采办及本市营造厂商剩余之料，倘来源缺乏则营新货；（2）销路以推向苏北农村为最广，市营造工程兼一部分；（3）人员系由每号推派二人为本组工作员，并不雇职工，业务皆是自力为主；（4）本处原有单位六家，拟保留四家为现有营业处，其余俟成立时即撤销；（5）对于旧货均系零星细件，不能存放外面及散布河埠，故多留单位为置放处。

三、股本总额为人民币四千四百万元，分为四十四股，每股一百万元，由各号认定如下：（1）同丰认十五股；（2）泰丰认七股；（3）振兴认七股；（4）大裕认五股；（5）复昌认五股；（6）德昌认五股。上项股金在正式成立时将各号现有存货照进价估作一次收入。

四、本组服务员共十二人，均以自劳自力、自运自销为宗旨，并无劳工性质，推丁德道为主任，张镇山为副主任，刘纪生、张汇明为总务，张汇生为点审，周禄生为司账，另七人均为业务员，皆是平等化，每人每月提给薪金单位五十个为标准（内有副手三人，每月以三十个计算）。

五、本组服务人员每日开会一次，对于业务情形需按日检讨，以免流于疏忽，倘遇有错误，要自我批评。

六、本处业务方式采取民主大众化，不得囤积居奇、高抬货价、拒收拒售及擅自专权私相收受。

七、本处服务人员不得擅离职守，倘情急外出时，须向总务处报告请假。

八、本处人员均应切实遵守业务规则，不得利用职权挪移货款，如有察觉，得以停职或相当处分。

九、本处资金逐日汇集交由正、副主任管理，任何人不得借□移挪，由监察员负责监视。

十、本处进货规则若满一百万元以上者需经大众通过决定。

十一、服务人员薪金每月分两次（逢十五、三十日）付给，中途不得预用借□，如遇特殊情形不在此例，会议决定之。

十二、本处营业地址将原有振兴、复昌、同丰、泰丰等旧址为营业处，其余撤销，对于现有原有房地租等项概由本处给付。

十三、本处账务每半月结算一次，每月检查一次，六个月总结一次，按股款提付盈利，照人民银行牌价计算，对于盈亏亦按股推派，不得争多论少。

十四、本处印鉴对外概不作保，如有特殊关系，需大会通过。

十五、赊欠账目至少需要三人之同意，如遇赖账等情，概归经手人负责赔偿。

十六、本处业务在淡季稍遇有困难者，大家宜尽刻苦耐劳之精神共同克服之。

十七、本协议书在正式成立后生效。

十八、本协议书一式两份，一份呈奉工商局备案，一份保留本处存查。

立协议联营书负责代表：丁德道 、张镇山

原有商号名称附上：

同丰协记木号负责人张汇明　莲花斗十九号　工商局登记证商字四四号

泰丰木号负责人王国斌　莲花斗三十八号　工商局登记证商字四五号

德昌木号负责人问德廉　莲花斗三十三号　工商局登记证商字四六号

大裕木号负责人姜魁书　莲花斗十五号　工商局登记证商字四七号

复昌木号负责人刘纪生　莲花斗一号　工商局登记证商字四八号

振兴木号负责人张镇山　大马路 1036 号　工商局登记证商字四九号

推选人名单列后：

主任：丁德道

副主任：张镇山

总务：刘纪生（兼监察）

　　　张汇明

业务监察：张汇生

司账：周禄生

业务员：问德廉　姜正清　张杰　王家盛　问开泰　姜正祥

苏州市联营组织统计表：商业

1952年5月31日

所属联办	业别	名称	联营性质	地址	负责人	参加户数			资金情况				从业人数				分支机构	职工会基层组织名称	工会负责人	设立日期	组织后经营方法上有哪些改进和发生的偏向问题	目前情况及存在问题
						同业	参加	占同业%	投资方式	资金总额	盈亏情况		原有企业		联营处							
											盈	亏	职工	资方	职工	资方						
七	民船	木帆船第五联营社筹备处	联合运输	东北街123号	陈士杰		一二七		船只127艘	基金220万元	不计	不计	二三	七〇〇	四			海员工会货运委员会	陆永林	51年12月18日	系船民自己组织，联营后解脱了中间商剥削，在运输装运上(过去有偷窃行为)已经转变纠正。	船只较小，业务较淡，一般会员生活困难，船只组织很杂乱，有外港籍船只混入，负责人对工作不负责，业务不能尽力扩展。
二	山地货	利生山地货行	合并经营	齐门外大街39号	殷梅赓		八		自由议定	1380万元					四一	一〇	四个门市部	海货土产业第七分会	赵金元	51年4月9日	账册健全，并无偷漏行为，经营业务逐渐转变为自运自销，但部分资方组织时有甩包袱及在自运部分有暴利。	人事扩大，业务常因季节性关系时旺时淡，劳资关系尚属正常，现进一步在争取自销业务。
二	山地货	联和山地货行	合并经营	齐门外大街31号	袁鹏林		八		以各单位职工人数参加	1250万元		2000万元			二〇	一五	两个门市部	海货土产业第七分会	赵金元	51年4月9日	会计制度对减少偷漏税有了作用，恶习陋规也有了改革，惟存在着牙行性等客上门的经营方式，同时部分资方依赖合营，自运自销上做得不够。	该业有季节性关系，而资本缺少，淡季时亦遭遇困难，并且不易转变经营方式。

续表

所属联办	业别	名称	联营性质	地址	负责人	参加户数			资金情况				从业人数				分支机构	职工会基层组织名称	工会负责人	设立日期	组织后经营方法上有哪些改进和发生的偏向问题	目前情况及存在问题
						同业	参加	占同业%	投资方式	资金总额	盈亏情况		原有企业		联营处							
											盈	亏	职工	资方	职工	资方						
二	桐柏油饼	联一洪秀植物油合营处	合并经营	胥门外万年桥大街67号	蒋振中		四	以原企业资金投入	48000万元		约亏半数			三九	八		营业所1、□制厂1	胥盘区食品业联一委员会		51年6月14日	资金集中，在采购调配上获得灵活运用，成本减低，劳动力发挥更强，业务上进，但整体计划不够，部分资方组织时逃避资金及丢包袱现象存在。	业务情况尚好，但资金缺少，周转不灵，由于资金少、业务好，存在着供不应求的情况，业务不能发展，形成劳动力过剩，收支不平衡，本年每月赤字在二千万元。
二	桐柏油饼	联盈油饼有限公司	合并经营	葑门外横街73号	吴文荣		九		以原有企业资金投人	七亿元		二亿五千万元			四四	一二	三个营业处	南葑区联营公司委员会	何甫堃	51年7月13日	以地区同业组织，形成垄断暴利。	无业务计划，目前门销淡季，每月亏贴约一千万元，豆饼业务厂方均代合作社加工，无法购进。
二	山地货	公大山地货行	合并经营	盘门外吉水桥沿河15号	胡炳荣		五		以各单位职工人数参加	1650万元		700万元			二八	七	三个门市部	海货土产业第六分会	林世生	51年4月9日	会计制度对减少偷漏税有了作用，恶习陋规也有了改革，但仍存在着牙行性等客上门的经营方式，同时部分资方依赖合营，自运自销上做得不够。	该业有季节性关系而资金短少，淡季时即遭遇到困难，并且不易转变经营方式。

续表

所属联办	业别	名称	联营性质	地址	负责人	参加户数			资金情况				从业人数				分支机构	职工会基层组织名称	工会负责人	设立日期	组织后经营方法上有哪些改进和发生的偏向问题	目前情况及存在问题
						同业	参加	占同业%	投资方式	资金总额	盈亏情况		原有企业		联营处							
											盈	亏	职工	资方	职工	资方						
二	山地货	合顺山地货行	合并经营	莳门外安里桥15号	朱杏生		五		依各单位营业数字认定	1500万元		2000万元			二八	五	两个门市部	海货土产业合顺委员会	丁扬宝	49年12月31日	经营方法上由纯代理性已转变为自运自销，1951年代理自销各占一半。本年度自销部分已占90%，惟经营方法上无计划，盲目性重，迹近投机，有部分暴力行为。	目前负债已超资财，除已有一部分股东垫款外，但以人事较多，开支大，资金缺乏为主要困难问题。
二	山地货	苏华山地货合营行	合并经营	万年桥大街80号	马鸿章		五		依各单位营业数字认定	2000万元		3000万元			五〇	七	四个门市部	海货土产业第五分会	郁海珊	51年4月1日	偷漏税上减少，部分商品已能争取自运自销，但组织时个别丢包袱，营业过程中有暴利取巧垄断行为。	目前负债已超过资财，除股东已垫款一部分外，但尚有拖欠交款，目前该行虽届旺季，惟资方间不能协调，个别丢包袱，劳资关系亦不够真诚，主要问题是资金少、人事多、开支大。

续表

所属联办	业别	名称	联营性质	地址	负责人	参加户数			资金情况				从业人数				分支机构	职工会基层组织名称	工会负责人	设立日期	组织后经营方法上有哪些改进和发生的偏向问题	目前情况及存在问题
						同业	参加	占同业%	投资方式	资金总额	盈亏情况		原有企业		联营处							
											盈	亏	职工	资方	职工	资方						
四	鲜鱼	德成联合鲜鱼行	合并经营	葑门外橹巷湾17号	吕太和		一四		以认股方式投资	1000万元		2200万元			一九	一四		南葑区德成委员会	袁德生	51年1月1日	组织时以丢包袱、逃避资金及避免同业竞争，达到垄断市场为目的，但受牙行佣金限制，资金短少，且均存着自私观点，主观上受了限制，不能达成企图。	人事臃肿，资金已全部用完，资方经营消极，劳方亦抱混的观点，目前已入半停顿状态。
四	猪行	苏州市猪业联营处	合并经营	猪行河头16号	郭润源		一六		参照1949年营业额认定	7000万元		一亿一千万元			二一八	三三		海货土产业联营委员会	张子祥	50年5月6日	账册健全，并无偷税漏税行为，惟该联营当时组织完全为丢包袱，在经营方法上依旧代理业务并且形成集体垄断市场，且于国、营发生争斗情况。	人事臃肿，业务因代理性限制不能扩展，资金全部亏蚀，劳方抱消极态度，有资力的不愿增资，问题严重异常。
七	运输	运输业第二合营所	合并经营	南浩街鲶鱼墩	文鸿祺		九		以原有流动金投入	4080万元		负债亏蚀净尽			二五	一〇		店员运输工会	吴剑平	51年6月16日		资金已全部亏蚀，业务无法开展，资方思想复杂，准备歇业解散。

续表

所属联办	业别	名称	联营性质	地址	负责人	参加户数			资金情况				从业人数				分支机构	职工会基层组织名称	工会负责人	设立日期	组织后经营方法上有哪些改进和发生的偏向问题	目前情况及存在问题
						同业	参加	占同业%	投资方式	资金总额	盈亏情况 盈	盈亏情况 亏	原有企业 职工	原有企业 资方	联营处 职工	联营处 资方						
七	运输	运输业第三合营所	合并经营	大马路1202号	丁普安		七		以原有流动金投入	3200万元		3500万元			二四	一一		店员运输工会	吴剑平	51年6月14日		人事臃肿，资金已枯，且有负债，货源难以争取，目前铁路运输组及华东公司运价均较私商为低，已无法生存。
七	运输	苏湖轮运联营局	联合经营	万人码头20号	冯国祥		三		自由认股投入	轮船三艘，流动金1200万元		9000万元			八二	九	一分局、四代理店	海会工会苏湖基层委员会	王荣林	51年6月2日	价目统一，在航管行政上对管理有了便利。	资方抱本位观念，缺乏联营团结精神，流动金缺乏，收支不能平衡。
七	汽车	苏州市民营汽车联营处	联合客运	大马路755号	范庚申		三九		以车辆为资金投入	20450万元	不负盈亏责任	不负盈亏责任			三六	三六		公路运输工会汽车联营处委员会	钟增琪	49年11月26日	在交通管理上有了秩序，避免了私私互相竞争，价目有了统一掌握。	车辆破旧，业务不振，仅有车辆，无一定流动资金，目前员工薪水已严重困难。
十	营造	苏州市营造业第二联营处	联合承包工程	饭店弄10号	薛懋华		二三		自由认定	20000万元（均为房地产）					三			建筑工会营造业委员会		51年8月	该联营系包作性质，组织后所承包工程大量盗窃国家财富，偷工减料，形成盗窃集团。	联营负债甚巨，“五反”未处理，尚待专案解决，无法继续。

续表

所属联办	业别	名称	联营性质	地址	负责人	参加户数 同业	参加户数 参加	参加户数 占同业%	资金情况 投资方式	资金情况 资金总额	资金情况 盈亏情况 盈	资金情况 盈亏情况 亏	从业人数 原有企业 职工	从业人数 原有企业 资方	从业人数 联营处 职工	从业人数 联营处 资方	分支机构	职工会基层组织名称	工会负责人	设立日期	组织后经营方法上有哪些改进和发生的偏向问题	目前情况及存在问题
七	煤炭	苏州市煤炭商业第一联营处	合并经营	南新路56号	徐仁焕		一七	8.95	按各单位流动固定资金参加	372691351元	51年底2506万元				六七	二〇	七个营业处	五金业煤炭联营委员会	钱志衡	51年5月28日	提高品质和业务发展上有了一定作用，但中间组织时丢包袱思想严重，并企图垄断全业业务，有暴利行为。	业务较清淡，收支不平衡，私人间讯在一定矛盾反”中暴露逃避资金，有的还不愿意垫入，恐怕蚀光，劳方希望搞好联营。
四	皮毛油骨	同益皮毛油骨合营处	合并经营	北浩弄4号	陈鹤庭		二二	26	以账面流动固定资金投入	154000万元		52年4月亏9亿元			六三	一七	营业所一处，堆栈二处	什叶工会金阊区同益委员会	谢寿根	51年7月18日	以同业间资金大的组织形成垄断集团，并以滞销品作资金一部分，逃避资金很多，并曾贩卖铜元等非法营业。	破布尚属正常，皮毛油骨进入淡季，滞销品占80%，逃避资金已陆续入账。
四	肉品	苏州市肠衣业合营处	合并经营	北码头172号	郑大有		一七		自由认定，每股五万元	660万元	稍有盈余					一七				51年6月25日	该业均为独力劳动，并无职工，所有加工肠衣均售给中畜公司。	原料限制，劳动力过剩，有陆墓肠衣工场在市场上抢购原料。
四	肉品	苏州市联益合营宰牛场	合并经营	五福路67号	马盛元		一四		以认股方式投资	5000万元	51年底2亿元				二二	一四		食品业31分会	徐维城	51年6月6日	在税务及牛只管理上有了便利和统一性，经营上存在着暴利，利润没有规定。	业务转入淡季，私私间不团结现象很重，负责人掌握不够，部分资方不做事拿薪给。

续表

所属联办	业别	名称	联营性质	地址	负责人	参加户数			资金情况				从业人数				分支机构	职工会基层组织名称	工会负责人	设立日期	组织后经营方法上有哪些改进和发生的偏向问题	目前情况及存在问题
						同业	参加	占同业%	投资方式	资金总额	盈亏情况		原有企业		联营处							
											盈	亏	职工	资方	职工	资方						
七	运输	运输业第四合营所	合并经营	东中市307号	张仲池		二		自由认定投人	1000万元		1892万元			五	一		店员运输工会	吴剑平	51年7月31日		资金短，水路运送破布棉花，无基本船只，靠招揽生意，中间收取船户佣金维持，今由国营装运。
八	百货	六联百货产销合营处	合并经营	东中市329号	徐士麟		六		以原有企业资金投人	40278万元		二亿多元			七一	一一	三个门市部，一个工场	大康基层工会	祁润荪	51年6月5日	组织时资方丢包袱，逃避资金，自销部占很少，多数为代理业务。	流动资金已完全亏蚀，欠上海一亿五千万元，银行贷款七千万元(应收七千万元)，业务清淡，周转不灵，有严重困难，私私间意见不统一，劳资不团结。
	粮食	立信粮食联合代理行	联合代理业务	大成坊巷26号	顾誉清		一〇		民主评议认定投资	4000万元	992万元	724万元			五	一				51年7月3日	联合组织后佣金率减低，营业幅度较广，服务态度亦有改进，跟国营企业不配合，市场上有与国营竞购竞销现象。	易成与国营公司对抗，目前虽有转变，但纯为代理，政策上有抵触，是否可以存在？

续表

所属联办	业别	名称	联营性质	地址	负责人	参加户数			资金情况				从业人数				分支机构	职工会基层组织名称	工会负责人	设立日期	组织后经营方法上有哪些改进和发生的偏向问题	目前情况及存在问题
						同业	参加	占同业%	投资方式	资金总额	盈亏情况		原有企业		联营处							
											盈	亏	职工	资方	职工	资方						
	营造	苏州市营造业第一联营处	联合承包工程	□巷15号	姚和笙		四四		自由认定	20000万元（均为房地产）					六	二九		建筑工会营造业委员会		51年□月7日	该联营系包作性质，组织后所承包大量盗窃国家财富，偷工减料，形成窃盗集团。	目前副主任顾炳余已逮捕，联营负债超过资本数倍，会员均属过去包头，目前已无法经营。
八	煤油	苏州市煤油业联购处	联购分销	南浩街188号	张秉良	一七	一七	100	无固定资金，如购买时根据议定百分比出资采购					八二	二六			百货业第八分会	姚瑞方	51年3月5日	资力集中，可以向远地采购，减少成品费用。	组织不健全，会员依赖性严重，对采购无计划，迹近投机，负责人不够公正，大中小不团结，业务仅采购四批，目前停顿已久。
六	瓷料	苏州市瓷料业瓷器第一联购处	联购分销	南浩街249号	项孝仁		五		以百分比分配额参加	一亿元	无盈亏		二六	七				海货土产业第十四分会	何根培	51年4月18日	参加会员太少，作用不大，仅购二批。	各单位热门货存量已空，滞销货无出路，资金无法周转，该联购现在空洞虚立。

续表

所属联办	业别	名称	联营性质	地址	负责人	参加户数			资金情况				从业人数				分支机构	职工会基层组织名称	工会负责人	设立日期	组织后经营方法上有哪些改进和发生的偏向问题	目前情况及存在问题
						同业	参加	占同业%	投资方式	资金总额	盈亏情况		原有企业		联营处							
											盈	亏	职工	资方	职工	资方						
五	弹花	苏州市弹花业联购处	联购分销（代购）	阊门外石路新52号	徐福元	七一	七一	100	无资金（就地代购）				一三二	八〇	二			手工业工会弹花业委员会	杨国寿	51年9月11日	在棉花管理上有了一定便利，组织后在品质价目的统一上有了作用，并对公司分配原棉有了统一掌握，开始时有大吃小现象。	该业系属季节性行业，目前为淡季，生产停顿，主任委员不负责任，同业有意见。
四	腌腊	苏州市腌腊鱼腿业第二联购处	联购分销	阊门外下塘39号	朱务本		七		按分配额认股	八千万元	不负盈亏				一					51年11月5日	在年底供应市民腌腊上起了供应调节作用，直接收购加工，成品上有了减低，推进该业今后经营方法上有些作用，会员太少，不够全面，尚均在利润观念上出发。	系属季节性收购，业务范围太小，早已停止采购，现准备撤销。
二	南北货糖	南北货糖业第一联购处	联购分销	南浩街351号	陆俊卿		一一		采购时随时以分配议定额临时筹集	基金1050万元	不负盈亏				二			海货土产业第一分会		51年3月5日	在土特产交流上起了一定作用，但参加会员多数大同行，形成把持垄断且采购均系利益出发，无一定固定数目，有利采购，无利不做，迹近投机，并时常在市场上与国营公司价格关系上对抗。	由于“五反”关系，生产消极，又值淡季，联购业务处于停滞中。

续表

所属联办	业别	名称	联营性质	地址	负责人	参加户数			资金情况				从业人数				分支机构	职工会基层组织名称	工会负责人	设立日期	组织后经营方法上有哪些改进和发生的偏向问题	目前情况及存在问题
						同业	参加	占同业%	投资方式	资金总额	盈亏情况：盈	盈亏情况：亏	原有企业：职工	原有企业：资方	联营处：职工	联营处：资方						
二	南北货糖	南北货糖业第二联购处	联购分销	南浩街264号	杨逸民		七		采购时随时以分配议定额临时筹集	基金500万元	不负盈亏				一					51年4月30日	一部会员系代理商，组织后逐渐争取自运自销，土特产交流上起了一定作用，但采购没有一定计划，暴利思想严重，有投机性。	目前时值淡季，负责人"五反"尚未处理，经营积极性不够，私私间尚存有矛盾（大小资力关系），现正向徐州采购生仁。
二	桐柏油饼	苏州市桐油油饼业联购处	联购分销	南浩街133号	宣国祥		四二		采购时随时以分配议定额临时筹集						四			食品业第十九分会	范性解	50年12月6日	促进土产交流有了作用，成本减低，节省了人力费用等，但过去组织全部操在大同行手中，有大吃小垄断现象，并且单纯从利润出发，分配时你抢我夺，私私间闹纠纷。	大同行多数转业，业务开展无大量采购，一般尚属正常，开支太大。
二	蛋孵	西区蛋业联购处	联购分销	南浩街289号	薛彬华		七		按各单位配货额比例议定	基金2000万元					二			海货土产业第二十四分会	华□堂	51年2月10日	在杜塞偷漏税上有了收获，并转变了业务上的收购方式，使成本售价有了统一，并主动向产区收购，业务有了开展。	基金全部为各会员赊欠在外，会员资金短少，联购业务因资金关系陷入停顿状态。

续表

所属联办	业别	名称	联营性质	地址	负责人	参加户数			资金情况				从业人数				分支机构	职工会基层组织名称	工会负责人	设立日期	组织后经营方法上有哪些改进和发生的偏向问题	目前情况及存在问题
						同业	参加	占同业%	投资方式	资金总额	盈亏情况		原有企业		联营处							
											盈	亏	职工	资方	职工	资方						
三	面馆	面馆业联购处	联购分销	玄妙观观音殿内	浦云家	一〇四	一〇四	100	无资金						二						该组织系代购性质，对市场管理统一掌握有了便利，成品市场购买较廉，惟组织以来作用不大，负责人掌握不够，且私商思想对联购存有一定顾虑（税务及负担问题）。	作用不大，仅每天代购粉□十包，占全业需要为10%左右，会员思想情况复杂，负责人不负责，一切业务均由职员掌握。
三	粮食	粮食业第一联营处	联购分销	大成坊巷26号	祝森元		一〇		各会员自由议定	二亿元	不负盈亏				一			食品业公会	刘亚	51年6月29日	集中采购，节省开支，降低成本，避免了盲目竞争，交流上起了一定作用，调剂供求，配合国营情况尚好，惟联营性质上似有投机行为。	目前参加各单位因资金关系，半数以上拟退出联营，现在停滞状态。
八	新药	苏州市新药业联购处	联购分销	观前街219号	董鄂春		六三		分别大中小议定	准备金1050万元	无盈亏				五			苏州市药业委员会	陈永馥、姜志义	51年1月2日	该联购业务在五月间才开始，使小会员在进货上解决了困难，并且对售价利润方面大中小都有了正确统一。	组织未臻健全，人手太少，未能主动争取工作，不足会员要求，现在均由职工同志掌握，一般情况较好。

续表

所属联办	业别	名称	联营性质	地址	负责人	参加户数			资金情况				从业人数				分支机构	职工会基层组织名称	工会负责人	设立日期	组织后经营方法上有哪些改进和发生的偏向问题	目前情况及存在问题
						同业	参加	占同业%	投资方式	资金总额	盈亏情况		原有企业		联营处							
											盈	亏	职工	资方	职工	资方						
七	自由车	苏州市自由车业联购组	联购分销	景德路483号	顾坤生		三八		加入会员按需要材料多少筹集	1076万元	无盈亏				一			店员五金业自由车委员会	龚菊成	51年4月	业务上并不起多大作用，仅减少了商品流转次数，消除了中间商的手。	组织不健全，会员大中小不团结，业务进入半停顿状态。
五	绸布	苏州市绸布业联购处	联购分销	大成坊巷(纱布市场内)	周丙炎代		七五		以大中小分别筹集	准备基金2979万元					五		上海办事处			50年9月27日	减少中间转手利润，促进了同业的成本统一，在小会员资金周转上有了帮助，制度不够周密，负责人不够负责，听任职员发生贪污挪用公款，失去信仰，大同行仍单独采购。	多数会员资金短绌，影响联购业务，退票等情况，基金消弱，主要问题私私不团结，大会员对联购不感兴趣，未能求得统一购货。
三	饼馒	饼馒业面粉联购处	联购分销	玄妙观雷祖殿	潘鸣九	五三八	五八三	100	无资金						一					51年	该联购处仅为代购面粉，在市场管理上起一定作用，便利会员节省人力，在促进其零售价上，使会员成本有了减低。	会员散漫众多，不易掌握，且存在着进入联购处购买将来税务上不能偷漏的想法，因之观望联购业务而不开展，同时负责人不能负责。
三	糕团	糕团业联购处	联购分销	观前街黄天源内	顾念椿															51年10月11日		该联购处自批准后至今未曾开展业务，成为虚立。

续表

所属联办	业别	名称	联营性质	地址	负责人	参加户数			资金情况				从业人数				分支机构	职工会基层组织名称	工会负责人	设立日期	组织后经营方法上有哪些改进和发生的偏向问题	目前情况及存在问题
						同业	参加	占同业%	投资方式	资金总额	盈亏情况		原有企业		联营处							
											盈	亏	职工	资方	职工	资方						
八	药材	苏州市药材业第八联营处	联购联销	渡僧桥下塘街14号	陈焕章		二三	50	议股投资	2000万元	51年终204万元									51年5月21日	该联营作用不大，资金太少，业务开展不前，仅在同业间彼此有了联系，收购上稍缓解了乡农及小会员无资力一时收购的困难。	无专责人负责，资金太少，作用不大。
二	鲜果	苏州市鲜干果南浩组联营处	联购联销	南浩街鲶鱼墩8号	孙冠全		一三		按各单位劳资双方服务人数投资	3400万元	1800万元							海货土产业第十二分会	沈敏	51年7月15日	组织上发生偏向，与原单位业务发生冲突，在土特产交流上有一定作用，惟有把持垄断同业现象及以联营名义恢复代理业务。	原单位业务不振，受联营影响，大家都要搞合营，情况复杂，资金赊欠在外，一时不易收回。
四	破布旧货	苏州市破布旧货业联销处	联销分购	西中市62号	杨家麟		一一三		无资金						三			市店杂业四十六分会	钱幹臣	51年4月14日	该联销处以配合上海造纸工业联购处而成立，在过程中对供应造纸原料上有了贡献，但偷工减料情况较严重，并且成集体的垄断行为，哄抬棉花价格，造成旧棉花一度发生混乱抢购情况。	部分资金缺乏，组织不够健全，散漫成性，品质规格不遵守，负责人在业务上不够公开化，时与上海原料联购处发生纠纷。

苏州市联营总情况表

1952年10月25日

编造机关：苏州市工商局

联营性质	性质	户数	同业参加户数	资金	从业人数				已撤消							备注
					原有企业		联营处		户数	同业户数	资金	原有企业		联营处		
					职工	资方	职工	资方				职工	资方	职工	资方	
联购分产分销	工业	4	34	3000万	473	51	5		1	11		349	28	3		
	手工业	4	123	748万	220	163	4									
	商业	16	1063	46655万	400	113	30	8	1	22		160		3	8	内1户已停顿
联购分产联销	工业	5	176	70000万	2145	169	14		1	9		34	9	2		
	手工业	8	573	21265万	1556	859	26	11								
	商业															
联购联产联销	工业															
	手工业	5	46行商64	210100万			138	12	1	9行商42	84800万			28	1	1户已组织公司
	商业	2	36	5400万												
联产分销	工业															
	手工业	1	70	17000万			10	2								已改为公私合营
	商业															
联销分产分购	工业															
	手工业	1	58													
	商业	1	113					3								
联销分产	工业															
	手工业	15	465	6450万	2160	454	21									
	商业															

续表

联营性质	性质	户数	同业参加户数	资金	从业人数				已撤消							备注
					原有企业		联营处		户数	同业户数	资金	原有企业		联营处		
					职工	资方	职工	资方				职工	资方	职工	资方	
联合经营	工业															
	手工业															
	商业	2	8	9650 万			94	19	1	5	8450 万			12	20	
联合客运	工业															
	手工业															
	商业	1	39	20450 万			36	36								
联合运输	工业															
	手工业															
	商业	4	379	720 万 民船 198 艘	239	1828	49	400	1	68	民船 68 艘			38	400	
联合加工	工业															
	手工业															
	商业	1	10	4000 万	82	11										
联合代理业务	工业															
	手工业															
	商业	1	10	4000 万			5	1								
联合承包工程	工业															
	手工业															
	商业	3	143	42700 万			12	29								
联合经营运销	工业															
	手工业															
	商业	1	21	28350 万		1	15	44	1	21	28350 万		1	15	44	

续表

联营性质	性质	户数	同业参加户数	资金	从业人数				已撤消							备注
					原有企业		联营处		户数	同业户数	资金	原有企业		联营处		
					职工	资方	职工	资方				职工	资方	职工	资方	
合并经营	工业	1	15	73910万	255	9										
	手工业															
	商业	19	181	402507万			792	269	2	23	23240万			28	57	
总计	工业	10	225	146910万	2873	229	19		2	20		383	37	5		
	手工业	34	1335	249113万	3936	1476	199	25	1	9	84800万			28	1	
	商业	51	2003	563932万	721	1953	1033	809	6	139	60040万	160	1	96	519	

表内资金不够准确，因有些没有填。

三、工商调查与统计

吴县铁钢商业同业公会为工商局调查概况填报等事开全体会议记录

1949 年 8 月 19 日

民国三十八年八月十九日上午八时为工商局调查概况填报事开全体会记录

计到十八人

主席：朱正卿

报告事项：

县商会函，准防救会函送义演券，贵业应推销三张，每张二千元由。

县商会函，救灾救济捐款贵业以大米十石为目向，请努力完成由。

县商会通知，奉工商局周副科长谕，为进行概况调查，召集各业定十八日在县商会开会，并指示调查各要点由。

讨论事项：

第二次救灾捐款收到人民币十三万一千五百元，米一石四斗五升，已交银行、商会，应否截止案。

决议：能力已尽，就此结束，报告商会转报，用剩空白捐册收条检点送回，以清手续。

工商局调查概况表讨论填报案。

决议：分发调查资金表（统一以现存之货约值）归纳为洋元板铁作数，各自填报，尽明日上午送至本会汇填总表，其他未列各项由本会书记分别填写。

重定收取月费标准案

决议：现时业况欠佳，收费困难，只能量入为出，尽量紧缩，分别等级，即日填票收取，以应支用。各会员亦应体恤会中事实所需，勿再拖欠。

吴县油商业同业公会会员资本表

1949年9月1日

吴县油商业同业公会会员1949年9月1日所报资本额						
牌号	负责人	资本额	地址	会员证	开设年月	备注
祥生	张甸国	一亿元	胥门外泰让桥	3		
江南	龚佛龙	三亿六千八百万	齐门外大街	32		
义隆和	平佐文	四千万元	娄门官渎里	1		
通义协	范立甫	二千八百万元	阊门半塘	2		
维生	董金卿	五百万元	葑门油车场	36		油米一起在内
源昌仁	范咏安	六百四十万元	胥门枣市桥	31		
王源隆	王学霖	一千万元	齐门北马路桥	23		
九成	龚蔚徵	二千一百万元	枫桥	9		生财一千五百万，流动金六百万
德大	邹才堃	九十万元	临顿路六十号	6		
马兆源（分）	马德增		葑门外	33		零时推销，无独立资本，总店在陈墓
永泰鼎（分）			葑门外	8		在苏推销，无独立资本
义成	赵一鸣	四千四百四十万元	木渎			
恒丰	卞宝生	一千零四十一万元	木渎			
振昌仁		一千三百万元				
自力小型油厂	陈孔义	一千四百万元	盘门东大街二十三号		1950年3月5日	合伙

1949年11月份吴县布厂工业月报统计表

1949年11月

1949年11月份月报统计																	
厂名	布机		职员		工人		原料（小包）				成品（匹）				工作		注
	原有	现开	应用	实用	应用	实用	上存	购进	耗用	结存	上存	月产	售出	结存	天	时	
美和	50	43	19	19	77	70	1391	190	708	873	411	868	432	847	28	252	
立丰	50	30	24	24	104	80	1210	680	730	1160	150	672	634	188	28	280	
庆丰	27	25	18	18	37	33	41	550	301	290	975	331	358	948	28	308	
益华	20			5		1	193	8	2	199	99	10	97	12			
华星	27	21	4	4	44	38	210	286	345	151	65	755	589	231	28	336	
同和	18	12	7	7	20	20	220	120	305	35	289	325	198	416	28	336	
美华	12	8					128	100	185	43	104	219	129	197	23	243	
瑞丰	12							82	42	40	142	187	152	177	28	280	
宏丰	32	22	34	24	37	37	149	255	266	127	241	403	348	296	28	280	
裕丰彰	36	35	10	10	54	53	113	381	401	93	29	1014	672	372	28	336	
天和	40	35	7	6	72	68	318	380	445	253	347	1092	882	557	29	318	
生生	22			5		37	363	324	478	209	148	570	356	362	28		
裕丰	15	10	4	4	27	17	171	231	333	68	244	348	449	143	29		
平江																	
新苏	20	20	13	13	32	32	96	220	262	54	179	581	348	412	29	338	
合大	6	6	2	2	7	7	15	61	71	5	43	199	171	71	24	306	
金星	11	11		4		18	20	120	130	10	126	337	347	116	28	308	
大安																	
大德	24	20	8	8	36	34	112	145	207	50	167	409	216	360	29	290	
荣丰	10	10	5	5	17	17		96	96		89	149	151	87	28	280	
森泰	7	7	3	3	13	13	70	55	104	21	93	191	127	157	28	280	
新纶	3	3	2	2	7	7	11	89	48	52	36	170	99	107	28	308	
久丰	12	8	4	4	16	12	15	80	93	2	84	297	284	97	29	290	
永丰	4	1					12	30	13	29	23	26	32	17			
競新	12	3	4	4			26				67	17	4	80	15		
大业	6	6			12	12	41	35	80	16	41	178	69	150	27		
大隆	12	3	4	4		5	45	20	30	34	26	29	33	22	26		
海新	6	4	3	3	10	8	10	23	33		38	98	44	92	28	232	

续表

厂名	布机		职员		工人		原料（小包）				成品（匹）				工作		注
	原有	现开	应用	实用	应用	实用	上存	购进	耗用	结存	上存	月产	售出	结存	天	时	
鑫鑫	6	6	4	4	10	10	50	81	109	22	20	249	164	105	28	168	
友谊	24	22	11	11	41	27	156	190	273	73	352	576	581	347	28	308	
宝丰	4	3	2	1	4	3	18	51	67	2	3	77	51	29	25	250	
新丰	6	5	2	2	11	10	2	80	70	12	60	121	115	66	30	300	
勤丰	3	3	2	2	3	3	15	50	42	23	5	52	45	12	30		
恒升	8	5	3	1	14	10	4	25	29	1	67	67	80	56	27	140	
新康	4				11	10	60	125	160	20	7	162	140	29	26		
复义	4	3	1	1	7	5	13	16	18	11	8	45	39	14	18	126	
天纶	6	6	1	1	11	11	39	78	105	12	88	258	214	135	30	330	
庆昶	17	9	7	7	20	20	43	157	168	33	191	260	204	247	28	280	
华丰清	12	8		2		22	6	79	70	15		130	98	32	30	300	
合大瑞	8	8	4	4	15	15	93	144	151	86	133	346	214	165	28	319	
老同和																	
冠丰	7	5		2	6	6	46	69	60								
达成	4	4	4	4	10	10	36	40	51	25	73	142	62	153	27	270	
一心	9	6	4	4	18	18	144		120	24	116	257	78	284	27	270	
新生	11	4	9	9	6	6	62	32	88	6	8	82	45	45	28	336	
森泰徐	3	3			6	6	23	32	30	25	19	53	58	14	28	280	
森泰章	3	3	1	1	4	4	4	35	29		36	60	40	56	28	280	
麟瑞	5	5	1	1	7	7	15	36	46	8	30	93	83	40	28	280	
新纶岐	5	4		2		9	15	31	40	6	43	116	106				
福兴	5	5	3	3	10	9	65	108	161			144	131	13	26		
永新	30	10	5	5	2							233	25	208	26		
美丰达	3	2			3	3		20	20			42	21	21	29	348	

各业办理工商临时调查注意事项

1950 年 1 月

一、调查工作自一月二十日开始至一月二十五日截止，希望各业掌握时间，确保发挥工作效果，争取依限完成。

二、各业工会于调查工作截止后，应即依照调查内容（除主营业务兼营业两栏）造列清册二份，以一份送由本会以便汇报工商局查核，另一份留存公会备查，此项整理造册工作，各业一律于一月二十六日办妥。

三、清册经核对无讹后，各业应于一月二十七日连同调查证（反面有其他事项的）一并送会，能提前更好。

四、调查工作进行期内，各公会内部应经常有专门人员负责办理此项事务。

五、调查工作之主要目的为明了全市工商行业数与厂商数，如一店仍再有参加二个公会之个别情形，在此次调查时，可就主业调查之，不必同时分向两处申请调查。

六、摊贩不在调查范围之内，但鲜肉摊、人力车、三轮车、汽车、民船、壅等业公会，各有个别会员因有营业行为而无商号形式且原为公会会员者，此次调查时仍应办理调查手续，惟应在厂商牌号下加以说明，如“肉摊”、“个人会员”等不同之情况。

七、调查证每份二纸，计大小纸卡各一，均由申请者自行填写，填妥后大纸卡上盖用申请者店章，由公会核对无异后，将大纸卡留下，由公会暂先保管，然后连同清册汇送本会。其另一小纸卡，由公会盖章即时交还申请人携回保存，以便检查，公会应注意给予申请人便利，避免申请人多次往返，致增加不必要麻烦。

八、编号由公会办理，次序可自行适当处理。

九、调查证每份收回工本费人民币三百五十元。

十、调查工作进行期内，各公会应于下午四至五时将每日收回调查证之数字用电话向本会组织组联系。

十一、解放后开业迄尚未经工商局批准者，姑先接受申请调查并与公会取得联系。

十二、一月二十七日起实施检查工作，具体办法另行规定。

苏州市织布工业会员厂名表

1950年5月1日

	停歇	时期	附注		停歇	时期	附注
永新	停	4月1日		恒升	歇	1月6日	已停工，负责人他往
美和	停	4月1日	今年因修理未开工	新康	停	4月15日	
立丰	停	4月18日		复义	停	4月15日	
庆丰	尚开		减工，开三分之一	天伦	停	3月14日	已报停
益华	歇	2月9日	已停工	庆昶	停	4月15日	
华星	停	4月5日		华丰清	停	4月15日	
同和	停	4月15日		合大瑞	停	4月15日	
美华	停	4月15日		老同和	停	4月15日	
瑞丰	停	4月15日		冠丰	歇	2月9日	已奉工商局批准停
震丰	停	4月15日	劳资进行解雇	达成	歇	1月30日	已奉工商局批准停
裕丰彰	停	4月15日		一心	停	4月15日	
天和	停	4月15日		新生	停	4月15日	

续表

	停歇	时期	附注		停歇	时期	附注
生生	停	4月25日		森泰徐	歇	4月15日	负责人死亡
裕丰	停	4月25日		森泰章	停	4月15日	
平江	尚开		转	麟瑞	歇	4月15日	
新苏	停	4月25日		新纶岐	停	4月15日	
合大	停	4月25日		福兴	歇	2月11日	已奉工商局批准停并遭火灾
金星	停	4月25日		美丰达	歇	1月30日	已报停
大安	停	4月25日		协丰	停	4月1日	
大德	停	4月25日		达丰	歇	4月1日	
荣华	停	4月25日		泰丰	停	4月1日	
森泰	停	4月25日		东汇周	歇	2月9日	已停
新纶	停	4月25日		汉义	歇	4月15日	
久丰	停	4月25日		美大	停	1月30日	已报停
永丰	停	4月25日		中华	尚开		
競新	歇	1月30日	已停工作，负责人他往	久大	停	4月9日	
大业	停	4月14日		大中	停	4月9日	
大隆	停	3月14日	已解雇	荣丰	歇		已停工作
海新	停	4月1日		五丰	停	4月15日	
鑫鑫	歇	2月9日	已停工作，负责人他往	大丰	歇		已停工作
友谊	停	4月14日		光华	歇		已停工作
宝丰	停	4月14日		协成	尚开		
新丰	停	4月14日					
勤丰	停	4月14日					
停业　602户							
减工2户							
新开户1户							

苏州市工商联筹委会为调查动力设备暨所用燃料原料情况致苏州市丝织业公筹会函

1950年12月16日

案奉苏州市人民政府工商局一九五〇年十二月十四日市工字第八八四号通知开：兹为明了本市各业厂之动力设备暨所用燃料原料之情况起见，特制定调查表各一种，仰该会分别通知有关用动力设备的行业工厂，如无同业公会组织之工厂作坊，可个别填报，余则由各业公会汇总填报，一律应于本月二十五日前，由该会收集齐全，呈送本局备核为要，等因。附动力设备情况调查表暨燃料原料情况调查表各四十六份。奉此除分函外，相应检附上项动力设备表暨燃料原料表（原文查无附表）各二份函请查照，每表填报一式二份，希于二月二十五日前送会凭转。再动力设备表内，如系自备发电须在备注加以注明，并烦洽照为荷。此致丝织业公筹会

苏州市丝织工业动力设备情况调查表

1950年12月20日

	名称	原有座数	功能	开动座数	功能	耗用量	备注
动力设备	马达	218	533.8达	198	481.3匹	42983度	
	柴油引擎						
	木炭引擎						

江苏省苏州市目前商业情况汇报

1952年11月24日

伟大的“五反”运动以后，私营商业在国营经济、工人阶级领导之下，一般行业都获得了发展或好转，由于各地城乡物资交流的活跃开展和广大人民生活水准的不断提高，很多行业已经出现了旺季更旺的现象，另一方面个别行业和个别商业单位，因为新社会的迅速进展，一些不合新时代人民所需要的和有投机思想的经营者，更显著地呈现着陈旧、衰落，现在就一般商业情况择要汇报于左：

（一）半年来公私营商业比重的变化情况

关于公私营商业比重的变化方面，本市有一个第一人民商场，里面有国营的中百公司和中土公司的门市部，另外私营商业有四十九个不同单位在一起营业。一年以来，并没有重大变化，今年一至九月份营业与上年同期营业相比，公营与私营商业发展情况的比例是四比一，就是国营部分增加百分之四百，私营部分增加百分之一百。私营部分四十九个单位十月份的总营业额比上年同期营业要增加53.56%，比今年六月份营业要增加54.23%，比今年七月份要增加93.56%，四十九个单位中间，只有二个单位的营业比较上年同期降低一些。就里面几个主要私商单位来谈，绸布部十月份营业比上年同期增加33%，比今年七月份要增加94%；袜衫部十月份营业比上年同期增加46%，比今年七月份要增加28%；文具部十月份营业比上年同期增加75%，比今年七月份要增加87%；五金部十月份营业比上年同期增加185%，比今年七月份要增加101%；南北货部十月份营业比上年同期增加30%，比今年七月份要增加23%，这些数字看出了私营商业是在发展中，同时也可以看出在人民购买力普遍提高和文化建设、建筑事业的高潮到来的时候，私商是要发

展的。

个别行业随着时代的进展，公私关系之间的比重也有着转变，像经营卷烟的代理业，因为各制造烟厂，纷纷委托国营公司代销各牌卷烟，范围日益扩大。相对的私商方面有了显著缩小，主要原因代理业务本来是中间商不是直接贩卖商，另外烟厂委托国营公司代销，对自己生产可以有计划或者更便利些，煤油业大量用户都向中石公司直接购用，中石公司售给用户和贩卖商的价格并没有差额，进货亦困难，因此私商比重亦逐渐减少，木业也有同样情形，另外国营华东联运公司的业务，随着城乡物资交流的开展，逐渐扩大，私商方面的运输行，本来很多商行少有运输工具，因此业务有了限制。

（二）近年来私营商业各行业发展或缩小的情况与原因

“五反”运动以后，一般面向大众的正当工商业都在发展中，个别行业与个别单位，有部分经营批发业务的，一些有投机思想的经营者和个别落后的行业是在逐渐缩小。

绸布业会员有九十七家，里面有三家大会员，它的营业要占全业营业额的百分之五十，这三家商店，过去有兼营批发的，现在批发部分的业务是停止了，但是门市交易还是正常发展的。一般会员为了争取营业，自动靠拢国营公司的牌价，采取薄利多销，营业也能正常，营业情况因为合作社的增加和资金短少等原因，比较上半年降低约百分之四十。另外像一家协大祥绸布号是在上半年开设的，当时气派很大，虚伪号召，资金只有五千万元，经营者自以为在上海棉布商中间有些“地位”，可以老一套的作风，拖些货来做营业，计划每月做七千五百万元交易，完全是盲目的投机思想，在“五反”运动以后，它这种投机性的营业计划，就无法施展，一般行销时令货又赊欠不到，情况一天坏一天，最近每天营业额不满十万元，而每天开支将近要三十万元，已经无法维持这种盲目的投机性的经营，在新社会中是不容立足的。

南北货糖业很多大会员经营以批发为主，现在逐渐转向门市，营业情况十月份与上年同期相比也有增加，茶食糖果业营业情况十月份较上年同期增加一成多。

通过城乡物资交流会，部分行业在转变中有了发展，皮革制品业经营业务以皮鞋翻鞋为主，现在转变为帆布背包皮布裤带，组织参加交流以后，销量很大，销售地区除苏南区主要市县以外，远及西安、内蒙古等地，百分之九十产品都属外销，其余布鞋皮箱等也保持着常态，就是高档的皮鞋翻鞋营业感觉平淡。

冶坊业农具本来是副产品，最近农村中积极开展增产运动，农民们纷纷添置农具，十月份农具的营业比前二个月就增加百分之六十。

一般食品店营业都有发展，以一至九月份的营业和上年九月份对比，面馆业增加了百分之四十二，菜饭馆业增加了百分之十二，饼馒业增加了百分之四十九。

食物是民生必需品，市区合作社组织逐渐扩展，粮食业的门市交易是在缩小，该业上年有二五六家，目前只剩一六五家，营业情况上年一至九月份总计一〇四九亿元，本年同期总计六三一亿元，粉麸业上年由二十二家组织合营，今年七月份撤销合营，恢复个别经营，只剩九家，七月份临于半停顿状态，九月份开始复业，平均每户要做五千多万元营业，每户的资金平均不足一千万元，每月都有五次的周转率，利润比较薄，还可以维持，总的营业情况比上年减少百分之六十二。

交通运输行业方面，由于市政建设的迅速进展，部分行业也就必须遭遇到时代的淘汰，经营情况逐渐缩小，本市在八月底已经在市区行驶了公共汽车，原有马车九十辆，政府执行人代会议的决议限期停驶，现在陆续停业的已有七十辆，人力车业也淘汰了一部分破旧的车辆，这些工商户和职工，政府方面正在帮助解决转业和就业的问题。

（三）对公私关系、税收与差价等问题的意见

公私关系方面，由于在经营业务上加强了联系，私商对国营企业的看法有了显著的转变，中土公司与南北货业的售价问题，经过联系以后就调整市价相互询问了意见，对批发与零售的差价，中土公司为了照顾私商利益也进行适当调整。专卖事业处自从七月份开始，决定收购仿绍酒，起初私商为了脱货求现，开出价格每坛四万八千元，这个价格是不够成本的，专卖处就提高了收购价格，因此鼓舞了私商的经营积极性。目前该业已进入生产季节，因为资金的短绌，采购原料准备生产都存在问题，人民银行扶助以三角贷款的方式进行贷款，根据私商生产计划自备资金的比例贷给贷款，促使进行生产。该业私商对政府只有深深的感激，“五反”运动以后的消极情绪已经消除，其余百货业、纸业、五金业私商对国营企业的关系，都有了转变。

私商对国营部门经营的部分鲜货，在价格和供应方面还存在些意见，鲜果业对中土公司经营的各种鲜果、零售和批发价格差额嫌小，倘使私商向国营公司批购贩卖就没有利润。鲜肉业原本毛猪来源完全依靠私商猪行业，猪行业因为是代理性质，目前很少客商运猪来苏委托销售，不能满足肉商的需要，因此肉商对中土公司的鲜肉供应要求也提高了。中土公司经营鲜肉因为是鲜货，限于供应计划，而贩卖商有百分之八十都属摊贩，数字零星不容易掌握，有时购肉就采用摸卷子，假定要购二十斤，但摸到五十斤必须购五十斤，相反要一百斤的而摸到的卷子三十斤，就只能购三十斤，规格方面也没有私商肉行分得准确，往往凭经销人的主观来评定，因此意见很多。

税收方面，目前工商界对五一年度所得税问题还存在以下几种思想情况。

企业单位的总分支机构在两个地区报税税负上有不同之处。根据梗片业两家会员反映，一家新光厂在苏州报税，缴税一亿一千八百八十九万余元。另外一家明华厂上年营业额达八十多亿元，较新光厂要高出八倍，生产设备亦好，因为总机构在上海，报税据说只缴三亿余元。染织业协成厂在苏报缴缴税二亿二千八百八十八万余元，而另外一家美和厂规模及产量均较协成厂大，因为总管理处设在上海，各税在上海报缴，据说只报缴了一亿多元。另外火柴业中南厂与鸿生厂亦有同样情况，鸿生厂是大中华火柴公司的分支机构，各种税都在上海报缴的。

自报查账户与一般民评户的税负存在问题。据反映桐柏油饼业联盈与联益两家都是自报查账户，也是同业中业务最好的单位，联盈公司的利润比较厚，上年所得税缴四千二百四十二万余元，联益利润确是比较薄，缴五百五十九万余元。但是另外一般民评户，都按照分等纯益率计算的，此次估征五二年所得税评议工作中，业内以去年税负互相比较，营业与利润情况有相差悬殊的现象。

典型户税负较一般户高。据了解漳绒业（手工行业）同业织机自一台起多至十二台，中间以四台到六台占多数，该业去年度所得税有几家因为是典型户的关系，所缴税款都在二百万元以上至七百余万元，但是相反的其他一般户也有四台到六台机的，只缴税十万到二十万元，在一、二台机的甚至只缴几千到二三万元不等。该业去年生产都尚正常，经营方式亦无过大差别，且都参加联合推销，因此除费用方面稍有高低外，对总的利润厚薄并无过大特殊出入。由于典型户的关系，抓紧一方面放松一方面而发生偏高偏低负担不够合

理现象，偏高的造成对今年所得税的思想顾虑，生产上也不能起一定的积极作用，偏低的存在单纯的依赖思想，同时认为单位不大，生产比较少，必会得到政府特殊照顾，对税收不重视，使国家税收遭受损失。

（四）目前存在的主要问题和意见

“五反”运动以后，部分的职工离开了原有单位去搞生产，因此劳资关系上有了问题。像篾片业的工人有数十人都离开了原来单位，集中起来向中粮公司接生意，做了好几个月，私商因此接不到中粮公司的生意，对职工认为已经没有劳资关系，一旦中粮停止工作，职工回去，将发生争议事件。丝线业职工自己组织了联合工厂，要和经营商拟定生产合同，经营商因经营业上不能准确估计，不接受税务局方面，要双方订立委托加工合约，职工方面因为定这个合约要失去立场变成资方关系，因此也不订，这种情况希望研究指示顶好指导组织合作社。

同样的有部分商业单位经营者没有信心，离开企业出走或者置之不问，职工为了生活就以生产自救的方式继续经营，对同业和公会组织既不能够取得联系，关于工商业的政策政令的传达贯彻因此有了问题。如最近推行清理积欠工会文教工会费，要求各业订出计划约期清缴，浴室业就有十家职工生产自救单位未能联系订出清缴计划，本市店员工会，对此问题亦在进行研究。

纽扣业联营处由中土公司收购蚌壳二车坯，纽扣总计一百二十吨之多，与人民银行订立三角业务合同，定自七月份起，每年平均交货二十吨，中土公司同意协助指导私商到各地去联系采购蚌壳原料及毛子，货品规格，非常精细。该项订货主要销售国外，目前生产存在两个问题，原料蚌壳主要产地为鄱阳区域，派员前往都昌县等地接洽设立收购站，结果未能批准，采购原料困难重重，最近生产因为原料缺乏，不能交货，希望华东区中贸公司与有关地区（江西、湖南）联系，协助采购原料。另外是次货问题，该业生产设备比较简单，绝大部分是手工业生产，职工有近千人，过去最高产量每月十二三吨，接受上面订货任务，当时计划必须加班加点方可完成，订货规格很高，而由于生产原料蚌壳的厚薄不同必然生产部分次货，在私商订约成交时，对次货销售估计不足，因此目前各厂次货积压有十六七吨之多，百分之四十的资金积压在次货上，而实际解缴订货还只有二十余吨，形成次货滞销，几次参加交流大会亦未能解决问题，倘使继续履行合同，次货不断提高，生产业务将更困难，因此私商感觉进退两难，希望国营公司能够同时收购次货。

一般手工业行业很多原料供应发生问题，像棕刷业的棕、骨器业的牛骨、猪鬃业的原鬃、铜器业和金属制品业的铜都有这样感觉，因此发生有盲目竞购和黑市抬价现象，生产业务因此不能正常发生。

（五）职工在公司行号中参加股份和最近退股情况

职工在公司行号中参加股份的很少，比较多的典当业职工参加股份的有百分之七十，绸布业商号中百分之二十有职工股份，其余丝线业、煤油业等都有个别职工参加股份，最近并没有发生退股情况。

（六）其他

火柴制造业自从实习计划生产后，业务已趋正常，制造火柴原料的梗片厂照例也应该好转，但是适得其反。主要原因有：木材原料购进困难，梗片厂盲目新开，相互竞购，削价求现，造成滞销现象。另外有批次货，变成滞销品中的滞销品，一度将次货染红梗销售，华东区大火柴会议决定取消红梗，致使前项次货红梗无法销出，造成浪费，在火柴工业计划生产后，梗片工业希望华东工业主管部门研究同样实行计划生产。

制箔业的劳资关系，其间存在着问题，资方认为不发生劳资关系，职工认为一定有劳资关系存在，因为制箔的过程要经过四个阶段，第一阶段向打箔工人买进锡页，第二阶段发放女工背箔，第三阶段交给砑箔工人砑箔，第四阶段交劈剪工人劈剪完整。该业资方认为其中劳资关系都无直接影响，并不发生固定的劳资关系，希望加以研究，明确减少今后的劳资纠纷。

江苏省苏州市私营工商业情况汇报

1952年12月22日

（一）三年来私营企业发展情况和存在问题

本市私营工商业，三年来在人民政府和国营经济的领导下，一面改进生产经营，一面恢复发展生产，获得了很大的成就，工业生产一直是直线上升，商业方面，自从城乡物资交流扩大开展后，凡是符合于新社会人民大众所需要的，已经开始从恢复稳定走上发展的道路，手工业生产很多行业发展得更快。

本市工业生产非常幼稚，最大的一家苏纶纺织厂还是中型厂，它有纱锭四六七三六枚，织布机九六八台，五〇年度的生产量，棉纱以二十支纱计算共计一七六六五件，棉布以十二磅细布计算共计三三八八六六匹，五一年度生产量，棉纱增加百分之十二，棉布增加百分之五；五二年一至九月份的产量与五〇年全年产量对比，棉纱增加百分之五十五，棉布增加百分之二十一，如与上年同期对比，棉纱要增加百分之六十七，棉布要增加百分之九十一。丝织工业厂单位很多，规模一般不大，解放以前运转织机有八百多台，产品丝绸主要销售国外，生产时常中断，五〇年上期在美帝发动“二六”轰炸以后，生产一度萎缩，运转织机减剩二百多台，政府就即开始加工收购，予以扶助，迅速恢复。“五反”前运转织机有六百多台，最近已增加至一千一百多台，各厂机台已经全部开动，个别厂增加夜班生产，生产量今年一至九月份生产绸缎较上年同期增加百分之三十九。染织工业在政府政策的鼓动下，很多生产设备进行改装，使用电力转动，增加夜班，产品的规格亦渐趋一致，产量直线上升，五一年度产量比五〇年度增加百分之七十七强，今年一至九月份产量比上年同期增加百分之十二强。面粉工业五〇年度生产七十七万余袋，五一年度生产八十八万余袋，今年一至九月份生产量就有九十三万余袋。其余榨油、造纸等工业，一般生产都有增加，就是火柴工业，自从实行计划生产，国营公司扶助收购以后，生产情况已经稳定，逐渐好转。

工业生产的发展与工人生产积极性的提高是分不开的。本市私营工业，在党的领导之下，已经分别开展民主改革补课运动，因为运动的胜利成功，生产又有显著提高，像协成染织厂资方反映，十月份产量比九月份增加了百分之五点五，另外原材料方面也大大节省，一箱漂粉本来只做八十八包，现在已提高到三百八十四包。

商业方面，三年来的主要成就，在认识上都有提高，正当工商业者对自己经营的企业，革除了一切封建陋规，转变了经营的方向和方法，经营状况一般都很正常。五一年度的营业额很多超过五〇年度的营业额：百货业增加了百分之五十六，山地货业增加了百分之三十八，粮食业也增加了百分之十八，其余图书文具、纸业等都有提高。今年上期“五反”期间，部分行业曾经出现了萎缩现象，但是很快地就恢复了，以几个主要行业今年七至九月份营业额与上年同期对比，像酱工业上年是一百零五亿七千余万元，今年是一百零五亿九千余万元；弹花业上年是三亿五千万余元，今年是五亿零五百余万元；南北货业上年是一百零七亿余元，今年是九十四亿四千余万元；百货业上年是八十八亿六千余万元，今年是七十一亿八千余万元；绸布业上年是一百五十九亿一千余万元，今年是一百二十六亿四千余万元，这些数字，说明一般行业已经迅速恢复和接近上年发展的情况。

国营企业和合作事业的迅速发展，私营商业也在发展。以本市第一人民商场来说，里面有中百公司、中土公司以及四十九个私营部分。私营部分今年十月份的总营业额比上年同期增加了百分之五十三点五六，四十九个私营部分中只有两个单位不如上年同期，其余都超过了上年同期营业额。国营公司的限制零售，调整批零差价，更有力地鼓舞了私商业经营积极性，推动了私商的恢复和发展，在人民生活水平日益提高，城乡交流扩大开展的情况之下，私商是要负担起责任很好服务的。

经营方向和方法的改进，是企业本身发展的主要环节。以商业来讲，保守性比较浓厚，因此有了一定的限制，如绸布业一家牌子老店大丰布号，以今年一至十一月份营业额比上年同期要减少百分之五十八，相反一家人民商场绸布号积极改善经营，今年十月份营业比上年同期要增加百分之三十三，其余在同一行业中，这样两种情况的具体事例，在商业方面很多。

其余饮食行业营业情况都有增加，以本年一至九月份的营业额和上年同期对比，面馆业要增加百分之四十二，菜饭馆业要增加百分之十二，饼馒业要增加百分之四十九。

手工业生产在本市地方经济中占比重很大，一共有四十多个行业，生产各种手工业品，解放以后，不断参加了各地区的交流大会，销售地区日益扩大，因此很多行业迅速地发展，更有供不应求的现象出现，如乐器、雨伞、漳绒、算盘等都有过缺乏现货供应的现象，在本市中国民主建国会招待王艮仲同志的座谈会上，漳绒业代表就这样介绍情况，他说：“我们行业只有好的情况介绍，没有坏的意见，本来半年生产，半年停工，现在已经是常年生产，消除了淡旺季，织机原本只有一百多台，现在已增加到六百多台，产量不断提高，深深感谢人民政府的正确领导。”石粉业产品在旧社会里主要是碾末掺杂用的，解放以后停止掺杂，销路一度发生问题，由于工业建设的发展，这种石粉就变成油漆方面的主要原料，因此销路打开，产量增加，目前月产一九〇〇〇余担，预计明年三月份可以超过解放前的最高产量。窨制花茶方面，四九年度产量只有一万多担，五〇年度增加到二万多担，上年有五万多担，今年情况和上年差不多，其余纽扣、湖笔、苏锅、针织等生产都有增加。

手工业生产在迅速发展中，就发现了几个困难问题。第一是原料，如纽扣业的蚌壳，产在江西湖南一带，今年因为产地限制出口，因此原料不继，生产发生问题；其余如金属制品和铜锡业的原铜、猪鬃业的原鬃、牙刷业、骨器业的牛骨、棕刷业的棕，都感到了原料供应困难，如猪鬃、原铜等，发生了同业竞购和黑市收购现象；第二是熟练技工，手工业生产技工需要一定时期的训练，现有工人已经全部参加了生产，要招领学徒，非短时间可以学成或参加生产，如漳绒、乐器等业部，希望及时培养一拨新技工来发展业务，另外有些季节性行业，原有熟练工人都是农民，在春耕时间，往往要返乡耕作，因此像石粉业也希望培养一批预备工人，在春耕季节中参加生产；第三是规格，一般讲产品规格都有改进，要是统一规格，因为生产经营的分散，特别多的是个别和家庭组织性的，所以感觉很难解决，因为产品规格的参差不齐，在交流大会中成交的业务，时常有退货发生，或者购方提出意见，影响了交流业务的巩固和扩大；第四是资金，手工业单位规模都是很小，资金短少，因此在发展情势中，要增加设备扩大生产，也存在问题。

（二）目前劳资关系情况和问题

本市一般行业的劳资关系是正常的，存在问题除了一部分是“五反”运动以后的思想认识以外，很多是行业经营业务，在改革和转变中发现的问题，各行业成立的劳资协商会议有七十四个单位，工业性行业或企业单位的组织是正常的，商业行业性的组织比较差，我会正在和有关产业工会取得联系，共同进行各业劳资协商会议组织的恢复和健全工作。

目前劳资关系的情况和存在问题，根据各业反映，归纳如下：

（1）关于思想人事方面——在工商界学习工商联组织通则的时候，代表就说，在“五反”运动后，工商界对待劳资关系的态度，目前还存在两种错误思想：一种消极经营，家家依顺职工意见，一种是对“五反”有报复思想，如馄饨业主委在一个区级组织的基层工会提出调整工资，未曾经过合法手续和同业讨论，他就贸然接受，并首先在自己企业单位中实行，因此同业意见很多；也有不少手工业作坊店主，对青工学徒还发生打骂情事；另外染织业、化工业、面粉业等很多厂单位中，劳资之间，尤其是高级职员和资方之间，感觉都怕和资方接近，空气非常严肃，情况不亚于“五反”期间，因此生产业务有了损失，希望劳资双方领导部门，重视这个问题，共同进行教育，使在生产业务上很好地配合，迎接即将到来的大生产高潮。

（2）关于劳动纪律和态度方面——小型工厂有关生产的制度很少建立，因此生产上有了损失，如丝织业因为生产业务发展，目前技工已感缺乏，过去厂方并没有请假制度，工人因事告假，往往临时托人带一口信向厂方告假，因此厂方措手不及，有时就停工生产。经与工会协商建立事前告假制度，实行以来未能很好贯彻，现在正与工会方面继续研究。金属制品业、丝织业等对部分青工的劳动态度表示有意见；木床棕垫业学徒旧习惯三年学艺，现在二年以后，往往就不肯做，另寻工作；饼馒生面业个别青工互不肯很好学习业务，反而造成原料很多损失，机制缝纫业经营业务是季节性的，在旺季时候，由于工时限制每天十小时，有时主顾只能回绝，主顾很多意见，希望工人在特殊情况下适当延长工时。

（3）关于工资方面——季节性行业对雇用季节性工人存在顾虑。如酿酒业历年生产只有几个月，习惯上在生产终了时候，职工就离去回乡生产，今年“五反”以后，非生产季节部分工人继续留在坊中，不愿回乡，增加酒坊伙食开支，并且要求工资照发，因此发生争议；弹花业目前正在生产季节，过一时期即将结束，资方对解雇问题存在顾虑；酱工业修酒坛工人，也是临时季节性工人，今年非生产时期，个别工人不愿离去，要求资方供给伙食，亦有争议发生；面馆业在“五反”以后，革除陋规小账，职工工资经过协商改为提成制，在营业较差的时候，资方感觉负担太大；馄饨业工资本来是固定的，以面粉计算，上年曾经调整，最近个别区级工会组织，提出参照面馆业等工资办法，将原有固定工资减半，另外按营业百分之十三提成折账，事前未曾完成手续，同业意见未得一致，因此同业对公会负责人很多意见；山地货业职工工资亦是折账制度，每逢营业淡季时候，劳资之间时常发生争议；旅馆业取消小账以后，职工工资改为提成，以营业情况差也要求调整；不少折账制的行业，因为工资问题，发生争议的很多。

工资高低不合理与职工生产情绪有关系，苏纶厂代表就反映说，工资的不合理是过去遗留下来的，通过“五反”和“民改”两次运动，有必要接着下来改革工资，茶厂等代表也说，我们行业的工人在同一厂中生产，薪水距离相差百分之五十，而生产效果并无显著上下，因此影响了低薪水职工的生产情绪。

(4) 其他方面——“五反”以后，个别工商业者，由于对政策认识不足，径自出走或者对经营缺乏信心，置企业于不顾，因此个别企业单位就由职工生产自救，继续经营，如浴室业有十家之多，茶食糖果业、面馆业都有这种情况。这些生产自救单位，因为身份关系，与工商联同业公会没有建立关系，对政策政令的传达贯彻，有时就发生困难，也有店主出走几个月后归来，要求恢复经营，和职工发生争议事件。

手工业行业很多个独立劳动者，一般文化水平很低，也有不少文盲，因此同业负责人反映，希望展开文化学习。

各业厂部分高级职员都有多一事不如少一事的思想，丝织业个别高级职员，对验货工作不负责任，不愿对织造工人提意见，因此次货率逐渐增加，在计算工缴时候，次货要打折扣，增加了生产成本，影响生产。

(三)“五反”后替国家加工的一般情况和问题

接受加工订货的行业有棉纺、丝织、染织、针织、织带、榨油、制茶、面粉、碾米业，委托加工订货的除国营公司以外，机关部队和合作社都有。“五反”运动以后，加工订货逐渐扩大，对私营企业帮助很多，各业经营加工订货的一般情况和存在问题，归纳反映意见如下：

(1) 关于工缴利得方面——染织业的工缴费标准，规定依照苏南区的中型厂生产设备一百台机计实的，本市最大的第一染织厂，只有七十二台织布机，一般小厂相差更远。目前有百分之九十五以上的染织厂经营加工，因为企业单位的分散，而企业管理费用开支都相近，机器条件不够，因此不能保本，经过向花纱布公司提出要求，同意于十月份起调整工缴，但仍不够保本；榨油业接受合作社加工较多，因为同业间缺乏联系，盲目竞争，饥不择食，造成加工费不够保本，另外在计算工缴费中，将资方从业人员的薪水剔除，希望今后要计算在内；面粉厂工缴要求改为分级别，因为厂与厂的条件，地区的不同，成本也就不同，如无锡市的电费就比苏州低；丝织业限于生产设备，造成次货很多，中蚕公司规定短次货折扣办法，因此少数丝织厂感到不能保本，最近中蚕公司已订出次货比例标准和奖励办法，都认为这样是合理的。

(2) 关于加工计划方面——面粉厂业接受中粮公司委托加工，由于规格时常变更，因此生产设备时常改装，有时就发生停止生产，厂方遭受了损失，希望今后对规格加强计划，避免时常变更，减少加工厂损失；丝织业接受加工绸缎的花样，都要熟练技工设计的，中蚕公司往往在三个月后就要变换花样，而厂方雇用的设计花样技工，倘使解雇，有时发生困难，留在厂中增加支出，这一方面也希望加强计划性；很多行业希望委托加工能够平衡、经常化，减少企业单位的困难，碾米业“五反”后专门做加工，收支可以平衡，目前职工数量减少，管理费用无形增加，一般不能保本，面粉业也希望防止发生淡旺现象，能够计划平衡委托加工。

（3）其他方面——中蚕公司在“五反”以前，每期工缴明细表都抄给加工厂的，对企业管理方面很多帮助，“五反”后，公司方面为了保密不再抄发，加工厂曾经提过意见，未有解决。在生产中间，劳资双方相互猜疑，因此增加不必要的怀疑，工资不能订出标准，发生意见，希望能够仍旧公开，便利生产管理；针织业有一百余家，范围都很小，十月份接受加工已有百分之九十，一般只有两三个职工，每月收入工缴数十万元，因为经营分散和设备关系，在生产过程中时常有意外损失，发生亏本现象，对工缴费中的一项保险费，希望能够调整。

因为加工业务的迅速发展，加工厂倘使一旦停止加工，生产经营将发生困难，丝织业目前加工业务已增加到百分之八十以上，倘使中蚕公司要停止加工三个月，加工厂改为自营，生产资金周转和职工都将发生问题。

（四）工商界学习情况：

本市工商界的学习在过去是没有一个经常的组织的，在本年十月十九日始遵照本市协商委员会指示，成立了苏州市各界人民代表会议协商委员会共同纲领学习委员会工商界分会（现称第二分会），作为领导工商界学习的机构，并在各区设立了五个支会，分别掌握，现在把本市的学习情况分三个阶级叙述如下：

（1）在没有成立分会以前的学习情况

本市工商联筹会在全国工商联代表会议结束后进行了传达报告，在八月二十八日开始布置了关于该次会议各项文件的学习，参加学习的对象，系工商联市、区二级的委员及积极分子，学习材料确定为：①陈叔通在全国工商业联合会筹备代表会议的开幕词；②沙千里的“中华全国工商业联合会筹备代表会议筹备经过”；③陈云主任在中华全国工商业联合会筹备代表会上的讲话；④李烛尘的中华全国工商业联合会筹备代表会开幕词。这次学习由于没有很好抓紧领导，有的小组便无形停顿，有的小组讨论虽然也很热烈，但由于没有很好组织，没有及时做好小结汇报，所以也没有能发现问题，掌握情况，形成先盛后衰，成绩是不大的。

（2）成立分会以后的学习情况

自从在十月九日成立了学习分会之后，又分别成立了各区支会，健全了各级的学习组织，当时由于市协商委员会学委会关于共同纲领的学习尚无统一布置，故即组织工商联各级组织的委员四百七十七人进行“工商联合会组织通则”及薛暮桥局长“关于工商联组织通则的说明”的学习，这次学习是有组织、有步骤、有计划地来进行，所以是有了一定成绩的。全部学习时间自十月十九日开始十一月十日结束，其中做了一次报告，讨论四次，最后进行了总结报告。讨论中除了根据条文进行学习之外，并联系实际将过去旧商会和现在工商联对比，将“五反”前的工商联和“五反”后的工商联对比，同时也提出了现在工商联的缺点，工商联各级委员也联系了过去工作情况，根据组织通则的标准进行检查与批判。通过这次学习，学员都明确了工商联的情况与任务，加强了学员对组织的认识与信仰，认识了现在工商联和过去工商联有本质的不同，如有的学员说：“过去商会与同业公会为少数人所包办，小同行有话不敢讲，而现在工商联才照顾到了大中小企业的合法利益，实行市区分工，使大小企业都能各得其所，同时也加强了各级委员工作信心与端正了对待工作的态度。”如髹漆业主任委员就这样说：“我做了公会工作十几年，任劳任怨，会员对我还有意见，本来我要想交卸掉责任，但学习了组织通则，认识了工商联性质与任务，觉得还应该更加努力地搞下去。”所以通过这次学习是取得了一定的收获的，同时也为以后的系统学习，打下了一个良好的思想基础，对今后工商联工作能顺利开展，也起了一个保证作用。

（3）目前的情况

目前本市协商委员会共同纲领学习委员会已经统一布置了关于共同纲领的学习，此次参加学习的工商界，计有五百九十六人，此次参加学习者，大部系工商联的各级委员及大企业负责人，先经过动员大会，说明学习共同纲领的意义，在学员对学习有了充分认识自觉自愿的基础上，表明态度正式报名参加，目前共同纲领正文的学习尚未开始，仅先做好了一个动员准备工作。

目前工商业情况汇报

1953 年 3 月

一、政府调整工商业后工商界的反映和市场具体情况如何

五二年十二月初，政府调整了商业关系，国营公司收缩门售面并调整了批零差价，合作社明确以社员为供应对象以后，私营商业情况显著好转，因而大大鼓舞了私营工商业者的经营积极性，市场情况也进一步活跃了。根据有关行业的汇报，绸布业代表就这样说：“过去看到国营公司和合作社的业务迅速发展，恐怕会影响私商的经营，现在政府把商业关系和批零差价的调整，使我们认识到私营商业也是有前途的”；百货业在初调整批零差价时，以为中百公司和同业并无经常批发关系，就不重视，后来看到国营百货公司收缩门售面，私商营业状况显著上升，一般都提高了百分之三十五至百分之五十，普遍提高了经营积极性，过去有些私商所存在的“中百发展，合作社发展，我们只有关门”的说法，现在已经不再听得到了；粮食业门售店的营业状况表现在营业额的增加，业务迅速发展，较其他行业更为显著，一般营业额提高一倍以上，个别最高的增至五倍，私商们反映说：“我们的生意好做了，由于商业关系的调整，本市服务性行业如菜饭馆、面馆、糕团、饼馒、馄饨等行业也间接地获得发展，营业额均显著增加。”

根据本市各商业经营状况的调查资料，在调整商业关系和批零差价以后，私商的发展情况列统计表于下：

各业主要行业和主要商品的经营状况以五二年十月份为基数 100

南北货业	十一月份 78	十二月份 111
粮食业	十一月份 89	十二月份 112
卷烟业	十一月份 88	十二月份 95
绸布业	十一月份 83	十二月份 109
纸业	十一月份 91	十二月份 112
百货业	十一月份 96	十二月份 118
文具业	十一月份 84	十二月份 87

（以上各业以营业额比算）

大米　十一月份96　十二月份150

棉布　十一月份36　十二月份74

卷烟　十一月份99　十二月份124

东北办公纸　十一月份104　十二月份115

红糖　十一月份127　十二月份178

豆油　十一月份88　十二月份110

（以上商品以销售数量比算）

经就本市百货业重点区（西区和中区）以及人民商场的十二月份和十一月份的营业额来比较，西区增加了百分之四十九，中区增加了百分之四十二，原来营业情况较好的人民市场也增加了百分之三十八；绸布业有一家大会员辛昌绸布号在上年十二月三十一日一天零售营业就做了九千余万元，占全月营业额的10%强，打破了历年来最高纪录。这也反映出劳动人民生活水平的提高和购买力的上升，因此在调整商业关系以后，营业情况特别显著地趋向好转，鼓舞了私营工商业者的经营积极性。

调整商业关系以来，私商方面经营情绪都很热烈，但也反映了一些意见，批发商（如纸业）希望国营公司要提高起批点，适当照顾批发商，也有像卷烟业中因为百分之九十左右都是小本经营，中百公司调整后的起批点太高，经向政府反映以后，中百公司经过研究就恢复了起批点，以资照顾；还有经营什粮的会员，希望国营公司把什粮部分和粮食一样进行调整。

二、修正税制颁布后工商界的反映和意见以及问题

在政务院公布修正税制以后，本市工商界由于甫经接触，故对修正税制的意义与精神在认识上比较模糊，对修正税制的精神领会也有不够，因此存在着混乱的思想和不必要的顾虑，错误地认为修正税制主要是政府增加税收，对调拨、代购代销应作进销货论，均认为是加税，存在糊涂看法，兹将全市工商界对修正税制后的反映意见、思想情况，以及尚未解决的问题，重点汇集于后。

（一）一般性反映意见和思想情况

1. 本市南门新商场一部分有分支机构的工商户当时反映说，我们并非资金雄厚而设立的，是为了完成交流的政治任务而设立的，现在发货应作进销货要缴纳二道营业税，要会计独立，因此估计今后在人事方面势必造成不够分配的现象，在资金方面更感不够调配，顾虑有增加经营困难的可能，所以当时抱着存货售完为止后，不拟继续经营的态度。

2. 一般小手工行业在税制未修正前，由于工业税率较商业税率低，但修正后制造行业所出产的货物如不纳货物税的，要按工业税率加商业税率合并计征，因此在思想上产生了单纯的看法，认为这就是加税，并纷纷要求照顾，按商业税率征收。

3. 一般有历史性的牙纪行同样产生了糊涂思想，如鲜鱼行当时反映说，此次政府修正税制对代理性行业，是有计划地淘汰，因为过去我们牙纪行赚取佣金规定以佣金率计征营业税，现在一律应按进销货处理而计征营业税，要超过我们佣金部分的收入额，所以是不是要淘汰，请政府迅速决定。

4. 一般中小户工商界存在着百废俱兴的希望，反映说，修正税制的确非常简化而便利，所以请政府将每年度的所得税纳税手续，也同样合并在营业税内计征。

5. 部分工商界反映说，修正税制后的本市各项具体规定未能及时公布，搞得我们几乎要停止营业，如粮食业因对修正税制的许多具体问题不了解，认识上有顾虑，对生产业

务的进展有影响，如对加工部分代农民加工的业务，因为不了解具体手续，因此停止代农民加工，而引起农民很大的意见。

6. 大部分工商界对修正税制后的纳税环节（工业税与商业税究应交纳几道营业税）以及印花税贴花等问题，都迫切需要市税务局迅速明确指示，在市税务局未能及时解答前，一般工商户在思想上都非常混乱和急躁，如电料业反映说，市税务局所属各区分局的问讯处都不能及时解答工商户提出的问题，因此使我们工商户不能安心经营业务。

7. 部分行业反映意见认为政府既然修正税制，为什么全国各地的（同样营业性质的行业）计征税率有不同的情况，例如皮革制品业反映生熟皮征收商品流通税问题，在上海征熟不征生，而在无锡征生不征熟（现已统一）；钟表业反映旧表征纳货物税问题，本市与上海又不统一；文化用品业反映湖笔组制造半制成品之笔胚计征税率问题，本市与上海、北京两地情况又不同；戏院业反映消费娱乐税以前是苏北较苏南低，现已合并为江苏省，同时在修正税制后，对税率问题应该统一计征；度量衡业营业税不统一，举例在浙江省杭州只需核定费，并不另纳营业税，而本市为什么不这样办？是不是应该统一以符公平合理。

8. 一部分在认识上比较明确的工商界反映，认为修正税制是保证税收，简化手续，并且对我们工商界是有很大好处的，但是在具体的细则上、手续上不容易及时了解与领会，建议有关方面能领导全市工商界进行学习修正税制的各项具体问题与领会精神意义。

本会为协助推动全市工商界贯彻执行起见，开始广泛地收集工商户对修正税制后的反映和意见，随时与市税务局取得联系与解决，并根据一般工商户的思想情况专门召开各业负责委员会议，邀请市税务局梁局长对有关修正税制作了一次报告，说明修正税制的重大意义和精神，并针对着上项混乱思想进行分析与批判，加以纠正。会上梁局长也结合具体问题，作出指示和解释，因此通过这次会议，使全市工商界能初步领会到修正税制的意义与精神，并消除了一部分不准确的思想顾虑。

（二）目前还存在尚未解决的问题

1. 部分行业所反映的对修正税制后全国各地的（同样性质的行业）计征税率为什么有不同情况，尚未得市税务局明确解释。

2. 工厂自产（非商品流通税及货物税）的成品，根据纳税环节，应报缴一道工业税加一道商业税，但受商号委托加工（非商品流通税及货物税）的产品，规定加工厂按加工手艺税率5%计征。根据以上情况工厂自制自销的成本与委托加工的成本有不平衡现象，此后可能影响工厂对自产品的积极产销，此应当局值得重视研究。

3. 赊销凭证自去年十一月开始建立后，一般反映该项制度惟独本市单行，手续麻烦，如销售外埠对象因各地都无此项凭证，往往不易取到，颇费周折，要求同江苏省其他各地一样暂不建立。

三、目前劳资关系情况

本市私营工商业劳资关系在通过“五反”运动后，不论劳方资方在党和政府的领导下，在思想认识上都有了提高。资方多能在政府正确领导下，主动开诚布公地与劳方真诚团结，积极地为搞好生产、发展业务、改善经营作最大的努力。劳方在工会的领导下亦能以工人阶级主人翁态度发挥智慧，提高生产的积极性，与资方团结，一心为企业发展前途作长远利益的打算，经常与资方研究改善经营，发展生产，为新民主主义经济建设作更多的努力，所以劳资间关系一般多比较正常的。但亦有部分资方在“五反”运动后，认为劳方是领导阶级，对业务的一切经营片面地存在依赖思想，又因在“五反”运动中由于劳方揭露了违法资方的“五毒”罪行，资方在运动中低头承认过自己所犯的“五毒”行为，因此对劳方存在报复情绪，消极生产经营。由于上述不健康的思想意识，对政府政策领会不够，再因片面的狭隘的看法存在，形成对业务经营信心不足，萎缩消沉，失去主动，对劳方所提各项建议或要求，抱着不经意的态度，不加可否，不予考虑，一切无原则地听凭劳方意见。部分劳方对如何以主人翁态度主动去团结资方，为企业搞好生产，为本身长远利益着想，并对生产长一寸福利长一分的基本政策精神学习不够，主观上单纯从个人利益出发，或对遵守工时劳动纪律等表现不够好，这样就于劳资关系团结力量受到了影响，亦阻碍了企业业务计划的进展。兹将本市目前私营企业劳资关系情况概略列述如次：

棉纺、丝织、染织大部分厂的劳资关系处理得很好，丝织、染织业一部分厂为五二年年终资金周转困难，对年终奖金的发放存在问题，劳方都普遍以搞好生产、照顾资方实际困难，年终同意折扣发给，亦有厂方提议四成，劳方自愿减为三成的。

冶铁业劳资团结得很好，工人能积极提合理化建议，资方能充分接受，业务情况也正常，该业冶坊组在淡季时工人能自动回乡生产。

机械业的资方大部都能自己直接参加生产，因此他们看不起工人，仍有认为工人是依靠资方过活的看法，该业工人内部，工人与职员存在矛盾，工人认为职员没有生产技术，轻视他们的脑力劳动，个别搞不团结。

民船业在去年“五反”运动时，海员工会根据船只吨位情况，适当调派若干海员到各船工作，当时资方无意见，“五反”后就认为这些劳动力多余，生意见闹纠纷，个别工人劳动纪律亦较差。

旅社业职工薪金在反动统治时期，是依靠赌、娼等外快提成收入的，解放后新社会风气逐渐整肃，这些额外收入，都已没有，目前他们是在营业中提取58%作为薪金收入，自不及以前，因此职工嫌入不敷出，而资方也认为提成过高，不敷开支。

酱工、药材、参燕等业，最严重的问题是人事臃肿，劳动纪律松弛，合业开支庞大，不能维持，因粥少僧多关系，如酱工业甚至有资方向银行贷到一笔生产资金，职工要你借我支等情况。

其他桐柏油饼、茶商业、纺经合线、山地货、鲜果、蛋孵、机缝、旧纱等业，一般劳方对劳动纪律尚不能很好遵守，如生产时间出席工会的各项会议，不与资方联系甚至在生产时间或晚上经常去看戏，不关心业务，不重视业务，会议只重视劳保福利等。

目前公私关系情况

本市工商业目前的公私关系，在政府开始调整商业关系后，通过二月以来逐步调整批零差价，国营中百、土产公司等分别收缩门市部，调整加工工缴费等一系列有效措施后，私商的业务一般均有显著的提高，对鼓舞私营工商业者，扩展业务，提高生产经营信心，起着巨大的作用。唯诸项工作尚属开端，政府正大力配合各有关部门周详地了解具体情况，以进一步改善公私关系，使私营经济在国营经济领导下，在新民主主义经济建设中，积极发挥应有的作用，使社会经济益趋繁荣。目前自仍不免有顾此失彼的情况，存在一些问题。如绸布业自调整商业后，中百收编门市部，营业有显著的提高，但在差价方面，因零剪布匹的损耗率，私营商是计算在成本内，加在消费者身上的，国营则不计损耗，因此国营与私营的售价，仍有些微差额；面粉厂加工，在中粮公司照顾下，各厂接受任务，占全机能产量的70%以上，依靠这样大的加工任务，原属可以维持的，但从本年二月起减少了任务三分之一，三月份可能继续减缩，所望中粮能在新麦登场以前，仍照过去大量抛售陈麦，则可使生产不致脱节；碾米业60%是依靠加工维持的，上年虽调整了工缴，比前增加16%，但核算实际成本还是不够的，比照邻近县如无锡、常熟的同期工缴要比本市高10%，此外在修正税制颁布后，单就工缴的收益税率从1.5%调整为5%，五金物料的售价变动得多了，对工缴费国营公司宜及时作必要的调整；粮商批零差价上年十二月从7%调整为9%，本年一月又还复为7%，据粮食门市店按照实际开支反映要求调整为8%；茶食糖果业因合作社方面是相当照顾的，订立了业务合同，该业进货系期款现货，但对南北货业方面，销售货物须现款交易，这当然有客观因素，因而南北货业对合作社的看法，就存在错觉。此外该业对合作社市场挂牌的瓜子、生仁价格希望适当调整，以照顾私商交易，中百、中土公司在该业旺季中能供应大量货物（如年节中的笋干、黄糖等），但亦希能以现货期款以利资金周转；酱工业的资金萎缩，该业少数同业已在研究克服季节性的限制，利用科学方法制造温室培养曲菌，使常年可以造酱，使资金的周转期缩短，减少资金短绌的困难，然还望人行给予贷款。现值大豆菜、腐乳制造季节，同业因资金短少，不能大量制造以适应市场需要，该业所产酱及乳腐、五香萝卜、大豆菜等近年来产量锐减，每感供不应求，特别是通过土特产交流后与外埠建立和恢复了新旧交易网，销路特畅，亟须充实资力，大量发展生产，该业希望政府能予扶助；政府对桐柏油饼的统一调整批零差价提高批发起售点，已在进行中，该业希望对私商利润加予适当调整。过去该业确有利润薄、资金周转率快的情况，但税负甚重，据同业反映，认为这两年的税负数字，几与原有资金数字相接近。该业目前亦以资金短绌，希人行放宽贷款尺度，以使深入远区采购，减低成本，提高经营信心；煤炭业以煤建公司经常能在业务上加以照顾，中煤公司今年又调整了批零差价及起售点，该业对经营信心更进一步的提高；百货橡胶组以中百公司不能供应贩卖商，因之私商货源缺乏；本市仅有的一家卷烟厂，过去曾一度业务很好，但自农村上盛销国营丰收牌等卷烟后，业务一落千丈，濒临极度困难；钟表商进货须向国外贸易局申请进口外汇，外贸局对私商申请必须以同业公会名义办理，在税务上不能这样做，因此使私商不知所从，希望政府正确指示；肉品业部分商户采购白肉，是向土产公司订购的，每因规格不合，配肉方式混乱，形成纠纷，如由肉商来看，这白肉是属乙等，但土产公司发肉站评为甲等，对发肉方式采取摸彩方式，假定甲商需要白肉五十斤，而摸彩只三十斤，那么就只好取三十斤等，不能配合私商实际需要量，因此肉商向土产公司订购的计划，有时认为便宜就去取，不便宜就不去取，这样也造成了土产公司的计划数字无法掌握。以上问题迄今未能取得合理解决。

四、工商联工作中存在哪些问题和困难

1. 存在问题和困难方面：

(1) 在地区工作委员会下面的基层小组组织不健全，小组长不起作用，因此推动各项工作，不能很好地运用小组力量，贯彻到工商户。

(2) 召开的会议，出席人数往往不能达到要求，有些会议开不起来，对贯彻工作，有一定的损失，在工商户方面，也认为会议太多，常常有冲突（居民、税务会议等）不知道服从哪一个会议好，有时连一个会议都不参加了。

(3) 地区委员怕搞劳资问题，个别委员认为工商联虽有组织，但无立场，例如调解劳资纠纷时倘使这一问题双方都有错误的，工人可以批评资方，但是资方提意见，劳方很少接受，因此他们认为搞劳资问题工作，是吃力不讨好的事情。另一方面，地区委员采用轮流值日办法，所以在办理劳资问题时，往往一件事情，前后会有几个委员连续办理，工商户很有意见。

(4) 地区外勤工作人员日常工作，为派通知、派表格、收表格、收会费等零星事务工作，根据本会原来对外勤人员的要求，应该是最直接与工商户接触的干部，平常主要工作着重在对工商户生产经营情况，以及生产经营信心各方面的掌握与了解工作，但目前情况，由于零星事务工作的限制，因此不能达到预期的工作要求与目的。

(5) 各业公会筹备期间很久，人事上有极大变迁，因此公会筹备会工作，大部分很少发挥作用。

2. 解决这些问题的办法：

目前我会已开始建立区工商联的典型试验工作，通过区工商联的成立，必须从以下几方面逐步解决存在问题。

(1) 加强组织领导，健全基层小组，提高会员组织观念，明确基层小组长的职责权利与义务。

(2) 减少会议，某些会议，有条件下基层开会。

(3) 加强委员学习，提高政策水平，业务水平，使委员树立正确观点，合理处理问题。

(4) 改善地区外勤工作人员工作方式方法，改善一般事务工作的处理。

(5) 在区工商联成立、市工商联成立以后，即着手整理成立各业公会。

五、工商界对工商联的看法

1. 关心组织爱护组织的

在全国工商联筹备委员会成立以及政务院颁布了工商业联合会组织通则以后，本市通过了工商界代表会议，调整与加强了本会组织领导，全市工商界，绝大多数对工商联组织有正确的看法的。他们认识到民族资产阶级在新中国里的地位与责任，因此对组织是关心与爱护的。在委员一级的工商户中，通过了组织通则的学习以及其他政治学习，在思想认识上有了提高。回忆一下，解放三年多来，工商联组织在国家经济建设事业中，是起了一定的作用，虽然目前工商联组织本身还存在一些缺点，但只要大家努力，不断提高，逐步纠正与克服缺点，组织是能够得到会员的支持与拥护，而发挥其一定作用的。

2. 对工商联性质与任务认识不足的

他们认为工商联有组织，无立场，不能替会员解决具体问题，不能为工商户谋福利，在劳资问题上，个别会员认为工商联组织不能帮助工商户而帮助工人，在税务问题上，不能及时掌握情况，向政府反映。这些工商户对本身前途是抱消极态度的。

3. 对工商联组织认识不清的

他们认为工商联是政府机关下面的办差机关，替税务局办税，替政府发表格、收表格，以及为政府有关部门委托完成各项工作任务等等，这些工商户，把政府的事与人民的事分割开来了，基本上对人民政府的认识是不够正常的。

4. 极个别的会员对工商联是怎样一个机构都不知道，甚至工商联或地区工作委员会在哪里都不知道。

六、春节前有几处已开过物资交流会，还有哪些地方准备召开及召开日期

为了响应华东区号召，各地在春节前普遍召开初级市场交流会，本市首先确定与吴县联合举行初级市场交流会，于一月十八日正式成立苏州市、吴县初级市场城乡物资交流大

会筹备委员会，内部分设秘书、宣传、业务、集场管理、服务、保卫六个组，并决定会期自一月二十九日至二月二日在本市南门集场举行五天。

大会为了充分做好此次交流做了许多准备工作，如业务组在会期前组织下乡访问邀请团，分别赴吴江、同里、尹山、木渎、浒关、陆墓、蠡口、唯亭、湘城、黄埭、枫桥、五龙桥、蠡墅、横塘、车坊等地区进行访问与邀请，了解农民需求情况，以便充分做好收购及供应准备，并于一月二十三日举行本市有关行业准备会议，动员各业踊跃参加交流，切合实际地订出购销计划；宣传组方面，准备在南门集场布置婚姻法及卫生展览会，并在南门广场设立文娱场一所，组织文工团等单位演出各项群众性文娱节目，另在本市有线广播台每天增加二小时，组织弹词等节目参加广播；其他服务组等设立问询站、医疗站、休息招待处、寄存处，以便更好为交流代表及农民兄弟服务。

大会预定自一月二十九日至二月二日，由于农村抗美援朝中心工作的开展及天气连日阴雨，受到了很大影响，因此农民到会参加人数不多，会期经研究后决定，除批发业务如期结束外，零售业务及收购业务延期五天，于二月七日止结束。

在十天会期中，购销总值有二十二亿七千五百三十八万元。其中（一）交易所成交之批发业务共计七六八件，购销总值计一五八零七四万元，主要商品为布匹、香烟、山地货、南北货、糖、笋干、黄豆等；（二）集场零售业务，共计销售四七五零七万元（国、公营不在内），其主要商品为布匹、百货、瓷碗、醃肉、南北货、糖、笋干等年货为多；（三）收购农产品与副产品方面，由于会前动员了猪行联营处、桐柏油饼业、山地货等有关行业组织收购，收购总额九九三零万元，收购了毛猪二百多头，及其他如荸荠、茨菰、药材、麻等农副产品，同时国、公营及合作社在交流会上供应了清糠三十七万多斤、麦皮十三万多斤，另如菜油、布匹、香烟等工业品及其他副食品都充分满足了群众过节期间的需要，而吴县各镇商户对于笋干的要求和群众最需要的黄豆，均基本上得到了解决。

从零售与小额批发的商品种类看，其中工业品占46%，副食品占19%，农产品占35%，这说明了工业品与副食品加在一起的比重是很大的，而且也符合此次大会组织工业品推销与副食品供应的要求；其次，在交流期中，南门市场商户一般在零售营业额上，均比以前增加二倍以上，像南北货及百货业，还要增加得多一些；另外，由于苏州与吴县乡镇有密切的经济关系，所以小额批发交易中60%以上是供给这些小市镇的工商业者，因此也就是支持了这些小城镇于春节内举行的初级交流会。

另外，这次交流大会的缺点也很多，在十天会期中，到会的人数太少，不过两万多人，虽然有很多的客观原因，如天气经常阴雨，农村中有抗美援朝的中心工作等，但主要的是在会期前没有很好地发动群众，对农村的供求情况了解不够，又如在工商界中只开过一次有关行业代表动员大会，因此有些工商户对这次交流认识不足，觉得不是大进大出就不感兴趣，因此参加也不积极，甚至有些手工业还不知道开交流会，在农村方面，由于没有与中心工作结合，也就没有把群众发动起来，虽然交流会曾两次派下乡访问邀请团，发生的效果也不大，有些地方如枫桥、横塘等地农民也就不知道苏州在开交流会。从零售与批发数字来看，零售供应九亿多，批发是十倍多，还没有做到原来以零售为主批发为辅的要求，从以上这些缺点，也就指明了今后开交流会事先必须充分发动群众，了解地区的供求情况，同时还必须与中心工作相结合，有目的有计划地组织交流。

七、对省工商联的成立有何希望与意见

1. 希望省工商联设立专门的业务研究部门，应有人经常办公，经常与省内各市县工商联取得密切联系，指导工作。

2. 出版刊物，指导各地工商联工作，交流各地工商联经验。

八、对省工商联经费建议

对省工商联经费，因目前本省绝大多数市县工商联尚未实行经费统筹统支，按会费收入额计缴经费之条件尚未具备，为使各市县镇工商联上缴经费办法一致起见，本会建议一律暂行比照全国工商联对未实行经费统筹统支的中央直辖市及大行政区辖市征收经费标准（见五二年十一月二十七日全筹秘字第三二一号通知），按市县镇工商联经费预算的百分之五（在已实行统筹统支之市县联，按其本身经费的百分之五）计算缴解省联。

九、全国工商联开办费共计应收：138806700 元。

三月十日止，已经上缴计：138806700 元。

外埠在本市设分支机构工商户调查表

1953 年 8 月 24 日

业别	牌号	地址	负责人	开设年月	经营方式	经营品种	总机构所在地	备注
南北货	懋昌	南濠街 353 号	童勤高	1946 年 1 月	批发兼门售	糖、南北货	上海	
糖果业	福昌祥	万年大街	董玉昆		收购、加工	橙子、桂花	天津	
面粉	大有	大成坊 31 号	朱一心	1941 年			黄埭	
麻业	大成	胥外网□浜 8 号	唐瑞生	1952 年 10 月			唯亭镇	
麻业	觉民棕线分号	南濠街 303 号	蒋进熙	1952 年 3 月			浙江天台县	
皮革制品	戎镒昌	观前街 168 号	徐颖				上海	
刺绣	华丰	德馨里 8 号	高福临		办事处		天津	
刺绣	柳春阁正记	宋仙洲巷 59 号	顾□实		办事处		天津	
刺绣	新泰祥	下塘街 307 号	方子文		办事处		上海	
刺绣	盛康泰	中街路 8 号	陆鸣山		办事处		上海	
刺绣	瑞昌祥	三茅观巷 39 号	王贤瑜		办事处		上海	
刺绣	德华	三茅观巷九曲里 1 号	曹幼举		办事处		上海	
刺绣	勤益	汤家巷 173 号	陈如镜		办事处		上海	
刺绣	丽华	中街路 8 号	顾志达		办事处		上海	
丝线	裕生	宋仙洲巷横街	钱伟臣		办事处		上海	
丝线	美昌	志仁里 9 号	吴洪增				上海	
纸业	大同	山塘街 54 号	洪宝锠				上海	
轮运	□□	万人码头39号	周永年	1943 年			无锡	

续表

业别	牌号	地址	负责人	开设年月	经营方式	经营品种	总机构所在地	备注
轮运	申福	万人码头 54 号	王孚霖	1950 年 1 月			上海	
五金	穗康	娄门下塘 54 号	陆敬耕	1952 年 3 月			上海	
五金	邹成恭	三多巷 43 号	邹中	1951 年 7 月	办事处		无锡	
纽扣	嘉美克	盘门大马路 142 号	何晋棠	1942 年			上海	
火柴	大中华	胥门大马路 350 号	王建言	1930 年 7 月			上海	
梗片	明华	洋桥河沿 17 号	陆耀宗	1945 年 10 月			上海	
新药	屈臣氏药房	调丰巷 10 号	陈正盛	1952 年 4 月			上海	
百货	三星发行所	西中市 28 号	杨卓然	1951 年 5 月			上海	
卷烟	协和成	南濠街	李子滨	1913 年			兰州	
水泥	光华	齐门外下塘 42 号	王卓然	1951 年			上海	
绸布	建记棉纱土布营业所	西中市 115 号	王亭和	1953 年			常熟	

苏州市国营及地方国营企业名单

1953 年 8 月

名称	地址	名称	地址
中国蚕丝公司第一丝厂	盘外大马路	中国蚕丝公司苏州办事处	人民商场二楼
中国花纱布公司苏州市公司	观前街 154 号	中国土产公司苏州市公司	景德路 5 号
中国百货公司苏州市公司	景德路 236 号	中国粮食公司苏州市公司	
中国盐业公司苏州市公司	西中市 117 号	中国煤建公司苏州市公司	人民路 713 号
中国茶叶公司苏州市公司	关外五福路 2 号	中国油脂公司苏州市公司	观前街 221 号
中国石油公司苏州供应站	观前街 203 号	中国人民银行苏州支行	观前街 203 号
中国人民保险公司苏州支公司	观前街 22 号	新华书店	观前街 166 号
中蚕第二丝厂		中粮第一加工厂	
中百糖加工厂		华东内河轮船公司	南新路 7 号
华东(江苏省)联运公司		苏南水产公司苏州办事处	山塘街 238 号
皖北水产公司苏州办事处		中国专卖事业公司	临顿路 166 号
华东麻联苏州仓库		新生工艺麻纺厂	

续表

名称	地址	名称	地址
新生工艺印刷厂		新生工艺碾米厂	
苏州第一粮食加工厂		苏州第二粮食加工厂	
新苏第一加工厂		新苏第二加工厂	
新苏州报印刷厂	人民路怡园内	新华纽扣厂	司前街69号
新华面粉厂		苏州精炼厂	
苏州染织厂		永新染织厂	书院巷蜜蜂洞5号
福利棉织厂		苏州建筑公司	
苏生草织厂		联沪冶铁厂	
苏州玻璃厂	盘外大马路303号	房地产交易所	
陆万兴石粉厂		永盛丝线号	
苏州大众食堂	观前街	石英矿产二业社	
林同兴土烟号		广丰土烟号	
文联糖果号	大光明苏州楼上	新泰洽酱园	大成坊88号
国际照相馆	邵磨针巷38号	开明大戏院	北局
新艺剧场	北局	苏州电影院	北局
大光明电影院	北局	大华电影院	北局
大众电影院	阊外大马路	苏州搬运公司	西中市77号
苏州采石公司	枫桥贝家祠堂	无锡橡胶厂苏州营业处	金外大马路856号
苏州窑厂(机制)	盘外大马路38号	苏州面粉厂	承德里37号
苏州铁工厂			

苏州市私营工商业情况汇报

1953年10月

1. 主要私营工商业目前资金周转情况以及盈亏情况

工业：在扩大生产过程中，很多将流动资金变成了固定资产，单纯依赖人行贷款，对自营业务的资金周转就感觉困难。

染织业现有90%以上均经营加工，运转机台在最近一年半间就增加了29%，全业固定资金约共69亿元，流动资金只有36亿元，而全部负债亦有36亿元（人行贷款竟达22亿元之多），一般都感觉资金短绌，周转困难。最近人行贷款逐渐收缩，旧欠收还新的贷款较少放出，有部分同业在九月份中连车面纱亦无款置购。贷款情况以第一染织来谈，在52年底共贷款四亿一千五百万元，本身已无流动资金，今年上半年中，陆续盈余归还，至六月底止尚欠贷款三亿一千万元；协成染织厂自49年秋转业创设后，陆续增添机台将近一倍，52年一月工缴收入为八千七百余万，至今年六月份已全部加工，工缴收入增加到一亿八千万元，52年年终流动资金有五亿二千三百二十万元，银行贷款有三亿一千三百万元，至六月底止陆续归还减少了九千八百万元，50年盈余二亿一千二百万，51年亏损三亿一千六百十九万，52年盈余一亿零二百二十万元。该业各厂今年上半年的生产情况比上年同期要提高55%以上，一般都获得盈余。

丝织业情况与染织业相近，52年、53年末机台设备增加了不少，今年上半年加工业务减少后，一般可以自营的厂都打开了自营销路，现已达旺季，销路基本已无问题，但以资金短绌，贷款收缩，周转非常困难。上半年度由于资金情况不同，盈余情况亦不同，如成永丝织厂固定资金一亿八千二百万元，流动资金有二亿五千五百万元，每月周转率约占流动资金的54%，本年截至六月底盈余六千三百五十万，另外如李永兴丝织厂固定资金一亿二千万，流动资金仅有八千万，每月周转率占流动资金的66.6%，就亏损了四千二百余万。

机械业自本年开始业务继续发展，改变了过去经营态度，从修配零件转到制造钻床等业务，大批接受了上海同业客户的约定，订立长期供应合同，但该业大部分产品制造过程很长，因此资金周转较慢。如大昌铁工厂，52年底流动资金有近五亿元，今年上半年度营业额为五亿二千三百八十一万元，资金周转只有一转多，但其净利九千二百二十万元之多。另外该业大多接受订货，预收部分定洋，对资金周转有很大帮助。

商业：目前在资金方面一般较弱，主要由于在反动统治时期，遭受了通货膨胀和限价抢购的风潮，资金都受到严重损失，某些行业工商业在解放初期，对政府政策认识不足，继续吃进高利贷，盲目进货，企图牟取暴利，在政府迅速贯彻稳定物价的措施下，结果一时无法脱售，相反造成资金损失，一般资金周转在不断加速，目前情况每月周转一次的较多。

粮食业51年平均转四次，52年平均转五次，今年平均每月要转十一次。如协泰兴今年1—6月份平均每月营业额为一亿零二百多万元，而其流动资金只有八百万元，周转率高达十二次之多，今年上半年度结算可盈余七百多万元，但该业利润率较一般行业低。

绸布业中小会员由于资金短少，进货计较于期款与否，依赖银行贷款加速资金周转，对热销的大众货品，存量不太充足，往往要天天补进才能应付，如营业稍好，甚或有上午售罄下午必须添购的现象，花色货往往两家同业拼购一匹，以应门市，其他花哔叽等较高档货品，存在更多合购现象。大同业周转情况就不同，直接向布厂或上海棉布市场趸批购进，成本低，并与花纱布公司订有供销合同，进货都为现货现款。本年一至六月份营业平均每月周转率为68.54%，毛利约为14%，个别周转极快，资金每月循环一次或二次，但这种情况还依赖于赊购货物或贷款，同时，最慢的亦有30%的情况。今年营业情况一般都有盈余。

百货业的资金问题比较特殊，过去经营一向依赖厂商赊销和银行贷款，而且一般开支颇大，不易紧缩。根据该业67户同业材料统计，实有资金只有15亿元，而全年营业额达288亿元，一般商户资金空虚，负债超过资产将近四分之一以上。现在上海制造厂商大都接受加工收购业务，旺季到来，市场需要大宗百货商品应销，如要现款进货，普遍存在依赖人行贷款思想。最近绒线上市，同业要求本市中百公司配购二千二百磅应销，中百公司因为该业事前订立要货计划，为照顾私商，第一次配够七百磅，同业对这七百磅绒线的货款还有部分商店经人行贷款才付清出货，如人行紧缩该业贷款或上海厂商催还货款，该业在今年旺季经营中资金周转将成问题。

商业行业中赊欠货款情况还普遍存在，颜料、百货、绸布、油饼、药材等业都有。如绸布业向上海批发商进货就以期票赊欠成交，情愿按批发价加 4%，这种情况在该业进货比重中还是很大。

手工业：扩大生产中，资金虽逐年盈余而增加，但不能相应增加。如假定原来有一个工人的，有生产资金 100 万元，现虽有 150 万元，因生产扩大，而工人就变为二人，每人只扯 75 万元，但由于业务好，资金短的关系，大部分依靠收取定洋周转。从前出现很多偏向，其中如增加资方从业人员，增加开支，对累积资金，一般都不重视，并有大吃大喝的现象，一到淡季业务清淡，有的连伙食也成问题。

手工业行业的资金小，而营业大的很大，有的自己资金只有数十万，而接一庄交易就是千多万，如白坯家具业联营处在暑期中所接各学校定制用具就有六亿多的数字，如刺绣业同样也有依靠银行贷款、订货定洋和赊欠原则加速周转经营生产，承接订货往往决定定洋多少，如戏衣组多数同业承制外埠订货，都系预收货款 60%，而其他 40%就以赊欠方式购进原料，以资周转，有一家李鸿锠今年 1—8 月份的平均营业额一亿二千多万，本身资金截至上年底，已经全部亏损，今年的营业就完全依靠客户定洋加银行贷款来周转，1—6 月份结算还盈余了四千多万元。

总的说，目前苏州市工商业的资金周转，工业方面由于过去盲目扩大，把自有流动资金都变为固定资金，以致在业务上稍有问题，立即发生困难，因而出现了依赖加工，依赖贷款；商业则原来基础一般较差，企业中又是人浮于事，开支庞大，逐步亏损，亦只依靠贷款赊进帮助周转；手工业则在业务上都有发展，但业务的发展，生产力的增加，虽逐年盈余，尚不能相应的比例增加，同时在积累资金上，也存在问题，业务一好，除了增添必要劳动力外，资方从业人员无论企业是否需要，每多列为企业开支，并且大吃大喝，浪费资金，但由于业务都好，周转上一般都有预收定洋来周转。在盈余方面，去年全市 8000 多户民评户中，只有 1100 户，有些亏损或没有盈余，再从今年业务的好转利润率的增加，除个别户以外，绝大部分都获得一定盈余。如南北货、绸布、酱工、百货等业，很多同业上半年度的营业结算，都获得一定的盈余。南北货业部分，同业上年度是有亏损的，今年上期就补足了上年亏损，并且还有盈余，绸布业今年自二月份起，营业不断提高，今年五月份的营业，比上年十一月份旺季时的营业还要高 8.9%，六月份的营业又比五月份增 6.7%，如大新绸布店五、六月份逐月都有盈余，规模较大的一家辛昌布店，今年上期营业做了四十三亿元，虽然开支大，同样也获得盈余一千五百余万，棉纺业一家源康纱厂，今年一至五月份加工产纱 1353 件，盈余了八千六百余万元。

2. 在“五反”运动后的具体爱国表现和拥护共同纲领的模范事例，以及最近有无重犯“五毒”行为。

“五反”运动以后，本市工商业者和各地工商业者一样，在思想认识上和经营作风上有了一定的提高，表现在遵守政策法令，积极搞好生产方面有着不少事例，但在私营企业迅速好转和发展的情况中，有部分工商业者一些旧的资本主义思想又在作祟，他们不顾国家和人民的利益，只顾自己的眼前利益，产生了许多违法事例，目前这种情况还在继续蔓延而严重起来，我们必须重视，进行教育，好坏事例列举如下：

经过了“五反”运动教育，不少工商业者在协助纳税、履行纳税义务是有进步的，各种税收如期纳库的很多。如东区一个纳税组长（是军属万顺烟号）叫韩梯琴，他领导了整个小组两年多来，从未欠过税，总是积极地、如期地纳库；又中区第三专责区第十一小组也同样不欠税，五二年所得税汇算清缴，正当工商业者都能如期纳库，只有二百六十多户至今仍在结合清欠工作进行催缴，五三年所得税估征目前正在积极推动，做好预储工作，准备估征纳库。本会根据各业的具体情况，指出了各业工商预储税款的不同指标，号召各级组织的负责人带头预储，并推动同业订出计划，开始预储税款工作，预定九月底结束预储工作。不少工商都积极做好预储工作，尤其是各级组织的负责人在订出的计划中，很多保证自己如期完成预储指标，有的为了保证估征税款如期纳库，还超额完成了预储指标。如大昌铁工厂预储指标为一千四百九十万，现已预储了三千万，义茂粮行预储指标为五千六百八十万，现已预储了一亿四千万，另外已经按照指标完成预储的也有不少。

另一面各业工商偷税漏税、拖欠税款的情况是很严重的。根据本市税务局最近检查一五三八户中，其中竟有九六六户有以上的违法行为，更恶劣的，自己违法不知悔改，反而鼓动其他工商户进行偷税漏税、拖欠税款，抗拒税务干部的调查，并辱骂打击税务干部来抗拒税收。如万泰福烟号就是一贯逃漏拖欠税收，上年十一月间曾被税局查获一批私自出售无税烟丝，给以补税免罚的宽大处理，但该项税款，催缴十多次，未曾结案，而今年七月又被查获私售无税烟丝七百斤，在本市开展整饬纳税纪律教育中，非但不作检查补报，相反继续进行逃税，又私售无税烟丝二百斤，在纳税态度上也极端恶劣，辱骂税务干部，时常挑拨职工与政府间的关系，嫁祸于职工，这种屡教不改、坚持错误的情况是严重恶劣的，现在该号负责人已经政府逮捕处刑；像坤记三珍斋肉店，就将交给顾客发票的一联如开五千元，而在留底的一联将复写纸空出一格，变成了五百元，以这样的方式来逃税，并且在被职工检举后还强调说是不留心；制革业产品自从征收商品流通税后，逃税情况很恶劣，有在棉被里裹了皮革偷到上海去卖，有放在旅行包内百斤充作九十五斤的，有将毛皮出卖的，有将半制品出售少缴流通税的，逃税花样有十多种之多；另外又如帽扇业贩卖漳绒就用飞过海方式逃税，拖欠税款也很严重。五一年、五二年各种税款欠缴的还很多。在税局最近交由本会督促清欠的十七个重点业材料业中，欠税户就有四百十五户之多。如东吴绸厂欠税就有一亿二千万，在开展整饬纳税纪律后，才缴了八千八百万元；刺绣业有些工商户竟公开在茶馆内聚会，相互比较哪一家的税款欠得多，以抗缴税收引以为荣，并对按月缴税守法工商户谈笑为“呆子”，利纶绣庄曾经为了欠税，经税务局教育后，登报悔过，并表示今后决不再拖欠任何税款，但是在开展整饬纳税纪律时，检查又拖欠了两个月营业税。这种错误的纳税态度，严重影响了国家税收。

挪用税款也是相当严重的。山地货业同业挪用代扣税款的很多。如源源陈记山地货行就连续挪用税款三次。

造船业吴祥兴船厂负责人吴耀祥为该业主委，在整饬纳税记录未开展前，共计拖欠营业税、所得税及挪用临商税等共计税款1300多万元，自纳税纪律运动开展后，经过税局的教育，纳税小组和第七联办处的不断帮助，提高了纳税观点，明确了拖欠挪用税款的错误行为，已于九月二十三日将全部应缴税款一次纳库，滞纳罚金等由税局照顾减免了60%，亦同时缴清，并保证今后对各项税收如期缴纳，决不拖欠，另外不但在提高认识基础上清缴了国税，同时亦将拖欠将近一年的工会经费、失工救济金以及全部工商联经常费等共计四百余万元全部缴清。

本市在最近开展了整饬纳税纪律工作，通过揭发教育在自查补报的工作中又给工商户一次爱国纳税教育。总的来说，违法偷漏税情况是比较严重的，还必须把整饬纳税纪律工作继续进行。

接受国营企业领导方面，私营工业接受加工定货，往往自己有困难，或者在淡季中就要求加工或增加加工任务，自己到有高利可图时候，就想脱离国营经济领导。如针织业本来每年夏季是淡季，今年中百就委托加工继续生产，但在目前旺季到来就反映说，现在顶好让我们自己做染织业部分，会员有类似情况；又如石粉业联营处接受了贸易公司的加工收购，在订立加工合同时，负责人就强调说原料和产品只有九二折，后来有一家王永丰也和公司订约加工收购，原料和产品就决定为九七折，相差达百分之五，联营处负责人听到王永丰订约为九七折，就向公司说，联营处加工货可以改为九四折，而他对王永丰的加工合同就不肯盖章，事实证明原料和产品的折率最好的要九八折，王永丰盘见确是九七折，该业联营处想尽种种办法包庇会员，获取暴利，在公司方面要联营处改善产品规格，提高品质的时候，负责人就在会上要挟公司主持会议的人说，提请存货我要自营了，同时还有套卖加工产品的情况。

商业行业经营作风恶劣的。如柴行业座商和行商相互勾结包庇，售给解放军的柴草经常使用非法衡器，或将秤锤换去，以九折秤卖给部队，有的还做手脚（踏柴梢等陋规），一次卖给狮子林部队的柴草五十多担，竟秤出了一百多担，一次卖给张家花园某部队的柴草二百多担，竟秤出了四百多担，又卖给人民桥某部队的柴草，三百担柴草，秤出四百多担，单是参与人民桥一案的就有十七人之多，这种盗窃国家财富的勾当是严重恶劣的。有些行业的私商在经营作风方面，充分暴露了自私自利思想，如国营公司经营的货品他们就不贩卖或少贩卖，国营公司没有的货品他们就多贩卖，并且抬高售价，离国营公司近的，售价就相近于国营公司售价，离开国营公司远一些售价就高一些，百货业、绸布业就有这种情况。另外有些土特产行业的私商不积极到产地去采购货源，而在市场上哄抬收购，就是到了产地去收购，国营公司规定了收购牌价，他们相反地在产地抬价收购，如南北货业有人到明光收购瓜子，牌价只有十七万一担，他们哄抬到二十多万一担，茶食糖果业会员到光福去收购桂花，从七六、七十万一担，哄抬到一百二十万一担，其他如肉业等都有这种情况。其余以次货充好货、偷工减料、减缩规格和短秤现象都有发现。

欺骗人民牟取暴利的也很多。如苏南银笔号今年五月份开业的，登记经营业务为贩卖银笔及零件装配修理，资金是五百万元，开业后即以苏南银笔厂名义把全部资金印发一万份广告，印刷非常讲究，信封上印好××驻军部队、××人民政府、××税务局等机关名称，分寄边远各省市县，扩大虚伪宣传，欺骗革命战士和机关干部，推销装配的26号苏南金笔和61型金套银套苏南银笔以赠刻姓名、优待团体集购达到其骗取预付货款目的。六七月份共收到邮购营业六千五百万，实际寄发的所谓金笔均系铜笔，计算其成本每打获取暴利五万五千元至七万。另外如南北货业就有低价进高利出的暴利思想，例如从产地办了一批瓜子进来，到苏后得悉产地牌价已挂高，就将这批瓜子囤积起来，马上再从产地添办一批调高牌价的瓜子，到苏后即以高价购进的原始发票送至市场议价，再将低价购进的一并以高价出售，相反地如产地牌价挂低后，虽续有低价购进的货到苏就不向市场申报调低议价，达到其暴利目的，如一家南北货号一批瓜子的暴利高达60%以上。

“五反”运动以后，各业工商户很多能遵守政府政策法令，积极搞好生产经营，在劳资关系不断改善的基础上，不少行业的企业单位、劳资双方都通过协商订出生产经营协议书，把生产经营业务计划化起来，共同为计划指标而积极生产努力经营，在上半年度的淡季经营中是有显著成绩的，但无可讳言尚有部分工商户还在进行非法经营，一贯的偷税漏税偷工减料，以个人利益摆在第一位，漠视国家利益，这些违法行为是不可容忍的，今后应加强教育工作。

苏州市工商业分区分类户数统计表

1953 年

项目		合计		大户		中户		小户		独立户	
		户数	百分比	户数	百分比	户数	百分比	户数	百分比	户数	百分比
总计	共计	14241	100%	424	2.98	2128	14.94	4697	32.98	6692	49.1
	工业	325	1.28	128	39.4	136	41.87	38	11.69	23	7.08
	手工业	6301	44.25	30	0.48	1058	16.79	2030	32.22	3183	50.51
	商业	7651	53.47	266	3.49	934	12.27	2629	34.52	3786	49.72
东区	合计	2159	15.16	63	2.92	289	13.39	779	36.08	1028	47.61
	工业	69	3.2	37	53.62	17	24.63	7	10.14	8	11.61
	手工业	976	45.2	2	0.2	158	16.18	361	37	455	46.62
	商业	1114	51.6	24	2.16	114	10.23	411	36.9	565	50.71
南区	合计	2096	14.72	73	3.48	189	9.02	653	31.15	1181	56.35
	工业	53	2.54	33	62.27	18	33.96	——	——	2	3.77
	手工业	766	36.76	3	0.4	57	7.44	239	31.2	467	60.96
	商业	1277	60.7	37	2.88	114	8.93	414	32.42	712	55.76
西区	合计	3170	22.26	136	4.28	573	18.17	1038	32.73	1423	44.88
	工业	77	2.43	19	24.66	49	63.6	7	9.1	2	2.6
	手工业	929	29.3	8	0.87	177	19.05	311	33.46	433	45.6
	商业	2164	68.25	109	5.04	347	16.03	720	33.27	988	45.66
北区	合计	4230	29.7	67	1.58	755	17.85	1430	33.81	1978	46.76
	工业	108	2.55	31	28.7	45	41.67	23	21.3	9	8.33
	手工业	2632	62.22	9	0.34	536	20.36	848	32.22	1239	47.08
	商业	1490	35.23	27	1.81	174	11.7	559	37.5	730	48.99
中区	合计	2586	18.16	85	3.29	322	12.45	797	30.82	1382	53.44
	工业	18	0.7	8	44.44	7	38.89	1	5.56	2	11.11
	手工业	998	38.59	8	0.8	130	13.03	271	27.15	589	59.02
	商业	1570	60.71	69	4.39	185	11.78	525	33.43	791	50.38

苏州市丝织业解放后各年12月份同期情况比较

1954年5月24日

B03-005-0187-087

年度	资料户数	设备情况				职工人数		产销情况												备注
		电力机		人力机				绸(公尺)缎						被(条)面						
								产量			销量			产量			销量			
		设备	运转	设备	运转	职员	工人	合计	加工	自营	合计	解缴	自销	合计	加工	自营	合计	解缴	自销	
1950.12	84	933	414	485	467	—	—	141439	22972	118467	141172	23708	117464	5439	—	5439	5876	—	5876	
1951.12	147	932	668	560	472	362	1729	256788	105653	151135	233352	103477	129875	16403	2547	13856	14939	1763	13176	
1952.12	108	1165	917	276	119	479	2272	430031	345351	84680	480607	380825	99782	10972	3370	7602	12109	4250	7859	
1953.12	75	1170	1007	239	192	328	2163	337678	—	—	352862	182657	170205	12974	—	—	14540	1123	13417	
说明：五三年设备及职工情况为二月份资料，表内空格均因资料不齐而无法填列者。																				

四、物价管理

吴县油饼商业同业公会为讨论划一售价开全体会员座谈会记录

1949年5月4日

时间：民国三十八年五月四日下午三时

计到二十二人

主席：张学明（假，张榜第代）

报告事项：

县商会紧急通知，各业批发及门市交易应由各业公会通知维持原价标明出售，不得擅自抬高，以维公平买卖划一市价由。

讨论事项：

县商会紧急通知，各业批发及门市交易，以维公平划一市价案。

决议：

白桐油	批发每担人民券 17000 元	门市每斤人民券 200 元
西洪油	批发每件人民券 19000 元	门市每斤人民券 330 元
本厂洪油	批发每件人民券 15000 元	门市每斤人民券 260 元
□柏油	批发每担人民券 20000 元	
魁麻丝	门市价每斤人民券 180 元	
湖麻丝	门市价每斤人民券 160 元	

说明：桐柏油为往外埠采运之品，来源早经断绝，本会存底亦属有限，本日所定系照镇、锡两地现时价格酌加薄利出售，至以后售价升降应视镇、锡涨落为准，随时调整。

公会前存少数金圆券已成废纸，而办公费用以及员工薪给亟须规定收取，以资维持案。

决议：假定以白米四石为标准计算，现照原有月费基数每一元以一百倍收取人民券，先行通知，即日往收，以后参酌实际情况再定。

吴县油饼商业同业公会为讨论售价事开理监事会记录

1949 年 5 月 25 日

民国三十八年五月二十五日上午九时

计到八人

主席：张学明

报告事项：

县商会函，为奉通知未缴之粮，局方特派曹德旺、曹炳荣、徐传义前来传达意旨，自五月二十三日起，如有未缴之粮，可照人民银行依照当日米价结付代金由。

会员永泰昌号函，附带零售桐油部分本年停业，请取消会员资格由。

税务局通知略开，三十八年上期所得税照商会千分比册，应纳人民币三十一万元，于五日内造册送局由。

县商会通知为完成献粮任务，再请贵公会增献米三万斤、柴六万斤，于二月内清缴由。

县商会函，准税务局函暂缓征收营业牌照税由。

县商会函，为催造献粮清册由。

县商会函，为柴业堆栈展缓三天结束由。

讨论事项：

增献米柴案。

决议：致函声明本公会所负已多，应转请同样业务之公会分认半数，以资平均。

讨论售价案。

决议：参照杭地桐油售价及柏油、麻丝等亦互有上下，重行评定售价，分别通知各会员。

本会近来事务特别殷繁，开支加增，前收补助费不敷其巨，如何弥补案。

决议：为应付办公加收特别费，照本月所收加收一个月，先行通知，即日往收。

五月二十五日上午九时因杭市桐油批价报涨，其余柏油、麻丝、豆饼亦互有上下，讨论重定价目表如下：

白桐油	批发每担人民币二万元	门市每斤人民币二百四十元
西洪油	批发每件人民币二万三千元	门市每斤人民币三百八十元
本厂洪油	批发每件人民币一万八千元	门市每斤人民币三百二十元
□柏油	批发每担人民币二万三千五百元	
魁麻丝	门市价每斤人民币二百二十元	
湖麻丝	门市价每斤人民币一百九十元	
边饼	门市价每担人民币二千九百元	
小豆饼	门市价每担人民币二千六百五十元	

吴县木商业同业公会关于维持原价交易、填报移交清册的理监事会议记录

1949 年 5 月 6 日

时间：民国三十八年五月六日

计到十人

主席：夏务滋

报告事项：

县商会紧急通知为各商号批发及门市交易应由各业公会通知维持原价，标明出售，不得擅自抬高，以维公平买卖、划一市价由。

又函奉苏州军管会命令，应将一切表册文件各物造具清册办理移交，各公会迅即赶造会员名册一式五份，于六日上午十二时前送会由。

讨论事项：

商会通知维持原价交易，以维公平买卖、划一市价案。

决议：录案照转，不得自由变更。

又函赶造名册五份送商会。

决议：城乡一律编入册内，审查无误，即送商会。

吴县木商业同业公会价目单

1949 年 5 月 27 日

吴县木商业同业公会价目单														
品名	广木（原排）	西木（原排）	杭木（原排）	丈八同（原皮）	西同（原皮）	八尺寸松板（原庄）	杉方	杉木板	柳杉板	四尺条子板	三夹板	松段	备注	
单位	每两码	每两码	每两码	每两码	每两码	每丈	每尺	每分每丈	每分每丈	每扎	每张	每两码	拣选零售，看货定价	民国三十八年五月二十八日议定
价目	人民券 二万九千七百元	人民券 二万七千三百元	人民券 二万二千三百五十元	人民券 一万八千九百元	人民券 九千元	人民券 八千四百元	人民券六十九元	人民券 八百四十元	人民券 六百五十元	人民券 八百元	人民券 一千四百元	人民券 三千元		

吴县酱工业同业公会关于转知重要日用品价格上涨应先报工商局审核的通知

1949 年 5 月 7 日

案准吴县县商会会字第三六八号通知，略以嗣后各重要日用品价格如有涨价必要时，应先报请苏州市军管会工商局商业管理科（科长张廷忠）审核；又，今后所有苏州市军管会命令应认真执行，希即遵照办理，并迅转各会员遵办，等由。准此，除分知外，合亟通知遵照。此致全体会员

苏州市税务局为每五日填报物价查报表致吴县酱工业同业公会通知

1950年2月20日

查物价为核税之根据，其与财政收入及商人合理负担关系至大。兹本局为求物价资料之真确起见，特制定物价查报表一种，规定由有关各公会按五日填报一次（每逢月之五、十、十五、二十、二十五、三十或三十一日填送仓米巷本局第二科），以资参考。除分行外，合行抄同表式一份通知，仰即遵照，切实执行，勿得违延为要。右通知酱工业同业公会（大井巷12号）

附表式一份。（未抄录）

兼局长　王　琢

副局长　王志昌

吴县电器材料业同业公会转发吴县县商会紧急通知各商号不得擅自抬高售价

1949年5月7日

案准吴县县商会五月六日紧急通知内开：

一、查各业公司行号所有批发及门市交易应维持原有价格标明出售，不得擅自抬高一案，业经本会于四月二十九日以紧急通知查照，并请转饬各商号一体遵办在案，兹奉苏州市军管会指示，本埠各种物价迩来波动甚剧，殊属不合，应由该商会转饬各业，迅即自动抑平，等因，希即转饬各该公会会员遵办。

二、嗣后各重要日用品价格如有涨价必要时，应先报请苏州市军管会工商局商业管理科（科长张廷忠）审核，地址在观前街中央银行旧址。

三、今后所有苏州市军管会命令应认真执行。

四、以上各节希即遵照办理，迅即转饬各该会员遵办，毋误为要，特此紧急通知。

准此，相应通知，即希遵照办理，特此紧急通知。此致贵会员

吴县铁钢商业同业公会市价单

1949年5月10日

三十八年五月十日临时全体代表大会议决

五□半边元　每担人民币　一万元

一号筷条　每担人民币　三千五百万元

二号筷条　每担人民币　三千二百万元
一号钉料　每担人民币　二千五百元
二号钉料　每担人民币　二千二百元
市板狭条　每担人民币　六千元整
短狭条　每担人民币　五千元整
七寸八元丝　每担人民币　七千元整
洋元板头　每担人民币　九千元整
新洋元板　每担人民币　一万元整
铁钻　每担人民币　四千元整
新方块　每担人民币　九千元整
1 寸半起新元　每担人民币　一万二千元
光地轴　每担人民币　二万一千元
自即日起

吴县染商业同业公会为议决增加染价七成致吴县丝织工业同业公会函

1949 年 10 月 14 日

径启者：兹据本会丝经组众会员等紧急报称：现因工业必需颜料突然飞涨，血本攸关，难以支持，特经召集全组会员紧急会议，共商救急办法，讨论结果，为顾全双方多年情谊起见，照前一律调整增加染价七成暂维现状，并请丝织同业予以特别谅解，祈请转知各同业自国历十月十五日起实行，所有十五日以前之账目，请一并如数结清，请求转达，等情。据此，相应据情函请贵会查照。至纫公谊。此致吴县丝织工业同业公会理事长暨诸位理监事先生公鉴

苏州市染商业同业公会为转知丝经组价目表致苏州市丝织业同业公会函

1950 年 9 月

径启者：敝业丝经染价兹因颜料上涨，砻糠、梅子、碱等亦然增加，不敷开支，亏蚀甚巨，特经全体同业公议调整染价，函请苏州市丝织业同业公会查照，转知各宝厂庄号采纳办理，并请将染资、司酒等随时结清，叨光现惠，以便周转。甚幸甚盼。公议价目如下：

洋元经	每庄单位	十八个正，纬一百六十两同经一庄
姣月经	每庄单位	十八个正(同上)
驼灰　栗壳　洋红　鼻烟	每庄单位	十八个正(同上)
品红　秋香　藏青　蓝灰　旧绿　洋绿　墨绿　菜绿 品蓝　品月　深湖　竹青　京酱　炉酱　紫酱　枣酱 古铜　菜青　时灰　燕青　天青　佛青　铁灰　深灰 东红　青莲　咖啡　猪肝　桃红　橘红　梅桂　旧红 以上深色经每庄单位十二个，纬一百六十两同经一庄		
雪青　中湖　南松　水灰　豆绿　杏黄　鹅黄　金黄 紫芽　妃色　泥金　洋灰　果绿　藕合　葵绿　湖绿 荷花　西红　金色　鹰红　鹰灰　茶青　茶绿 以上中色经每庄单位九个，纬一百六十两同经一庄		
浅湖　湖水　英白　浅金　肉色　米色　银灰　白灰 水绿　白蜜　浅妃　血芽　雪湖　浅雪　雪白 以上浅色经每庄单位六个，纬一百六十两同经一庄		
洋元绒	每块单位	一个二点正
各色绒	每块单位	八点正
各色人造丝	每包单位	六个正
狮马元人造丝	每包单位	九个正
流化元人造丝	每包人民币	四万五千元
流化元棉纱	每包人民币	二万三千元
特色品红、洋红、绞月、驼灰、栗壳人造丝	每包单位	九个正
底经丝	每两人民币	四百元
司友酒资经每庄四千元，纬每交一百，人造丝每包二千元。 以上价目皆系临时现交，若原料有所涨落，仍当随时增减。 公元一九五〇年九月二十七日起实行。		

吴县铁钢商业同业公会关于不得擅自提高售价等的理监事会议记录

1949 年 5 月 2 日

民国三十八年五月二日下午三时开会记录

计到七人

主席：朱正卿（假）

报告事项：

县商会紧急通知，各业批发及门市交易应由各公会通知维持原价标明出售，不得擅自提高，以维公平买卖划一市价由。

讨论事项：

本会已解商会临时垫款因金圆突起变化，通知前往取回，应如何办理案。

决议：已交商会之金圆一千四百万元暂缓领回，其余七百九十五万元存留公会，余俟理事长回苏后再决。升昌祥所交袁头六枚，姑请俞常务收回保管。

商会紧急通知维持原价买卖案。

决议：保留。

稳定新旧年关物价座谈会会议记录

1951 年 12 月 26 日

日期：一九五一年十二月廿六日下午二时

地点：本会会议室

出席人：刘恂介　董复始　酱工徐炜彬　鲜果陈世善　理发翁维宏（朱万顺代）　茶叶何燦如　糖果业童杏荪　摊贩周云泉　南北货朱日新（陶代）

主席：董复始

记录：尤敦诗

报告事项：

一、响应政府平抑物价政策，所以要做好稳定新旧年关物价工作。

二、本会特制订苏州市商品情况了解表一种，分发南北货、肉品、猪行、腌腊、煤炭五业填写，搜集一些历史性的材料，以资统计供应情况。

三、无历史性材料各业希提出保证的行业如理发、浴业等。

四、其他如山地货、鲜果、柴行、砻糠、糖果、糕团等诸行业须保证供应。

五、以上各业如有困难情形，亦请说明由有关方面研究协助。

各业发言：

一、柴行业：能保证供应。

二、理发业：资方通过生改会后，有信心本年终决不涨价加倍，但劳方恐有些纠纷，希望有关方面协助解决。

三、摊贩代表周云泉：对本市最近水产供应情况因各行家批发价不能统一，而对于年终必需品“青鱼”最近突涨超一成，自每斤 3600 元，已涨到 5200 元，且有断货之虞，故摊贩方面对市场之鱼市价甚难掌握，希工商联方面召集该业协助执行。

四、鲜果业：本业除洞庭山货由山地货业掌握外，其余各货全赖上海供应，就主要品桔子一项，因产地到货少，逐步有涨价可能，最近之价格已较半月前涨超 50％－60％，希望工商联向土产公司联系，设法供应，拨货来苏。

五、南北货业：本年度高档货笋干可能稍缺，但问题远不严重，关于高档货笋干土产公司门市部有供应，能否请工商联与土产公司联系将高档货笋干在市场上供应，以资调节；粉丝苏地有一厂设立，无大问题。

六、糖果业：各项年终必需品供应无问题，部分品如西瓜子、花生且落价，年糕方面已造就成本表，呈工商局核算。

七、酱工业：保证不涨价，尽量供应，香糟昨日已自动减低每斤 400 元。

主席总结：1. 今天主要是吸取各业情形，不作决定。2. 定十二月三十一日上午十时假人民商场二楼召集今天座谈会所缺席之各业举行座谈会。

散会。

稳定新旧年关物价第二次各业座谈会会议记录

1951 年 12 月 31 日

日期：十二月三十一日上午十时

地点：人民商场二楼购销会

出席人：糕团顾念椿　腌腊许顺之　董复始　方维坤　肉品业薛灿然　周云泉 山地货□□赓　蛋孵业姚锡麟　豆腐业邵锡万　朱金坤

主席：董复始

记录：尤敦诗

列席：工商局管嘉宝

报告事项：

一、希各业继续汇报目前售价及供应情况。

二、希各业重视此次稳定新旧年关物价工作。

各业汇报情况：

山地货：菜蔬供应无问题，据实地了解，白菜产地（如皋、白蒲、扬沙）有三至四成存货，故供应亦无问题；冬笋产量是小年，故较少，因此最近价上涨，本业保证向产地尽量收购供应，价格一定根据产地价格加合法利润出售，不以货少而抬价。

南北货：糖市稍下跌，有大量货到（年内可到 60 顿，计联购 15，糖行 15，交流 30），可供应无问题；笋干批发价与沪市价形成倒挂，故到量少，五二年元旦起可调整批发价，门市决不涨价。

糕团：年糕价格，茶食糖果业年糕价已呈工商局核准，计猪油年糕 8800 元，黄白年糕 5600，本业初步拟定猪油年糕甲8000 元、乙 7000 元，黄白年糕 4800 元、4000 元，本日召开会员大会后，再造送成本表。

蛋孵：鸭、鸭蛋现市价反较议价低落（市价 4000，议价 4200），鸡蛋市售 5300 元，与议价差不多。

肉品：已议定成本表，计板油 8800，夹心 7600，肋条 7000，根据本年供应量估计，本年一月一日至二十五日止二十五天内销量 10200 头，除联营处已向外埠采购 5500 头，邻县可供应 4000 头，余可由近郊农民供应，故供应无问题；生鸭（净）议定每只价 19800 元。

腌腊：保证绝对供应，照议价出售。

豆腐：因原料价稍低，每板豆腐价已由8000元跌至6400元，零售每块仍为200元，惟规格已放大（原来每板划40块，已减划为32块），本业最近拟召开会员大会，决心革除陋规，统一规格及售价。

工商局管嘉宝同志：

一、重视物价工作，必须彻底革除陋规，减轻成本，使周转变快，才能推动工作。今天在座各业均能起保证作用，且大部能遵守公约，这都是工商界能提高认识、响应政府平抑物价政策的具体表现。

二、希以工商联为主组织稳定新旧年关物价管理委员会，各业议价小组组织分会，管理委员会主要任务是：①研究各业物价；②了解各方面材料，批准调整价格，并希将最近之有关各业之物价在报上公布。

三、组织检查工作队（或委员会），着手于菜市场，加强原有检查组，贯彻监督执行新旧年关物价稳定政策，与摊贩方面经常联系（有关行业：粮食、面粉、油酱、南北货、鲜肉、鸡鸭、蛋孵、五洋百货、香烛锡箔、山地货、水果、茶食糖果、理发、浴室、腌腊、鲜果、豆腐、煤炭、柴、砻糠、糕团）。

摊贩代表周云泉：摊贩方面决协助工商联平抑物价，加强菜市场检查组组织，并希望有关行业对菜贩批货时发票上开具姓名，以防止非法摊贩混入菜市场，扰乱菜价，保证顾客不吃亏、不少秤。

主席总结：

一、工商局管同志所指示建议各点，俟向行政上建议后再行决定组织。

二、在座各业均能纷起保证，会议的收获不少，并希望做好传达工作。

三、鲜鱼业问题似较严重，今日并未出席，俟联系后再决定。

四、未送议价或最近售价之有关各业希即送工商联。

散会。

一九五一年度苏州市工商联
稳定年节物价委员会总结

1952年

一、发动阶级：

本会为根据中央贸易部关于稳定新旧年关物价指示之精神于五一年十二月二十日假座十联会场召开本市工商界稳定新旧年关物价动员大会，并经工商联第三十七次常委会决议成立稳定物价小组，后经第三十八次常委会决议扩大组织为“苏州市工商联稳定年关物价委员会”，由市工商局、工商联、国营公司、合作社、店员工会、主要商品市场、摊贩联合会、家庭妇联及有关各行业共同组织而成。五二年一月九日召开第一次筹委会议，扩充委员名额十九人，讨论并通过组织简章草案，设立调审、宣教、检查、秘书四股，确定委员分工，并由工商联指派工作人员处理日常工作事务。

二、各股工作过程：

调审股于五二年一月九日、十日二天内，根据各业报价，结合当时市价及供求情况，召开审核议价会议，并初步审定一批主要年货的最高批发和零售价格，经呈准市工商局备案后，即在本市《新苏州报》刊布。宣教股为配合议价公布，除对外公布以“67”、“501”、“1297”为物价专用电话外，并制就横幅标语在各通衢要道及菜市场悬挂，并在各电影院放映幻灯片，加强宣教，发动群众协助监督。检查股即开展工作，初期重点在各业市场，检查各业贩进货时之原始凭证，有无超越议价，后期工作（农历十二月二十四日后）则配合各区人民政府分区组成检查小组，在各区进行突击检查，发现不法商人使用非法度量衡器及克扣份斤、掺杂等事件甚多，及时汇报本会转工商局处理。秘书股则以处理日常事务及有关各方联系为经常工作。

三、主要收获：

由于政府及国营经济的正确领导，自经本会议价公布后，物价未有重大波动，大部分工商户均能遵守议价，但有部分不法商人，仍在追逐暴利，如各区检查中发现之南北货业万茂号以次货蒙售，顺泰号摊有大量笋干拒绝批发，信大裕号出售货品份斤不足，福昌祥且有掺杂行为，茶食糖果业嘉穗芳克扣份斤，玩弄手法，以少报多，泳兴利鱼行之浮收佣金达6%等种种行为，经检查组及时发觉阻止，并转送工商局根据情节轻重分别进行教育处理。

四、缺点：

（1）宣传工作不深入——由于时间匆促，宣传工作准备不够，不能深入群众。

（2）联系不够——自议价公布后，由于人事组织不够密切配合，各股缺乏联系，以致推动工作效力较差。

（3）专用电话不起作用——所公布之物价专用电话，系借用市场及工商局之原有电话，故不能尽量充分发挥专用电话之一定作用。

（4）议价工作未能周密——议价公布后，部分货品价格下跌，如肉品市价肋条已自六千八百元降至六千二百元，议价未能及时随之调整，且因议价时对行业情况之不够熟悉，故形成部分货品议价有过高及货物品名不普遍之偏向，因而给部分不法商人钻空隙之机会。

（5）议价公布日期似嫌稍迟——依照旧俗，每在农历十二月初，部分年货价格总较平时略涨，而我们此次议价在农历十二月十五日才订定实行公布，似嫌稍迟。

（6）明码标价不能普遍做到——由于检查队组织不够健全，缺乏联系，故对明码标价不能普遍推动实行。

（7）领导上掌握不够全面——本会下层各项组织，未能按章组织成立，且议价公布后，又未能按期举行委员会议，对工作推动与贯彻受到一定影响。

五、希望与建议：

通过这次经验与教训，下年搞稳定年节物价工作，事前一定要做好下列各项准备工作：

（1）搜集本年度年货的供求情况资料，以作下半年度的准备。

（2）要有指定的办公地点、专用的物价电话以及专责的工作人员。

（3）发动议价工作，须于农历十二月份以前，不宜过迟。

（4）要做好宣教准备工作，使家喻户晓，发动广大群众协助监督。

五、私营企业生产经营改造展览会

苏州市私营企业生产经营改造委员会
成立报告暨常委名单

1951 年 9 月 29 日

（一）整理组织委员会
主任委员：黄柱天
副主任委员：佘民杰
委员：
孔翔生　沈继玉　周云泉　刘恂介　邵伟成　冯国祥　冯焕章　华一峰　方维坤
金瑞麟　邵孝谋　唐慎志　张嘉春
（二）产销辅导委员会
主任委员：张学明
副主任委员：唐士英
委员：
夏旦初　张宝桐　徐征平　邵一清　陆逢冶　高吉甫　徐桐生　吕沅桀　顾誉清
孙宝冲　崔炳炎　黄克铭　袁开光
（三）劳资协进委员会
主任委员：孔翔生
副主任委员：张甸国
委员：
唐慎志　徐粹清　吕沅桀　陆锡翔　刘恂介　唐士英　李鸿业　沈幼丹　张秉良
朱录嘉　经正祥　李怀慈　王振瀛
（四）宣传委员会
主任委员：谢惟安
副主任委员：孙奇华　牟汉英
委员：
邵伟成　佘民杰　张云清　沈幼丹　冯国祥　丁德昌　薛国杰　汪朝倜　毛安德
李鸿业　朱企新　李怀慈
（五）税务推进委员会
主任委员：朱宏湧
副主任委员：蔡渭森
委员：

方维坤　谢惟安　董复始　殷坟源　高吉甫　朱日新　金瑞麟　朱汝鹏　彭祖龄
韩学志　张志明　潘士义　濮蕴石

（六）财务委员会

主任委员：朱汝鹏

副主任委员：朱日新

委员：

殷坟源　张志明　胡志明　夏旦初　丁德昌　徐粹清　张宝桐　徐仁焕　郭润源
贝祖武　蔡渭森　姚士镇　朱秉智

苏州市私营企业生产经营改造展览会组织规程

1951 年

第一章　总纲

第一条　本规程依据苏州市私营企业生产经营改造展览会筹备委员会组织纲要第十条之规定及展出委员扩大会议之决议订定之。

第二条　本会及所属办公厅各科处股馆工作人员处理事务，除别有规定外均依本规程办理。

第二章　委员会

第三条　本会设委员会职掌如左：

1. 掌握总的决策；2. 审议工作计划及工作报告；3. 审核及决定本会预决算。

第四条　委员会设主任委员一人，对内领导全体委员，对外代表本会并负责监督办公厅所属各科处股馆事务，设副主任委员二人，协助主任委员处理会务，在主任委员因事缺席时，以副主任委员代行其职权。

第五条　本会对外行文以主任委员签署，副主任委员连署。

第六条　本会全体委员悉心策划会务，出席会议，提供意见，但遇临时发生重要事项不及召集会议时，得由主任决定处理办法，事后提交委员会追认。

第七条　本会委员除兼任各科处股馆工作应经常办公外，其余委员必须轮值驻会办公。

第八条　办公厅正、副主任协助正、副主任委员处理本会机要事务，审核重要文稿，指导各科处股馆工作人员处理日常事务。

第三章　办公厅

第九条　办公厅设左列各科室处股：

1. 总务科：（1）经费之收支、保管、记录；（2）预决算书表之编制；（3）办公用具之购置、保管、分配；（4）展出场所租借；（5）门票印刷发售；（6）工作人员膳食管理；（7）其他有关总务事项（卫生、警卫）。

2. 征集股：（1）组织各联分会及各业征集小组之指挥及联系；（2）展览品之登记、统计、保管、发还；（3）有关展出各种材料之征集统计；（4）征集办法之拟订；（5）其他有关征集事项。

3. 宣教股：（1）宣传文字、图书、通讯、广告之撰拟、审核、印刷、保管、分发；（2）大会期内新闻报导布置座谈会；（3）参观指南之编印；（4）大会特刊之编印；（5）其他有关宣传事项。

4. 设计股：（1）会徽、会旗及奖品之设计；（2）会场之勘测、规划、布置；（3）收集各业材料，绘制图表漫画；（4）指导各联分会展览品之设计工作；（5）商场之设计；（6）其他设计工作。

5. 秘书股：（1）文电之收发、缮印、保管；（2）印信之典守；（3）人事之调配、管理、登记及学习事宜；（4）会议之布置、记录；（5）各股工作之联系及统计；（6）综合整理各股之总结；（7）其他不属于各股事项。

6. 辅导股：（1）配合征集股协助收集材料；（2）配合宣教股发动群众参观；（3）来宾迎送，招待登记，膳宿接洽及其他辅导事项。

第十条　各股长综理各该股事务，副股长协助之，各股干事分别办理职掌事务。

第四章　服务规程

第十一条　各股工作人员应服从领导，办好会务。

第十二条　各股工作人员除例假外，每日应规定时间到退，例假日如遇工作繁忙仍依领导指示照常办公。

第十三条　各股应分别备置工作日记簿，指定人员将每日重要工作随时记载，于次日晨送办公厅核阅。

第十四条　各股应设值日人员并将轮值人员表送办公室，以便联系。

第十五条　各股工作人员因事因病请假，应报请股长转呈办公厅主任核准，秘书股登记备查。

第十六条　各股每周应举行工作汇报一次，记录送办公厅。

第五章　公文处理

第十七条　凡收来文件由秘书股收发人员点收、盖戳、编号、摘由送办公厅主任核阅。

第十八条　办公厅主任对上项文件认为特别重要者，须随时提呈正副主委核阅，不重要者依其性质分交各股拟办。

第十九条　各股接到上项分文后，应即视其缓急，在左列时限内办竣呈核：（1）紧急者随到随办，不得超过二小时；（2）重要者不得超过当日；（3）次要及寻常者不得超过二日。凡文件内容复杂或处理办法须经会商或请示决定者，其时限得量予变通。

第二十条　文稿经股长初核，送办公厅转正、副主委核判后，发交秘书股缮校封发，原稿归档。

第二十一条　凡可通电话处应尽量利用，以电话联系减少文书来往，各股置备电话联系记载簿，以备查考。

第六章　附则

第二十二条　本规程未尽事宜得随时修正之。

第二十三条　本细则提经本会委员会通过施行，修改时亦同。

苏州市私营企业生产经营改造展览会 业务处办理交流业务办法

1951 年 10 月

一、本会为促进市内外物资交流，活泼城乡经济，特设业务处办理市内外一切土特产及手工业品批发业务，包括现货、期货及协议，并附设零售商场经营零售。

二、凡本市及区内外各县市公私企业、厂号、合作社，拟推销或收购土特产品，均可委托本会业务处办理。

三、委托交流业务之手续步骤如下：(1) 凡委托本会业务处代向本市及区内外各市县购销土特产品者，应将品名、规格、数量、包装数量、交货地点、交货日期、价格等项填具委托书，如为委托代销者，并应附送样品，说明用途、销售对象及今昔销路等，径向业务处办理登记，以便代为接洽购销。(2) 参加大会推销之货品运抵本市后，须即向本会业务处办理登记手续，如需进仓、保险、提货、付运、纳税等手续，本会尽力协助办理，费用由货主负担。(3) 大会期间，批发交易一律分现货交易、期货交易两种，凡经本会介绍成交之现货或期货，一律订立合同或协议书，签订合同时须附带成交之货样一份。(4) 交货地点分销地交货、产地交货或约定地点交货。(5) 期货成交者，双方须觅具妥当保证人，如双方自愿不须保证者听便。

四、期货成交者，双方按照合同办事，本会业务处结束后，如有纠纷，按一般合同交易办法处理。

五、凡经本会接洽完成交易者，本会当尽力设法协助解决有关税务手续及运输等事宜。

六、凡买卖双方自愿直接进行交易者，得不受本办法之约束，但必须将业务交易情况随时向业务处登记。

七、凡向本会登记推销之商品，如来途需要退出自行成交者，须事前向本会业务处申请撤销。

八、本办法如有未尽事宜，随时由本会修改。

九、本办法经本会委员会议通过施行，修改时同。

苏州市私营企业生产经营改造 展览会零售商场管理办法

1951 年 10 月

一、根据本会交流业务办法，制定零售商场管理办法，凡参加本会商场之厂商，必须遵守一切规则。

二、厂商应依照规定办妥登记租屋手续，缴清各项费用后，始得迁入本会指定号次屋舍营业，不得自行变更。

三、本会厂商参加零售商场要求以行业为单位组成联营机构参加。

四、场屋之装修及内部布置，应接受本会之指导。

五、各厂商派在本厂服务之职工，应先将职务、姓名、年龄、籍贯，报请本会业务处登记，领用证明标记，以资识别。

六、营业时间应遵守本会规定。

七、货品售价相当于苏市一般市价为原则，苏市无市价者，必须与本会业务处商订，所有出售价格必须明码实价，并事先填写价格表，送交本会业务处备查。

八、出售货品，须包扎妥善，并给顾客发票，是项发票归本会统一印制，事先向本会价购备用。

九、批发交易按照本会业务处交流业务办法办理。

十、每月营业终了后，应将本月营业收入填写日报表，由小组汇送本会业务处。

十一、需要广告宣传者，应先向本会接洽缴纳广告费，由本会统一布置。

十二、每晚应留职工住宿负责看守货物。

十三、场内不得设置易燃爆炸等危险物品及炊具，以防火事，膳食茶水自行解决，场屋须保持整洁。

十四、每满十户编一小组，设正、副组长各一人，协助管理商场秩序，各户必须服从小组长之领导。

十五、如有违反本规则者，轻则由业务处提出批评，重则令其退出商场。

本办法经本会通过后实行，修正时同。

苏州市私营企业生产经营改造展览会业务处商场租用办法

1951 年 10 月

一、依据本会交流业务办法，在展览期间将由业务处开辟商场，供各厂商租用经营零售业务。

二、场屋依占地面积之大小划分等级，按级订立租费标准。

三、凡愿参加本会商场营业之苏市及外地厂商，分别经由苏市及各当地工商行政机关团体之介绍申请租用，其属于苏市同一行业经营同一商品者，最好以联营方式参加。

四、各厂商租用场屋须于十月前填具申请书，送本会业务处审查。

五、申请书经本会业务处审查合格后，即由本会按业分别编订场屋号次发给通知书，不合格者，将申请书发还。

六、申请之厂商接到上项通知书后，应于五日内向本会业务处接洽，办理场屋租用手续，租用费一次缴清，按指定之地址自行布置内部装饰，所需之营业用具均由各厂商自理。

七、商场之电灯设备由本会统一装设，各商户屋内电灯装置自备，所需电费按灯头支光计算，欲装设霓虹灯、扩音机及其他电器设备，另行接洽酌收电费，公共电话可供各商户免费使用。

八、场屋租用期间自批准租用之日起，至本会闭幕之日止，中途退租者，须向本会业务处说明原因，经本会核准后始得退出，所缴纳租金概不退还。

本办法经本会通过后施行，修正时同。

苏州市私营企业生产经营改造展览会介绍

1951年11月

一、动机和意义

中国的工商业由于长期遭受反动统治的荼毒与迫害，在生产经营上，遗留着许多创伤的烙印，滋生了若干的陋规和不道德的行为，不但损害了广大人民的利益，也腐蚀了工商业的本身，以致丧失信誉，生产萎缩，营业不振，阻碍了自身的进步与发展。

苏州市的私营企业，正如各地一样，因为陋规的存在，严重地阻碍了本身业务的发展，更影响了城乡物产的交流。

解放两年多的时间里，本市的私营企业，在中国共产党和人民政府的正确领导以及国营经济的大力扶助下，依靠了工人阶级，在搞好生产、改进经营上，已获得了显著的成绩。我们为了巩固这些成绩，在现有的基础上，要继续发扬爱国主义精神，贯彻新民主主义的经济政策，进一步暴露过去在生产经营上存在的各种陋规，纠正虚伪宣传、欺骗顾客等不老实的作风，提高产品的规格质量，树立老老实实的新商业道德，为广大的劳动人民服务，促进城乡物资交流，转变过去城乡对立的关系为城乡互助的关系，努力增产捐献，以加强抗美援朝的力量，为富强的新中国而奋斗。

因之，在市工商局和工商联筹会的联合主持下，经过了二月来的酝酿、启发、动员、征集、设计和布置，这一次的私营企业生产经营改造展览会，终于在十一月五日胜利展出，得以和各位观众亲切地见面。在本市工商界的历史上，翻开了新页，可说是空前的喜事。我们为展览会的胜利展出和预祝展出的成功而欢呼。

二、会场一周

这一次展览会的胜利展出，包括了全市一百三十多个工商、手工行业，以各个行业的性质，划分为综合、衣织、食品、营建、交通、百货、万象七个馆展出。万象馆是各个零星的小行业所组成，综合馆是专为介绍突出的、全面性的、代表性的材料而设置的，展出的方式，采用模型、实物、图表、文字四种。

在展览会的会场上，正像置身在透视镜的面前，一切的展出都富有高度的政治性和思想性，为新旧两个社会的生产经营划出了鲜明的界线，使你看到旧社会的丑恶和新社会的可爱，现在，让我们对各馆做一个简单的介绍。

综合馆

一进门是劳模们的相片和二十多幅图表，观众可以清楚地看到，两年来生产经营丰富的收获和光辉的成绩是依靠了工人阶级改进经营搞好生产而得来的。

综合馆的内容是丰富的，观众停留在一大堆的非法度量衡器的面前，可以认识到过去使用这些非法度量衡器的危害性是严重的，像其中的“滚□机关秤”使用时运用手法，以一百斤的实物作比例，买进时可以在秤面前上减少四十斤，卖出时可以增加六十斤，一进一出，就有一百斤的流弊，观众更进一步地认识到过去的生产经营上，在到处使用这一套手法之下，不知剥削和榨取了多少劳动人民的血汗，同时会体味到只有在人民自己的政府下，为保护人民自己的利益，才能为人民大量没收了这些进行剥削的非法度量衡器。

在电厂展出的发电区域模型和全市路灯保明竞赛模型以及许多图表的面前，为观众说明了解放前后两种绝不相同的情况。二年来，由于工人弟兄的努力，发挥了生产的积极性和创造性，搞好了生产，改进了经营，并且更告诉大家，他们正在做更进一步的努力。

衣织馆

这里所展出的织物，都是我们非常熟悉的，但是在生产经营商所暴露的陋规，都和我们是陌生的。

举一个例子，像针织业以旧袜拆纱所织成的“还魂袜”，像弹花业以纱厂的脚花和旧棉漂白花，掺杂在新花和棉胎中出售，都充分地说明了旧社会里工商业的生产经营上，到处是使用欺骗狡诈的伎俩，以获取非法的暴利。

由于陋规的腐蚀，同时也摧毁了工商业的前途，只有痛下决心，彻底革除，才能够得到发展，走向繁荣。像漳绒业的展出中，就说明了这一个问题。过去，他们在生产经营上，偷工减料，掺用劣丝旧纱，因为产品规格的降低，以致丧失了市场的信誉，陷于滞销，自从通过苏南物产展览会，在政府的大力帮助下，由于生产的改进，提高了品质，产品由滞销变成了畅销。

衣织馆是富丽的，一片缤纷的色彩，绚烂夺目，在飘舞的以苏联为首的各个新民主主义国家国旗的面前，在尊敬中激发了我们无比的热情，为和平力量的雄伟无敌而欢呼。

棉纺、棉织、刺绣的展出，为衣织馆铺成了一片锦绣的河山。他们所展出的模型、图表、实物、内容都是非常丰富、生动而有力的，不但检查和暴露了过去的缺点和陋规，更介绍了两年来在国营经济的大力扶助下，得到了改进和发展，逐步由困难走上了恢复与繁荣的途径。以刺绣来说，过去的销货对象大半是那一批危害人民的官僚地主以及迷信用品，现在我们在六帧伟大的革命导师和领袖们的彩绣像片和其他作品的面前，不但看到了生产技术上所表现的艺术性，并且很好地为我们说明了他们正在努力的新方向。

食品馆

这里，每一种食品业的生产经营上，过去都滋生着一大堆的陋规，由于这些陋规的存在，使我们的生活上加重了不轻的负担，损害了我们的利益和健康。

这里，罗列在我们面前的，像粮食业所展出的实物和图表中，暴露过去大斗进，小斗出，在食米中掺杂光粉，以次货混充，囤积居奇，在经营的交易中，猎取暴利。这些使我们更深切地回想起过去生活上遭受的苦难和折磨，更加强了我们对旧社会的痛恨。

像山地货业，以前在经营上的陋规，也是不胜枚举，内外佣之外，有吊力、机力、回舱、小费等等的各目，对农村进行了苛刻的剥削，影响了农民生产的积极性，对城乡交流上起了一定的阻力。

桐柏油饼业的展出以新旧农村的模型与实物，说明了该业过去在桐油内掺杂柴油脚和杂油，为自身的暴利，损坏油质，欺骗了广大的农民，使他们对生产工具的保护上，受到极严重的损失。另一方面，表现了通过改造，革除了陋规，提高了品质之后，挽回了信誉，已得到了广大农村的欢迎。

哺禽也是以新旧的生产经营方法作对比的，我们知道饲养家禽是广大农村的副业生产，但由于过去哺育上的墨守成规和经营上存在的陋规，影响了农村生产的情况。两年来，由于生产经营上的逐步改进，打开了销场，由于销售地区的扩展，生产量也显著地增加，行业本身也得到了发展。

这里，我们看到的一切，都是和日常生活所接触过的事物做紧密的结合，譬如你看到掺水的绍酒，以台州橘冒充的汕头橘，容量不足的坛酒……我们可以更进一步认识到旧社会工商业的面貌，也更能进一步领会到今天展出的重大意义与要求。

百货馆

解放前，我们在热闹的街道上，时常可以看到减价，大赠送、摸奖、摇彩，甚至关店大拍卖等大吹大擂的广告，吸引顾客，在百货馆的一角，就布置了这些百货店的缩影，但是已经为他们揭开了虚伪的幕布，赤裸裸地暴露了丑恶的面目，使我们通过展览，认识到这些都是欺骗顾客、使顾客吃亏上当的不道德的经营方式，是让人深恶痛绝的。

百货业的陋规，多如过江之鲫，偷天换日，以劣货改换商标，可说是普遍的通病，天天以关店大拍卖来号召，但是生意兴隆，天天进行前门出货、后门进货的勾当，尤其是来自广大农村的农民，更容易遭受到他们的欺骗与愚弄。

这里的模型、实物、图表的展出，不仅是暴露了过去经营上陋规的问题，同时，在展出的对比中，更说明了两年来在国营经济的领导下，百货业在经营上已有了显著的改进，正努力于面向大众，面向农村的新方向发展。

交通馆

城乡交流工作上，交通运输，谁都知道，是非常重要的一环。

在交通馆的巡视中，我们看到各个行业所展出的实物、图表和说明，在一大堆陋规的面前，使我们深切地体会到货运方面，过去运输商不老实的作风，往往将客方的三等货收取二等货的运费，装运的时候，却相反的以二等货报成三等，从中赚取非法的利益。像木船业代客装载货物，有夹底舱和掺杂等行为，进行偷窃，正因为他们的掺水或掺杂，使货物损坏了品质；机械业展出的图表和文字中，说明过去将废铁翻砂，粗制滥造；搬运业暴露了驳运、码头上下力的垄断把持；马车、人力车也展出了欺诈旅客、漫天要价等陋规和不合理的经营。

通过展览，我们对私营交通事业两年来的努力，也得到了正确和足够的认识。交通业围绕城乡互助和物产交流的中心任务，改进了生产经营，扩展了运输网，调整了劳资关系，尤其是马车和人力车工人，不但在改进经营上收获了显著的成绩，并高度发扬了爱国主义的精神，以义务劳动投入爱国增产捐献的高潮，完成了光荣的任务。

轮运业的特制小汽轮和帆船模型，在会场上特辟的水池中展出，为会场点缀得更生动，也是值得介绍的。

万象馆

请大家想一想，解放前的茶馆、剧场、书场、浴室，是怎样的复杂而糜烂。这里我们可以看到，像进行黑市交易，非法买卖，敲诈勒索……都是在这些场所进行的。正因为如此，这些行业在经营上的陋规特别的繁多，小账，零赏，逢节节赏，过年加价，布满了乌烟瘴气，使正当的顾客遭受到额外的损失与太多的麻烦。

这里，在甕业、理发、水灶所展出的“留行闭歇地段契约”和“行规”中，使我们更深刻地认识到在封建的反动统治的魔掌下，劳动人民在重重的束缚下做着统治阶级的牛马，是绝对没有自由的。柴行业过去在经营上，封建把持，使用非法衡器，大进小出，秤上玩花样，使农民运柴进城，视为畏途，而消费者也经常遭受到欺骗与剥削。书场的散播封建毒素，剧场的以色情恐怖招徕顾客……在这里，也有足够的暴露。

一切的展出都是对称的，在解放后的两年中，这些行业在人民政府的领导下，在经营上已有显著的改进，这是我们必须加以肯定的。即如专营迷信品的行业，也深自检查了生产经营上的危害性，而且说明了已有不少的同业，转营了有利于国计民生的事业，没有转业的，经营上也正在努力改造。

营建馆

石粉业展出的两座模型中，非常鲜明地介绍了过去石粉的生产，销货对象是经营食米的粮商，帮他们进行掺杂，危害了人民的健康，解放后，生产经营上已得到了显著的改进，主销于工业上用作原料，因之建立了新的商业关系，扩大了销场。

营造业过去的偷工减料，危害性是十分严重的，在这里他们展出了新农舍的模型，说明了改进经营的新方向，也使我们预见了广大农村美好的将来。

木业暴露了过去大尺进货、小尺出货、掺杂次货等陋规，其中，“两头蛇”的陋规是比较突出的。所谓“两头蛇”，是他们使用的量尺，半支是标准的，半支是缩小的，由此，我们可以体味到旧社会里的工商业，到处都隐蔽着防不胜防的陋规。

髹漆业的成佛组展出了小型的佛像和生理模型，说明了他们过去为封建迷信服务，在共产党的正确领导下，才能在生产经营上转变方向，开辟新路。

这里所展出的陋规，像旧铅皮涂上银粉充新货，出租汽油灯以夹底邮箱赚取火油等等，是不胜介绍的。但是我们应该认识到，私营企业的昨天和今天是不同的，他们已经逐步地在改进，我们相信，通过展览会，他们会获得飞跃的进步。

三、希望与要求

通过这一次展览会，我们希望达到下列三个要求：

（一）明确依靠工人阶级思想，树立新商业道德，提高私营企业生产经营的积极性。

（二）说明在旧社会中城乡关系是对立的，解放后，私营企业在国营经济领导下，改进了生产经营，面向工农，开始为广大的劳动人民服务，通过发动城市和农村群众参观，使广大的人民认识到私营企业的服务态度。

（三）通过展览会附设的交易所和临时商场，进一步促进城乡物资交流，引导私营企业，逐步地走向计划经营。

苏州市私营企业生产经营改造委员会工作报告

1951 年 12 月

（一）写在前面

解放两年来，苏州市的私营企业，在中国共产党和人民政府的正确领导下，依靠工人阶级，逐步由困难走向恢复与好转。自从苏南、华东土产会议交流之后，本市的土特产和手工业行业，更获得了巨大的转机，使广大的滞销物资一变而为畅销物资。由于销路的打开，使本市整个的经济情况，成为淡季不淡，旺季更旺，使广大的工商业者，亲身体味到新民主主义社会制度的优越性与祖国的伟大可爱。

尤其是通过抗美援朝轰轰烈烈的三大运动，由于爱国主义教育的普遍加强和觉悟程度的提高，发扬了批评和自我批评的精神，在检查中不仅暴露了生产经营上的陋规和缺点，更清楚地认识到陋规和缺点严重的危害性，因为陋规的存在，不但损害了广大人民的利益，也腐蚀了工商业的本身，阻碍了私营企业的进步与发展，更从两年来依靠工人阶级搞好生产和改进生产经营所得来的成绩中，认识了私营企业今后发展的方向。

为了巩固两年来的成绩，进一步在国营经济的领导下，迎接新的生产任务，繁荣经济，加强抗美援朝的力量，私营企业认识到必须从自我改造中，革除陋规，改造生产经营，建立新的商业道德，因之决定了苏州市私营企业生产经营改造展览会的展出。

（二）打好了胜利展出的基础（略）

（三）丰富的收获

1. 向争取十万观众的目标努力

展览会胜利揭幕，为达到扩大教育影响的目的，展方订出了“争取十万观众”的努力目标，并使一切工作都围绕着这一个中心进行，确保了展览会的顺利开展。为适应工作的需要，还拟订了宣传纲要，组织了宣教工作队，有步骤，有计划地进行动员，发动本市各团体、学校，以及城乡广大的农村和吴县各区、各乡，通过组织关系，深入基层，动员组织参观团，来苏参观。此外，配合展览会发展的形势，对内每天刊印快报，对外在各报发布新闻，扩大了对外宣传的影响。例如在开幕的前后，《苏南日报》、《无锡晚报》、《南京新民晚报》都刊登了特写或消息，本市的《新苏州报》更刊出社论，以引起本市及各地的重视，更经过邀请团的邀请和发出宣传品及请柬，发动各地工商界来苏参观，因之在展出的二十八天中，在不断的高潮中，争取了无锡、苏州专区各县，上海、宝山、嘉定等地各业四十个参观团，计1654人，陆续来苏参观，至十二月二日胜利闭幕，观众达105949人，超过预定的目标。

通过展览会的教育，利用会场意见簿、座谈会、个别访问、招待工作等方式，收集了观众的许多珍贵的意见和对展览会的感想，使我们得到了更多的帮助，不但对展出不断的充实和修正很有帮助，在各业实际的改造中，也起了有力的启发和推动的作用。像金华的观众胡国章参观后，提出旧布业的经营上每百斤仍有四斤绳索的陋规之后，该业在虚心接受之下，跟着就在业内召开会议，作了深刻的检查，决心将陋规革除，并向展览会提出了保证。由于非法度量衡器的展出，在这活生生的教育下，不仅工商界在现有的基础上，提高了一步，认识了它严重的危害性，在展出期间，纷纷将经营上使用非法度量衡器的陋规，加以革除。像南北海货业，组织了衡器检查组，普遍在业内进行检查，保证绝不再有一杆非法秤在同业间出现；木床棕垫业主动将不统一的英尺、米尺废除，一律改用市尺；绍酒业订出了四项办法，决心将非法的液体量器彻底革除。由此逐渐掀起了实际改造壮阔的波澜，在业与业相互的启发和帮助下，由个别行业逐步推动到全面。像粮食业，将过去使用每斗大六合的“枫斗”，茶叶业将大小非法秤，自觉自动地送交大会展出，表示了他们改造的决心，度量衡器制造商更作了深刻的检讨，签订了决心书，将制造非法度量衡器的老砝码，全部送交大会展出。这一种具体行动表现了私营企业爱国主义思想的提高及勇于改造的精神，影响了全市的摊贩也齐步跟进，彻底暴露了行业陋规。先由马医科菜场做起，将过去菜市场所使用的六百多支大小秤，连同决心书，送展览会展出，带动了全市所有的菜场，都先后加入了这一热潮。同时，家庭妇女结合展览会，也及时行动起来，帮助革除菜市场的大小秤，组织了纠察队，对家庭妇女进行宣传教育和检查他们携带到菜市场的衡器。这些鲜明的例子，充分说明了这一次展出的教育意义是深长的，更说明了这一次展出的成就和收获。由于群众觉悟的提高，展出不仅起了鼓动的作用，而且使私营企业在原有的改造基础上，更前进一步。

2. 为明年手工业生产铺平道路而努力

展览会的胜利展出，虽然是本市工商界在勇于改造的基础上，经过了思想斗争的胜利成果，在广大人民的面前，暴露了生产经营上的陋规和缺点，表示了改造的态度和决心，但是展览会的展出，并不等于已经走完了改造的路程，只是标志了改造的开始。为着通过展出，使实际的改造更前进一步，展览会展出后，于11月10日成立了生产辅导处，以深入全市手工行业，进行调查研究，促使其进入计划生产，为明年度手工业生产，铺平发展的道路，并针对当前情况，及时处理投机暴利和动员各个商业性行业彻底暴露陋规，改善经营，签订业务公约，树立新商业道德，在二十天的工作中，收获是丰富的。

(1) 重点调查针织、毛巾、漳绒、酱工、茶叶、绍酒、土烧酒制造、饴糖、刺绣、丝线、制革、帽扇、文教用品、度量衡、乐器、刀剪匠作、金属制品、纽扣、眼镜、宝素珠、骨伞棕刷、草织、冶铁、竹藤器二十五个手工业行业的生产设备和生产情况，以及存在问题，进行深入了解。

在调查工作中，由于对这一项工作缺少经验，都在摸索中进行，因此开始时工作效率较为迟缓。尤其是各个手工业行业，对于过去的材料，一向缺乏统计，关于填表工作，发生困难，而且部分思想上又不够重视，不肯详细研究。像竹藤器业的篾片组，因为中粮公司的直接订货，解决了销路问题，产量激增，今年生产篾条达到9450条，较抗战前增加929%，较解放前增加386%，资金周转方面，也因国营中粮公司经常预付定金，解决了困难，因之他们就产生了我们生产没有问题，销路没有问题，资金周转没有问题，何必要调查、订计划等观念，经过反复说服，打通思想。在共同研究中，发现该业尚存在“旺季无法完成任务，淡季无工可做”的问题，经过详细研究，决定组织联营，运用统一资金，来克服淡旺季的偏向。其他行业范围小，或生产上自己有发展的行业，对调查工作，有不正确的看法，存在着思想顾虑，而组织不健全、发展上尚有问题的行业，却认为调查后即可贷款来解决问题，通过工作还解决了各种不正确的思想情况和问题。

为了争取工作的如期完成，在工作中运用了各种不同的方式方法，像有的行业，材料无法统计，通过座谈会，用回忆的方式，由每个手工业户自行发掘材料，做好摘记，再由行业的负责人整理校对，接近准确数据后填入表格。有的是从侧面发掘的，像部分行业，因秋季民评，会议重叠，便无法召集，调查工作处于半眠或停顿状态，就利用民评会开会，在会后连续开会研究，甚至通宵达旦，漏夜进行，使各业的调查工作，做到定期完成，并帮助他们订出1952年的初步生产计划。这一项工作基本上已取得胜利完成，汇集整理之后，准备提交有关部门作为今后扶助本市手工业发展的参考资料。

(2) 通过展出，工商界在认识上显然有普遍的提高，为着巩固和保持这一胜利的成就，在现有的基础上，将展览会的精神，贯彻到今后实际的改造中去。首先重点召开了粮食、木材、油饼、盐、粉麸、煤炭、竹、营造、腌腊等几个商业性行业的专业会议。各业在举行这一会议中，不但更深刻地认识到陋规的危害性，而且明确了依靠工人积极搞好生产的思想，签订了彻底暴露陋规和决心今后改善经营的业务公约。部分行业在劳资团结的基础上，组织了检查小组，经常检查业务公约的执行，部分行业立即以行动来表示，像度量衡业、茶叶业都自动将非法衡器全部送交大会展出。在以上九个行业专业会议的成就和答出的经验中，又继续召开了茶食糖果、南北货、山地货、鲜果、肉品、鲜肉、衣业、典当、瓷料器、铜锡、运输、国药、新药、电料、参燕、药材、柴行、漆、寿器殡墓十九个商业性行业的专业会议，各业都能认真地举行会议。有的行业一天内讨论不出结果，甚至连续了两三天，在思想上，又进一步地进行了自我改造教育，像鲜果业、山地货业、南北货业、茶食糖果业都把展览会上没有暴露的陋规，在会议上重新暴露了出来，像新药业和国药业过去往往销售失效药和伪药，通过会议一致认识到这些陋规的危害性是严重的，表示“今后一定为保障人民健康服务”，国药业计划将一百八十几种没有效能的饮片剔除不卖，新药业表示一定做好革除陋规的工作，决不再欺骗和危害人民，并且检查出很多的变质药，准备送卫生局处理。像以上的例子是不胜罗列的，由于明确了经营的方向，都顺利地签订了业务公约，一般都订出了定期检查的制度，以保证公约的执行。

(3) 正像观众李亚□说的：“工商界的生产经营改造，是一个艰苦的思想改造，今天陋规的展出，不过是改造的开始，今后还希望能够大力贯彻到实际行动中去”，但是一部分的工商界对这一思想改造的艰苦性的认识是不够的，放松了对旧经营作风与暴利思想的警惕。虽然经过展览会的教育，仍有部分行业和商店存在着严重的陋规和贪图暴利以及欺骗顾客等行为。辅导处和业务处都能倾听和吸收群众的反映，如炭商第一联营处的出售温炭，松鹤楼的收取茶水费，求真袜厂的出售不合规格的袜子，菜饭馆、点心业、马车、汽车、人力车业盲目涨价，都按照具体情况，通过召开的大小会议，进行启发教育，及时加以纠正，像菜饭馆等行业，都迅速恢复原价，理发浴室等业都纷纷向大会提出了绝不涨价的保证。

以上的工作，不仅说明通过展出的教育，渐次将展览会的精神，贯彻到私营企业实际的改造中去，并且为1952年的手工业生产铺平了发展的道路。

3. 为计划生产创造了初步条件

展览会在十一月五日胜利展出，结合展览会改造生产经营的精神，业务处设置的临时交易介绍所，事先经过了一个多月的筹划，于十一月七日开始交易，交易的种类分合同、协议、业务约定书三种。这一次交流业务的开展，首先估计到各个行业参加华北、东北交流的情况、希望与要求，通过交易所达到原料商和加工商、批发商和零售商之间，签订协约，建立正常的贸易关系，促使1952年的生产经营进入计划化；另一方面，在各行业产销需要的情况下，继续对外交流，大力推销手工业土特产品，和各地建立长期的贸易关系，以达到平衡市场物资的供求。

交易所胜利开幕之后，向着“为计划生产创造条件和争取百亿交易总值”的目标努力，在二十六天的业务交流中，成交交易133笔，包括合同79件，协议31件，约定书23件，交易总值达24288851670元，不但胜利完成任务，并超过预计140%强，说明了交易所对恢复与建立商业关系，扩大贸易，促进计划生产，平衡市场供求各方面都起了一定的作用。表现得最明显的是，由于通过交易，发现供需矛盾的一些问题中，使本市的工商界，认识到由于过去生产经营的盲目性，不能重视计划生产和计划经营的缘故，使生产经营上遭受到困难和损失。在活生生的教育下，工商界扭转了偏向，认识到计划生产的重要性，像帽业就是一个鲜明的例子。在今年漳绒业的淡季中，一再希望和帽业建立正常的供求关系，签订协议，但帽业认为往年旺季一到，原料的供应从来也没有发生过困难，因此不重视签订协议的问题，而漳绒业通过苏南、华东、华北、东北各地物产展览会的交流，打开了广阔的销场，帽业也同样的由滞销逐步走向了好转，需要足够的原料，但漳绒业因为履行各地订货的协约，已无法再照顾到本年帽业原料的供应。在这种情况下，交易所开幕后，帽业一再要求交易所解决这个问题，交易所在促进计划生产，平衡市场供求，解决供求矛盾的原则下，希望漳绒业以增产来供应，结果，漳绒业决定在最后两个月内，增产八千码，双方签订了协议，但是和帽业的实际需要量两万四千码尚有很远的距离，经过协商，为漳绒生产量可能增加，尽先供应帽业。通过这次教训，促使他们订好了1952年度的生产计划。由于这个问题的发生，说明帽业不重视计划生产，致使经营上遭遇到困难和一定的损失，但是正因为问题的发生，推动了情形类似的各个行业，都认识到计划生产的重要性。像丝织业和绸布业，针织业和百货业，药材业和国药业，皂烛业和皮毛油骨业等行业，都纷纷签订了业务协约的关系，在交易所临近闭幕的几个小时前，猪行与肉品业要求延长二小时，使他们能够赶紧签订协约，很好地说明了通过交易所的交易，为私营企业逐步进入计划生产与计划经营创造了优越的条件。

还有像牙刷业的牛骨，湖笔业的羊毛，因为手工业行业，资金一般都非常薄弱，很少能够积存原料，为了履行增产，加速资金的运转率，通过交易所，他们签订了经常性的约定书，结果发现有的原料和货品，本市足以供应，而他们此前却到外埠去采购，像酱工业的酱色，以及药材、饴糖等等通过展览会的展出，一般行业都开始进行改造，提高了规格和品质，已没有再向外埠去采购的必要，通过交易所，也签订了很多的协议。

更由于国营公司大量供应丝织业和丝线业主要原料的土丝，同时更大量收购了刺绣品，丝绸、乐器、洋烛、毛巾、袜子、宽紧带等手工业产品，交易总额占交易总值24%强的比重，给予了交流业务有力的支持。其次，在业务交流中，和嘉定、昆山、无锡、吴江、宝山，远至西安、青岛等地，建立了新的商业关系，为今后继续促进物产交流打下了很好的基础。这许多成就，更充分地说明了在国营经济正确领导和大力扶助下，才能改善产销关系，逐步向计划生产的方向发展。

4. 临时商场从树立典型到扩大影响

展览会决定设置临时商场的主要目的，是要求通过交易，树立老老实实的新商业道德的典型，进而扩大影响，推动全面。

临时商场为了迎接展览会的胜利揭幕，首先在十一月四日试行交易，总共有七十五个营业单位参加经营，国营部分有土产公司和百货公司，外埠参加的有嘉定的黄草织品和毛巾、无锡的泥人和石膏像、常州梳篦、吴县土特产品，本市参加的以手工业和土特产行业为多数，像湖笔、织带、丝织、冶坊、纽扣等行业，向来是不作零售业务的，这一次也争取参加零售，说明通过展览会的号召和启发，对过去的经营方式，开始有了改进和变化。

参加商场营业单位的组织形式，多数是临时联合经营的，也有少数临时集资的，以及联营机构和原有各业单位分设的。在营业情况中，使我们看到一半的营业单位，都能很正常地保持营业额的平衡，整个商场每天平均能达到四五千万元的数字。至十二月十三日结束，三十九天总营业额的累计数字达十八亿三千余万元，营业最好的首推国营百货公司，占营业总额的13.42%，私营企业方面，以百货、绸布、针织等业营业较好，牙骨器等业较差。

商场由业务处的商场管理科领导行政事务之外，将营业单位划分为七个小组，各组推选小组长，成立管理委员会，民主管理商场的一切事宜。各单位办理了集体保险，另由营业人员组织了纠察队，轮流担任值夜，协同消防通知，防止发生意外的事故，很多单位的职工兄弟都发挥了工作的积极性和负责精神，使各单位自开幕至结束，从未发生事故。此外，商场内设置了意见箱，接受群众的意见，做到随时改进，各单位营业税，也做到一户不漏地集体缴税，同时遵守到货报货等手续。

在商场的各个营业单位中，有许多过去是没有联营组织的，他们不懂联营，也没有想到过组织联营，但在这次是临时地组成了，通过营业上得来的收获，领会到组织联营的优点和好处，不但懂得了联营，而且打下了组织联营的思想基础。

因为国营公司开设在一个单位里，因此公私之间有了更进一步的联系。同时在国营经济的领导下，私营企业端正了自己的营业态度，加强和明确了依靠国营经济领导的思想。

在交易中，参加经营的营业单位，都能够贯彻展览会的精神，在经营上革除陋规，改善经营，树立老老实实的服务态度。尤其是来自各地的参观团和广大的农民兄弟，通过交易，知道了在共产党和人民政府的领导下，工商界已在开始改造自己。农民兄弟不仅改变了过去由于吃尽工商界陋规和欺骗的亏而产生的憎恨观念，而且都留下了很好的印象，进一步消除了城乡关系的对立现象，也为扩大城乡物资交流打下了基础。像农民王小四就这样说："过去我进城买东西，不是价钱吃了亏，就是货色不经用，有一次我买了一套青布衣服，价钱上吃了亏不算，回去一落水就缩得不能穿，以后我就怕进城买东西，这一次我上城买东西，店里不再欺侮我是乡下佬了，我本来只准备买五万元东西，后来却买了九万元。"双东乡的王蕴杰更说："希望工商界把大批日用品，销到农村去。"在这些亲切的声音中，不但说明了临时商场获得了一定的收获，更为今后私营企业指出了方向。

临时商场不但树立了新商业道德和老老实实为广大人民服务的典型，在扩大影响上也起了极大的推动作用，举一个例来说，鲜鱼业的阳澄蟹，过去都用水草绳来束扎，这一次参加商场交易，首先革除了这一个虚增分量的陋规，改用竹篓装盛，秤后再以除掉篓子的分量来计算实重，得到了顾客的信任，因之生意鼎盛，这一种老老实实的作风，影响和推动了商场以外的同业，也齐步跟进，起来革除了这一陋规，其他像所有的营业单位，一律做到了明码标价，像茶业部分把各种茶叶的样品，排列在柜台上，听便顾客选择，因为包装统一，分量平足，顾客都乐于购买，鲜果业使用磅秤发售，火腿上不再涂油脚，都起了推动全面的作用，使商场外面的经营商，都决心向商场内的营业单位看齐，汇成了投入实际改造的热潮。

5. 为思想改造作了启发

展览会和苏州市金融展览会的联合展出，帮助和启发了广大工商业者的思想改造，通过展出，认识到人民金融事业的内容，进一步了解到目前的银行和保险等金融业务与私营企业的联系性，明确私营企业必须在人民金融事业正确导示和帮助下，才会有正确的发展和广阔的前途，尤其是在展览会胜利展出的十五天后，税政部分的展出，不仅为这一次的展览充实了生动与丰富的内容，更使本市的工商界，在现实的教育下，明确了人民税收政策，澄清了少数工商业户残留的旧资本主义的思想。

展览会的展出，很生动地说明了工商界自我改造的过程，但仅仅是一个开始，目前还有少数工商业者想脱离国营经济的领导，想投机取巧，谋取暴利，这一种思想，还没有得到全部清算，应该在现有的基础上，作进一步的努力。因之，结合展出，在十二月十四日召集各业代表四百余人，举行了反暴利及投机教育大会，在会上由工商界处理了不遵守政府法令、谋取暴利的苏华山等十三家投机户。在现实的教育下，使工商界明确了必须从革除陋规、改善经营中谋取发展，必须和投机暴利的行为作不调和的斗争，有很多行业代表在会上发言，一致认为反对暴利投机，是保护正当工商业的必要措施。会后各行业即普遍进行了传达和讨论，在讨论中进行了批评和自我批评，像协成染织厂资方代表检讨说："我们在国营公司的加工代织和收购成品的扶助下，才有了好转，但我们没有感谢政府，反而在旺季中想抬高工缴，谋取暴利，实在是一个绝大的错误。"还有不少工商业者也检讨了非法经营的错误，认识到谋取暴利，是违背广大人民利益的，不少行业在检查之后，自动将售价太高的货品，降低了价格。

接着在十一月二十九日，又举行了反逃税教育大会，会上揭发了长丰鲜果号的范寿宝三次逃税并打伤税务干部，大江协烟厂逃税二亿二千多万元，顺泰烟厂伪造假账等典型例子。到会的工商业户三千多人，一致认识到纳税是光荣的义务，逃税是可耻的行为，要求政府严办不法分子，表示坚决做好护税工作，向逃税行为作坚决的斗争。

所以说，由于展览会的展出，为工商界思想改造作了有力的启发，再通过"反暴利"和"反逃税"教育大会，使这一运动更加深入开展，并获得了初步的效果，各业都纷纷召开了专业会议，反对投机暴利，反对逃漏国税，并将这些内容订入了爱国业务公约。

在展览会展出时期，从以上五项工作上，不但达到了预期的希望与要求，由于影响的扩大，还得到了更丰富的收获。总的讲起来，通过展出，业务交流和辅导工作，本市的工商界：①明确了依靠工人阶级的思想，提高了私营企业生产经营的积极性；②明确整个国家经济继续好转的情况下，为有利于国计民生的工商业开辟了宽广的道路，一切私营企业在国家经济的领导下，努力改正旧资本主义思想和改善经营，必然获得光明的前途；③加强了生产经营的计划性，指出了私营企业正确的发展方向；④明确了私营企业生产经营的改造必须与当前稳定物价、反对暴利密切联合，认识到追逐暴利的行为对正当工商业严重的危害性，通过"反暴利"、"反逃税"教育大会，工商界更提高了注意和警惕，都纷纷表示决心，要积极进行生产经营的改造；⑤明确了展览会的展出，只是工商界努力改造的开始，各业在原有的基础上，均能贯彻大会精神，纷纷召开专业会议，交流改造经验，签订业务公约，在勇于改造中，向争取工商业继续好转的目标努力；⑥通过商场交流，开始树立老老实实的服务态度，给来自广大农村的农民兄弟留下了良好的印象，为过去城乡对立的关系转变为互助的关系，树立了典型；⑦由于展览会的启发和教育，使本市的工商界不但能够巩固以往的成就，并且更进一步地发扬了爱国主义的精神，提高了生产经营的积极性，热烈响应了增产节约的号召，为加强抗美援朝的力量而努力。

除了以上所列举的收获之外，我们在工作中深深地体验到：①因为陋规不仅在苏州私营企业的生产经营上，同样存在于各地的生产经营上，所以展览会的展出，不仅教育了本市的工商界，来自各地的工商界通过参观，也纷纷表示一定将展览会的精神和吸取的经验，带到实际的改造中去，说明这一次启发性的展出，起了推动各地进行革除陋规、改进经营的作用和效果；②展览会的展出，在处处非常强烈和鲜明的对比中，为新旧两个社会的生产经营划出了绝不相同的界线，使观众在活生生的教育下，深刻地认识到旧社会无比的丑陋，和体味到人民祖国的伟大可爱和新民主主义社会制度的优越性，加强和坚定了抗美援朝的信心和决心。

（四）工作中的体念与感想（略）

（五）工作中的缺点与教训（略）

（六）结语（略）

苏州市私营企业生产经营改造展览会筹备工作初步总结

1952年11月

一、筹备经过

1. 动机和目的

解放两年来，本市的私营企业，在中国共产党和人民政府的正确领导下，逐步由困难走向恢复与好转，通过抗美援朝轰轰烈烈的三大运动，思想认识上更得到了很大的提高，尤其是通过苏南、华东、华北等地的物产展览会后，在物资的交流上，获得了很大的成就，鼓舞了生产经营的积极性。在这个基础上，为了进一步在国营经济的领导下，迎接新的生产任务，繁荣经济，加强抗美援朝的力量，认识到必须从革除陋规，改造生产经营，建立新的商业道德做起。

为此，市政府决定通过展览会的展出，达到下列的目的和要求。

（1）明确依靠工人阶级的思想，树立新商业道德，提高私营企业生产经营的积极性。

（2）说明在旧社会中城乡关系是对立的，解放后，私营企业在国营经济的正确领导下，逐步改善了生产经营，面向工农，为广大劳动人民服务，通过发动城市和农村群众的参观，使广大的人民认识到私营企业的服务态度。

（3）通过展览会附设的交易所和临时商场的业务交流，根据本市推销和需求物资情况，有系统地做好购销计划，用新的经营态度，通过交易，建立新的商业关系，继续促进物资交流，引导私营企业，逐步走向计划经营。

2. 酝酿阶段

通过南京土特产交流大会生产经营改造馆的展出后，本市工商界在思想上得到了很好的启发，开始做革除陋规、改善经营的酝酿。在市工商局的领导下，在工商联筹会的常务委员会会议中，推出了戎法琴等四个委员，进行研究，随即在九月十四日召开革陋座谈会，出席这一个会的，有工商局、工商联、市一级工会、各同业公会联合会办事处的代表，会议上决定成立苏州市私营企业生产经营改造委员会，推定张廷忠、王和生等十七人为常务委员，并以各个同业公会联合办事处为单位，成立分会，各业成立小组，开始征集材料，准备举行展览会。

3. 筹备阶段

九月十四、十七、二十七日的三次常务委员会议中，确定了成立办公室组织，决定了工作步骤，一面推派代表，前往南京工商联商借参考材料及吸取土特产交流大会经营改造馆展出的经验，在有计划的推动中，各联的准备工作，亦日渐进入紧张。

自十月中旬起，在历次的会议中，确定了大会的预算，决定了展览会的展出计划，大会的全体工作人员围绕着一切为了展出的中心任务，紧密联系和配合，积极展开工作。

（1）辅导征集工作。深入各联各业，召开筹备委员会和小组长联系会议，进行动员和启发，明确展览会的意义和要求，打消各业的思想顾虑，提高各业对展览会的认识，对个别落后的行业，耐心说服，进行思想教育，对积极的行业，加以鼓励和表扬，使全面推动，投入热潮。一面掌握原则，审核各业展出材料的内容，指导各业展出的模型、图表、文字的制作，实物的选择与取舍，发现缺点与错误，均能及时加以修正。

（2）设计工作。①计算会场的总面积，依照各个馆的展出内容和具体情况，作适当的划分，对会场交通线路、电灯装置、消防设备等，进行研究，作出计划，使布置时不致造成紊乱；②会场环境及临时商场，在节约的原则下，加以设计，绘制图样，进行动工；③进行综合馆展出材料的征集、选择与绘制；④自十月二十五日开始布置会场后，订出关于布置工作的五项意见，提供各馆布置时参考，并在技术上进行协助和指导。

（3）宣教工作。①配合辅导征集工作的开展，围绕展览会的中心内容，通过所出版的“简讯”，针对各联的工作情况，以启发及表扬的方式，鼓励做好准备工作，于十月二十五日进入布置工作起，发动布置工作竞赛，跟随着挑应战的掀起，及时出版“快报”，鼓舞各馆发扬革命英雄主义精神，做好布置工作，充实和修正内容，以迎接大会胜利揭幕；②拟订标语口号，设计大会招贴，均及时印出，邮寄各重要市县级，通过服务站的交通组，散发京沪沿线城镇及本市附近各地，扩大宣传影响，发动各地组织参观团，来苏参观；③火车站绘制大幅宣传画，绘制幻灯广告片，在各电影院放映，并在各重要街道，大量张挂过街布标，以造成热烈气氛，吸引全市人民注意，前来参观；④大会展出前夜，编印“大会介绍”手册，使观众对这一次展出的意义和要求，有明确的认识，通过展览帮助与推动工商界在实际的改造中前进一步；⑤发布新闻，通过各地报纸的刊载，使宣传面更加广泛，以收到扩大宣传的效果。

（4）业务交流工作。自大会筹备委员会决定在召开大会展出期间，结合进行业务交流，扩大土特产交流之后，随即组织成立业务委员会，办理一切有关交流业务的筹备工作：①决定设立临时商场经营零售业务，批发交易分合同与协议两种，随即订定交流业务办法、商场租用办法、商场管理办法，分发各县市行业，开始办理登记委托办理；②在大会场附近的小公园建搭商场房屋一座，设计分辟为九十二间，每间约十平方尺，由孙万利、林春记两家承建，于十月三十日完成。一面发动各业租借，经营零售业务，于大会开幕前一日先行试行交易，计租出八十余间，租用者以各个土产和手工业行业占多数；③商□□□□，设置广告牌五十幅，招商订制，决定发展为一百幅，由本市各广告商设计绘制，分批装置；④组织邀请团，至沪宁及苏南各县市，发动工商界组织参观。

4. 组织情况

在筹备阶段中，成立大会筹备委员会，下设办公室、业务处、财务委员会三个单位，办公室设置总务、秘书、设计、宣教、征集、辅导六个股，全面推动工作。

二、工商界的思想情况

自动员工作开始后，工商界由于对展览会的认识不足，思想情况非常复杂，大体上可以分成下列的几种类型：

（1）怕暴露陋规之后，影响其营业，他们认为陋规是获取非法利润的法则。像百货业就是一个鲜明的例子，强调说他们的行业没有什么陋规的，一直到南京方面将材料送到之后，经过了反复启发，才将陋规暴露了出来；像新药业也是这样的情况，直至大会展出，暴露仍不彻底。

（2）怕暴露之后，同业间发生矛盾，像山地货业，始终不肯彻底暴露，后来通过从旁启发，职工莫永清暴露了陋规之后，同业间对他都表示不满。

（3）爱面子思想，觉得暴露陋规是非常失面子的，像南货业的陆俊卿，他开始就说："我们没有陋规，只有花生向例是以十二两作一斤的"，结果，由于对展览会有了明确的认识，暴露了很多的陋规。

（4）报远不报近的思想，像粮食业，说过去有陋规的，现在已经革除；像桐柏油饼业，说通过专业会议，已经得到了改造，将陋规革除得干干净净；漳绒业、丝织业也强调组织联营之后，不再有陋规的存在。

（5）尚有少数行业，生怕暴露陋规后，要清算税款，所以不肯暴露。

（6）好的方面，像针织、织带、石粉、木商等行业，通过动员，都自觉自愿地将陋规彻底暴露了出来，积极准备展出。

由于以上的思想情况，所以动员工作开始时，比较困难，由辅导股的辅导工作队，深入各联各业，在召开的筹备委员和小组长联席会议中，进行动员启发，反复说服教育，思想顾虑才渐次消除，做到暴露陋规，表明态度，积极筹备展出，但少数行业，像新药、眼镜等行业，暴露仍不够彻底，存在着应付的态度。

三、展出内容

自十月中旬起，大会筹委会，根据展出的动机和目的，以"（1）暴露过去生产经营上的陋规；（2）介绍两年来生产经营上的成绩；（3）指出今后生产经营的方向"为中心内容，进行征集材料，最后决定展览会以综合、衣织、食品、营建、交通、百货、万象七个馆展出。

这一次的展出，包括了全市一百三十多个工、商、手工业行业，展出的方式，采用模型、实物、图表、文字四种。

在布置上力求生动活泼，结合高度的思想性和政治性，以强烈的对比，为新旧两个社会的生产经营划出鲜明的界线，指出旧社会的丑恶和新社会的可爱。

自征集到胜利展出，动员了不少人力，仅直接参加工作的有九百多人，展出内容计有图表1100幅，实物3100件，模型30座，照片120张。

四、优点、缺点和经验教训

1. 优点方面

（1）开始时，由于工商界对陋规的暴露，存在顾虑，推动比较迟缓，使工作遭遇到不少困难，但工作人员均能多方深入启发，进行耐心说服，不但使他们打消了顾虑，明确了大会的意义，并积极投入筹备工作。

（2）工作人员，相互团结帮助，积极带头，发挥了高度的工作积极性，以不眠不休的精神，做好了一切工作。

（3）发现偏差，均能及时纠正，如布置工作开始后，个别馆强调节约，单独敷衍，进行帮助后，即能迎头赶上，积极布置。

（4）工作的进展中，能随时发现问题，克服困难，加以修正，如布置工作的二次修正和充实内容，均能大家动手，漏夜赶办完竣。

（5）工作上能做到有计划地发动群众和依靠群众，做到分工合作，定期完成任务，如筹备工作开始，均能围绕“一切为了展出”做好征集工作，布置工作开始后，围绕“一切为了布置”做好布置工作。

（6）辅导征集工作，自酝酿以来，展出的时间中，积极动员，认真工作，得到了一定的成绩。

2. 缺点方面

（1）展出的内容上，各业暴露陋规较多，但尚有少数行业，不够深刻，对二年来的生产经营成绩和各业改造经过及程度，大半含糊，不够明显和突出。

（2）由于争取早日揭幕以及在工作上缺乏经验，工作上不够细致，有粗枝大叶的偏向，如电灯的线路和霓虹灯的装置，事先不能很好地加以检查及考虑到展出的安全问题，虽事后加以补救，但展出受到了一定的影响。

（3）事先对发展情况估计不足，以致计划、人事、经费等，与发展形势不能配合。

（4）事先不能重视说明工作，说明员由各馆自行聘请的情况下，人事形成复杂，不能统一掌握，并放松了说明员的学习，使说明工作于展出的首先几天，效果较差。

（5）宣教工作的面太广，人力、经费都不能作适当的配合，以致力量分散，形成不够的现象。

六、城乡物产交流

苏南区城乡交流物产展览会苏州馆总结汇报

1951年7月10日

展览会开幕以来，本馆即行广泛展开群众性和普遍性的宣传，并发动各市县，有计划有秩序地组织参观团来锡参观，先后有苏州市方面，主要商品市场，同业公会，工商联各地区工作委员会的工商户，分批组织来锡者约五千人，并有部分参观团向大会献旗，表示了衷心的拥护和热忱。本馆的布置及服务人员的精神，博得了不少的好评；其他常熟、昆山、太仓、吴江、吴县的工商联亦纷纷组织了参观团前来，人数不下两千人，并怀着满腔热情和信心参加了业务交流；再如苏州市的小教联、烈军属均抱着万分热忱前来参观，一睹大苏南土特产的全貌，纷纷在意见簿上写着祖国伟大，毛主席伟大，只有在毛主席领导下，才有这种伟大的展出，使每个人都能了解祖国土特产的丰富。最使大会生色的，就是苏州市工商业工作者协会，全体三百多个同志，在一个星期日的上午趁着假日，从苏州赶来参观，并且带来了二封巨大特色的向大会全体工作同志的致敬信和该会调派驻锡工作的会员们的慰问信，更深刻地发扬了崇高的阶级友爱精神，提高了全体工作同志的坚决服务、克服困难、搞好工作的信心，为大会打下了胜利闭幕的基础。

在业务交流开始时，交易未见活跃，后来苏州市工商联发动各业组织二个交流团，分批赴锡，以大无畏的精神，自朝至暮，坐守交易所，并以老老实实的态度，来联系各地参观团，这种精神，引起了有关方面的好评，于是业务逐渐活泼起来，无形中掀动了竞争的现象，对于此次整个辉煌交流的数字完成，不无关系，做到了大会的要求和目的。本区（苏州区）有了惊人的交易成绩，占总数百分之三十强，如吴江盛泽的纺绸亦创立了全区高额记录，又订立了独占鳌头、打破一切协议记录的协议，吴县车坊席草二十万担卖与浒关席行，价值二百二十亿元之巨额数字的协议，堪称全苏南之冠。

综合苏州市交流结果，销出总数为四十一亿四千八百万元，以染织业占半数以上为最高峰，针织业次之，丝织业又次之，其他滞销物品，虽有成交，但为数不大；购进七千八百八十五万八千元，以粉麸为主，占半数以上。通过这次交流，除了活泼城乡贸易和建立新的商业关系外，明显地见到：（一）有些资力脆弱的行业，成交后未能如约或如期交货（卖方）或是没有按约付款（买方），如果有了健全的联营机构，不就会有这种枝节了；（二）交流团代表的集体生活和团结精神，充分说明了新中国的工商界是在进步。（业务数字另有详表）

本馆布置工作在五月三日开始，当时因各地工作人员报到不多，进展比较迟慢，并且设计的精密，加上客观条件制约，而我们的唐馆长和每个工作同志，均以忘我劳动的态度、不眠不休的精神，每天工作18—20个小时，把各地运来的展品，统一分类，共分十八大类，计二三九一件。拿整个大会来说，苏州馆所占的地方不能算小，但各地运来的展出品众多，又不得不把重复的精简，同时，为了参观者的视线集中，使特产能格外突出，需要有计划地精细布置，分配陈列，务使每个观众都能一目了然。在这种精密计划下，使每个同志都能发挥智慧和本能，完成了大会交下五月份预展的准备。本来预备在第一展览室封闭窗口，利用灯光把展出品影形配合更见美丽，后来经过慎重的考虑，认为空气疏通也是主要，所以没有实现，而在屋顶布置方面，做了三大条木方格，使空气能适当调剂。第二展览室完全是刺绣和丝弦线部门，它的布置亦是别出心裁，在一个巨大圆形活动转台上装配着二幕京剧模型，一幕是渔夫恨，结合着现在社会的反封建反恶霸宣传，一幕是窃符救赵，结合现代的抗美援朝保家卫国的时事宣传，得到了许多观众的好评。本馆为更进一步使观众对各种展出品能深切了解起见，特装备扩音机一座，随时播送介绍本区土特产的优点、用途、规格、价目、产量、销量，结合了抗美援朝、镇压反革命等时事宣传，并能随时随地传达大会指示，帮助观众解决问题，在观众拥挤的时候协助维持展览室的秩序，博得了各界人士及大会各首长的好评和表扬。

关于组织人事方面，在唐士美馆长领导下分成秘书、业务、设计、纠察、宣传说明、保管六个组，由各地工商联派来的同志为骨干，各业从业人员为基层，并以苏州市工商联派来的工作同志为核心展开各项工作，服务人员最多时为107人，最少时为57人，内中有20人是各地工商联同志，其余尽是各地各业的从业人员，都是担任说明工作，但是他们还要顾到原岗位的生产，所以具有些流动轮班性，因此说明人员时多时少，不能确定，好在说明工作比较容易，在人数少时或特殊情况下，苏州市工商联的同志们都能参加说明工作，起了核心作用。为了参加上海苏南展出团，本馆在五月下旬调派工作同志六人，协助唐馆长至申工作，致人事方面重新调整，工作更见紧张。苏州市工商联的同志们为了更好地负责服务，都自动地加重任务，担任代馆长、秘书等职务，宣传说明方面，亦提高了认识，改订了公约，加强起来，一面响应“六一”号召捐献飞机大炮代金，一面通过了本馆各说明小组的相互挑应战后，向无锡馆、常州馆提出了保证作职务上的友谊挑战，这一举动影响到大会各馆说明同志的情绪，起了带头作用。在大会评奖期中，本馆各同志均能掌握评奖条例，展开批评和自我批评的武器，丝毫不容情面地评奖，做到了大公无私，贯彻了大会精神，结果评出了二个三等奖，馆长唐士美、电工徐丕文，二个大会表扬、二个馆方表扬。

在办理结束时，有计划地将所有展出品，先行制表登记，以免临时发生紊乱。七月二日大会闭幕第一天，即由各工作同志，整理归纳，点验装箱，根据大会办法，签发放行证，并尽先由各县单位运回，然后苏州市方面整理分类，按照登记表程序装箱，分二批运苏，由民昌运输公司承运。第一批起运时，为慎重起见，由单士德同志随船照料，并再由经手人徐松麟同志赴苏协助，第二批亦由管仲三同志随船照料运苏。至此，全部展出品及其他零物尽行装回，第一阶段的结束工作完成。服务人员除胡曾浩、袁以玮、杨晓□三人为办理行政上事宜外，其余人员完全返苏。直至七月十日始将全部工作结束完毕，以上三人亦于七月十日当夜返苏。

总结苏州馆在各方面，一般说起来，都能超出水准，尤其是在布置时间，可以说工作紧张积极至最高峰，不分昼夜，不顾疲劳，每个工作同志都贡献了所有的精力和脑力，这种服务精神值得钦佩和表扬。在展出中期，间有少数说明人员松懈，情绪不高，闹小团体，发冷热病，经过唐馆长召开全体工作人员大会，检讨后，接受群众建议，因天气太热，休息地方太小，另外建搭木园堂三间，以作休息室，并购备卫生药品，人各一包，以备不时之需，再行添置文娱活动的器具，习以调剂，如象棋、台球等。经过这样的改革后，工作情绪普遍提高，取消了地域观念，发扬了团结精神，一直坚持到大会胜利闭幕。

苏南区城乡物产交流促进会成立会议总结记录

1951年9月27日

甲、关于组织章程方面

1. 关于委员名额确定委员名单问题：初步先决定委员名额为57人，其余8名为机动数，计各专区确定：松江区9人，苏州区9人，无锡区6人，常州区7人，镇江区8人，政府及国营企业部门18人。

2. 关于委员会的性质、任务及其隶属关系：

（1）性质：是在政府领导下，协助政府，促进城乡物产交流的工作机构，有具体的工作。

（2）任务：草案第二条八项工作，目前的主要任务是根据华东土产会议精神加以贯彻。

（3）隶属关系：各级促进会属当地政府领导，省与县市促进会是联系及指导关系。

（4）专署级不设：由该专区各委员分工负责各县市的工作，常委任办事处主任（不是一级），是任联络机关，必要时应召集区内各委员商讨解决问题。

3. 关于促进委员会与购销委员会的关系：对外暂时保持原来名称，以便履行交流协议；对区内则确定为促进委员会的业务组成部分，受促进会的领导。

4. 关于促进会的机构及内部分工：需要专门建立机构办公，其内部暂设秘书、业务二部门，秘书部门要兼办计划工作。

5. 关于促进会的经费问题：苏南区及各专区办事处的经费，由行署负责拨发，市县级原则上由工商联筹划，政府酌予补助。

6. 关于组织章程条文中的若干修正意见（另附章程草案）。

乙、关于生产交流工作的进展情况及当前的产销指导方向

1. 苏南及华东土产会议后的进展：各地在（1）召开市县土产会议；（2）贯彻华东精神，履行交流协议；（3）筹组土产运销公司。

2. 根据汇报土产交流工作存在以下问题：

（1）规格不合需要：如镇江药材中有霉烂杂质，泰州高邮咸蛋坏的占40％－50％。

（2）价格问题：外区的倒挂，我区价格也有因转旺而提高的，如黄芪等。

（3）产品不足，供不应求：如石灰、草席、水果等。

（4）有些滞销品尚未寻到解决：如松江扫帚业、猪仔业对冷门货未得到解决，则对购销会表示不满，这是值得我们重视的。

（5）缺乏组织，无法交货：如镇江卖猪仔。

（6）企图旧资本主义思想发展，存有暴利思想：表现在有些行业未认真履行协议或旺季不履行，淡季履行，热货不履行，冷货送出去的思想根源，也是促进一步好转的严重障碍。

3. 因此对今后的产销指导需要掌握：

（1）发扬爱国主义的精神，克服旧资本主义的思想。

首先希望从认真整理协议及履行协议合同做起，其具体要求：

①把现有尚未履行的协议合同作整理检查，整理是为了履行契约。

②协议中未载明详细内容者，主动地与对方联系，修订改订。

③因事先缺乏调查，为据实与对方协议重订，无法履行大额者，改为小额的合同履行。

④对已履行者继续保持交易，毋使中断，从协议走向合同方式努力。

⑤对外区的问题：如品质、规格、价格不够，有组织及商业道德问题，要进行善意的建议，必要时通过对方行政领导解决，但也要有自我批评的精神。

（2）关于改善品质、规格问题：建议在当地交流促进会的领导下，由各同业公会组织建立商品检验小组，负责按照合同协议，检查品质规格及指导生产的任务，订立标准，请政府审核命令公布执行之。

（3）关于价格问题及改进陋规问题：这次会议反映了若干行销的土产已涨了价，但一般只提出原料涨价问题，关于陋规对价格的影响，则一般未见提及。今后应根据华东土产会议精神，一面注意改进品质、规格，一面应注意对陋规的革除，建议苏州在年内举行一次陋规及改进土产品质规格的展览会，各地亦希望这样进行。对土特产价格的掌握，华东土产会议提出的三大原则，希注意掌握贯彻：

①一般供不应求的畅销土特产须降低贩运利润，参照产地价格来调整销地价格，以加

速生产的发展。

②对于行销和能多产多销的土产，产销双方都应采取薄利多销的方针。

③比较滞销的土产需要打开更广阔的市场，一般应暂采取产地价格服从销地的方针。

丙、关于筹组土产运销公司问题：

1. 关于名称及经营范围：

（1）苏州拟定名为物产贸易股份有限公司。

（2）松江拟定名为物资贸易股份有限公司。

（3）我们的意见应称为土特产运销股份有限公司。

2. 关于吸收企业投资及投资别的企业问题：

（1）吸收联营组织资金是可以的。

（2）投资工业不必经过土特产运销公司。

（3）投资别的企业限于手工业。

（4）有特殊情况须呈请工商行政部门批准。

3. 关于要求公私合营问题，要与各地机关根据财政情况协商进行。

4. 关于人选、经营等问题：

（1）公司人选要慎重考虑，尤其是创业艰难，要重视，干部分工要明确。

（2）经营方式要合理，材料要节省，要精打细算。

（3）劳资关系要搞好，要起模范作用，起带头作用。

丁、其他问题：

1. 关于航运问题：

目前航运界很悲惨，运价太低了，只能糊口，所以引起偷工、掺杂渗水、有时还要抬价居奇。今后要对运输业进行帮助，解决运输业的困难，注意交通工具的保养与修理，这事还要请交通处统筹策划。

2. 华北、东北、华南三区最近要举行物资展览会，希望苏南各地区组织代表团前往，出发前要订出计划，开会协商，有组织地去参加交流与参观。

3. 苏南区物产交流展览会已结束了，决定由本会接收并筹设城乡交流馆，这些工作由常委会来研究进行。

4. 关于国营合作社与私商间的关系问题：

（1）土纸价格问题：常州土产公司比杭州产地价格低。

（2）土丝来源问题：要努力设法帮助吴江绸业与浙江方面协商。

（3）小麦供应问题：系供给面粉厂需要。

（4）私商与土产公司、合作社业务经营的范围、数字要进行协商，使各得其所，大家互相照顾。

（5）私私之间在原料收购等方面，希工商联进行协商调处，如吴江要收丝，与电机厂的联系。

5. 关于联营问题：

（1）牙行组织联营后，进行垄断，做了一条坝，有拟土特产的交流，不准组织。

（2）对土特产联营组织要慎重，要着重运销方面。

（3）对商业联营组织不应提倡，并店不叫联营，联营要有条件。

(4) 对手工业联营组织要进行帮助与鼓励。

苏州市交流代表团组织简则和交流制度

1951 年

组织简则

一、为使本业工商界有组织、有领导地参加苏南区第三次城乡物资交流大会，并贯彻大会各项制度及本业方针，俾有纪律、有计划地进行交流业务，特组织“苏州市交流代表团”(以下简称本团)。

二、本团以各行业选出交流代表为基本成员，在市工商局及物产交流促进会直接领导下组成之。

三、本团设团长一人，副团长三人，秘书二人。

四、本团配合大会编制，分设下列各部、组，处理本团工作：

1. 团部：关于代表报到入场，成交统计，收发成交凭证，大会及市内联络、文书等事项。

2. 工业品部：负责领导第一交易所，推动和组织手工业品和矿产品交流业务，下设纺织类，五洋百货文教用品类，五金化工类，食品、金属矿产、非金属矿产类四个专业组。

3. 土特产部：负责领导第二交易所，推动和组织手工业品和农副产品交流业务，下设纺织复制类，其他手工业品类，粮食、林木畜产类，南北山地货、药材、食盐类四个专业组。

五、各专业组得视所辖代表人数，酌情在专业组以下划分若干小组，以利工作进展。

六、各部设部长二人，各专业组设组长一人，副组长一人至三人，由团长圈定之。

七、各部、各专业组各设联络员二人，负责通讯联系、促进交易等工作。

八、团本部设工作人员四人，临时团部设工作人员二人，并各设通讯员二人，办理各项事务，通讯工作。

九、本团设团本部于人民商场二楼，领导各行业负责联络代表集体办公，以资内外紧密配合，而利交易进行。

十、本团决定每天下午八时至十时，举行团部例会，专业组长以上及联络员，概须准时出席。

十一、本组织简则如有未尽事宜，得随时修正之。

交流制度

开展城乡物资交流是新民主主义经济的主要商业活动形式，私营工商业者应在国营经济领导之下，积极参加交流，达到促进工农业生产，活跃城乡经济，进一步加强工农联盟的目的。我们对具有在政治上、经济上有着伟大意义的交流大会，必须要有高度的热情和正确的认识，才能完成国家和人民交给我们的光荣任务。

苏南区第三次城乡物资交流大会，将于九月二十五日闭幕，我们在投入交流以前，首先要端正态度，服从组织领导，有计划地、有纪律地积极交流，反对自由散漫、敷衍塞责，把交流大会当作普通市场，甚至投机市场的错误看法，力求克服一切旧的经营方式，服从整体，有始有终，反对自私、消极、气馁、自满急躁等情绪，为保证开好大会打下思想基础。

兹将大会交流期间，有关交流业务、成交手续、会议制度、生活纪律等方面要求，誊列于后：

Ⅰ. 关于交流业务方面：

一、贯彻大会业务方针，克服盲目性，加强计划性，本着实事求是、互助互利的精神进行交易，做到公平合理，有买有卖。

二、确立货真价实的新商业作风，不得变更（任意）价格，看风使舵，图取暴利，如因有特殊原因，必须调整计划原价者，应说明理由，报经团长批准后，始得交易。

三、成交货品，严格执行合同订明规格，不得以劣充优，破坏合同信用。

四、交流代表在大会上应积极争取业务，主动向各区内外代表联系，反对等客上门，依赖组织等待解决的思想。

五、随时随地了解各地区有关物资产运销情况，以供业务经营上改进规格、调整生产的参考资料。

六、在交流期间销售计划如已另行脱售，必须及时向团部书面报告，防止一货两卖，否则，应负不履行合同的一切后果责任。

七、同样货品遇有两个行业以上的相同购销计划时，不论供多求少，供少求多，均以适当分配为原则，如有争执，由组长报请团部处理。

八、在进行交流时，如发现对象需要其他行业接洽业务时，应本着互助互利精神，互相帮助，互相关心，促使成交，克服本位观点。

九、在交流过程中，不论对内对外，发生争执事故或其他情况时，必须有纪律、有组织地逐级向团部反映，听候领导处理，不得任意乱哄扩大事件。

Ⅱ. 关于交易手续方面：

一、遵照交流业务办法，积极与有关区内外代表主动联系开展业务。

二、大会成交凭证，凡是现货一律用“成交单”，期货一律用“合同”。

三、现货、期货的具体交易步骤如下：

1. 交易稳妥后，随即向本组领取成交凭证草稿（现货用成交单草稿），由销方填写，双方盖章。

2. 成交凭证草稿填就后，应先向本组登记，由组长在草稿上加盖证明章。

3. 购销双方持同成交凭证草稿送大会组长办公室，审核盖章，领取空白成交凭证，在空白凭证上双方盖章，然后把草稿与空白凭证别在一起。

4. 如属现货交易，即将盖章后的空白凭证及草稿一起送交大会登记处，交易手续完毕。

5. 如属期货交易，尚须将盖章后的空白凭证及草稿送交双方代表团办公室，由团长盖章证明，然后送交大会登记处，交易手续完毕。

四、购销双方在签订成交凭证草稿后交易正式成立，不得有反悔等情，如正本誊写有错误，以草本原稿为凭。

五、各交流代表在交易正式成立填写草稿时，应自行详细留底以资查改。

六、交易行为发生后，必须按照交易具体步骤办理，如发生越级违反制度等情，本团除否定其交易外，并按照情节轻重给予一定处分，希全体代表特别注意。

七、正本成交凭证由团部集中分发各行业驻团部负责人联络代表。

八、关于交易具体步骤为易于了解，特作图示如下（略）。

Ⅲ．关于会议方面：

一、专业小组会：时间定于每晚7时—8时，全体组员必须按时参加，不得无故缺席，以讨论当日交流重点情况、决定次日业务方面为会议主要内容。会议情况由各业组长代表向上汇报。

二、团部例会：时间定于每晚8时—10时，联络员及组长以上一律准时出席，各组除成交统计及一般情况利用书面外，重点应口头汇报，会议以总结一天交流情况、作出各组工作指示为主要内容。

三、临时会议：如有非常事故，由团部决定召集之，接获团部通知者，（不论口头或书面）必须随即准时出席。

四、大会专业地区会议：由团部或部组长指定有关专业组长或行业代表出席，会议情况做好书面汇报。

五、大会检查合同会议：由团部指派专人出席。

Ⅳ．关于生活制度方面：

一、每日上午8时至下午2时应向小组报到，大会交流时间不得借故中途离场。

二、午晚饭尽可能分组集中进餐，由各专业组长负责集款。

三、晚饭后准时参加专业组会议。

四、在交流期间不得酗酒，以免耽误交流工作。

五、中午12时至下午2时为自由活动时间和休息时间，必须要很好地运用，以保身体健康。

Ⅴ．其他：

各行业如因业务需要拟增加或变更交流代表，必须由各行业驻团部负责联络代表，书面向本团部申请，经团部批准后发证入场。

苏州区参加苏南城乡交流物产展览会委员会工作计划纲要

1951年

（一）总的要求

充分准备做好参加苏南区城乡交流物产展览会的筹备工作，动员产、运、销多方面的代表前往参观，通过展览会全面检阅苏南区的土特产和工农产品，使广大人民对祖国物产富饶有深切认识，提高工商界对土特产交流的重视和经营的兴趣与信心，扩大业务经营，促进城乡交流。

（二）组织机构

由苏州区各县市工商行政机构和工商联筹会、人民银行、土产公司和合作总社的代表三十人组织成立苏州区参加苏南城乡交流物产展览会委员会，设立正主任委员一人，副主任委员二人，领导各部组，主持一切日常事务。

（三）参加各部门的展览品

展览品的范围，包括一般土特产品和工农产品，根据各县市的产销情况，尽量发掘，使各种产品一无遗漏。

每一展览品，必须详加说明——名称、产地、产量、产时、用途、特点、规格、计算单位和销地，主要土特产应以大幅图表，说明产销情况及历史情况。

（四）工作时间

为使展览品的征集工作，能有计划、有步骤地进行，各县市单位应将送展的品种、数量、面积，参加实际交易的情况和工作人员的详细统计，在四月二十日前向本会汇报。

展览品于四月二十二日至二十四日，各县市分别集中直接运送无锡，由土特产部、工业品部向大会联系，统一负责设计布置。

展览期间，各县市分别动员工商业户，组织参观团，出发参观。

（五）费用问题

总的布置、水电、清洁等设备费用，由大会负担，展览品场地布置费、装配费等由各县市工商联筹会共同负担，运输费用各自负担。

（六）委员会暂设苏州西百花巷三十五号。

苏南区城乡物产交流促进会
一九五一年度工作报告

1951 年

本会继苏南区城乡交流物产展览会闭幕后，在九月二十六七两日召开成立大会正式成立。大会决定了委员名额、委员会性质、任务及其隶属关系、经费来源和今后业务上的许多问题，同时根据华东区土产会议的精神，拟订并修正通过本会组织章程草案，具体决定本会组织、工作、会议等制度。会后，因领导上对这项工作抓得不够紧，没有迅速抽调工作人员，建立组织，到十一月下旬才调用了干部，着手布置，假西门外新体育场开始办公，展开工作，接收有关部门移交财物、业务，建立机构，和区内外进行联系。

甲、接收部分：

一、接收苏南物展会财、物、业务，经与该会保管小组取得联系，洽定交接步骤后，自十二月十日起，双方即根据移交清册，进行交接手续，至十八日全部交接完后，该会留守保管小组人员亦同时移转，交接分下列两部分进行：

（一）财务

（1）结束委员会总账两册。

（2）结束委员会收支日记账两册。

（3）账存现金计人民币二九〇七八一五元。

（4）定期存款存单六纸计人民币九一八八八一一八元。

（5）全部付款单据。

（6）行庄往来支票簿及解款簿。

（7）震旦灭火机二十具栈单一纸。

（8）其他附属单据。

（二）物品

（1）文具　六二种　六三二件。

（2）器皿　七一种　九六九件。

（3）电料　六九种　一五一九九件。

（4）木器　一二种　一〇八件。

（5）医药　七九种　三四〇四件。

（6）奖品　二一种　五九六件。

（7）杂项　八八种　八三二件。

（8）展览品　一八〇种　九八二件。

（9）样品　一三二种　八〇九件。

（10）寄存样品　七种　九件。

（11）特刊　一种　一四九三件。

（12）借出物品　一七种　三三件。

二、华东苏南区土产交流访问团张观海移交：

（1）东北、华北、华南合同协议书五〇份。

（2）人民银行存折一个计人民币一〇二一三〇〇元。

（3）其他文件物品二七种。

三、苏南工商处移交苏南物展会业务处文件：

（1）苏南业务交流合同五八九件。

（2）苏南业务交流协议三六二件。

（3）上海业务交流协议六五八件。

（4）其他文件二七种。

乙、工作部分：

一、总务方面：镌刻印信，装设同线电话，购置文具、日用品等。

二、文书方面：收文三〇件，发文三五件，发出本会成立通知、组织章程、成立大会报告、委员聘书、通知各专区成立办事处、各县市成立物产促进会，已成立的，根据提纲做好1951年度总结、1952年度计划预算。

三、人事方面：接收物管会保管人员二人、勤杂一人，吸收文书干部一人（现共有工作人员四人、勤杂一人），根据本会成立会报告记录，组织章程精神，拟定本会组织系统表，本会秘书、业务两室分工制度。

四、财务方面：在精简原则下，初步造具本会及各专区办事处开办费、经常费预算，到十二月二十八日止，已用开办费四四〇四四〇〇元，经常费二二八〇一六六元。

五、联系方面：派陈秩同志去常州、苏州、松江等区联系了解情况，并处理参加华北展览会展品赠送问题，同时参观苏州私营企业改进展览会，吸收经验，收集公私合营贸易公司材料。

六、协助处理了几个履行合同上的问题：

1. 宜兴与华东合作总社成交鸡皮蛋一五〇〇〇个，蛋款已付，但货运到宜兴时，发现内中有八八〇〇余枚坏蛋，要求赔偿，华东合作总社则说拖延时间四十五天，不能负责。本会现除已函请松江物促会印克同志就近协助，向华东合作总社洽商赔偿，并请华东财委会协助解决。

2. 松江区前向苏北土产公司订购帮猪四〇〇〇头协议一件，据称因产区目前供不应求，无法收购，同时猪只业务又移转中国猪业公司经办，松江区来文后，本会已函请中国猪业公司收购，履行合议。

3. 吴江购销委员会与天津中国百货公司东北区公司签订合同，购买辣油四八〇〇瓶、辣酱二四〇〇瓶，货已于十一月二十八日由平望镇酱酒业同业公会运去，但到十二月十七日相隔二十天货款还未汇来，本会已函催该公司赶速将货款汇出。

4. 溧阳县与山东滕县在上海交流会上签订药材济银花合同一件，计二〇〇斤，已寄来二〇斤，其余据滕县订约人来信称，以收购季节已过，无法履行合同，溧阳则坚持要货，本会已函常州区办事处了解情况，照顾实际困难，根据本会成立报告记录文件第三项第三条精神，在不影响交流关系原则下解决问题。

5. 松江区购销委员会与浙江临安专区合作总社签订竹货合同，计值五五二〇〇万元，交货后拖延不付款，经本会通知松江分区办事处后，该区先后召集竹业开会二次，推派代表四人，于十二月十四日赴产区临安进行协商，缴清货款，了解手续，双方通过这次在业务上的教育后，规格、价格、运输、交货、付款等问题，已获得进一步的改善，并促使双方进一步的合作与团结。

6. 溧水县来文，不知黄狼皮、鹅鸭毛价格及销售区域，本会已函复：（1）无锡有加工厂；（2）详细价格；（3）销售区域为上海、南京、无锡。

丙、各分区情况

一、常州分区：（十二月五日）

1. 区办事处已成立，经费现由各县负责，干部、通讯员各一人。

2. 关于与上海履行合同协议时发生的问题：

（1）金坛、溧阳与上海鸡鸭联营处进行交易时，有杀价行为，鸡鸭运到沪后，不能立即脱售，要养几天，否则以低价出售，并仍收佣金8%。

（2）金坛、溧阳与上海猪业联营处进行交易时，杀猪的时间要由第一天下午到第二天下午才秤，亏耗很大，并仍收佣金8%、手续费2%。

二、苏州分区：（十二月六日）

1. 促进会和购销会方面：

（1）苏州市物产促进会最近拟由购销委员会改组成立，委员名额拟为二三名。

（2）苏州市冶坊业与上海市冶坊业曾签订一六〇〇套苏锅协议一件，当时价格为每一百套四一五万元，现在市价为六四〇万元，苏州愿以五五〇万元成交。

（3）苏州市与皖北代表团在华东所签订的协议，大都未执行，对方为土产公司，土碱、菜籽都未交货。

（4）苏州市乐器业需要湖南湘铜，但湖南省府不准出口，希望交涉开放。

（5）苏州市乐器业有提琴厂三家，需要东北松木，但目前该项材料不易购到，希望协助采购。

（6）苏州市刺绣业很发达，已成交四十亿元，计刺绣枕头九〇〇〇个，刺绣被面一八五〇〇幅，大有前途。

（7）苏州市手工业比较有前途，但资金薄弱，向银行贷款，缺乏担保品，希望银行对手工业贷款办法变更些，或由土特产运销公司协助经营，扩大生产。

2. 苏州市私营企业经营改进展览会

（1）主要内容为：

①暴露过去生产经营上的陋规。

②介绍解放二年来生产经营上的成绩。

③指出今后生产经营上的方向。

（2）自十一月十五日开幕，至十二月三日闭幕，计分综合、衣织、食品、营建、交通、百货、万象七个馆展出，观众一〇五九四九人，收获：①帮助二五个手工业行业订立了手工业的生产计划；②帮助工商界搞好思想，提高认识，有六个行业召开了专业会议，一九个行业修订了爱国公约。

（3）工商业改造是一个艰巨复杂的思想斗争，通过这次展览会，工商业提出了不涨价、不投机。

（4）临时交易所进行合同七九笔、协议三一笔、约定书二三笔，总交易额为二四二八八五〇〇〇〇〇元。

（5）大会设置临时商场，有七五个单位参加联营，每天营业数为五〇〇〇万元，其中国营占12%。

3. 贸易公司情况：

该公司自九月份开始筹备（公私合营性质），预定资金为五十亿元，每股十万元，已收到公股共三五〇〇〇万元，私股一二七七七〇万元，私股已认未缴二七五六〇万元，拟在年底正式筹备成立，现有工作人员十余人，已开始经营业务如下：

（1）购置土碱二车，现在推销供给各合作社。

（2）协助苏州猪业联营处到苏北购买三万头猪。

（3）与华南成交了彩蛋一〇〇万个的合约，现正向苏北收购鸭蛋。

（4）目前拟接办一个小型玻璃厂。

（5）今后业务方向：拟以60%的资金帮助手工业发展，40%的资金为土特产运销方面服务。

三、松江分区：（十二月七日）

1. 关于筹组公私合营土特产运销公司的几项决定：

（1）争取公私合营资金多少，不作硬性规定，各县由工商科向县财委协商。

（2）应采取由小到大，稳步前进，要吸收游资。

（3）先从购进着手，门市批发，解决当地零售困难。

（4）对联营处基本上是取而代之。

（5）牙行是一个斗争的对象，运输公司成立后，限制他们发展，与帮助他们转业。

（6）运输公司成立后，购销委员会取消。

（7）嘉定、川沙、南汇、松江、宝山五县，先行组织，争取在1952年1月底前成立。

（8）川沙毛巾业、南汇袜业等以后应统一由区物促会领导。

2. 目前各县土特产运销公司筹备工作情况如下：

各县初步拟定股金：宝山县为六亿元，嘉定县和南汇县为十亿至二十亿元，川沙县为十亿元，松江县为十亿元，各县都准备在一九五二年一月份募足股金后正式成立。

3. 松江区购销会为履行合同协议起见，曾派员六七人到山东、平原、浙江、福建、广东等处，与对方当面协商，履行契约及采购土特产，经过几个月来的进行，不但对契约认真地履行，并且在今后商业关系上也打下了良好的基础。

4. 松江专区对土产交流工作于十一月底已进行了总检查，情况如下：

（1）在苏南交流会上订立协议合同，共计二三四笔，交易总额一二〇亿〇六〇〇万元，现已履行交流总额约为九十亿元，达75%。

（2）在华东交流会上订立协议合同共计九二笔，交流总额为三五一亿元，现已履行交流总额为一七四亿元，达50%。

5. 松江专区绸布业联购处已于十一月二十五日正式成立，推选高启华同志为主任委员，择定上海汉口路五一八号为办公地点，决定配货准备金为二亿元，并于十二月五日订出配购计划。

丁、存在问题与处理意见（略）

苏州市、吴县初级市场城乡物资交流大会综合报告

1953年2月10日

Ⅰ. 会前市场情况及工商界的思想情况

1. 苏州市和各地同样在国营贸易部分进一步调整批零差价，提高起价点、缩小零售面一系列商业政策的继续调整和贯彻下，私营商业的情况均有了显著的提高。尤其是目前进入年档旺季的几个行业更形活跃，一般小手工业在政府的大力开展城乡交流工作的指导下，广泛地建立了业务关系，故在产销情况上除个别已入淡季及特殊情况者，如毛巾、玻璃、注射器等行业外，大多数比较正常。吴县于最近期间已在木渎、浒关等地召开初级形式的交流大会，尚有四个地区黄埭、车坊、湘城、唯亭预定在二月上旬准备同时召开初级交流大会。

2. 在苏南三次交流大会后，苏州市的工商行政部门与工商界人士拟在冬令旺季时节召开一次零售与批发并重中级形式的交流大会，以满足农村与城市间的相互需要，促使城乡关系更行密切，城乡经济更行繁荣。并于五二年十一月份继续组织了第三次下乡交流访问团深入邻近三十多个镇乡及农村进行交流与访问工作，初步了解了农村中的一般需要情况。访问地区的农民与工商界对苏州市的召开交流大会都表示欢迎，并寄予殷切的期望。但由于市的中心工作的繁重，如清欠估征等工作的接连展开，会期始终未能确定，同时由于时间逐渐接近腊月底，一般原来有着较高情绪的工商界人士在情绪上感受了一定的影响。

Ⅱ. 大会组织过程

1. 市工商局周副局长根据节前农民在生活资料上的需要及本市工商界的要求（主要

是南门商场的工商户），在一月十八日物促会扩大会议上提出了准备于近期召开交流大会的初步意见，获得到会代表的一致同意后，决定苏州市、吴县联合召开初级市场交流大会并开始着手准备。

2. 大会筹备会由市工商局、县工商科等 20 个单位 31 位委员所组成，先后召开了三次筹备委员会议，确定了大会的业务方针、组织形式，以及具体分工等主要事项。

大会业务方针：大会在苏州市原有的南门商场召开，以满足广大人民在节前的需要，充分供应生活资料为主，以求达到推动工业品下乡供应副食品的目的。其次，适当解决农村副产品的出路问题，组织开展一定的收购工作及小额批发业务，以支持区镇初级市场的需要。

大会筹备工作：根据情况的需要成立了秘书、业务、宣传、集场、管理、服务、保卫六个组，由全体筹委分工负责。

（秘书组以苏州市物促会代表为主，业务组以工商界代表为主，宣传组以市委宣传部代表为主，集场管理组以南门商场管委会为主，服务组以苏州市民主妇联为主，保卫组由市公安局负责）

秘书组除了经费、人事、器材调拨及与各组联系工作外，还协助业务组组织了下乡邀请访问团。

业务组：（1）供应零售方面，除了动员原来设立于南门商场的公私营工商户充分组织货源，订立供应计划外，还针对农民的需要，在原来南门商场产品有限及供应力量不足的情况下，发动了苏州市及吴县的工商户，如年画、香烛、农具、盆桶、腊味、小猪行、腌肉等组织临时门市部参加集场供应。（2）批发与收购方面，动员苏州市及吴县的公私营工商户分别拟订了购销计划，以苏州市供应吴县需要为主，并根据区郊人民政府及邀请访问团的材料，动员组织了肉品业委托猪业联营处收购毛猪、油饼业与麻业联合购麻及合作社收购蓑衣。

集场管理组：除了对原有工商户加强教育与管理外，对调配房屋、拨货证明、划定摊基及明码标价与度量衡的检查，均进行了一系列的工作。

宣传组：配合大会要求，动员了三十四个群众性文工团进行演出，结合宣传贯彻婚姻法运动与妇幼保健常识及吴县吸血虫病防治站的宣传工作，成立了三个展览室，并在有线广播台每日增加了二个小时的特别节目专题，宣传介绍城乡交流意义与大会动态，并在南门集场及主要闹市区布置了跨街横幅木牌楼及宣传标语。

服务组：除了一般招待、联络、环境卫生及设置休息所，吸取先进经验，增设了物件免费寄存处，为参加大会的群众创造更好的条件。

保卫组调增消防与治安力量外，增设了交通警。

在筹备工作中发现的一些问题：

（1）苏州市除南门商场外的一般工商户把这次交流大会片面地看成是“南门交流”，产生了“与己无关”思想，另一部分工商户由于门市业务较好，产生了忙不过来“无暇兼顾”的思想，其他部分工商户认为“小交流”，劲头不大，尤其是一般小手工业认为“无所可交”“没有望头”，因此在情绪上出现低落现象。

（2）南门商场的工商户在情绪上虽然较好，但重视程度也很不够，表现在填报供应计划表上，如期报缴的只有 30％。

（3）根据了解材料，农民需要巨量的糠麸总共达□万斤，同时农民手头的毛猪数量很大，单是郊区统计已超过了一千头。硬衬、蒲片□由于生产方法的简便一般存量很多，蓑衣已在龙桥、长桥等几个乡开始编结，存量也较大，在供应上与收购上均感困难。

3. 筹备委员会针对着某些思想情况，曾分别召开了会议，进行思想教育，并组织了申报，与合作社调拨大量糠麸供应农民，并动员了合作社适当收购蓑衣。

Ⅲ. 大会情况

1. 大会于一月二十九日如期召开，参加大会开幕典礼的有居民、妇女、工商界及个别农民，共一千余人参加。周主任在大会上作了报告，说明了苏州市在大力开展城乡交流与调整商业下的市场繁荣景象及这大会的精神与目的。

2. 毛猪的收购引起了农民很大的反映，中土公司在第一天收购中由于规格与价格问题，农民带来交流的毛猪一头也没有成交，主要是（1）规格需要130斤以上，当天来了37头猪，有3头是在120斤左右的。（2）价格低于市价，并在第五级与第六级相差七万元一担（215000—285000）与实际情况不符，有脱节现象。

当天私商收购限于国营牌价，无法下手，经向有关部门反复研究在第二天开始扭转，决定毛猪150斤以下由私商收购，150斤以上由中土收购，价格问题150斤以下由私商按市价25万左右为标准，150斤以上仍照国营牌价。

3. 农民的蓑衣有的以船装运来，有的以肩挑进城来，陆续到货，交易十分活跃，合作社的收购计划只4000件，头两天即已超过计划了，经协商决定加倍收购。

4. 吴县由于几个地区即将召开交流大会，对笋干、糖、香烟、黄豆等主要的物资需要甚迫，经上级向中土调拨及苏州市公私营商业的大力支持，基本上满足了要求。

5. 连日阴雨，到会人数不多，经二月一日会议决定，除交易所如期结束外，其他均延期5天，继续组织邀请团下乡宣传动员，并通过有关部门及电台广播发动市内居民参加交流。

6. 大会中继续贯彻了调整商业政策，原先估计恐怕私商供应不足，因而继续在大会期间保留了国营公司门市部，自二月三日起决定首先撤销中土公司，鼓励私商积极经营。

Ⅳ. 成绩

1. 在大会的零售业务与小额批发交易中，工业品占46%，副食品占19%，农产品占35%，基本上符合了此次大会组织工业品推销与副食品供应的要求，如菜油、布匹、香烟、火柴、毛巾、胶鞋、卫生衫、南北货等工业品及其他副食品，都充分满足了群众在春节期间的需要，尤其是在大会期间合作社调拨了大批的清糠与麸皮，共计销出清糠37万斤、麸皮13万斤，使农民们感到很满意，有些农民反映说，原来以为买不到这些东西的，可是来到交流会上倒是把这个问题解决了。

2. 这次初级市场交流大会是在南门商场的原有基础上举行的，在大会期间南门市场一般商户的营业额均有了显著的增加，如联益腌腊号在交流会开幕前一天的营业额尚不到十万元，但在大会的第一天就增加到67万元；瑞昌福南北货号原来每天平均营业额约52万元，但在大会期间，每天平均营业额约有340万元，均益糖行的营业额也较原来增加了三四倍，一般商户均增加二倍以上，南门商场的经营因此活跃起来了。

3. 由于苏州与吴县各乡镇间原来有着深厚的经济关系，所以大会的小额批发交易中有百分之六十以上是供给邻近乡镇的工商业者，大会为了解决近郊乡镇在春节中对物资供应的需要，组织了国营企业合作社，积极地将不少当今热销的笋干、黄豆及布匹、南北货、日用百货等参加供应，基本满足了一般的需要，因此亦就有力地支持了这些小市镇在春节内的物资供应。

4. 在这一次物资交流会上，对调整商业政策进行了贯彻，为了照顾私营企业的经营，首先是合作社停止了对非社员营业，即使在供应清糠与麸皮时，社员与非社员在售价上订定了适当的差额，在大会的第五天，土产公司撤销了原在南门商场的门市部，进一步贯彻了调整商业的精神。

Ⅴ. 缺点

1. 事先动员宣传工作做得不够深入，虽然大会曾三次组织访问团下乡邀请，但效果甚差，如枫桥、横塘等地的农民根本就不知道苏州在开交流会，在十天大会期间，到会群众据统计不过二万人，虽然有很多客观原因，如天气经常阴雨，农村中有抗美援朝的中心工作等，但主要的是在会前没有很好地发动群众，如对工商界只开过一次有关行业代表动员会，因此有些工商户对这次交流会认识不足，觉得不是大进大出，就不感兴趣，参加亦不积极，甚至有些行业不知道开交流会，在农村方面由于没有与中心工作结合宣传，也就没有把群众发动起来。

2. 对农民群众的实际购销情况掌握不够，如原先以为农村毛猪太多收购不了，所以没有发动农民到大会来出售，同时亦没考虑如何解决的办法，因之在大会期间到的猪并不多，可是土产公司却在收购中缩手缩脚，而私商由于土产公司牌价的影响，不敢放手收购，结果毛猪的收购计划并未完成，同时由于收购的规格订得太严，引起了农民们的不满，又如起先估计在大会期间可能有很多的稻柴和鸡鸭等到大会出售，所以动员了蛋孵业、柴行等单位拟订计划，参加收购，但结果在10天中只收到了十三只鸡鸭，而稻草则一点都没有。

3. 由于对召开初级市场交流会没有经验，事先又缺乏完整的计划，领导思想松弛，认为召开初级交流会是轻而易举的事情，大会的筹备时间自发起筹备至大会开幕，前后不过十天。在筹备期间，虽然进行了分工负责，但领导上对各部门的工作进度没有能及时掌握和检查，因之在一般工作中，从主观愿望出发，脱离实际。由于大会对客观情况掌握不够，不知道当前群众需要一些什么东西或买些什么东西，由于心中无数，也就不敢放手发动。

4. 市与县之间的配合不够，这次交流会是由苏州市与吴县联合召开的，但是市与县之间相互存在一些依赖思想，在苏州方面认为城乡交流在吴县方面应负责农村方面的组织动员工作，而吴县方面认为这次交流会是由苏州市发起的，召开的地点在苏州，应以苏州市为主，所以各项工作中没有能主动地配合，因之在动员组织等方面形成脱节。

Ⅵ. 一些体验

1. 在召开交流会之前必须做好调查研究工作，把当时当地的产销情况、农民购买力的实际情况以及需要卖出些什么和买进些什么、数量的多少等具体情况了解清楚，以此来确定大会的交流内容、规模，并在这一基础上组织国营企业合作社以及私营工商业者根据实际情况制订购销计划，使之能有计划地组织货源，充分供应和有领导地组织收购，以打开农村土副特产品的销路。

2. 要开好物资交流会，必须要加强对群众的思想领导，在会前要组织各种宣传力量，对开展城乡物资交流的重要意义进行反复宣传，对某些工商业者的观望等待思想及投机取巧的经营作风和群众中某些不必要的顾虑应进行批判，并大力发动群众，积极参加交流。

3. 召开初级市场交流会必须注意农村产销季节的特点，切实掌握城乡之间的需要情况，从实际出发，恰当地确定大会的召开时期，并根据客观要求，尽可能地充分做好准备工作，在力求满足客观要求的努力下放手发动群众，才能把群众发动起来。

苏州市城乡物产交流促进委员会工作总结 （1953年1月至7月）

1953年

自本年一月份以来，在六个月中，本市城乡物资交流工作除在春节前联合吴县各有关单位在南门召开了一次初级市场城乡物资交流大会外，又先后动员组织各有关行业积极地参加了各地物资交流大会。据初步统计在六个月中，本市丝织、化工、皮革制品、文教用品、胶木纽扣等54个行业（221业次）先后参加了安庆、江西、天津、南京、无锡等64个地区的物资交流大会，出席各业代表346人，其中除温州、武汉、同里、蚌埠等23个地区，因当地缺乏购销对象而未有成交外，在其余41个地区中，共计达成交易1219笔，购销总值共达111亿元，其中购进222笔，总值40亿元，销出997笔，总值71亿元，为本市工商业克服淡季困难维持生产经营起到了一定的积极作用。

（一）主要收获

1. 本市纽扣业胶木纽扣组以往由于所产纽扣系黑色，在入春后受季节性影响销路呆滞，但今年该业在面临淡季的情况下，积极地参加了各地交流，六个月来先后参加了14个地区的交流会，共计销出各种胶木纽扣八千五百多罗，总值约10亿元，对维持淡季生产起了很大的作用。又如针织业内衣组本来在淡季中要停工一个时期，但今年一过春节劳资双方即进行协商，如何积极经营稳渡淡季，由于踊跃参加了各地交流，争取了不少业务，销出各种汗衫、背心等，总值二亿九千多万元。其他如织带、新药、文教用品、皮革制品等行业，均通过交流争取了很多业务，为稳渡淡季提供了有力保证。

2. 参加各地交流不仅为本市很多产品打开了出路，同时亦解决了本市所需要的某些货品的供应，如在江西交流中皂烛业购进所需要的原料皮油18000斤，酱工业购进中碎米3万斤，寿器业以低于计划价格购进桐木一批，瓷料器业购到各种瓷器7亿多元，纸业在天津交流中购进各种纸张1700多令，其他如南北货业、茶食糖果、丝织、油饼、百货等行业均在交流中购进所需要的各种货品，这对活跃市场、调剂供求起到了相当的作用。

3. 在历次交流过程中，由于地区间贯彻了互助互利的精神，使购销关系有了很大的发展，交易网随之迅速地恢复和扩大。本市很多手工业品，如乐器、枕套、帆布包、胶木纽扣、布鞋，文教用品业的钢笔、棋子等通过交流，已远销承德、归绥、齐齐哈尔、大同、昆明、内蒙等地区，有不少都是初次建立的新关系，为本市手工行业今后进一步发展生产经营打下了基础。

4. 自春节过后，除部分有关季节性行业外，一般均逐渐趋向产销淡季，由于市场周转比较呆滞以及资金短绌，所以有些行业在生产经营上发生了暂时的或局部的困难情形，但通过历次交流，国营企业的带头推动和地区间的相互照顾，基本上解决了参加交流行业的购销需要，改变了过去淡季中因产品滞销须停工一个时期的情况。在今年淡季中由于积极地参加交流争取了不少业务，所以大部分工商业者均能维持一定的生产，提高了工商业者的经营积极性。

（二）存在的问题

Ⅰ. 目前工商业者的思想情况与部分存在的问题：

本市工商业者自1951年在全国大规模开展土特产交流以来，通过各地历次交流，一般工商业者在事实的教育下，认识到开展物资交流发展，在生产经营上起着一定的积极推动作用，但是亦有部分工商业者对组织物资交流在政治上和经济上的意义认识不够全面，以致亦存在着一些不正确的看法：

1. 认为参加交流只是为了解决本市在市场上不易购进和卖出的一些商品的供应问题，或单纯地为了国营公司照顾业务和向银行申请贷款而进行交流，因之如在交流中没有能满足其要求时，即大发牢骚，认为交流会不起作用，在问题获得解决后，又产生自满和松懈的情绪而不从积极改善经营等方面努力，满足于现状。

2. 部分工商业者认为参加交流大会太严肃，事先要订购销计划，并且要由行业出面，要保证履行所订合同等，不能随心所欲。

3. 部分行业由于组织不健全，思想认识不一致，负责人怕负责，唯恐参加交流后成交的业务分配不匀，或业务不能推展，影响合约履行，所以对发动会员参加交流存在一定的顾虑。

4. 由于在合同履行中部分行业在货物发出后，到期收不到货款，有的拖延至半年以上，影响资金周转，以及部分合约对方无故违约，造成我方损失，虽经向有关方面要求处理，但见效不大，以致有些工商户认为在交流会中的交易得不到保障，对继续参加交流有顾虑。

5. 在参加交流中，不论大同行与小同行，批发商或零售商都可以拟订计划参加交易，以相同价格购销货品，在小同行或零售商来讲，通过交流可以降低成本，而大同行与批发商则认为原来须由他们转手的交易，在通过交流后，使他们的业务受到相当影响，因此认为交流会与他们本身利益有矛盾。

6. 部分行业在交流中表现了极端自私自利和不老实的经营作风：（1）如纽扣业胶木纽扣组的季步石在天津交流会上为了企图达到一个人做生意的目的，竟至野蛮地动武殴打同业代表。（2）如祝宝成和苏州钢笔厂不遵照计划销售，擅自变更计划数字，滥接业务，造成原料与资金上的困难，片面地要求人民银行贷款，当人行需要进行调研考虑时，即错误地叫嚣，说是“银行要看我好看”，又说“要吃交流官司了”。（3）如百货业戴干臣等想不订计划到交流会上看看，抱着“有利则赚，无利不为”的态度，试图以投机取巧的行为来对待交流大会。

7. 部分手工行业对于改善经营、降低成本、提高品质等，还没有引起足够的重视，大致停留在原有基础上，很少有所改进，有些还甚至由于一个时期的旺销而竟粗制滥造，因致如石粉业在天津交流中就没有找到购买对象，又如针织业的袜子组与毛巾等业在各地交流中亦很难打开销路。

Ⅱ. 在组织领导上与市工商联各级机构的配合上：

1. 在“五反”运动胜利结束之始，在工商联组织尚未进行调整时，本会为了便于各业开展交流工作，而组织了各业交流业务小组，由于组织领导不够明确（原属本会领导，于工商联生指部物交会成立日起划归物交会领导）形成了大家管、大家都不管的现象，致使各业交流业务小组不能及时提高而停留在原有基础上，甚至有部分行业已发展到涣散自流，不起作用了。

2. 在本会的组织性质与力量（指工作人员）配备上来讲，工作范围只能是比较上层的，一切具体工作的贯彻与一般问题的处理，尤其是在工商界一方面应该是由工商联系统密切配合进行的，在这方面，虽然双方领导思想是比较明确的，但在具体贯彻上是不够的，表现在整个工商联的各级机构对交流工作大部分存在着额外负担的看法，往往对交流中发现的一切问题没有尽到分析研究配合处理的责任，即向本会一报了之，形成了事无大小，均由本会汇总办理，造成了本会部分工作的挤压与忙于应付。

3. 本会大部分委员，如各区工商股、人民法院、国营、合作社等单位的委员由于没有明确的分工，相对地削弱了领导力量与组织作用。

Ⅲ. 本会会务工作方面：

1. （1）工作缺乏全面计划，忙于事务工作的应付，形成“做到哪里是哪里”的现象。

（2）委员会的组织没有一定的会议制度，对会务工作的开展不够关心，有部分委员从未到过本会。

（3）对各业业务组的工作开展不够关心，发现问题后没有及时给予帮助解决，因之目前有部分业务组基本上已流于形式。

（4）在日常工作中，没有很好地结合政策进行宣传教育。

（5）对产销情况的了解工作做得不够，由于心中无数，以致在工作中处于被动。

2. 在动员组织各业参加交流的工作中，存在一定的任务观点：

（1）本会在接到外地邀请后，没有能分别情况进行动员，而只是一般的引文抄转。（2）在行业基层中，由于组织不够健全，缺乏专人负责，以及对交流工作不够重视，没有深入动员，对拟订购销计划及交流代表的推选不够审慎。（3）对本市参加各地交流代表团没有很好地加以领导和掌握，以及配备适当的力量，以致在代表团出发后（除参加此次无锡交流外）与本会没有能保持一定的联系。

3. 本会在合同执行检查工作中虽然配备了一定的专职干部，但对在履行合同中存在的一些问题，没有能及时地予以适当解决，如无顾违约、拖欠货款等，在发现这些问题后，由于没有能及时作出适当的处理，因之有少数行业对履行合同未能认真贯彻，特别是在处理违约问题上缺乏整套方法。

（三）今后的工作意见

鉴于过去六个月来的经验教训和目前存在的一些问题，为了使本市城乡交流工作在原有基础上提高一步，对今后工作提出一些初步意见：

在加强组织领导方面：首先在委员会必须建立会议制度，建议于每月上旬召开全体委员会会议，检查上月工作及修正与通过本月工作计划（或每三个月召开一次，审查与通过一个季度的工作和计划）。其次在委员会下设立三个专业组，由全体委员分工负责（适当聘请工商界人士参加），建议由市店吴功积，工商界程延龄、李永德、范世雄、潘志仁负责组织交流业务组，专任根据各地交流动态及本市市场需要与各业生产经营情况，指导与协助各级交流组织，普遍深入地重点进行动员与组织工作；由国营的陈隆德、丁华清、萧俊、陈建先、孙绍初、王裕才、郭熙炜及合作社的徐希贞以及私营工商界童勤高、孙宝冲、邵孝忠、张柱华、徐桐生、潘宜平，手工业工会张春元负责组织计划审查组，专任根据各业交流委员会送会之购销计划，重点地进行细致切实的审查工作，加以必要的修正，严密控制计划数字接近于实际成交数字，防止投机取巧、盲目竞争等事故发生；由法院何清，各区工商联张伯民、王永梁、陈希敏、翟志祥、陈桂昌，税务局靳镇嘉，市店吴功积，手工业工会张春元、张甸国、谢惟安负责组织合同检查处理组，维护合同履行的严肃性，以发掘最大的主观努力，来保证所有交流合约的履行，专任根据本会日常合同检查工作的汇报，着重地负责处理一切严重性的违约事件，使全体委员在总的委员会领导下各司其职，发挥集体领导作用，加强本会工作效能（鉴于以往经验，各个专业组如果要求每日有委员值日办公，事实上是很少有可能的，故只能是重点地展开工作）。

为了使各个专业组的工作具体开展，建议各组除了拟订工作办法外，每周进行组务会议一次、检查与研究工作进展。

组织交流业务组 5 人。

计划审查组 15 人。

合同检查处理组 11 人。

参加华东土特产交流总结报告（黄柱天）

1951 年

苏州市工商界自从参观了苏南物产展览会及听取了出席苏南土特产会议代表的传达报告后，对土特产的认识大大提高，一面扫除了过去崇洋轻工观念，一面对祖国的地大物博、产品富饶，充分有把握粉碎美帝国主义的封锁阴谋，更树立了信心，同时对土特产的经营更感积极而争取革新，大力推动了交流工作的任务，当华东展览会尚未开幕前，有关各业即准备酝酿如何参加华东业务交流高潮，为土特产进一步全面开展。

一、组织过程

6 月 10 日工商联首先推定了唐士英、季善初、陆俊卿、张学明四位加入苏南区全面性的业务交流代表团，担任长驻工作，同时在工商局的正确领导下，结合有关土特产行业，在工商联物产购销委员会主持之下，成立了参加华东土特产业务交流代表团，于 6 月 17 日到达上海正式进行交流。由于有了牢固的思想基础以及事先充分的准备，所以一切计划材料都有了相当准备，但由于联系不够，华东交流方式事先未能结合全面了解，致有一小部分的工业品与经济作物的行业，也参加列入，使脱离实际，同时有个别代表过去未曾参加过集体生活，比较自由散漫，也有只争取自己业务的开展，而没有很好照顾全面组织与互助。我们在发现组织上几点缺点后，迅速在上海加强组织并作出如下几项措施：

1. 全面整组：（甲）剔除经济作物及工业品。（乙）扩充团部，调整人事，由陶主委担任团长，黄柱天、唐士英为副团长，孙宝冲、徐桐生为秘书，另加推刘祖祥、李南生为干事，并请茅继同志担任指导顾问。（丙）结合出席华东土产会议代表苏南业务委员与交流集团三位一体分工合作，加强联系并成立访问小组。（丁）建立会议制度，不得自由散漫，服从团部指示。

2. 调整统一详细材料，重订购销计划，经过了这次的调整，纠正了偏向，有计划、有步骤地展开交流。

二、交流情况与收获及发现哪些问题

全苏南的交流任务根据大会的指示是900亿，苏州分区为210亿，这数字我们有充分信心与把握完成，并一致认为要争取超额完成，而不是单纯地从任务观念出发，认为完成计划即可。我们在初期对手工业品是不够重视，发觉后即大力争取获得良好成绩。到7月9日止大会成交数：

苏南区总的成交数14918147万元，占华东区总的成交数的百分之二十三点七四。苏州分区的成交数5220726万元，占苏南区总成交数的百分之三十五，共282笔。苏州市的总成交数3773907万元，占华东区总成交数的百分之六强，占苏南区总成交数的百分之二十五点二十九，占苏州分区总成交数的百分之七十二点二八。苏州市订立的协议86件，合同56件，现交51笔，共计193笔，购进111笔，总额3221828万元，销出82笔，总额552079万元。苏州市手工业总成交数178853675元。

由于南北货业与猪行业及菜籽的重点突破，争取取得主动再全面展开，在会议大会结束后，最后七天业务高潮中，全体代表高度地发挥了互助友爱、团结忘我精神，涌现了大批积极分子，这种全心全意为土特产服务，做好交流工作的高度负责精神，我们应该发扬，应该学习。

通过这次会议交流，我们认为有下列几点收获：1. 帮助生产工业解决了原料上困难，如菜籽。2. 建立许多新关系，巩固与恢复旧的商业网，如南北货、猪行、腌腊等等。3. 减少了中间剥削，与销商建立了直接关系，如算盘、金属制品等。4. 帮助今后改进规格及加强组织，革除陋规，降低成本等等，工作上创立许多有利条件，并极大提高了工商业者对土特产经营的积极与信心。5. 部分滞销品与季节性滞销品，打开销路，盘活了资金，间接照顾许多工人有工作做。(1) 如牙刷、刺绣等，牙刷业过去因公会散漫，无组织及规格不统一，不能够向外推销，通过此次交流，不但打开销路，解决滞销，同时解决了工人再生产，有工可做。(2) 刺绣不但销出许多滞销品，更接受了一批订货，配合今后以销定产并增加农村妇女副业工资收入。(3) 季节性滞销品。如：冶铁业、食锅销出了部分现货，解决了目前暂时资金流转上的困难，同时解决了制造模型配合再生产需要工资的问题。(4) 根据成交与协议数字有1500人以上的手工业工人短时内可稳定有工作做。(5) 石粉业过去一般认为该业将被淘汰，经此次交流直接订出1800吨，38元一吨，计6840万元，由天津化学联营购进，指出今后有业务转变前途。

交流工作中除了上面结合个别不同情况，有以上几点收获外，一般的收获还有下列二点。1. 提高爱国思想，在交流过程中每个人都感到祖国的伟大，特产的富饶，我们要感谢政府的大力推动，更不可忘记保卫祖国胜利的援朝志愿军，使我们能安居乐业，发展生产，我们更一致认识必须做好抗美援朝总会的三大号召的中心工作，使我们更巩固地发展生产，繁荣经济。2. 认识到组织力量的伟大，许多代表深深体验到只有组织才有力量，有了组织，才能发展业务，今天许多关系的建立，都依靠了组织，有位代表衷心发表“像今天这样建立广泛而发达的直接关系，我经营一生也不可求到的，所以我们更希望通过这次交流各行业务进一步地加强，苏州市工商界更全面团结组织起来，为苏州市工商业全面发展而努力”。

我们有以上的许多宝贵的收获，但也有缺点：1. 个别代表不够具有代表性，我们了解每区需要商品或每区购进每项货品，我们有需要，即请工商联联系派代表来接洽，由于业内不够重视，派来的代表不能负起代表责任，不能解决问题，有的失了时机，错过了机会，甚至有个别代表尚有买卖不老实的旧作风，如金属制品业的代表铜针箍隔夜卖每个85元，明天有大批定就改为90元，这些缺点，我们必须提出批评教育。2. 全面材料不够，结合当前情况工商联调研统计，必须迅速建立与加强了解区内情况，会前未曾充分联系有时有脱节现象。

发现的问题：

1. 资金。由于长期的反动统治与金圆券的严重打击，一般生产与手工业者资金薄弱，解放后，工商业虽逐渐好转，累积了部分资金，而结合生产上需要缺口还很大，今后解决资金问题，我们在这三方面需要努力：(1) 迅速成立苏州市物产运销公司，筹集资金帮助投资发展。(2) 组织联营，集中资金，做到计划生产。(3) 请金融业对有计划、有组织、有前途的土特产中小业给予较长时间较低利息贷款活动，帮助生产上资金需要。

2. 组织。过去手工业一般的无组织与散漫，致规格不统一，价格不一，品质不一，不能接受大量订货及向外推销，我们这一次事前虽曾动员组织，参加交流，但个别是不够健康的，今后尚须全面加强巩固组织，使进一步做到统一价格，统一规格。

3. 季节性的手工业品由于资金薄弱，造成旺季无货，淡季存不住货，贬价削售等，今后季节性的滞销品必须加以调节，此次交流中，各公营公司特别注意在大力帮助收购中，解决许多季节滞销品，以后更需要在国营经济领导下，有计划地加以照顾。

今后努力的方向

通过此次全面性的交流，今后的工作方向，我们认为必须做好下列几项工作：

1. 贯彻华东土特产会议精神，坚决执行会议公约，履行协议和合同（附会议公约）：

(1) 拥护大会总结，响应政府号召，保证将大会精神贯彻到各地区各行业中去。

(2) 大力推销土产，粉碎美帝国主义经济封锁，加强抗美援朝运动。

(3) 废除封建陋规，取消不合理的剥削，为土产交流扫除障碍。

(4) 改进技术，提高品质，改善规格，减低成本，面向人民大众，扩大土产销路。

(5) 不掺杂、不掺水、不做假，保证产品符合标准。

(6) 扩大和加强联营组织，充实资金，加强互助，做到腿长路广，争取薄利多销，反对借名取巧和变相把持。

(7) 多写信、多通电、多访问，利用会集赊销、寄售、协议、合同等多种方式，恢复旧商业关系，建立新商业网。

(8) 保证履行协会合同，树立商业信用。

(9) 在国营经济领导下，产运销三方面团结起来，互相配合，为大众服务。

(10) 遵守人民政府法令，不投机，不取巧，不逃税，坚决完成大会交流的任务。

关于华东土产公约的决议：

华东土产会议全体代表大会一致认为华东土产公约是华东土产会议整个会议精神的结晶，为了保证扩大土产交流，加强城乡互助，胜利完成这一重大任务，每个代表必须以身作则，切实履行公约并向公私同业认真传达宣传，为建成华东土产公约的普遍贯彻而努力。

2. 加强巩固发展联营组织。

3. 加强各有关领导机构的组织，如联营推进委员会、手工业改进委员会、购销委员会。

4. 彻底改善经营作风，树立老老实实的新商业作风。

5. 各行各业充分应用通信访问等方法加强联系，巩固关系，广泛建立商业网。

6. 树立依靠工人阶级思想，搞好劳资关系，提高技术，计划增产，改进规格，提高品质。

7. 取消陋规，改造牙行，扫除土产交流中的一切障碍，转变为土产交流而服务。

8. 大家投资大力支持土物产运销公司，即时促使成立。

我们参加华东交流集团经一个月的努力超额完成了任务，对今后苏市工商业发展也起了一定作用，我们应该感谢政府的正确领导和帮助、工商联的大力推动、全体工商界的支持与指示，使我们有成绩，今后我们更需经常加倍努力，为争取土产交流更大胜利而奋斗。

参加华南土特产交流访问团工作汇报

1951 年 11 月

我市参加华南土产交流代表于十月十四日午后，随苏南区土产交流访问团抵达广州，当日参加华南土产交流大会开幕典礼，并与大会其他有关单位取得联系。十五日华东区首席代表赵永明同志号召华东区各地代表团，为加强联系统一领导，组织华东贸易总团，参加单位包括上海、浙江、苏南、福建及华东区其他赴穗代表团，并由各单位分别拟订购销计划汇集总团，提供大会参考，当时我市即根据原有材料拟就购销总值一百九十余亿元之初步计划。购进方面：计白粗糖及各种青赤糖九千二百担（期货）总值约五十亿；销售方面计总值一百四十七亿余元，包括丝织品、刺绣、棋子、纽扣、湖笔、提琴等（均以供应期货为主）。

我们的业务交流工作，自十九日大会交易所正式成立起至三十日苏南团结束止，前后共计十二天，售出真丝被面三千条（期货）总值约一亿四千一百万元，购进广草一车后，因双方对交货地点及付款方式未达成协议，经双方同意取消。由于事先准备不够以及客观条件的限制，在整个交流期间，虽经多方面的联系和努力，然终未能按照所订计划完成任务，其主要原因是：

一、事先准备工作做得不够，在出发前对华南地区的产销情况没有很好地深入了解以及购销计划又不够全面性，如在当时一般思想上只觉得华南的糖是我市所大量需要的，而忽视了除了糖以外华南有更丰盛的海味、药材、水果以及华南独特的葵扇、蛇皮等产品在本市都有其相当的销路（如帽扇业于代表团返苏后专程派员赴穗采购葵扇），但在当时并未列入计划中，因为购销计划的不够全面，严重影响了业务交流进展。

二、我们缺少现货供应：在九月份开始照例是工商业的旺季来临，但今年本市大部分土特产和手工业行业，由于上半年度经过了苏南、南京、苏北、上海等地土产交流后，销出了大量的货品，并且农村在经过了土改后，购买力普遍提高，以致一般货物均有供不应求的现象，因之在我们销售计划中均以供应期货为主。虽然本市所产之丝绸、刺绣、乐器、药材、彩蛋等商品在华南有相当的销路，但由于交货日期一般都在二个月以后至一九五二年三四月间，而在客观的要求上，工商业以销售季节关系均希作现货交易。

三、客观条件的限制，南北货业在原计划中本拟向华南各地订购各种新糖九千二百担，分十二、一、二月三期交货，但当时华南情况因各产区新糖尚未大量上市，而各地代表团赴穗购糖者颇多，大会为掌握情况，平衡供求起见，关于购糖计划暂以现货为主，然当地现货（陈糖）市价如加上运什等费，较本市销价为高不合销，且目前苏州存糖在新糖上市前尚可维持供应，所以仅希望能订购期货新糖一批，因客观条件的限制，致原定计划无法实行。

虽然这次参加华南土产交流访问在业务上未如理想，但我们在广州曾利用报纸（《新商晚报》）、座谈会以及各地代表团住所访问等方式进行了若干必要的联系和宣传工作，使各地代表团对本市产销情况有相当印象，并且将本市此前在上海交流中与华南各地订立之尚未到期之合约与各该单位取得联系，以便在今后的业务交流上取得更密切的联系。

苏州市参加东北、华北交流访问工作汇报

1951 年

九月三十日本市代表十人出发到无锡集中参加华东苏南区土产交流访问团，于十月一日启程北上，抵津后参加了华北大会开幕典礼，当晚转赴东北。

一、东北情况

甲、经济情况：沈阳四郊工厂烟囱林立，工作时间街上闲人较少，周六与周末一般日用品商店营业甚好，尤以百货公司和集体商场有应接不暇的趋势，这说明了沈阳是一个工业城市。东北物产的富饶众所周知，国营经济已有大量发展，远超南方国营经济的比重，但是沈阳的私营工商业除了极少数无利于人民的赤金店等，一般都得到了很好的发展。解放后开业的单位大量增加，像解放前饱受日寇和反动政府长期摧残的工业，只剩了 6500 户，而大半只剩有厂基和工人的破残企业，据说最痛苦的时候，一座工作母机只能换到三斗大米，在这种情况下，当然谈不到生产了。而最近的统计，工业单位已增加至 17800 户，职工人数增加了 55%，生产总值增加了 380%，商业户也比解放前增加了 30%，职工增加了 12%，资金额增加了 32%，虽然比工业差些，但是说明了沈阳的工业在飞跃地发展，而商业亦有进展的，同时有力地证明了国营经济的发展不但不会削弱私营经济，还能扶植私营经济，因此“只有在国营经济发展领导下，私营工商业才能发展”，“惟有国营经济的发展，才能阻止私人资本的经营盲目性而走向计划生产”是完全正确的。

沈阳市政府、工商联都单独为苏南代表团召开了不同形式的座谈会、联欢会。在私营工厂的联合招待会上，有沈阳市各著名工厂的劳资双方在发言中，都以热诚、团结、友爱的态度介绍了企业发展的过程，有一工厂的代表说：“我们解放时候，只剩七个人，而现在增加到三百多个人，所以能这样发展，也是劳资关系好的后果。”这也证明了市府张秘书长指出的：“劳资关系搞得好，是沈阳市工业发展的主要因素之一。”沈阳的劳资关系这样协调，是值得我们学习的，而东北解放后，在经济建设上的辉煌成就是鼓舞一般地区生产积极性的最好资料。

乙、大会的精神：在参加大会交流时期中，市政府在国际俱乐部召开座谈会，张秘书长、工商局沈副局长都为我们作了报告，指出：“东北和其他地区，过去是很少联系，天

南地北，隔膜很大，互不了解。北方人只知道‘上有天堂，下有苏杭’，南方人只知道东北是天寒地冻，但实际情况如何？就非常模糊，这种人为的隔膜，解放后的新中国已不再存在了。单就交通论，现在最南的广州可以乘车直达最北的满洲里，唯有各地区相互了解，才真能认识到祖国的伟大和物产的富饶，在经济建设上才能大大地推进一步。因为沈阳的工业已快速地发展起来，商业有赶不上去的现象，因此我们东北要召开交流大会，来达到解决上述两种问题的目的。”

丙、交流情况：在工作开展之前，交易所负责人曾透彻地说明，关于我们代表团购进计划这一方面，东北虽然物产富饶，工业发达，但在今天国防建设之前工作最重要的岗位上，希望各友区对抗美援朝的伟大任务作出贡献，来配合目前东北交流的意义和重心。除了国家的统购物资和国家平衡物资外，对上下调拨物资，已呈准中央酌量合理地分配给各友区的物资包括砂糖华东区 600 吨、苏南 70 吨、苏州市 21.5 吨，木材华东区 4000 立方米、苏南 700 立方米、苏州市 70 立方米，销售方面东北需要苏州市的轻工业产品和部分的手工业品，同时希望经营这一类物品的，尽量向东北发展。在交易的进展中，我们始终遵守领导上指示的老老实实，不讨价不还价的作风，使交易顺利展开，部分行业不但现货销售一空，而在东北大量的订购计划下讨论到我们的增产力量、生产工具和原料，因此只能订出 1952 年产品的一部，像漳绒业年产仅十几万码，但是除了现货外，订出的就是十万码；丝织业谈到 1953 年的协议；刺绣业、绣边业也需要加工来完成任务；其他滞销品像常熟的花边，苏州市的戏衣、棋子、皮革制品也成交了一大部货品。

二、华北情况

甲、经济情况：华北商品的集散地、吞吐站，向来是以天津为中心。最近轻工业的发展，东北、西北、华东和各地区购销机构的设立，使天津已成为调节南北物资的交叉点，就人口讲，200 万人口中，华东、苏南占 50 万，根据这虽然不正确的统计，足以显示南方以上海轻工业为首的区域，向北发展的情况，已日逐加盛。商业方面最特出的是茶叶号，规模、营业不是我们南方产区所能比拟，更值得注意的，天津中间商还掌握一大部分土特产的购销潜力。

乙、大会精神：华北大会的特点是庄严、隆重、伟大，以号召工农联盟为主，配合了交流工作，到会的中央各部门首长指出：“交流工作在抗美援朝经济建设时期的重要，更说明工农联盟的伟大。”大会中来自各处的农民代表有几万人，占据了出席者的绝大多数，各展览馆建筑壮丽，陈列品和图表也普遍以启发农民为重点。在城乡交流服务馆中，运输部门的图表上指出，各种农产品每一公里不同的单价，某一城市到某一城市的距离，和运输提货的手续，税务部门详细说明自产自销免税的办法和单据的式样，纠正种种不同的错误，其他邮电金融都有以上类似的图解。尤其特出的是一些平常一般农民不够重视而可以加工出口的东西，像肠衣、猪鬃、人发、兽骨、皮毛等产品旁都标明了用来交换农具的数字，来说明其价值，像 4800 张羊皮可以换一辆拖拉机。

丙、交流情况：华北交流情况总的讲，是类似华东。交易所中有各处的代表团，天天汇集讨论，交流各区经验。工作进展中，我们先参考了在东北订出的计划，再具体研究我们的增产力量，决定把重点放在滞销品和建立关系上，所以面虽然广，数字是比较小。主要的西北代表团卖给了苏州市二万五千斤土丝（协商分配苏州市一万三千斤，苏南土产公司一万斤，吴江两千斤），内蒙古买进了我们苏州的红乳腐，东北代表团继续买进了二十五万付棋子，他们的需要量可能更大，但是由于我们的购销计划一月产二十四万付，以及规格等问题，初步只能订出上述数字。

十一月二日交流工作告一段落，苏州市代表除少数留守外，大都南返。

三、工作中的优缺点

甲、能团结互助，争取业务得到各友区的重视。

乙、刻苦耐劳、认清任务、为滞销品谋出路。

丙、部分行业购销计划不够完整，对交流精神认识不清。

丁、手工业的组织规格颇多不合标准，使交易增加困难。

戊、代表团学习时间太少，准备不充分。

已、原来滞销经迭次交流大会后，变成畅销品的行业，反而对交流工作不重视。

（另附交流数字统计表）

苏州市参加东北、华北土产交流访问团副团长陆锡祥

负责汇报人　董复始

东北区交流统计表

推销或购进	货物名称	数量	金额（元）	订立性质	交货年月	备注
推销	棕刷	20000 只	16000000	合同	1951 年	
推销	皮鞋	500 双	76000000	合同	1951 年	
推销	棋子	52000 付	67100000	合同	1951 年	
推销	丝边		23900000	合同	1951 年	
推销	丝绒	30000 码	196900000	合同	1951 年	
推销	绸缎	20000 码	606000000	合同	1951 年	
推销	被面	2000 条	128000000	合同	1951 年	
推销	戏衣		203660000	合同	1951 年	
推销	刺绣		459000000	合同	1951 年	
推销	绸缎	910000 码	36400000000	协议	1952 年	
推销	被面	24000 条	1440000000	协议	1952 年	
推销	刺绣		3340000000	协议	1952 年	
推销	漳绒	100000 码	6000000000	协议	1952 年	
推销	丝边		617000000	协议	1952 年	
购进	砂糖	428 担	342400000	合同	1951 年	
购进	木材	70 立方米	56000000	合同	1951 年	由苏南财委会统一分配
统计 49971960000 元						
备考：华东区总数约 3000 亿 苏南区总数约 800 亿 苏州分区总数 674 亿						

华北区交流统计表

推销或购进	货物名称	数量	金额（元）	订立性质	交货年月	备注
推销	笛箫	7000 支	14900000	合同	1951 年	
推销	皮鞋	1000 双	91500000	合同	1951 年	
推销	红乳腐	300 坛	11700000	合同	1951 年	
推销	棋子	250000 付	318700000	合同	1951 年	
推销	绸缎		77425000	合同	1951 年	
推销	漳绒	1600 码	92200000	合同	1951 年	
推销	布	550 匹	191800000	合同	1951 年	
推销	刺绣		41660000	合同	1951 年	
推销	剪刀	3100 套	30760000	合同	1951 年	
推销	石粉	60 吨	39200000	合同	1951 年	
推销	纽扣	50 罗	53300000	合同	1951 年	
推销	绸缎		37200000	协议	1952 年	
推销	漳绒	3000 码	220000000	协议	1952 年	
购进	土丝	13000 斤	806000000	合同	1951 年	
统计 1941295000 元						
备考：苏南区总数约 300 亿 苏州分区总数 36 亿余						

苏州市分区参加东北、华北交流购销总金额人民币 51913255000 元。

统计表数字不完整，正在另编中。

财税金融

一、税费征缴

苏州行政区税务局为奉令委派局长、副局长致吴县钱业公会函

1949年5月7日

奉苏南行政公署命，兹派何竞兼苏州行政区税务局局长，徐晓林为该局副局长。遵此，已于五月二日就职视事。除分行外，相应函请查照为荷。此致钱业公会

兼局长：何　竞

副局长：徐晓林

吴县石灰砖瓦窑业同业公会为转知征收各项税捐致全体会员通知

1949年5月7日

案准苏州行政区税务局地字第一号通知内开：查本局奉令兼理苏州市各项税捐，所有前伪吴县税捐稽征处应征之营业税、营业牌照税、粮食营业税、屠宰税、筵席税、娱乐税、土地增值税、契税、地价税、房捐，兹定于本（五）月五日一律开征，希即转知各会员知照，等由。准此，相应录案函达，即希查照为荷。此致全体会员

吴县石灰砖瓦窑业同业公会为申述石灰、砖瓦难以划分致苏州市税务局呈

1949年12月22日

径启者：兹经敝会全体会员商讨，共有二点困难，特缕述如下，并拟具办法，仰祈鉴核，准予办理为感。

一、石灰、砖瓦难以划分，在十月份以前营业数额拟根据十月份比例以定划分申报。

说明：查敝业虽以制销石灰为大宗，但大多数兼营砖瓦、河砂、纸□、方砖等建筑上需用材料之卖买，在政府新营业税法令未曾颁布以前，所有销货记载完全登录一起，尚须另订划引分，势原来账册重新分别誊写，但以营业税申报为期局促，一时难能赶办，故拟请贵局准予将七、八、九月份营业额申报数字根据十月份营业数额比例，即兼营之砖瓦等占全营业额百分之几，以定标准而利申报。

二、营业上如有以食米进出者，拟按当时米市折价登册。

说明：查敝业必需原料如青石、□草大多以米易进，故为适应供求起见，销货上亦不得不以米为转移，营业上如遇此等情形而必须以食米为进出者，则账册记载是否按照当时米市折价计算后列入收付。

谨呈苏州市税务局

吴县石灰砖瓦窑业同业公会为申述制造业、贩卖业性质不同致苏州市税务局呈

1949年12月20日

径启者：此次贵局征收七、八、九、十月营业税，将敝业与砖瓦店业并为一组。按敝公会乃系石灰窑业，除横塘、木渎等窑划归县区，苏州市娄、齐两处只有六家，均系制造工业，砖瓦石灰店乃系贩卖业，既无公会组织，经常素无联合，并成一组，性质不同，诸多不便，为特申述事实，函呈贵局分别组织，以利进行。实为公便。谨呈苏州市税务局

吴县石灰砖瓦窑业同业公会为请免元宝车养路费致苏州市建设局呈

1950年4月27日

窃准本会员杨□昶、大有、周云亭、恒兴、马振和、糜义延、蒋荣顺、鸿源、端东九家来会声称，兹奉钧局通知，征收元宝车养路费事，为因各会员前所备有该项车辆，以供送货应用，现以营业清淡，既早不使用，又未换领车照，对该项车辆养路费似可免缴，拟请本会转请钧局准予免征，以轻负担，等由。准此，查系事实，理合具文呈请钧局准免杨□昶等九家会员之元宝车养路费。是否不当，仰祈赐示，并请鉴核示遵。谨呈苏州市建设局

苏州行政区税务局为抄发分期纳税办法及切结式样致吴县酱工业同业公会函（附办法、式样）

1949年5月25日

苏州行政区税务局训令国字第85号

令酱工业同业公会。

兹规定季节性酒纳税办法如下：

一、所有历年陈酒限本年六月底以前完清税款，逾期不完者，由本局处罚。

二、三十八年度季节性酒酿商一律按分期纳税办法之规定填具分期纳税切结，呈经本局核准后，实行分期纳税，其有不遵规定办法者，一律从重处罚。

三、检发分期纳税办法及切结式样各一份，仰即遵照为要！

此令。

附发分期纳税办法及切结式样一份。

兼局长：何　竞

副局长：徐晓林

附一：苏州行政区税务局季节性酒酿商分期纳税办法

一、凡季节性酒酿商一律按本办法之规定完税。

二、自产量确定之日起至年底止每月为一期。

三、酿商每期应纳税之斤量即每月之平均产量。

四、各酿商应出具分期纳税切结并觅具殷实铺保，如到期不缴或有其他情事，概由保证人负责。

五、本办法自即日起实行。

附二：分期纳税切结

具分期纳税切结人　兹因本坊三十八年度共计酿制　酒　斤，计一百斤装　坛、六十五斤装　坛、五十斤装　坛、三十斤装　坛、二十五斤装　坛、二十斤装　坛、十八斤装　坛，愿依照分期纳税办法实行分期缴税，计开：

第一期六月底以前完纳　斤；

第二期七月底以前完纳　斤；

第三期八月底以前完纳　斤；

第四期九月底以前完纳　斤；

第五期十月底以前完纳　斤；

第六期十一月底以前完纳　斤；

第七期十二月底以前完纳　斤。

又，如本坊发生滞纳税款或未经完税私自运售或有其他情事，概由保证人负责，所具是实。

具切结商号：

经理：

住址：

保证商号：

经理：

住址：

中华民国　年　月　日

对保　　　　对保人盖章　　年　月　日

对保商号盖章　　年　月　日

吴县酱工业同业公会为请将分期纳税改为按起运纳税致苏州行政区税务局呈

1949年5月30日

本年五月二十七日奉钧局国字第八五号训令内开：兹规定季节性酒云云，照叙仰即遵照，等因。奉此，当即于本月二十八日下午三时召集本会所属各土黄酒会员宣示钧局所定办法两项，饬即遵办。当据各会员纷纷陈述：

（一）历年陈酒，因年来社会经济逐渐衰落，酒类本属消耗品之一，营业尤形惨淡，以致年有积存，今以逐年积存之酒责令于一月之间全部完清，酒商之无力负担自可概见。况此项土黄大部运销上海，刻下上海甫告解放，交通尚未完全恢复，销售更行困难，即本年之秋冬旺销期，是否有望亦不可必，兼之苏地现在银钱两业均未复业，虽欲告贷亦苦无门。似此现状，酒商既无营业收入，又乏周转余地，一时之间，欲筹大批税款，困难情况殊难言状。

（二）三十八年度新酒制成未久，未届销售时期，现必欲分期完税，更觉强人所难。盖酒类制酿时间大部多在冬季，当此时期，各酒坊全部资金完全采购原料从事制酿，而销售时间则多数须在翌年秋后，在此数月之中，原为各酒坊经济最感困窘之时，必待秋冬两季旺销时期，银根方始流通。且分期纳税办法本系国民党政府时代，不顾事实、不念民生之压迫政策，曾经苏浙两省各县酒商力争有案，结果凡在年产十二万市斤以上之酿户准予起运纳税，未满十二万市斤以下之酿户仍应分期纳税，但施行以来仍未实行。盖以事实所限，实有难以遵办之处。非酒商之敢于违抗，今各酒坊之尚有未完历年陈酒，即为明证。至酒商纳税本为应尽义务，但必须俟有销路，方能领照完税。在旺销时期，无待局方催促，尽有自动源源纳税领照出运，甚有未到年底而已全部完清者，故须视实际销路状况自然趋势而言，因不能削足适履，强为规定。今苏州解放未久，税局尚未明悉酒销实在内容，以致沿用无法实行之法令，应请公会根据事实代为申诉，对于历年陈酒暨三十八年度新酒，准予仍按起运纳税办法办理，以符实际而舒商困。等语。

本会查核所陈委属实情，且酒业近年以来受社会普遍不景气影响，销路日窄，确已渐趋末路，故当三十七年冬季制酿三十八年土黄时期，本会所属各酒坊纷纷请求转报停酿者，共有十余家之多，几达全额十之四五，有呈报伪吴县国税局公文堪资复核。在此酒业凋敝之秋，若不再予维护，似非培养税源、体恤商情之道。至分期纳税办法本属秕改，现当全国解放之际，所有从前国民宪政府时代所定不洽民情之种种法令，当以在我人民政府考察事实，通盘筹划，逐渐纠正之中。奉令前因，理合据情具文呈请，仰祈鉴核，准赐起运纳税，以恤商艰。至纫感祷。谨呈苏州行政区税务局局长何、副局长徐

吴县酱工业同业公会理事长：吕沅棨

常州市金融工商界关于保证完成各项税收致苏州市金融工商界的挑战书

1950年12月12日

苏州市工商联转金融工商界先生们：

为了完成我们自己订立的六项爱国公约中的第六项和执行本市二届二次人代会议关于税收方面的决议，我们已经坚决保证一九四九年、一九五〇年的各项税收（包括未开征税在内），在农历年底前用战斗的姿态来加速纳库，绝不拖延，并且在依率计征的原则内超额完成任务。一九五〇年夏秋季工商业税、营业税的民主评议，我们更有信心比春季评得更好，而且要在十二月底前结束。我们基于爱国主义的精神，特此向先生们提出了这些保证，希望你们能够比我们的要求更高些，用实际行动来支援前线。

此致

敬礼

常州市金融工商界同人敬启

陶叔南关于各工商业户应该端正纳税态度的讲话

1954年

各位委员：

今天我们召开会议，主要将谈谈最近以来我们苏州市私营工商业者，在贯彻遵守政府政策法令，履行爱国纳税义务行动上的一般情况，检查一下我们应该如何来更好地教育推动私营工商业者，端正纳税态度，严肃纳税纪律，在发扬民主协商办税的基础上，继续贯彻合理负担，保证国家税收，来发扬我们苏州市工商界的爱国守法精神。

我们大家都可以深切地在工作中体会到，即是我们苏州市工商界在党和政府的正确领导下，在发扬民主办税精神的基础上，在有关方面和税务干部同志的具体工作配合协助下，我们大家在前一阶段中所努力的一九五二年度所得税汇算清缴工作，现在已经基本上胜利结束了。通过这次工作，我们确切地了解，人民政府是坚决贯彻合理负担的税收政策，所有一切税款工作都以这个中心为目的，来具体地执行政策。因此工作一开始就决定以企业的利润情况为基础，反复地通过讨论与研究，由同业合理地评议了等级，再通过具体的调查与协商，郑重地决定了民主评议户的纯益率，整个工作的过程是深入而细致的，总的精神就是贯彻合理负担的政策精神。绝大部分的私营工商业者，对于政府这一正确措施是表示完全的拥护，并且积极地行动来表现自己对于纳税义务上正确的观点与态度。即使个别由于淡季关系，在履行税款纳库问题上有些暂时困难，但是由于对纳税态度比较端正，所以也能够争取克服困难，而把应纳税款按时纳库。从这些具体情况中可以清楚地看出一个问题，就是绝大部分的私营工商业者，通过伟大“五反”教育，对遵守政府政策法令、履行爱国纳税义务在思想上是具有了重视，并且也能够自觉地认识到人民税收的伟大意义。纳税是我们工商业者的应尽责任，通过五二年所得税汇算清缴工作，清除了过去可能存在的某些由于对税收政策学习不够、认识不足所引起的不必要顾虑，提高了对纳税的认识，从而加强了在生产上的经营积极性。这些珍贵的收获，具体说明了这次所得税汇算清缴工作中的主要成就。当然我们应该对于这次私营工商业者所表现的正确认识与态度表示出欢迎，同时也应该继续加以巩固和发扬。

但是也不容否认，在我们苏州市工商业中，直到现在为止，仍然还有一些私营工商业者，还没有很好重视“五反”教育，对履行纳税义务表现了某些不正确的态度。其中并有部分的工商业户，依然忽视纳税，拖欠税款，并强调经济困难，我们认为这种态度是不够端正的。今年淡季生产中的情况，与往年大不相同。以营业情况来说，除极个别的行业营业上有淡季现象外，一般行业基本上是淡季不淡，而且由于物价的长期稳定，经营上有一定利润可以获得。从生产正常的情况来分析其经济条件，可以肯定，强调困难目的乃是掩饰他自己纳税态度不端正的错误，因此这种借口我们必须严格地给予批评，并且有责任教育他迅速自动改正这些错误。其次，也有些工商业户以登记评议不合理作为借口，拒不纳税，这也是不正确的。因为汇算清缴工作是经过了深入细致的工作过程，不仅没有发现有偏高或不合理的事实存在，而且在最近还发现有纯益率偏低的情况。如李增记服装店，根据账册核算纯益率该是 8%，原评仅 5%，其他有不少户同样发生偏低现象。所以我们对于等级评议不合理的说法，也应该给予必要的纠正，使他们不再以此种借口来拒绝纳税，而要求他们提高认识，端正纳税态度。此外，也有些人片面地认为退税不及时而埋怨政府，但是我们应该明确，退税固然应该要退，欠缴如果不缴，那么是否会影响退税工作的进行呢？现在政府把应退的税款都退出了，但是却偏还有些人在有意识地拖欠税款，拒不纳库。某些表现得特别恶劣的，竟公开钻政府宽大政策的空子，谩骂与威胁政府干部，要出蛮横无理的态度来对待纳税，叫嚣纳税是“洋盘”，甚至于像中区唐浩记饭店的资方，在税工同志动员纳税时，他竟拿出一把菜刀来威胁税工同志说：“钞是赚的，都给家中孩子吃下去了，要缴税就要把孩子杀死。”像这样不讲理、耍无赖的态度是我们正当工商业者的耻辱，必须坚决加以反对。并且完全有必要对这些私营工商业者进行严格的批评与教育，或者建议政府给予应得的处罚。唯有这样，才可以巩固我们的纳税认识，保证我们能够完全一致地贯彻遵守政策法令，遵守纳税纪律，履行纳税的光荣义务。

从最近一个阶段以来，不仅所得税汇算清缴工作已经先后发现了这些严重恶劣的可耻行为，并且在这些错误的思想与行为的影响下，一些恶劣的行为已经扩大发展到整个税务工作上。这些恶劣的行为归根结底是自私自利本质的具体反映。由此使税务政策的贯彻受到了不应有的阻碍。因此我们认为这种违法行为的存在和发展，是非常严重的，已使我们达到了不能容忍的程度。这也可以证明某些逃漏税款、拖欠挪用税款的“五毒”行为又在滋长和出现了。虽然其中有一些工商户可能由于对税法学习不够，因而在账务处理上有一些错误，但是事实上也确确实实有证明的，可以有足够材料说明有些工商户的违法错误行为是有意识的，也是不可以加以原谅的。根据中区抽查 161 户账册的材料说明，有逃漏税行为的工商户就有 106 户，占到检查总数的 68%。这些具体的事实显示工商户违法程度到了十分严重的地步。在以我们工商联的立场来说，这是我们对各业工商户的教育不够，对会员的关心与帮助不够，以致这些不正确的错误思想与行为，仍有继续存在的可能。在这样的事实面前，也就不能不使我们大家引起警惕，并承认过去在工作中的缺点，必须严肃指出这些违法工商户严重错误的危害性，来加强对工商户的教育，坚决地及时地纠正这些错误，以保证税收政策的正确贯彻，支援国家大规模的经济建设。

今天我们会议的中心，主要就是根据以上这些情况，来确定我们今后在贯彻税收工作上的努力方针，我们认为必须及时地展开一次以反拖欠、反逃漏为内容的教育工作，用自我教育的办法，来推动和帮助各业检查纠正不正确的纳税态度和纳税纪律。通过这一工作，帮助大家进一步明确私营工商业者在新民主主义社会中的地位与责任，树立正确的纳税认识，端正态度，把自己应尽的纳税责任完全履行起来。

我们要求各业的委员先生们，应该特别重视这一工作的重要意义，积极地完全投入这一工作，确切地发挥我们工商联的组织作用。在党和政府的正确领导下，通过工作来教育和帮助大提高认识，及时扭转那些不正确的认识，使我们能够树立正确的纳税观点，端正纳税态度，遵守纳税纪律，完成光荣的纳税义务，为祖国大规模经济建设，为发展祖国新民主主义建设贡献力量。

中华全国工商业联合会工作简讯 1954 年第 4 期：部分地区的纳税情况介绍

1954 年 3 月 25 日

广大私营工商业者通过反偷税漏税斗争自查补报运动的实际教育和总路线的宣传学习，思想上都有不同程度的提高，对社会主义工业化和社会主义有了初步的认识，逐步明确税收是积累国家建设资金的组成部分之一，爱国守法是私营工商业者的基本条件，也是对总路线忠诚拥护的具体表现。因此，在税收方面，许多地区出现了若干新的气象。

从实申报，认真协商，不但是顺利进行工作的有力保证，并能使税负达到“公平合理”。上海市一九五三年的所得税汇算清缴工作的分业协商，是在认真负责、实事求是的基础上进行的。如染织业、内衣制造业等在两个月前就进行搜集资料和研究工作，协商时又主动提供资料，反映情况，在很短期内，解决了基本问题，推进了工作。制药业薄荷组根据实际情况，主动提出“在制品晒间”完工率由去年 96%提高到 98%来计算，保证了国家税收。南昌市在 1953 年的冬季营业税补报过程中，大都能抱着比较老实的态度，很多工商户都是一次报足而得到税局免评，全市各业在两天内，全部结束了评补工作。沅陵县在进行三季所得税估征工作分业协商时，大都能做到认真负责，如绸布业在两小时内即告完成，其他行业也在两天之后先后完成，这是历年来所没有的。丰城县在本年一月间开展 1953 年冬季评议工作，民评户都保证“一次报实，争取不评”，结果在当天就申报结束，并履行了诺言，得到税局核定不评。

同业互审互助，充分发挥了“大家办税”和“共同办税”的精神。北京市有些行业委员，大小组长几年来认真负责协助税收工作，起了很大的作用。尤其在总路线学习后，均能以实事求是的态度进行讨论，认真审核，确定弹性纯益率，并深入商户广泛协商，以弥补典型调查之不足，不但保证了工作顺利进行，更得到工商户“公平合理，大家办税”的良好反映，也得到市税局的好评。其他如平凉市的会员中有的工商业者除了主动自查，切实补报，并帮助别人交代问题。北京、杭州、大同、邵阳等市，沅陵、隆昌、巴县等很多地区有些工商业者在纳库时，主动将款帮助同业或他业，以做好集体纳库工作。

事前做好清滞工作，建立储税制度，并发动竞赛是如期纳库和提前纳库的有力保证。北京市税局和工商联于去年十一月曾共同组织进行一次“防止滞纳，清理滞纳”的工作，不但将国家税收保证入库，并为今后纳税方面奠定了坚实的基础。如该市东单区在运动开展时，深入研究业户情况，明确分工，召开全体工商业者大会，结合了总路线宣传，并表扬了积极纳税和批评了一贯欠税的业户，当场许多户都表明了态度，并一致提出了“月税月清”、“税款无滞纳”的口号，个别行业并提出“见票入库”、“三票齐出”（即申报表、缴款书及支票）的生动口号，有的场联组并用“夺取红旗”的方法，都获得成绩。因此，二十亿元的滞欠基本肃清，并且在每月营业税交纳方面也纠正了过去的拖欠现象，在1953年所得税汇算清缴中，经过税局号召，根据自报自愿原则，将应交税款提前入库，东单区达95%以上，全市入库数占总任务80%以上，较之过去最高不过50%是大大地提高了一步。重庆市中一路段通过了“年税年清”的红旗竞赛办法，提前三天集体全部入库。

归绥市绝大部分行业和工商各户都能自觉地积极行动，定期在银行建立预储税款户头，因而每次都能按期完成纳库，并且是全行业或全组集体交纳。沅陵县于去年进行三季所得税估征入库，热烈掀起挑战应战热潮，纷纷提出保证，当天就有十一个行业提前完成入库，其他行业也先后如期完成，能够一户不漏，一户不欠，是解放几年来未有的新情况，在全省范围内得到了第二名“纳税光荣”的称号。新都县普遍实行“爱国保税制”，即照工商户上季缴纳税款，化整为零，按双日交协税组存入银行，在税款通知书下来后，就照数拨交，并发扬“大家办税，共同负责”的爱国主义精神，由协税委员、组长分段分户包干方式，掀起纳税竞赛。中江城区的菜饭面食业，以往对税从未结清过，经学习总路线以后，批判了错误思想，从今年起全业主动向人民银行存储税款，因此一月份税款在一天内就全部入了库。

根据不完全的材料看来，有许多大、中、小市县，如东北区抚顺、鞍山市，山西省的大同市，甘肃省的平凉市，江苏省的扬州市，辽西省的四平市，江西省的南昌、赣州市，安福、上高、丰城等县及景德镇，浙江省的杭州市，上虞、淳安、武义、绍安和萧山、嵊县等县，湖南省的邵阳市、涟源县等，四川省的内江、万县市，华阳、隆昌、阆中、中江等县城以及巴县的走马、龙凤两乡，均大都积极储税，踊跃纳税，保证一文不欠，一户不漏，展开挑战应战等，有些地区并获得政府通报表扬。

总的来说，在总路线明确化以后，由于中国共产党和人民政府的正确领导，广大职工的协助督促，工商联委员、大小组长的积极负责及爱国工商业者思想觉悟的提高，纳税情况是有了改进。但是另一方面也有不少的工商业户对国家税收仍然缺乏正确认识，申报不实，采取各种各样的方法偷漏国税。如上海市在1953年所得税汇算清缴中，根据目前初步统计，全市的民评户经过营业额核实，即补报了营业额六千亿元以上，在一个区的税务所检查了867户的结果，即发现有862户有偷漏问题。有的甚至包庇别人进行偷漏，勾结行商出卖本店的发票，包庇行商冒领座商外销证，串通同业进行集体偷漏的。如上海市税务局在检查一个行商偷税的案件时，就发现一大串偷漏行为，其中座商勾结行商，行商勾结摊贩，违法的达百余人之多，牵涉到上海、北京、苏州、杭州各地，使国家税收遭到很大的损失。个别的不法工商户，故意抗拒检查，拖欠税款，甚至还发生破坏物资、伤害人命的违法行为。这是国家法律以及全体人民所不能容忍的。如上海市老闸区桂龙兴五金号的资方，为了掩饰隐匿存货，竟破坏物资，抗交国税，将一部分货品连夜着人抛在黄浦江里。龙洋百货商店资方长期抗税，税局查账时，青年职工不顾资方威胁，积极揭发了资方的违法行为，该店资方竟于事后持刀行凶，杀害了该职工。其他如武汉市粮商某户在船上收购偷运粮食，苏州市某户暗藏私香偷税，被税工人员发现，不但不坦白交代，还大声谩骂，并击伤税工人员，企图逃避检查。有的工商户虽一时有些转变，但唯利是图的本质不改，仍随时乘隙发作。如江苏省如东县通过自查补报的教育及秋季营业税季评工作以后，私营工商业者对国家税收的认识，是有了一些提高，拖欠国税的现象已经逐步扭转，有了一些成绩，但经过一至九月份估征所得税以后，有些工商户的拖欠作风又故态复萌，并继续发展起来，不但不缴应纳税款，并到处无理叫嚣，影响正当工商业者的纳税情绪，使税收工作受到很大阻碍。上述这些严重恶劣的情况，是不容忽视的。各地工商业者必须要划清“守法”与“违法”的界限，把纳税工作在巩固现在的基础上再提高一步。各地工商联亦应对私营工商业者经常进行督促教育，以不同的典型事例，进行表扬或批评，并应积极随时总结工作，交流经验，以达到消灭偷漏、保证税收的目的。

二、营业税

吴县铁钢商业同业公会关于税局通知缴纳营业税等续开大会记录

1949年5月10日

民国三十八年五月十日下午三时续开会议

计到二十一人

主席：朱正卿

报告事项：

县商会函，准苏州区税局函，三十八年三月份营业税未缴纳各户，现以第一次公布金圆两千五百元折合人民币一元另发缴款书，限本月十日前缴库，四月份以加八十二倍课征，十五日前缴库由。

县商会函，准苏州区税局函，三十八年度征收营业牌照税，兹经本局决定办法录送，于本月二十五日前缴纳由。

苏州区税务局通知，本局经政税款人员如有勾结行贿，查实后，授受双方均应严惩由。

讨论事项：

审核应否派献粮草分等表案。

决议：审定后由全体理监事签名。

税局三案。

决议：印转各会员切实遵照。

吴县木商业同业公会会员三十八年五、六月份营业税清册

1949年9月

吴县木商业同业公会会员三十八年五、六月份营业税清册			
牌号	地址	纳税额	备注
王永顺	胥门外大街23号	1020915元	
同丰	胥门外大街25号	184170元	
元泰	胥门外大街6号	278250元	
震生裕	皇亭街7号	448245元	
裕丰	皇亭街50号	278880元	
永顺丰	枣市街59号	241710元	
乾大顺	枣市街55号	465255元	
永泰昌	枣市街75号	582855元	
天昌成	枣市街65号	113505元	
正丰	枣市街84号	22995元	
鼎丰昌	枣市街129号	14175元	
大丰	枣市街下塘14号	508200元	
鼎昌裕	枣市街下塘8号	574560元	
恒大	枣市街下塘10号	133665元	
张乾源	阊门外北码头28号	399210元	
顺源	阊门外北码头160号	186585元	
永大成义记	阊门外北码头147号	77490元	
永丰	阊门外大马路207号	54180元	
振兴	阊门外大马路444号	19215元	
益丰遐记	南濠街264号	261450元	
永兴	南濠街24号半	43995元	
丰泰裕	南濠街51号	557445元	
大隆	南新路4号	472920元	
益大正记	南新路20号	504420元	

续表

牌号	地址	纳税额	备注
大源	南新路29号半	35595元	
义昌鸿记	黄鹂坊50号	52290元	
大震	景德路109号半	2205元	
永丰盛义记	道前街82号	72975元	
万森	学士街12号	70875元	
大陆	长船湾55号	384405元	
复兴泰	长船湾9号	111090元	
大华	长船湾70号	54495元	
江祥记	山塘街258号	61740元	
和丰泰	山塘街484号	17955元	
恒丰	山塘街435号	3780元	
祥大盛	山塘街547号	44415元	
泰丰	莲花斗19号半	22365元	
同丰协记	莲花斗8号	14175元	
大裕	莲花斗新1号	22050元	
德昌	莲花斗17号半	12285元	
森盛祥	娄门外糖坊湾16号	407505元	
祥康	娄门外糖坊湾8号	251685元	
协丰盛林记	娄门外糖坊湾10号	336105元	
昌记	娄门外糖坊湾47号	108150元	
三泰	娄门外糖坊湾76号	103635元	
裕德	娄门外永宁桥下塘76号	110040元	
永昌	娄门外永宁桥下塘77号	29925元	
程姓记	齐门外东汇路11号	17325元	
中一	齐门外东汇路4号	173670元	
王万康	齐门外东汇路16号	120330元	
永新正柏记	齐门外虹桥浜	109095元	
大兴	齐门外倪家桥浜	217665元	
永兴裕	天后宫大街47号	23625元	
合计		10500000元	

吴县铁钢商业同业公会为公议五、六月份营业税负担数字开全体会议记录

1949年9月9日

民国三十八年九月九日上午九时为公议五、六月份营业税负担数字开全体会记录

计到十六人

主席：朱正卿

报告事项：

县商会函转知税局解答编查纳税单位各问题由。

税局通知核定五、六月份税额为人民币七十万元。

讨论事项：

五、六月份营业税案：

决议：原定以白米二十一石，分派如下：

源益兴记5石，元昌三石三斗，梅同兴2石，联沪2石，义昌1石，义大1石，源裕1石，张茂兴桢记1石，志成8斗，张茂兴7斗，鼎丰7斗，胡升昌5斗，大同5斗，永立3斗，隆昌协2斗，协大2斗，益泰2斗，合兴华记2斗，仁大1斗，瑞泰1斗，吴大兴2斗。

以六十万元造册，应各作九点五二折入算，作表报局。

苏南区工商业营业税暂行报缴办法

1950年

第一条　在工商业税暂行条例实施细则未公布前，本区工商业营业税悉依本暂行报缴法办理之。

第二条　工商业户应于每月终了后五日内将各该月之营业总收入额结算清楚，依照规定税率，自行计算应纳税额，填具营业税缴款书连同税款迳向公库缴纳之。

第三条　为求负担公平合理，应以三个月为一期，于每年三月、六月、九月、十二月终了后八日内，将该期各月所缴营业税总评定一次。其具体办法：

一、各行业应分别组织评议委员会，于期后八日内，依据各户申请之营业额进行评议，评定后编造评定清册送征收机关查核。

二、征收机关根据各业评定清册，参照实际调查材料，核定各户应纳税额，填发缴款书通知纳税义务人限三日内向公库缴纳之。

每期税额经民主评定后，认为其各月报缴有不实时，其短报税额应按各该缴款时与评定时之折实单位比较增加之。

第四条　个别较小乡镇或行业不便采用自报民主评议政府核定办法征税者，征收机关得按月或按期根据其实际营业状况核定纳税总额，交当地工商联合会或同业公会以民主配分方式评缴之。

第五条　临时性质之商业应于营业完成后三日内，结算营业总收入额，申报征收机关调查核税，并于接到缴款书后三日内持同税款迳向公库缴纳之。

前项临时营业如委托牙行、经纪业、代理业居间介绍或代理销售货物者，或直接向其他工商事业销售货物者，各该牙行、经纪业、代理业或其他工商事业负责人为营业税扣缴义务人，应于每次付款时，按规定税率扣下应纳税款填具缴款书，并于付款后二日内径向公库缴纳之。

第六条　未设立公库或距离公库过远之城镇征收机关，得以营业税纳税收据代替缴款书，直接向纳税义务人征收税款。

第七条　工商事业因合并、解散、转让、闭歇而停业时，应于停业后五日内，将停业前未纳营业税之营业总收入额申报征收机关调查核税，如停业时尚有剩余货品者，应于售完货品后三日内，就该项营业收入计算应纳税额缴纳之。此项剩余货品至迟须在停业后两个月内售完，如届期尚有未售完之货品应按届满时之时价核计营业额，与已经出售部分合并计算应纳税额，于两个月届满后三日内缴纳之。因改组、合并、收盘后，另立或存续之工商事业，经查明已停业之工商业有欠税情事应将所欠税款扣下，于改组、合并、收盘后三日内，填具营业税缴款书缴纳之。

如不为扣缴者另立或存续之工商事业，应负赔垫之责。

第八条　征收机构为了解当地营业状况或考查纳税义务人自缴税款及扣缴义务人扣缴税款是否属实，得随时派员抽查账册，必要时并得盘查或抽查其存货，被查商号不得拒绝提供一切有关账册文簿。及盘查存货查账核定之应纳税额，如多于原报缴税额时，应由征收机关按短报数额填发补税缴款书，限三日内向公库缴纳之，并得依短缴时之折实牌价及补缴时之折实牌价比例增加之。

第九条　纳税义务人或扣缴义务人对于查账决定之税额如有不服，得于规定期限缴清税款后三日内，向征收机关申请复查，征收机关应即另行指定人员复查决定之，但不得请求再复查。纳税义务人或扣缴义务人逾期申请复查者无效。

第十条　征收机关复查决定之税额，如须补充，纳税义务人或扣缴义务人应于接到补充缴款书后三日内向公库缴纳之，如应退税，征收机关应填发收入退票书，迳由纳税义务人或扣缴义务人持书向公库领取退款。

前项应退税款如经依照规定加收滞纳金者，应将已收之滞纳金一并退还。

第十一条　本办法自一九五〇年一月一日起施行。

三、所得税

吴县酱工业同业公会民国三十八年上期所得税纳税清册

1949年5月

商号		负责人	商况等级	评定	备考
名称	地址	姓名	(‰)	税额(元)	
潘万成正	平江路284号	魏仲贤	5.6	1837	该号与分店账目并不划分
潘万成分	平江路99号	吴耀光			
同益大	平江路331号	邱戎瑞	0.52	170	
广丰恒	平江路311号	张道瑞	5.6	1837	
同兴	狮子口11号	濮贵生	2	656	
乾昌	平江路322号	邢守基	1	328	
太丰	仓街183号	庄佐治	0.45	148	
汪宏顺	新学前64号	汪峻涛	0.57	187	
义顺	仓街198号	朱松山	0.38	125	
通裕	横街4号	汪寿安	0.6	197	
万泰盛	濂溪坊85号	吴植青	12.6	4133	
益茂	凤凰街93号	范仲瑜	5.2	1049	
太润	严衙前104号	陆凤祥	6.17	2024	
正泰	濂溪坊124号	陈倬珍	1.12	367	
永成	濂溪坊5号	程树声	0.8	262	
同发和记	濂溪坊82号	钱永祺	0.28	92	
福祥恒	凤凰街48号	葛九如	0.8	262	
万康顺	大太平巷12号	吕沅棨	16.91	5547	
吉泰瑞	十全街181号	黄鹤鸣	0.8	262	
怡泰新	平桥直街25号	方怀生	0.4	131	
永泰兴	平桥直街70号	汪步阶	0.45	148	
西裕盛和	养育巷136号	江应笙	16.91	5547	

续表

商号		负责人姓名	商况等级(‰)	评定税额(元)	备考
名称	地址				
潘万成新	养育巷268号	胡奇铭	6.03	1978	该号与分店账目并不划分
潘万成分	养育巷74号	胡奇铭			
振亚祥记	养育巷18号	单永祥	1.12	367	
裕号	养育巷218号	严君平	0.45	148	
瑞康	养育巷82号	吴清枞	0.25	82	
王颐吉南	司前街2号	叶庆锜	9.06	2972	
王颐吉北	道前街3号	方美之	3.5	1148	
潘美成南	念珠街61号	冯寿之	2	656	
协泰新	府前街41号	汪荣生	1.12	367	
顺泰南	胥门外大街2号	杨伯源	1.12	367	
协丰	道前街43号	孙寿泉	0.28	92	
万和丰	道前街115号	步健民	0.28	92	
同号	齐门内下塘74号	徐仲炎	11.49	3769	
敦号	迎春坊34号	孙玉和	12.8	4034	
庆余	天后宫224号	朱叔章	6.77	2221	
泰昌	东北街164号	杭震伯	2	656	
潘万成北	临顿路422号	冯继辉	5.88	1929	
合兴仲记	临顿路417号	陶仲莲	0.45	148	
洽丰	临顿路312号	谈震	1.5	492	
泰丰仁记	临顿路340号	倪家栋	0.6	197	
顺康	东北街28号	杨士良	0.45	148	
新泰洽	大成坊47号	钱欣伯	36.55	11988	
义隆	临顿路495号	钱丽椿	29.3	9610	
潘万成东	宫巷66号	冯寿之	5.63	1847	
顾得其东	临顿路501号	朱敬义	4.4	1443	
同泰元	观前街74号	徐志先	9.06	2972	
黄顺泰	临顿路505号	黄文元	5	1640	
庆泰宏	护龙街207号	叶子厚	18	5904	
添盛宏	景德路613号	陈昌荣	6	1970	
庆盛	景德路60号	顾兴诗	0.58	100	
顺泰	护龙街99号	王世明	1.35	443	
九成和记	护龙街720号	钱植之	1	328	

续表

商号		负责人姓名	商况等级(‰)	评定税额(元)	备考
名称	地址				
瑞丰协	护龙街772号	陆文祥	0.28	92	
祥兴	护龙街616号	浦沛如	0.56	184	
源兴	护龙街747号	王金林	0.4	131	
年丰	景德路15号	黄兆林	0.83	272	
大润	护龙街150号	王曾贤	0.8	262	
胡太方	邵磨针巷2号	胡三山	0.28	92	
恒裕信	接驾桥54号	汪哲夫	20.26	6645	
泰和信	接驾桥72号	汪哲夫	4	1310	
万丰协	接驾桥94号	吴昌元	2.14	702	
汪裕泰	接驾桥64号	汪利民	3.8	1246	
太和	中街路176号	柳景民	0.79	259	
万兴	护龙街320号	俞民宪	0.4	131	
同泰生	接驾桥91号	陈荣生	1.2	394	
万春	中街路52号	胡志卿	0.28	92	
万泰顺	中街路	潘士铮	0.5	164	
信源盛	中街路191号	陈溥音	0.28	92	
祥泰	护龙街54号	董志寅	9.06	2972	
董义大	河沿街54号	董志浩	5.59	1834	
晋丰裕	护龙街473号	谭凤亮	5.63	1849	
华明	天后宫83号	张祖源	0.34	112	
集成裕	桃花坞214号	徐云荪	1	328	
益康	桃花坞252号	吴菊仙	0.5	164	
瑞泰鸿	河西巷12号	于生根	0.28	92	
大新	火街12号	孟念椿	0.28	92	
晋昌德	天后宫55号	沈维德	0.5	164	
天丰	桃花坞16号	潘盛顺	0.28	92	
长春益	吴趋坊1号	吴惠溥	11.26	3693	
东吴酿造厂	宝林寺前9号	陈灵生	2	656	
大有恒	吴趋坊46号	吴惠卿	3.26	1069	
裕丰	景德路222号	顾舜根	1.8	590	
长春北	西中市11号	吴介佑	4.5	1480	
徐同泰鸿	西中市165号	孙鸿声	2.48	813	

续表

商号		负责人姓名	商况等级(‰)	评定税额(元)	备考
名称	地址				
乾大亨	阊门西街37号	庄欣如	6.8	2237	
长泰	汤家项125号	濮建业	1.69	554	
天成根	桃花坞156号	夏韫石	2.12	695	
裕盛复	阊内下塘252号	程云生	2.5	820	
公茂合记	吴趋坊84号	殷贡九	0.28	92	
荣大	桃花桥弄35号	叶金奕	0.28	92	
义盛	阊内横街45号	祝家松	0.34	112	
复兴	阊内下塘街123号	濮震	0.28	92	
大有福	万年桥大街6号	吴守安	22.52	7387	
同丰润	枣市街77号	张家骏	36	11808	
大有福分	万年桥大街6号	冯泽民	3.5	1148	
顾得丰复	万年桥大街189号	谢松田	6.87	2253	
顺泰丰	万年桥大街105号	席惠民	1.5	492	
聚昶福	万年桥大街105号	蒋元乾	2.55	836	
同泰协	万年桥大街111号	许耀南	0.8	262	
同兴分	胥门外新马路	濮再杨	0.56	184	
乾泰	大马路140号	曹燧生	0.28	92	
同益	盘门大马路791号	吴砚荪	6.77	2221	
庆丰协	盘门大马路778号	王时来	0.5	164	
慎源祥	盘门大马路27号	刘复生	0.4	131	
同泰元南	盘门外横街2号	徐咏义	7.27	2385	
王新泰	盘门外横街4号	王根书	0.4	131	
永成	娄门外大街34号	朱毓亭	1.2	394	
裕丰	娄门外大街87号	陈桂生	1.8	590	
义生公	娄门外大街62号	潘鸿洲	1.8	590	
老万盛	胥门外大街283号	徐佐舜	15.62	5123	
长春豫	胥门外大街197号	方元吉	14.71	4825	
恒裕昌	胥门外大街24号	叶质浓	2	656	
恒泰兴	山塘街893号	李延秋	24.7	8102	
潘有宜	山塘街824号	吴天柱	16.91	5547	
苏黄	山塘街789号	王德立	3	984	
达盛	山塘街744号	吴荣生	6.77	2221	

续表

商号		负责人姓名	商况等级(‰)	评定税额(元)	备考
名称	地址				
潘所宜景	山塘街 228 号	潘子敬	1.69	554	
勤新	山塘街 176 号	胡晋泉	4.51	1480	
潘所宜	星桥下塘 14 号	潘寿山	12.4	4067	
潘所宜新	星桥湾 2 号	潘泽峰	4.56	1496	
德和	阊外大马路 394 号	陈冠群	2	656	
鼎丰	杨安弄 17 号	朱子庭	0.78	256	
顾得其	山塘街 569 号	方震麟	29.3	9610	
元和	山塘街 487 号	张明毅	11.26	3693	
恒义	山塘街 596 号	杭竹筠	3.5	1148	
顾得其西	山塘街 383 号	朱子卿	5.7	1869	
德新	喇叭弄 19 号	张生甫	1.8	590	
元丰	半塘桥下塘 3 号	于观清	2.5	820	
仁泰昌	山塘街 393 号	王剑峰	2.25	738	
王同源	山塘街 288 号	王器先	0.35	115	
王同源东	山塘街	王善先	0.35	115	
永丰良记	山塘街 608 号	费良祺	0.3	98	
福泰号	山塘街 367 号	江观昌	0.3	98	
潘万成阊	阊门外上塘街 60 号	洪秉衡	9.65	3165	
顾得其分	阊门外上塘街 29 号	张柏贤	6.77	2221	
恒泰兴南	阊门外上塘街 37 号	李荣卿	4.24	1391	
鼎泰昌	阊门外上塘街 104 号	蒋友鹤	2.71	889	
大丰公	阊门外上塘街 64 号	俞仲英	1.12	367	
吴福泰	阊门外大马路 332 号	吴福喜	1.26	413	
森源	阊门外朱家庄	杨金谷	1.35	443	
华美	阊门外东阳里	高益民	0.3	98	
王德隆	阊门外朱家庄	丁云卿	0.35	115	
裕昌	阊门外上津桥	查世荣	0.31	102	
方正昌	阊门外横马路 11 号	方炳顺	5.63	1847	
阜成	阊门外大马路 538 号	钱福昌	4.07	1335	
义泰	阊门外大马路 221 号	胥锦堂	1.12	367	
吴瑞康	阊门外小菜场	吴志和	0.6	197	
大隆正记	阊门外南濠街 69 号	吴增发	0.35	115	

续表

商号		负责人姓名	商况等级(‰)	评定税额(元)	备考
名称	地址				
瑞泰信	葑门外石炮头64号	胡以麟	15.76	5169	
金永盛	葑门外横街107号	金永昕	9.06	2972	
吴鼎源	葑门外横街112号	吴其发	10.4	3411	
寅丰	葑门外横街66号	丁寿泉	0.45	148	
瑞泰分	葑门外横街101号	方汉文	6.33	2076	
三丰珏记	葑门外油车场11号	董金卿	2	656	
东裕盛和	娄门外大街233号	马介臣	18.3	6002	
老源滏永	娄门外大街244号	乐肇良	9.06	2972	
徐同泰顺	娄门外大街151号	俞炜泉	18.3	6002	
恒升	娄门外大街261号	黄家楣	15	4920	
同和	娄门外大街254号	俞炜生	2	656	
同泰庆	娄门外大街121号	陈长庆	0.38	125	
成泰	山塘街521号	杨金城	0.5	164	
越新	枫桥	陈家达	0.58	190	
严和美	木渎镇	方恢熙	29	9512	
西和美	木渎镇	方春喜	26.82	8797	
严裕泰	木渎镇	汪健庵	18	5904	
严万和	木渎镇	方仲生	9.5	3116	
潘正宜	木渎镇	刘荫丞	10.8	3542	
吴昌记	木渎镇	汪德盛	10.3	3378	
恒泰正	木渎镇	张晋庆	7.5	2460	
信丰洽	木渎镇	徐子鉴	7.5	2460	
协和仁记	木渎镇	吴锦春	6	1968	
新顺	胥口镇	徐东贤	6	1968	
潘万成瑞	横塘镇	冯寿之	15	4290	
宝康	横塘镇	许培康	0.5	164	
瑞源	浒墅关	方沛然	12	3936	
朱恒泰	浒墅关	姚坤荣	12	3936	
天平	浒墅关	邵宜祥	8	2624	
金泉泰	浒墅关	金润础	1.7	558	
老隆号	光福镇	叶春蓉	10	3280	
潘正宜分	光福镇	程敦慎	7	2296	

续表

商号		负责人姓名	商况等级(‰)	评定税额(元)	备考
名称	地址				
朱三龢	湘城镇	朱启明	0.7	230	
韩长发	湘城镇	韩祖顺	0.7	230	
瑞康	湘城镇	许寿奎	0.7	230	
永泰复	湘城镇	叶荫源	0.35	115	
天丰	陆墓镇	石天怡	3.9	1278	
仁昌元	东诸镇	钱禹言	6.35	2083	
协泰新	东诸镇	姚金新	0.63	207	
潘万源	唯亭镇	汪涛春	0.5	164	
振升余	唯亭镇	沈文炎	0.5	164	
吴鼎隆	唯亭镇	吴九鸿	0.5	164	
吴介号	唯亭镇	汪云鹏	0.5	164	
恒甡协	唯亭镇	邵毓才	0.5	164	
正大协	唯亭镇	朱钰麟	0.5	164	
汇隆顺	外跨塘	金云涛	0.8	262	
恒丰永	外跨塘	朱鼎甫	0.8	262	
益茂恒	横泾镇	方德生	14	4592	
共计			1000		

吴县油饼商业同业公会为申报营业所得税召开全体纳税人会议记录

1949年5月21日

时间：民国三十八年五月二十一日下午三时

计到四十一人

主席：张学明

报告事项：

县商会函，为准税务局函送商账登记日程表一份，务即转知各号于定期内携带账册及店章赴局登记由。

县商会通知，为献粮事奉局长指示，尚有必须纠正之处由。

县商会函，为准税务局函，于十日内将会员营利事业所得税造册送局由。

县商会函，为准税务局函，已缴款未领照各商号统限于五月十八日来局换领牌照由。

县商会函，为准税务局函，各商号应纳营业牌照税如，逾期加收滞纳罚金由。

县商会函，为准工商局调研科先后通知，填报商情表注意事项三点由。

县商会函，为人民银行苏支行调研科函，自五月十七日起行情表，务于下午二时前送到，市场动态须注重成交数字及其波动起因，明确简短为要由。

会员同名鼎号函，以营业清淡，无力兼顾桐油部分，退出公会由。

会员大昌元记报告，负责无人，缴还会员证书取消资格由。

县商会函，为献粮清册经呈准核定，应再加献一〇五〇〇斤，由上级各户分别担任由。

会员新庆和号停售桐油，请注销会员资格由。

县商会函，为献粮缴解暨协助柴草采购问题及一部分核准减免已经缴解之米仓库发还问题由。

会员乾源义号函报，应献柴草公顺柴行属于拒收，应请转报军管会由。

讨论事项：

税局课征三十八年上期所得税，应造册申报案。

决议：重定千分表，宣读通过，照表誊送商会转报。

吴县油饼商业同业公会为申报营业所得税续开会议记录

1949年5月22日

民国三十八年五月二十二日下午三时

计到葑门六家及其他人，未签名。

报告事项：

县商会函，为准税务局函，以货品落地后，应即报请查验拆箱由。

县商会函，为抄送印花税法一份，请查照转知由。

县商会函，为贴用印花税，以前各项凭证仍继续使用者，应照新税法补贴由。

县商会函，为请转知各业向原仓库掉换收据由。

县商会函，为奉工商局商管科通知，为稳定市场进行管理一案，请查照由。

会员大昌、源昌镒、祥泰、鼎顺永、天丰栋、裕元顺函，为昨日讨论所得税派认数目表示异议由。

讨论事项：

昨日葑门会员大昌等六家来函，对于上日千分表表示异议案。

决议：昨日所定简化缴纳所得税表册，系根据上年商会千分表本业占三十一点数目，参酌各会员营业情况，将上年本会千分表略予升降。而葑门同业大昌等六家因上日系代表列席未能充分发表意见，对于表列分数表示异议。惟全案已于开会时通过，似难更张牵动全局，且限期至迫，亦难从容复议。经与本日到会各负责人磋商，决定照册申报，如下次仍以简化报税办法办理，自当量情酌予减轻，俾资负担平衡，原函存卷备考。

吴县油商业同业公会会员营利事业所得税纳税清册

1949 年 5 月

商号		负责人姓名	商号等级	评定总额人民币	备注
名称	地址				
江南油厂	齐门外大街	龚佛龙		10140 元	
祥生油厂	胥门外大洋桥	张甸国		9620 元	
义隆和油坊	娄门外官渎里	张殿杨 陈君玉		7436 元	
通义协油坊	山塘街油车弄	范立甫		7436 元	
三丰珏油坊	葑门外油车场	董金卿		5720 元	
九成协油坊	枫桥	龚蔚徵		3952 元	
和丰油坊	葑门外里河桥	吴冕侯		2964 元	
源昌仁油坊	胥门外枣市街	范咏安		2964 元	
王源隆油坊	齐门外北马路桥	王学霖		1612 元	
德大油号	临顿路六十号	王德钰		156 元	
				52000 元	

油商业同业公会理事长

吴县木商业同业公会关于申报营利事业所得税等事的临时会员大会记录

1949 年 5 月 21 日

时间：民国三十八年五月二十一日下午三时

计到四十人

主席：夏务滋

报告事项：

县商会函，为准税务局函，送商账登记日程表一份，务即转知各号，于定期内携带账册及店章赴局登记由。

县商会函，为准税务局函，于十日内将会员营利事业所得税造册送局由。

县商会函，为准税务局函，已缴款未领照各商号统限于五月十八日来局换领新照由。

县商会函，为准税务局函，各商号应纳营业牌照税，如逾期加收滞纳罚金由。

县商会函，为送来献粮清册经呈准应再加献 24000 斤，由另单所开各户担任之由。

县商会函，为献粮缴解及协助采柴暨一部分核准减免已经多交之米，仓库发还各问题由。

讨论事项：

税局催造营利事业所得税申报清册一案应如何进行案。

决议：除已经由各会员送到报告表外，尚有未曾报到者，应催促从速送会，以俟审核造册，并定二十九日上午九时开理监事会议审定。

正丰号已缴米三百一十二斤，现决定免献，应否由本会证明退回案。

议决：准予向原粮行领回，由本会加具免献证明文件，自行办理可也（本件交夏理事长转交本会所第一号临时收条，俟交来后注销）。

吴县木商业同业公会会员营利事业所得税纳税清册

1949 年 5 月 24 日

商号		负责人姓名	商况等级	评定税额	备注（缴款书号）
牌名	地址				
义昌	景德路 51 号	郭拙文	千分之 1		01180
永兴裕	天后宫大街	邹文斌	千分之 1		01181
永丰盛	道前街 82 号	黄柱天	千分之 8		01182
万森	学士街 13 号	步厥成	千分之 6		01183
元泰	胥门外大街 6 号	姚开勋	千分之 17		01184
王永顺	胥门外大街 23 号	王义钟	千分之 45		01185
同丰	胥门外大街 25 号	金鸿宾	千分之 9		01186
震生裕	胥门外皇亭街 7 号	欧阳连祥	千分之 39		01187
裕丰	胥门外皇亭街 15 号	朱荣奎	千分之 64		01188
乾大顺	胥门外枣市街 55 号	李善初	千分之 46		01189
永顺丰	胥门外枣市街 59 号	王树森	千分之 36		01190
永泰昌	胥门外枣市街 75 号	郁涵仁	千分之 55		01191
天昌成	胥门外枣市街 65 号	刘久馀	千分之 34		01192
正丰	胥门外枣市街 84 号	陈大和	千分之 1		01193
鼎丰昌	胥门外枣市街 129 号	陈仁鑫	千分之 6		01194
恒大	胥门外下塘 10 号	郁涵仁	千分之 16		01195
大丰	胥门外下塘 14 号	夏务滋	千分之 63		01196
鼎昌裕	胥门外下塘 19 号	刘庆华	千分之 55		01197
复兴泰	胥门长船湾 9 号	谈向荣	千分之 6		01198
大陆	胥门长船湾 55 号	芮锡臣	千分之 31		01199

续表

商号		负责人姓名	商况等级	评定税额	备注（缴款书号）
牌名	地址				
大华	胥门长船湾 70 号	芮锡臣	千分之 3		01200
永兴	南濠街 24 号	刘辅卿	千分之 2		01201
丰泰裕	南濠街 51 号	席揆一	千分之 39		01202
益丰遐记	南濠街 264 号	叶荫	千分之 21		01203
大源	南新路 1 号	姚伯彦	千分之 5		01204
大隆	南新路 4 号	吴本鋐	千分之 33		01205
益大正记	南新路 20 号	刘赓华	千分之 32		01206
义昌隆记	南新路 20 号半	朱权瑜	千分之 2		01207
永丰	阊外大马路 27 号半	王志才	千分之 2		01208
振兴	阊外大马路 444 号	张守礼	千分之 1		01209
张乾源	阊外北码头 28 号	张德培	千分之 32		01210
顺源	阊外北码头 160 号	吕文彬	千分之 30		01211
永大成	阊外北码头 146 号	张镜贤	千分之 7		01212
江祥记	山塘街 258 号	江志南	千分之 3		01213
祥大盛	山塘街 547 号	江志良	千分之 3		01214
和丰泰	山塘街 484 号	严莲芳	千分之 2		01215
恒丰	山塘街 435 号	沈最荣	千分之 1		01216
同丰协记	山塘街莲花斗 8 号	张汇明	千分之 1		01217
德昌	山塘街莲花斗 17 号	向德廉	千分之 1		01218
大裕	山塘街莲花斗新 1 号	姜魁书	千分之 1		01219
泰丰	山塘街莲花斗 19 号半	王国斌	千分之 1		01220
祥康	娄门外糖坊湾 8 号	徐焕康	千分之 27		01221
协丰盛林记	娄门外糖坊湾 10 号	符佩森	千分之 28		01222
森盛祥	娄门外糖坊湾 16 号	徐焕文	千分之 42		01223
昌记	娄门外糖坊湾 47 号	何金正	千分之 10		01224
三泰	娄门外糖坊湾 76 号	徐焕章	千分之 1		01225
裕德	娄门外永宁弄 76 号	汪逸民	千分之 18		01226
永昌	娄门外永宁弄 77 号	陈远清	千分之 1		01227
中一	齐门外东汇 4 号	沈葆荪	千分之 27		01228
程牲记	齐门外东汇 11 号	程庭桂	千分之 1		01229
王万康	齐门外东汇 16 号	王念椿	千分之 22		01230
永新正	齐门外虹桥浜	邹文柏	千分之 29		01231
大兴	齐门外倪家桥浜	蒋元镖	千分之 33		01232

为请减轻所得税额事致吴县县商会的函

1949 年 5 月 23 日

敬启者。查三十八年度上期营利事业所得税经贵会通知造送会员清册送局在案，惟敝业自去年秋季以来销路减少，营业大为不振，以致行栈全数歇业，硕果仅存者零售店而已，亦难以维持。不得以专函恳请贵会体察实情，对于本属所得税额量予减低以轻负担。不胜感荷！此致吴县县商会

吴县茶叶商业同业公会敬启

理事长方文泽

染织（布厂）工业同业公会三十八年上期营利事业所得税纳税清册

1949 年 5 月 28 日

商号		负责人姓名	商况等级（千分之）	评定税额(元)	备考
牌称	地址				
万盛	蜜蜂洞	朱顺瑞	111.57	14615	
美和	韩衙庄	万仲圣	111.57	14615	
立丰	朱牙场	盛念萱	66.24	8678	
永达	乌鹊桥弄	周银芳	46.49	6090	
庆丰	黄鹊坊	王德庆	45.32	5957	
益华	苏公弄	彭善本	34.86	4567	
华星	高驳岸	吴林瑞	31.37	4110	
同和	吉庆弄	顾鸿轩	27.89	3654	
美华	东汇路	马春霖	27.89	3654	
瑞丰	蔡贞坊	黄麟桊	13.95	1827	
震丰	十全街	叶达礼	37.19	4872	
裕丰彰记	河沿街	曹国梁	34.86	4567	
天和	盛家浜	王荣申	32.54	4263	
生生	徐家弄	金荣生	25.56	3349	
裕丰	阊门内下塘	袁汉阳	20.92	2740	
平江	曹胡徐巷	盛玉鳞	19.75	2588	
新苏	王洗马巷	姜一鸣	18.60	2436	
复兴	东花桥巷	王子纯	17.43	2284	

续表

商号		负责人姓名	商况等级（千分之）	评定税额(元)	备考
牌称	地址				
合大	二门口	龚瑞声	13.95	1827	
美丰	间邱坊巷	姜一鸣	13.95	1827	
金星	慕家花园	章炳佳	12.78	1675	
华丰	公园路	钱富林	6.97	913	
大德	长春巷	潘志仁	13.95	1827	
荣华	凤凰街	邱荣华	11.62	1522	
森泰	十全街	任锡荣	11.62	1522	
新纶	慕家花园	赵岐海	10.46	1370	
久丰	桃花桥弄	干履仁	13.95	1827	
永丰	东北街	茅文达	6.97	913	
竞新	会馆场	殷毅君	6.97	913	
海新	齐门内下塘	周志海	6.97	913	
大业	中正路	周庭荪	6.97	913	
德隆	十全街	吕凌霄	6.97	913	
同丰	管家园	王同乐	10.46	1370	
大兴	西北街	魏朴诚	6.97	913	
瑞成涌	二门口	宋昆林	3.49	457	
大隆	新桥巷	吴召贤	10.46	1370	
鑫鑫	徐家弄	吕锡章	6.97	913	
友谊	十梓街	王永涛	23.24	3045	
宝丰	北大弄堂	朱林宝	4.65	609	
兆丰	十全街	吴增荣	3.49	457	
新丰	王思巷	郭达斋	5.81	761	
勤丰	齐门内下塘	袁汉石	3.49	457	
恒升	徐家弄	袁鸿伦	9.30	1218	
新康	北大弄堂	徐季康	4.65	609	
复义	管家园	黄季良	4.65	609	
天纶	张果老巷	李亮	8.71	1142	
庆昶	盛家带	江厚生	16.27	2131	
华丰清记	公园路	俞尔清	9.30	1218	
染织(布厂)业同业公会理事长					〈签字盖章〉

苏州市工商联筹委会关于抄发工商业投资于另一工商业单位计算所得税的规定的通函

1952年1月14日

受文者：全体工商业户

事由：为中财部修正工商业税暂行条例施行细则，关于工商业投资于另一工商业单位计算所得税的规定通告遵照由。

一、奉苏州市人民政府税务局一月十一日□□文（52）政一字第286号通知抄件：为抄发修正工商税暂行条例施行细则，关于工商业投资于另一工商业单位计算所得税的规定由。

二、兹特将抄发中央人民政府财政部通知内容公告于后，希各工商户查照为荷。

附：中央人民政府财政部原通知内容

工商业长期投资另一工业单位所发生的收益系非营业收益，依工商业税暂行条例施行细则第三十七条规定，本应并入投资单位营业净利计算损益。兹为避免重复课税及简化计算手续，特决定：凡工商业投资于另一工商业单位发生的收益，暂不并入投资单位计算损益，其发生亏损时，亦暂不适用同细则第四十条的规定，不准从投资单位纳税所得额中减除，希即转行遵照。

四、印花税

吴县县商会关于抄送印花税法的通知（附印花税法）

1949年5月15日

案准苏州行政区税务局国字第一六号公函内开：查印花税法业经本局公布施行，相应抄同该法全文一份，函请查照为荷。准此，附印花税法全文一份。除分函外，相应函达，即希查照转知全体商号遵照为荷。此致各同业公会、商店会员

附印花税法全文一份。

附：印花税法

第一章　总则

第一条　本法规定各项凭证，均应依本法完纳印花税。

第二条　印花税由苏州行政区税务局发行印花税票征收之，不得招商包征或勒派。

第三条　印花税票由苏州行政区税务局规定式样监制并指定机构销售，由纳税人自由购买贴用。

第四条　左列各种凭证，免纳印花税：

一、政府机关自用之簿据及凭证；

二、政府机关征收捐税所发之凭证及根据征收税捐凭证所发之证照；

三、各级政府或自发机关处理公库金或公款所发之凭证；

四、各级政府所发之公债、证券；

五、个人或家庭所用之账簿；

六、教育文化或慈善机关、合作社所用之账簿；

七、凡各种凭证之正本已贴用印花税票者，其副本或抄本；

八、凡公私机关或组织其内部所用，不生对外权利义务关系之单据；

九、催索欠款或核对数目之账单；

十、车票、船票、航空机票、其他往来客票及行李票；

十一、依其他法令规定应予免纳印花税者；

十二、本法税率表内列明免纳印花税票者。

第五条　公营事业组织所用之账簿及凭证，除法律别有规定外，均应依本法缴纳印花税。

第二章　纳税

第六条　应纳印花税之凭证，应于书立后交付或使用前贴足印花税票。商事凭证印花税于必要时得由纳税义务人汇总缴纳，其办法另行订定之公布之。

第七条　同一凭证须备具二份以上由双方或各方关系人各执一份者，应每份各别贴用印花税票。

第八条 经关系人约定将已失时效之凭证继续使用，或以副本、抄本视同正本使用者，仍应另贴印花税票。

第九条　同一凭证而具有两种以上性质，其税率相同者，仅按一种贴用印花税票，其税率不同者，按较高之税率贴用。应使用高税率之凭证而以低税率之凭证代替者，须按高税率之凭证贴用印花税票。

第十条　已贴印花税票之凭证，因事实变更而修改原凭证继续使用，其变更部分如须加贴印花税票时，仍应补足之。

第十一条　国外订立之凭证而在国内使用者，于使用前，仍应依本法贴用印花税票。

第十二条　贴用印花税票，应于每枚税票与原件纸面骑缝处加盖图章，但个人得以画押代替图章。

第十三条　印花税票不得揭下重用。

第十四条　政府机关或学校发给应纳印花税之凭证时，应令领受者贴足印花税票，并由各该政府机关或学校加盖图章。

第十五条　应贴印花税之凭证，以金钱计算应纳之税率者，如所载金额系外国货币，应于交付或使用时，按法价折合人民券计算，贴用印花税票，如未载明金额，应按票列品名数量，依法价估计应贴印花税票。

第三章　税率

第十六条　应纳印花税之凭证及税率依左表之规定：

税率表

类别	性质	税率	负责贴印花税票人	免税标准	注释
(甲)商事凭证类					
一、发货票	凡公私营业或事业售卖货物成交后，随货开具载列品名、数量或价目之单据皆属之。	每件按货价每十元贴印花税票三分，其税额零数不足十元者以十元计贴印花税票。	发售货物者	每件价格未满一百五十元者免贴。	所称公私营业包括一切公司、合伙或独资营利事业及公私事业暨公私合办事业在内；所称发货票，如发票、送货单、发货短条、售货栈单及出售货品如不另立发货票而以顾客持来据以售货之任何凭证代替使用者，如取货簿、配货簿、买卖契约等，应依本目贴用印花税票。
二、银钱货物收据	凡收到银钱货物后所立之单据皆属之。但金融业存款收据除外。	每件按金额每十元贴印花税票三分，其税零数不足十元者以十元计贴印花税票。	收受银钱货物者	每件金额或价款未满一百五十元者免贴，慈善机关发放赈款或赈济物品收据免贴。	如同一交易同时开立银钱收据附于发货票之后者，得任按一种凭证贴用印花税票，但二者价格有不同时，应按较高者计贴。凡代收银钱或货物收据及收款收货回执、解款条等，应按本目贴用印花税票。但金融业银行间纯属汇兑性托收款项之单据，得通用本表第十一目之规定贴用印花税票。
三、账单	凡公私营业或事业开列应付账目交给顾客凭以付款之单据皆属之。	每件按金额每十元贴印花税票三分，其税零数不足十元者以十元计贴印花税票。	立据者	每件金额未满一百五十元者免贴。	如同一交易同时开立银钱收据粘附于账单之后者，得任按一种凭证贴用印花税票，但二者价格有不同时，应按较高者计贴。
四、记载资本之簿折契据	凡公私营业或事业其记载资本之簿折、契约、合同或具有契约效力之章程等凭证皆属之。	每件按金额每十元贴印花税票三分，其税零数不足十元者以十元计贴印花税票。	立据者	每件金额未满一百五十元者免贴。	如另立股票、股单、契约、合同或章程等已贴用印花税票，其记载资本之簿折应照本表第十四目营业所用之簿折例贴用印花税票，其契据订立二份以上者，各按其出资额贴用印花税票。

续表

类别	性质	税率	负责贴印花税票人	免税标准	注释
五、股票及债券	凡公私营业或事业经主管政府机关核准发行记名、不记名之各股种票及认股单据以及记名、不记名之各种债券皆属之。	每件按票面金额每十元贴用印花税三分,其税额零数不足十元者以十元计贴印花税票。	立据者	每件票面金额未满一百五十元者免贴。	
六、借贷质押及欠款契据	凡以信用、财物或他种担保为质押向他人借贷、承认欠找银钱或货物所立之契约单据皆属之。	每件按金额每十元贴用印花税三分,其税额零数不足十元者以十元计贴印花税票。	立据者	每件金额未满一百五十元者免贴;当票免贴。	本目所称契据如贴现契约、透支契约、定期活期抵押放款、借据、承兑汇票、定期本票、庄票、画条、同业拆款单据及承认欠款所立之契据等是。 凡各种主债务凭证已按本目贴用印花税票,其从属债务凭证应按其凭证性质之类属贴用印花税票,如未立主债务凭证而以从属债务凭证代替者,仍应按本目贴用印花税票。 本目契据由□□□扣款代贴印花税票。
七、保险契据	凡保险业出给投保人遇有所保事项发生险故凭以取偿所载保额之契约单据皆属之。	每件金额在二千元以上未满三万元者贴印花税票五十元;满三万元以上者一律贴印花税票二百元。	立据者	每件价额未满二千元者免贴。	本目所称契据系指一切人寿及财物、水火、运输及其他特种长期短期之保险契据而言,如用替代单者应照保险单贴用印花税票,保费收据及赔款收据应按收据例贴用印花税票,其赔款收据所贴用印花税票应由保险公司扣款。
八、承揽承顶契据	凡承揽人与他方约定为他方完成一定之工作及一方顶受他方各种动产、不动产所立之契约单据皆属之。	每件金额在二千元以上未满三万元者贴印花税票五十元;满三万元以上者一律贴印花税票二百元。	立据者	每件价额未满二千元者免贴。	本目所称契据包括各种承包工程、承印出版及代理加工等项。承揽承顶收款收据应按银钱收据例贴用印花税票。

续表

类别	性质	税率	负责贴印花税票人	免税标准	注释
九、预定买卖契据	凡预定买卖动产或不动产载有品名、约价或银钱及约定买卖期限所立之契约单据皆属之。	每件金额在二千元以上未满三万元者贴印花税票五十元；满三万元以上者一律贴印花税票二百元。	立据者	每件价额未满二千元者免贴。	本目所称契据如预约券、各种订单、订货契约、商号所发之礼券、取货单等。
十、居间行纪代客买卖之契据	凡以自己名义或与他人约定为他人报告订约机会或订约之媒介或为他人计算为动产、不动产之买卖或其他商业上之交易以收取佣金为目的者所立之契约单据皆属之。	每件金额在二千元以上未满三万元者贴印花税票五十元；满三万元以上者一律贴印花税票二百元。	立据者	每件价额未满二千元者免贴。	本目所称契约单据如牙行、报关行、交易所、经纪人及各种行纪商代客买卖所立契约单据。
十一、汇兑储蓄及存入或支取款项之单据簿折	凡银钱业储蓄机关办理存款、汇兑业务及汇兑储蓄、支取汇兑储蓄之银钱所立之单据簿折皆属之。	单据每件贴印花税票十元，簿折每件每年贴印花税票八十元，送金簿、支票簿每本贴印花税票四十元。	立据者	每件未满一千元者免贴；公库支票、本票、庄票及邮政储蓄单折免贴。	本目所称单据簿折如存款簿折、储蓄簿折、支票簿折、银行汇票汇单、汇款收据、汇款便条、存款收据及金融业所发之银钱礼券等是。但汇款便条载明收取汇费、杂费数额者，应按本表第二目贴用印花税票。又，汇票以收款人为立据者。
十二、提取货物之单据簿折	凡各业商店或个人所出记名、不记名凭以提取、整修及预定购买之货物所用之单据簿折皆属之。	单据每件贴印花税票十元，簿折每件每年贴印花税票八十元。	立据者	每件金额未满六百元者免贴。	本目所称单据簿折如洗染单、修理钟表单，售卖货物未另立发货票而以本目单据代用者，应按第一目发货票例贴印花税票。
十三、寄存契约单据	凡信托、仓库、堆栈等业接受他人寄存物品载文契等项出给寄存人之契约单据皆属之。	单据每件贴印花税票二十元，契约每件贴印花税票八十元。	立据者	每件金额未满六百元者免贴。	本目所称契据如栈单、仓单、各种保管凭单等是，但商业所发之售货栈单其未开发货票者，应按第一目发货票例贴用印花税票。

续表

类别	性质	税率	负责贴印花税票人	免税标准	注释
十四、营业所用之簿折	关于公私营业或事业关于营业所用之账册簿折皆属之。	每件每年贴印花税票八十元。	立据者		如营业簿折内记载资本额而另立万金账簿或股票股单合同字据贴用印花税票者，其记载资本金额之簿折应按本册第四目贴印花税票，但同一账簿而具有两种以上性质，应依本法第九条规定办理；活页汇订之簿册及内部所用单据装订成册以代替账簿使用者，应依本目贴用印花税票。
十五、运送契约单据	凡客商直接间接向公私交通运输机关托运货物之托运单据、运送契约及公私交通运输机关出给客商凭以向到达地提取货物之单据皆属之。	单据契约每件贴印花税票六十元。	承运者	每件金额未满三百元者免贴；铁路局运送契约单据免贴。	如运送契约单据上载有所收运费数额而未另立银钱收据者，应按第二目银钱收据例贴印花税票。
十六、委托书契	凡委托他人经理或代理或保管某种事物所立之委托书契约皆属之。	每件贴印花税票二十元。	立据者		
十七、娱乐比赛及展览票券	凡各种娱乐场所、比赛会、展览会等所售之凭以入场入座之票券、舞票、译意风券等皆属之。	每件按票面金额每一元贴印花税票一角，其税额零数不足十元者以十元计贴印花税票。	发售票券者	每件票价未满十元者免贴。	本目所称娱乐场所系指戏剧院、电影院、歌舞场及其他游艺场所而言。
(乙)产权凭证类					
十八、授产析产契据	凡财产所有者将财产全部或一部在生前或预定于终身后授予继承人或赠予他人所立之契据皆属之。	每件按金额每十元贴印花税票三分，其税额零数不足十元者以十元计贴印花税票。	立据者。如立据者不及贴印花税票时，应由承受人负责贴用印花税票。	每件金额未满五百元者免贴。	本目所称契据如分单、分家书契及载有财产之遗嘱等是。析产契据订立二份以上者，各按其所得额贴用印花税票。

续表

类别	性质	税率	负责贴印花税票人	免税标准	注释
十九、权利书状	凡主管政府机关为办理不动产登记而发给之土地营业执照、土地所有权状及他项权利书状等皆属之。	每件按金额每百元贴印花税票二分，其税额零数不足十元者以十元计贴印花税票。	领受者	每件金额未满四百元者免贴。	本目所称书状如土地所有权状、土地营业执照及地上权、地役权、典权等权利证明书状是。
二十、典卖转让或买受财产契据	凡典卖转让或买受动产、不动产及有价证券所立之契据皆属之。	每件按金额每百元贴印花税票三分，其税额零数不足十元者以十元计贴印花税票。	立据者	每件金额未满四百元者免贴。	
二十一、认定地上权、地役权之契据	凡取得在他人土地上有建筑物或其他工作物或竹木为目的而使用之土地权利及以他人土地供自己土地便宜使用之权利所立之契据皆属之。	每件按金额每百元贴印花税票三分，其税额零数不足十元者以十元计贴印花税票。	取得权利者	每件金额未满四百元者免贴。	
二十二、租赁契据	凡定期或不定期租赁各种动产或不动产所立契约单据皆属之。	每件按金额每百元贴印花税票三分，其税额零数不足十元者以十元计贴印花税票。	出租人	每件金额未满四百元者免贴。	本目所称契据如租用车舟、码头、土地、房屋等动产、不动产所立之契据。如租赁契据载于簿折中且凭以收取租金者，其簿折应依本目贴用印花税票；其簿折未载明契约者，照本表第十四目贴用印花税票。
二十三、承领或承租官产证照	凡主管政府机关因人民或团体承领或承租官产所发给之证照皆属之。	每件按金额每百元贴印花税票三分，其税额零数不足十元者以十元计贴印花税票。	领受者	每件金额未满四百元者免贴。	本目所称证照如承领、承租、承垦执照及放领、放垦执照等是。
(丙)人事凭证类					

续表

类别	性质	税率	负责贴印花税票人	免税标准	注释
二十四、证明身份或资格之证照	凡主管政府机关因证明人民身份或资格所发之各种证书执照皆属之。	每件贴印花税票二十元。	领受者	户籍登记书表及国民身份证、国籍许可证书、旅外侨民国籍证明书免贴。	本目所称执照如律师、会计师、医师、药剂师、工程师及各种技术人员证书、交易所经纪人执照、各种考试及格证书及舟车飞机司机执照、配药生、助产士、看护士等证书是。
二十五、兵役证书	凡主管政府机关校准发给缓征缓召之证书皆属之。	每件贴印花税票二十元。	领受人		
二十六、毕业修业证书	凡公私立各级学校及各种训练班、讲习班发给学生之毕业修业证书皆属之。	每件贴印花税票二十元。	领受者	小学以下毕业证书及学校所发成绩证明书免贴。	
二十七、婚姻证书	凡因婚姻事件所立之证书皆属之。	每件贴印花税票二百元。	双方关系人	户籍登记机关发给之婚姻登记证明书免贴。	本目所称证书如订婚、结婚、解除婚约及离婚证书等是。
二十八、延聘或受聘书据	凡延聘人员担任工作所立之书据及接受他人聘请为其担任某项劳务所立之书据皆属之。	每件贴印花税票二十元。	立据者	政府机关及学校所发之聘书免贴。	
二十九、保证书结据	凡对于某人或某种物品或某种事项担保其行为或品质或前途之妥善或保证期不发生某种事实或承认或甘受某种处分所立之文书结据等皆属之。	每件贴印花税票二十元。	被保证人	雇工保单、入学及考试保证书、政府机关员工保证书免贴。	本目所称书据如保证书、保单、保结、甘结、切结等是。

续表

类别	性质	税率	负责贴印花税票人	免税标准	注释
(丁)许可凭证类					
三十、各项许可证照	凡主管政府机关非因征收税捐而发给有关各种许可事项之执照皆属之。	每件贴印花税票八十元，专利及金融、信托、保险等业之登记证照每件贴印花税票一千元。	领受者		本目所称证照如各种营业证照、登记证照、专利证照、商标注册证照、输出入货物许可证及购销特种货物证照、采矿渔牧执照及出版物审查合格凭证等是。仅征收照费、手续费、登记费者，不得以征收税捐论。
三十一、车船航空机证照	凡主管政府机关非因征收税捐而发之船舶、车辆、飞机之证照皆属之。	每件贴印花税票一百元。	领受者		本目所称证照如船舶□□证书，轮船、汽车、三轮车、兽力车及飞机之营业执照等是。
三十二、自卫狩猎武器证照	凡主管政府机关因人民购备自卫或狩猎武器所发之证照皆属之。	每件贴印花税票一百元。	领受者		
三十三、运输护照	凡主管政府机关核准运输物品或免税货物所发之护照皆属之。	每件贴印花税票一百元。	领受者		本目所称护照如运输行李、特种货物、灵柩、银钱之护照等是。
三十四、旅行护照	凡主管政府机关为旅行国内外、出国留学、居住所发之护照皆属之。	国内护照每件贴印花税票四十元，国外护照每件贴印花税票二百元。	领受者	外交护照免贴	
(戊)其他类					
三十五、劳务报酬收据簿折	凡公教及各业从业人员领取薪金暨自由职业者皆属之。	每件按金额每十元贴印花税票一分，其税额零数不足十元者以十元计贴印花税票。	领受者	士兵长警之薪酬收据免贴。	本目所称劳务报酬包括一切薪给、津贴、年金、奖金、退职金、养老金及其他给奖金，但公务员因公支领之费用除外。
三十六、申请书及诉愿书据	凡人民或人民团体向政府机关所递呈文、诉愿书及主张权益之申请书皆属之。	每件贴印花税票五十元。	立据者	学生与士兵之申请书及土地登记申请书免贴。	本目所称书据如请领进出口许可证、结购外汇等之申请书及进出口商人所用之报关单、外人入籍申请书等及其他一切主张权益之申请书等是。

第四章 检查

第十七条 应约印花税之凭证，应由主管政府机关执行检查。

第十八条 执行检查之人员应备具证照执行检查，于必要时，得会同当地警察或保甲长协助之。

第十九条 执行检查应在营业时间内，并应于被检查机关公私营业或事业处所内行之，不得拦路或侵入住宅。

第二十条 违反本法之凭证由主管印花税机关审处。

第二十一条 违反本法之凭证任何人得举发之。

第五章 罚则

第二十二条 违反本法第六条至第十一条及第十六条之规定，不贴印花税票或贴用不足税额者，应按漏税额处四十倍以上六十倍以下罚锾。

第二十三条 违反本法第十二条之规定者，依第二十二条规定之罚锾减半处罚。违反本法第十三条之规定者，依第二十二条规定之罚金加倍处罚。

第二十四条 妨害第四章规定执行检查者，送苏州市军事管制委员会严惩。

第二十五条 违反本法所定情事在两种以上者，依第二十二条规定之罚锾，按件分别裁定合并处罚之。

第二十六条 违反本法之凭证经处罚后，仍令负责人按应纳税率补纳印花税，其负责贴印花税票人所在不明时，应由凭证使用人或持有人补贴。

第二十七条 本法之罚锾由主管印花税机关以裁定行之。主管印花税机关得酌定期限命受罚人缴纳罚款，逾期不缴者，强制执行之。

第六章 附则

第二十八条 本法自公布日施行。

吴县县商会关于使用以前各种凭证时应按新税率补贴印花的通知

1949年5月16日

案准苏州行政区税务局国字第四三号公函内开：查印花税法，业经本局修正公布实施在案，所有以前已贴用伪金圆印花税票之各种凭证、账册、单据等现仍继续使用者，应即按照新颁税率，分别将余额补足，贴用人民币印花税票，相应函达，即希查照，并转饬商民一体遵照为荷。等由。准此，除分知外，相应函转，即请查照，并转行各商号一体遵办为荷。此致各业公会、商店会员

吴县电机丝织工业同业公会关于转发印花税率表的通知（附印花税率表）

1949 年 5 月 22 日

案准吴县县商会通知，为转准苏州行政区税务局函，略以所有以前已贴用伪金圆印花税票之各种凭证、账册、单据等等现仍继续使用者，应即按照新颁税率，分别将差额补足贴用人民币印花，抄发印花税法一份，嘱转知。等由。准此，除分知外，相应摘录印花税率表一件，送请查照为荷。此致贵会员

计附抄件一件

附：印花税率表

类目	税率
发货票	每件按货价每十元贴印花税票三分，其税额零数不足十元者以十元计贴印花税票。
银钱货物收据	每件按金额每十元贴印花税票三分，其税额零数不足十元者以十元计贴印花税票。
账单	每件按金额每十元贴印花税票三分，其税额零数不足十元者以十元计贴印花税票。
记载货本之簿折契据	同前
股票及债券	每件按票面金额每十元贴印花税票三分，其税额零数不足十元者以十元计贴印花税票。
借贷质押及欠款契据	每件按金额每十元贴用印花税票三分，其税额零数不足十元者以十元计贴印花税票。
保险契据	每件金额在二千元以上未满三万元者贴印花税票五十元；满三万元以上者，一律贴印花税票二百元。
承揽承顶契据	同前
预定买卖契据	同前
居间行纪代客买卖之契据	同前
营业所用之簿折	每件每年贴印花税票八十元。
典当转让或买受财产契据	每件按金额每百元贴用印花税票三分，其税票零数不足十元者以十元计贴印花税票。
租赁契据	每件按金额每百元贴用印花税票三分，其税票零数不足十元者以十元计贴印花税票。
劳务报酬收据簿折	每件按金额每十元贴用印花税票一分，其税票零数不足十元者以十元计贴印花税票。

吴县酱工业同业公会为转请税务局早日印制小额印花并提高起征点致吴县县商会函

1949 年 6 月 7 日

案查前准贵会 38 会字第三八三号函，送印花税法一份，嘱为查照转知全体会员遵照，等由。准经转知各会员遵照在案。回溯从前国民党政府时代，不顾工商疾苦任意压迫，以致民怨沸腾，但在势力范围之内，各工商均敢怒而不敢言，今幸本市解放，各项措置全为人民着想，逐渐改善，凡我工商无不欢欣鼓舞，庆得更生。兹据本会一部分会员来会声称，以印花税法第十六条应纳印花税之凭证及税率表内所载发货票，每件按货价每十元贴印花税票三分，其税额零数不足十元者以十元计贴印花税票，又免税标准栏内填明每件价格未满一百五十元者免贴，自应遵照购贴。惟查现在税局经售印花税票最低额为十元，则本业各商号所开发票，例如本月四日菜油批发价每市斤为人民币二百元，零售价每市斤二百二十元（工商局商业管理科核准），依照印花税法规定，该项每市斤菜油发票仅须购贴印花六角六分，但因税局并无小额印花，只得购贴十元税票，每件计溢贴九元三角六分，而此二百二十元中，又须缴纳百分之三营业税六元六角，此外尚有油送力等项支出，统计零售商部分利润微薄，自无法负此额外亏耗义务。伏查商民纳税固为应尽之责任，但如此等意外巨额之负担，在此解放人民之际，似应迅谋补救，应请公会函请商会转函税局，早日印制小额印花以利销售而免商人无谓损失。又，各业零售商每日零售物品多在一百五十元以下者之小额买卖，于每日营业中亦占一部分，数既碎屑，未能逐件列账，但至夜间将全日小额营业合并计入销货账，积少成多，对于税局检查销售印花时，不无发生疑窦，并请附带陈明，以免误会。再，查近日各项物价逐趋高涨，较之印花税法颁布之时大致连本已增二、三倍，所有印花贴用一百五十元起征点，自亦应比例提高，方合法理，并请一并函转办理。等语。据此本会查核各会员所陈三项均属事实。贵会领袖群商，对于此种布有关全市商业税务事件，当已在统盘筹划转请备考改善之中。为此据情函请，即希查照，烦为核转办理，并盼见复。至深感纫。此致吴县县商会

理事长：吕沅桀

吴县县商会关于转发税务局要求设立置购印花税专账的通知

1949 年 6 月 10 日

案准苏州行政区税务局国字第一八七号通知内开：查本市一般商业交易大部均未能遵章开立发货票，不惟影响税收，抑且违背法令，有碍税政建设，亟宜予以纠正。兹规定各商户在六月十五日前，均须设置购用印花税票专账，每次购买印花税票并须取得售卖印花税票机关盖章证明，倘各公司商号销货总额与购置印花税票数量比例不符或不设置税票账

册者，除饬令即行设立外，并按情节轻重予以处罚。合行通知遵照，并转饬所属会员一体遵照办理，勿违干罚为要。等由。准此，除分知外，相应函转，即请查照，并迅转各商号一体遵照办理为荷。此致各业同业公会

吴县酱工业同业公会关于税务局调查印花税情况的通知

1949年6月15日

查六月十八日税务局假座商会各开税务座谈会，如各会员曾经税务局来员调查印花税时，对于税局之处理及罚款认为不合理时，可将事实经过，即日来会报告，俾于座谈会时提出讨论之。除分知外，合行通知查照。此致城区各会员

吴县县商会关于重新修正印花税率表的通知

1949年6月28日

查本会前准各业公会先后到会申述，印花税法规定税额零数不足十元者以十元计贴印花税票暨免税标准未满一百五十元者免贴两点，实际遵行颇有困难，商嘱转请改善，等由。当经本会转函苏州行政区税务局查照核办去后，兹准通知，以所请各节苏南行政公署新颁暂行印花税率表中均有所修正，并准另案附送新颁税率表一份到会，自六月十五日起实行，所有前送印花税法第十六条税率表部分，自应遵于六月十四日废止，嘱为转知遵行，等由。兹将新税率表中关于“甲、商事凭证类”有关变更部分之新规定，一并摘录如左，借便遵照：一、发货票；二、银钱货物收据；三、账单；四、记载资本之簿折契据；五、股票及债券；六、借贷质押及欠款契据等项税率，为“每千元贴印花税票三元，未满五百元者免贴，税额零数不足一元者，以一元计贴”；七、保险契据；八、承揽承顶契据；九、预定买卖契据；十、居间行纪代客买卖之契据等，“每件金额未满二千元者免贴，二千元以上未满六万元者贴印花税票四元，满六万元以上未满六十万元者贴印花税票二十元，满六十万元以上未满六百万元者贴印花税票八十元，满六百万元以上者一律贴印花税票二百元”；十一、汇兑储蓄及存入或支取款项之单据簿折；十二、提取货物之单据簿折，单据每件贴印花税票八元，其余照旧；十三、寄存契约单据；十四、营业所用之簿折，均照旧；十五、运送契约单据免税标准，每件未满六百元者免贴，其余仍照旧；十六、委托书契照旧；十七、娱乐比赛展览票券税率，每百元贴印花税票五元，其税额零数不足一元者以一元计贴；印花税票免税标准，每件未满二十元者免贴。此外，乙、产权凭证类；丙、人事凭证类；丁、许可凭证类；戊、其他类，如贵公会有凭证使用时，可请随时来会洽抄。除分函外，相应函请查照，转知会员遵照为荷。此致各同业公会、商店会员

吴县县商会关于转发四明银行代售印花税票的通知

1949 年 6 月 29 日

案准四明银行苏州分行外函称：苏州行政区税务局以印花税为国库重要收入，各业均须贴用，用途甚繁，并为便利购买起见，特委托敝行，自即日起代为出售各种印花税票，此后，各业需用可迳至观前街一三八号敝行营业股洽购。相应函达，即希查照转知各同业公会为荷，等由。准此，除分函外，相应函达，即希查照，并转知各商号一体知照为荷。此致贵业同业公会、商店会员

吴县县商会关于转发印花税率表修正项目的通知（附修正项目）

1949 年 7 月 2 日

案准苏州区税务局七月九日苏一字第四二五号公函开：案准苏南行政公署本年六月二十五日税字未列号训令开：为适应实际情形与统一，将本署六月三日训令各专署及直属市政府公布之印花税率表修正附后，自七月一日起施行由。各原公布之如前税率，尚未公布即依此修正后公布之，等因。附发印花税率表修正项目。奉此，自应遵办，除分令外，合行转发修原正项目三十份，仰即遵照，并转饬所属一体遵照为要，等因。奉此，自应遵照，除分行外，相应函达，即希查照为荷，等由。附送修正项目一份。准此，除分函外，相应抄附修正项目一份，函请查照，并希转知会员为荷。此致各同业公会、商店会员

附修正项目一份

附：修正项目

一、第一目免税标准修正为“每件金额未满一千元者免贴”。

二、第二目免税标准修正为“每件金额或价款未满一千元者免贴，慈善机关发放赈款或赈济物品收据免贴”。

三、第三、四、六目免税标准修正为“每件金额未满一千元者免贴”。

四、第五目免税标准修正为“每件票面金额未满一千元者免贴”。

五、第七、八、九、十目税率修正为“每件金额在两千元以上未满三万元者贴花四元；三万以上未满三十万元者贴花二十元；三十万元以上未满三百万元以上者贴花八十元；三百万元以上者一律贴花二百元”。

六、第十二、十三目免税标准修正为“每件金额未满一千元者免贴”。

七、第十五目免税标准修正为“每件金额未满一千元者免贴，铁路局运送契约单据免贴”。

八、第十七目免税标准修正为“每件金额未满四十元者免贴”。

吴县县商会关于抄发印花税暂行条例的通知（附印花税暂行条例及施行细则等）

1949年9月13日

案准苏州行政区税务局苏一字第二六九号通知开：顷奉苏南行政公署令开，兹制定苏南行政区印花税暂行条例一种，自九月一日起开始施行，所有以前各地关于印花税之章则释令与本条例相抵触者，均于同日废止。除分别函告外，合行令仰遵照，等因。奉此，查此项印花税暂行条例颇多变更之处，自九月一日起，凡已按旧章贴花者，仍应照此次公布之新条例补足。除分别函令外，特检发苏南行政区印花税暂行条例一份，希即知照，并转发各同业公会会员知照为要，等由。附送印花税暂行条例一份。准此，相应抄附条例转请查照并请转知会员知照为荷。此致各同业公会、商店会员

附印花税暂行条例一份。

附一：苏南行政区印花税暂行条例

第一条　本条例规定各项凭证，均应依本条例完纳印花税。

第二条　印花税不得招商包征或勒派。

第三条　左列各种凭证免纳印花税：

一、政府机关自用之簿折及凭证。

二、政府机关征收捐税所发之凭证及证照。

三、政府机关处理公款所发之凭证。

四、个人或家庭所用之账簿。

五、教育文化或慈善机关及依法组成之合作社所用之账簿。

六、各种凭证之副本或抄本，其正本已贴用印花税票者。

七、凡公私机关或组织，其内部所用、不生对外权利义务关系之单据。

八、催索欠款或核对数目之账单。

九、车票、船票、航空机票、其他往来客票及行李票。

十、依其他法令规定，应予免纳印花税票者。

十一、本条例税率表内，列明免纳印花税票者。

第四条　公营事业所用之账簿及凭证，除另有规定外，均应依本条例完纳印花税。

第五条　公司商号每于交易发生后，应按其性质书立商事凭证，依本条例完纳印花税。

第六条　应纳印花税之凭证，应于书立后交付或使用前贴足印花税票。

第七条　商事凭证印花税，必要时得由纳税义务人汇总缴纳（具体办法另订之）。

第八条　同一凭证须具备二份以上，由关系人各执一份者，应每份各别贴用印花税票。

第九条　经关系人约定将已失时效之凭证继续使用，或以副本、抄本视同正本使用者，应另贴印花税票。

第十条　同一凭证而具有两种以上性质，其税率相同者，仅按一种贴用印花税票，其税率不同者，按较高之税率贴用；应使用高税率之凭证而以低税率之凭证代替之，须按高税率之凭证贴用印花税票。

第十一条　已贴印花税票之凭证，因事实变更而修改原凭证，继续使用，其变更部分如须加贴印花税票时，仍应补足之。

第十二条　国外订立之凭证，而在国内使用者，于使用前，由使用人依本条例贴用印花税票。

第十三条　贴用印花税票，应于每枚税票与原件纸面骑缝处加盖图章，但个人得以画押代替图章。

第十四条　印花税票不得揭下重用。

第十五条　政府机关或学校发给应纳印花税之凭证时，应令受颁者贴足印花税票，并由各政府机关或学校加盖图章。

第十六条　应贴印花税之凭证，以金钱计算应纳之税率者，如所载金额系外国货币，应于交付或使用时，按政府规定之比价折合人民币计算，贴用印花税票；如未载明金额，应按票列品名数量，依政府规定比价估计应贴印花税票。

第十七条　税率表

类别	性质	税率	负责贴印花税票人	免税标准	注释
(甲)商事凭证类					
一、发货票	凡公私营业或事业售卖货物成交后，随货开具载列品名、数量或价目之单据皆属之。	每件按货价每千元贴印花税票三元，其税零数不足一元者以一元计贴印花税票。	发售货物者	每件价额未满二千元者免贴。	所称公私营业或事业包括一切公司、合伙或独资营利事业及公营事业及公私合办事业在内；所称发货票，如发票、送货单、发货短条、售货栈单及出售货品如不另立发货票，而以顾客持来据以售货之任何凭证代替使用者，如取货簿、配货簿、买卖契约等，应依本目贴用印花税票。

续表

类别	性质	税率	负责贴印花税票人	免税标准	注释
二、银钱货物收据	凡收到银钱货物后所立之单据皆属之，但金融业存款收据除外。	每件按货价每千元贴印花税票三元，其税零数不足一元者以一元计贴印花税票。	收受银钱货物者	每件金额或价款未满二千元者免贴，慈善机关发放赈款或赈济物品收据免贴。	如同一交易同时开立银钱收据附于发票之后者，得任按一种凭证贴用印花税票，但二者价格有不同时，应按较高者计贴。凡代收银钱或货物收据及收款收货回执、解款条等，应按本目贴用印花税票。但金融业银行间纯属汇兑信托收款项之单据，得适用本表第十一目之规定贴用印花税票。
三、账单	凡公私营业或事业开列应付账目交给顾客凭以付款之单据皆属之。	每件按货价每千元贴印花税票三元，其税零数不足一元者以一元计贴印花税票。	立据者	每件金额未满二千元者免贴。	如同一交易同时开立银钱收据粘附于账单之后者，得任按一种凭证贴用印花税票，但二者价格有不同时，应按较高者计贴。
四、记载资本之簿折契据	凡公私营业或事业其记载资本之簿折、契约、合同或具有契约效力之章程等凭证皆属之。	每件按货价每千元贴印花税票三元，其税零数不足一元者以一元计贴印花税票。	立据者	每件金额未满二千元者免贴。	如另立股票、股单、契约、合同或章程等已贴用印花税票，其记载资本之簿折应照本表第十四目营业所用之簿折例贴用印花税票，其契据订立二份以上者，各按其出资额贴用印花税票。
五、股票及债券	凡公私营业或事业经主管政府机关颁准发行记名、不记名之各种股票及认股单据以及记名、不记名之各种债券皆属之。	每件按票面金额每千元贴用印花税三元，其税额零数不足一元者以一元计贴印花税票。	立据者	每件票面金额未满二千元者免贴。	

续表

类别	性质	税率	负责贴印花税票人	免税标准	注释
六、借贷质押及欠款契据	凡以信用、财物或他种担保为质押向他人借贷或承认欠找银钱或货物所立之契约单据皆属之。	每件按金额每千元贴用印花税三元，其税额零数不足一元者以一元计贴印花税票。	立据者	每件金额未满二千元者免贴。	本目所称契据如贴现契约、透支契约、定期活期抵押放款、借据、承兑汇票、定期本票、庄票、画条、同业拆款单据及承认欠款所立之契据等是。契据期限超过四个月者应按本目税率每千元贴印花税票三元，短期契据在四月以内者一律按金额每千元贴印花税票二元，在二个月以内者一律按金额每千元贴印花税票一元，但短期契据转期在二次以上者，应按其总期限之长短照本目规定税率计贴印花税票。
七、保险契据	凡保险业务出给投保人遇有所保事项发生险故凭以取偿所载保额之契约单据皆属之。	每件金额在四千元以上未满六万元者，贴印花税票八元；六万元以上未满六十万元者，贴印花税票四十元；六十万以上未满六百万元者，贴印花税票一百六十元；六百万元以上者一律贴印花税票二千元。	立据者	每件价额未满四千元者免贴。	本目所称契据系指一切人寿及财务、水火、运输及其他特种保险、长期短期之保险契据而言，如用替代单者应照保险单贴用印花税票，保费收据及赔款收据应按收据例贴用印花税票，其赔款收据所贴用印花税票应由保险公司扣款代贴。
八、承揽承顶契据	凡承揽人与他方约定为他方完成一定之工作及一方顶受他方各种动产、不动产所立之契约单据皆属之。	每件金额在四千元以上未满六万元者，贴印花税票八元；六万元以上未满六十万元者，贴印花税票四十元；六十万以上未满六百万元者，贴印花税票一百六十元；六百万元以上者一律贴印花税票二千元。	立据者	每件金额未满四千元者免贴。	本目所称契约包括各种承包工程、承印出版及代理加工等项承揽承顶收款收据，应按银钱收据例贴用印花税票。

续表

类别	性质	税率	负责贴印花税票人	免税标准	注释
九、预定买卖契据	凡预定买卖动产或不动产载有品名、约价或银钱及约定买卖期限所立之契约单据皆属之。	每件金额在四千元以上未满六万元者，贴印花税票八元；六万元以上未满六十万元者，贴印花税票四十元；六十万以上未满六百万元者，贴印花税票一百六十元；六百万元以上者一律贴印花税票二千元。	立据者	每件金额未满四千元者免贴。	本目所称契据如预约券、各种订单、订货契约、商号所发之礼券、取货单等。
十、居间行纪代客买卖之契据	凡以自己名义或与他人约定为他人报告订约机会或订约之媒介或为他人计算为动产、不动产之买卖或其他商业上之交易以后取佣金为目的者所立之契约单据皆属之。	每件金额在四千元以上未满六万元者，贴印花税票八元；六万元以上未满六十万元者，贴印花税票四十元；六十万以上未满六百万元者，贴印花税票一百六十元；六百万元以上者一律贴印花税票二千元。	立据者	每件金额未满四千元者免贴。	本目所称契据单据如牙行、报关行、交易所、经纪人及各种行纪商代客买卖所立契约单据。
十一、汇兑储蓄及存入或支取款项之单据簿折	凡银钱业储蓄机关办理存款、汇兑业务及汇兑储蓄、支取汇兑储蓄之银钱所立之单据簿折皆属之。	单据每件贴印花税票四十元，簿折每件贴印花税票四百元，送金簿、支票簿每本贴印花税票二百元。	立据者	每件未满二千元者免贴；公库支票、本票、庄票及邮政储蓄单折免贴。	本目所称单据簿折如存款簿折、支票簿折、储蓄簿折、银行汇票汇单、汇款收据、汇款便条、存款收据及金融业所发之银钱礼券等是。但汇款便条载明收取汇费、杂费数额者应按本表第二目贴用印花税票。又，汇票以收款人为立据者。
十二、提取货物之簿折单据	凡各业商店或个人所出记名、不记名凭以提取、整修及预定购买之货物所用之单据簿折皆属之。	单据每件贴印花税票四十元，簿折每件贴印花税票四百元。	立据者	每件金额未满四千元者免贴。	本目所称单据簿折如洗染单、修理钟表单等是，售卖货物未另立发货票而以本目单据代用者，应按第一目发货票例贴用印花税票。

续表

类别	性质	税率	负责贴印花税票人	免税标准	注释
十三、寄存契约单据	凡信托、仓库、堆栈等业接受他人寄存物品或文契等项出给寄存人之契约单据皆属之。	单据每件贴印花税票四十元，契约每件贴印花税票四百元。	立据者	每件金额未满四千元者免贴。	本目所称契据如栈单、仓单、各种保管凭单等是，但商业所发之售货栈单其未开发货票者，应按第一目发货票例贴用印花税票。
十四、营业所用之簿折	关于公私营业或事业关于营业所用之账册、簿折皆属之。	每件每年贴印花税票四百元。	立据者	每件金额未满四千元者免贴。	如营业簿折内记载资本额，而另立万金账簿或股票股单合同字据贴用印花税票者，其记载资本金额之簿折应按本表第四目贴印花税票，但同一账簿而具有两种以上性质，应依本法第九条规定办理；活页汇订之簿册及内部所用单据装订成册以代替账簿使用者，应依本目贴用印花税票。
十五、运送契约单据	凡客商直接、间接向公私交通运输机关托运货物之托运单据、运送契约及公私交通运输机关出给客商凭以向到达地提取货物之单据皆属之。	单据契约每件贴印花税票二百元。	承运者	每件金额未满二千元者免贴；铁路局运送契约单据免贴。	如运送契约单据上载有所收运费数额而未另立银钱收据者应按第二目银钱收据例贴用印花税票。
十六、委托书契	凡委托他人经理或代理或保管某种事物所立之委托书契约皆属之。	每件贴印花税票一百元。	立据者		
十七、娱乐比赛及展览票券	凡各种娱乐比赛场所、比赛会、展览会等所售之凭以人场入座之票券、舞票、译意风券等皆属之。	每件按票面金额每百元贴印花税票五元，其税额零数不足一元者以一元计贴印花税票。	发售票券者	每件票价未满一百元者免贴。	本目所称娱乐场所系指戏剧院、电影院、歌舞场及其他游艺场所而言。

续表

类别	性质	税率	负责贴印花税票人	免税标准	注释
(乙)产权凭证类					
十八、授产析产契据	凡财产所有者将财产全部或一部在生前或预定终身后授予继承人或赠予他人所立之契据皆属之。	每件按金额每千元贴印花税票三元，其税额零数不足一元者以一元计贴印花税票。	立据者。如立据者不及贴印花税票时，应由承受人负责贴印花税票。	每件金额未满四千元者免贴。	本目所称契据如分单、分家书契及载有财产之遗嘱等是，析产契据订立二份以上者，各按其所得额贴用印花税票。
十九、权利书状	凡主管政府机关为办理不动产登记而发给之土地营业执照、土地所有权状及他项权利书状等皆属之。	每件按金额每万元贴印花税票二元，其税额零数不足一元者以一元计贴印花税票。	领受者	每件金额未满四千元者免贴。	本目所称书状如土地所有权状、土地营业执照及地上权、地役权、典权等权利证明书状是。
二十、典卖转让或买受财产契据	凡典卖转让或买受动产、不动产及有价证券所立之契据皆属之。	每件按金额每万元贴印花税票三元，其税额零数不足一元者以一元计贴印花税票。	立据者	每件金额未满四千元者免贴。	
二十一、设定地上权、地役权之契约	凡取得在他人土地上有建筑物或其他工作物或竹木为目的而使用之土地权利及以他人土地供自己土地便宜使用之权利所立之契据皆属之。	每件按金额每万元贴印花税票三元，其税额零数不足一元者以一元计贴印花税票。	取得权利者	每件金额未满四千元者免贴。	

续表

类别	性质	税率	负责贴印花税票人	免税标准	注释
二十二、租赁契据	凡定期或不定期租赁各种动产或不动产所立契约单据皆属之。	每件按金额每万元贴印花税票三元，其税额零数不足一元者以一元计贴印花税票。	出租人	每件金额未满四千元者免贴。	本目所称契据如租用车舟、码头、土地、房屋等动产、不动产所立之契据等是，如租赁契据载于簿折中且凭以收取租金者，其簿折应依本目贴印花税票，其簿折未载明契约者，照本表第十四目贴印花税票。
二十三、承领或承租官产证照	凡主管政府机关因人民或团体承领或承租官产所发给之证照皆属之。	每件按金额每万元贴印花税票三元，其税额零数不足一元者以一元计贴印花税票。	领受者	每件金额未满四千元者免贴。	本目所称证照如承领、承租、承垦执照及放领、放垦执照等是。
(丙)人事凭证类					
二十四、证明身份或资格之证照	凡主管政府机关因证明人民身份或资格所发之各种证书执照皆属之。	每件贴印花税票二百元。	领受者	户籍登记书表及国籍许可证书、旅外侨民国籍证明书免贴。	本目所称执照如律师、会计师、医师、药剂师、工程师及各种技术人员证书、交易所经纪人执照、各种考试及格证书及舟车飞机司机执照、配药生、助产士、看护士证书等是。
二十五、毕业修业证书	凡公私立各种学校及训练班、讲习班发给学生之毕业修业证书皆属之。	每件贴印花税票一百元。	领受人	小学以下毕业证书及学校所发成绩证明书免贴。	
二十六、婚姻证书	凡因婚姻事件所立之证书皆属之。	每件贴印花税票六百元。	双方关系人	户籍登记机关发给之婚姻登记证书免贴。	本目所称证书，如订婚、结婚、解除婚约及离婚证书等是。

续表

类别	性质	税率	负责贴印花税票人	免税标准	注释
二十七、延聘或受聘书据	凡延聘人员担任工作所立之书据及按受他人聘请为其担任某项劳务所立之书据皆属之。	每件贴印花税票一百元。	立据者	政府机关及学校所发之聘书免贴。	
二十八、保证书结据	凡对于某人或某种物品或某种事项担保其行为或品质或前途之妥善或或保证其不发生某种事实或承认或甘受某种处分所立之文书结据等皆属之。	每件贴印花税票二百元。	被保证者	雇工保单、入学及考试保证书、政府机关员工保证书免贴。	本目所称书据如保证书、保单、保结、甘结、切结等是。
（丁）许可凭证类					
二十九、各项许可证照	凡主管政府机关非因征收税捐而发给有关各种许可事项之执照皆属之。	每件贴印花税票二百元，专利及信托保险事业等登记照每件贴印花税票四千元。	领受者		本目所称证照，如各种营业证照、登记证照、专利证照、商标注册证照、输出入货物许可证及购销特种货物证照、采矿渔牧执照及出版物审查合格凭证等是，仅征收照费、手续费、登记费者不得以征收捐税论。
三十、车船航空机证照	凡主管政府机关非因征收税捐而发之船舶车辆飞机之证照皆属之。	每件贴印花税票四百元。	领受者		本目所称证照如船舶□□证书，轮船、汽车、三轮车、兽力车及飞机之营业执照等是。

续表

类别	性质	税率	负责贴印花税票人	免税标准	注释
三十一、自卫狩猎武器证照	凡主管政府机关因人民购备自卫或狩猎武器所发之证照皆属之。	每件贴印花税票一千元。	领受者		
三十二、运输护照	凡主管政府机关核准运输物品或免税货物所发之护照皆属之。	每件贴印花税票二百元。	领受者		本目所称护照如运输行李、特种免税货物、灵柩、银钱之护照等是。
三十三、旅行护照	凡主管政府机关为旅行国内外、出国留学居住所发之护照皆属之。	国内护照每件贴印花税票一百元，国外护照每件贴印花税票四百元。	领受者	外交护照免贴。	

第十八条　应纳印花税之凭证由稽征机关执行检查，检查人员执行职务时，应备具证照，必要时得由当地军警机关或区乡村街政府协助之。

第十九条　查获违反本条例之凭证，应由稽征机关审处，检查人员不得擅自免罚或私擅处罚。

第二十条　违反本条例之凭证，任何人得举发之。

第二十一条　罚则

一、不依本条例之规定书立凭证者，除责令补办外，并处以一千元以上五千元以下之罚金。

二、应贴未贴印花税票及贴印花税不足者，按漏税额处以四十倍以上六十倍以下之罚金。

三、贴花未销者，减半处罚。

四、揭下重贴者，加倍处罚。

五、违反本条例之凭证，于处罚后，仍令负责人按应纳税额补贴印花税票，其负责人所在不明时，应由凭证使用人或持有人补贴之。

第二十二条　违章案件由稽征机关依照本条例所规定之罚则处罚之，并开具罚金缴款书通知缴纳，罚金不满人民币一百元时，以一百元计贴。

第二十三条　对稽征机关之处理如有不服，得于五日内向原处理机关或其上级机关提起诉愿。

第二十四条　本条例税率表各目起征点定额税率及分级定额税率暨罚金之规定，得视物价变动情形，由苏南行政区税务局随时公布调整之。

第二十五条　本条例施行细则另订之。

第二十六条　本条例自公布之日施行。

附二：印花税暂行条例施行细则

第一条　本细则依苏南行政区印花税暂行条例（以下简称本条例）第二十五条之规定订定之。

第二条　印花税票由主管稽征机关订约委托公营银行和邮局代理发售，并得给代售机关百分之五手续费，准在出售印花税票所得之税款内扣除，但应按旬填具手续费清单附同印花税缴款书收款，并送核发税票机关审核冲账缴库。

为补代售之不足，各级税务机关得自售印花税票，但免给手续费。

第三条　本条例第三条第六款所称副本或抄本，其内容应与已贴印花税票之正本完全相符。

第四条　本条例第三条第七款所称内部所用不生对外权利义务关系之单据，系指机关或组织内部彼此通知所用者而言，至分机关与总机关或分组织与总组织互用者，不得视为内部所用之单据。

第五条　本条例第三条第八款所催索欠款所用之账单，系指于约定付款时间或依习惯于年节开列结欠数目之催账单而言，但开列品名、数量或价格交给顾客凭以付款而不另立发货票或银钱收据者，不得视为催索欠款之账单；所称核对数目所用之账单，系指银钱业或商号开给往来户以便查对收付数目有无错误之账单而言。

第六条　公司商号在销售货物成交后，应随同销货开立销货发票并应备具副本或存根，善为保存，以备查验。

第七条　商事凭证印花税因汇总缴纳而溢缴之印花税款，不得申请退税。

第八条　凡规定应由受据人扣款代贴印花税票之凭证，如有违法情事者，其责任应由受据人负之。

第九条　本条例第十七条之税率表注释栏内列举之凭证名称，系各该目之释例，凡未经列举之凭证，其性质确与各该目性质相符者，仍应依各该目贴用印花税票，如不能确定其性质时，应报请核定之。

第十条　凡公私营业或事业之公司组织，在未发行正式股票前，其收取股款或增加资金所立之临时收据，应按银钱收据例贴印花税票，并准在记载资本簿折上汇总贴用，但在资本簿折汇总贴用时，应于临时收据上盖戳注明之。

第十一条　本条例应纳印花税票之凭证，其时限授约定者，于限定时限内有效，以年度为准者，应截至年度终了时而止，逾期继续使用者，均须另贴印花税票。

第十二条　印花税检查人员不备具本条例所定之检查证照而执行检查者，被检查人得予拒绝。

第十三条　印花税检查人员查获违反本条例之凭证带回报核时，应填具违反印花税票条例凭证收据，交当事人收执，如因事实需要而不能带回时，应由被检查人出具违反印花税条例具结单，交检查人员收执，凭以报核审理。

第十四条　违反本条例之凭证或具结单，经带回报核审理清结后，应即发还。

第十五条　凡有举发或密告违反本条例之凭证经查获查实者，除在精神上或政治上予以表扬外，并予以罚金额百分之三十的奖励金。举发或密告应向当地主管印花税票之税务机关行之。

第十六条　本细则与印花税条例同日施行。

附三：印花税票简化贴用办法

第一条　本办法依印花税暂行条例第七条之规定制定之，旨在使具有规模之公私营业组织对完纳印花税得到一次总贴之便利。

第二条　凡公私营业之组织，具有规模，会计制度健全，而每日开出之发货票、银钱货物收据或账单繁多者，得向当地主管稽征机关具结申请（具结申请书格式附后），经当地县市税务局核准后，依照本办法之规定办理。

娱乐场所出售之娱乐票券，经具结申请核准者，亦得援用本办法办理。

经核准援用总贴之单位，应由核准机关呈报苏南行政区税务局通饬各地税务机关知照。

第三条　依照本办法贴用印花税票之凭证，除备具正本外，必须备具副本或存根，装订成册，编列事号，每月报请当地主管稽征机关登记查核。

前项凭证正本于发出时，应由立据人加盖“本凭证印花税票总贴”戳记，该项戳记应依附列式样由各总贴单位自行刊用，但于使用前，应拓具印模报请当地主管稽征机关存备查验。

第四条　依本办法贴用印花税票之各单位，应于每旬之末日根据发出凭证之存根或副本分别汇计其总额，开列总发货票或总收据或总账单，立即贴足印花税票，如不便购贴税票时，得即向当地主管稽征机关请求列四联缴款书，至迟应于二日内缴清税款（例假顺延）。

向稽征机关请求开列印花税四联缴款书后，如未按规定期限缴库者，逾期在五日以内者处以百分之十滞纳金，逾期五日以上十日以内者处以百分之三十滞纳金，超过十日以上者处以百分之五十滞纳金，并应停止其总贴办法。

娱乐票券应每日计算总额开出总娱乐票券，立即贴足印花税票，其请求开列印花税票四联缴款书限于次日内缴清税款。

第五条　贴足印花税票之总凭证应粘附于该旬（娱乐券为当日）汇订之副本或存根上，以备随时查验，如副本或存根系分类汇订或分别保管者，得分别开列总凭证，贴足印花税票粘附之。

第六条　总凭证未经贴足印花税票或逾期仍不开立总凭证，或凭证正本与副本或存根金额不符或漏列副本或存根以图逃税，经查获者，应依印花税条例罚则从重处罚。

第七条　有前条漏税情形之一，经处罚在二次以上者，当地稽征机关应即通知其停用本办法，并报请上级机关备案。

第八条　本办法自公布之日起施行。

附印花税票总贴戳记式样

一寸

公司机关或娱乐场所商号名称		
名	本凭证印花税票总贴	地
签字盖章处	经理或负责人姓名	

本格式中“地名”二字之地位填使用单位所在地之名称。

申请书格式

敬启者。本　系合法成立之商业组织，会计制度健全，每日开具之凭证繁多，为简便贴用印花税票，拟请援用印花税票简化贴用办法，兹附具本　保结一纸，报请核示准行。此上　税务局。

申请人　　签名盖章

地址

经理

住址

保结书格式

本　自愿援用印花税票简化贴用办法，自应遵照该办法之规定，按期总贴印花税票或遵限缴清印花税款，如有拖欠延误，保证人愿负清缴之责，如查有违反情事，本　甘愿接受处罚。立此保结存照。此上

税务局。

立保结人　　签名盖章

地址

经理

住址

对保人（盖章）

保证人

地址

经理

住址

五、银行钱庄

吴县石灰砖瓦窑业同业公会为转知交易应以人民币为计算本位致全体会员通知

1949年5月7日

案准吴县县商会会字第三六七号通知内开：查各业交易行为应以人民币为计算本位，不得以其他货币代表计算，业经苏州市军事管制委员会本年五月一日经字第一号布告周知在案，近闻少数商店仍有以袁头为计算代表，殊不合法，相应函请查照，迅即转知所属会员，所有一切交易均须以人民币为计算本位，勿再有参差为要，等由。准此，相应录案函达，即希查照办理为荷。此致全体会员

吴县瓷器商业同业公会关于本业交易以人民币为计算本位等事的全体会员大会记录

1949年5月8日

日期：三十八年四月二十九日下午一时

地址：叶家弄一号华昌栈内

出席者：祝君硕、平澄僧、项溥仁、刘介媒、高沄洲、振兴、元丰、黄仁发、大兴、华昌、张寿昌、刘建华、刘昌寅、永沅昌、祝昌记、新发仁北号、元丰兴记、吴宝记（平代）、义昌和、义成、永兴祥、刘仪亭、现代、竞美、元都、钱泰沅、张发记

主席：祝君硕

记录：吕菊明

报告事项：

一、奉商会紧急通知，各业所有批发及门市交易应维持原有价格标明出售，不得擅自抬高。

二、奉商会通函，为人民安全保障策进会比来需款浩繁，本会应派临时垫款袁头一百零五元及十七日前应变临时费袁大头二十元，应如何筹缴。

讨论事项：

一、前项临时垫款如何筹缴，请公决案。

决议：依照分数比率分段，尽五月一日收集汇解。

二、关于本年三月份营业税前奉通知代收汇解，但于尚未收齐，计华昌、协兴、永泰

祥三家未缴，而吴县已经解放，以致暂留本会计金圆券一百六十五万二千五百五十九元，该款如何办理之处，祈公决案。

决议：改为补助费充入本会经费。

中央银行苏州分行为办理清理债权债务事宜致吴县县商会函

1949年6月10日

敬启者。敝行奉本市军事管制委员会令办理清理债权债务事宜，兹查尊处截至六月十日，计欠敝行伪金圆券二亿二千五百万△角△分（息金另计），按照第一次公布伪金圆券二千五百元比率折合人民币一元计算，共欠人民币九万元整。务乞于六月十六日前来敝行将本息一并清偿，以资结束。即希查照为荷。此致吴县商会台照

中央银行苏州分行启

经洽妥，还本人民币九万元，已于本日付讫，收据存会计室，本件存卷。六月十六日。

松江县钱商业同业公会为咨询存放款利率致吴县钱商业同业公会函

1949年7月24日

径启者：敝地同业现已次第复业，兹询贵处存放款日拆若干，务祈迅予见复，俾敝地得有所依据。不胜感祷。此致苏州市钱商业同业公会

吴县钱商业同业公会为答复存放款利率致松江县钱商业同业公会函

1949年7月29日

接展大函，具悉一是。查本县利率，系由银钱两公会协议，报请金融监理处核定，最近调整利率为存息按日千分之六点二五，欠息按日千分之二五，同业拆借息按日千分之二十。承函特奉复。此致松江钱业公会

苏南区金融机构调查表

1949年9月20日

名称		永丰钱庄	大慎	元生
性质		无限公司	有限公司	有限公司
主管人	姓名	郑范五	范颂美	朱秉智　朱调卿
	年岁	57	55	49、48
	籍贯	吴县	吴县	吴县
	履历	服务本庄三十九年	前无锡永甡钱庄副理	前永生钱庄服务
资本总额		原40元预备600万	原40元预备500万	原40元预备500万
开业年月		民国28年	民国35年8月	民国35年12月
地址		西中市125	南濠街134	西中市113
过去业务概况		向来存款稳定，数额巨大，且商事习惯以信用放款为原则	向来存款稳定，数额巨大，且商事习惯以信用放款为原则	向来存款稳定，数额巨大，且商事习惯以信用放款为原则
现在业务概况		现在为符合政策，力事紧缩，信用放款，因商业上之必要，改用抵押方式，并酌量能力所及，为一部分之生产事业投资	现在为符合政策，力事紧缩，信用放款，因商业上之必要，改用抵押方式，并酌量能力所及，为一部分之生产事业投资	现在为符合政策，力事紧缩，信用放款，因商业上之必要，改用抵押方式，并酌量能力所及，为一部分之生产事业投资
职员人数		18(增资后改为29)	31	23
工友人数		2	6	2
主要董监事姓名及概况		执行业务股东 俞簪一	董事长范君博 监察史松泉	董事长范君博 监察苏髯孙
备注				

名称	庆当	协顺	鸿盛	鸿源	福大	义康
性质	有限公司	有限公司	有限公司	有限公司	有限公司	有限公司
主管人 姓名	陶学臻	刘赓华	孔士瀛	金玉书	申伯厚	朱韶甫
主管人 年岁	38	46	44	70	50	48
主管人 籍贯	吴县	镇海	吴县	吴县	吴县	吴县
主管人 履历			前国货银行会计专员		前萃生钱庄营业主任	
资本总额	原40元 预备500万	原40元	原40元 预备600万	原40元 预备500万	原40元 预备500万	原40元 预备500万
开业年月	民国36年1月	民国36年1月	民国36年1月	民国36年1月	民国13年1月	民国9年11月
地址	山门巷16	横马路48	观前街199	观前街平安坊	西中市109	观前街268
过去业务概况	向来存款稳定，数额巨大，且商事习惯以信用放款为原则	向来存款稳定，数额巨大，且商事习惯以信用放款为原则	向来存款稳定，数额巨大，且商事习惯以信用放款为原则	向来存款稳定，数额巨大，且商事习惯以信用放款为原则	向来存款稳定，数额巨大，且商事习惯以信用放款为原则	向来存款稳定，数额巨大，且商事习惯以信用放款为原则
现在业务概况	现在为符合政策，力事紧缩，信用放款，因商业上之必要，改用抵押方式，并酌量能力所及，为一部分之生产事业投资	现在为符合政策，力事紧缩，信用放款，因商业上之必要，改用抵押方式，并酌量能力所及，为一部分之生产事业投资	现在为符合政策，力事紧缩，信用放款，因商业上之必要，改用抵押方式，并酌量能力所及，为一部分之生产事业投资	现在为符合政策，力事紧缩，信用放款，因商业上之必要，改用抵押方式，并酌量能力所及，为一部分之生产事业投资	现在为符合政策，力事紧缩，信用放款，因商业上之必要，改用抵押方式，并酌量能力所及，为一部分之生产事业投资	现在为符合政策，力事紧缩，信用放款，因商业上之必要，改用抵押方式，并酌量能力所及，为一部分之生产事业投资
职员人数	21	26	20	26	24	29
工友人数	4	4	7	5	2	7
主要董监事姓名及概况	长：陆章生 监：黄幼农	长：程绍麟 监：刘雪芹	长：严欣淇 监：李乃律	长：张冰如 监：沈新槃	长：卢燕庭 监：毛长源	长：陆鼎生 监：朱忍庵
备注						

中国人民银行苏州支行为调查本市商业行庄营业情形致吴县钱商业同业公会函

1949 年 10 月 24 日

径启者：本行兹为了解本市商业行庄营业情形，特拟定应洽二点如后：（一）增资前（解放后）各私营行庄名称、资本额、主要股权所有者（列表）和业务活动的真实情况；（二）增资前（解放后）各私营行庄和当地市场的联系（工、商、生产、运销）及起了什么作用（列表说明）。以上二点，即希转知提供实际资料，限于本月二十七日前送来本行为荷！此致吴县钱商业同业公会

吴县县商会为中国人民银行调研商业行庄增资后的动向问题致吴县钱商业同业公会函

1949 年 10 月 28 日

顷以本市中国人民银行调研科为了解本市商业行庄增资后的动向，开列问题五点，嘱于日内查复等由。惟查各该问题本会无案可稽，未便径复，相应函达并检抄原件问题五点，即希查照办理，径报本市人民银行调研科为荷。此致吴县钱商业同业公会

附问题五点：

一、验资手续是否均已完毕？

二、增资后行庄有否扩充业务现象？

三、是否有开辟行处现象？

四、是否有行庄计划资金下乡？

五、是否有行庄在增资后向生产事业投资？

吴县钱商业同业公会为汇报同业间对于管理私营银钱业暂行办法暨各项管制措施的意见致中国人民银行苏州支行函

1949 年 12 月 6 日

案准银行公会转知，以贵行长征询同业间对于管理私营银钱业暂行办法暨各项管制措施，反映情况，经转达去后，兹据各会员分别提示，特汇总归纳详述如下：

（甲）对于各项措施认为合理而应该加强的

一、不时检查各钱庄库存及严密审核各项表报账据，得以督促各会员钱庄业务逐步纳入正轨。

二、检查非银钱业私营拆放或调拨汇款，确实可以严防游资在黑市中兴风作浪，尤希

望加强进行。

（乙）对于各项措施希望酌予改善的

一、存款余额问题，以钱庄业务头寸宽紧，往往一日数变，对于匡计殊难严密准确。希望依照法文原则，以当日余额为准，但因事实上之变迁，或一时性不能符合，准援用华东区行疑问说明第七项办法弹性规定，得按上日余额，简言之，就以两天的余额均可作为核计的标准。

二、钱庄外埠同业往来，彼此代收款项或托归票款，决不能受存款比例之限制。银行之联行间、钱庄之外埠同业往来间，均是同样性质，应请平等待遇，借以照顾钱庄之活动。

三、钱庄因汇款关系，两地间头寸不能平衡时，每以卖出或买入汇款调节其平衡。自从奉令停做对期汇款，同业间调拨，亦同受例期限制，致钱庄偶因申汇过剩，苏市头寸紧促，只可求之同业拆放。是一方面必须负高额利息之支出，另一方面滥存申埠，仅得到低额存息之收入，一进出间，亏损过巨。希望对于同业间之调拨，准于当日电汇，减轻耗损。

四、现在各钱庄以配合政令，防止游资流入黑市，不惜减少利润，特别提高存息，而各项费用节流为难，不得不锱铢必较，以期自力图存。希望依照管理办法之规定，对于存款保证准备金酌予减低，减轻资金之呆滞。

（丙）对于各项措施应请变更原则的

一、金融事业扶助生产管理办法载订綦详，现在地方元气未复，确为当前切要问题，更希望公营金融机构仍本一贯原则，领导于前，共同扶助其发展，俾地方经济得以充沛。

二、公营金融机构现在对于各业申请汇款均可接受，而对于私营银钱之申请均不予许可。照本会各会员钱庄意见，认为人民银行现以人民的银行为原则，则私营银钱业同为人民之一，虽不必享受特别优越之利益，当可与其他各业同样待遇。

右列意见，均为本会各会员钱庄对于管理办法及各项管制措施真实的反映。爰为归纳如上，借资采纳。谨上中国人民银行苏州支行周副行长。

全国私营行庄调查表（新华银行苏州分行）

1950年5月

<table>
<tr><td>组织种类</td><td>公私合营股份有限公司</td><td>地址</td><td colspan="2">观前街146号</td><td>电报挂号</td><td>5552</td><td>电话号码</td><td>572、1692</td></tr>
<tr><td>总行庄所在地</td><td>上海</td><td>分支机构</td><td colspan="2">阊门分办事处、临顿路服务处</td><td>员工总人数</td><td>34人</td><td>本身员工人数</td><td>21人</td></tr>
<tr><td>最初开业年月</td><td>1946年8月</td><td>解放后核准机关</td><td>本市人民银行</td><td colspan="2">核准年月日</td><td>1949年6月16日</td><td>营业证号数</td><td></td></tr>
<tr><td rowspan="3">资本</td><td>设立时资本总额</td><td></td><td colspan="2">股份总数</td><td colspan="2"></td><td>每股金额</td><td></td></tr>
<tr><td>增设次数</td><td></td><td colspan="2">增资年月日</td><td colspan="2"></td><td>每次增资金额</td><td></td></tr>
<tr><td>现在资本总额</td><td></td><td colspan="2">股份总数</td><td colspan="2"></td><td>每股金额</td><td></td></tr>
</table>

续表

<table>
<tr><td rowspan="3" colspan="2">主要负责人</td><td>董事长</td><td></td><td>总经理</td><td></td><td>经理</td><td>冯执中</td><td>副理</td><td>蔡俊民</td></tr>
<tr><td>董事</td><td colspan="7"></td></tr>
<tr><td>监察人</td><td colspan="7"></td></tr>
<tr><td colspan="2">沿革</td><td colspan="8"></td></tr>
<tr><td rowspan="4">资产状况</td><td rowspan="4">置产投资</td><td>房地产</td><td colspan="7">观前街146号营业用房地产计地三分，房屋14间，估计约值人民币13230万元</td></tr>
<tr><td>营用器具</td><td colspan="7">估计约值1200万元</td></tr>
<tr><td>各项投资</td><td colspan="7"></td></tr>
<tr><td>有价证券</td><td colspan="3">人民胜利折实公债</td><td colspan="4">3100份，计78051700</td></tr>
<tr><td rowspan="2">业务</td><td>重点</td><td colspan="8">1.存款来源：大部分市民、住户、工厂、商店；2.放款对象：纱厂、面粉厂、绸厂及有利国计民生之工商业；3.汇出汇入以上海最多，次之无锡、南京、天津等地；4.与纱厂、面粉厂、绸厂联系较密。</td></tr>
<tr><td>计划</td><td colspan="8">吸收工商业游资转贷农业贷款，提倡市民储蓄，养成俭约习惯，注意生产事业、重点贷款及协助一般正当工商业发展，以臻经济繁荣，估计1950年上届存款36亿，放款16亿，上缴12亿，利息手续费收入90300万，利息支出57700万，费用35800万，财务计算尚不能平衡，约损失3200万元。</td></tr>
<tr><td rowspan="2">营业状况</td><td>解放前</td><td colspan="8">经营存款、放款、汇款等业务。</td></tr>
<tr><td>解放后</td><td colspan="8">经营存放款业务外，代理人民银行汇款，代收各项捐税，代销公债，代售印花，代收电灯费等。</td></tr>
<tr><td colspan="2">填报行署名</td><td colspan="2">新华信托商业储蓄银行苏州分行(章)</td><td>负责人签章</td><td>冯执中(章)</td><td>填表年月日</td><td colspan="3">1950年5月16日</td></tr>
<tr><td colspan="2">审核意见</td><td colspan="8">该行为公私合营银行，在本行领导之下，对业务之推进颇为积极，在公私合营银行中作风比较活泼，前途希望很大，目前虽尚不能收支平衡，但如继续努力，不难达到目的，表列各项所填属实，业务状况至五月三十一日止，存款266700万，放款85300万，账目亏损5400万元。中国人民银行苏州支行金融管理课(章)。</td></tr>
</table>

本表各栏如不足填写时，可另附表填注。

全国私营行庄调查表（四明银行苏州分行）

1950年5月

组织种类	公私合营	地址	观前街251号	电报挂号	0934	电话号码	1414、1415
总行庄所在地	上海	分支机构		员工总人数		本身员工人数	27人
最初开业年月	1937年6月	解放后核准机关		核准年月日	1949年6月	营业证号数	

续表

资本	设立时资本总额		股份总数			每股金额		
	增设次数		增资年月日			每次增资金额		
	现在资本总额		股份总数			每股金额		
主要负责人	董事长		总经理		经理	沈泽苍	副理	张春霖
	董事							
	监察人							
沿革								
资产状况	置产投资	房地产	本行自置，由总行营业					
		营用器具	2167160					
		各项投资	2000000					
		有价证券		人民胜利折实公债	已认购3180份，金额57553340			
业务	重点	存款以一般市民居多，放款以生产事业为对象，汇兑以沪杭两地工商市民较多。						
	计划	以1950年6月份计到各种存款二十亿，各种放款三亿五千万，存总行四亿，任务八亿，现金准备四亿，约计收付息相抵后，可多余二千五百万元，各项开支计四千七百万，内人事计二千六百三十万，事务计二千零七十万。此数系六月份估计，将后当在力求平衡，1950年上期决算估计益二千万元左右。						
营业状况	解放前							
	解放后	业务上接受人民银行领导，配合国策，在同业争取领导与模范作用并代理人行各项委托业务。						
填报行署名	四明银行苏州支行	负责人签章	张春霖（章）	填表年月日	1950年5月20日			
审核意见	该行为公私合营银行，在本行领导和帮助之下业务日有进展，本年上届决算可以稍有盈余，表填各栏属实，房产一项已划归该总行营业，故未加估值。业务状况，迄五月三十一日止，存款158500万元，放款24860万元，账目盈余4600万元。中国人民银行苏州支行金融管理课（章）。							

本表各栏如不足填写时，可另附表填注。

全国私营行庄调查表（田业银行）

1950年5月

组织种类	股份有限公司	地址	苏州观前街208号	电报挂号	2529	电话号码	2189
总行庄所在地	苏州观前街208号	分支机构	无锡分行一处	员工总人数	57人	本身员工人数	30人
最初开业年月	1922年7月	解放后核准机关	中国人民银行苏州支行	核准年月日	1949年7月2日	营业证号数	

续表

<table>
<tr><td rowspan="3">资本</td><td>设立时资本总额</td><td>法币二十五万元</td><td>股份总数</td><td colspan="2">一万股</td><td colspan="2">每股金额</td><td>法币二十五元</td></tr>
<tr><td>增设次数</td><td>三次</td><td>增资年月日</td><td colspan="2">第一次：1946 年 11 月；第二次：1948 年 11 月；第三次：1949 年 10 月</td><td colspan="2">每次增资金额</td><td>第一次:法币一亿元;第二次:金圆二十二万元;第三次:人民币四千万元。</td></tr>
<tr><td>现在资本总额</td><td>人民币四千万元</td><td>股份总数</td><td colspan="2">四百万股</td><td colspan="2">每股金额</td><td>每股十元</td></tr>
<tr><td rowspan="3">主要负责人</td><td>董事长</td><td>宋炎文</td><td>总经理</td><td></td><td>经理</td><td>潘景郑</td><td>副理</td><td>丁亦俊、江嘉桢</td></tr>
<tr><td>董事</td><td colspan="7">潘景郑、孔叔慎、童瑞钟、吴仲英、丁亦俊、江嘉桢、史琴桢、孙鸣远、史琴若、吴仲培、吴仕勤、潘补孙</td></tr>
<tr><td>监察人</td><td colspan="7">张博渊、丁惕予</td></tr>
<tr><td>沿革</td><td colspan="8">公元 1922 年 7 月开业，发起人丁春之、张紫东、吴伯渊、潘侣云、潘子起等，股本五十万元，实收法币二十五万元，董事十一人、监察四人，由潘子起任总经理兼设储蓄部，至 1937 年抗战停业，胜利后，至 1946 年 11 月复业，增资为法币一亿元，董事十五人，监察五人，由潘景郑任经理(抗战前本行董事)丁亦俊、江嘉桢任副理，至 1947 年 9 月添设无锡分行，1948 年 11 月增资为金圆二十二万元，1949 年解放后重行增资为人民币四千万元，董事十三人，监察二人，组织未变更，经副理仍旧，本年 4 月 29 日无锡分行停业，现正清理中。</td></tr>
<tr><td rowspan="4">资产状况</td><td rowspan="4">置产投资</td><td>房地产</td><td colspan="6">人民币一千四百七十四万七千二百五十元(1949 年 10 月份增资时估计)</td></tr>
<tr><td>营用器具</td><td colspan="6">人民币八十九万八千元</td></tr>
<tr><td>各项投资</td><td colspan="6">仓库投资人民币一百万元</td></tr>
<tr><td>有价证券</td><td></td><td colspan="2">人民胜利折实公债</td><td colspan="3">三千零二十份(内无锡分行二千份)</td></tr>
<tr><td rowspan="2">业务</td><td>重点</td><td colspan="7">存款来源:一般市民;放款对象:工商业;汇款:汇出以无锡为多,汇入以上海为多;与公用企业、铁工厂等联系较切。</td></tr>
<tr><td>计划</td><td colspan="7">本行计划大纲如下:调节农村经济,扶助工厂生产,增进商业繁荣,鼓励节约储蓄。</td></tr>
<tr><td rowspan="2">营业状况</td><td>解放前</td><td colspan="7">因币制贬值飞速,营业仅能维持开支。</td></tr>
<tr><td>解放后</td><td colspan="7">因日前工商业情况困难,本行营业平淡。</td></tr>
<tr><td>填报行署名</td><td colspan="2">田业银行(章)</td><td>负责人签章</td><td>潘景郑(章)</td><td colspan="2">填表年月日</td><td colspan="2">1950 年 5 月 20 日</td></tr>
<tr><td>审核意见</td><td colspan="8">该行为一地方性之银行,资力薄弱。最近该行无锡分行因兑换缺额,停业清理,该总行信誉大受打击,业务呈现呆滞,若不充足实力,前途实无希望。表填房产估价远低于目前市价,至少可加六倍。计划系本年一月份所拟,按目前新经济情况的进展,该项计划已完全不符现实。该行业务状况五月三十一日存款 21980 万元,放款 12224 万元,账目亏损 6000 万元左右。中国人民银行苏州支行金融管理课(章)。</td></tr>
</table>

本表各栏如不足填写时，可另附表填注。

全国私营行庄调查表（诚康钱庄）

1950年5月

<table>
<tr><td>组织种类</td><td>股份有限公司</td><td>地址</td><td>观前街199号</td><td>电报挂号</td><td>2080</td><td>电话号码</td><td>2080</td></tr>
<tr><td>总行庄所在地</td><td>苏州市</td><td>分支机构</td><td>无</td><td>员工总人数</td><td>30人</td><td>本身员工人数</td><td>30人</td></tr>
<tr><td>最初开业年月</td><td>民国二十年</td><td>解放后核准机关</td><td>苏州市军管会</td><td>核准年月日</td><td>1949年7月4日</td><td>营业证号数</td><td></td></tr>
<tr><td rowspan="3">资本</td><td>设立时资本总额</td><td>洋四万元</td><td>股份总数</td><td colspan="2">二十股</td><td>每股金额</td><td>洋二千元</td></tr>
<tr><td>增设次数</td><td>三次</td><td>增资年月日</td><td colspan="2">民国三十五年九月二十八日；民国三十七年十二月三十一日；一九四九年十月四日</td><td>每次增资金额</td><td>第一次国币六千万元，第二次金圆九万九千九百八十元，第三次人民币五百九十九万九千九百六十元</td></tr>
<tr><td>现在资本总额</td><td>人民币六百万元</td><td>股份总数</td><td colspan="2">六千股</td><td>每股金额</td><td>人民币一千元</td></tr>
<tr><td rowspan="3">主要负责人</td><td>董事长</td><td>张冰如</td><td>总经理</td><td></td><td>经理</td><td>孔士瀛</td><td>副理 高梓琴</td></tr>
<tr><td>董事</td><td colspan="6">浦亮元、孔叔慎、李耀章、徐鹤亭、吴冠英、朱録嘉、孔士瀛、高梓琴</td></tr>
<tr><td>监察人</td><td colspan="6">苏髯孙、支达铨、丁履尊</td></tr>
<tr><td>沿革</td><td colspan="7">本庄由郭企青、高梓□等发起，开设于民国二十年，至二十六年十月因抗战军兴停业，三十六年一月三十日呈报复业，并改组为股份有限公司，解放后停业，于一九四九年七月四日经苏州市军管会准许复业（在抗战军兴后苏城沦陷，本庄资本损失殆尽，至胜利后筹集资金申报复业，改组股份有限公司，更换经理）。</td></tr>
<tr><td rowspan="4">资产状况</td><td rowspan="4">置产投资</td><td>房地产</td><td colspan="5">无</td></tr>
<tr><td>营用器具</td><td colspan="5">人民币十六万四千零六元（估值约计五十四万四千元）</td></tr>
<tr><td>各项投资</td><td colspan="5">苏州自来水厂股票五百股（无从估价），苏州联合仓库股份一百五十股（人民币一百五十万元）</td></tr>
<tr><td>有价证券</td><td>永安纱厂股票五十万股（无从估计）</td><td>人民胜利折实公债</td><td colspan="3">二千零六十份（五千二百八十二万四千三百八十元）</td></tr>
<tr><td rowspan="2">业务</td><td>重点</td><td colspan="6">存款主要来源以市民居多，工商业次之；放款重要对象以工厂为多；汇出入以上海最多；与纱厂、面粉厂、布厂联系较为密切。</td></tr>
<tr><td>计划</td><td colspan="6"></td></tr>
</table>

续表

<table>
<tr><td rowspan="2">营业状况</td><td>解放前</td><td colspan="6">解放前营业畸形发展，市场投机猖獗，客户收支频繁，存款数量甚少，且物价暴涨，币值低落，经营困难。</td></tr>
<tr><td>解放后</td><td colspan="6">解放增资后物价稳定，存款增加，最高达八亿弱，放款最高七亿五千余万元。本年以来各地银行、钱庄续有倒闭或自动清理，因此信用大受影响，存款锐减，迄今仅存一亿余元，而所放厂商贷款陆续呆滞，催收款项已有七千三百余万元，处境极大困难，进退维谷，尚期免收以渡难关。</td></tr>
<tr><td colspan="2">填报行署名</td><td>鸿盛钱庄（章）</td><td>负责人签章</td><td>孔士瀛（章）</td><td>填表年月日</td><td>1950 年 5 月 20 日</td></tr>
<tr><td colspan="2">审核意见</td><td colspan="5">查该庄资产方面除表填各项外，尚有前暗账项下封存黄金24 两余未列入（本区行知照保存）。计划方面，因该庄近来营业清淡，对去留问题劳资正在协议中，故未拟具，一俟决定，再行补充。该庄业务过去系在水准以上，自四月份起受其他私营钱庄停业影响，业务锐减，迄五月三十一日止存款 6876 万元，放款 2284 万元，账面盈余 7289 万元。中国人民银行苏州支行金融管理课（章）。</td></tr>
</table>

本表各栏如不足填写时，可另附表填注。

全国私营行庄调查表（福大钱庄）

1950 年 5 月

<table>
<tr><td colspan="2">组织种类</td><td>有限公司</td><td>地址</td><td colspan="2">西中市 35 号</td><td>电话号码</td><td colspan="2">1070</td></tr>
<tr><td colspan="2">总行庄所在地</td><td></td><td>分支机构</td><td></td><td>员工总人数</td><td>31 人</td><td>本身员工人数</td><td></td></tr>
<tr><td colspan="2">最初开业年月</td><td>公元 1899 年</td><td>解放后核准机关</td><td>苏州军管会</td><td>核准年月日</td><td>1949 年 7 月 4 日</td><td>营业证号数</td><td></td></tr>
<tr><td colspan="2" rowspan="3">资本</td><td>设立时资本总额</td><td></td><td>股份总数</td><td colspan="4"></td></tr>
<tr><td>增设次数</td><td></td><td>增资年月日</td><td colspan="4"></td></tr>
<tr><td>现在资本总额</td><td>七百万元</td><td>股份总数</td><td colspan="2">七万股</td><td colspan="2">人民币一百元</td></tr>
<tr><td colspan="2" rowspan="3">主要负责人</td><td>董事长 程庸畴</td><td>总经理</td><td></td><td>经理</td><td>金省吾</td><td>副理</td><td>郑逸庵、徐芷生</td></tr>
<tr><td>董事</td><td colspan="6">程庸华、卢宝之等</td></tr>
<tr><td>监察人</td><td colspan="6">张达甫、徐文卿</td></tr>
<tr><td colspan="2">沿革</td><td colspan="7">本庄开设于清光绪二十五年，至民国二十六年十月因抗战停业，三十六年二月呈准复业，改组为有限公司。解放后停业，于 1949 年 7 月 4 日经苏州军管会批准复业。</td></tr>
<tr><td rowspan="4">资产状况</td><td rowspan="4">置产投资</td><td>房地产</td><td colspan="6"></td></tr>
<tr><td>营用器具</td><td colspan="6"></td></tr>
<tr><td>各项投资</td><td></td><td colspan="5">仓库投资人民币一百二十万元</td></tr>
<tr><td>有价证券</td><td></td><td colspan="3">人民胜利折实公债</td><td colspan="2">一千份</td></tr>
<tr><td>业务</td><td>重点计划</td><td colspan="7">各种放款、存款、汇兑及一切银行业务。</td></tr>
</table>

续表

<table>
<tr><td rowspan="2">营业状况</td><td>解放前</td><td colspan="5"></td></tr>
<tr><td>解放后</td><td colspan="5"></td></tr>
<tr><td colspan="2">填报行署名</td><td>诚康钱庄(章)</td><td>负责人签章</td><td>金省吾(章)</td><td>填表年月日</td><td>1950年5月24日</td></tr>
<tr><td>审核意见</td><td colspan="6"></td></tr>
</table>

本表各栏如不足填写时，可另附表填注。

董事长　张冰如　苏纶纱厂总办事处襄理

常董　　浦亮元　苏纶纱厂厂务经理

监察　　苏髯孙　苏州纱厂襄理

以上三人在本市纺织工业界中颇具地位，文化水准较高，对新民主主义的经济政策尚能执行。

经理　孔士瀛　执掌该庄一切业务，为人精明强干，政治认识普通。

副理　高梓琴　年迈身弱，不顾问庄务，已失生意能力。

襄理　徐荫谷　辅助经理掌控业务，旧社会习气较深，现在努力加强学习。

该庄原来实力甚强，在新时代组厝的过程中，该庄已逐渐失去以往的作用，业务亦趋下坡，虽经精简节约，每月仍有赤字，该庄负责人虽勉力维持，前途终有顾虑，将来如欲巨额增资，恐难完成也。

全国私营行庄调查表（鸿盛钱庄）

1950 年 5 月

组织种类	股份有限公司	地址	观前街199号	电报挂号	2080	电话号码	2080
总行庄所在地	苏州市	分支机构	无	员工总人数	30人	本身员工人数	30人
最初开业年月	民国二十年	解放后核准机关	苏州市军管会	核准年月日	1949年7月4日	营业证号数	
资本	设立时资本总额	洋四万元	股份总数	二十股	每股金额	洋二千元	
	增设次数	三次	增资年月日	民国三十五年九月二十八日；民国三十七年十二月三十一日；一九四九年十月四日	每次增资金额	第一次国币六千万元，第二次金圆九万九千九百八十元，第三次人民币五百九十九万九千九百六十元	
	现在资本总额	人民币六百万元	股份总数	六千股	每股金额	人民币一千元	

续表

<table>
<tr><td colspan="2" rowspan="3">主要负责人</td><td>董事长</td><td>张冰如</td><td>总经理</td><td></td><td>经理</td><td>孔士瀛</td><td>副理</td><td>高梓琴</td></tr>
<tr><td>董事</td><td colspan="7">浦亮元、孔叔慎、李耀章、徐鹤亭、吴冠英、朱録嘉、孔士瀛、高梓琴</td></tr>
<tr><td>监察人</td><td colspan="7">苏髯孙、支达铨、丁履尊</td></tr>
<tr><td colspan="2">沿革</td><td colspan="8">本庄由郭企青、高梓□等发起，开设于民国二十年，至二十六年十月因抗战军兴停业，三十六年一月三十日呈报复业，并改组为股份有限公司，解放后停业，于一九四九年七月四日经苏州市军管会准许复业（抗战军兴后苏城沦陷，本庄资本损失殆尽，至胜利后筹集资金申报复业，改组股份有限公司，更换经理）。</td></tr>
<tr><td rowspan="4">资产状况</td><td rowspan="4">置产投资</td><td>房地产</td><td colspan="7">无</td></tr>
<tr><td>营用器具</td><td colspan="7">人民币十六万四千零六元（估值约计五十四万四千元）</td></tr>
<tr><td>各项投资</td><td colspan="7">苏州自来水厂股票五百股（无从估价），苏州联合仓库股份一百五十股（人民币一百五十万元）。</td></tr>
<tr><td>有价证券</td><td colspan="2">永安纱厂股票五十万股（无从估计）</td><td colspan="2">人民胜利折实公债</td><td colspan="3">二千零六十份（五千二百八十二万四千三百八十元）</td></tr>
<tr><td rowspan="2">业务</td><td>重点</td><td colspan="8">存款主要来源以市民居多，工商业次之；放款重要对象以工厂为多；汇出入以上海最多；与纱厂、面粉厂、布厂联系较为密切。</td></tr>
<tr><td>计划</td><td colspan="8"></td></tr>
<tr><td rowspan="2">营业状况</td><td>解放前</td><td colspan="8">解放前营业畸形发展，市场投机猖獗，客户收支频繁，存款数量甚少，且物价暴涨，币值低落，经营困难。</td></tr>
<tr><td>解放后</td><td colspan="8">解放增资后物价稳定，存款增加，最高达八亿弱，放款最高七亿五千余万元。本年以来各地银行、钱庄续有倒闭或自动清理，因此信用大受影响，存款锐减，迄今仅存一亿余元，而所放厂商贷款陆续呆滞，催收款项已有七千三百余万元，处境极大困难，进退维谷，尚期免收以渡难关。</td></tr>
<tr><td colspan="2">填报行署名</td><td colspan="2">鸿盛钱庄（章）</td><td>负责人签章</td><td colspan="2">孔士瀛（章）</td><td>填表年月日</td><td colspan="2">1950 年 5 月 20 日</td></tr>
<tr><td colspan="2">审核意见</td><td colspan="8">查该庄资产方面除表填各项外，尚有前暗账项下封存黄金 24 两余未列入（本区行知照保存）。计划方面，因该庄近来营业清淡，对去留问题劳资正在协议中，故未拟具，一俟决定，再行补充。该庄业务过去系在水准以上，自四月份起受其他私营钱庄停业影响，业务锐减，迄五月三十一日止存款 6876 万元，放款 2284 万元，账面盈余 7289 万元。中国人民银行苏州支行金融管理课（章）。</td></tr>
</table>

本表各栏如不足填写时，可另附表填注。

六、公债

中央人民政府政务院关于发行一九五〇年第一期人民胜利折实公债的指示

1949年12月30日

（甲）一九五〇年人民胜利折实公债，业经本院第十一次政务会议决定，于一月五日起开始发行，第一期发行总额为一万万份。按照各大行政区城市的多寡、大小，人口的多少，经济情况的好坏和工作的进展的程度等，分配各区推销任务如下：

华东区　四五〇〇万份，

中南区　三〇〇〇万份，

华北区　一五〇〇万份，

西南区　七〇〇万份，

西北区　三〇〇万份。

（乙）由于继续支援解放战争以及必须逐渐地有计划地医好战争的创伤，由于明年必须供给九百万的军队和行政人员，由于必须开始准备恢复和发展经济的各种条件，并由于新解放区的财政收入是缓慢地逐渐地增加的，因而在一九五〇年全国财政收支概算中还有赤字。为了弥补赤字，减少现钞发行，有计划地回笼货币，使一九五〇年全国的物价，达到逐渐稳定的程度，以开始保证各阶层人民的安定生活和工商业的正常发展，才决定发行人民胜利折实公债。因此，人民胜利折实公债，可以说是为了胜利而发行，是一种“胜利负担”，全国人民均应踊跃购买。

一九五〇年人民胜利折实公债，共发行二万万份。公债数字与国家总收入数字相比较，是很小的，但它在克服我国目前所遇到的暂时的困难中，可能起一定的作用。毫无疑问，人民解放战争不要很久将完全胜利地结束。所接收的国民党部队和其他旧职员，约有四五百万人，在一两年之内，经过教育改造，也必然会大批转入生产事业。这样，在一两年后，军政费开支便会慢慢地减少下来。一九五〇年经济建设投资，约占全国财政支出的百分之二十四，远超过公债数额，以后投资必然会逐年增加，随着国民经济的恢复，财政状况也必将会逐渐向上好转，到那时，我们国家的困难，当会少于现在。

（丙）人民胜利折实公债的特点：（一）它虽是为了弥补赤字而发行，但它是有保证的，是建筑在全国胜利的基础上而发行的，它保证可以按期归还本利。（二）它是折实公债，等于定期储蓄。（三）它是有利息的，年息五厘。（四）时间不长，一年之后，即开始还本付息，五年还清。有这些好处，就给购买者以很大的利益，给社会游资开阔了一条正当的出路。

（丁）发行人民胜利折实公债，会不会因银根抽紧而使物价暴跌？物价暴涨对人民有害，暴跌对人民亦有害。因此，各级人民政府，在推销公债过程中，应采取一切有效办法，使市场银根适度，保持物价的正常状态，具体办法如下：（一）财政机关必须把财政开支和推销公债、回笼货币的工作，加以有机地配合。（二）贸易机关应视市场情况，根据自己的力量，有计划地吞吐物资。（三）金融机关应为黄金持有者购买公债方便起见，以适当的比价兑收一部分黄金。

（戊）公债推销对象，主要应放在大中小城市的工商业者、城乡殷实富户和富有的退职文武官吏。同时，各级人民政府在推销公债过程中，又必须审慎地区分工商业的大、中、小，殷实富户的大、中、小及工业、商业等具体情况，合理地分配推销数字。

大家都会同意，老解放区的农民在长期战争中，人力、物力、财力的负担已经很重，今年公粮负担，又达其总收入的百分之二十，公债不能再向农民推销，但自愿、合伙、小额承购者，也是欢迎的。

人民解放军向为供给制度，其生活最为艰苦，但它在历来的革命运动中，均起带头作用，在自愿原则下，欢迎其购买，不分配固定额数。

城市工人、职员、学生、公教人员和自由职业者，爱护祖国，向不后人，在自愿原则下，亦欢迎其购买，不分配固定额数。

国外华侨，对祖国解放事业，一向热心，希望其踊跃承购。

为此，各级人民政府，应在推销公债过程中，利用各种机会、各种场合，如各界人民代表会议、各种座谈会、同业公会等，向爱国的工商业界和殷实富户等，反复说明发行人民胜利折实公债的目的，务使大家从照顾全局、照顾广大人民的利益出发，踊跃购买，为国家出一把力，以克服祖国胜利中所遇到的暂时的财政困难。

（己）为便于推销工作的进行，县市以上各级人民政府，应组织人民胜利折实公债推销委员会，人民政府应指定专人负责，并吸收财政、银行、贸易等部门负责人和各民主党派、各人民团体及各界公正人士参加，负责办理推销与宣传事宜。

推销人民胜利折实公债，必须贯彻民主精神，做到公平合理，反对强迫摊派。各县市可按不同的行业分配预定数字，采取说服劝募、自报公议的办法，鼓励踊跃认购。各县市在分配预定推销数字时，如遇各该县市召开各界人民代表会议时，应提交代表会议讨论和通过。

各大行政区及中央直属华北五省二市人民政府，自公债推销工作开始之日起，须每十日（按月逢十）将推销情况电告本院财经委员会一次，不得间断。

关于公债每份含实物的物价通报办法，另行公布。

（庚）各级文教机关，各人民团体，应依据上列各项指示，利用各种机会及各种方式，负责进行宣传与劝募。

政务院总理周恩来　一九四九年十二月三十日

中国人民银行关于认购一九五〇年第一期人民胜利折实公债分期贴补利息办法

1949 年 12 月 31 日

（一）人民胜利折实公债条例第六条规定利率为年息五厘，自一九五一年起，每年三月三十一日起付息一次。兹以本公债自一九五〇年一月五日起发行，为了照顾早购者的利益起见，特规定分期贴补利息办法。

（二）分期贴补利息规定为二期：第一期（一月五日至三十一日）贴补全年利息十二分之二；第二期（二月一日至二月十八日）贴补全年利息十二分之一；从三月一日起截止发行日，不再贴补利息。

（三）上项贴补利息，按认购日折实牌价于应交债款价扣除之。

（四）付给贴补利息金额补算至□元为止，□元以下四舍五入。

（五）计算贴补利息方式举例如下：

假定一分票牌价为一万五千元，全年利息应得七百五十元。以十二除之，每一个月为六十二元五角，即第一期贴补一百二十五元，第二期贴补六十二元五角（实际计算中上例金额□元以下者按前条规定四舍五入）。

附分期贴补利息各单位计算表

第一期一份票 0.00833333，十份票 0.08333333，百份票 0.83333333，五百份票4.16666666。

第二期一份票 0.00416666，十份票 0.04166666，百份票 0.41666666，五百份票2.08333333。

附注一：以上两种补息均以八位小数计算，原有认购公债数额较大者，可将小数位增加灵活运用，勿为表内数字所限。

附注二：表内数字系将每一种类，一个单位全年五厘利息，化分为十二分之一（第二期贴息），及十二分之二（第一期贴息）。

中国人民银行　一九四九年十二月三十一日

工商界推销公债扩大宣传接受任务大会记录

1950 年 2 月 5 日

主席：陶叔南

报告事项

陶叔南：

一、人民政府和人民的关系。

二、支持人民自己的政府，解决财政困难，是人民自己的事。

三、增税和增发通货，于人民的好处，不如发行公债为佳。

四、1950年全国预算建设费占25%余，发行公债数仅17%。

五、公债是公责，本质上是建设性、储蓄性的，人民认购，没有损失。

六、工商界的困难是暂时的，好像大病以后的人，需要休养一样，休养时需要用钱。政府也是这样，要医治战争创伤，所以要发行公债，建设有了成绩，工商界的困难也可以消除了。

七、公债是认购，不硬性规定，我们对任务的分配，是公平合理的，希望当仁不让，因为损己利人是不容易的，利己利人是容易的。

韦主任：

一、任务光荣的，也有艰巨的一面，为着光荣，所以要努力完成。

二、诸位对公债，思想上要早有准备，具体行动的开始，仅仅十天，过程中情况良好，循此努力，苏州市八十万份的任务可以完成，我们有此信心，更有信心可以保证完成。

三、工商界是公债推销中的主要力量。

四、目前情况苏州市的作风和觉悟是提高了，这反映了苏州的进步。

五、此次苏州市公债的任务，是大家事大家做，在反复研究中进行，这确是开诚布公、民主作风的好方法。

六、光荣的意义有二种：（一）要完成任务；（二）要不违反政府政策。

七、在推销过程中，各业颇有带头、模范的表现，这样的精神，值得佩服。

八、要认识陶叔南先生所说的人民与政府的关系，人民政府的本质是大家办事，领导是准确的，所以我相信任务是基本上完成的。

九、但是仍要注意，对个别的问题，应再采取合理调整，就是钱多多出、钱少少出的原则。

十、把任务贯彻到底，不放松一分钟，不要疏忽，要有勇气贯彻到底。

十一、工作要细致，不要粗枝大叶，发挥高度民主作风，是必能取得相互了解，完成任务的。

沈壮声：

一、报告任务研究分配的经过。

二、各大业会员负责认购公债的范例（酱工一店最高三千，布三千六百，油二千，新药一千六百，银行三千）。

三、努力完成任务，信任本会处理时系公平合理。

四、宣读分配任务数。

各业自由讲话

沈泽苍：

一、银钱业保证完成任务，并争取超过任务。

二、不与其他行业相比。

三、不用摊派方法，原则是大、中、小互相照顾。

四、今天上午的决定仍有差额，我们银钱业决定把任务努力完成，并且一定超过。

五、我们是把资金和利润一起拿来买公债，不够的钱，可以分期付。

朱汝鹏：布业保证完成。

邵伟成：皮毛油骨小店自认，多下来的由中、大店负责，现在任务是3088份，我们已有3300份。

董复始：寿器同业已经商妥，并同意接受，决定保证完成，保证超过。

徐仁焕：本人代表煤炭业保证完成。

王树森：本人代表木业保证达成任务以外，还要向超额递进。

丁德昌：今天本人代表饼馒生面业谢谢各大行业给我们小业的照顾，所以一定保证完成，现在杭州已经完成并且超过了任务，俗语“上有天堂，下有苏杭”，苏州在前，不能落在杭州之后。

浦亮元：苏纶、苏州纱厂已认六万五千份，现在各工厂还在研究，想争取超过任务，同时希望掌握交款的日期，不要拖延，以便及早完成任务。

张学明：初知任务，认为艰巨，但与同业商量后，可以保证完成，保证超过。

冯焕章：本人代表茶食糖果业，认识公债的意义，和先有国再有家是相互结合的，我们思想上有此准备了，起先认为任务艰巨，现在在大中小会员协商之下，先可以保证完成，但是我们仍在争取超额之中。

沈继玉：代表卷烟业接受光荣任务，愉快地带回去。

周政委一峰讲话：

一、苏市工商界在此次公债中表现出高度的爱国热诚。

二、大会上苏纶带头认购，工商联诸先生努力服务，值得钦佩。

三、除买公债以外，在思想上还要提高一步。

四、少数工商业者强调困难，不确认其原因是由来已久。

五、渡过1950年最大最后的财政困难，巩固胜利，发展胜利，使我们转入和平、安定的环境。

六、有些商店，准备停闭，我们固知其有些困难，但仍应注意其是否别有原因（如因投机而倒闭）。

七、挺胸凸肚，眉笑颜开，克服一切困难，树立完成信心。

八、祝贺各位高度爱国精神的表现。

散会

主席：陶叔南

记录：吴少雄

吴县髹漆业同业公会为请求核减认购公债数额致苏州市工商联筹委会函

1950年2月9日

径启者：本会所属会员系手艺包作工业，并无流动资本，所申请登记之资本，即漆刷漆缸等工具生财折合而已，如会员承接油漆工程成交后，即向业主借取定款若干，购料雇工前往工作，至工竣后与业主总结账款，给付工友工资。迩来营业清淡，至接得微些工程均由店主自己工作，博得利润，以体力劳动工资来源换取饭食生活。近数月来各店铺因无工程，已入停顿状态，大部分会员生活均发生问题，事实俱在。迨对认购胜利公债任务尚表具体热诚，于二月五日下午二时在本会所召开全体会员大会，由施经理出席报告公债意义，即展开推销认购任务，结果认购热情甚为浓厚，然均力不从心，获得数字极微，六日上午及下午再行召集各会员举行认购任务，仍未达到任务目的，七日由各负责人进行推销，八日上午继续举行会议，决议公推代表五人赴贵会要求减购数字。旋经依据指示，回会商讨认购，结果三百零六份已尽最大之努力，除广泛宣传外，无法再行增购。相应将认购情形函请贵会查照核减，照以上认购数字决定，以恤本业之艰况而资迅速完成任务为荷。此致苏州市工商联合会筹备委员会

工商界认购公债胜利完成大会记录

1950年2月14日

时间：1950年2月14日下午2时

出席者：50余单位

主席：沈壮声　记录：吴少雄

报告事项

（一）工商界认购公债65万份，现已胜利完成。

（二）对工作队不辞辛劳协助进行表示感谢。

（三）在此次公债推销过程中，各业筹委、理事长热诚主持，会议中进步与积极先生协助支持，使任务臻于胜利完成，致意钦佩。

（四）在各业中经办公债事务，诸先生偶受落后分子指责，受了委屈，但此事系为人民服务，只有自己认定公债为对国家有利、对人民有利的观点出发，就不作计较了。

（五）报告各工厂、各公会认购公债完成任务并超额数字各情形。

（六）各业中尚有一部分保留数，此项数字系因工作尚未做好，故暂行保留，希望由保留数各业赶快迎头完成。

（七）督促未完成认购之公会加紧完成，系各业相互间应有责任，不能忽视。

沈泽苍先生讲话：

（一）认购公债以后，如何缴款始能有利工商，兹分析报告之，先说原则：

1. 公债与通货关系：保持通货与需要的平衡，增发通货在计划中仍有需要，公债系收缩通货之工具，使建设任务逐渐开展，物价可以争取平衡。

2. 认了公债不赶快购买，必将影响物价上涨，所以一定要赶快买。

3. 如果都到三月底同时购买，其危机将有：(1) 促成自目前起至三月底前物价狂涨。(2) 同时购买后物价狂跌是必然现象，可以想象。(3) 如果不分期购买，将会破坏发行公债的良好政策，同时也将有害于工商界，使其陷于困难。(4) 认购公债以后不即购买等于抛空物资的行为，于自己不利。

4、分期购买利益何在？先说明，自有折实牌价至今计增24倍，利率在同时期16倍，黄金15倍，美钞约增10倍，米23.6倍，纱18.4倍，油23.3倍，布17.5倍。公债发行后，物价与利率的比较，公债方面一月中旬5.8%，下旬8.3%，二月上旬

19%，二月中旬 22%，利率方面在同时期内增 58%（公债涨速 66%）照此推算三底牌价可能为 53179 元一份，还是照稳步上涨计算的。

5. 人民银行同意如购公债之款可存折实存款随时转账，分期购买比较稳妥，更好的办法是在二月底以前完成一半，三月上中两旬全数买完，如果待到三月底必然冒险，不是稳步办法。

散会。

劳资关系和
社会事业

一、劳资协商

针织业劳资双方协议

1949年7月21日

（一）因目前生产情形不够正常，为双方兼顾，自六月一日至八月十五日止，底薪1元为大米三升六合三六，待进入旺月后（阳历八月十六日至阴历年底），毛袜、线袜工资1元底薪折合大米四升五合，丝袜另议。

（二）六月一号以后之临时发给工资，原则多退少补。

（三）米价均照发工资时之米行门市挂牌中白米价钱折发人民币。

一九四九年七月二十一日

苏州市针织业工人代表：金元孝

针织业同业公会代表：王效良、王勇华、唐梦麟

苏州市酱业劳资双方协定年终津贴笔录

1950年1月4日

缘资方接劳方来函要求年终津贴，兹由双方负责代表协同商议订定办法如下：

（一）1949年年终津贴规定以两个月底薪为标准。

（二）该项两个月津贴以一、二、三月份平均发给，并以酱业工会会员为对象。

资方代表：朱宏涌、吕沅桀、汪哲夫

劳方代表：汪周安、方灶生、步锡璋

右通知各会员均照。

苏州市酱业工会、苏州市酱业同业公会

苏州市织布工业公筹会为转知解雇协议已经劳动局批准致美华厂函

1950年6月2日

案奉苏州市劳动局劳字第二三六号内开：五月二十日呈一件，为转呈美华布厂，因流动资金亏损，无法继续，并经职工同意，签订解雇协议，呈请备案由。呈暨附件均悉。所呈尚无不和，准予备案。此批。附件存。等因。奉此，相应函达，即希查照为荷。此致美

华会员厂

苏州市酱工业一九五〇年度年奖劳资协议

1951 年

年奖及年终双薪原则上应根据政务院财委会公布的“年奖双薪处理办法”的精神，各店均应一律照去年本业标准发给，不得无故借词减免，但如有下列不同情况，在劳资双方根据实际情况协商同意下分别酌情办理。

（一）个别店号因发给年奖而致资金在周转上有困难者，可协商分期发给，但须在农历年底前发清。

（二）去年（一九四九年）有困难而减免或免发之店号而今年比去年好转者，仍应根据好转程度，按照去年本业标准发给或减免本年年终奖金。

（三）个别店号困难相当严重者，可根据实际情况，劳资双方自行协商或减或免，如协商不成，双方均可提出具体理由，向本业劳资协商会议请求研究协商办法。

（四）新开店号无旧例可援及个别店号以往素无双薪或年奖者，应参照上列各条精神，根据实际情况协商办法。

（五）个别店号如今年盈余很多者，除按去年标准发给双薪或年奖外，可拨出一部分盈余，举办集体福利事业。

（六）帮各短暂在职者，以工作日期比例发给。

（七）各季白作工人连续服务满一个月以上而必须目前在职者，以工作日期比例发给。

（八）学生鞋袜费计第一年发米四斗三升，第二年发米八斗六升，第三年发米一石七斗二升，菜豆油回佣每担按门市菜油价格五两三钱计算，元酒壳子每票计米五升计算，麻油回佣由各店照向例发给。

（九）□□司务服务满一年者，发年奖米一石，不满一年者，按比例发给。

（十）兼营粮食各号，粮食部分小工年奖，以假定底薪十元为标准，职员□□□同样发给年奖。

（以上米价一律按照二十四万零五百元计算发给）

附：各店如□月未曾按月摊算发给者，仍照旧发给。

苏州市织带业劳资协商会议组织规程简则

1951 年

（一）本业为贯彻团结劳资关系发展生产搞好业务，以民主平等的精神协商，达到劳资两利为原则，特组织本劳资协商会议。

（二）本会议代表十八人，由劳资双方各选定代表九人共同组织之。

（三）本会协商范围依照中央人民政府劳动部公布劳资协议通则第八项之各项条款规定。

（四）本会议设召集人二人，由劳资双方各就代表中推定之，会议时由召集人轮流担任主席。

（五）凡劳资争议无法取得协议时，按劳动争议解决程序规定处理之。

（六）本会议每月经常会议二次，确定日期为五号及二十号，在必要时有一方提议取得对方同意后，得临时召开会议。

（七）本会议讨论事项须在会议前通知对方酝酿进行，使双方代表能得事先研究，俾使会议时能顺利进行。

（八）会议时有临时提议，须俟各项议程讨论完毕后，方可提出并取得双方同意，始得讨论，如原定事项在会议时未能解决结束，在下次会议时再继续讨论。

（九）本会议应由双方代表超过半数以上方得开会，有关一般问题的协议，经劳资双方代表同意后，即可成立，如重大问题的协议须由双方代表报告全体会员取得同意后，方可成立。

（十）本会议书记二人，由劳资双方各推任之，轮值会议之记录及保存文件等事。

（十一）如有撤换代表，须先通知本会议，通过本会议通过后，方可决定。

（十二）如有重大事项，由劳资双方代表同意并经双方代表签字之会议记录三份，双方各执一份，另一份呈劳动局备案。

（十三）本组织规程经本会议通过呈请劳动局备案施行之，修正时同。

中国纺织工会苏州市织带业联合筹备委员会

苏州市织带业同业公会筹备会：

马百川　朱春元　张福泉　朱昂霄　王文炳　孙忠义

周安详　洪有发　杨金根　张寿康　俞子健　文志勤

程延龄　顾凤山　顾翔云　蒋广德　归祖镕　王致祥

苏州市民船业劳动保险劳资集体协议（草案）

1953 年

第一条　为了保护民船工人职员之健康，减轻其生活中的特殊困难与顾虑，以资发挥其劳动热情，搞好与发展航运事业，发挥民船业资方集体负责之作用，特根据中华人民共和国劳动保险条例精神，结合民船业具体情况，由劳资双方各产生代表，经过协商，定本协议共同执行之。

第二条　本协议适用于在苏州市经营运输的各种雇佣民船工人、木帆船（包括货船、驳运船、煤石船、航船等）之船工，但须依据组织在本市者为限。

第三条　为有效地执行本协议之各项规定，劳资双方同意组织苏州市民船业劳动保险委员会（后简称劳保委员会），名额规定二十一人，由劳方组成之，每月十八日召开劳保会议，由劳保委员会负责发通知。

第四条　凡在本协议范围内的民船资方均须根据其所雇若干工人职员按月缴纳每人每月人民币××元作为劳动保险经费（后简称劳保经费），木帆船营业所大组收集，交劳动保险委员会存储人民银行保管，凡未参加民船业组织的船只由劳保委员会直接办理收集之。

第五条　各船劳方有负责督促资方按月缴纳劳保经费的权利，如资方不缴纳劳保经费或拖欠过期不缴者，由资方同业公会同劳保委员会函请该船主业务部门扣除劳保基金，另一方面限期会同该船工人缴纳，如再欠缴或拖延不缴者，该船工人生病时，概由该船方负完全责任。

第六条　工人职员因负伤时，由资方负责送医院治疗，其全部治疗费、医药费，经医生证明需要住院时之住院费、膳费、就医路费、医疗期证明后，上船工作，以上治疗时间之一切费用及工资在三月以内，由资方负责，连续治疗三个月以外者，由本人自理（如遇医治痊愈上船工作，适遇船离本埠，一律作为三个月内的医疗证明期间），工人职员在停船时（之内）工作时①七天后发生疫病者作为非因工疾病论；②七天内发生疫病作为因工论。

第七条　工作职员因工死亡时由资方付给丧葬费二个月（照实得工资包括伙食，加半工及伙工等），因工死亡者由资方付给丧葬费普通（中等）工资二个月，包括伙食、因工抚恤费，付给办法如左：①工人职员因工死亡时，其家属有特殊困难及无人劳动者，由资方负责在劳保经费内付给死亡家属抚恤费人民币一百万元整；②普通者付给抚恤费人民币八十万元整；③最少不得低于人民币六十万元整。

第八条　工人职员非因工疾病时由资方负责送医院治疗，其治疗费、普通药费经医生证明需要住院时的住院费由资方负责，并由资方发给百分之五十的工资及伙食，以作补助，但以三个月为限，三个月以外由本人自理，但贵重药费须由劳保委员会垫付之，待劳方病愈后，上船工作，分期偿还，如劳方有特殊困难，因不能如期偿还时，另行协商之。

第九条　工人职员非因工死亡时由资方付给丧葬费一个月，照当时实得工资包括伙食在内，并由资方付给死亡家属抚恤费，办法如左：另半工与伙工照一般工资。①工人职员非因工死亡时，其家属有特殊困难及无人劳动者，资方负责在劳保经费内付给抚恤人民币八十万元整；②普通者付给抚恤费人民币六十万元整；③最少不得低于人民币四十万元整。

第十条　工人职员在航行中病伤时，应按照情况根据第六条、第八条办理，俟船主到达码头时负责送医院治疗（如遇急病时疫报告船主及押运员停航就地医治）。

第十一条　工人职员因工残废时，得由工会及公会协商处理之，根据中华人民共和国劳动保险条例第十二条第二项规定执行之。

第十二条　工人职员因工受伤或非因工受伤均应在劳保委员会所特约医院内治疗（不与第十条抵触，如特到医院不能治疗另需换医院者必须通过劳保委员会）。

第十三条　以上各项资方负责之经费均由各该资方持发票单据及劳保委员会发给之海员疾病治疗证，向劳保委员会领取之，在必要时根据实际情况及手续可预支。

第十四条　资方应随船常备红药水、橡皮膏、纱布、药棉、急救水及止痛药品阿司匹林、口罩等。

第十五条　工人职员遇自己结婚及生育、父母妻子女死亡时，可向资方借工资一个月，分二个月交还，如果请假期超出一星期以外，替工由劳方负责。

第十六条　本协议规定资方应缴纳劳保经费应自1953年1月1日起缴纳，1953年6月30日实施本协议。

第十七条　各项费用，如劳保基金不敷支付时，得由劳资双方协商解决之。

第十八条　本协议呈苏州市人民政府劳动局审查批准后实施之。

第十九条　本协议如有未尽事宜，有修改之必要时，劳资双方呈报劳动局修订之。

第二十条　本协议正本一式三份，劳资双方工会、公会各执一份，呈报劳动局备案。

第二十一条　本协议解释权属于劳动局。

第二十二条　本协议有效期间自 1953 年 1 月 1 日起至1953 年 6 月 30 日，至期满后如愿延长或修订时，经协商后，呈报劳动局批准施行。

中国海员工会苏州民船工作委员会代表：倪锡荣、李家宽

劳方代表：

夏一民　夏洪喜　陈永庆　葛新才　黄　伟　王仲华　姜海滨　唐德普　马道安

朱霓根　任洪根　萧瑞生　陈友春

苏州民船同业公会代表：梁金保

资方代表：

余志成　游寿鹏　张国华　张义之　曹增海　徐国华　孙国良　崔鸿翔　胡振华

戴正荣　胡基成　陈天福　何秀山　陈福根（代）

二、放假休假

吴县酱业职工筹委会为中秋节资方不能无故辞退职工致苏州市酱业同业公会函

1949 年 10 月 5 日

径启者：本会查过去每届中秋节日，往往有少数店内按照旧社会之习惯，不问理由，无原则地将职工辞退，使他们立即受到失业的痛苦。从今以后，凡我业职工如有不好的行为尽可先加以教育改造，即使停职也应由本会调查考虑，予以适当之处理，否则资方或经理不能无故擅自辞退职工，设有此类不幸情事发生，凡属我业之会员本会自应以保障劳工利益而予以制裁，希请转知贵会各会员遵照办理为荷！此致苏州市酱业同业公会

酱业职工筹委会谨启。

苏州市店员工会联合会酱业工会为年关解雇职工调节纠纷致酱工业同业公会函

1950 年 2 月 10 日

径启者：废历年关已届，在以往旧社会里往往有解雇职工不幸事件发生，引起很大纠

纷，而妨碍生产，现为防止此种偏向起见，特转请贵会予以密切之注意，值此“劳资两利，发展生产”之际，如劳工设有缺点，仅可予以切实纠正，本“与人为善”之精神，帮同改造教育，促成进步，或有个别职工屡犯错误，不肯痛改而需解雇时，须先函告敝会，经调查属实后，共同处理之，相应函请贵会查照为荷！此致苏州市酱工业同业公会

主席：汪周安

副主席：步锡璋、吴百川

三、公用事业

苏州城厢外阊胥盘厕所清册

1949年5月1日

苏州城厢外阊胥盘区厕所清册			
厕所地点	业主姓名	业主地址	备注
阊门外山塘星桥南堍	陈渭生	阊门外臭马路	本册所列厕所均逐日清晨出清粪便，冲扫清洁，阊胥盘区计共六十四所
钱万里桥大马路	吴大本	钱万里桥街	
钱万里桥西堍	吴大本	同前	
阊门外知家栈	姚乾元、田国栋	臭马路	
万人码头	田国栋	同前	
混堂弄	田国栋	同前	
山塘陕西会馆西	田国栋	同前	
阊门大马路	周协卿	葑门外下塘	
横马路	周协卿	同前	
阊大马路修仙巷	周协卿	同前	
阊大马路天福弄	周协卿	同前	
阊大马路南星园内	周协卿	同前	
阊外南星路	周协卿	同前	
山塘殳家墙门	丁寿林	臭马路	
阊外丹阳码头	丁寿林	同前	
通贵桥弄	丁寿林	同前	
方基上	朱兆杰	钱万里桥街	

续表

厕所地点	业主姓名	业主地址	备注
北濠弄	朱兆杰	同前	
山塘通贵桥	朱兆杰	同前	
钱万里桥街	江静梅	钱万里桥街	
山塘通贵桥	江静梅	同前	
山塘姚线弄	江静梅	同前	
山塘洋桥头	文鸿棋、文鸿枏	臭马路	
阊外桐桥堍	文鸿棋、文鸿枏	同前	
山塘白姆桥西堍	顾传鑫、文鸿枏	臭马路	
毛家桥	田瑞生	同前	
阊外薛家湾	张庆生	臭马路	
阊外通贵桥	顾培林	臭马路	
渡僧桥方基上	顾培林	同前	
臭马路八字桥	顾如荣	南庄街	
臭马路乌船弄	顾斌魁	南庄街	
山塘白姆桥东弄	顾斌魁	同前	
朱家庄混堂弄	徐士龙	朱家庄青石桥	
上塘街普安桥浜	徐士龙	同前	
南濠街中南新园东	徐瑞甫	阊门外民庆里	
山塘伊家浜石家弄	周梅生	臭马路	
朱家庄三乐湾	顾利男	朱家庄青石桥	
石路木角弄	顾利男	同前	
阊外乐荣坊东口	朱兆雄	钱万里桥街	
阊门外吊桥堍朝北	朱兆雄	同前	
吊桥东堍朝南	杜坤荣	南庄街	
山塘桐桥南堍	杜坤荣	同前	
山塘臭水弄口朝西	杜坤荣	同前	
山塘毛家桥弄	顾传龄、田瑞生	臭马路	
胥门外大太平桥	钱文昌	葑门外下塘	
胥门外大洋桥	钱文昌	同前	
胥门外小日晖桥	钱文昌	同前	
胥门外大日晖桥	钱文昌	同前	
盛家弄	顾润庠	阊门外臭马路	
胥门外泰让桥	周协卿	葑门下塘	

续表

厕所地点	业主姓名	业主地址	备注
胥门外混堂弄对面	周协卿	同前	
由斯弄	周协卿	同前	
胥门外庙弄底	蔡裕卿	胥门外三乡庙上	
胥外长春弄	张新德	胥门外双桥	
胥外小施家弄	陆洪涛	胥门外长春弄	
胥外香山码头	徐瑞甫	阊门外民庆里	
胥外施家弄	徐仲甫	朱家庄青石桥	
胥门外小日晖桥	徐仲甫	同前	
盘门外徐公桥	钱文昌	葑门下塘	
蒋家桥浜	钱文昌	同前	
盘外娘娘弄	周协卿	葑门下塘	
水关桥	周协卿	同前	
盘外大马路 四海楼后面	周协卿	同前	
山塘毛家桥	顾斌魁	阊外南庄街	补入阊区
臭马路金山寺前面	徐麟瑞、吴大本	臭马路	
臭马路中	宋祥骥	臭马路	
李王庙桥南堍	陈渭生	同上	
杨安弄宝元街口	顾传龄	南庄街	
星桥湾丹阳码头	顾培林	臭马路	
山塘小郏弄内	朱兆杰	钱万里桥街	
老阊门城门口沿河	杜坤荣	南庄街	
山塘星桥南堍	顾培林	臭马路	
胥外马号坟	顾润庠、陈昌宾	臭马路	

苏州电气公司为请将所欠电费折合人民币付清致吴县丝织业同业公会函

1949 年 5 月 6 日

径启者：本公司目前经济至为拮据，所有贵会各会员四月份旧欠电费务希转知于五月七日前付清，依照一比二千五百元折合人民币计算，再五月份电价电力暂收每度人民币八十五元，电灯每度一百元。特此函请查照，迅赐转知办理为荷。此致吴县丝织业同业公会

吴县县商会为转知苏州电气厂拟增资招股，欢迎工商界组织银团集体投资致吴县丝织业公会函

1949 年 8 月 15 日

案准商办苏州电气股份有限公司本年八月十一日 38 电字第四九一号函内开：

径启者：敝公司比以经济不敷周转，经第二十一届股东常会议决增资人民币六亿元，并将原有资产以最低价值估计为人民币十八亿元，同时欢迎工商界、金融界组织银团集体投资，以期增资早日完成。惟念电气事业为地方公用事业重要之一环，对于工商业均有营业上之相当关系，敝公司向承贵会领导提携，获益颇多，如何提倡组织银团集体投资，则互助合作更可增进联系，共谋生产之发展，相应函请查照，迅予定期邀集各商界、金融界征询意见，商讨进行办法，并希先行示复，以便届期由敝公司派员出席，无任盼荷，等由。准此，事关地方公用事业互助合作，盼分函用电范围数较大或较有投资能力之各业公会，先行征询意见并函邀外，相应函达，即希查照洽办，并盼于一星期内惠予见复为荷。此致丝织业公会

经纶建记绸厂为电费过高提议数点供参考致吴县丝织业同业公会函

1949 年 9 月 22 日

径启者：兹关于电费过高，有提议数点提供于后：

（一）电费七月下旬电力每度一百八十元，现九月中旬二百九十元，计电价上涨六成一强。

（二）七月二十一日《新苏州报》商情类中白粳每石四万六千元，烟煤每石一万一千三百元，九月十九日《新苏州报》商情类新白粳二万八千五百元，上等烟煤每石六千三百元，计米价下降六成一，烟价下降七成八。

（三）据闻电气厂工友处之节约开支及燃煤已较前节有以上项比例计算，则电价势必较七月下旬价减低才合，何故反为增加？特此提议数项，盼出席各界代表大会代表采作参考。

苏州介昌丝织厂为电力不足请代向电气厂交涉致吴县电机丝织业同业公会函

1949 年 10 月 5 日

径启者：敝厂近日常感电力不足，织机常常停顿，打线车日间简直拖不动，爰特专函贵会，敬请向电气厂交涉，无任感荷。谨呈并请吴县电机丝织工业同业公会理事长均鉴。

苏州市工商业联合会筹备委员会为检发苏南行政公署关于水电优待几点解释致苏州市丝织业公会函（附解释）

1950 年 2 月 1 日

函　筹调字第四一二号　一九五〇年二月一日

（一）接奉苏州区工商局通知并检发苏南行政公署关于水电优待的几点解释一份，饬为转行遵照，等由。

（二）兹将原附件一份随函印发，即希查照遵办为荷。

此致丝织业公会

附：苏南行政公署关于水电优待几点解释

本会为扶助生产，发展新民主主义文化教育事业，优待人民武装、党政机关、人民革命团体及公教人员，曾颁布水电事业价格优待暂行办法（见一九四九年九月一日苏南日报本署工告字第三号布告）。实施以来，各地对其中若干规定，犹有不尽明确之处，特再做解释如下：

（一）优待办法第二条所指“有利于国计民生之生产单位”，即除与国计民生无益之生产单位外，一切公私营生产事业均得依本办法之规定，说明生产情况、马达容量，备文向当地工商局申请，取得核准证件后，持交各地水电厂存查，其动力用电，即可依照当地规定之电力价格支付电费（各地电力价格不得超过电灯价格三分之二），否则虽属动力用电，其电费仍照电灯价格计算。本条将于一九五〇年三月一日抄表起严格执行，希各公私营生产单位见报后迅速办理上项手续。

（二）优待办法第三条所列，凡能享受八折优待之机关、驻军、团体均须持各单位介绍文件，至当地工商局领取《苏南机关申请水电优待证》，逐项填写后，呈送各主管机关审核，经批准后，持交各地水电厂存查。所称各主管机关、驻军为团级以上之单位，党政机关、群众团体及文化部门为县级以上之主管机关，各机关、驻军、团体，在获得优待后，因迁移、拆表、换表时须向电厂注销，取回原证，必要时得重行办理申请优待手续。

（三）凡符合办法第四条规定之公教人员，应持机关或学校之介绍文件，至当地工商局领取《苏南公教人员申请水电优待证》，逐项填写后，呈送各主管审核，经批准后，持交各地水电厂存查。

（四）办法第五条规定《苏南机关申请水电优待证》又《苏南公教人员申请水电优待证》（年月可加以修正）由各地水电厂印制，呈送当地工商局核发。

（五）办法第二条、第三条所规定之优待用户需用水电数量，如因实际需要而有变动时，可重行办理申请优待手续。

（六）优待用户如与其他用户合用水电表时，其所用之水电数量，应与其他用户协议分担或用下列公式计算：

（使用电灯之总瓦特数乘每日平均用电时数乘用电日数）除1000等于用电度数，用电度数乘优待电费等于应缴电费。

优待用户每月须携带机关证件会同其他用户赴水电厂缴费，如委托其他用户代缴，须拟具委托书并附机关证件。

苏州市工商联筹委会转发关于水电优待几点解释的通知

1950年2月1日

（一）接奉苏州工商局通知，并检发苏南行政公署关于水电优待几点解释一份，饬转行遵照等由。

（二）兹将原附件一份随函印发，即希查照办理为荷。

此致

四、救灾救济

吴县图书笔墨文具商业同业公会关于劝募救灾的理监事临时会议记录

1949年7月20日

地点：富仁坊巷本公会

时间：下午三时

主席：吴光文

讨论事项：

为昨经县商会开会，今岁淫雨成灾，本市组织防汛救灾委员会，各公会应自动劝募，本公会应如何办理，请公决案。

吴县图书笔墨文具商业同业公会水灾救济会议记录

1949年8月9日

地点：富仁坊巷本会

时间：下午二时

主席：吴光文

列席：濮秉钧

报告事项：

防汛救济劝募会计分两组：防汛、劝募。劝募由明日下午开始，由全体理监事出动推进，明日上午为指定本会前往商会开会，希全体会员届时万勿缺席。

讨论事项：

劝募组之组织应如何推动，以各组长及理监事为劝募委员，请公决案。

议决：通过。

吴县油饼商业同业公会为防汛救灾等事开临时理监事会议记录

1949 年 7 月 21 日

民国三十八年七月二十一日下午三时

计到十人

主席：张学明

报告事项：

县商会函，为淫雨成灾，情势严重，本市各界组织防汛救灾委员会，本会定于七月十九日开会讨论由。

会员瑞丰号函，资本短少，豆饼生意清淡，缴销会员证书由。

县商会函，抄协助防汛救灾劝募办法由，附募册收条一百页。

讨论事项：

协助防汛救灾劝募经费案。

决议：以自愿乐助为主旨，多寡不须确定。惟探听别业大致以各店职工捐献一日所得，再由店方加献一倍，其款由店方垫付。明日派员携带收条分段劝募，集有成数，即行解送指定行庄，余依商会指示办理。

本公会迩来事务殷繁，各项支出又节节高涨，上月份全部收入不足抵现时米价三石，因之积有亏累，现七月份已届下旬，各项开支亦势不容缓，应否确定经费，俾维会务案。

决议：物价动荡靡定，若仍以币数计算，势必逐月调整，不胜其烦，应照其他公会办法，自本月份改以白米折算，分等收取，庶几一劳永逸，先行分发通知（照本日所定级数填明应收米数）。

兹于本月二十一日开会时提出讨论。

佥以物价动荡靡定若仍以币数计算势必逐月调整，不胜其麻烦，为经决定比其他公会办法以米为标准，分等收取，庶几一劳永逸。先行分发通知（照本日所定级数，填明应收米数），即日往收。

吴县油饼商业同业公会为劝募第二次水灾捐款开全体代表会议记录

1949年8月8日

主席：张学明

报告事项：县商会函，八月份起各公会经费每权改为四个半折实单位计算，由各界防汛救灾会发交劝募小组，榜出会议日期表，定八月八日，召集全体会员一体参加，由宣传组莅席宣传，希查照转知由；县商会函，准防救会函送第二次劝捐收据，于八月八日开始，一星期结束由。

讨论事项：此项淫雨成灾，方期抢救一部分，不意飓风忽至，不但全功尽弃，而江堤以崩溃泛滥，漂没田亩、屋宇不可胜计，淹毙人口亦数量颇巨，迄今露宿待援之难胞计有十万左右，无衣无食，厥状可惨，且潮汛将届，亟宜及时堵塞缺口，以免再生灾变情端。

决议：

照上月份月费四个月数目为最低额，如有乐于加多者，事属救灾善举，自属愈多愈好，即席推定收款代表。

山塘：江镇邦、刘子余

葑：吴文荣、徐震瀛、沈尚懋

齐：刘恂介

娄：夏寅生、潘仲衡

收款后即交四明银行。

吴县油饼商业同业公会为劝募水灾捐款尚未足额召集全体同业开会记录

1949年8月13日

主席：张学明

报告事项：

会员骏源昌号函，营业停顿，员工解散，缴销证书，请予除名由。

县商会函，准防救会函送义演券请推销十二张，每张两千元由。

又函水灾救济捐款，贵业以大米七十石为标准，请努力完成由。

讨论事项：

此次风雨为灾，非常严重，承防救会宣传组之同志不辞炎热，连日来会，宣述被灾同胞惨苦情状，本会各会员俱各深表悯恻之心，自当尽量劝募，本日再就范围较大商号设法再度加募，冀达七十石之目的。

决议：准照上项办法办理，明日上午再行派员出发。

吴县木商业同业公会会员关于防汛救灾的临时会员座谈会记录

1949年7月21日

时间：民国三十八年七月二十一日上午

计到十八人

主席：夏务滋（王树森代）

报告事项：

（一）本市各界组成防汛救灾委员会推进防汛救灾事宜。

（二）此次捐募防汛救灾经费或实物采取自由认购方式，数目虽无规定但不能过少，救灾自救，请各同业慷慨输将。

讨论事项：

（一）决定本业防汛救灾捐款或实物分组劝募，尽于二十二日结束。

（二）推定树森、善初、叶荫、本铉、志南、庭桂等分别依照同业地段负责劝募。

吴县铁钢商业同业公会为劝募第二次水灾捐款等事开全体代表会议记录

1949年8月8日

计到八人

主席：朱正卿

报告事项：

苏州区工商局函，为了解苏市工厂一般概况，拟定表格三种，希分转各厂填送由。

县商会函，八月份起各公会经费每权以四个半折实单位收取由。

各界防汛救灾会劝募小组发来扩大会议日期表，本会拟定八月八日下午二时开会，召集各会员一体参加，希知照由。

县商会函，准防救会函送第二次劝募水灾捐收据，于八月八日开始，于一星期结束由。

讨论事项：

此次淫雨成灾，正在抢救之际，不意台风忽至，不但前功尽弃，而江堤奔溃，泛滥无涯，漂没田亩屋宇不可胜计，淹毙人口数量甚巨，迄今露宿灾胞十万左右，无衣无食，厥象堪悯，且转瞬秋潮将届，亟宜堵塞决口，以免再生变端。

决议：由各会员尽量集施，不论现钞实物，愈多愈好。

会员胡升昌函报，改为时代生产修理所，退出本会由。

决议：应查明是否完全不作钢铁营业后，方能照准。

清理欠税委员会结合工商界人民代表及寒衣劝募公会联席座谈会记录

1950年11月23日

日期　一九五〇年十一月二十三日下午二时

地点　工商联

出席者　各业人民代表及清理欠税委员及寒衣劝募委员等二百余人

主席　陶叔南

主席报告：

（一）今天因为清理欠税委员会和协商委员会的工商界人民代表都在此地开会，其中有很多人同时是工商界分会或支会的会员，并且这三个会有很多意义相同的地方，所以把它合并开一个大会，以期便利。但寒衣分会委员们要请注意这个大会开过以后，随即再到里边去开寒衣分会委员会议。

（二）目前因为时局的发展，大家对于抗美援朝都很关心，表示响应，我们工商界虽然不能参加志愿军去打仗，至少应当在自己的岗位上，用实际行动表现出来。现在的政府是人民的政府，所以纳税即是支持自己的政府，倘使连这一点纳税观念还没有树立起来，那么抗美援朝的爱国精神又从何表现呢？我们苏州市工商界，纵然在一至四月份的税务工作上，曾经发生了一些偏差，如果借词负担不合理而拖欠不缴，不尽人民的责任，影响国家的财政收入是不对的。此次清理欠税委员会的组织，要请大家分工推动，号召缴清，但为实际情况确有困难的欠税户，仍可提出正确的反映，以求适当的照顾，做到及时的清理和解决。

（三）关于时事学习，我们工商界曾在北局开明大戏院及阊区开过多次讲习会，以后还要分期举行，希望各业踊跃参加听讲，回去做好详细的传达，以加强我们全市工商业者对于时事的正确认识。

（四）工商界寒衣劝募原任务为二万一千套，嗣因苏南有新任务交下，故总任务现在为三万套。目前其他各界劝募套数都已超额完成任务，尤其是居民方面超额得很多，我们工商界的劝募套数目前尚与任务距离尚远。希望各位回到本业劝募支会积极推动，把任务如期完成。

王市长讲话：

今天本市清理欠税委员会结合了第三届工商界人民代表和寒衣劝募分会委员在这里开会，机会很难得，它的意义是很大的。

关于欠税清理工作，上级领导机关很是重视，并抽调了干部来协助我们，但清理欠税应该是人民自己的事情，所以这工作主要由我们人民代表的协商委员主动发起，组织清理委员会来推动工作。今天请各位来开会，并不是以各位为欠税对象，是以各位为推动清理的原动力，所以今天我要谈的是怎样推动欠税，使各位对于这清理欠税工作能有准确的认识，我以为大家应该认识清楚的，有以下几点：

（一）首先要有一定要把欠税清理好的信心。怎样树立和坚强这信心？我们基本要相信广大的纳税义务人是拥护国家的税收政策的。要是自己没有这个信心，怎样能来说服欠税户呢？国民党反动政府事实上是四大家族官僚资本的统治集团，今天我们的政府是四大革命阶级联合组织的政府，我们的政府是事事与四大革命阶级有利益的，本质上与中饱私囊为害人民的反动政府大大的不同，人民政府的税收政策是取之于民，用之于民，积极地做各项有利于人民的工作，如反帝反封建、平衡收支、稳定物价等措施，无一件不是有利于人民的。我们向欠税户把道理说清楚，使他们认识人民政府征税的用途都是有利于人民的，他们纳税根本上是于自己有利的，道理弄通之后，他们必定会拥护的。所以我们必须要坚定信心，向纳税义务人进行说服教育，我们既不能用强迫命令，也不能用磕头主义，说请他们帮助，恳求他们，命令主义与磕头主义都是不对的。

（二）有人强调负担不合理不公平，这也是不对的。因为过去虽然税务工作上有一些缺点，但是合理公平的问题，至多也不过是欠税因素的一种，基本上主要的原因是我们政府没有做好教育工作，同时工商联和同业公会对于强调困难的工商界纳税义务人也没有很好地向他们耐心说服，帮他们进步，以致部分纳税义务人的觉悟还不够，有了不拥护税收的情况，使欠税相当的严重。这次清理欠税工作展开之后，居民方面的房地产税欠税户踊跃交款的很多，这就是教育群众可以使群众提高觉悟的明证。

（三）美帝侵略朝鲜，我们要抗美援朝，必须尽力支援财政收入，充实军事费用，以制止美帝的疯狂，在目前形势之下，清理欠税更要加倍地努力，因为清理欠税对于国家财政收入支援革命战争是有一定的作用的。并且还有一层，人民享受革命的利益是普遍平等的，部分欠税者只享利益不尽义务，专教别人负担，是不对的，同时对于自己也是不利的，把数个月的税款叠积并缴，不是自己更困难了吗？

（四）清理欠税的基本做法，我们不应当专靠技术方面的办法，要从根本着想。

第一，我们要结合时事教育进行纳税教育，就是不欠税的商店，也要反反复复地教育他们，把道理讲个明白，使他们提高觉悟，进步得快些。

第二，要觉悟的前进分子起带头和领导的作用，使落伍的欠税分子提高觉悟，也起来带头清缴。同时还要鼓励群众来参加推动清理工作，并必须结合耐心的教育，对落伍的欠税分子加以批评，再结合税务当局的规定处理办法来分别处理，但是主要的总是要进行教育，使他觉悟，觉悟了以后，再照规定办法处理，才算妥当。仅仅对于某些屡次反复教育，还不觉悟的顽抗分子，才可用惩罚的方法。

协商委员会谢副主席讲话：

（一）协商委员会感觉到各界代表的联系不够，特别是工商界代表面太广，人数又多，联系的需要更迫切，今天开会的机会，能使各位工商界代表聚于一堂，是很难得的。关于欠税问题，刚才王市长已经说得很清楚，主要是广泛地进行纳税人教育，大家都很明了了，现在我想来谈谈工商界人民代表的分组和关于工商界时事认识等问题，很简单地和各位谈谈。

（二）我们希望各位工商界代表组织几个代表小组，这小组的组织，对工商界的政治学习和各项工作的推进都是很有帮助的。协商会对各个小组经常供给各种材料，互相联系，以利进行。

（三）自从美帝的侵略一步一步地加紧以后，人民难免有因政治认识没有提高，以致对时事形势的认识有不够正确的地方。

我们首先要认清美帝确是一只纸老虎，认清人民的力量是无比强大的，我们日进于富强的新中国是有力量的。我们工商界应该加强时事学习，加强认识，认识清楚之后，什么问题什么工作，我们都能解决，都能做到了。

（四）所以在目前形势之下，我们对于清理欠税、劝募寒衣，都要结合着时事的认识进行宣传，使大家都能以种种的行动来表现爱国精神，来贯彻我们抗美援朝的决心。

朱委员宏湧报告：

略谓目前本市欠税情况很严重，必须予以清理，欠税的因素是很多的，归纳起来大概有下列几种：

（1）有些行业的欠税百分比还很小，这种情况大概是其中有不少欠税户是有个别困难的。

（2）有些行业欠税百分比很大，有着集体欠税的情况，大概是认为一至四月份评定税额有问题。

（3）有些欠税户在今年春间最困难的时候没有欠，以后情况好转，倒存着观望的心理，欠起税来了，这是因为觉悟没有提高。

为了分别处理不同因素的欠税情况，所以要组织清理委员会慎重处理，并就各业原有民评分会组织为清理欠税分会，更要求各位人民代表协助我们做清理工作。

具体办法，就根据不同的因素，大概分为下列几种：

（1）有些认为一至四月份税额不够公平合理的，我们应当这样：如该业多数商户已经缴纳，那么欠税户当然必须赶速照缴。倘若该业大多数甚至百分之九十没有缴纳的，其中凡是过去有过逃漏情事的商户，当然他现在应当照数速缴，如果没有过偷漏的商户，那么税款还是要赶速照缴，不能因此影响整个的国家税收，缴款后可再申请复议，可以考虑退税的。总而言之，就是不论何种情形，都要赶快照原款缴纳，如果确有评议不合理的情形，亦须于缴纳之后，方可申请复议。

（2）对于确系贫苦困难以致欠税的情况，可依合理的手续，经过公会的评议和清理委员会的审核，予以适当的减免。

（3）对于一般欠税户，必须除税额照缴外，并加课滞纳金，以示赏罚分明。

最后希望各位分会委员回去迅速布置工作，先召欠税户个别谈话，如有减免之必要，可即嘱其办理申请减免手续，分会应与税局干部密切配合，并随时向本会联系，如有问题可以来和我们研究解决。

主席归纳并补充报告：

关于清理欠税工作：

（1）请各位注意规定清理期限，如期做好工作。

（2）对于一至四月份税额有不够理想的，请先勉力照缴，再行申请复议。

关于人民代表分组办法：

（1）工商界人民代表共八十三位，分为八组。工商界人民代表中有协商委员八位，以每代表十人或十一人成立一小组，每一位协商委员应分别参加一个小组。

（2）各小组在组织成立以前，即以协商委员为各组之召集人，俟成立后再互推非协商委员一人为组长。

（3）分组名单在油印中，今天会上来不及分发，当俟印就另行分送各位。

关于寒衣劝募运动：

(1) 请各位寒衣劝募分会委员等一刻再到里面去开委员会议。

(2) 民政局为积极推动劝募任务，派几位工作同志来协助工作。

(3) 各支会并将由各区公安派出所联络协助。

(4) 本人代表市劝募总会及皖北灾脆，向各位分支会委员请求如期完成劝募任务，救济灾脆渡过寒冬，进行生产。

主席　陶叔南

记录　沈善鉴

政治军事

一、苏州解放

吴县县商会为苏州解放暂收临时垫款召集各业理事长会议记录

1949年4月28日

日期：四月二十八日上午十时

地点：本会大礼堂

出席：八十六单位

主席：戎法琴

报告事项：

（一）本邑已于昨日解放，本席深感兴奋，并向今日出席各位恭贺。

（二）本会曾于昨日下午召开理事监事临时紧急会议，经过情形提出报告。

讨论事项：

（一）本会召开紧急理监事会，以本县人民安全保障策进会比来需用浩繁，本会同为单位之一，自应分担一案，当经决议提交本日各业理事长会议决定筹措办法，特提请公决。

议决：由本会向各公会暂收临时垫款袁头一万枚，按权分担，每权应垫袁头三十五枚，一律于四月三十日前缴纳半数，其余半数于五月二日止缴清，并以下列比例缴纳：

甲、黄金一两作袁头四十五枚；

乙、金圆券四十万作袁头一枚；

丙、孙头以八折计算；

丁、龙洋以七折计算；

戊、鹰洋以六折计算。

（二）本县人民安全保障策进会事务组、工作组工作繁重，需才孔亟，拟请推选人员充任该组组员，以便联络案。

议决：推请：俞静安、殷志荃（菜馆）；曹子衡、姚根福（旅社）；王仁启（木床）；濮蕴石、洪长林（电料）；夏务滋、王树霖（木行）；陈宗濂、黄国雄（木器）；朱日新（南货）；涂浩泉、蔡渭森（西药）；钱锦章、骆友龙（戏院）；朱贻宏、居新正（浴室）；金杏荪、金立强（茶食）；郭润源、徐金鳞（猪行）；郑开明（蔬菜）；袁昶久、薛福兴（柴行）；倪慎安、张志明（肉）；张学明、陈君玉（油）；吕源棨（酒酱）；姚士镇、张榜第（粮食）；朱汝鹏、朱蓉江、史德生（布）；邵一清、徐康寿、严一阳（面粉）；张淳德、王效良、苏冑荪（百货）；沈继玉、张福坤（五洋）；朱仲卿、徐粹清（纸）；王兰生（印刷）；沈泽苍、郑范五（银钱）；孙渭渔、周永年（金银）；卢长庆、焦鼎贵（理发）；吴佩金（盐）等为事务组组员，以便协助办理。

戎法琴

吴县铁钢商业同业公会关于筹垫人民安全保障会临时费的临时全体代表会议记录

1949 年 4 月 28 日

民国三十八年四月二十八日下午三时为筹垫临时费案开临时全体代表会记录

计到十二人

主席：朱正卿（陈志云代）

报告事项：

昨日商会开会为本县人民安全保障会比来需用浩繁，商会自应分担，当经决定由本会向各业公会暂收临时垫款袁头一万枚，每权应垫三十五枚，并以列此值缴纳：

甲、黄金每两作袁头四十五枚；

乙、金圆四十万作袁头一枚；

丙、孙头八折；

丁、尤洋七折；

戊、鹰洋六折。

决议：本公会二权，应垫袁头七十枚，又备额外临时需要，派各会员以基数一倍半筹解，剪铁机照加。

吴县县商会关于劝导恢复营业的紧急通知

1949 年 4 月 29 日

（一）希劝导尚未复业之商号迅即恢复营业，勿再犹豫。

（二）奉会现已洽经工商自卫大队集中全体队员，进行自卫维持治安。

吴县县商会为各业理事长座谈会决议收取人民安全保障策进会临时垫款致各业公会通知

1949 年 4 月 29 日

查本月二十七日上午十时，各业理事长座谈会讨论事项第一案为本会昨日召开理事监事紧急会，以本县人民安全保障策进会比来需用浩繁，商会同为单位之一，自应分担一案。当经决议，提交本日各业理事长会议决定筹措办法，敬请公决，即经议决，由本会向各业公会暂收临时垫款袁头一万枚，按权分担，每权应垫袁头三十五枚。一律于本月三十日前缴纳半数，其余半数于五月二日前缴清，并以下列比例缴纳：

甲、黄金一两作袁头四十五枚；

乙、金圆券四十五万作袁头一枚；

丙、孙头以八折计算；

丁、龙洋以七折计算；

戊、鹰洋以六折计算。

前项记录相应录案函达，即请贵会按照权数暂垫，并希查照办理，勿延为荷！此致各业同业公会

吴县县商会关于推定安全策进会事务组联络员的通知

1949 年 4 月 29 日

查本会于四月二十八日召开各业理事长会议讨论事项第二案，为吴县人民安全保障策进会事务组工作繁重，需才孔亟，拟请推选人员充任该组组员以便联络案，当经公推台端为该组组员，以便协助办理，记录在卷。相应函送。即希查照，并请即日前往该组联络为荷。此致先生

郑开明（蔬菜）；袁昶久、薛福兴（柴行）；倪慎安、张志明（肉）；张学明、陈君玉（油）；吕沅椉（酒酱）；姚士镇、张榜第（粮食）；朱汝鹏、朱蓉江、史德生（布）；邵一清、徐康寿、严一阳（面粉）；张淳德、王效良、苏髯荪（百货）；沈继玉、张福坤（五洋）；朱仲卿、徐粹清（纸）；王兰荪（印刷）；沈泽苍、郑范五（银钱）；孙渭渔、周永年（金）；卢长庆、焦鼎贵（理发）；吴佩金（盐业公会）；俞静安、欧志荃（菜馆）；曹子衡、姚根福（旅社）；王仁君（木麻棕垫）、濮蕴石、洪长霖（电料）；夏务滋、王树森（木行）；陈宗濂、黄国雄（木器）；朱日新（南货）；涂浩泉、蔡渭森（新药）；钱锦章、骆友龙（戏院）；朱贻宏、居新正（浴室）；金杏荪、金立强（茶食）；郭润源、徐金鳞（猪行）

吴县图书笔墨文具商业同业公会讨论解放军筹借垫款等事项的临时紧急会议记录

1949 年 4 月 29 日

地点：富仁坊巷本会

时间：下午二时

主席：吴光文

讨论事项：

（一）为准县商会转知为人民解放军过境时期，恐其供应部队未能同时到达，向各业筹借垫款，本会应摊借袁大头一百零五枚，请公决案。

议决：依照会费基数每元摊借袁大头一元二角整。

（二）为准工商自卫团经费本会应摊食十二石，如何办理，请公决案。

议决：分区办理。

吴县瓷器商业同业公会关于筹缴临时垫款等事的全体会员大会会议记录

1949 年 4 月 29 日

日期：三十八年四月二十九日下午一时

地址：叶家弄一号华昌栈内

出席者：

祝君硕　平澄僧　项溥仁　刘介媒　高沄洲　振　兴　元　丰　黄仁发　大　兴
华　昌　张寿昌　刘建华　刘昌寅　永沅昌　祝昌记　新发仁北号　元丰兴记
吴宝记（平代）　义昌和　义　成　永兴祥　刘仪亭　现　代　競　美　元　都
钱泰沅　张发记

主席：祝君硕

记录：吕菊明

报告事项：

（一）奉商会紧急通知，各业所有批发及门市交易应维持原有价格标明出售，不得擅自抬高。

（二）奉商会通函，为人民安全保障策进会比来需款浩繁，本会应派临时垫款袁头一百零五元及十七日前应变临时费袁大头二十元，应如何筹缴。

讨论事项：

前项临时垫款如何筹缴，请公决案。

决议：依照分数比率分段，尽五月一日收集汇解。

关于本年三月份营业税前奉通知代收汇解，但于尚未收齐，计华昌、协兴、永泰祥三家未缴，而吴县已经解放，以致暂留本会计金圆券一百六十五万二千五百五十九元，该款如何办理之处，祈公决案。

决议：改为补助费充入本会经费。

吴县木商业同业公会为商会函派垫款事召开全体会员大会会议记录

1949 年 4 月 30 日

时间：民国三十八年四月三十日下午三时

计到三百人

主席：夏务滋

报告事项：

本月二十八日准县商会函，为二十五日开会以本县人民安全保障会比来需用浩繁，商会自应分担，当经议决向业公会暂收垫款袁头一万元，每权应派三十五枚，并定下列比值缴纳：

甲、黄金一两作袁头四十五枚；乙、金圆券四十万抵一袁头；丙、孙头以八折；丁、龙洋七折；戊、鹰洋六折。

讨论事项：

商会垫款七权应缴二百四十五枚袁头，并历次亏垫二十一枚，共需二百六十六枚，应如何分配负担案。

决议：该项垫款暂照下列办法分配负担：

甲等每家十四枚，乙等八元四角；丙等四元二角；丁、戊等每家一元四角；己、庚免收。

人民安全保障会事务组筹组合作社，本业被推为十三组之一，如有采用木材之时，应如何支配供应案。

决议：由本会各会员暂按下列比例分担负责办理：

甲、十二家　百分比 5.2354×12＝62.8248；

乙、五家　百分比 3.1422×5＝15.711；

丙、十家　百分比 1.5706×10＝15.7060；

丁戊、十一家　百分比 0.5235×11＝5.7575。

为期推动会务办事迅捷起见，应否分段推定干事负责以资便利案。

决议：推定：

胥：夏务滋、王树森；金：吴本铉、叶荫；

阊：张德培、吕文彬；塘：江志南、王国斌；

娄：徐焕文、符佩森；齐：程庭桂、王念椿。

大震入会案。

决议：照章办理。

吴县县商会为函知各业理事长会议议定临时垫款和工资发给案致各同业公会通知

1949 年 5 月 1 日

查四月三十日上午十一时，本会召集各业理事长会议讨论事项第一案为“四月二十八日，各业理事长会议商计筹借临时垫款一案决议项下，议定金圆券四十万元作袁头一枚计算，兹以金元贬值，应如何变更，以免后归还时发生困难，请公决案”。当经议决（一）金圆券折抵袁头办法应即停止；（二）各业筹借临时垫款各以金圆券缴运，以后归还时仍以金圆券偿付之。如届时金圆券停止流通，即以缴付当时之袁头市价折付袁头清偿，由本会会计室逐一询明袁头平均市价，登记备查；（三）以人民券、华中券、孙头、鹰龙洋缴付者，仍还原数。等语。又讨论事项第二案“为四月份各业工资应如何发给案”，当经决议，请各业自动斟酌情形，先行借支，俟标准确定后，再行找补，等语。各记录在卷。相应录案函达，即希查照办理为荷。此致各同业公会

苏州学界、工界发起成立苏州各界庆祝解放大会筹备会致工商界通知

1949年5月2日

查苏州业于四月二十七日获得解放，全邑民众对解放军之伟大成功，均具庆祝热忱。兹拟组织苏州各界庆祝解放大会筹备会，定于五月三日上午九时假座公园路教育局邀请军管会、市府、市委、工商文教各界举行筹备会议，商议一切筹备庆祝事宜。届期务希拨冗准时参加与议为荷。此致工商界

发起人：苏州学联筹备会主席团、苏州工界庆祝解放大会筹备会谨启。

吴县髹漆商业同业公会为申述会员经营困难无力承担临时垫款致吴县县商会函

1949年5月2日

窃本会会员属系手工业，原则代客髹漆工程，而无实力资本。自上年至今因受市面不景气影响，以致本会会员营业一落千丈，大部分相继陷于停顿，已有陆续兼营小贩以度生活，事实俱在。兹准贵会会字第三六零号通函，暂收临时垫款一则，特于五月一日召集理监事、各组长会议讨论，咸以理应履议，然均感力不从心，即经决议，请理监事及各组长分劝各会员设法外，应去函商会申述各会员困难情况，等语，相应函达，即请查照为荷。此上吴县县商会理事长戎。

吴县髹漆商业同业公会理事长陈炳生

吴县营造业公会关于筹集县商会垫款等事的理监事暨区组长临时会议记录

1949年5月2日

时间：五月二日下午二时

地点：本会大礼堂

出席：理监事、区组共三十人

报告事项：

（一）三十八年一至四月本会经济状况及亏欠情形。

（二）奉县商会通知缴付各项垫款，每权袁大头三十五元，本会负担二权，应缴袁头七十元，应即商讨筹措办法。

（三）日前营业停顿，会内收入全无，应商讨维持办法。

讨论事项：

（一）如何筹集县商会垫款七十银圆，俾可如期缴付案。

议决：每一单位应负担三角至五角，由理监事会同区组长在一星期内收齐。

（二）本会日常开支如何维持案。

决议：1. 试行月费；2. 征收办法交理监事会议决定之；3. 征收时技术问题由各区举行组长会议交换意见后，由本会归纳决定之。

决议散会。

吴县营造业公会关于解放后本会动态等的紧急会员大会记录

1949年5月10日

日期：五月十日

时间：下午三时

地点：本会大礼堂

出席：会员二百零六人

主席：鲁玉声

记录：彭清霄

报告事项：

（一）此次大会为本邑解放后首次集会，希望各以新的姿态协助会务。

（二）解放后最近本会动态：

1. 理事长忙于出席市商会及市政府等召集之会议；

2. 时常集合全体理监事到会报告会议情形，研讨会务；

3. 营业停顿，开支困难，曾由理监事各垫米一斗；

4. 筹借县商会垫款及筹划今后公会经费来源。

（三）希望会员今后应有的态度：

1. 会员要绝对服从团体决议，惟在开会时可尽量发表意见，一经决议，不可固执私意；

2. 开会须遵守时间，不可借故缺席及中途离席。

（四）理监事会现在听候改选中，惟在未改选前，原任理监事仍应负责会务。

（五）本邑工厂、商会两界为解放军进展神速，展开献米运动，业经市商会召集各业筹商办法。

讨论事项：

（一）本邑各界发动提灯庆祝解放，本会如何办理案。

议决：自由参加，灯烛由本会准备。

（二）本会会费收入枯竭，开支不敷，拟收月费，业经五月二日理监事暨区主任会议通过办法，请大会追认案。

议决：通过，各会员应协力办理，渡此开支困难时期。

（三）请组织通讯网，以谋传递迅速案。

议决：通过，由理事编组后，公布施行之。

（四）如何展开献米献柴运动案。

议决：

1. 确定献米数量，甲等每户六斗，乙等每户五斗，丙等每户四斗，柴甲等一百八十斤，乙等一百五十斤，丙等一百二十斤为原则；如力量大者，可随意增加，寒苦者，酌量减低。

2. 会员中有自房自屋者不可减低。

3. 如不能凑足规定数量时，再向经济宽裕之厂作捐献，以谋完成任务。

4. 由本会出具收据交会员保存，以备调换市商会之正式收据。

5. 会员献米柴可半数以人民券折价缴付。

议毕散会。

吴县石灰砖瓦窑业同业公会为送灯笼灯烛致苏州各界庆祝苏州解放大会筹备会函

1949 年 5 月 10 日

案准吴县县商会会字第三六七号通知内开：查各业交易行为应以人民币为计算本位，不得以其他货币代表计算，业经苏州市军事管制委员会本年五月一日经字第一号布告周知在案，近闻少数商店仍有以袁头为计算代表，殊不合法，相应函请查照，迅即转知所属会员，所有一切交易均须以人民币为计算本位，勿再有参差为要，等由。准此，相应录案函达，即希查照办理为荷。此致全体会员

吴县木商业同业公会关于售价以人民币为计算本位、准备庆祝大会等事的临时理监事会议记录

1949 年 5 月 8 日

时间：民国三十八年五月八日上午九时

计到十一人

主席：夏务滋

报告事项：

县商会紧急通知各业交易应以人民币为计算本位，袁头等殊不合法由。

县商会紧急通知各号批发及门市应维持原有价格不得抬高，嗣后各重要日用品若有涨

价，应先报请军管会商业局商业管理科审核由。

县商会函赶制庆祝大会灯笼 80 只附灯烛 320 支，于五月九日前送庆祝会由。

县商会函抄送庆祝大会人数编队调查表，迅速填送由。

苏州行政区税务局通知本会五日起征收营业等税由。

张德培君来函以身体孱弱辞去阊门段负责代表由。

讨论事项：

案令售价以人民币为本位，不得以他项货币代表案。

决议：

广木　原排　每两码　人民券 19800 元；

西木　原排　每两码　人民券 18200 元；

杭木　原排　每两码　人民券 14900 元；

丈八同　原皮　每两码　人民券 12600 元；

西同　原皮　每两码　人民券 6000 元；

八尺寸松板　原庄　每丈　人民券 5600 元；

杉方　每尺　人民券 46 元；

杉木板　每分每丈　人民券 560 元；

柳杉板　每分每丈　人民券 430 元；

四尺条子板　每扎　人民券 530 元；

三夹板　每张　人民券 930 元；

松段　每两码　人民券 2000 元。

拣选零售，看货定价。

上列价目暂照原有白米价以每石三千三百元折合人民币计算，俟宁、常批发恢复后，再行调整。

参加庆祝各单位应派人数案。

议决：

胥：王永顺、鼎昌裕、永泰昌、震生裕、乾大顺、大丰、元泰、永顺丰、天昌成、裕丰；

濠：丰泰裕、益丰、大陆；

金阊：大隆、益大、张乾源、顺源；

娄：森盛祥、协丰盛、祥康、裕德；

齐：王万康、大兴、中一。

每家各出一人。

张德培君函辞阊段代表案。

决议：事属公会义务，同业应共同协进，应请勉力。

吴县县商会代收银钱业认助吴县安全策进会各种费用证明

1949年5月15日

兹代收到吴县银钱业认助吴县安全保障策进会各种费用人民币十三万八千三百六十八元，除已收人民币二万元（前垫借金圆券三千万）外，实收人民币十一万八千三百六十八元整。此证。

吴县县商会

吴县木商业同业公会为请示如何处置王永顺木号保管的城防工事木材致吴县县商会函

1949年5月16日

径启者。查二月初由贵会购定城防工事圆木三百根、松板三百块，委托属会会员王永顺木号暂为保管。现在时过境迁，是项木材将何处置，迭据该号催询来会，惟经查悉，松根部分先后经人民安全保障会会同贵会凭证取去三百十七块，已透付十七块，圆木部分尚未取用，但已被窃二根。所存之木究应如何处置，亟应函请查照，迅赐解决，见复下会，以便转知照办。此致吴县县商会

吴县木商业同业公会启

王永顺木号等为接洽丹徒政府发还被扣木材致吴县木商业同业公会函

1949年5月23日

径启者：敝号等于去年联合集资向南京荣泰木号购进建筑材料，计西木一批，运放本市，讵本年一月间，途经镇江丹徒口，被伪江苏省保安队借建筑江防工程为由，扣留十九块，除已经用去两块外，现尚存十七块，仍停泊丹徒口原处，由当地政府管守。敝号等经营迁易，聊觅微利，以往压迫重重，损失不赀，困苦实难言状，兹际幸逢解放，快睹光明，大江南北业成统一，此项被扣木材，在我人民政府统治之下，应可通运自由，为特函请贵会查照，即希转恳有关主管机关，出给证明书，俾便与当地政府接洽，将该项木材发还，以资销售，减少损失，实感公谊。此致吴县木商业同业公会

王永顺木号、乾大顺木号、丰泰裕木号、张乾源木号、震生裕木号、鼎昌裕木号、裕丰木号、大丰木号、益大木号、元泰木号、益丰木号、泳丰木号、大陆木号、裕德木号

二、献粮献草

吴县县商会为讨论献粮配献问题召集各业理事长会议记录

1949年5月9日

日期：三十八年五月九日下午一时

地点：本会大礼堂

出席者：布业等九十二单位

主席：戎法琴

主席报告：

（一）今日上午八时出席与市长商谈关于献粮配献问题，市长指示授权商会办理，可以硬性规定；

（二）苏州献粮可无问题，全部大米中三百万斤可缴代金，其余三百五十万斤米要缴实物，缴柴日期可以比较暂缓。

现在负担的决定是工厂百分之三十，商会百分之七十。请各位表示意见，请先报自己姓名，以便记录。

戏院业钱景章：大小戏院现仅十余家，负担十权，实有困难，希望遵照昨天当局表示苏州现有六千余家商店，由各业按照店的大小，按级平均支配。

银行业沈泽苍：希望主席考虑戏院业办法。

织带业张寿康：一般人都想少负担些，但是商会向有权数的规定，可以仍做根据，此时不宜临时变更办法，否则妨碍献粮运动的进行。

髹漆业陈炳生：本业最近会员营业甚少，会员前一百家，现六十余家，实际仅五十余家稍有力量。现在大家坦白些，帮帮商会办事困难，不要虚伪。再有不加入公会的商店，希望也转请市长设法共同负担。

南北货朱日新：钱银业负担问题是否仍照旧办法，请付表决。

银行业贝祖武：本业力量薄弱，现状甚窘，可请各位去查查，我们亦是商会会员，不应叫我们在没有力量时更多负担。

土布业张公权：仍以权数有欠平均，各公会间因会员有多少，所以力量各有不同。

朱日新：银钱业的困难何不早说？我们可以与工厂力争。

沈泽苍：不是肯不肯的问题，而是力量问题。银钱业过去为地方服务，从不畏缩。过去有力量。现在确乎无此力量，可以请各位明了。

邵伟成：当局授权商会负责献粮，我们不可在今天讲出不协调之论，大家和衷共济地进行，我们对小公会有困难的大家再商量，是应该帮助的。

主席：献粮原则照权数分配，小公会负担问题另行讨论。

散会。

主席：戎法琴。

吴县油饼商业同业公会为商会开会通知献纳粮草事开会记录

1949年5月9日

时间：民国三十八年五月九日下午三时

计到五十二人

主席：张学明

报告事项：

县商会函，奉苏州军管会命令，应将一切表册文件之物造具清册办理移交，各公会迅即赶造会员名册一式五份于六日前送会由。

县商会函，赶制庆祝大会灯笼八十只附灯烛三百二十只，务于五月九日前送往由。

县商会函，各业交易应以人民币为计算本位，袁头等殊不合法由。

县商会函，各号批发、门市应维持原有价格不得抬高，嗣后各重要日用品如有涨价，应先报请军管会商业管理科审核由。

县商会紧急通知，抄送庆祝解放大会人数编队调查表，迅速填送由。

苏州行政区税务局通知奉令五月五日起征收营业税、营业牌照税等各项税收由。

县商会函，准苏州市税务局函，三月份营业税未缴各户现以第一次公布二千五百元金圆折合人民券一元缴纳，四月份加八十二倍课征由。

县商会函为决定三十八年征收营业牌照税办法由。

讨论事项：

市长召集各业公会开会为献纳粮草案。

决议：编订千分表，由各会员共同审定应派分量，讨论确定后，即依分担数负责缴纳，其手续等俟商会通知。本日初步编定，明日下午再行详细审定。

吴县铁钢商业同业公会为奉派献纳粮草等事召开大会记录

1949年5月9日

民国三十八年五月九日上午九时为奉派献纳粮草事召开大会记录

计到十六人

主席：朱正卿

报告事项：

县商会函，奉苏州军管会命令，将文件公物造册移交，各公会迅即赶造会员名册一式五份，于六日前送会由。

会员瑞春号函，为所存钢铁已罄，自即日起停止营业由。

县商会函，奉军管会指示，本埠物价波动甚剧，应由各公会转饬各号自动平抑，如有涨价必须先报工商局商业管理科审核由。

县商会函，赶制庆祝大会灯笼二十只、灯烛八十只，于九日前送往由。

县商会函，紧急通知为抄送庆祝大会人数编队调查表迅速填送由。

县商会函，各业交易应以人民币为计算本位，不得以其他货币代替由。

苏州行政区税务局通知，五月五日起开征各项税捐由。

讨论事项：

市长召集为献纳粮草案。

决议：俟本日商会开会决定派定数目，再确定分配负担，明日下午三时续开会议。

公会开支及应付庆祝大会等费用，应如何筹措应用案。

决议：照原定基数每一元收人民币两百五十元收取补助费，先行通知，即日往收。

吴县绍酒业公会各理监事暨各区组组长关于献粮等事的临时紧急会议记录

1949年5月9日

日期：五月九日上午

地点：本会

出席者：详签名簿

主席：范连法（代）　记录：高伯雄

（甲）报告事项：

（一）奉苏州市军管会命令，嗣后该会布发之命令诸民人等须一体切实执行；

（二）奉苏州市军管会工商局商业管理科科长张面谕：①开会须遵守时间；②议决案必须切实执行，不得阳奉阴违。

（乙）讨论事项

昨日县商会召集各业负责人开会，为向人民解放军献粮献柴运动按照权数分担，每权约需白米百石，吾业共计五权，应如何分担案。

议决：此事非少数理监事所能议决，定明日下午召集临时会员大会再行讨论。

吴县绍酒业公会全体会员关于献粮等事的临时紧急会议记录

1949年5月10日

日期：五月十日下午

地点：本会

出席者：详签名簿

主席：主席：范连法（代）　记录：高伯雄

报告事项：

（一）由主席报告县商会开会经过及献粮运动为人民应尽之责任，惟确数因县商会尚未派定，故今日只得暂以估定数分别由各会员酌量自身之财力自行供献而尽责任云。

此案经互相研讨之下毫无结果。

当由王柏樵君提议本案如在讨论之下必无决定，因此拟请授权于理监事作硬性规定，如有不服者，可请县商会解决之，当时附议者有施华兴等三十余人。

此案议决由理监事酌量各会员力量硬性规定后再行公布，并须出席明日县商会得一确数再定，故明日下午再行召开会议讨论云。

（二）由金理事报告税务局存酒登记等事。

吴县图书笔墨文具商业同业公会关于献米献柴事项的临时紧急会员大会记录

1949年5月10日

地址：富仁坊巷本公会

时间：下午二时

主席：张咏梅

讨论事项：

（一）为本市业经解放，万民欢腾，嗣后币值当可稳定，本会议价是否应恢复每月二次，并标价以人民币为本位，请公决案。

议决：通过。

（二）本会经费收支请经济组列表报销，请公决案。

议决：通过。

吴县图书笔墨文具商业同业公会关于献米献柴数量的临时紧急会员大会记录

1949年5月12日

地点：富仁坊巷本公会

时间：下午二时

主席：吴光文

报告事项：

本月七日晚奉惠市长召开临时紧急会议，以我解放军进军神速，辎粮部队一时到达稍迟，兹请本地父老兄弟献米六五〇万斤，另，米一斤并附柴二斤，希商界先行献奉，以后再由他方征柴，等由。谨此，转达本会各会员共议献奉标准，本会现经向商会恳商减为二权，献缴柴米计白米二万八千一百四十二市斤、柴草五万六千二百八十四市斤，提付讨论。

讨论事项：

集中提：依照以前认额为标准，不足之处提付大会讨论，如须依指数计算，须经调查后方能准确。

大公提：经临时理监事会暂议各会员可认数字估计按照指数，再凭各家实际情形酌予增减案。

议决：按照理监事原议数额征询会员共同意见，多数表决，暂定各会员认额另立清单。

吴县瓷器商业同业公会关于献粮运动如何推进等事的全体会员大会会议记录

1949年5月10日

日期：三十八年四月二十九日下午一时

地址：叶家弄一号华昌栈内

出席者：祝君硕、平澄僧、项溥仁、刘介媒、高沄洲、振兴、元丰、黄仁发、大兴、华昌、张寿昌、刘建华、刘昌寅、永沅昌、祝昌记、新发仁北号、元丰兴记、吴宝记（平代）、义昌和、义成、永兴祥、刘仪亭、现代、竞美、元都、钱泰沅、张发记

主席：祝君硕

记录：吕菊明

报告事项：

（一）奉商会紧急通知，各业所有批发及门市交易应维持原有价格标明出售，不得擅

自抬高。

（二）奉商会通函，为人民安全保障策进会比来需款浩繁，本会应派临时垫款袁头一百零五元及十七日前应变临时费袁大头二十元，应如何筹缴。

讨论事项：

（一）前项临时垫款如何筹缴，请公决案。

决议：依照分数比率分段，尽五月一日收集汇解。

（二）关于本年三月份营业税前奉通知代收汇解，但于尚未收齐，计华昌、协兴、永泰祥三家未缴，而吴县已经解放，以致暂留本会计金圆券一百六十五万二千五百五十九元，该款如何办理之处，祈公决案。

决议：改为补助费充入本会经费。

吴县瓷器商业同业公会关于加认献粮数等事的理监事会议记录

1949年5月11日

日期：三十八年五月五日上午九时

地点：祝昌记

出席者：

祝君硕　平澄僧　蒋振汉　张福霖　刘介媒　吴子良

张菊亭　刘仪亭　项溥仁

主席：祝君硕

记录：吕菊明

（甲）报告事项：本会一切会务亟待整理，特请各位商讨。

（乙）讨论事项：

一、四月二十九日全体会员大会讨论事项第一案，为商会临时垫款一案，因各会员营业清淡及金圆券折算为难，未予收取，旋经祝理事长君硕及刘常务理事仪亭合共垫借黄金一两，讵于五月二日前往缴解时，因商会无人鉴定，奉知等候电话再行缴解，但迄未接获电知，请备查案。

决议：准予备查，如奉电知，再行缴解。

二、各会员店中职员薪给向以底薪折合生活指数发给，现在生活指数无从根据，对于职员薪给如何发放标准，请公决案。

决议：以照底薪二十元折合白米一石，按市作价发给之。

吴县木商业同业公会关于分派献粮等事的临时会员大会会议记录

1949年5月10日

时间：民国三十八年五月十日上午九时

计到四十二人

主席：夏务滋

报告事项：

上日推赴商会出席代表吴常务本鋐报告奉派献粮情形及商会大会开会经过。

讨论事项：

苏州市工商业为担任献米四万三千三百余石一案，本会应派部分如何支配献纳案。

决议：分别等级如下：

甲级、每家十分，乙级、每家六分，丙级、每家三分，丁级、每家一分五点，戊级、每家一分，己级、每家五点。

会员程甡记代表程庭桂提议：

己级会员永兴裕环境困难，即每日伙食益难维持，应请豁免。

决议：查属实情，表决通过。

会员泳丰木号代表马经成提议：

该号自入会后，因货受阻长江，迄未营业，仍在筹办期间，最近已停供伙食，请予以免缴。

决议：尚属实在，改为戊级缴纳，表决通过。

泰丰木号王国斌提议：

该号及同丰、协德昌、大裕三号环境困苦，无力负担，请免征。

决议：减半缴纳，表决通过。

大陆木号代表芮锡臣提议：

丙级会员顺源木号依据实际情形应提升一级为乙级。

决议：表决通过，提升为乙级，另行致函通知。

协丰盛木号代表符佩森提议：

己级会员永昌木号确实无力负担，应请免缴。

决议：通过。

以上缮印通告。

来文录后：

县商会函准苏州市税务局函三月份营业税未缴各户，现以第一次公布二千五百元金圆折合人民币券一元缴纳，四月份加八十二倍课征由。

县商会函为抄发决定三十八年征收营业牌照税办法由。

县商会函准税局函本局经征税款人员如有勾结串通及行贿纳贿事情，经查实后，授受双方均应从严惩处。

以上三案录转各会员切实遵照。

吴县木商业同业公会关于献粮等事的临时会员大会记录

1949 年 5 月 14 日

时间：民国三十八年五月十四日上午八时

计到四十五人

主席：夏务滋

报告事项：

（一）会员顺源木号函本月十日开会时芮锡臣君提议将敝号征税比率提升列入乙等，敝号营业不及一年，原列丙等已见勉强，请予维持原级由。

（二）会员三泰木号奉通知为献米事，惟本号环境困苦，无力负担由。

（三）会员义昌鸿记函为员工伙食措筹维艰，献粮数目请减半缴纳由。

（四）会员义昌、永丰、大源函为商会权数增加，势必各号相继增加，乞照原数定额计算由。

（五）理事程庭桂报告昨日商会召开大会经过，苏州市长列席指导，关于献粮对象以有力工商业为主体，其余贫苦商民俱得免献，用示政府解放人民之至意，应由各同业量力输将，不得推派，请各位列席同业自由认定，俾便造册呈报。

县商会通知为献粮事奉局长指示尚有必须纠正之处由。

县商会紧急通知为指定缴柴地点由。

讨论事项：

（一）献粮运动如何进行案。

议决：秉承政府自由献纳原则，由列席同业就自己的力量个别担任，其余概予免献。

上项担任数目另表详列，即日呈报主管机关。

（二）交纳地点及时间如何规定案。

决议：仍照原定指定地点，以本月十八日为限。

（三）各同业认定数额为如期限完成使命起见，应否由会通知案。

议决：由会将各同业认定数额分别通知。

（四）本年二月初县商会购定城防工事圆木三百根、板三百块，交本会会员王永顺木号代为保管，现在情迁事异，应如何办理案。

决议：查该项木材既系县商会委托本会交王永顺暂为保管，应即函催县商会迅即决定办法，函复到会照办。

据查该项材木已由人民安全会会同商会取去松板三百十七块，已透付十七块，圆木未经取去，闻已被窃二根。

吴县竹业公会关于献粮及庆祝解放大会等的紧急全体会员大会记录

1949年5月11日

日期：五月十一日
地点：本会所
出席者：详签名簿
报告事项：
（一）此次献粮运动本会应献部分因商会当未确实通知，应如何办理案。
议决：关于献粮因时日仓促恐不及再开大会，授权理监事会公允处理。
（二）本会庆祝解放大会灯烛等费应如何筹措案。
议决：庆祝解放大会费，按照各号基数每元收人民币一百元，如有余，拨入经常费内。
（三）本会经常费应如何调整案。
议决：依照各号基数每元收人民币一百七十元。
（四）本会员工薪应如何调整案。
议决：自五月份起文书月薪白米一石六斗，工友月薪白米五斗。

吴县竹业同业公会会员献粮清册

1949年5月

正大	仁丰	臣记	永昌	建和	联昌分号	联昌	吴源丰	会员牌号		竹业公会会员献粮清册
300	440	440	440	600	300	741	1041	白米（市斤）	献粮数	
600	880	880	880	1200	600	1482	2082	柴草（市斤）		
			加米750斤、柴1500斤，共米1190斤、柴2380斤	加米1500斤、柴3000斤，共米2100斤、柴4200斤		加米3000斤、柴6000斤，共米3741斤、柴7482斤	加米5250斤、柴10500斤，共米6291斤、柴12582斤	备注		

潘隆顺	恒丰	公泰	顺昌	恒泰	一大	裕源	殷泰记	会员牌号		竹业公会会员献粮清册
	220	220	220	220	220	300	300	白米（市斤）	献粮数	
	440	440	440	440	440	600	600	柴草（市斤）		
免		柴未缴					加米 2700 斤、柴 5400 斤，共米 3000 斤、柴 6000 斤	备注		

合计	恒昌裕	永丰	隆兴炳	韩复兴	盛丰	茂丰	朱祥兴	翁德泰	裕泰	会员牌号		竹业公会会员献粮清册
19422					220					白米（市斤）	献粮数	
38844					440					柴草（市斤）		
	免	免	免	免	柴未缴	免	免	免	免	备注		

吴县县商会为抄发献粮数量及办法致吴县丝织业同业公会函

1949 年 5 月 12 日

（一）关于本县工商界献粮一案全数为白米六百五十万市斤，柴草一千三百万市斤。本会方面认献数量为白米四百五十五万市斤，柴草九百一十万市斤。

（二）兹依照五月十一日，各业理事长临时会议决定授权审核权数所得之结果，予以配认，计每权应献白米一万四千零七十一市斤，柴草二万八千一百四十二市斤（权数说明如附件）。

（三）查贵业现经审核决定为七权，按前述每样认献数量计算，应请认献白米九八四九七市斤，又柴草一九六九九四市斤（填写如有错误，希请参照第二项规定计算，并来会更正）。

（四）献粮日期及手续如左：

白米：五月十三日以前完成三分之一，其余三分之二一律于五月十六日以前全数完成。如因购买米困难，得于五月十三日以前依配献全数百分之四十，由公会集中径向人民银行依照当日米价洽付代金（以人民币及银元为限），取得收据后，当日报由本会汇报粮食局会计科查核，过期一律不收代金，概以白米缴献。关于缴献手续，可请各业径与粮食业公会接洽，定可协助办理。粮食业公会地址在宫巷小曹家巷，电话二〇五六号。

柴草：一律须以现品缴献，不收代金，并规定五月十三日以前缴三分之一，同月十八日以前缴三分之一，同月二十三日以前全数完成。柴草现价每担人民券三〇二元，各业如需大量采办，可请迳与柴行业公会接洽，亦能获得便利。柴行业公会地点在颜家巷附近小太平巷六号，理事长袁昶久，常务理事顾启华。当局希望每一期柴草数量内须缴稻草各一万担，只能超过，不可短少，希各注意。

（五）各业公会样到本件以后，应即将会员认献细数造册三份，以一份留底存查，其余两份送由本会分别存转，其项目如下：

丝线业公会会员献粮清册			三十八年五月　日
会员牌号	献粮数		备注
	白米（市斤）	柴草（市斤）	
合计			

（六）相应函请查照办理为荷。此致丝线业公会

附件

（一）过去及现在权数之说明

原有一〇五单位合计三六一权（如季节性公会均在内），经审核后单位无变更，全体权数为三五一权半。其中：

全免者：十二单位，计原权二十四权；

不依权数计算者：三单位，计原权五权；

减权者：五十二单位，原一四一权，现减为八十二权；

维持原权数者：二十四单位，仍为八十七权；

增加权数者：十四单位，原一〇四权，现增为一五三权半。

以上除全免及不依权数计算者外，实有权数为三二二权半

（二）关于分配献粮方面之说明

献粮数：米四五五万市斤，柴草九一〇万市斤。不依权数计算之公会及商店会员负担米一万二千市斤、柴草二万四千市斤。其他实有之三二二权半，每权依米一四〇七一市斤计算、柴二八一四二市斤计算，则共为：米四五三七八九七市斤半、柴草九〇九九七九五市斤。不足之数米一〇二斤半、柴二〇五斤，另行筹集。

吴县石灰砖瓦窑业同业公会为报送本会城区会员献粮数目致吴县县商会函

1949 年 5 月 14 日

径启者：窃查石灰窑业在事变前经常存货，生熟均有数窑，较大多窑多至十余窑，每年营业俱在万权以上，间有多至三四万权者。自经伪政府、反动政府一再改革币制，原料收取日就困难，致各窑存货最多者，只能保存一窑光景，多数尚不满一窑，营业衰落达于极点。此次县商会发起献粮运动，人民解放军为解放全中国，为解放人民起见，凡属国民，俱应尽责供献，惟为顾全自身资财，借维职工生活，能以合理手续，俾得如期完成。

吾业散居城乡，现县市划分，市区同业只剩六家，货财大致相仿，营业稍少者只有潘氏一家，担承半权，最为公允。为特书面报告本业状况，并将指献数目录后：永大：九石，顾四房：九石，泰隆：八石三斗，大昌成：八石三斗，潘聚和：四石，勤兴：八石三斗。此致县商会

吴县石灰砖瓦窑业同业公会关于收取采购军粮款项的通知

1949年9月1日

案查本公会九月一日第十九次理监事务联席会议讨论事项第一案，准县商会函请筹借军粮二大包一案，应如何拨借，敬请公决案。当时一致决议，因本会经济孔急，无力负担二包，函请该会减为一包，其负担办法，由会采购，款项由各会员预借经费一窑，俟后扣算，等语，记录在卷。相应录案函达，即希查照，请予惠付为荷。此致全体会员

吴县营造业公会关于献粮问题的临时会员代表大会记录

1949年5月15日

日期：五月十五日
时间：上午九时
地点：本会大礼堂
出席：会员代表121人
主席：鲁玉声
记录：彭清霄
报告事项：
（一）本会响应会员献粮经过。
（二）市府长官指示以往各业办理献粮错误及献粮之真义。
（三）会员献粮已送会者尽在十八日前领回。
（四）献粮要踊跃自动。
（五）今日召集之会员代表系经理监事审查境况较优者展开认献。
讨论事项：
（一）请确定本会会员献粮办法案。
议决：由会员自动书面认献数量多少，决不强迫，全凭能力，以符献粮真义。
（二）请决定理事长献粮数目案。
议决：公决理事长献粮一石。

（三）应否将自动献粮认定米数，呈县商会核示案。

议决：依照自认数量，造册呈候核夺。

（四）认献米柴如何汇集缴解案

议决：尽于十八日前汇集缴纳。

（五）应否先给临时收据案。

议决：制给临时收据以作凭证，日后调换正式收据。

（六）已送会之献粮及木柴如何领回案。

议决：由各会员带具收据，尽本月二十日前到会领回。

（七）献粮工作完竣，应否编造经过报告公布会内，以清手续案。

议决：通过，由理事会于结束时编造报告公布之。

议毕散会。

吴县县商会为开列加献米柴名单致吴县营造业同业公会函

1949 年 5 月 16 日

查贵公会送来献粮清册共 468 户，除已免各户外，其余100 户经呈准核定所有无力献米者应再剔免，计有 89 户外，并应另再加献白米 20475 市斤（柴草随附），由附单所开各户分别担任之。献粮要务，事经决定，不得托词推诿，致您缴献期限。相应函达，即希查照，迅即于五月十八日以前如数缴齐，随将缴解日期暨户名细数（如解代金，应予注明）一并列册，一式两份，报会以汇汇转为盼。此致营造业同业公会

<table>
<tr><td colspan="2">合计</td><td colspan="2"></td><td colspan="2"></td><td colspan="2"></td><td colspan="2">会员户名</td><td rowspan="10">同业公会会员献粮缴解清册</td></tr>
<tr><td>柴</td><td>米</td><td>柴</td><td>米</td><td>柴</td><td>米</td><td>柴</td><td>米</td><td colspan="2">认献数</td></tr>
<tr><td rowspan="8"></td><td rowspan="8"></td><td></td><td></td><td></td><td></td><td></td><td></td><td>十二日</td><td rowspan="7">缴付日期</td></tr>
<tr><td></td><td></td><td></td><td></td><td></td><td></td><td>十三日</td></tr>
<tr><td></td><td></td><td></td><td></td><td></td><td></td><td>十四日</td></tr>
<tr><td></td><td></td><td></td><td></td><td></td><td></td><td>十五日</td></tr>
<tr><td></td><td></td><td></td><td></td><td></td><td></td><td>十六日</td></tr>
<tr><td></td><td></td><td></td><td></td><td></td><td></td><td>十七日</td></tr>
<tr><td></td><td></td><td></td><td></td><td></td><td></td><td>十八日</td></tr>
<tr><td colspan="6">如缴代金，折米若干，应详加证明。米代金，每斤以人民币二十二元计算。</td><td colspan="2">备注</td></tr>
</table>

吴县营造业同业公会加献米柴名单

1949年5月17日

加献名单：
杨洪记　米3000斤，柴6000斤
陈凤记　米3000斤，柴6000斤
姚琴记　米2250斤，柴4500斤
郁万裕　米2250斤，柴4500斤
管福记　米2250斤，柴4500斤
王正芳　米1500斤，柴3000斤
顾信畲　米2250斤，柴4500斤
陈万兴　米2250斤，柴4500斤
周顺兴　米2250斤，柴4500斤
政兴　　米1500斤，柴3000斤
常厚记　米1500斤，柴3000斤
以上共计米20475斤、柴40950斤。
加减后应共献数：米24000斤，柴48000斤。
分别当面通知，限期献解。
附注：本单未列名者全免。

吴县县商会关于献粮缴解暨协助柴草采购等问题的通知

1949年5月18日

（一）准粮食公会函知该业代理献粮收付，兹因一部分商号核准减免，关于已经缴解之米，仓库方面如何发还，现经会员会议商讨决定，各仓库须凭证明发还并收回原掣收据，并规定各业商号由各业公会证明，等由。附送证明书样张，嘱为抄送各业公会查照办理。自应照办，兹将样张抄附，希查照洽办为荷。附证明书样张。

（二）关于各业会员献粮缴付代金方面，本会亟待明了缴付总数，以便统计，希依左开格式，迅于五月十九日报送来会（未缴付代金者，请来函声明代金收据，暂由公会保存）。

业公会会员缴付献粮代金清单

会员牌号	缴付代金				依每斤二十二元折算，计米数	备注
	月	日	收据号数	金额		
					斤	
合计						

（三）关于柴草问题各业除应迅速统计业已购解数量外，如再有短缺数量，必须本会协助采购者，应请速即来会洽办。柴行业方面亦可充分协助办理，以免缴柴发生困难。

（四）本会五月十六日会字第384号函，附送献粮缴解清册中“缴付日期”一栏，如系由公会汇集统解而不便逐户划分者，可在备注栏内加以说明。又，“认献数”栏内可将加献数一并加入填报，毋须另列一栏。

（五）以上各项希查照洽办为荷。

此致各业公会、商店会员

附：样张一份

查本会　会员减免献军粮　斤，请凭本证明并收转各仓库所存之原收据后，如数发还为荷。此致仓库

吴县　业同业公会

附告

（一）其他各业由各该业公会证明并收转各仓库所出之原收据后，如数发还。

（二）并无公会组织之商号由县商会证明并收转各仓库所出之原收据后，如数发还。

吴县县商会关于转知柴行公会代收献柴堆栈延期三天的通知

1949年5月24日

案准吴县柴行商业同业公会函称：径启者。敝会自承办本邑各界献草事宜以来，于事先咨行，为避免柴草供应不足起见，将确定数目均集中堆栈并限制各行门售，迄今限期十天已至，各界来会接洽购办献草者尚不足半数，以致敝会各会员行集中之柴草均未能将货款付清客户，致遭责难，各行应付颇感掣肘。兹为人民服务起见，决于今日起延期三天，各界如依然观望者，敝会各堆栈惟有将已收下之柴草发完后，即行结束，嗣后各界再有献

草由各界自理，俾便各行将货销售用户，得能付清客户账款，以维信誉而利营生。为特函报，尚希查照为荷，等由。准此。查该业公会承办代收柴草限期已满，兹再延期三天结束。凡各业公会如有会员欠缴柴草，应请于延期以内接洽购献，毋再延误。除分知外，相应函达，即希查照办理为荷。此致各同业公会、商店会员

三、庆祝新中国诞生

吴县县商会关于庆祝中华人民共和国诞生暨保卫世界和平示威大游行的准备会议记录

1949年9月30日

时间：三十八年九月三十日下午六时本会

主席朱宏湧：十月二日狂欢一天，下午游行，灯彩及各种游艺，晚上火炬游行。希望50000人大游行，工商界10000人。十月一日起准备工作。公会理事长带队。出席代表会议的工商界代表也要带头。每单位要尽量参加游行，每店至少二或三人。本人承推为中队长（工商界），又承工厂方面王兆祥及本会邵伟成二位协助。希望大家加紧努力，号召大家热烈参加。关于器材方面，已预备大灯500只，小灯3000只，由本会分配。国旗由本会代办的现有36面，计大号6面，二号30面，要的可以先向吴秘书接洽登记，款子等以后再收还。我们再预备要赶制小旗几千面。关于游行队伍的秩序问题：要组织纠察队来协助维持。我们预备每人给一面旗，使便于执行任务。至于人选如何产生，是推定还是指定，请各位决定。关于集合问题：这一次五万人大游行目的是一定要达成的。我们要使这次游行的情绪非常热烈和兴奋，我们当然是尽量来设计，尽量布置卫生和茶水的种种事情。集合地点我们商量后再决定，随时再用通知告诉大家。黄柱天先生介绍，篾带火炬使用起来非常美观，他们在木行内设法集中，先行统计，以后分配给大家，只收回一些成本。此次游行救火会方面协助工商界参加，由奚钟鸿、杨爽林二位领导。谢惟安先生建议，各业不要把学徒们来充数，最好由老板自己出来。明天（十月一日）下午一至六时，工商界筹备小组在义昌福常驻办公尽量协助。各位进行筹备，希望随时与我们联络。选代表的编组，大家要相互取得联系。

严一阳：（一）各业先报人数；（二）全体发佩戴的标志；（三）依出席人数定纠察；（四）编自行车队。

主席朱宏湧答复：（一）希望照办；（二）尽可能办，如时间不许就缓办。

沈继玉：纠察临时推定。

孔翔生：准备脚踏车，准备臂章，准备点心，准备手持的小旗和国旗。

王兰生：纸的国旗，现已着手印刷，大概明天早晨可以完成二万七千面。

朱汝鹏：各业自行准备横额，排队由工厂在前，商界在后，各业先后次序亦应妥当规定。

黄柱天：工商界排列的程序在第七队。

主席朱宏湧：先后次序，依报单的先后来排列，或靠抽签决定。

谢惟安：依报到时到达会场的先后排列，保持秩序。

黄柱天：关于店员不参加市民队事，我明天建议民政局考虑，免得工商队人数受限制。

主席朱宏湧：排队秩序决定按照依到达集合地的先后次序。出席者以负责人为原则，灯烛自备，门面即速开始装饰，第三天公会个别庆祝，聚餐，游艺。

冯焕章：对于面包点心要准备的话，请各业估计需要量，尽明天告诉我们，我们照批发价来负责供应。

吴县县商会关于庆祝中华人民共和国诞生暨保卫世界和平示威大游行的紧急通知

1949年10月1日

关于庆祝中华人民共和国诞生暨保卫世界和平示威大游行一事，我工商界同人业已于昨（三十）日下午六时在县商会举行座谈，集议各种准备事项。当时出席各员发言踊跃，情绪热烈，实为响应号召之积极表现，兹将有关准备事项再分别说明如左：

（一）大游行日期：十月二日下午四时在张家花园北营房开始举行，晚间举行火炬大游行。

（二）大游行人数：全体五万人，工商界参加者约为一万人。

（三）工商界定于同日下午二时在通和坊纯一中学集合，在场纠察指导编列次序后，原地休息，听候整队参加。

（四）希各业公会先将参加人数用电话向商会报告登记并推定纠察及联络员各一人。

（五）参加游行之公会会员一律须负责人亲自参加，由公会全体理监事带头，由理事长领队，游行时概不得擅自离队。

（六）为保持游行秩序起见，关于纠察任务及其标志规定如左：

1. 总纠察三人，由朱宏湧、王兆祥、邵伟成分别担任，其任务为指挥纠察团及各业纠察员，以红色三角形小旗为标志。

2. 纠察团二十人，由工商界理监事担任，受总纠察之指导，指挥各队纠察员，以妃色三角形小旗为标志。

3. 各队纠察员八十人，受纠察及纠察团之指导，进行秩序之维持，以黄色三角形小旗为标志。

4. 参加各员应一律接受各级纠察之指导。

（七）游行列队所用之前导布质国旗及纸质手持国旗、手持小灯笼暨参加者之佩戴一律由商会准备，依各业参加人数配置，希各公会于十月二日中午十二时以前派员携带空白收据，向商会洽领，所有价款容再通知结付。

（八）各公会请准备左列用物：

1. 本会布质横额一幅，竹竿两根。

2. 前导大国旗之旗杆一根（未向商会洽定者不必准备）。

3. 小灯笼用之灯烛。

4. 手持之彩色标语小旗（参照九月二十九日《新苏州报》刊载之口号缮写）。

5. 手持国旗之旗杆。

6. 需要面包可由商会代定。

（九）希各公会转知所属商号准备爆竹，游行经过时燃放，并商请大商号准备茶水用具，成立茶水供应站。

（十）转知全体商店应一律挂灯结彩，热烈庆祝。

（十一）各公会于十月三日举行个别庆祝，其内容可斟酌本业情况自行决定。

以上各项，相应函请查照。此致贵同业公会

吴县县商会关于庆祝大游行因雨改期的紧急通知

1949年10月3日

（一）兹奉庆祝大会电话通知，今日（十月三日）天雨，游行暂仍停止。

（二）明日（十月四日）如上午天晴，庆祝大游行即于下午开始。希各业将预备工作充分准备，以便随时以电话通知后及时参加。

（三）苏州市各界人民代表会议定于十月四日上午复会。如是日天气转晴，下午会议停止，全体代表参加庆祝大游行。

（四）各商店应各自于门面挂灯结彩一事，尚未普遍布置，希克速转知办理，并盼于今日务必完成（灯彩如因天雨关系，可在门面以内张挂，天晴时移置门外）。

（五）游行用灯笼、佩条、别针、手持小国旗（无杆），本会已分配妥当，希随时来会洽领。

此致贵同业公会

四、各界人民代表会议

苏州市各界人士代表大会商界提案书选摘

1949 年 9 月

（1）吴县面馆商业同业公会提案（1949 年 9 月 26 日）

提请讨论案	请求减免面馆业出售光面营业税
理由	饼馒业出售饼馒系平民副食品可以免税，而面粉业出售光面系属平民化食品，更占全部营业额半数以上，厚彼薄此，似欠公允。
办法	调查账册，剔除光面营业额依实课税，如不设账册者减半课征。
提案整理人	
审查意见	

（2）吴县浴室商业同业公会提案（1949 年 9 月 23 日）

提请讨论案	原有各业业规是否暂仍适用，对于非会员如何处理，请讨论案
理由	查各业大都均有业规之订定，经由过去当局之核备。此种业规，原以整顿同业业务，维护同业利益，旨使各同业有所准绳，互相遵守，为一般商业上之习惯。现值解放初期，本业原有业规尚未经政府核准之前，本会等无所适从，致业务顿形散漫。在此时间，对于原有业规是否皆仍适用，或加以修正。再，公会对于会员一般情况应更深切了解，现有一般开设水灶未有同业介绍申请入会，而公会对其一般情况并不了解。
办法	由大会转请政府明白规定，以便遵循。
提案整理人	
审查意见	

（3）吴县面粉商业同业公会提案（1949 年 9 月 26 日）

提请讨论案	面粉业请免营业税
理由	面粉为大众民食，今已由面粉厂出厂时缴纳货物税百分之二点五，应可免去其他税捐，而减人民负担，且面粉业之本质为推销各厂制成品，散发各需要者，所加手续费平均不过百分之二，于税法上亦可谅情豁免。
办法	凡专营面粉业整包出售者，概免营业税。
提案整理人	
审查意见	

（4）吴县香商业同业公会提案书（1949年9月22日）

提请讨论案	为五、六月份营业税额太重，嗣后请减少数字，以轻负担，应提请讨论案
理由	我苏州为纯粹消费城市，绝无巨商大贾，营业萧条为普遍之现象，万不能照无锡市比率增减，尤以我香业为家庭工艺性质，此次五、六月份竟占全市0.2%，实不胜负荷，应请较少数字，以轻负担。
办法	减少数字后，尚须请税务当局与商会研讨各业情况分配之。
提案整理人	
审查意见	

（5）吴县饼馒生面商业同业公会丁德昌提案书之一（1949年）

提请讨论案	为健全人民团体之组织，共同推行政令，提供意见，请大会讨论案
理由	查苏州解放以来，将近半载，而工商业之团体（即各业工业同业公会与商业同业公会）仍未直接受政府指挥督导，原有之公会负责人，推行工作及业务相当棘手，应于短期内请政府令饬各该业同时实行改组方式，以便协助推行法令，健全组织。
办法	请大会通过，函转苏州市人民政府工商局核办
提案整理人	
审查意见	

（6）吴县饼馒生面商业同业公会丁德昌提案书之二（1949年）

提请讨论案	为我业之营业税向是豁免，现在是否能继续免征，提请讨论案
理由	凡营业税乃国家之正税，而人民应有纳税之义务，为饼馒生面一业皆属于手艺劳动之辈，而制成之饼面，系平民化之副食品，因全体同业多数是小本求生或有类似无产阶级，而规模稍大者亦有之，但寥寥无几。苏州未解放前，我业之营业税向是豁免，至解放后五、六月份虽未列入纳税之单位，未知可能豁免之。以上所述，确系实情，迫非得已，仰祈大会通过。
办法	请求大会决议后，以大会名义转呈苏州行政区税务局核准。
提案整理人	
审查意见	

苏州市第一届各界代表会议第一次会议决议案

1949年10月21日

生产方面

关于如何解决原料采购、成品推销、资金周转等困难，并提倡与组织城乡互助、物资交流，以维持与恢复工业生产案。

决议：

1. 甲、工商界须树立正确的生产态度，认识政策，相信政策，打破顾虑，消除怀疑，发挥高度的积极性，并确立自力更生克服困难的信心；乙、政府主管应就过去经验中体会到的新解放区工商界一般性的顾虑疑忌，主动向各业解释、分析，减少不必要的疑虑；丙、组织工商界策划有计划的学习，使整个工商界对今天政府经济政策有一致性的彻底了解和醒悟。

2. 改变生产方针与发展生产方向——从为国外市场生产转变为国内市场生产，为国内扩大工农群众的需要服务。

3. 改善劳资关系。各工商企业应学习民主的管理，公开厂务和经营的过程，使职工能切实了解实际情况，促进劳资间相互谅解。（其他另详专门提案）

4. 改善生产经营的管理方法，紧缩开支（浪费），厉行节约，提高产量，减低成本，以积累资本发展生产。

5. 组织起来，集中财力人力智力，增强同行互助互惠，以解决原料、成品资金等困难。

甲、成立工商联合会——各界代表会议全体出席工商界代表为筹备委员，定期举行准备会议，互推常务筹备会负责筹备，除审查筹备委员资格、增聘筹备委员外，并草拟组织简章，准备大会会务，续苏南各界代表会议结束后，即行定期正式召开苏州市工商业联合会筹备委员会成立大会，负责整理工商组织，加强工商联系。

乙、根据办理联营业务十项态度，分别筹备联营组织。

（1）使无计划的方式变为有计划。

（2）在大小厂两利和产销互惠的原则下着手经营。

（3）收购原料，价格应照顾到农民来年乐于播种的情况。

（4）联营使各业冲破同行嫉妒、分散经营的态度，避免投机暴利的现象，使集中人力财力，共同克服在战争创伤后资金、原料、运输、推销的困难。

（5）政府提出一般的号召，各业应在自愿的结合精神下组织联营。

（6）联营机构在管理上，应采取民主作风，业务公开，经济公开，并接受共同的监督。

（7）必须筹集适当运转的资金。

（8）联营机构的成立，在共同解除工业生产上的困难，不应有中间的利润，如利息、运输及事务上的开支，应根据具体业务计划，保留准备金下支付。

（9）联营处本身不应有单独业务上的活动。

（10）联营处办事人员的态度，须有为各厂服务的精神，不应存在个人或个别厂方利益的企图。

附：政府主管机构请主动号召各地区联营机构，举行联营业务会议，解决原料分配，避免抢购。

丙、组织运销（如组织运销公司等），疏通货源，调剂有无（城乡交流），使运销商业更好地为工业生产服务。

丁、组织技术人员的研究组织，提高技术管理，提高成品的品质。

戊、组织参观团，举办展览会，改进品质，大开销路。

6. 甲、组织运输，推动民船业、轮船……等组织起见，或联合组织整理运输路线，配备充足的运输工具，建立与本市物资交流有关地区的运销组织，以达到货畅其流的目的；乙、计划吸收游资，建造新轮，壮大运输力量。

7. 进行工商登记，保护正当工商业利益，取缔非法经营及投机活动。

8. 甲、私营银钱业要努力发展正当业务，支持工业生产及正当的商业，动员社会游资及睡眠资金，投入正当的商业活动，严格反对与取缔市场投机。乙、银钱业在政府银行领导下，根据政府经济政策，增加生产贷款数额，减低生产贷款利率，达到切实扶助生产事业的目的。丙、政府银行对私营行庄生产贷款，准办理转抵押业务，以积极奖励行庄吸收睡眠资金，投资生产事业。丁、计划仿照上海人民银行吸收保值存款办法，投资生产。

9. 柴油亟待政府设法配给。

劳资关系方面

（一）关于确立正确的劳资态度问题。

决议：

1. 禁止虐待、压迫、打骂工人学徒。

2. 承认工人的政治地位，确立劳动创造世界的观念。

(1) 在不妨碍生产的原则下，工人有参加学习、文娱及一切政治活动的权利。

(2) 工人代表以上干部，一个月开会时间不超过两天，开会时间应事先通知厂方。

(3) 一般政府及工厂规定的条例不在其内。

3. 工人应遵守厂方行政领导及合理厂规，节约原料，爱护工厂器材，并提高劳动积极性。

4. 凡有关劳资双方的争议，例如工资、工时等问题，必须经劳资双方协议，方得成立。

5. 厂方应打破顾虑，克服困难，积极恢复和发展生产。

（二）关于正确地处理劳资纠纷问题。

决议：

1. 同意遵照上海关于私营企业劳资争议调处程序暂行办法处理。

2. 可采取双方订立集体合同制（例如九月五日《苏南日报》、《新苏州报》载北平国药业所订的集体合同）。

（三）如何合理解决工资问题。

决议：

1. 工资标准要根据：(1) 生产水平：照顾资方盈亏，使双方获有利润；(2) 生活水平：最低限度要保持工人最低生活费用。

2. 底薪问题是一个非常复杂的问题，中间确有许多不合理处，如男女待遇不平等，人事关系不平等，必须由劳资双方组织专门研究，以达到同工同酬的原则；目前底薪暂时一般不动，但个别确有不合理的，应酌予调整。

3. 工资以折实计算。

4. 工时最高不得超过十二个小时，商店不在其内。

（四）关于合理解决解雇问题。

决议：

1. 资方不得无理解雇，例如工人参加政治活动，资方以解雇相要挟，亦有以解雇要挟以达减低工资或其他不合理之目的等。

2．解雇条件：

（1）生产过程中确实不需要者。

（2）契约期满。

（3）如某工厂改变生产方向，必须呈报工商局，经工商局批准后，方得解雇。

（4）解雇时应发一个月至三个月的解雇费，契约期满者例外。

（五）关于合理解决复工复厂问题。

决议：按照上海市颁布的关于复业复工纠纷处理暂行办法处理。

（六）关于推进福利事业问题。

决议：

1．职工子弟教育问题：政府、总工会、社教学院，最近已设立职工子弟学校，但设立不够普遍，以后逐步增加。

2．创设职工合作社。

3．职工过去优待条件，一般保持原状，但个别不合理资方实在负担不起的，须由劳资双方进行协议。

4．女工生育问题：原则上一般的确定休养四十五天，个别小厂有实际困难情况，得劳资双方协议酌量减低。

5．职工医药问题：因公有病的，医药费全由厂方负责。

文化教育

（一）如何办好学校案。

决议：

1．经济方面：

（1）奖励捐资办学：甲、请政府减免私立学校地价税；乙、请政府订定奖励合于人民需要的生产教育办法（尤其私校）。

（2）依照政府订定办法，切实做到经济民主。

（3）建立思想基础，在不妨碍工作效率的原则下，积极地做到精简节约。

（4）就现在条件，发展生产教育，建立劳动观念，部分解决学生的经济困难。

2．行政方面：略

3．教务方面：略

4．师生员工的福利及进修方面：略

（二）如何办理社会教育案：略

（三）如何办好职工教育案：略

（四）如何解决失学问题：略

附：农民教育：略

税务方面

（一）建议政府尽速实施新营业税法案。

决议：

1．加强宣传教育——以工商界代表带头，以自己遵守法令从实纳税的实际行动，去教育与影响广大的工商业者，并在职工教育界推行普遍深入的宣传。

（1）号召城市工商业者要踊跃纳税，建立正确的纳税观点。

（2）为了负担公平合理，开展反对少数人的偷税行为，动员废除假账，建立真账，售货开具发票的制度。

（3）宣传新税法，轻税重罚及培养人民自动缴纳、大家自己办税的习惯，互相监督检举，确保负担公平合理及人民自己办税，以做到一人偷税，大家负责。

2. 建立纳税组织。

（1）以营业为单位，民主选举产生营业申报评议委员会，负责评议检查各业各户营业税申报是否确实。

（2）每一行业按地区之组成若干评检小组，负责评议检查各户账册及申报是否确实。

（3）本市由各业民主推选代表，组成总的评议委员会评议各业申报之数额及各业间负担比例是否合理公平，申报不实，可以退回重行申报。

（4）各级组织必须包括大中小工厂、商号及职工，并分开推选。

（5）各业包括原商会会员及非会员，由政府配合各业公会编组，经宣传教育推行选举。

3. 七、八、九月份营业额各户真假账一起申报免予处罚，号召假账向政府去登记。

4. 政府根据各业评议申报清册，进行抽查，如有申报不实，责成各业各组重行申报评检，再交政府审查，如经查后仍有申报不符，则政府按实际情况径行决定该业负担数字，由该业民主检查，在检查中申报确实之商号不属增加负担。

（二）关于编查本市房屋开征房捐问题。

决议：

1. 大会一度认为征收房捐为争取城市房主的财力支援战争，保障城市建设管理的很好办法，一致同意政府迅即启征房捐。

2. 本市房屋之间数、性质、等级及标准租金之评议，建议政府迅即进行房屋申报，至具体实施办法，交由税务专门研究委员会根据苏南行署颁定之房捐征收条例，参照本市情况，拟具实施意见，提供政府参考。

（三）关于成立本身税务专门研究委员会案。

决议：

为了加强税务机关与工商界的联系，并以群策群力来改进本身税政设施起见，大会建议政府成立本市税务研究委员会，人选由政府与代表会议常委共同聘请之。

市政方面（略）

苏南各界代表会议商界提案书选摘

1949年10月

提案1

朱汝鹏提

案由：为请恢复民国二十六年前批发营业税照零售减半课征之办法，以振兴商业繁荣经营由。

理由：窃查批发营业税，在民国二十六年前原为零售之二分之一（按当时零售为千分之五，批发为千分之二点五）。因（一）商业上之批发行为每多辗转数次，其税亦得累进征收；（二）批发利润低于零售；（三）批发营业数字高于零售。故批发营业税具此条件，自应照零售减半征课。虽抗日沦陷时期而此法不变，其故在此。当三十四年胜利后，因经济窳败，乃改批发零售统一征收，冀谋补救赤字财政，孰料币值迅速贬低，数字虽大，实际无多。解放后，万象丕变，经济之稳定，不减二十六年之前，而上海方面所定税率，仍照三十四年办法，期期以为不可。窃以税率之核定，关系经济之荣枯至巨，应环顾今昔实际情况之异同而适应之。盖今日同于二十六年以前，异于三十四年之后，则自应分别取舍，不能贸然沿袭。倘格于税收，勉行其事，则批发行为势必减少，货流呆滞，恐税收未必增加，而商业已日趋萧条，商业萧条，税收何由增加？是乃互为因果，故苏南营业税除五至八月已另案办理外，自九月份起实有恢复二十六年前批发减半之必要。所议是否可行，提请公决。

提案2

吴县鲜肉商业同业公会建议调整屠宰税税率及重量提案。

案由：为苏南行政区屠宰税与南京市办法两歧，请予重新调整税率及重量，以资一律而符实际案。

理由：查苏省屠宰税从前国民党政府时代系从价从量征收，而原定税率既高（从价征收百分之十），重量方面又硬性规定每猪一头按八十市斤计算，按之实际重量超越甚巨，肉业已久负重税及额外之义务。解放以来，我苏南各县市税务局均循旧例征收，未有变更。惟阅八月三日《新华日报》第三版载南京市征收屠宰税暂行办法，关于屠宰税税率已改为从价征收百分之六，猪每头以七十市斤计算。具征人民政府顾及肉商纳税事实以求合理之至意。我苏南各县市同属华东区区域，以同一货品、同一税收，自应请求参照合理调整，以资一律而符实际。当于此次苏州市各界代表大会备具提案，提请大会转请苏南行署参照重新调整，早日公布施行。经议决应建议苏南行署核办。现值苏南行署召开苏南各县市各界代表会议之时，自应再行提请参酌调整，以求合理之负担。

办法：应予提交大会审议后，转请苏南行署将屠宰税税率及重量参照南京市征收屠宰税暂行办法重新调整，早日公布施行。

提议者：吴县鲜肉商业同业公会理事长倪慎安
一九四九年十月十一日

提案3

朱汝鹏送来

案由：为手工土布之生产消费均属工农群众，拟请援照成例予以免税由。

理由：查手工土布向为常熟等地农民于农隙取土产棉花自纺自织，为各该地农村一大副产品。该项土布质地坚厚，适合一般劳工需要，假分布于乡镇之土布庄为桥梁，辗转传播，运销区域极广。因该项土布纯用土产棉花且系农民业余副产，而消费者又为工农劳动群众，故过去一向豁免任何税捐，旨在奖励其生产，帮助其竞争市场，以及减轻消费者工农群众之负担，一举三得，土布始有今日之成长。今后似应援例办理，以资发展。当否，敬请公决。

办法：请援例免税。

提案 4

苏州市运输商业同业公会提案

案由：组织苏州市运输联营联运合作机构，呈请政府协助指导案。

理由：结合同业，秉互助互惠之原则，并向各市县乡镇同业等取得联系联运，以谋货畅其流，务使运销商业更好地为工业农业生产服务。

要求：请政府领导帮助如下：

（一）克服燃料困难，请求油管处在本业轮船尚未改换用煤之前源源配售。

（二）运输频繁时，请求国营交通机构配发交通工具，如车辆（货车）等。

（三）为求自力更生起见，轮船急拟改油燃煤，但在改造期间须添置或补备，届时请求人民银行予以必要之贷款。

办法：组织联营、联运运输公司

（一）联合原有同业会员及有联系性的工商界集资结合，以互助互惠暨民主管理方式组织之。

（二）从业人员亦得尽量设法投资。

（三）整理运输路线，以谋与各市县乡镇组成联运。

（四）配备充足的运输工具，务求运输畅通。

（五）调研物资产销地之实在情况。

（六）普设各市县乡镇办事处或联络站及委托采销处。

组织法：以私营合作组织情况共同研讨拟订，并请政府备案。

吴县石灰砖瓦窑业同业公会关于定期选举本市第二届各界人民代表会议代表的通知

1950 年 4 月 16 日

接准苏州市工商业联合会筹委会秘字第六一四号函开：(1) 关于工商界动员选举本市第二届各界人民代表会议代表，大会前，为便利各业充分酝酿，并先行交换意见，曾将原定选举日期一律改开座谈会，以利准备；(2) 兹以各业酝酿工作大致准备就绪，特再将正式选举日期分别拟定日程表，随函附发，希各业依照日程表规定，并参酌前发选举注意事项，办理选举；(3) 选举日期仍由市政府指导人员及本会监选员出席；(4) 相应函送，即希查照为荷。等由。准此，查本会原定于四月七日下午一时，现改为本月十七日下午一时举行。为特备函奉达，即希台端准时出席为荷。此致全体会员

苏州市各界人民代表会议协商委员会第二次会议记录节录

1950年5月30日

主席：周一峰

出席者：

徐　步　黄桂天　王东年　陆钦墀　沈壮声　黄肇模　沈泽苍　吴□明　陶叔南
谢孝思　尤　旭　陶松华　汪荣生　杨亚南　毛　袞　瞿□丰　庄畏仲　范公任
周一峰　朱宏湧　阮　昕　张寿鹏　杨永清　江洪涛

列席者：刘长令（工商局）、新风（税务局）

报告事项：（略）

讨论事项：

A、生产计划委员会对于二届全会交下有关生产部门之提案，除了移请有关部门办理者（另见提案处理办法）逐案提请通过外，如公营企业核定门售与批发价格应照顾同一性质之私营企业案系有关全国者，应提请上级参考，其余如组织店员从事生产案、如何处理失业问题案、请指示克服困难的明确方针及对象案、生产事业应顾到供求之适当、严防黄牛活动案等，特合并为下列综合性提案一件，请予讨论。

本案讨论结果，同意生产计划委员会所提出之发展本市土产业及手工业工艺品意见，再根据王市长在一届全会的市政府报告“今后主要工作应当是继续克服困难维持和恢复生产”的意见认为：

（一）可以或必须维持的工商业，应发动劳资双方，在自力更生的原则下努力维持，同时政府在不违背稳定金融物价的总方针下进行重点维持。

（二）已经停业的工商业（如面粉业、油业等）已具有恢复的条件（如原料已有来源，出品有销路等），必须争取有计划地恢复。

（三）已丧失销路对象的工商业，应逐步引导其向着发展新兴的与可以维持和恢复的事业方向转业。

根据以上方针：（1）由生产计划委员会会同工商联、总工会研究具体方案，提供政府采纳，在政府领导下组织力量，有重点地开展这些工作；（2）由生产计划委员会会同工商联制定表格，调查本市土产业及手工业工艺品之具体情况，分别研究拟具发展方案，提供政府和工商界采择办理；（3）由生产计划委员会、工商联、总工会收集关于生产维持、恢复、发展、转业及公私关系、私私关系的各种情况，建议苏南各界人民代表会议驻会委员会扩大会议，以资研究办理。

B、劳资协商委员会对于二届全会交予的有关劳资问题提案，除应移请各有关部门办理者外（见提案处理办法），兹提出综合性提案一件，请予讨论：

（一）如何组织各工厂、各行业中劳资协商会议，以便适当地解决劳资问题案。

（1）推动各行业各主要工厂成立劳资协商会议，其中心任务为促进劳资双方根据两利政策，加强团结，共同克服当前困难，维持、恢复或发展生产；（2）劳动局、工商局会同总工会、工商联，一面普遍号召劳资双方民主协商成立协商组织，一面抓住主要行业、工厂，加强领导，切实协助推行，以便吸收经验创造范例；（3）各行业、各工厂之劳资协商会议，应根据各种不同情况，确定当前主要工作任务：第一种情况：生产照常，营业情况较好，困难不大，能保本自给，或有利润之工厂，其主要工作任务应为实施管理民主化，经营企业化，加强劳动纪律，发动生产竞赛，以提高生产情绪，提高产品质量，进一步改善劳资关系；第二种情况：生产困难较大，营业情况不好，收支不能平衡，以致停工停业或难以维持之工厂商店，其主要任务应为加强劳资团结，共同克服困难，相互照顾维持生产，对这一工作执行，会议一致认为要贯彻积极精神，强调转变营业方针，改善经营管理，积极鼓励增资，努力打开销路，开展业务，同时亦须正确执行精简节约，整个说应以节约为主，精简为次，精简必须服从生产需要，贯彻双方照顾精神，防止造成裁员运动的偏向，节约亦须从多方面着眼，根据不同情况作共同的、必要的与了解的努力；第三种情况：必须转业或紧缩生产之行业工厂，其主要工作应为推动劳资双方，很好协商停业或转业办法，达到能照顾双方、照顾今后、恢复生产的目的。

（二）如何救济失业工人案。

本案根据吴市长报告，前一时期本市办理救济的情况和目前失业的情况，讨论结果：（1）救济的原则：仍以生产自救为主，社会互济为次，辅之以政府救济。（2）救济的重点：应侧重于产业工人。（3）救济努力的方向：①介绍职业及转业；②沟通城乡关系；③发展地方土产业及手工业；④发动工人互助，社会互济。（4）救济的组织与办法：在救济分会未成立以前，由原有社会救济委员会会同工商联、总工会、生产计划委员会及政府有关部门协商办理。

C、税务推进委员会对于二次全会交予的有关税务部门之提案，除移请有关各部门办理及答复或请示者，逐案提请通过外（另见提案处理办法），提出以下四案，请予讨论。

（一）房屋标准租金应如何规定，及房屋是否应分商用、住用，以便调整房捐案。

（二）地价标准应如何调整，以免有畸重畸轻之弊，而便征收地价税案。

以上二案讨论结果：认为房租及地价之确定是参照过去办法加以调整的，未能充分讨论，故确有不少缺点。但现在春季房捐及上半年地价税均已开征，不宜于全面更动，但在征收过程中，对确实不合理者，应及时予以改正。俟本期房捐、地价税征收结束后，再认真地组织力量，根据调研材料及各方意见，对房租地价作全面的研究与评议，以求公平合理。

（三）如何取缔游击商及化形摊贩，以维护正当商人利益而增税收案。

讨论结果：最近游击商及化形摊贩日愈增多，不唯有碍正当商人之利益，并且对于税收及市场经济影响甚大，尤其以面粉业、粮食业为最甚，应由工商局、税务局会同工商联筹会及有关部门，确实调查，严加取缔，但应把正当摊贩与之区别开来，不应作一般的取缔，一般摊贩整理照原定步骤进行。

（四）关于鲜肉业之营业税及旅社、茶馆、戏院之房捐，因分季征收，纳税者确有困难，应如何办理案。

讨论结果：发动各纳税人向银行立存款户头，届期作纳税转账，以免集中付款造成困难。

D、市政建设委员会对于二次全会交下关于市政建设之提案，除移请各有关部门办理或答复者外（见提案处理办法），兹连同王市长所提各案一并提交讨论。

（一）造人造林案。

讨论结果：除由市政有关部门，即作造林运动准备外，并请农委会同建设局研究拟定计划，作重点造林。

（二）市政建设费应如何应用案。

讨论结果：由市政建设委员会会同政府有关部门研究计划，尽可能将卫生、救济、建设结合起来，多用于以工代赈方面。

（三）本市一九五零年度政教事业费概算是否分配适宜案。

讨论结果：由市政建设委员会深入商讨后向政府提出建议。

（四）当前防疫、灭蚊运动、公井消毒、夏令卫生等工作应如何推动案。

讨论结果：由市政建设委员会会同各界大力发动。

（五）户政改革应如何加强推动案。

讨论结果：由市政建设委员会多作商讨，提出具体意见建议政府。

E、文教小组对于二次全会交下关于文教部门之提案，除应移请各有关部门参考或办理者外，提出以下四案，请予讨论。（略）

F、临时动议及决议。（略）

苏州市第二届各界人民代表会议提案及处理办法节录

1950 年

一、关于维持与恢复生产及生产自救者

1. 从速救济失业人员安定社会秩序案　提案人：学生代表

2. 请协助革命家属筹办生产事业案　提案人：革命家属

3. 请加强农民领导关系案　提案人：南区农民

4. 要求春耕代耕案 提案人：南区农民

以上四案移请市政府办理。

5. 请扶助草袋工业并请转商交通当局减低草袋运费以维护生产案　建议人：工商联

6. 如何开展社会互济案　提案人：小教联

7. 请政府帮助劳动人民解决生产渡荒之困难案　提案人：妇联

以上两案请市政府参酌办理。

8. 近有部分商店行号事先未呈准工商局或已呈请而未经批准即自行停业，希转知工商局加以重视并予制止案　提案人：米业公会

9. 加强组织穷苦市民进行开荒生产结合救济案　提案人：学生、苏纶、山海土产、电信工业、妇女等

以上二案政府已重点奉办移请政府参考。

10. 请利用空地成立种苗公司解决技术问题案　提案人：学生代表

上案移请市政府会同农校协商办理。

11. 政府号召全国人民改食九二米、八一粉，应普遍供应，广泛宣传，彻底拥护以节粮食案　建议人：米业公会、工商联

12. 全市发动救济苏北灾胞，工商界派代表到灾区慰问，发动义演捐献及名胜地方门票案　　建议人：学生代表

13. 请人民代表会发动市民响应政府号召厉行节约开展救灾运动案　提案人：中教联

以上二案移请节约捐献救灾委员会办理。

14. 物价低落是否会使工商业不景气　咨询人：学生代表

上案移请工商局答复加以解释。

15. 请政府督促丝织业资方迅速组成联营公司以资有计划有步骤地维持生产案　建议人：丝织业公会

上案移请工商局会同丝织业工会及中蚕公司协商办理。

16. 请广泛组织合作社案　建议人：学生代表

17. 请速成立产销合作机构，用转账方式促进方式促进生产稳定通货案　提案人：高教联

18. 拟请改善合作社零售办法以期公私兼顾共同发展案　提案人：工商联

19. 拟请政府扶助湖笔制造商业以利生产案　提案人：工商界代表

上案移请工商联与工商局实际了解情况后交辅导小组会同公营企业研究处理。

20. 用竞赛方式奖励生产节约　建议人：学生代表

上案移请总工会与工商联会商办理。

21. 设置生产贸易栈使土产得以发展案　提案人：学生代表

上案移请土产公司办理。

22. 如何发动群众贯彻生产节约自救案　提案人：小教联

上案多已进行，移请政府继续号召各民众组织办理。

23. 请求政府扶植家庭妇女生产事业案　提案人：妇联

上案移请民主妇联会同有关公营企业组织家庭妇女切实办理。

24. 增设劳动生产教养院收容失业市民案　提案人：学生代表

上案移请救济院酌办。

25. 请各界尽量协助救济院解决困难案　提案人：妇联、救济院

上案已有地方预算由预算内开支。

26. 利用破布废棉制成成品以利生产节约案　提案人：高教联

上案已有破布业及棉纺工厂办理。

二、关于市政建设者

1. 调查户口人员应佩戴证明以昭尊重而免发生意外事故案　提案人：电信工会代表

2. 对妓女必须加强管制教育改造并予生活照顾以整顿社会风化案　提案人：百货业、国货公司代表

3. 改造妓女使投身生产事业，妓院应予封闭　提案人：学生代表

4. 各街道摊贩甚多妨害交通，请另辟地区集中营业案　提案人：邮政工会

5. 请工商局干部同志指导组织值日班，取缔行人道外面之设摊以维持交通案　提案人：摊贩代表周云泉、张云清

6. 严禁吸毒和贩毒者并禁止街头有赌博性的买卖案　提案人：学生代表、电信工会

7. 请政府加强治安案　提案人：中教联

8. 为执行苏南行政区居民申报户口暂行规划及暂行罚则之贯彻，实施户口改革，废除保甲制度案　提案人：公安局代表刘益仁

9. 在冷僻的街头小巷请多设岗警加强治安案　提案人：学生代表

以上九案移请市政府分别参酌办理。

10. 请普设义务诊疗所或保健站以减少贫民负担及协助妇联主办义务诊疗所案　提案人：中教联、革命家属、山海土产、电信工会、妇联等

上案移请市政府参酌办理。

11. 加强治安工作案件发生请快些解决案　提案人：学生代表

上案移请市政府参酌办理。

12. 统一全市消防组织领导以利防救案　提案人：刘益仁

13. 调查本地籍及本苏牺牲之烈士事迹请政府表扬案　提案人：革命家属

以上二案移请市政府参考办理。

14. 拟请财管处迅速处理产权并发给证书以免影响税收案　提案人：文教

上案移请市政府迅予处理。

15. 封建剥削的倒粪老板应即废除收归市有案　提案人：革命家属、苏纶

16. 政府应加强失业登记工作，在报纸上发表报道并通过各界进行宣传，使失业者能争取工作案　提案人：学生代表

以上二案移请市政府研究办理。

17. 搬运公司请早日计划布置成立案　提案人：搬运工会

18. 拟请转知有关区境公安局协助普查推动渔民入会以符组织之目的而肃清水区匪类案　提案人：渔民代表

以上二案移请市政府与总工会协商办理。

19. 请改善本市车站、轮埠、人力车秩序案　提案人：高教

上案移请市政府主管机关与总工会协商办理。

20. 请整肃人民警察案　提案人：革命家属王根祥

21. 请对岗警加强教育，改善态度案　建议人：职工第六小组

以上移请公安局办理。

（下略）

三、关于劳资问题者

1. 劳资双方应共同克服目前生产上困难，为维持与恢复生产而努力案　提案人：苏纶、山海土产、丝织业

2. 请大会号召工商界进行劳资协议合理经营以期克服困难共渡难关案　提案人：中教

3. 为保障工人工作，使工人安心，才可以提高发展工人的劳资热忱，收事半功倍之效案　提案人：清洁员分工会

以上三案经协商委员会讨论决议另载会议记录。

4. 要求工厂废除抄身制，尤其是女工　提案人：妇联、苏纶职工、邮政工会

上案移请劳动局研究处理。

5. 对女工不得负荷过重工作，以免影响健康案　提案人：苏纶工会

6. 请组织工商界资方学习机构案　提案人：学生代表

以上二案移请总工会、工商局会同工商联研究处理。

7. 在未订出劳资集体合同前，无论公私营的业主应执行工会规定，保障工人职业，无故不得辞歇工人工作案　提案人：清洁员分工会

8. 在未订立劳资合同前，为保障工人最低限度生活起见，无论大小月（农历）工资一律以三十天计算，请公决案　提案人：清洁员分工会

以上二案移请工商联会同总工会研究处理。

四、关于税务方面者

1. 绍酒税率百分之百，因调查物价不正确致税率负担达百分之二百，拟请调整物价标准以减困难案　提案人：工商界

上案由税务局向苏南税务局建议。

2. 拟请将箱鞋制造业营业税率依工商业税暂行条例附表一第三项其他制造业百分之二课征以资照顾案　提案人：工商界

上案移请税务局税务规定制造业课百分之二、贩卖业课百分之三、自制自卖课百分之三办理。

3. 拟请对旅社、茶馆、戏院等业之房产税酌予核减并准分期纳库案　提案人：工商界

4. 为鲜肉部分工商业税拟请在每月征收屠宰税时一并带征案　建议人：工商联

5. 征收房捐决定房屋等级时做到公平合理案　建议人：学联

以上三案经协商委员会讨论另载会议记录。

6. 为冶坊业铸造税率比照苏南各地百分之一课征，并请在本市工商业税总任务评定时加以照顾案　提案人：工商界

上案移请税务局按翻砂工业百分之一点五课征。

7. 加强税收工作杜绝逃税事件以增加政府收入案 提案人：苏纶、百货业、国货公司

8. 请加群税收工作案　建议人：中教联

9. 有些人伪造账目应请注意　建议人：学联

以上三案一面由本会发动各界拥护税收，一面移请税务局加强掌握并与总工会取得密切联系。

10. 请政府免除私立学校地价税及房捐案　提案人：中教联

上案移请税务局照条例规定与教育局及教联协商办理。

11. 本市税务局在开会时停止税收使纳税人蒙受损失请予改善案　建议人：金融业

上案移请税务局今后在办公或开会时间留值日人员办理急要业务。

12. 减轻日用品的抽税，加重消耗迷信等物之税收案　建议人：学生代表

上案移请税务局向上级反映。

13. 清洁捐每月收支详细账目应按月公布案　建议人：电信工会

上案移请卫生局办理。

14. 房捐请求减免者请政府早日答复以免期满受罚案　建议人：学联

上案移请税务局在征收前办好减免手续，征收时有申请者亦尽可能提早调查答复。

15. 有了房捐为何收地价税　咨询人：学联

16. 营业税过期缴纳为何要加倍罚款　咨询人：学联

17. 房捐为何由二季一期改为一季一期　咨询人：学联

以上三案移请税务局分别直接解答。

18. 政府对机关、学校生产品希免缴税款　建议人：学生代表

19. 政府派的生产是否也要纳税　咨询人：学生代表

以上二案税务局因有规定，已由文教界代表自行修正，照规定办理。

20. 不遵章向政府登记之柴贩如何办理　提案人：柴业

上案移请工商局办理。

21. 请政府对厂店未经工商局批准自动关门，税务一项应照征，如有逃税情事，应予以适当之处理　提案人：职工第五组

上案移请工商、税务二局协同处理。

22. 请税务局对于摊贩牌照税春夏季分两期收取，最近夏季设摊并请免收春季税案　提案人：摊贩代表

上案已由税务局研究办理中。

五、关于文教方面者（略）

工商界选举第三届人民代表注意事项

1950 年 8 月

（一）工商界参加本市三届人民会议代表名额为八十席，除公营四席、摊贩二席、保留八席（协商委员会决议）另行办理外，其余六十六席概用选举方法产生代表。

（二）选举日程定为三天（自八月十六至十八日）同时完成，所有集会地点、时间、监选员姓名见附表，希各业召集全体会员，准时参加选举。

（三）附表中凡系一业单独选举者，即以直接选举方法产生代表；如系二业以上合并选举者，一律以间接复选方法产生代表。所有进行选举时之方法、程序，仍依本年四月六日本会筹秘字第 584 号代电附发注意事项暨此次附发本市三届人代选举方案办理。

（四）选举票不记名，格式照旧，仍由各业自行准备。

（五）选举时出席会员过半数，即时开会，不足半数时，应略等候，俟到达半数以上时，再行选举，连选得连任。

（六）选举票于选举完成后，由监选员加封，连同选举经过报告表，由当选代表所属之单位，送交本会办理。

（七）个别单位如有特殊问题可报由本会另行处理。

附：选举工商界人民代表报告表

<table>
<tr><th colspan="4">选举工商界人民代表报告表</th></tr>
<tr><td>参加业别</td><td colspan="3"></td></tr>
<tr><td>应参加人数</td><td></td><td>实到人数</td><td></td></tr>
<tr><td>开会日期</td><td></td><td>开会地址</td><td></td></tr>
<tr><td>监选员姓名</td><td colspan="3"></td></tr>
<tr><td>选举方法</td><td colspan="3"></td></tr>
<tr><td>选举经过</td><td colspan="3"></td></tr>
<tr><td rowspan="4">当选代表</td><td colspan="3">姓名：　　性别：　　年龄：　　籍贯：</td></tr>
<tr><td colspan="3">服务行号：　　地址：　　电话：</td></tr>
<tr><td colspan="3">学历：　　简历：</td></tr>
<tr><td colspan="3">住址：　　电话：</td></tr>
<tr><td>附记</td><td colspan="3"></td></tr>
</table>

填报者：

五、抗美援朝

苏州市工商界爱国公约

1950 年 12 月 11 日

（一）贡献一切力量，支援抗美援朝保家卫国，为世界和平一致行动。

（二）坚守工作岗位，保证积极经营，搞好生产，增强我们的战斗力量。

（三）坚决支持政府政策法令，保证稳定物价，反对囤积居奇、扰乱市场的一切不法行为。

（四）认清敌友，坚定立场，加强时事学习，使每个工商业者在思想上对美帝的侵略罪行明确认识与提高警惕。

（五）踊跃纳税，确切保证国家的财政收入。

苏州市反美侵略代表会议记录

1950年12月19日

日期：一九五〇年十二月十九日上午九时至下午六时

地点：工商联大礼堂

出席者：各业代表机关首长及来宾共三百六十余人

（一）工商联秘书长沈壮声报告开会程序如下：

（1）开会；（2）通过主席团；（3）陶主任委员致开幕词；（4）首长训话；（5）各业控诉；（6）自由发言；（7）总结和决议；（8）文娱活动；（9）散会。

（二）通过主席团名单：

陶叔南　沈泽仓　张寿鹏　冯　刚　陆逢治　孙奇华

沈壮声　朱宏涌　朱日新　黄柱天　朱汝鹏　谢惟安

孔翔生　邵一清　张宝桐　沈继玉　张学明　张甸国

蔡渭森　唐士英　夏旦初　张志明　余氏杰　张云清

并一致推请陶叔南先生担任执行主席

（三）陶主任委员致开幕词：

我们工商界通过时事学习已经认识到抗美援朝保家卫国的意义，并且已经签订了工商界爱国公约，以表示我们为抗美援朝保家卫国贡献力量的决心。但是因为美帝国主义以往常用欺骗手段，它的外貌与日本侵略者不同，所以有些人思想上常会模糊，我们今天开会，要通过各业代表的控诉和发言，使大家从我们工商界本身遭受美帝侵略和摧残的事实，体会到它的凶残毒辣，比日寇有过之无不及，从此可以更深切地认清它的侵略本质。

此次美帝疯狂地向朝鲜侵略，经我国志愿军协助着英勇的朝鲜人民军予以猛烈的打击，已经基本上获得军事的胜利，我们工商界虽未参加军事方面的斗争，但是我们在自己的工作岗位上，从有关财经各方面各种努力，也正是支援前线获得胜利的因素，我国工商界不要妄自菲薄，要相信自己的力量，贡献自己的力量，和全国人民一起，争取最后的伟大胜利。

最后还希望于今天开会后，对于本月二十一日我们工商界的抗美援朝保家卫国示威大游行，和二十三、二十四日参加全市各界反美侵略代表大会，都要很好地准备。我们工商界在今天开会以后，必须继续把抗美援朝保家卫国的志愿行动，永久坚持下去，贯彻下去，把爱国公约身体力行，以发扬我们新爱国主义的精神。

（四）王市长讲话：

我看到苏州市各界人民抗美援朝运动，已经掀起了很热烈的高潮，和各大城市比较，真是不落人后了，像学联开代表会后，就有一千三百多位同学志愿参加军事干校，职工代表大会开过后，也有一百五十余人报名参干，其他为妇联或医工等界，都有许多模范的事例，值得我们重视。今天工商界在这里开反美侵略代表大会并将举行示威大游行，这种热烈情况是空前的。我知道工商界通过了时事学习，现在已经不是过去那样只图自己的小利益不谈国事的态度了，很多人已经很关心国事，很关心帝国主义的侵略了，现在我有两点意见贡献给诸位：

（1）要反复控诉美帝国主义罪行来提高我们抗美的觉悟。

经过了长期学习之后，对美帝鄙视和蔑视的两点已经足够了，只是仇视的一点还不够，原因是过去美帝用种种欺骗手段来模糊大家的认识，虽然历史上有着许多侵略我们的事实，（最近报纸上对于美帝侵略我国和摧残我们工商业的罪行记载的很多，大家谅已看到），但是大家对美帝仇恨的情绪还比抗日的情绪差得很远，所以今天会上希望受到美帝迫害的工商业提起回忆，拿具体事实出来在会上控诉，使工商界更深切地体会到本身受到的痛苦和目击的侵略罪行，以提高我们仇恨的情绪和正确的认识，把敌友分别清楚，不再存在模糊思想。

还有一点，有些工商界人士不了解人民政府的税收政策，不晓得我们人民政府处处替人民着想，我们运用税收作种种的努力，为稳定物价，确立海关自主权等等，各方面都在保护工商业，对于工商业的利益是很大的，根本和反动政府不同，请大家不要为了一些税收负担，模糊了事实的认识，尤其在抗美援朝运动中更要以踊跃纳税的实际行动来配合这个爱国热潮。

（2）要普遍宣传爱国公约，大家身体力行。

工商界爱国公约是在抗美援朝的基础上自觉自愿地签名出来的，这公约里表示了工商界要踊跃支援前线，保证生产，平衡物价，使广大人民的生活有更好的保障，来巩固我们已得的胜利，所以这公约是对国家和人民，同时对自己，都有很大的利益的。我们必须认识到工商界爱国公约的好处，并希望各业再普遍签订本业的爱国公约，号召大家必须身体力行，因为在各界抗美援朝运动中间，像学生和职工两界很多参加军干，把生命贡献于国家和人民，工商界虽比他们确是逊色一些，但也不要自甘落后，应当学习学生和职工的爱国精神，把自己的公约实践贯彻，这是我们所希望于诸位的第二点。

除此两点之外，工商界更要配合青年学生工人的参加军干，要打击匪特活动，要慰问参干青年家属，要很好地号召和鼓励工商界青年子弟参干，以及捐献子弹和慰问部队，拥军优属等等，都希望大家表现行动。

税务局王局长讲话：

苏州市工商界站在全国工商界中一体前进着，以一致行动参加抗美援朝运动，上星期常州市工商界挑战保证完成税收任务，我晓得苏市工商界已签订了爱国公约第五条，保证踊跃纳税，现在1950年度税收任务基本上已按国家计划做到了，而且在欠税清理工作中获得了很大成就，实际上确是已经向常州市应战了，今天我更希望各位代表响应刚才王市长的号召，以身体力行的实际行动来支援抗美援朝，在这个爱国热潮中密切结合着完成税收，保证国家财政收入，敬祝会议成功！

（五）各业控诉

1. 棉纺业代表夏旦初：

在前几天抗美援朝签订工商界爱国公约的大会上，兄弟已经简单地把美帝侵略的情形向各位介绍过，今天我再把我们棉纺业遭到美帝摧残的事实向大会控诉。

因为资本主义国家的资本家由剥削剩余价值得来的高利润，除供个人穷奢极欲的享受之外，它的资本累积速度很快地增加，其结果就在国内发生了大鱼吃小鱼的现象，如美国1919—1939年矿油工业，就有八十家小企业被吃掉了，大企业就格外集中，并且军火工业特别庞大，就不得不要求制造战争了，以求军火的出路，同时在国内企业达到饱和点之后，只有把资本输出到落后国家，形成了帝国主义的经济侵略和霸占，我们中国就成了美帝唯一的资本输出市场，唯一的经济侵略的对象。它的经济侵略的途径是这样的：

（1）控制中国税收政策。

美帝于二次大战后用很多的说辞成立世界贸易协会，订立贸易宪章，霸占经济市场，和反动政府进行所谓互惠谈判，签订关税协定，把一百十项主要货品的进口税率减低，而国货的税捐负担相反地增高很多，以便利美货的倾销。

（2）控制中国水陆空运输。

成立了第五航空大队，开放了长江各口岸，从此航权尽被侵犯，更成立了川滇粤汉铁路，陆运侵夺的便利，使美货在我国畅运无阻，民族工商业无生存发展的余地。

（3）控制中国金融政策。

控制外汇，使正当工商业得不到外汇，一切都以便利美货输入为前提。

（4）控制中国工商业。

胜利后美帝在我国的投资额突飞猛进，并且都投资在主要工业，如上海电力公司，发电量达 121000 瓦（全国亦只 38 万瓦），因此它的投资就可以掌握和侵占了我国主要工业的绝大部分。同时更以输管会的组织为把握中国经济命脉的大本营，把它的大量资本输入到中国来。更与反动政府订立中美商约，其中对各种矿产有开采权，汽车轮航等等重要工业有制造权，还有到 1948 年 6 月为止，“美援”共达 60 亿元，大部分为军火，运到中国来作反人民的资本，阻止中国革命事业的进展。

通过了上述各种经济侵略的途径，我们中国全国工商业所受的摧残迫害，真是有说不尽的许多事实，单以上海一地为例，上海新药、卷烟、毛纺、制革、赛璐璐、文化用品、罐头食品、机器等工业都受到重大的打击：1946 年底美药输入的结果使中国的药厂倒闭了三分之二，卷烟、奶粉、毛纺制革等厂都大量倒闭，赛璐璐厂几乎全部倒闭，机器工业百分之八十都停工了。

最后我把本业——棉纺业所受迫害的事实告诉各位：

1905 年前，美帝以绒布大量倾销我国，以后，因竞争不过日本，而以控制原料的方式，来侵略我国的棉纺业。1936 年中国有纱锭 5635000 锭，当年棉产量也达到 16974629 担，足够供应，胜利后，美帝利用日本对中国棉产摧残的结果，乘虚而入，并利用低汇率和关税的各种侵略手段，大量输入美棉，至1946 年，就进口了 6527432 担，又用善救名义进口 1263898 担，全部进口美棉超过了该年全国纱厂用棉百分之十六。1947 及1948 两年，输进美棉均占该年全国纱厂用棉百分之二十四及百分之三十六。这是有计划地破坏中国棉产，以麻痹中国棉纺工业，使中国的棉纺工业和棉产长时间地停留在落后阶段。解放后，美帝封锁海口，禁止美棉输入我国，企图窒息我们棉纺业，这样深的仇恨，我们棉纺业怎能忘掉它。

谁知我国解放之后，由于人民政府的英明领导，老早就积极增进棉产，美帝妄图窒息我们棉纺业，反激起了我国棉纺业很大的进步，今年棉产量已经大量提高，纱的产量亦大大地增加。但是中国农民的生活水准原来是很低的，今后农民的生活水准提高了以后，现在的纱锭数还是不够的，再要大大地扩充。

我的结论是：越是亲美崇美恐美，它越加要侵略你，残害你，美帝始终是我们的敌人，我们工商界必须以行动来贯彻抗美援朝，撕毁它的阴谋计划，这样才能稳步地发展生产，繁荣经济，达到中国工业化的目的，完成新民主主义的经济建设。

2. 面粉工业代表沈幼丹：

苏州市面粉厂在抗战前只有太和一家，沦陷时期唯有几家新开的，但都处在惨淡经营的境地。抗战胜利后，全苏州有十四家面粉厂，我们以为可以好好地发展生产了，谁知前门赶走狼，后门来了虎。美帝便利用“善后救济”的美名，运来了大批面粉，廉价抛售。据1946年不完全统计，就有200万袋进口，等于苏州专区全年产量。这还不够，美帝更通过它的走狗——国民党反动派宋子文，下了“手谕”，除了救济面粉外，各地面粉一律不准出口，并实行了限价政策。同时还禁止原料小麦出口，这样逼得面粉销不出而粉价大跌。同时因小麦不能调运，本地麦不够供应，就逼得你去买美国麦，苏州的面粉厂只做了美麦的加工厂，到解放前只剩下六家了。

3. 丝织工业代表陆锡翔：

抗战前，丝织品运往美国，总要遭到特重的关税与种种的刁难，相反，美帝的货品输入，凭着不平等条约为护身符，则长驱直入。丝织品的主要市场是南洋群岛，胜利后，我们以为日本打倒，南洋群岛的市场可以确保。谁知美帝一心打击我们的丝织业，积极培植日本的蚕丝事业，作为它的附庸，日本的丝织业就夺去了我们的南洋市场。解放后，封锁海口，使我们出品无法出口，今年上半年，丝织业遭到了致命的打击，几十年的老厂停的停，关的关，是史无前例的，我们对美帝的仇恨，也是永世不忘的！

4. 公营苏州面粉厂代表陆逢治：

苏州面粉厂在反动派官僚资本管理时期，反动派与美帝勾结，把大批的美国麦和面粉运进中国，摧残我们中国的面粉工业，那时苏州面粉厂所进的原料美麦和制成的面粉，除了给反动派分赃分掉以外，还把它作为反人民战争屠杀人民的资本，这种血腥的侵略事实，我们是不会忘记的。还有在反动派时代，工人处在被剥削的黑暗环境之下，工人的生活，反动派是绝不照顾的，解放后工人做了主人翁，现在正在举行红旗生产竞赛，坚决为增加生产保证供应支援抗美援朝而斗争。

5. 金融业代表沈泽仓：

(1) 美国因为是英法等国小资产阶级为了发洋财到美洲去的，其次是他们开头就压迫印第安土人，所以美国有两种传统思想：①发财之义；②轻视有色人的思想，这两种思想也就是它的侵略政策的两大因素。他国内因为资本的累积集中，所以由于大鱼吃小鱼的结果，大王特别多，它一方面在国内既是为独占资本家所操纵，他方面在国外就对落后国家实行经济侵略，更由于它的经济是以金融至上为主义，以商业为金融的外围，工业作商业的外围，因为它的经济侵略就有两种：①商品输出；②资本输出。

(2) 美国对我国经济侵略的阶段：

①提出利益均沾口号的时期——当它自己国内南北战争未息，羽毛未丰之时。

②提出门户开放口号的时期——第一次世界大战后，各国硬币都集中在美国，它的经济力量已经是最雄厚了，所以它只要中国门户开放，已能在中国获到特别的发展，为他国望尘莫及。

③日美利益冲突时期——第二次世界大战期间。

④经济独霸时期——二次世界大战之后至中国人民解放之前。

再把统计数字来说明美帝经济侵略的发展之一斑：

①对华贸易：1899年43700万两；1918年加一倍；1919年加三倍。

②在华企业单位：1913—1919年自70增至130单位，至1929年增至353单位。

③输出资本到中国：1894年投资额600万美元，1899年投资额2470万美元，四年间加四倍。1914年5930万美元，较1894年加十倍。一次世界大战后增加得更快，1930年23390万元，比1894年增加四十倍。

(3) 美国的侵略政策，它的手段比英日高得多。

它用和平深入普遍的手段来实行毒辣的阴谋。

①它口口声声说要维持中国领土的完整，骗得中国人的好感。本国领土要外国来维持完整，所以是已经侵略了。

②用文化侵略方法，开学校，奴化中国学生，制造买办阶级，并以电影来诱惑中国人民，毒化人民的思想。

③在社会方面做传教工作，以实行文化侵略，它在中国文化事业投资有4200万美元，其中在上海22.3%，其他商埠口岸22%，内地55.7%，它的产业投资重点在都市，文化投资重点在内地，不论学校、教会、医院都做文化侵略工作，达成它经济侵略的目的。

(4) 金融方面的侵略

①在华发行通货

金融是国家的经济命脉，但美帝紧紧扼住它的咽喉，来吸中国人民的血，美国花旗银行竟然在中国发钞票，这是任何一个独立国家所不允许的。他以几张废纸来掠夺了大批的白银、黄金。发行额1907年至1922年的十多年中就增加了十倍。

②广设银行吸收存款

随着他侵略的深入，吸血管亦逐渐地展开，1917年在华仅有五家银行，到1936年则增加到六家银行和二十八个分行。吸收存款达三亿五千六百余万元。

美帝摧残了中国的金融业，因此使民族工商业因缺乏资金的支持，而得不到发展。相反，美帝则利用了中国的存款，更进一步来设工厂，摧残民族工商业的发展。

就上面所说的各种侵略来看，更就今天会上各业控诉的事实来看，觉得遭受美帝毒害的程度，实在是我们工商界最直接最严重，实在是我们应该深切仇恨的最大敌人。

最后我号召：①二十一日大游行，要请大家做好准备；②希望各业广泛签订爱国公约，并贯彻实行；③鼓励子女报考军事干校，我共有五个儿女，三子已参加革命，最近第四个女儿要参加干校，我就鼓励她去参加。

6. 中国蚕丝公司第一丝厂代表张浩然：

美帝对我国蚕丝业的摧残，首先是用高税率，他用百分之一百甚至百分之二百的税率限制销路。尤其可恨的是：胜利后，眼看日本打败，丝业可以复兴，我们相信美国是"盟国"，是"朋友"，一定会"帮助"我们的。当时因桑树被日帝破坏不少，生茧不够用，而日本的生茧很多，我们要求日本赔偿我们一千磅原料。好一个朋友！美帝占领当局却迎头打一棒不准。可以买，买就买吧！但每担生茧价格超过生丝价格，他就是这样耍弄我们，希望我们缫丝业垮台，并且还嘲笑说："不能将日本进步茧子，来缫落后的生丝！"这就是"盟国"、"朋友"的真面目。

从前美国在初次和中国通商之时，说我国是睡狮，其后看到我们历次反日反英都只喊口号，没有实际行动，更加说我们真是仅不过睡狮而已，直到此次志愿军与朝鲜人民军并肩作战，把平壤解放之后，才认识我们中国不只是睡狮，已经是醒狮，并且力量是太强大了。

最后并报告本厂有好几位职工兄弟已经报名参加军事干校。

7. 电池业代表汪业钧：

电池业过去受美货电池的倾销压迫，弄得不堪喘息，从此以后，希望大家提高认识，不要再用美货。

8. 文教用品业代表沈士良：

美帝把大量的钢笔和原子笔运到我们中国来倾销，剥夺我们产毛笔的销路，同时更用种种方法实行文化侵略，这种深重的仇恨我们是忘记不掉的，我们要大家一致团结起来抗美援朝！

9. 针织业代表吴永成：

今天在人民政府的领导下，我们才能吐出胸中郁结着的仇恨，在反动政府时代，是无法可说的！尼龙丝袜带给针织业的创伤是何等的深痛！胜利后十家针织厂，本来打算很好发展，岂知尼龙丝袜带来了噩运，走私、夹带，像一阵狂潮将我们针织业冲垮了。当时所有的厂均停工，几家有名的大厂，现在名字也记不起来。这一创伤到现在还未恢复。

10. 百货业代表徐祖康：

美帝名为民立，实际上完全被华尔街资本家操纵，它正是和希特勒一样的专制。美帝对我们中国种种的侮辱、暴行正不胜枚举，它还用种种欺骗手段来毒化人心，用各式各种的文化侵略的恶毒阴谋。胜利以后，更变本加厉，与反动派卖国政府相勾结，把大量的奢侈品和装饰品进来倾销，那时我业在反动统治时代思想模糊，认识不清，我们替美货销售，不啻做了它的帮凶，现在我们通过学习，政治的认识提高了，昨天我业签订爱国公约，已经订立了拒订美货。我们深切地体会到美帝经济侵略我们的仇恨，我们是永远不会忘记的，我们要把仇恨化为力量，把爱国公约的精神贯彻到行动中去。

11. 卷烟业代表沈继玉：

英美烟公司长期榨取我们的脂膏，它的债务税可以半年一结算，本国工厂则必须一个月一结，我们中国卷烟工厂受到它的打击真是不小。美帝更用卑鄙毒辣的手段，把大量的所谓救济物资和进口货物运到中国来，其中香烟和点心匣子都已发霉了，危害中国人的健康，它确是用慈善家面具来侵略我们的敌人，现在它拿下假面具，用武力来侵害了，我们必须一致团结起来反抗它！我们卷烟业明天将订爱国公约，贯彻我们抗美援朝的爱国行动。

（六）自由发言

1. 衣业代表牟汉英：

在胜利后我亲眼在上海看见许多美帝残害侮辱我们同胞的事实，又眼见工厂商店被美帝经济的侵略压迫得关厂关店，这许多仇恨我们必须深深地记住，一致团结起来打倒它的侵略！

2. 摊贩业代表张云清：

没有人民政府，我们翻不了身！在国民党时代，哪有我们讲话的地方？更不用说能站在台上来讲。只要政府有办法，我们摊贩亦一定有办法。为了保卫祖国，我们全市摊贩将坚决在最短期内，完成摊贩牌照税，以实际行动来抗美援朝。

3. 皮毛油膏业代表邵伟成：

今天我们苏州工商界应向上海看齐，除了捐献子弹之外，要鼓励子女参加军事干校，以增强支援抗美援朝的力量！

4. 布业代表汪朝倜：

我们工商界现在得到了解放，在毛主席领导下，与各界一同前进，我们通过了时事学习，认清了美帝的真面目，签订了爱国公约，又要举行示威大游行。我们中国现在已有三大胜利：

①外交胜利——伍修权在联合国的仗义执言，指摘阴谋；②军事胜利——人民志愿军在朝鲜前线的胜利；③财经胜利——物价稳定。我们要把今天会议的精神传达到本业去，贯彻实际行动。

5. 柴行业代表顾企华：

美帝的文化侵略，是传统的蓄意阴谋，首先用庚子赔款在中国办学校，用我们的钱来进行文化侵略，还说是帮我国办社会事业，其实是拿我们自己的钱来办医院，把中国穷人做试验品，实际上这些医院是美帝的帮凶。

6. 轮运业代表冯国祥：

美帝侵略我们中国，真是无孔不入，无论哪一行业都免不了，它的侵略手段很温和而深入，不像日本鬼子那样的明显，其实比日本更凶暴残忍。反动派时期我业由于美国窃取我国航权，以致有许多航轮被挤到内河来和内河航业竞争，使资金不宽裕的原来的内河航业受到很大的打击。解放后美帝和蒋匪帮勾结施行封锁，但是我们没有受到它的影响，更能从此自力更生，获得了业务的正常发展。今后我们更要在政府领导之下，加紧团结，为抗美援朝保家卫国而努力！

7. 油饼业代表张学明：

美帝用六十亿美金来唆使反动派发动反人民战争，屠杀我们的烈士、青年、革命的人民，这笔账——血债，一定要向美帝清算！我们要有钱出钱，有力出力，支援抗美援朝的爱国运动。

（七）工商局王局长讲话

今天各位先生的控诉，正是我们工商界对美帝仇恨愤怒的表现，过去工商业所以不能发达，这笔账推本溯源都是美帝的侵略，今天我们能够自由地在这里控诉帝国主义，这正是很不容易的，死了不知多少的烈士们，流了多少的血，才能革命成功，得到今天的解放。为了保卫胜利，保卫革命的果实，不论过去的革命家志士和现在的人民解放军、志愿军，都是为了争取革命的成功。今天我们怎样来保卫革命的果实，这不是说空话就会成功的，必须把今天会议的热烈情绪带回去，向本业会员深入宣传，贯彻到各种实际行动：如示威大游行，捐献子弹，鼓励子女参加军事干校，广泛签订各业爱国公约等工作，以发扬我们的新爱国主义精神。我们要向参加军干青年，本市负责保卫的驻军，这许多英勇的战士们，举行慰劳联欢，表示我们的敬意，要把我们签订的爱国公约身体力行，在总的抗美援朝运动中间努力提高一步。

（八）总结——秘书长沈壮声

（1）通过各位的控诉，使我们进一步认识到美帝侵略的具体血腥事实，确是我们工商界的唯一敌人，更使我们清楚地看出美帝的对华侵略历史，可以分为四个时期：①最初各帝国主义纷纷来华肆行侵略，企图瓜分中国，美帝那时才是新兴的资本主义国家，所以它提出门户开放利益均沾的口号，来制住他国的瓜分中国，让它也来侵略一部分，这正是它开始踏进中国领土参加帝国主义阵营的时候；②第一次世界大战时，他国都无暇外顾，日本向我国提出二十一条，美帝对日本提出了抗议，使中国人民误认美帝对我们友好，帮助我们，其实是因为欧洲各国无暇兼顾亚洲问题，它为自己预留对中国经济独占的地步而提出对日抗议；③第一次大战之后，美帝反对凡尔赛和约和召开华府会议，大家又误认为美帝是帮助我国的，实际上它所以要主张限制日本的海军，限制日本对中国的特权，是它自己要独占中国的经济侵略，都是为它自己打算，并不是为我们中国打算；④第二次世界大战之后，英、法、德、意、日帝国主义都已分别被打倒和没落，用不到再设门户开放，它便进一步要独占世界市场，通过反动派政府来压制和奴役人民，最近还想重温旧梦，发动侵朝战争，目的都在于独占利益。

(2) 我们从实际回忆中知道，刚才各位的控诉是正确的，今天会议中得到政府首长的宝贵指示和大家正确的控诉和发言，希望各业会员方面，再由各位代表回去传达宣传，使各会员认清敌友，再把日帝侵略沦陷时到我们遭受的苦痛体会一下，要认识到美帝的侵略罪行更比日帝凶残恶毒，我们要以整个工商界钢铁一般的意志支援抗美援朝的行动。

（九）议决

议决一　我们根据各业对美帝摧残我民族工商业的控诉，以及美帝在朝鲜的凶恶残杀行为和美帝对我中华民族侵略的一串历史罪行，为了正确认识美帝对我国的经济侵略和危害民族国家的严重性，我们必须坚决摆脱过去亲美、崇美、媚美的错误思想，确立对美帝仇视、鄙视、蔑视的正确观念，我们决议：继续开展时事学习，加强时事教育，激发仇美情绪，分清敌友，坚定立场，支援抗美援朝，并为建设新民主主义经济而奋斗。

议决二　十二月十一日我们正式签订了工商界爱国公约，我们正确认识这一公约有利于国家，有利于人民，也有利于自己，因此为了更好地把签订爱国公约的爱国运动，深入和贯彻到全市各行各业中去，我们决议：继续发展与扩大分业签订爱国公约，决于十二月底以前全体完成，使全市工商业户发扬新爱国主义精神，身体力行，为抗美援朝保家卫国发挥一切力量。

议决三　通过张寿鹏等十八人临时提议：以子弹十万发，捐献给我们中国人民的志愿军，以毛巾一万条慰劳我们的人民志愿军和朝鲜人民军，另外以毛巾一万条慰劳我们的当地驻军部队和军分区以及后方医院的指挥员同志们，以表示我工商界拥护抗美援朝保家卫国的实际行动。

议决四　通过向苏州市参加军事干部学校全体爱国青年致敬电（电文另纸录附）。

（十）文娱节目

药材业私立神农小学学生表演：

(1) 打腰鼓

(2) 打莲湘

(3) 话报——擦皮鞋

（十一）散会

主席　陶叔南

记录　沈善鉴

工商界抗美援朝保家卫国运动小结

1951年1月10日

运动的开展和发展：

（一）自从美帝在一九五〇年六月派海陆空军到朝鲜进行战争，同时命令第七舰队侵略我国台湾领海以后，我国和朝鲜人民的和平安全，就遭到了严重的威胁。其后美帝侵略军又侵入三八线以北地区，并不顾我国严正警告，继续将侵略势力推进到鸭绿江边境，并轰炸我东北领土，杀伤和炸坏我和平城市中的人民生命财产，中国人民对美帝此种罪恶行为，无比愤怒，为保障我国的领土安全，坚决反对美帝侵略，保卫世界和平，一致奋起开展抗美援朝保家卫国的正义行动。

（二）苏州市工商界认识美帝一贯侵略阴谋，和它对我民族工商业长期摧残的严重性，为准确树立仇视、鄙视、蔑视美帝观念，克服亲美、恐美、崇美思想，支持全国人民正义运动，拥护全国各民主党派联合宣言，因于十一月中旬开始，进行全市工商业户分区时事学习动员，以期在提高认识的基础上，进一步开展爱国运动。

（三）全市工商界时事学习初步完成后，于十二月十一日举行各业代表扩大会议，各业代表一致认为：工商界应紧密地团结在人民政府的周围，与全国各阶层人民齐心合力，以实际行动，在抗美援朝保家卫国运动中贡献力量，即席讨论通过五项爱国公约，出席代表一六九人一致签名，并为继续发展，分业扩大，出席代表一致决议由工商联分函各业，动员贯彻。

（四）十二月十九日工商界举行反美侵略代表会议，各业代表三百余人出席，会议内容以抗议美帝侵略结合时事宣传为中心，各业代表对美帝侵略罪行，提出严正控诉，揭发美帝一贯在我国进行摧残和阴谋侵略的罪恶行为，当会议进到高潮时，各业出席代表一致决议捐献子弹十万发，支援我国人民志愿军，以毛巾二万条分别慰问中朝两国前线指战员及慰劳地方驻军部队，基于此一会议的胜利成功，大大地提高了工商界对时事的关心和认识，充分地反映出工商界反美情绪的高涨，仇视美帝，鄙视和蔑视美帝，在此会议上各业代表表示坚决以一切力量贯彻签订爱国公约之精神，在自己的工作岗位上，为发扬爱国主义和国际主义贡献力量，支援抗美援朝保家卫国的正义行动。

（五）通过以上各种活动，工商界抗美援朝保家卫国的情绪继续向前发展。十二月二十一日，全市工商界一万三千余人举行了史无前例空前盛大的抗美援朝保家卫国示威大游行。这是全市工商界抗议美帝侵略罪行，不受美帝任何欺骗恐吓的严正表示，同时也表现出工商界的坚强意志，以及和全国人民团结一致，热爱祖国，为打倒美帝侵略，保卫人民胜利果实，保卫世界和平而努力的具体行动。

示威大游行在正副总领队及参谋、指挥、纠察、联络、宣传各部分工领导下胜利完成，包括十二个大队，三十七个中队，原定参加人数一万一千余人，而临时参加人数到达一万三千余人，组成了壮大阵容，浩浩荡荡地在全市进行。同时游行大会为了感谢毛主席的英明领导、中国人民解放军长期艰苦为中国人民解放事业进行斗争、地方驻军部队辛勤负责为人民服务，向朝鲜人民军和我国志愿军分别电致敬意。

（六）以后工商界又推出代表一百二十二人参加本市抗美援朝保家卫国代表会议，把我们工商界遭受美帝经济侵略迫害的事实向大会控诉，并把我们对反美侵略的力量和意志，向大会作表示和保证。

工商界行动起来把爱国热忱贯彻到实际行动中去：

（一）工商界修订了的五项爱国公约，总的精神是贡献力量，支援抗美援朝保家卫国，为世界和平一致行动。在具体的贯彻方法上是①积极搞好生产，增强战斗力量；②支持政府政策法令，保证稳定物价；③认清敌友，坚定立场，在思想上提高警惕；④踊跃纳税，确切保证国家财政收入。

（二）根据以上的精神，基础是稳固的，前途是光明的。各业会员在行动中都已经有了初步的成绩，比较显著的，表现在踊跃纳税精神上的，是棉纺、酱工、木商等业，集体缴清一九四九年所得税；电厂、火柴厂、金融、猪行、新药、丝织等业依限全数完成税款纳库，绸布、油饼、南北货、茶业、石粉、猪鬃等许多行业踊跃纳税，使全市大部分所得税款，均能依限完成纳库手续，真是发挥爱国力量，具体而积极的最好表现。

（三）为了继续贯彻爱国行动，工商界正在酝酿根据爱国公约的精神，继续动员各业签订业务公约，组织集体缴税，使全市工商界更进一步地，深入而广泛地，共同为实践爱国公约而奋斗，为神圣的抗美援朝保家卫国的任务贡献力量。

运动中的优缺点：

（一）优点方面：工商界团结力量是强大的，运动中通过了时事学习和各种活动得到了启发和教育，增强了对美帝的仇恨和鄙视，示威大游行的胜利成功，是把工商界抗美援朝保家卫国推进到一个新的阶段。政治上的意义是展开了新的爱国主义的竞赛，巩固了我们的胜利果实，增强了和平力量。在经济上的意义，是积极加紧生产，保证军需民用物资的供应，完成纳税，稳定市场，保障了广大人民正常的经济生活。在运动的开展和发展过程中，我们发现了大批积极的工商业家，他们为了搞好过去的欠税工作，不惜日以继夜地坚持工作，热心地动员和说服了欠税户，清缴了税款，使全市欠税清理工作，基本上得到了解决。他们在工商业登记工作中，尽力帮助各业会员进行登记，发挥了服务的积极性，他们尽力地帮助群众，学习时事，提高认识。为了发扬阶级友爱，他们在忙碌中分头奔走，为皖北与苏北的灾胞劝募寒衣。为了积极经营，搞好生产，他们经常虚心接受职工意见，关心职工福利，融洽劳资感情。综合了这许多的事例来全盘检阅，工商界确是有了很大的进步，我们深切地希望，把这种良好的精神，一直保持下去，并且更进一步地发扬光大。

（二）缺点方面：我们承认，组织领导上某些地方尚待改善，譬如协助推进所得税工作，事先因为时间不够，所以未能完备地搜集会员意见，反映税务局参考，以致个别的负担有畸重畸轻的现象。在会员和公会方面，主动地和本会联系亦有不够，少数单位对组织不重视，对整个步调的融合不能完全一致，领导上对他们有要求时，不能及时贯彻，也有些单位存在着单纯的任务观点，在示威大游行中，各公会确是动员了很多的会员参加，但是忽视了组织，准备不够，在学习方面也有些单位的会员单纯地重视了自己的业务，而忽视了比业务更为重要的时事政策法令和业务上的学习，又如签订爱国公约不结合具体情况等等，这些偏向，都将是今后运动中应该注意防止或加以纠正的。

运动中的经验与教训：

（一）工商界爱国热情是非常浓厚的，在认识提高和思想进步上，都已逐渐显著起来了，过去没有及时掌握思想情况，认识有些模糊，通过此次运动，认识到工商界力量是坚强的。

（二）示威大游行的胜利成功，主要是在发动群众和团结群众，提高了群众反美侵略的认识，获得了成绩，否则在工作上将会遭遇到困难。

（三）工商界的基层组织经过整理，基础已较前健全，今后继续贯彻加强团结，发挥组织力量，是完全必要的。

进一步推进抗美援朝工作：

（一）在组织方面：工商联扩大常务委员会组织，调整各专门委员会组织机构，充实人事，分工领导。

（二）拟订工作计划，推动各业有步骤地进行并完成各项中心任务。

（三）继续加强时事学习，进一步发扬爱国主义与国际主义精神。

（四）团结群众实践爱国公约，踊跃认真搞好纳税工作。

目前工商界抗美援朝运动情况汇报

1951 年 2 月

关于抗美援朝运动方面：

苏州市工商界曾于上年十一月，开展时事学习，签订五项爱国公约，十二月十九日全市行业代表三百六十余人，举行反美侵略代表会议，控诉美帝经济侵略，通过重要决议，贯彻抗美援朝爱国行动。同月二十二日举行工商界全市一百二十五个行业以及公营企业并摊贩等一万五千余人的抗美援朝保家卫国示威大游行，抗议美帝侵略罪行，表示工商界拥护保卫世界和平的意志。同时以坚定立场、积极经营、搞好生产、稳定物价和踊跃纳税等实际行动，实践爱国公约，其后协助政府基本完成了清理欠税及一九四九年营利事业所得税等工作，本年一月份动员全市行业集体缴纳上年八至十二月份营业税，使工商界踊跃纳税的爱国热忱提高一步。

关于捐献慰劳和救济朝鲜难民方面：

苏州市工商界在认识提高的基础上，热烈地展开了此项工作，为了支援中朝部队，我们在北京保卫世界和平委员会发出号召之先，即上年十二月举行的反美侵略代表会议时，已通过了捐献子弹十万发及慰劳毛巾二万条的决议。本年一月份中央号召慰劳中朝部队，救济朝鲜难民，本市工商界当即结合地方拥军优属工作，同时进行动员，截至二月十五日，所有以上各项捐献代金，业已收到总数已达四亿五千余万元，除其中拨付购办毛巾及支付新年拥军费用共五千二百万元外，余款四亿元，已先后解请本市人民银行代收，以便汇转，目前以上各项捐献工作尚在继续进行中，其间以适逢春节休假关系，稍有延迟，当争取于最短期内作一结束。

目前的几项重点工作：

（一）继续贯彻爱国行动，工商界金融、猪行、盐商、茶食糖果、木商、轮运等业现已先后签订业务公约，此项公约主要精神，乃在实践爱国公约，但亦结合行业实际情况，在交易的方式方法、习惯和制度上，亦同时加入签订，使在保证实践爱国公约之中，兼谋团结会员，稳步向前发展，以增强经济建设上的伟大力量。

（二）苏州市工业界现正积极筹备抗美援朝工业生产展览会，预定二月二十日在人民商场举行此次展览会，将总结本市生产成绩，检查和纠正缺点，介绍生产情况，交流生产经验，由四十余个生产单位及东吴大学油脂工场暨苏州工专附属工场，共同参加，联合展出。

（三）推动典型行业正式成立同业公会，通过典型，扩大影响，以便从早正式成立工商业联合会。

（四）开展私营企业重估资产评审工作，目前先就新药、酱工、丝织三业开始，以后按照计划逐步扩大。

苏州市工商界发增产捐献爱国竞赛倡议书

1951年8月1日

亲爱的市（县）工商界：

自从抗美援朝总会发出了“六一”号召后，本市工商界积极响应，通过苏南抗美援朝代表会议及本市抗美援朝代表会议，我们工商界更以热烈的行动投入了爱国主义的热潮中，当时就以捐献飞机十架为目标，团结了一批积极分子组成工作队，直接到各行业中去宣传教育，反复说明总会号召爱国增产捐献的积极意义，提高各业的爱国主义思想，消除一切不正确的错误观念，譬如：（一）个别行业强调商业不能增产，增了产才能捐献；（二）强调自觉自愿，流成随意乐助；（三）观望、拖延、应付思想等。针对这种情况，各业根据总会精神反复研究增产或节约办法，再订出增产捐献计划，这样便加强了工商户的信心，爱国热忱空前提高，一切顾虑便随之消除。各业在领导上一改过去强迫摊派的习惯，细致反复地深入动员，在真正自觉自愿地发扬了爱国精神之后，工作就顺利地开展。我们有了这个基础，即在二十三、二十四开了二天工商界代表大会，在会议期间把爱国主义的思想更提高了一步，大家警惕美帝的阴谋，一致坚决表示不管朝鲜停战谈判结果如何，国防力量一定要巩固，志愿军为保卫祖国安全，保障人民生活幸福，艰苦地与美帝国主义侵略军作斗争，青年走上了国防建设而努力，我们工商界就只有全力来支援，到彻底消灭美帝为止。各业代表们除介绍了各业爱国增产捐献的具体计划外，并详细地讨论进一步深入贯彻到各户去，在各业中建立经常检查制度，发动业与业、小组与小组互相检查，会上全体代表一致保证，不但能完成十架飞机的捐献，而且是一定保证超额，苏纶纱厂有锭子四万一千多只，增产节约，捐献了二架，并自觉地在足够资力的条件下捐献了一架，共捐献了三架；水灶业全体会员以无比的热情，保证捐献1亿，并准备建立经常储款捐献制度；纽扣业通过了苏南及华东土特产交流后，对生产信心增强了，爱国情绪非常高，他们共计有会员□户，在表示了下半年度增产决心后，便订出了增产捐献计划一亿六千多万元，还争取超额；理发业用一日所得向水灶业展开爱国主义竞赛。大会结束时，通过了一个决议，订立了六项公约：

（一）正确地认识目前的朝鲜形势，消除麻痹思想，警惕美帝国主义阴谋，为保卫祖国，加强国防建设贡献一切力量。

（二）响应中国人民抗美援朝总会“六一”号召，贯彻本市各界人民抗美援朝第二次代表会议精神，开展爱国主义增产捐献工作，保证完成十二架飞机捐献计划并争取超额完成。

（三）加强生产信心，努力改善经营，掌握下半年工商业有利的关键，扩大业务计划，促进城乡交流，争取产销额的增加，并尽量减少浪费现象。

（四）正确地掌握爱国增产捐献精神，坚决深入贯彻到每个工商户中去，使每户都能订出切实的增产计划，并在群众中展开爱国主义思想教育，做好支援前线的工作。

（五）建立并健全爱国公约及爱国增产计划的经常检查制度，切实贯彻爱国捐献计划，并发动各工商业户集体按时缴纳捐款，争取提前完成。

（六）推动全市各工商业户普遍订立爱国增产捐献计划，争取在七月底以前基本完成，并开始缴纳爱国捐献款项，迎接“八一”建军节。

当伟大的“八一”建军节到来时，我们苏州市工商界无限兴奋，以行动来庆祝，决定举行集体缴纳捐献。到七月三十一日止，第一期初步统计已捐献了三十一亿八千万元，现在我们苏州市全体工商界，敬向你们发出增产捐献的爱国竞赛。

第一：我们要在爱国主义思想的基础上，深入宣传动员，订出爱国增产捐献的具体计划，反对用百分比摊派等方式。

第二：我们要在业与业、小组与小组之间建立经常检查制度，全面深入各工商户，切实订出增产节约捐献计划。

第三：我们保证按期计提缴纳捐献款，并争取提前超额完成。

第四：我们捐献飞机十架并向十二架超额努力。

此致

敬礼

苏州市全体工商界谨上

八月一日

苏州市工商界发爱国增产捐献挑战书

1951年11月8日

苏南　市（县）工商界朋友们：

我们苏州市工商界自从在今年七月分业分户订立爱国增产捐献计划，积极贯彻，提前超额缴纳献款以来，到十一月七日为止，我们纳库总数已经达到一百九十七亿八千二百六十万元（包括摊贩三亿四千万元，行商一亿五千万元，工商界十一月份支票十五亿七千万元），超过了原订计划增产捐献战斗机十架的百分之三十一点八八，也超过了超额计划十三架的百分之一点八八。

我们一致认识，我们今天全国人民安居乐业地进行生产建设，是依靠了毛主席、共产党和人民政府的正确指导，依靠了志愿军在前方英勇奋斗，巩固国防，保卫和平才得来的，因此我们必须继续提高爱国支前观念，发扬爱国主义思想，响应毛主席增加生产、厉行节约的号召，加强抗美援朝爱国运动，贡献力量，支援人民志愿军。

为了发扬我们全苏南工商界的爱国光荣，提前完成苏南空军师，我们苏州市工商界已经提前超额完成了捐献计划百分之三十一点八八的光荣纳库，我们谨以此项爱国行动，向你们提出友谊挑战，希望热烈响应！

此致

敬礼

苏州市工商业联合会筹备委员会

1951年11月8日

六、镇反运动

苏州市工商业联合会筹备委员会 镇反工作委员会第一次会议记录

1951年5月16日

日期：5月16日上午10时

地点：本会会议室

出席者：

董复始　华一峰　李鸿业　方维坤　谢惟安　冯国祥

张宝桐　佘民杰　牟汉英

主席：谢惟安

记录：周撷芹

甲：报告事项

（一）主席报告：今天是工作委员会成立，主要是为了适应镇反运动的发展，有成立工作委员会的必要，其组织目的，在昨天会议上王局长已经谈过，今天会议主要商讨，有下列二点：①应如何在原有地区基础上展开更广泛、更深入的控诉；②如何推动工商联常务委员及各公会筹委开好控诉会，希望各位发表意见。

（二）方委员维坤：关于控诉工作，地区方面已经做过，目前更深入、更广泛地进行，似可以联办为主，发动同业小组，展开控诉。

（三）董委员复始：过去没有很好地开好控诉会，是由于小公会有控诉，大公会没有控诉，引起工商业户思想模糊，所以必须纠正此一缺点。

（四）李委员鸿业：过去各界对反革命分子的控诉和检举，都非常热烈，比较起来，工商界是差一些的，这一次必须要大行业带头，工商联常委、各业正副委员必须起带头作用，根据昨天决定，第二次控诉以地区为中心，联办处帮助推动，所以今天必须研究十八日各业筹委控诉会应该如何推动问题。

（五）华委员一峰：介绍平门地区召集控诉大会情况，是以每一分管区开中型控诉会，发动群众，将所有材料，尽量提出控诉。

（六）张委员宝桐：电气公司自扩大会议后，已组织肃清反革命委员会，由工会领导，厂方参加，已连开几次控诉会，在上星期六的一次控诉会上，开得更轰轰烈烈，认为政府这一次逮捕反革命分子没有抓差。

（七）汪委员朝倜：总的重心是如何发动工商联常委会、地区正副委员纠正过去的缺点，要撑群众的腰，关于如何推动问题，个人意见：扫除恐惧心理，工作委员会方面必须分配时间发动访问搜集材料，以切合实际避免空洞。

（八）蔡委员渭森：明天八联方面准备召集各业全体筹备委员会议，搜集材料，整理后分发各地区。

（九）冯委员国祥：展开第二阶段控诉工作，必须作出步骤，重点以地区为主，联办处起辅导作用，过去由于不能突破中上层，所以会议必须以工商联为主，召集各业公筹会正、副主委座谈会，商讨克服这一缺点。

（十）王局长讲话：1. 前一阶段工商界控诉会形成下动上不动，小动大不动，这是由于基本问题和顾虑问题，为什么有顾虑，透彻地说，是立场站稳不站稳的问题，站在人民的立场，顾虑是没有的，所以必须动员工商界，如何更站稳立场，敢与敌人斗争，这是非常重要的。2. 工商界应该如何站起来，主要依靠群众发动和上层积极分子带头影响，这是最好的方法，工作委员会领导这一工作，所有收集控诉材料必须向群众中收集，领导上注意重点。个人意见：确定控诉对象，下决心迅速布置，请联办处开始以漫读方式读出材料，向工商联进行汇报，领导者必须迅速分配，找重点掌握基本材料，放手发动群众，开好控诉大会。

乙、主席总结：工作委员会委员工作计划和步骤确定如下：（1）了解群众思想情况，向群众宣传说明，镇反工作是与敌人作长期斗争。（2）比上次更深入投入这一运动，了解各区各联动员情况，负起一定的责任。（3）掌握工作，组织积极分子在第二阶段更好地配合。（4）以区为主发动，各区如果未开过小组漫谈会的，继续开小组会，已经开过的，再检查，有条件再开，以分管区为单位，开小型控诉会，地区开中型控诉会，同业公会负责各方面协助收集材料。（5）分管区控诉交流。

丙、决议事项

（一）各联合办事处在本月十七日前召开全体行政委员控诉座谈会，搜集工商界反革命分子罪行材料，准备参加工商界第二次控诉大会，发言代表并将动员情况及确定控诉对象、材料于十七日下午七时半在二联进行汇报。

（二）确定重点材料：丁匪惕予（张宝桐先生收集），夏匪旦初（冯国祥先生收集），史匪松泉（李鸿业、汪朝倜先生收集），鲁匪玉声（董复始、华一峰先生收集），沈匪壮声（工商联常委收集）。

议毕散会

主席

记录：周撷芹

七、“三反”、“五反”运动

苏州市工商界“反行贿、反欺诈、反暴利、反偷漏”运动委员会组织章程

1952年2月3日

第一条　本会定名为苏州市工商界“反行贿、反欺诈、反暴利、反偷漏”运动委员会(以下简称本会)。

第二条　本会任务为响应政府“增产节约、反贪污、反浪费、反官僚主义”号召，领导全市工商界进行“反行贿、反欺诈、反暴利、反偷漏”运动，动员鼓励并接受自动坦白和检举。

第三条　本会由主任委员一人、副主任委员三人、委员三十一人组成，其人选由苏州市工商业联合会筹备委员会常务扩大会议决定通过之。

第四条　本会在各同业公筹会联合办事处及各地区工作委员会设立分会，其组织通则另订之。

第五条　在本会设立检查委员会，检查委员会设主任一人、副主任二人、委员××人组成之。检查委员会正、副主任及委员人选，由主任提请全体委员会通过。

第六条　检查委员会接受坦白及检举案件，并进行检查事项，根据工作需要，检查委员会得分设若干检查组，各组设组长一人、组员若干人，组长由检查委员会主任提名决定之。

第七条　本会设办公室，室设主任一人、副主任一至六人，其人选由主任委员提名经全体委员通过之，室主任协助正、副主任委员主持日常会务，副主任协助主任工作。

第八条　办公室处理日常事务，根据工作需要，室下得设秘书、宣传等组，各组设组长一人，副组长一至二人，正、副组长人选由室主任提请主任委员聘任之。

第九条　本章程经由苏州市工商联筹委会常务委员会扩大会议通过之。

江苏省工商业联合会关于抄附全联关于“端正经营作风，防止重犯‘五毒’及纠正不良倾向”的通知

1953年9月25日

事由：为抄附全联关于“端正经营作风，防止重犯‘五毒’及纠正不良倾向”的通知

受文机关：各市、县工商业联合会（筹委会）

接全国工商联筹委会（53）全筹辅字第503号通知：为关于端正经营作风，防止重犯“五毒”及纠正各种不良倾向等问题，希即推动进行这一工作，并向本会汇报等语。兹将全联原文印发附后，希即根据指示精神和要求，在全联会员代表会议前（据现在通知会议日期系十月中旬）有计划、有步骤地对所属工商业户开展一次反不良倾向的思想教育工作，并希根据当地具体情况，在政府有关部门领导下，慎重拟具开展这一工作的具体计划和办法，积极推动进行这一工作，并将工作计划和推动情况及发生的问题随时报告本处，以便汇报全联。

附抄全联筹辅字第503号通知一件。

附：中华全国工商联筹备委员会通知抄件

事由：关于端正经营作风、防止重犯“五毒”及纠正不良倾向的通知由

受文机关：各中央直辖市及各省工商业联合会（或筹备会）

今年上半年的工商业发展情况，许多地区呈现淡季不淡，有的地区淡季营业超过旺季，有的地区旺季提早到来，充分表示了私营工商业在国家进入工业化时期的稳步发展，本会即将召开的全国工商联合会代表大会，便是要在私营工商业稳步发展的基础上，讨论如何进一步发展生产，改善经营，以配合完成国家经济建设任务。现在，全国绝大多数的工商业者都在积极准备物资供应，作好城乡内外交流，迎接旺季市场的来临，并进一步发展生产，改善经营，来迎接会员代表大会的召开，但是根据各地的报告，部分工商业者却又重犯“五毒”行为和滋长着各种不良倾向。

在已发现的情况中，比较严重的，首先是以各种借口，抗拒国营经济领导，不接受国家的加工订货、收购包销的任务，要求在自由市场自产自销，图谋高利。其次是降低品质，粗制滥造，甚至有计划地偷工减料，造成国家与人民的损失。若干所谓大厂的名牌货也有同样的情形，在商业部门中，破坏市场管理和价格政策，甚至向国营商业和合作社争夺阵地，抑价抬价，掺杂使假，情形更为恶劣。此外，不重视爱国纳税的光荣任务，不顾国家财政收入，偷税漏税，已经不是个别现象。如最近上海市对二千七百户工商业户抽查结果，有二千三百户有偷漏情况，偷漏户竟达百分之八十五。

这种现象虽则还只是部分地区和极少数工商业者的问题，但发生在“五反”自我教育运动以后和当国家开始有计划地经济建设的时候，情况是严重的，这表现在投机取巧唯利是图的旧资本主义坏作风又在抬头，如不及时予以克服肃清，则不但影响即将到来的旺季市场的工作，影响即将召开的代表大会，更重要的是这样的做法会直接危害国家人民的利益，破坏经济建设的进行，并将阻碍正当工商业户老老实实的经营作风的发展。

为此，要求各级工商业联合会，在本会代表大会之前的时期内有重点、有计划、有步骤地开展一次反不良倾向的思想教育工作，以巩固“五反”运动的成果，有力地配合国家经济建设的完成。在进行工作时，原则上对全体工商业者普遍地进行教育；对一般违法行为不严重的，进行必要的批评；对个别情节严重的应进行适当的斗争（但须请示政府有关部门）；同时；对于一贯接受国营经济领导，发挥积极性，在生产经营上有成就的工商业者，选择典型事例，予以公开表扬及奖励，以激励其他工商业者；对于虽有过错而自己愿

意改正，能够认真自行检查，切实纠正过错的工商业者，我们一律表示欢迎；对于少数一贯作风恶劣，重犯“五毒”行为，情节严重而又坚决不改，态度特别恶劣的，必须送请政府予以依法严办，以教育多数工商业者。须注意，反对重犯“五毒”并不是再来一次“五反”运动。

在工作推进中，各级工商业联合会的委员及这次被推选出席全国工商业联合会会员代表大会的代表，应该以身作则，认真检查自己，委员和代表之所以为工商业者所推选和信任，不仅应在消极方面防止和肃清“五毒”行为及各种不良倾向，还要在积极方面搞好生产经营，领导工商业界遵守共同纲领，否则工商业者将不再予信任，有权要求撤销其委员或代表的资格。因而，委员与代表首先进行严格的自我检查，既能够影响和教育工商业者，同时，对于今后作好工商业联合会工作，使工商业联合会能发挥一定的作用和开好这次代表大会，使大会能完成一定的任务，也是同样具有重大意义的。

各级工商业联合会应根据当地具体情况，在政府有关部门领导下，审慎拟具开展这一工作的具体计划和工作办法，积极地、稳重地布置和推动这一工作，并应将工作计划推动情况及发生的问题随时报告本会。

一九五三年九月十六日

关于对工商户开展反不良倾向思想教育工作的汇报

1953 年 11 月

本会在接奉省工商联抄附全联关于“端正经营作风，防止重犯‘五毒’及纠正不良倾向”的通知以后，即进行研究如何在工商界中开展反不良倾向思想教育工作，根据本市具体情况，决定配合当前中心工作中，结合进行教育。兹将本市进行有关反不良倾向思想教育截至目前的工作情况分别汇报如下：

Ⅰ. 工作开展的一般情况

本会开展反不良倾向思想教育工作，是在政府领导下，密切配合中心工作进行的。

1. 在江苏省协商委员会扩大会议之后，本会于十月五日召开了筹委扩大会议进行贯彻，出席会议的除本会筹委之外，尚有各区工商联委员、市人民代表、市青年代表、民建会员，以及重点户（包括各业正、副主委与大企业负责人），会上除传达了省协商委员会扩大会议主要精神外，也特别提出了工商界应如何正确地负担起国家建设和增产节约应尽的责任，在这方面着重指出了目前工商界所存在并逐渐滋长的不良倾向，说明这种不良倾向的滋长足以影响国家及广大人民生活，破坏国家的建设，并提出了本市若干具体事例，进行批判会议之后，并举行了小组讨论。

2. 在本市四届四次人代会议之前，在市协商委员会领导与支持下，召开了工商界代表预备会议，除本届正式及列席代表之外，尚有民建会员参加，在预备会议上学习了《人民日报》社论《增加生产，增加收入，厉行节约，紧缩开支，超额完成国家计划》及江苏省协商会柯主席的报告，并结合了本市具体的情况进行了讨论。

在这两次讨论中，首先都正面认识了增产节约超额完成国家计划的重要意义及工商界应起的作用，以及上半年市场情况好转工商业获得发展的具体事实及其原因，在思想认识提高的基础上，揭发并批判了一些存在及正在滋长的不良倾向。

3. 在八月十一日市税务推进委员会召开扩大会议，发现了当前在纳税纪律上存在很多问题，偷漏拖欠挪用税款的情况很严重，讨论决定有必要开展一次整饬纳税纪律的教育，以及时纠正这些违法现象。本会为配合这次工作开展，即于十四日召开了各业同业公会筹委会、各区工商联委员、各纳税组长的大会，由市税局梁柏浩局长作了整饬纳税纪律的报告，他在指出了税收的重要意义之后，即分析了今年上半年的市场情况，说明了由于政府的正确领导及扶助，大部行业都稳渡了淡季，很多超过了以前同期营业，并且也都获得了利润。但随着市场活跃，偷漏税收情况也很严重，市税局抽查了1536户，有966户有偷漏行为，因此必须立即开展一次整饬纳税纪律教育，以消灭这些坏现象，最后并布置了具体工作步骤。会上并由本会陶主委要求全市工商界热烈投入工作，和一切偷漏税收不法行为进行斗争。会议之后，即根据报告精神，普遍进行宣传教育，在认识提高的基础上开展了自查补报及认真进行了1—6月民主评议工作及清理欠税工作。在本会成立了清理欠税工作组，在各同业公会联合办事处成立了工作小组，在八月二十七日又成立了工商界整饬纳税纪律工作委员会，在各区成立了分会来具体推动工作。在八月二十四日由本市人民政府李代市长作了关于整饬纳税纪律的报告，更有力地推动了整饬纳税纪律工作的进行。在九月下半月根据市税务推进委员会决议，整饬纳税纪律教育工作，除继续肃清欠税外，并以推动工商户做好1953年所得税估征储税工作为中心任务。十月二十五日开始，已正式转入推动53年所得税估征的工作，直至目前已将整饬纳税纪律教育工作转入经常化，在政府领导下根据税收各项中心任务来开展工作。

4. 除了结合1、2两项工作进行了端正经营作风、纠正不良倾向的教育工作及专门开展整饬纳税纪律的教育工作之外，本会并经常选择在经营、纳税上的好坏典型事例，利用黑板报、大字报、通报等形式，及时进行表扬、批评，用具体事实来进行教育，这样除了能及时地发扬积极因素，克服消极因素，端正工商户思想认识以外，也有力地推动了各项中心工作的完成。

Ⅱ．收获

本会在进行反不良倾向的教育工作中由于得到政府、市协商会等有关单位的具体领导与帮助，同时紧密地结合了增产节约的中心运动及政府税收的各项中心工作，更丰富了教育内容，因此是获得一定的成绩的，除了为在工商界中开展增产节约运动打下了牢固的思想基础外，在纠正不良倾向、端正经营作风及纳税态度、提高思想认识上也有以下两方面收获：

（一）提高思想认识方面：

本市工商界在未开展有关增产节约、反不良倾向及整饬纳税纪律教育之前，思想认识方面是比较混乱的，特别是对货物缺乏、加工订货紧缩等问题认识不清，对国营公司不满的叫嚣很多，而对本身正在滋长着不良倾向，认为工商界已通过“五反”，不会有什么问题了。对抢购、套购、哄抬物价、不能完成国家加工计划或不接受加工任务，以及偷税、漏税、抗税、挪用税款等的行为，却认为不是问题，对服从国营经济领导的观点是极薄弱的，对税收的重视也是不够的。但是通过报告的启发及小组中的检查揭发，才认识了目前工商界中确有重犯“五毒”的现象，并且是严重的，同时也对政府加强对市场管理、保证国民经济中社会主义经济比重的不断增长，所采取的各种措施是完全正确的，并且也对

“国营不供给货源啦”、“国营在与私营抢生意啦”、“加工任务不够啦”等等的叫嚣，获得了统一的认识，意识到之所以造成货源不足等状况，还是由于工商界自己想谋取暴利，不老老实实服从国家计划，或者是自己盲目发展所造成的。因此总的来说，在提高思想认识方面的收获，一方面是纠正并澄清了一些错误看法，一方面是老老实实地检查了自己的错误。兹就这两方面，分别用具体例子来说明思想认识提高的过程。

1. 纠正了某些错误看法：如百货业、绸布业是反映货源最成问题的行业，认为国营公司不照顾私商，但经过学习，端正了认识之后，老老实实找到了国营公司，解决了货源问题，所以不能满足私商货源需要的原因，还是由于自己不好。如绸布业委员张柱华说：“我们与花纱布公司订计划时，总是留些后手，因为上海出新花色，国营要迟些到，所以目前国营调配上有些问题，还是我们计划订得不够，像丝棉货源原来也发生问题，但国营叫我们订计划，我们老老实实地订立了计划，照国营所指示的将销货发票拿出，现在也有得供应了。”百货业徐民引起初还一再强调国营不照顾，但后来也检查到了自己的缺点，说：“我们因为资金短缺，向国营买要现钞，想直接到上海私商处购买，因此国营叫订计划也不肯订，现在上海私商都为国营包销了，因此货源才发生问题，这也是由于我们没有老实订计划。”新药业俞启溏也用本业的具体事实说明了只要老老实实服从国营经济领导，货源是不会发生问题的，他说：“我们新药业有联购组织，经常与国营取得联系，按季订计划，因此就未发生过问题，而别地就因为不订计划，就感到缺货了。”另外对国营售价差价问题上，也纠正了国营与私营在抢生意的看法。如丝织业看到中蚕公司的一批次货丝绸价钱很廉，甚至跌进去成本，认为影响了丝织业的营业，但在这次讨论中也获得正确认识，如该业李泳德说：“上半年中蚕售出丝绸价格很廉，我们认为好像国营在抢我们的生意，故意捣蛋，甚至连几个行业负责委员也有这样看法，现在检查到了，这过失还是我们自己造成的，因为中蚕售出的次货也是我们丝织业自己选出来的，中蚕积压了这些次货，为了对人民负责，当然要设法卖掉，这是完全正确的。”再如丝织业盲目扩展生产设备，因此在国营加工缩小之后，造成了困难，原来也是认为国营不好，这次也找到了造成困难的根源。

通过这些具体事实的讨论，在找到目前某些困难所造成的根源后，大家都一致认识了私营工商界只有老老实实服从国营经济领导，在国家总的计划下，改善经济发展生产，才有光明前途，任何企图逃避国营经济领导，盲目发展等投机取巧行为，除了都会严重影响国家和广大人民利益之外，自己也会自食其恶果。

2. 老老实实地检查了自己的缺点及错误：通过报告的启发，大都认识到目前存在于私营工商业中的抗拒国营经济领导、不接受国营加工、抬价抢购、投机取巧、扰乱市场以及偷漏税收等的现象，是严重的，并且也认识到这对国家建设是起着破坏作用的。如粮食业张士华说：“有些对国营不掌握的商品即抬高价格，扰乱市场，这对广大人民生活及国家建设都有很大影响的。”同时也认识到私营工商业四年来，由于国营经济的正确领导与扶持，才获得了发展，而今天却重犯“五毒”，这也是忘恩负义的行为。如刺绣业王守清说：“政府帮助我们搞好了生产，我们却投机倒把，这是太不应该了。”南北货业童勤高说：“南北货业在调整公私关系后，国营让出部分商品给私商做，当时我们认为这是国营公司缺乏经验，要蚀本，所以让出，在这种思想指导下就发生了投机暴利行为，这是不应该的。”纸业徐粹清说：“志愿军为了保卫祖国，在前线作战，而我们却在重犯‘五毒’，自私自利，破坏国家建设，这是没有良心的。”因此一致认识到这是不能容忍和必须坚决反对的。如酱工业吴其发说：“我们原料黄豆感到缺乏，原来却是少数私商在投机倒把，使得我们原料缺乏，这种自私自利的行为是必须坚决反对的。”基于这样的认识，一般都比较老实地检查了自己的错误与缺点，对一些错误的思想及行为也进行了严格的批判。如面粉业祝森元说：“我们面粉厂虽然接受加工，但又留恋自营，最好是淡季加工，旺季自营，小麦青黄不接时国营，加工稍为减少后就恶意叫嚣，小麦登场后，又想争取自营，实力不足就想贷款，当时思想上就想你要加工就包下来，你自营就借钱来，这完全表现出是自私自利。”糖果业委员刘振英检查说：“我们糖果业收购桂花，从六七十万哄抬至一百六七十万，这是我们应负起责任的。”南北货业委员徐大锦检查说：“我们在明光采购瓜子，从十六七万哄抬至二十多万，生仁国营收购只有十七八万，而我们哄抬至二十多万来竞购，这说明我们把个人利益放在第一，而损害了国家人民利益。”染织业王震沄也揭发了同业中华染织厂，故意织次布，把加工计划订得很低，借口次布在市场销售，盲目追求暴利的行为。

通过对一些混乱思想的批判及具体事实的检查揭发，在对服从国营经济领导、端正经营作风方面是有了一定的提高的，另外通过整饬纳税纪律教育的工作，对税收的重要意义与国家建设的关系等也都有了进一步认识。

（二）具体行动方面：

通过教育提高了思想认识之后，大部分工商户已能转入具体行动，在服从国营经济领导，端正经营作风，提高纳税观点等方面，都已有了积极显著的表现：

1. 进一步靠拢国营经济的领导：如绸布业、南北货业议价一直是脱离国营牌价，通过教育之后，在议价方面都服从了国营牌价，绸布业进一步靠拢国营经济领导，并在业内协商将原来放尺陋规取缔（国营不放尺的）。协昌米厂原来替国营加工，仅占全部生产的40%，现在已提高到100%为国营加工。在向国营公司订计划方面，原来同业都极不重视，根本不加审查，通过教育之后，对向国营公司订要货计划都普遍重视，如糖果业同中百公司订的要糖计划，酱工业向油脂公司订的要油计划，同业都进行了认真的审查，对一些计划不实的都予以批评纠正。这些具体事实说明了工商界在通过教育之后，都认识了只有服从国家总的计划及在国营经济的领导下来改善经营，才有自己光明的前途。

2. 积极完成了各项税收任务：在进行整饬纳税纪律教育的同时，也紧密结合了各项税收工作，工商户在认识提高之后也纷纷拿出了实际行动。如清理欠税方面，在未进行教育之前，全市有1601户欠各种税计有十三亿七千余万元（包括无法追缴的），而在九月底即已清缴了五亿余万元，完成了总数的38.5%，所得税估征的预储工作至十月二十五日已完成了指标数的84.3%（指标数为一百六十二亿六千余万元）。不少行业现正准备提前纳库，并且在纳税中也涌现了不少模范事例，如油饼业蒋振中，不但自己完成了所得税预储工作，并且推动全业完成了预储工作，其他同业之间互相帮助以保证完成任务的例子也很多。

3. 积极地依靠工人阶级，改善企业管理，提高产量、质量，减少浪费，以保证完成国家加工订货计划。在不少专为国营加工订货的行业，原来对质量方面不太重视。如棉纺业，从原来能纺乙级纱，降低到丁级纱，通过教育之后，该厂资方积极依靠工人，加强企业管理，已从丁级恢复到乙级。染织业、针织业在旺季到来之后，部分有不愿接国营加工任务，或者是暗地自织自营的现象，经过批判之后，也都老老实实、一心一意地来完成国家加工任务。其他如绍酒、烧酒、碾米等专为国家加工订货的行业，也都积极想办法来提高产量、质量，减少浪费，降低成本，以保证完成及超额完成国家加工订货计划。如碾米业想办法提高了滚筒的使用率，绍、烧酒业也研究了在配料方面增加，可以在不增加劳动力及其他成本，不降低质量的条件下增加产量。其他加工订货的行业也有很多召开了劳资协商会，研究本企业如何来投入增产节约运动。

Ⅲ．缺点、存在问题及今后打算

至目前为止，本会对工商户所进行的教育，尚缺乏计划，并且也不经常化，并且由于对工商业情况掌握不够，在进行宣传教育时也感到没有方向和缺少内容。另外在进行工作时也还不够深入，因此还存在一些不良现象及思想。本会根据了这些情况，已于十月份成立宣教委员会，着手研究如何来及时地、经常地、有计划地开展宣传教育工作。

八、政治学习

苏州市工商界学习选举法总结

1953年8月26日

本市工商界对于选举法学习是在市协商委员会学习委员会领导下进行的，从五月十五日至七月十七日共历时两个月，先后举行了一次报告会、九次小组讨论。在整个学习过程中，小组活动次数较多，因此各小组及支会为了提高学习情绪，避免腻乏现象，在学习方式、方法上面也进行了不少努力，采取了各式各样的学习方法，根据实际情况，灵活应用，如很多支会采用了大组中心发言方式，事先指定专人负责准备，然后在大组会上发言，也有的支会采用了测验方式，用比较浅近的试题来帮助学员对前一阶段学习做一系统的复习。这样多式多样化的学习方式，对提高学习情绪是起了一定的作用。

学习进程：

此次选举法学习计分三个单元进行，第一单元学习主要的内容是认识普选运动的政治意义，要求通过学习认识实行普选对于提高人民群众的革命积极性和创造性以及对于更加加强人民民主专政的力量，对于更加加强经济建设的力量和对于加强抗美援朝的力量的伟大意义，统一对普选问题的看法，俾能采取正确的态度来参加普选运动。这一单元学习了二个星期，基本明确了普选的政治意义及人民代表大会的性质。第二单元是研究选举法，学习了五个星期，在学习中，对选举权的普遍性和平等性都有了比较全面的认识，在讨论中用资本主义国家的选举制度及国民党反动派时期的选举和我们现在的选举制度对比，更进一步认识了我们的普选制度，是根据我国当前情况及历史条件来规定的真正民主的选举制度。对选举中有关各级人民代表大会的名额分配的原则、选举的程序、候选人的提出、选举的经费等具体规定都进行了深入的讨论，并结合对邓小平同志关于选举法草案的说明，进行了逐段深入的讨论。第三单元主要联系实际，讨论了应如何以正确态度和实际行动来迎接普选，并讨论了普选的人民代表大会制度实现以及人民民主统一战线和人民民主统一战线的组织的存在和加强问题。最后并对《关于选民资格若干问题的解答》进行了详细深入的讨论。在第三单元结束之后，由市委宣传部凡一部长，做了关于选举法的报告，在报告之后，有的支会进行了测验，有的支会及小组分别进行了大组讨论，更深入完整地认识了普选的政治意义及选举法的具体条文。

1. 更加认识了新民主主义社会制度的优越性。通过选举法的学习，大家更深刻地体会到人民是真正地掌握了政权，成了国家的主人翁。由于这样，人民群众的革命积极性将会大大提高，成为不可战胜的力量，这样将会大大加强经济建设及抗美援朝的力量。由于我们新民主主义社会制度的优越性，三年来，各方面已获得了伟大的成就，具备了实行普选的条件，通过普选将更使我们的人民民主政权得到巩固和发展。像第四支会一个学员说："通过学习，更明确了新民主主义社会制度的优越性，人民是真正地当家作主了。我们工商界也应该在本岗位上发挥一定作用，为实现社会主义社会而努力。"

2. 认识了我们选举制度的优越性。通过选举法的学习，大家都用我们的选举制度来和资本主义国家及国民党反动派时期的伪国大选举来对比，更进一步认识了我们选举制度是根据目前实际情况所制定的最民主的制度。如第四支会有一个学员说："旧社会的选举，是反动统治政府用伪民主卑鄙的手段来夺取代表以达到他们剥削欺压人民的目的。"第二支会很多较小的工商户都回忆到过去反动统治时，受到垄断资产阶级的种种压迫，根本谈不到有什么民主。第一分会学员邵孝谋说："实行了普选，更能体会出我们是成了国家的主人翁。"通过学习，学员认识到我们普选制度的优越性，大概有这样几方面：①认识到我们选举权的普遍性和平等性，如第三支会学员说："我们选举权凡是年满十八周岁的公民，没有任何限制都有选举权和被选举权，这和资本主义国家像美国有五十多种限制，是完全不同的。"②认识到代表的广泛性：像原来有的学员认为用联合提名这样方式不够民主，但经过讨论之后，大家都认识了只有用这样方式，才能照顾到代表的广泛性，同时选举法中，也规定了每个选民也可以依据自己的意志来单独提名，这样方式是最民主的，最切合实际的，选出的代表也是最有广泛性和代表性的。③用物质和法律保障选民能充分行使选举权利。大家对于选举法上有关选举经费由国库支出及制止破坏选举的违法行为等规定，都认为这样是保证了人民能充分自由地进行选举。如第一分会学员美和布厂万仲坚说："从前选举是买卖方式的，有钱的人就能够当选，真正能为人民服务的人，因为没有钱，也就没有了被选举权。"第一丝织公司高吉甫说："过去选举伪国大，全用贿选，现在选举法对这些行为，都规定了要给以制裁，这就保证了选举能达到真正的民主。"南区一个学员说："过去有钱有势的人包办选举，现在选举经费由国库开支，我们选举不必花钱，也没有人敢舞弊了。"

3. 更加明确了工商界的地位前途和责任。在选举法学习中，很多学员对自己的地位前途非常关心，在学习之前，对这些问题还是认识不清，因此在未学习时，对工商界地位前途有这样一些看法：①做一日和尚撞一日钟；②将来儿辈读书后由国家统一调配工作，不会再做资本家了，到了社会主义，我也死了，用不到再顾虑企业到了社会主义的前途问题；③目前失业工人尚无法解决，我们还是继续经营来维持维持再说；④上海营造业四百多户已全部转入国营，将来我们也会逐步转入国营的；⑤为商不问政："我们做了生意算了，何必去问什么政治?”这些看法，在学习选举法中，大家除了充分暴露之外，也都对这些不正确的看法进行了批判，获得了统一的认识。如大陆绸厂程梓康说：“过去东区有些工商界说政府把工商界当做地主阶级看待，选举法便说明了政府对各界人民是同样看待的。”如采芝斋金培元说：“我过去始终以‘为商不问政’作为我的座右铭，所谓明哲保身，解放以后，我仍旧有这种想法，现在我始明白这是软弱缺乏斗争性的弱者的具体表现，是不正确的，今后我应该重视我的政治生命，积极参加普选，发挥人民当家作主的精神。”又如第一分会江南油厂倪桂根，原来认为代表在工商界中总是很不容易产生的，但通过学习，认识了工商界同样能根据自己的意志来选举自己的代表。在认识了自己的地位之后，大家明确了自己的责任，也看到了自己的前途。如第三支会有一学员说：“只要在工人阶级及国营经济领导下，积极改善经营，发展生产，投入城乡交流，在国家经济建设及抗美援朝中发挥我们的力量，一定是有前途的。”第四支会一学员说：“只要我们在新民主主义阶段中，积极生产经营，对国家对人民有了贡献，到了社会主义，人民也不会忘记我们的。”由于对自己的地位前途和责任有了一定认识之后，也提高了经营信心。如世界百货店孙奎俊原来经营消极，个别职工也有劳动纪律松懈现象，但孙也不敢反映，通过学习认识了自己的地位前途和责任，便提高了积极性，同时向有关方面反映了个别职工劳动纪律松懈现象，也得到了教育纠正，这样由于劳资双方积极性提高，营业有了显著的增加，生产情况已逐步好转。裕昌卷烟行陈鸿伯，通过学习，明确了必须在工人阶级领导下，来谈劳资两利，正确地对待了劳资问题，因此劳资关系也逐步改善了。

4. 积极投入了普选运动。通过学习，很多学员都在认识提高的基础上，转入了具体行动，积极投入普选运动。特别是普选试点区一带的学员，在选举试点工作中，发挥了很大的作用。像万年桥大街试点区中，工商户有三百多户，而其中小型及独立劳动的却占有三分之二，这些工商户，因经常没有时间参加各项社会活动，因此给普选的宣传工作，也带来了一些困难，普选工作组在了解选区基本情况的第一阶段工作结束以后，便与区工商联联系，动员该选区学习过选举法的学员，来推动工商界参加普选工作。在第二阶段的二十八天工作中，无论在发动群众、组织学习、宣传教育、户口登记等各项工作中，学习过的学员，都发挥了一定的作用。普选工作组采取了这些学员的建议，将全区工商界划成九个学习小组，由九个学习过的学员召集和掌握学习，由于他们已经通过了学习，因此在组织选区内工商界学习时，都有了经验，利用小组大组来进行宣传教育，像有些小工商户，原来对普选很不重视，有的说：“日里忙了一天，晚上让我休息休息吧。”有的说：“普选文件，我都看过了，没有不懂的，不需要学习了。”有的说：“我们只懂做生意，选到我也不会做官。”这些已参加过学习的学员便针对这些思想情况，用对比方式来说明过去小工商户受到垄断资本压迫及过去得不到真正民主生活的情况，来启发大家对普选的认识，有力地协助了基层选举工作。

存在的缺点和问题：

1. 报告会和小组配合得不够适当。这次选举法的学习中，由于开始时没有作大会报告，直到小组学习过六个星期之后，始作大会报告一次，因此很多学员认为没有听大会报告，学习起来便劲头不高，等到后来听大会报告时，部分学员又认为选举法学习已久，完全懂得，抱着自满情绪，思想开小差，便不注意听，也不很好记，这主要因安排报告会的时间方面前后倒置，就影响了大会报告的预期效果。

2. 有部分学员不遵守学习制度，经常缺席，随便请假，小组发言也不够普遍。

3. 讨论抓不住中心，在小组会上，往往是谈到其他问题，这主要是由于有些组长，事先不能做好准备，掌握能力也较差，而学习委员会对小组长的帮助也很少所造成的。

4. 自学不够，大部分学员都因业务较忙，或其他原因，很少进行自学，因此在小组讨论时，便不能环绕中心，遇到问题也不能深入钻研。

5. 在学习过程中，学员提出的问题，没有能及时得到解答，因此也影响了学习情绪。

一些体验：

1. 学习方式、方法方面，要多想办法，采取各式各样的学习方法，这次选举法学习，由于采用了小组讨论、中心发言、大组讨论、测验等方式，对提高学习情绪起了很大作用，像有的学员原来在小组讨论时感到很困乏，但合并大组采用中心发言再行深入讨论时，大家发言就很踊跃。

2. 事先做好准备，是保证学习得好的关键。很多支会，在学习之前，事先召开小组长会议，分析情况，研究如何展开讨论，在充分准备之后，在小组中再有计划地培养骨干，让他们能事先做好准备，以带动全组。学习内容提纲，应及早布置，以便学员能做好准备。这些都是学习领导上应切实注意的。

3. 深入下层，加强辅导，是改进学习领导的有效办法。像北区支会，在小组中讨论不起时，领导亲自深入小组协助，便纠正了讨论冷场、谈活不能深入的现象，这样对提高学员情绪是起了很重要的作用的。又如自从总会方面指派了专责辅导员深入各支会小组之后，经常召开组长会议，交流学习经验，组织各式各样的学习方式，并且深入小组参加讨论，这样使基层学习干部的工作信心及学习情绪，都有了普遍的提高。

4. 工商界在学习时，大都特别关心自己的前途和与自身有关的问题，因此在作报告或布置讨论时，必须要注意到这样一个特点，使学员提出的有关自身的问题，能有一个正确认识，否则在小组中便不容易谈下去，甚至把问题谈得模糊了，这样对学员的收获及学习情绪，都会有影响的，这一点在这阶段我们做得还很差。

中华全国工商业联合会工作简讯1954年第1期：各地展开学习与贯彻国家总路线的情况

1954年1月12日

自国家提出在过渡时期的总路线总任务后，各地工商联及工商界均表重视，相继在当地中共党委与人民政府的领导帮助下，召开工商界代表大会传达全国工商联会员代表大会的决议及精神，或运用其他方式进行学习与讨论。

根据本会的初步了解，许多地区的工商业者在经过学习讨论后，对社会主义工业化与社会主义改造有了初步认识，从而明确了自己的前途与经营方向。

北京、上海、天津、武汉等市均已在1953年十二月份内对全国工商联会员代表大会的决议与精神作了传达。如上海市首次传达时，参加大会的共2000人，同时为了进一步扩大传达范围，已计划向各同业公会执、监委员和各同业公会的筹备委员进行传达。抚顺、鞍山、旅大等市亦先后展开对总路线的学习。绥远、河南、江西、山西、四川、宁夏等省工商联亦在当地中共党委与人民政府的领导下组织私营工商业者进行总路线的学习。如江西省于1953年12月召开了扩大会议，讨论学习总路线，并要求各市、县具有代表性的工商业者参加。沈阳、宁夏还采取了收听全国工商联李烛尘副主委及刘鸿生、童少生委员的广播进行学习讨论。

南京、保定、承德、宣化、扬州、张家口、新乡、郑州、开封等地，亦已先后开展对总路线的学习。如南京市在1953年11月份制订了学习方案（在十月份对全联大会作了传达），根据全市大、中、小工商户的不同情况提出不同的具体要求，对中、小户则主要要求了解总路线的基本内容与精神，树立正确的经营作风，对市联执委、工业及部分商业中有全市代表性的会员要求对总路线作深刻的了解，明确国家资本主义的意义与好处，认识利用、限制、改造政策的正确性，并树立正确的态度。保定市则结合反偷漏斗争进行总路线的学习，一般在认识上有了提高。承德市在学习共同纲领的基础上进行总路线的学习，并大张旗鼓地向工商局贯彻粮食统购统销的政策，现在在工商业者中继续开展总路线及全联代表大会文件的学习，结合在行业中开展反不良倾向，端正纳税作风，继续贯彻粮食政策，争取做到家喻户晓。扬州市的总路线学习，受到教育的已达到3200人左右。张家口市工商联举办了总路线报告会，先后参加报告的有5000多人。此外，哈尔滨市与西安市均已拟好计划，准备结合传达全联会员代表大会决议精神，在工商业者中推动学习贯彻总路线。

经过这个时期的学习，各地工商业者一般地对总路线有了初步的认识，对私营工商业在过渡时期要走国家资本主义的道路认为很正确，并表示欢迎与拥护。不少业者通过这次学习批判了不正确的思想，认识了自己的光明大道，开始联系实际，积极地创造条件，主动努力向国家资本主义道路前进。如北京市有人说："总路线是灯塔，如不按灯塔走，不是犯错误，而是无路可走，也就走了资本主义的道路，按照灯塔走才是光明幸福的大道。"武汉市通过全市工商界代表会议把"逐步过渡即是稳步前进的意思"具体化了，基本上消除了急躁冒进或消极等待的思想，从而提高了积极经营的情绪，自愿接受社会主义改造。新乡市有的工业户正在计划提高技术、产量与质量，降低成本以迎接公私合营，针织业为了改进生产方式，准备组织互助或合作社，接受国营公司的加工订货。承德市碾米业部分业者也有类似的打算。有些业者认为只有走上国家资本主义的道路，改变了生产关系才能更进一步正确发挥积极作用，如保定市有人说："我厂现在一年创造两亿财富，如果合营以后，可创造二十亿财富，而且领导也加强了。"郑州市某纱厂经理学过了总路线，检查以往说："私营工商业者有'三不信'，不相信自己的前途，不相信工人的创造能力，不相信机器的潜在能力，因而阻碍了生产，我厂自从长期加工走上国家资本主义后，在国营经济的领导下，工人生产积极性提高了，产品由0.78磅提高到1.03磅，资方的'三不信'已逐渐成为'三信'了。"有些业者进一步认识到自己的地位与作用，以及今后的努力方向，解除顾虑，表示要安于合法经营，在人民政府的管理、国营经济的领导和职工群众的监督下，发挥有利于国计民生的作用。北京市有人说："从学习总路线后，我认识提高了，过去我想走社会主义，生活就有了问题，现在这些顾虑打消了。"宣化市某铁工厂今年一至九月盈利五千多万元，添置机器，增加工徒，还改善了福利，经理在听了总路线的报告后，反映说："我们就算做对了。"某些准备不干的资方在明确了认识以后，表示今后要好好经营。又如宁夏省中卫县百货业有人反映："我们再犯'五毒'，就是群众的敌人，对不起国家，对不起后代。"有人说："我过去在西安办货，名牌货买不到就认为国营垄断市场，听了这次报告后，才明确了国家计划生产和国营领导的重要意义。"有的小户也认识到当前应该爱国守法积极经营。如保定市酱业有人说："总路线具体到我们，总起来就是爱国守法，服从国营经济领导和接受工人群众监督，赚合法利润，不偷不漏，遵守政府法令，也是给国家、给人民服务。"有的地区的工商业者在经过总路线的学习后，摸到了生产经营的方向，肯定了自己的前途，于是提出保证，要努力为贯彻总路线总任务而奋斗。如河南省驻马店市工商联四届一次会员代表会议向本会陈主委的致敬电文中提出："我们只有在现有的条件下，争取国家对私营工商业的利用、限制和改造，愿贡献出我们应尽的一切力量，将以更大的努力发挥私营工商业者的积极作用。"电文接着提出，"我们深信在人民政府和你们的领导教育下，一定能够完成国家对私营工商业者的改造和应有的一切任务"。另如四川省奉节县工商界代表大会决定一致拥护总路线，并提出要改造思想，端正经营作风，展开增产节约运动，协助政府完成税收计划，接受国营经济与工人阶级领导，搞好公私关系与劳资关系，协助政府搞好市场管理。

各地在组织进行总路线学习时，都提出了一些方法，对学习的推动与提高起到了一定的作用。如宣化市工商联为了搞好总路线的学习，把原有的学习方式加以改变，由分组自学改为集体讲解文件，由分组讨论改为小组漫谈与大组讨论相结合的办法，这样使学员对文件的领会更深入一些，克服了某些人"啃不动"与各组进度不平衡的现象，同时还可以扩大发言面，活跃了学习空气。因此，经常出席的人数由50%增加到85%，同时学员还增加了将近一倍，有些不爱参加学习的人，现在也都报名参加，他们说："不学习就是不行了。"绥远省丰镇县工商联创造了"按时学习，定期报告，发现问题，及时解决"的学习方式，避免了形式主义的流弊，使学员解决了思想问题。南京市组织总路线的学习采取了市联与各分会负责的办法，市联负责总的学习领导，各区分会具体掌握各区的会议及学习，同时程度较高的学员则与民建会员共同学习，由市联与民建会共同领导。江西省与武汉市除了在大会进行传达学习讨论外，并结合当地具体情况对业务上若干重点问题进行了专题研究。哈尔滨市计划采取层层辅导，层层深入的方法，将580多人分成两批进行学习，每批为一至二个月。西安市计划学习采取边学、边记、边谈的方式进行，要求学习联系实际，抓住重点，开展批评和自我批评及发挥自由争论的学习作风，以求得一致的正确认识。

根据以上情况看来，各地已逐渐展开对总路线的学习，而且也已获得若干成绩，但这只能说仅仅是个开始，希望各地工商联要自上而下，层层发展，有计划、有步骤地做到普遍深入，家喻户晓。在学习过程中，仍应采取彻底敞开的办法，鼓励大家消除顾虑，踊跃提出意见，展开热烈争论，以求得统一的认识。对于业者提出的问题与意见应加以综合研究与分析，在可能的条件下，给予说明解释，否则也应计划向有关方面反映联系，请求协助解答，以推进学习，明确认识。关于各地工商业者在学习中所存在的各种思想情况，希望各地工商联经常向本会反映，以资共同研究，并交流情况和学习经验。

中华全国工商业联合会工作简讯1954年第2期：本会干部学习国家在过渡时期总路线的情况

1954年1月30日

本会会员代表大会闭幕后，机关学委会即领导工作干部开始了总路线的学习，由学委会规定并分发了学习文件进行学习。在规定的文件中，必读的有毛主席《为争取国家财政经济情况的基本好转而斗争》、李维汉副主任《在中华全国工商业联合会员代表大会上的讲话》等四个文件。参考的有斯大林论苏联经济形势与党的政策、在粮食战线上、陈云主任在政府委员会第二十五次会议上关于财经工作的报告等八个文件。

本会行政领导对组织干部进行总路线的学习十分重视，特别强调指出每个干部都要对总路线进行系统全面的研究，并指出工作是否符合总路线的要求，是今后衡量干部的重要尺度。因此，每个干部必须在思想上明确：学不好总路线即不能做好工作，如果工商联的工作做不好即要影响国家的计划。所以，在学习开始前，首先由机关学委会主任委员作了动员报告，说明总路线的精神实质及其与每个人的切身关系，并指出学习总路线是“人人有份，个个有关”，使大家初步地认识到我们伟大祖国社会主义工业化和过渡到社会主义社会的美好前途，认识到总路线像灯塔一样，照耀着我们每个人前进的道路，并进一步明确过渡到社会主义，绝不能坐待到来，必须人人努力工作才能建立社会主义的社会。同时，大家还感到要做好工作，必须要把总路线的精神实质贯彻到每个工作岗位上去，并加以具体化。所以，每个干部要经常思考自己的工作是否有利于社会的前进，对国家的社会主义工业化及社会主义改造工作是否起到了作用。

学习的组织系在本会学委会领导下，根据行政工作单位，分别组成学习小组，每组自七八人到十余人不等，并设正、副组长各一人。学习的方式以自学为主，每星期六下午进行集体讨论或听报告。为了便于进行讨论，各小组根据自愿原则，再分别组成互助组，彼此帮助。此外，通过黑板经常报道各小组学习消息和各人的学习心得以交流经验、鼓舞学习情绪。各小组在学习中所提出的问题，不能在小组内自行解答的，由小组长汇交学委会，由学委会指定专人解答；如其中仍有不能解答的，则由学委会提请上级解答。经过一定时期，并进行定期的测验。

在本会全体一百余干部中，具有相当理论水平、学习一贯积极的同志为数不少。这些同志在学习初期，由于领导的启发与个人的努力，运用“彻底敞开，适当分析”的方法，一般都能刻苦钻研文件，大胆提出问题，在讨论中踊跃发言，以准备随时修正自己错误的热情态度，发表自己的看法，并专心来考虑别人的意见，使思想认识逐步提高，明确了不少问题，在政治上、思想上大大地前进了一步。但自过了新年以后，或者是由于工作繁忙的关系，有少数同志的学习情绪表现了松懈。机关学委会针对这种情况，郑重地对不正确的学习态度进行了批评，并详细说明学习总路线对于提高认识、改造自己的重要性以及学好总路线与做好工商联工作的密切关系。通过批评，经过小组讨论，全体干部的学习情绪即迅速地提高起来，有的小组提出加强学习的保证，有的小组进行了彼此的挑战，使学习情绪进一步的提高。

本会干部学习总路线，目前正处在提高的阶段，离开作总结的时期还有相当时间。但就在目前阶段，绝大多数的干部通过学习，已经有了一定的收获：

首先，绝大多数同志明确了伟大祖国的社会主义前途，坚定了过渡到社会主义社会的信心。有的同志说：“我们在短短四年中，已有了这样成就，苏联帮助我们一百四十一项大工业建设的完成，更将促使我国经济大大地迈进一步。”年老的同志说：“我一定要保持健康，加紧做好工作，为亲自参与创造社会主义社会的美好生活而努力。”

其次，大多数同志明确了总路线与个人的前途、工作和生活的密切关系。如有的同志说：“我过去对于毛主席所指示的‘总路线是照耀我们各项工作的灯塔，各项工作离开它，就要犯左倾或右倾的错误’这句话是体会不深的，现在深深地知道我们在工作上不论是急躁冒进或停滞不前，都是会影响我们顺利地过渡到社会主义社会的，我们每个人的工作都是整个工作的一部分，我们必须依照总路线的指示努力工作。”有的同志说：“我后悔自己在解放三年后才参加工作，现在真有些跟不上时代。”

再次，是进一步明确了作为一个工商联干部在过渡时期的重大责任。很多同志理解到工商联工作是逐步实现社会主义工业化和社会主义改造中的一份组成力量，因而大大地改变了在工作上不安心、闹情绪、闹名利地位，不好好工作的思想与作风。很多同志认为如不认识这一点，都将要被时代碰得头破血流。有很多同志表示，我们执行着对私营工商业施行社会主义改造的具体工作，任务是重大的，同时也是艰辛的，如不好好学习，提高思想，非但不能担负这艰巨的任务，而且将要被时代的洪流冲刷掉。

因此，本会许多同志在领会了总路线的精神实质后，已初步地开始联系实际。有的同志对自己的工作进行了检查，批评了自己过去不正确的工作态度；有的同志更深刻地感觉到自己理论水平与业务水平不够，于是更加积极刻苦地深入钻研文件，并逐渐地把文件精神贯彻到自己的实际工作与行动中去。如国家在公布发行 1954 年经济建设公债后，全体同志都积极地投入这个热潮。有的同志说，这次对公债意义的认识是我们学习总路线思想是否提高的一个自我检查。

总的说来，本会干部在总路线学习中最大的收获是较深入地明确了学习总路线和改造自己、提高工作效率的密切关系，把理论学习与实际行动联系起来。很多同志认为：“估计我们实现社会主义约需十八年，现在过去了四年还有十四年，如果我们不及时改造自己，使自己在思想、生活、工作各方面均能逐步符合过渡到社会主义社会去的要求与标准，自己怎能进入社会主义社会呢？所以个人改造也必须和时间赛跑。”

本会干部在总路线学习中虽有了一定的收获，但仍存在不少缺点，尚需今后继续努力来克服。如有若干同志，由于参加机关工作不久，或者过去缺乏自学经验，在总路线学习开始阶段，尚未能及时对学习加以应有的积极和努力，因此，在思想上对学习总路线产生了某些模糊的看法。如有的干部认为：“社会主义改造是对私营工商业、农业和手工业而言的，我是干部，所以总路线学习与我无关。”有的认为：“过渡到社会主义固然好，但总路线与自己的生活和工作关系不大。”或者认为：“我过去工作怎样做，现在还是这样做，无所谓过渡不过渡。”有些同志则感到：“理论学习太高深，自己水平不够，钻不进去。”也有的同志认为自己年龄大了，学不学总路线没有多大关系。上述这些同志虽则为数不多，但也是有其若干代表性的，仍需要加以帮助与纠正。此外，由于总路线学习是马列主义、毛泽东思想的理论与实际问题相结合的学习，过去对理论方面根基较差的同志，虽则学习积极性很高，但在学习过程中往往难免钻牛角尖，精力被纠缠在个别不重要的字句名词中，而忽略了对总路线的精神实质作全面系统的了解，以致收获不大。此外，学习领导抓得还不够紧，以致有的小组学习空气还不够热烈紧张。今后还需要紧紧掌握，逐步提高，使学习进一步联系实际，检查工作，更好地发挥工作效率。

经过这一阶段的总路线学习，我们感觉到：

（一）正如本会《关于认真做好国家过渡时期总路线的传达及学习的指示》中所指出的，搞好工商联干部本身的总路线学习，同样是当前一项重要的工作，因此行政领导必须把组织干部学习看作工商联整个计划中的重要部分，有领导、有计划地加以实施。只有这样，才能促进与深入干部的思想教育，才能在工作上增强对私营工商业进行社会主义改造的信心。

（二）搞好总路线的学习，应及时动员，通过黑板报、写心得、提问题、介绍经验、挑战等方式进行学习的宣传鼓动及推动学习热潮。这些工作所起的组织与推动的作用，对于启发干部对学习的思想认识与热情是有相当帮助的。如果不依靠经常性的宣传鼓动，而单凭会议的一般号召来促使学习的深入与提高，则对学习情绪的巩固与不断高涨，仍然显得力量不足。

（三）掌握小组长这个环节是展开经常动员与深入学习的一个重要办法。所以学委会必须不断地听取小组长的意见与反映，了解学习上的困难与问题，及时地向他们布置学委会的决定或计划，层层深入，上下沟通。这样就能比较容易地解决学习上存在的问题。

广泛组织学习互助组，三三两两不拘形式地定期举行业余的学习互助，是运用“彻底敞开，适当分析”的一个较具体的办法。这种互助组织给联系实际、研究问题等方面提供了条件，同时还可避免因大组人多时间不够或发言有顾虑等缺点。

苏州市工商联市区两级委员及联办处行政委员学习“工商联组织通则”的情况归纳

1952 年 10 月

Ⅰ．总的情况：

苏州市工商界的学习在过去没有能很好地开展，自从在本月九日工商联合会根据本市协商会的指示，在四十二次常委委员会议上通过成立了苏州市协商委员会共同纲领学习委员会工商界分会，接连在十三、十六日的分会委员会议上决定成立了各区的支会，成为各级经常领导学习的机构。由于市协商委员会关于共同纲领的学习尚无统一布置，故决定先学习“工商联合会的组织通则”及中央私营企业局薛暮桥局长“关于组织通则的说明”，并确定了工商联常委、各地区委员及各同业公会联合办事处行政委员作为参加学习的对象，但由于在此阶段中正在开展清理欠税的中心工作，故使学员思想不能集中，也影响了学习的情绪及收获。但总的说来是有了一定收获的，而缺点也是存在的，但是通过这次学习可以吸取经验教训，对今后开展共同纲领的系统学习有了较明确的方向和有利的依据。

Ⅱ. 学习程序及日期:

在十九日由学习分会陶主委及工商联学习部卫部长作了动员报告,在报告中指出了学习工商联组织通则的重要意义,尤其说明在工商联各级的领导委员中进行学习更加重要,因为工商联马上就要进行整顿,各级组织如果能在思想上明确工商联组织的性质与任务,对以后的工作开展是很有利的,同时也批判了对待学习的一些不正确思想,并且提出对整个组织通则的重点内容逐项进行解释,作为小组讨论的中心,经过了动员报告之后,各区支会分成小组进行讨论,计在二十二、二十四、二十七、二十九日讨论四次,在讨论二次后,即进行汇报一次,在第二次汇报会议上布置了各区支会进行小结。

Ⅲ. 参加学习人数及出缺席情况:

各区人数及缺席情况列表如后:

区别	分组数	第一次				
		应出席人数	出席数	缺席数	请假数	出席占%比
东	3	73	49	24	0	67
南	3	71	50	16	5	70
西	5	111	68	38	5	62
北	5	90	62	26	2	69
中	6	106	75	27	4	70
工商联	1	12	12	0	0	100
合计	23	463	316	131	16	68.2
区别	分组数	第二次				
		应出席人数	出席数	缺席数	请假数	出席占%比
东	3	73	45	26	2	62
南	3	71	52	13	6	73.5
西	5	111	63	40	8	57.3
北	5	90	51	34	5	57
中	6	106	72	24	10	67.3
工商联	1	12	12	0	0	100
合计	23	463	295	137	31	63.7
区别	分组数	第三次				
		应出席人数	出席数	缺席数	请假数	出席占%比
东	3	73	39	33	1	54
南	3	69	46	19	4	66.6
西	5	111	43	62	6	39
北	5	90	58	29	3	65
中	6	106	65	29	12	60.7
工商联	1	14	14	0	0	100
合计	23	463	265	173	26	57.2

续表

区别	分组数	第四次				
		应出席人数	出席数	缺席数	请假数	出席占%比
东	3	73	26	46	1	36
南	3	69	43	16	10	62.5
西	5	111	39	62	10	35.5
北	5	90	54	32	4	60
中	6	106	56	36	14	52.3
工商联	1	14	14	0	0	100
合计	23	463	232	192	39	50.1
区别	分组数	四次合次				
		应出席人数	出席数	缺席数	请假数	出席占%比
东	3	292	159	129	4	54.5
南	3	280	191	64	25	68.3
西	5	444	213	202	29	48.4
北	5	360	225	121	14	62.5
中	6	424	268	116	40	62.5
工商联	1	52	52	0	0	100
合计	23	1852	1108	632	112	59.8

注：原来参加学习者计477人，内公营13人未参加，1人已脱离原生产岗位，故实参加人数只463人。

照上面的出席现象来说是逐步下降的，其中从未出席的人大概有下面三种情况：

（一）一向是任何会议从不出席者。

（二）独立劳动者。

（三）有病及出门经商或年纪太大因而请假者。

至于缺席的对象大致为联内行政委员占多数，摊贩、行商的委员也未来，所以造成出席人数逐步下降的原因。当然一部分是由于学员本身对学习不重视或业务太重或其他客观原因，但各支会不能进行深入动员以及领导抓得不紧以致造成先盛后衰的现象，也是主要原因之一。

Ⅳ. 学习情绪：

学习情绪的高低一般说来是不一致的，有的对学习情绪很高，对学习要求很迫切，有的是抱着漠不关心的态度敷衍了事，这具体表现在：

（一）发言虽热烈但不普遍，有的人谈得很起劲，但有的人在四次讨论中却从未发言，虽一再经过小组动员帮助还是不发言。

（二）学习时有的人很早就到，但有的人却来得很迟，像中区成衣业委员吴介桢在第一次学习时到九点三刻才来，不来的人当中有的很郑重地执行了请假手续，有的却不请假也不到，这也具体说明了有的人是重视的，也有的人是不重视的。

（三）有的小组讨论得很热烈情绪很高，如东区的第二组在第四次讨论后感觉到还不够，要求再继续讨论一次，因此其他的一、三两组也起而相应，这说明了他们的学习情绪是非常高涨，同时对学习要求也感到很迫切。

Ⅴ．对工商联提出的建议和意见：

（一）对组织方面：

1．对工商联及所属各级组织过去在选举方面有的地方是不民主。如此次交流有的行业中业务组的负责人不知是怎么选出的，又如百货业蒋剑民反映从前百货业的选举有盲目现象，主委一正、四副，肯做事的极少，希望今后组织要加强起来，使大、中、小业者团结一致搞好公会。糖果业金杏荪也建议在将来整组时必须注意包办代替及互相团结的情形。

2．今后行业业务性质必须划分清楚。如水灶业可以卖盆汤，而浴室业便不可卖水，使浴室业营业受到妨碍。同时建议性质相同的行业可以合并。如八联煤油、皂烛经营性质差不多，而且每业户数很少，便可以合并起来。

3．现在还有些行业有封建把持现象。如饼馒业丁德昌反映该业现在还有少数人，在后面捣乱破坏同业团结。水灶业张松林也反映说该业有很多身份不明的人做小组长。他们都要求整组时应把封建残余势力铲除，选出积极的能为同业服务的人替大家办事。

4．染织业王震瀛反映一联有很多行业有小银行集团，这种小团体现象应很好注意。

5．李菊生等反映过去同业公会很空洞，单靠少数委员做事是不容易推动，希望今后工商联应该密切联系群众，才使工作不致脱节。中区支会学员也提出今后要大家做，不要把事推在主委一人身上。

6．西区建议今后分市、区两级领导，在区建立同业委员会，可将联办处撤销。

（二）对工商联会费及经费收支情况方面：

1．工商联反映会费以税率计算不大合理，因为利润有厚薄。如粮食业等，又如绍酒业反映他们一坛酒售十万元，但有六万元是货物税，其实他做的营业有利润的只有四万元，如果照营业额他们便吃了亏，毛巾业反映该业会费以及其计算也是不合理的。大家希望对会费能贯彻公平合理的方针。

2．对欠缴会费的工商户应作出处理，来一次全面清理欠费工作，对欠缴户也要进行说服动员。

3．工商联逐月收支情况应该向会员公布，现在会员不知道工商联经费到底是盈是亏。如百货业反映他们联合办公以后，会费要超过原来的四倍，不知道这些钱到底用在什么地方。收支情况公布以后，会员明了了工商联经费情况对收取会费工作也是有利的。

4．新苏州报等机构也应该去收取会费。

（三）对会员福利方面：

1．希望工商联也能像工会一样办医疗所、俱乐部、学校、图书馆及组织文娱活动。

2．希望工商联能组织互助组，如有会员确有经营上实际困难者，可予以帮助。如有的工商业者的子弟因经济关系而失学，类似此种情况工商联也应该协助解决，为工商业者的第二代着想。

3．希望工商联能设立专门解答有关工商问题及税务问题的机构。

4．许多资方现在也靠拿薪金生活，希望工商联能组织人身保险。

（四）对劳资问题方面：

认为过去工商联在劳资问题上不能很好支持会员，东区璩馨一说，过去工商联参加劳资协商会议代表都很孱弱；徐国华也说，工商联对劳资问题很不重视，应提出批评，如七联有件很严重的劳资问题拖了几个月也没有解决好，不赶快纠正组织要丧失威信。其他存在严重劳资问题的行业很多希望工商联能帮助解决，并且希望今后工商联成立专门解决劳资问题的组织。

（五）对学习方面：

大家通过这次学习都感到学习的重要，要求工商联能把面推广，组织经常性学习，各区都提出了组织扩大工商户及同业组长学习。

（六）对公私关系方面：

1. 国营公司时常单独调整价格和私商价格发生差别，希望工商联能注意纠正。

2. 机关、居民、工会等内部的合作社很多，是否应参加工商联，他们的价格很便宜，使零售商的生意大受影响。

（七）其他方面：

对工商联生产指导部做得不够，如改善经营、转业等问题不能很好作出指示，希望以后应加强。

Ⅵ. 收获

这次在时间上来说是比较匆促的（又加上清理欠税的中心工作），但是由于大部分学员还能够联系实际，发言亦较热烈，以及对学习要求的迫切，所以是有一定收获的，归纳起来大概有以下几个方面：

1. 加强了学员对组织的认识：由于学员能联系实际批判过去，认识现在，所以通过讨论使学员们对工商联这个组织及其性质与任务有了进一步认识，认识到现在的工商联和过去旧商会完全不同，现在是用民主的方式来领导工商界，过去的商会是操纵在少数人手里，广大工商界得不到利益，尤其对现在组织分市、区两级来分工，深深地感觉到很适当。如中、小工商户的委员都同意说，过去大吃小的现象很严重，同业公会及工商联为少数大同行所包办，小同行谈不到有活动场所，这样市、区分工之后，中、小工商户的意见也有地方反映了。又如中区各小组通过讨论后一致认为，工商联是我们工商业者自己的组织，我们应该加强学习，改造自己，才能负起推动工商业者的责任，贯彻与实行我们的权利与义务，开展批评，改正工作中的缺点。通过这种对组织的充分认识后，也可以纠正过去会员不靠拢组织的偏向，工商联与会员之间的关系也可能得到进一步的改善，对今后工商联工作贯彻可以得到保证。

2. 提高了学员对组织的信任：由于学员对组织有了认识，相信工商联是工商界自己的组织，便也很自然地产生了对组织的信仰。如在学习中便对工商联提出了很多希望，如各区都提出了希望工商联成立专门解决劳资问题的机构，举办工商界的福利事业。更由于关心了组织，所以也提出了要工商联把收支账目等公开等要求。虽然有的提得是要求太高或不切实际的，但能够提出来说明了他们关心自家的组织，同时也说明了他们对组织的信任，这对今后工作的开展是极有利的。

3. 加强了工商联各委员之间的联系，同时也提高了委员的工作信心：这次参加学习的工商联常委、区委，联的行政委员，都混合编组，使大家交流了工作上的经验，加强了今后互相间的联系。如中区支会在讨论中提出，过去市、区联的各级委员，由于互相不熟悉，使市、区联方面工作联系得不够，以后可以互相配合。同时委员本身由于明确了工商联的性质与任务，也提高了工作信心。如髹漆业的主任委员顾云荪说，我做了公会工作十几年，任劳任怨，会员对我还有意见，认为改组后可以交卸责任，但经过大家讨论，认识到工商联的性质与任务之后，觉得应更加努力搞下去。又如针织业王效良说，过去由于大家没有明确所负的责任及所代表的立场，所以执行任务时很困难，今后经过学习当可逐渐纠正，从而更好地工作。南区支会第一组在讨论中也一致认识到工商联工作的重要性及我们委员责任的重大，并保证今后一定要更好地为群众服务。所以说通过这次学习使委员对本身工作有了认识，也提高了工作的信心。

4. 使学员对学习有了迫切的要求，为以后开展的共同纲领的学习打下了基础：通过这次学习之后，学员在思想上明确了学习的重要，大家都要求以后能开展经常性学习，并且要求把学习面推广。如北区的支会在讨论中提出："公会的同业小组长也应该参加学习，因为有部分同业小组对组织向不重视，不明确组织的力量与任务，因此工作中便有些地方不负责任。"中区支会在讨论中也认识到："学习对自己是有帮助的，工商界必须进行学习才不致落后在其他各界之后。"各小组的意见也都迫切要通过学习来提高自己的人，这些事实具体说明了大家对学习是很迫切的，也就是说明了大家都在以积极的态度来对待自己的思想改造，为今后全面开展共同纲领的学习打下了良好的思想基础。

5. 认清了工商界的地位与前途，提高了经营的信心。由于全国工商联的成立以及这次组织通则的学习，对工商界的确是很大的鼓舞。大家都为自己组织的成立感到幸福，认识到我们也是合法人民团体的一员，过去对工商界前途有怀疑的人也得到了纠正。尤其是讨论陶主委的报告中关于工商界的前途问题，大家都认识到只要对国家有贡献，即使到了社会主义，我们工商界还是有工作做的。如东区沈幼舟说，我们通过这次的学习，明确了自己的前途，不再对自己发展前途感到怀疑，只要我们自己老老实实地遵守共同纲领，合法经营，会扭转大家对我们的鄙视的，而会有很光明的前途的。又如吉品山说，我们应该积极生产，促进城乡物资交流，到了社会主义一定是有前途的。南区袁国强也说，经过了"五反"、交流大会、贷款，把部分工商业者不正确的思想纠正过来，这次学习明确只要遵守共同纲领，我们是有前途的，我们要努力学习、改造思想，积极发展生产繁荣经济。所以由于对前途有了认识之后，也从而提高了经营的积极性。

6. 为即将到来的整顿组织做好了准备。通过这次学习，由于大家认识到以前工商联存在的许多缺点及过去旧商会为少数人把持的现象，大家都感到健全组织的重要，所以大家感到在以后改选时一定要做好思想动员酝酿工作，选出真正能为群众做事的人做委员。并且也检查了过去选举中存在的问题，如东区陈云石说，过去选举都存在着情面观点，不管能不能做事，只是滥竽充数。邹叔威也说，过去选举中有时选出了一些不负责任的人来，对群众不但没有利，相反有害，这次大家应该郑重准备研究。所以通过这次学习，在思想上明确了工商联组织的性质与任务，使大家认识到整组的重要，所以大家都提出，应注意理想当中的人选和群众拥护的代表人员，为整顿工商联各级组织打下良好的思想基础。

Ⅶ. 优缺点方面：

（一）优点方面：

此次学习所以能得到以上的收获主要是因为在讨论中能联系实际，各支会的每个小组在讨论中随时随地都能举出具体的事例来说明，空谈理论的很少。大家用过去的旧商会和现在的工商联对比，通过具体的事实更明确了工商联的性质与任务，同时大家也能批判过去的错误思想。如西区在讨论到总第二条时大家都检查到过去对该条的第一、三两项做得不够，所以使部分工商界犯了严重的“五毒”行为，同时在学习中也初步（但是很不全面）运用了批评武器，如对迟到或缺席的人提出了批评。如南区支会第三组的学员因迟到了也自动地提出检讨。

（二）缺点方面：

1. 出席人数不够理想并且是逐步下降，最后一次讨论出席者只占总人数的50%，平均来说亦只占总人数的59.8%，其中西区最差只占48.4%，最后一次甚至只有1/3人出席，这是一个很不好的现象。

2. 各支会领导没有在思想上对学习重视起来，书面汇报制度不能很好地执行，第一次书面汇报只有东、南两区送来，又如对缺席者也没有进行动员，听其自然。

3. 发言不普遍，有少数人自开始到结束没有开过口。

4. 有些人有好高骛远思想，如织带业张寿康说，工人学习比工商业者跑得快，职工已经在学习马列主义，我们还只学习共同纲领，我们总归是赶不上。

Ⅷ. 对组织通则不能解答的问题：

1. 为什么说工商联只代表私营企业的利益而不代表国营企业的利益？

2. 对“国家总的经济计划”不明确，像西区有把国家总的经济计划看成人民银行所谓贷款分为大、中、小的行业来全面贷款。

3. 私营工商业者的合法利益与合法利润有什么分别？

4. 第二章说“会员有享有会内各项辅助及福利事业之权”，这“辅助”及“福利”是指什么？

5. 第三章中代表大会和代表会议有什么区别？

6. 国营合作社加入工商联关系不明确？是不是他们参加工商联只为解决公私之间的矛盾？

7. 对“我国的新民主主义经济是一个有机整体”这句话不懂。

Ⅸ. 对今后掌握学习的几点希望：

1. 学习不但要根据地区，并且要根据文化程度的高低进行编组，而分别确定学习内容与要求，因为有的小组里文化程度高的人谈得很好，而文化较低的便无从插言，所以造成发言不普遍的现象。

2. 领导要深入小组指导，以便有问题能及时解决，同时也可提高学员学习情绪。

3. 要想办法增加学习兴趣，提高学习情绪，如布置些图书以便在开会前后或休息时间阅看，多使用一些有鼓动性的宣传工具，如黑板报、快报之类，进行表扬与批评来鼓动大家的学习情绪。